DROIT DU COMMERCE INTERNATIONAL

Dans la même collection

Introduction au droit, (B. STARCK), par H. ROLAND et L. BOYER.
Droit civil :
Obligations (B. STARCK), par H. ROLAND et L. BOYER :
T. I. – « Responsabilité délictuelle ».
T. II. – « Contrats ».
T. III. – « Régime général ».
Les biens, par Chr. ATIAS.
Les personnes, par B. TEYSSIÉ.
La famille, par A. BÉNABENT.
Régimes matrimoniaux, par A. COLOMER.
Successions, par M. GRIMALDI.
Droit des sûretés, par M. CABRILLAC et Chr. MOULY.
Contrats civils et commerciaux. Responsabilité du vendeur et garantie contre les vices cachés, par J. HUET.
Voies d'exécution et procédures de distribution, par M. DONNIER.
Droit constitutionnel et institutions politiques, par Cl. LECLERCQ.
Libertés publiques, par Cl. LECLERCQ.
Services publics et droit public économique, par D. LINOTTE, R. ROMI et A. MESTRE.
Relations internationales contemporaines, par Ph. BRETTON.
Droit commercial (Actes de commerce – Commerçants – Fonds de commerce), par Y. REINHARD.
Droit des sociétés, par M. COZIAN et A. VIANDIER.
Droit des affaires (Les cadres généraux – L'entreprise – Les activités), par E. ALFANDARI.
Droit bancaire (Institutions – Comptes – Opérations – Services), par Chr. GAVALDA et J. STOUFFLET.
Droit budgétaire, par J.-Cl. MARTINEZ et P. DI MALTA.
Droit fiscal contemporain, par J.-Cl. MARTINEZ et P. DI MALTA :
T. I. – « L'impôt, le fisc, le contribuable ».
T. II. – « Les impôts, le droit français, le droit comparé ».
Droit fiscal international, par B. PLAGNET.
Fiscalité immobilière (Construction – Vente – Gestion – Transmission), par J. SCHMIDT.
Droit pénal général, par M. PUECH.
Criminologie, par L. NÉGRIER-DORMONT.
Criminologie de l'acte et philosophie pénale (De l'ontologie criminelle des Anciens à la victimologie appliquée des Modernes), par L. NÉGRIER-DORMONT et S. TZITZIS.
Histoire économique de l'Europe des Dix, par M.-O. PIQUET-MARCHAL.
Histoire des institutions, Ier-XVe siècle, par J. BOUINEAU.
Histoire des institutions, 1750-1914, par R. SZRAMKIEWICZ et J. BOUINEAU.
Le droit de l'informatique et des télécommunications, par J. HUET et H. MAISL.
Les réformes du droit des télécommunications (Supplément), par J.-L. CROZAFON.
Droit de l'ingénierie financière, par J.-P. BERTREL et M. JEANTIN.
Droit musulman. Droit successoral, par B. DURAND.
Droit privé allemand (Actes juridiques – Droits subjectifs), par Cl. WITZ.
Droit de la construction, par G. LIET-VEAUX et A. THUILLIER.
Droit du travail, par B. TEYSSIÉ :
T. I. – « Relations individuelles de travail ».
T. II. – « Relations collectives de travail ».
Droit social européen, par R. BONNET et N. CATALA.
Droit du marketing (Les lois de la mercatique), par G. RAYMOND.
Droit judiciaire privé, par L. CADIET.
Institutions judiciaires, par Fr. KERNALEGUEN.
Politique agricole commune – Droit communautaire agricole et agro-alimentaire, par Cl. BLUMANN.
Droit de la propriété industrielle, par J. SCHMIDT-SZALEWSKI et J.-L. PIERRE.
Droit de la distribution, par D. FERRIER.
Droit des affaires de l'Union européenne, par Chr. GAVALDA et G. PARLEANI.
Contentieux administratif, par O. GOHIN.

Jean Marc MOUSSERON

Professeur à la Faculté de droit de Montpellier
Président de l'École du droit de l'entreprise

Jacques RAYNARD

Professeur à la Faculté de droit de Montpellier
Directeur de l'École du droit de l'entreprise

Régis FABRE

Maître de conférences à la Faculté de droit de Montpellier
Avocat au Barreau de Montpellier (Ernst & Young)

Jean-Luc PIERRE

Professeur associé à la Faculté de droit de Lyon
Avocat au Barreau de Lyon (Coopers & Lybrand, CLC juridique et fiscal)

DROIT DU COMMERCE INTERNATIONAL

DROIT INTERNATIONAL DE L'ENTREPRISE

litec
Libraire de la Cour de cassation
27 place Dauphine, 75001 Paris

Le logo qui figure ci-dessus mérite une explication. Son objet est d'alerter le lecteur sur la menace que représente pour l'avenir de l'écrit, tout particulièrement dans les domaines du droit, de l'économie et de la gestion, le développement massif du photocopillage. Le Code de la propriété intellectuelle du 1er juillet 1992 interdit en effet expressément la photocopie à usage collectif sans autorisation des ayants droit. Or, cette pratique s'est généralisée dans les établissements d'enseignement supérieur, provoquant une baisse brutale des achats de livres, au point que la possibilité même pour les auteurs de créer des œuvres nouvelles et de les faire éditer correctement est aujourd'hui menacée.

ISBN 2-7111-2743-5

TABLE DES ABRÉVIATIONS

AJDA	Actualité juridique de droit administratif
Ann. propr. ind.	Annales de la propriété industrielle
Arch. phil. dr.	Archives de philosophie du droit
Arr.	Arrêté
Art.	Article
Banque	Revue Banque
BODGI	Bulletin officiel de la Direction générale des impôts
BOI	Bulletin officiel des impôts (anc. BODGI)
BRDA	Bulletin rapide de droit des affaires, Francis Lefebvre
Bull. civ.	Bulletin des arrêts de la Cour de cassation (chambres civiles)
Bull. concl. fisc.	Bulletin des conclusions fiscales, Francis Lefebvre
Bull. fisc.	Bulletin fiscal, Francis Lefebvre
C. cass.	Cour de cassation
C. assur.	Code des assurances
C. civ.	Code civil
C. trav.	Code du travail
Cah. dr. fisc. int.	Cahier de droit fiscal international
Cah. jur. fisc. exp.	Cahiers juridiques et fiscaux de l'exportation
CGI	Code général des impôts
Chron.	Chronique
Civ.	Cour de cassation, chambres civiles (1re, 2e et 3e)
CJCE	Cour de justice des Communautés européennes
Clunet	Journal du droit international
Com.	Cour de cassation, chambre commerciale
Comm.	Commentaire
Concl.	Conclusions
Cons. d'État	Conseil d'État
Cons. constit.	Conseil constitutionnel
Cp	Comparer
CPI	Code de la propriété intellectuelle
Crim.	Cour de cassation, chambre criminelle
D.	Dalloz
D.	Décret
DB	Dossiers brevets (CDE Montpellier)
Décis.	Décision

DMF	Droit maritime français
Doctr.	Doctrine
DPCI	Droit et pratique du commerce international
Dr. fisc.	Droit fiscal
Dr. ouvrier	Droit ouvrier
Dr. prat. com. int.	Droit et pratique du commerce international
Dr. soc.	Droit social
Égal.	Également
esp.	espèce
Gaz. Pal.	Gazette du Palais
Grands arrêts DIP	Grands arrêts de la jurisprudence française de droit international privé
Instr. adm.	Instruction administrative
IR	Informations rapides
J.-Cl.	Juris-Classeur (Civil, Pénal, etc.)
JCP	Juris-Classeur périodique (éd. E, G, N)
JO	Journal officiel
JOAN	Journal officiel Assemblée nationale
JOCE	Journal officiel des Communautés européennes
Jurispr. soc. UIMM	Jurisprudence sociale de l'UIMM
L.	Loi
LD	Lettre de la distribution (CDE Montpellier)
Loc. cit.	À l'endroit cité
LPF	Livre des procédures fiscales
MOCI	Moniteur officiel du commerce international
n.	Numéro
NCPC	Nouveau Code de procédure civile
Op. cit.	Dans l'ouvrage cité
Pan.	Panorama
Petites affiches	Les petites affiches
PIBD	Propriété industrielle – Bulletin de documentation
préc.	précité
Prop. ind.	Propriété industrielle
RDAI	Revue de droit des affaires internationales
RD bancaire et bourse	Revue de droit bancaire et de la bourse
RD intell.	Revue de droit intellectuel
Rec. cours La Haye	Recueil des cours de l'Académie de droit international de La Haye
Règl.	Règlement
Rép. civ., trav.	Dalloz (Encyclopédie)
Rép. dr. commun.	Répertoire de droit communautaire, Dalloz
Req.	Requête
Rev. arb.	Revue de l'arbitrage
Rev. crit. DIP	Revue critique de droit international privé
Rev. fisc. eur.	Revue fiscale européenne

RGAT	Revue générale des assurances terrestres
RID comp.	Revue internationale de droit comparé
RIDA	Revue internationale du droit d'auteur
RJC	Revue de jurisprudence commerciale
RJDA	Revue de jurisprudence de droit des affaires
RJF	Revue de jurisprudence fiscale
RJS	Revue de jurisprudence sociale
RTD civ.	Revue trimestrielle de droit civil
RTD eur.	Revue trimestrielle de droit européen
S.	Sirey (Recueil)
s.	suivant
Semaine sociale	Semaine sociale Lamy
Soc.	Cour de cassation, chambre sociale
Somm.	Sommaire
TI	Tribunal d'instance
Trav. Assoc. H. Capitant	Travaux de l'Association Henri Capitant
Trav. comité fr. DIP	Travaux du Comité français de droit international privé
V.	Voir
V°, Vis	Voir au(x) mot(s)
Vol.	Volume

SOMMAIRE

BIBLIOGRAPHIE SOMMAIRE

Droit international économique

Ouvrage

D. CARREAU, Th. FLORY et P. JUILLARD, *Droit international économique*, LGDJ, 3e éd. 1990.

Revue

Revue internationale de droit économique (RID éco.).

Droit international privé

Ouvrages

B. ANCEL et Y. LEQUETTE, *Grands arrêts de la jurisprudence française de droit international privé*, Sirey, 2e éd. 1992.
B. AUDIT, *Droit international privé*, Économica 1990.
H. BATIFOL et P. LAGARDE, *Droit international privé*, LGDJ, t. 1, 8e éd. 1993, t. 2, 7e éd. 1983.
D. HOLLEAUX, J. FOYER, G. GEOUFFRE DE LA PRADELLE, *Droit international privé*, Masson 1987.
P. MAYER, *Droit international privé*, Monchrestien, 5e éd. 1994.
Y. LOUSSOUARN et P. BOURREL, *Droit international privé*, Précis Dalloz, 5e éd. 1996.
P. MAYER, *Droit international privé*, Monchrestien, 5e éd. 1994.

Encyclopédies

Juris-Classeur de droit international, Éditions Techniques, sous la direction de B. GOLDMAN (10 vol.).
Répertoire du droit international (Encyclopédie juridique Dalloz), sous la direction de Ph. FRANCESCAKIS (2 vol.).

Revues

Journal de droit international privé (Clunet).
Revue critique de droit international privé (Rev. crit. DIP).

Droit fiscal international

Ouvrages

CL.-J. BERR et H. TRÉMEAU, *Le droit douanier,* Économica, 4e éd. 1997.
J.-F. COURT, G. ENTRAYGUES, *Gestion fiscale internationale des entreprises*, LGDJ-Monchrestien, 2e éd. 1992.

P.-J. DOUVIER, *Droit fiscal dans les relations internationales*, Coll. Études internationales, n. 8, Pédone 1996.
R. DUCCINI, *Approche fiscale des contrats internationaux*, Litec 1985.
G. GEST et G. TIXIER, *Droit fiscal international*, Coll. *Droit fondamental*, PUF 1990.
B. GOUTHIÈRE, *Les impôts dans les affaires internationales*, éd. Fr. Lefebvre 1995-1996.
J.-P. LE GALL, *Fiscalité et exportation*, Coll. Feduci, Litec 1981.
B. PLAGNET, *Droit fiscal international*, Litec 1986.

Revues

Cahiers de droit fiscal international.
Revue de droit fiscal.
Revue de jurisprudence fiscale.
International tax review.
Tax planning international review.

Droit du commerce international

Ouvrages

CFCE, *Exporter – pratiques du commerce international*, Foucher, 12e éd. 1996.
M. DAHAN, *La pratique française du droit du commerce international*, éd. CFCE, t. I, 1992.
P. DUPIN DE SAINT-CYR, *Contrats d'exportation*, Jupiter 1983.
D. JADAUD et R. PLAISANT, *Droit du commerce international*, Mémento Dalloz, 4e éd. 1991.
Y. LOUSSOUARN et J.-D. BREDIN, *Droit du commerce international*, Sirey 1969.
G.-A. SCHMOLL, *Vendre à l'étranger*, Jupiter 1987.

Encyclopédies

V. HEUZÉ, *Pratique des contrats internationaux*, Dictionnaire Joly, 4 tomes et mises à jour, GLN Éditions, 2e éd. à partir de 1989.
H. LESGUILLONS, *Contrats internationaux*, éd. Lamy, 7 tomes et mises à jour à partir de 1988.

Collections

Feduci, collection diffusée par Litec, éd. du Moniteur et FCE.
Credimi, collection diffusée par Litec.
GLN-Joly, collection diffusée par GLN-Joly Editeur.
Institut du Droit et pratiques des affaires internationales, documents diffusés par la CCI.

Revues

Droit et pratique du commerce international (Dr. prat. com. int.).
Revue du droit des affaires internationales (RD aff. int.).

Chaque développement de notre étude comportera indication des ouvrages spécialisés dont nous avons bénéficié.

AVANT-PROPOS

Droit international de l'entreprise, Droit de l'action internationale de l'entreprise, Droit commercial international, Droit du commerce international... les quatre auteurs du présent ouvrage se sont, un temps, séparés sur son titre. La proposition du plus jeune l'a emporté au profit de l'intitulé consacré par le langage « codé » des milieux tant professionnels qu'universitaires. Il n'y a, en effet, ni usages internationaux, ni termes internationaux de l'entreprise, ni Chambre internationale de l'entreprise, ni, pour les avocats, de spécialité officielle en Droit international de l'entreprise.

Les auteurs se sont, en revanche, accordés sur l'objectif et l'objet de leur ouvrage. Regrouper différents pans du Droit applicable à l'action internationale de l'entreprise où la pédagogie ordinaire distingue tantôt selon les approches (Droit international privé, Droit fiscal international...), tantôt selon les matières (Droits des transports, des propriétés intellectuelles, de l'assurance...) nous paraît correspondre aux développements de l'enseignement du Droit, depuis une vingtaine d'années et, bien au-delà, de sa pratique. S'il est, en effet, nécessaire aux premières initiations juridiques de sectionner et de découper avec plus ou moins d'arbitraire dans la matière même du Droit, il faut établir des passerelles dès que la formation se rapproche de l'application professionnelle. L'oublier serait vouer l'enseignement à l'auto-reproduction et revenir à la longue indifférence de la formation universitaire envers le débouché de ses élèves.

Aider ceux qui, dans ou hors l'Université, assurent des corps d'enseignements nouveaux dans les 2e et 3e cycles des facultés comme dans les établissements de haut enseignement commercial est le premier objet de cet ouvrage.

Nous souhaitons, aussi, que les nouvelles orientations de la présentation incitent et aident les praticiens du Droit dans leur fonction de conseil, tout particulièrement, et les incitent à retrouver l'enseignement de l'École. Rien n'est plus menaçant pour l'Université et la Pratique que de s'ignorer. Leurs épuisements respectifs, faute de débouché pour l'une, faute de source pour l'autre, serait le seul résultat possible.

Au temps où l'action de l'entreprise se meut de moins en moins dans les frontières d'un État ou même d'une communauté, heureusement génératrice de ses propres règles, il nous a semblé utile d'apporter à la formation des apprentis comme des chevronnés.

Nous avons l'humilité de ceux qui perturbent quelque peu l'ordre des présentations. Plus confortable serait la mise au point d'enseignements plus classiques ; nous y avons, tous, précédemment participé. Concevoir de nouveaux édifices n'appelle pas à la vanité mais à la gratitude envers ceux qu'ils prolongent et à l'attente des perfectionnements d'autrui.

Lyon, Montpellier 29 août 1996

INTRODUCTION GÉNÉRALE

1. – Le développement des échanges économiques internationaux au cours des dernières décennies s'est accompagné de profondes mutations du commerce international. Tout concourt au dénouement contemporain d'un vaste mouvement inauguré au Moyen Âge où naissait l'homme d'affaires de Jean Favier (1), prolongé à la Renaissance avec l'expansionnisme des villes marchandes de l'Italie du Nord d'où quelques audacieuses familles toscanes construisaient en Europe les premiers réseaux de marchands et banquiers, assurant leur suprématie économique, politique et artistique (2), puis, définitivement installé, quelque cinq siècles plus tard, avec les fortunes et revers des personnages de Balzac ou de Zola dans l'intimité desquels s'est faite l'initiation au droit commercial des plus anciens d'entre nous.

L'après-guerre a provoqué l'expansion des échanges internationaux : aux exigences et désirs de reconstruction et de consommation d'une Europe désolée par le conflit mondial faisait écho, aux États-Unis, la recherche de nouveaux marchés en même temps que le besoin politique de contenir l'influence du communisme. Le phénomène se nourrissait du développement considérable des moyens financiers des consommateurs en raison tant de l'accroissement de la démographie que de la mondialisation de la consommation.

L'essor contemporain des progrès techniques allait permettre de satisfaire ces divers souhaits tant en termes d'augmentation de la production que de performances accrues des transports. Le transport aérien se banalisait alors que la circulation ferroviaire devenait plus rapide ; les voies maritimes conservaient d'autant leur intérêt que le tonnage des navires de commerce, spécialement des pétroliers, augmentait considérablement. Le transport « multimodal » qui combine ces différentes composantes, se généralisait grâce aux « conteneurs » indifférenciés, groupage et conso-

---

(1) Admirable *De l'or et des épices*, J. FAVIER, Fayard 1987.

(2) V. *L'Italie de la renaissance*, ouvrage collectif coordonné par I. CLOULAS, Fayard 1990. – *Adde,* F. BRAUDEL qui désigne l'or, le cuivre, les épices, le sel, le vin ou les textiles comme les *« vedettes du commerce international de la renaissance »* (*Civilisation matérielle, économie et capitalisme*, Armand Colin 1979).

lidation des envois abaissant le coût des déplacements. L'offre de produits étrangers se diversifiait alors que le phénomène, très contemporain, de la médiatisation universelle des besoins adaptait la demande à cette évolution. Bref, l'expansion du commerce international devenait explosion (3).

2. – Cette puissante évolution entraînait une diversification tant des produits que des acteurs de ces échanges.

Les produits industriels ou manufacturés, spécialement ceux liés à l'électronique, supplantaient les matières premières ; la part de services échangés, bien que difficilement estimable, ne cessait de croître (4). Dans le même temps, l'augmentation des flux commerciaux s'opérait entre pays à niveaux économiques similaires et non à l'endroit des pays en voie de développement ; les produits échangés se révélaient de natures voisines et, donc, concurrents plutôt que complémentaires ; dans ce contexte, les rapports de l'offre et de la demande étaient revalorisés.

Les acteurs du commerce international se sont aussi multipliés et l'action internationale n'est plus réservée à quelques rares et gros opérateurs (5). Ils se sont, corrélativement, diversifiés et à côté des États, de leurs regroupements institutionnels et des organismes en dépendant sont apparus des opérateurs privés nouveaux, spécialement des *« sociétés multi ou transnationales »* (6). La connotation critique qui pouvait hier être attachée à ces sociétés a progressivement disparu tant elles apparais-

---

(3) Le volume du commerce international a été multiplié par 5 entre 1950 et 1974 ; même si les *« chocs »* pétroliers ont ralenti sa progression, en 1989 la valeur des exportations mondiales de marchandises dépassait 3 000 milliards de dollars (GATT, *Le commerce international en 1988-1989*, Genève 1989 ; *adde*, numéro spécial *Cahiers français, Le commerce international*, La documentation française, oct.-déc. 1991). Avec un bond de 19,5 %, les échanges mondiaux de marchandises auraient atteint 5 000 milliards de dollars en 1995 selon le JETRO, organisation gouvernementale japonaise pour le commerce extérieur (*Le Figaro Économie*, 21 août 1996). La rencontre des chefs d'États des sept pays les plus industrialisés (G7) tenue à Lyon du 27 au 29 juin 1996 a consacré la mondialisation des échanges financiers et commerciaux comme le *« phénomène majeur »* de cette fin de siècle (*Le Monde*, 22 août 1996).

(4) On a estimé que les seuls *« services commerciaux »* (expédition, voyages, services portuaires...) représentaient, en 1988, 600 milliards de dollars (v. GATT, *op. cit.*). Selon le FMI l'importance de ces services aurait atteint un niveau plus élevé encore. Le JETRO a estimé que la part des services dans les échanges mondiaux avait atteint 25 % en 1995, avec 1 230 milliards de dollars, soit une hausse de 14,5 % par rapport à l'année précédente ; ce flux inclut les services de communication, d'information, de publicité, les services financiers et d'informatisation (*Le Figaro Économie*, 21 août 1996).

(5) V. entre autres, R. SANDRETTO, *Le commerce international*, Armand Colin, 4e éd. 1995 et A. DEYSINE et J. DUBOIN, *S'internationaliser : stratégies et techniques,* Dalloz 1995.

(6) Dans un avis de 1972, le conseil économique et social définissait celles-ci comme *« les sociétés dont le siège social est dans un pays déterminé et qui exercent leurs activités dans un ou plusieurs autres pays, par l'intermédiaire de succursales ou de filiales qu'elles coordonnent » : JO* 21 déc. 1972.

sent, aujourd'hui comme cause et effet de la libération de l'économie internationale. En effet l'intrusion de ces nouveaux opérateurs influence l'évolution du commerce mondial : à une stratégie *« multidomestique »* de l'économie mondiale, dans laquelle chaque filiale de la société mère produit pour son propre marché, succède une stratégie *« mondiale »* du marché dans laquelle la production est organisée à cette échelle, chaque filiale se spécialisant dans une production dimensionnée au marché régional sinon mondial. Cette rationalisation permet de réduire les coûts de production ; elle entraîne, par ailleurs, un développement des échanges de produits finis ou semi-finis entre les filiales d'un même groupe ; le commerce *« intra-groupe »* contribue directement à l'accroissement du commerce international en même temps qu'il en affecte la nature (7).

3. – Ainsi perçu, le phénomène du commerce international intéresse les différents acteurs du corps social. L'économiste, par ses observations et, au-delà, ses prévisions, fournit les données ; le politique, considérant celles-ci, fixe les objectifs ; le juriste élabore les instruments de conduite des premières vers les seconds. Attaché aux principes de libre échange prônés par le premier, le politique va, alors, assigner au dernier différentes tâches.

La première mission du juriste tient à la mise en place des institutions de l'ordre économique destinées à en assurer la stabilité ; la seconde concerne la réglementation concrète des relations économiques appelées à se développer dans ce cadre. Ainsi celui-ci est-il appelé à ordonner *Les institutions du commerce international* (Section I) avant d'élaborer *Les règles du commerce international* (Section II).

SECTION I

LES INSTITUTIONS DU COMMERCE INTERNATIONAL

4. – À l'époque de reconstruction consécutive à la Dernière Guerre mondiale, les institutions modernes du commerce international sont apparues *au niveau international* (§ 1) mais aussi *national* (§ 2).

---

(7) T. Hout, M. E. Porter, E. Rudden, *How global companies win out : Harvard Business Review*, sept. 1982. Un rapport de l'INSEE du 11 septembre 1996 fixe à un tiers des échanges internationaux de la France *« le poids du commerce intra-groupes »*. Dans l'automobile, il représente 70 % des échanges de la France avec l'étranger (*Le Figaro Économie*, 12 sept. 1996).

§ 1. – Les institutions internationales du commerce international

5. – Les institutions étatiques internationales économiques ont été largement mises en place sous l'impulsion des États-Unis. Les accords de *General agreement on tariffs and trade* (GATT), signés le 30 octobre 1947, réalisaient un Espace de libre échange autour d'un certain nombre de principes d'inspiration néo-libérale et, spécialement, par un abaissement général des tarifs douaniers (8). Issu des accords de Bretton Woods (1944), le Système monétaire international devait donner naissance au Fonds monétaire international (FMI) et à la Banque internationale pour la reconstruction et le développement (BIRD) ; le premier avait pour fonction de prévenir les crises monétaires essentiellement en organisant un système de parités fixes des monnaies prenant appui sur le dollar (9) ; la seconde avait pour vocation complémentaire de venir en aide aux États membres qui rencontraient des difficultés conjoncturelles ou structurelles (10).

Les pays en voie de développement, enfin, ne pouvaient être ignorés de cet ordre économique.

---

(8) Ces principes trouvaient leur expression dans un certain nombre de clauses célèbres : la clause de la nation la plus favorisée impose à un État signataire d'étendre aux autres membres des accords l'avantage qu'il pourrait consentir à l'un d'eux ; *la clause du traitement national* commande à chaque État de traiter les produits importés des autres pays membres comme les siens en matière d'impositions et de règlement intérieur ; enfin, l'institution de restrictions quantitatives tant à l'importation qu'à l'exportation est prohibée. Les accords prévoyaient que les parties contractantes se réuniraient à intervalles plus ou moins réguliers (les *rounds*) pour discuter de l'évolution du commerce international et comportaient une procédure de règlement des litiges, voir *infra*, n. 7.

(9) Le système de Bretton Woods a incontestablement servi le développement du commerce international mais la pratique générale de référer au dollar comme étalon de change devait entraîner celui-ci à sa perte ou, à tout le moins, à sa profonde réforme dans les années 1970.

(10) D'autres institutions financières, internationales ou régionales, d'origine plus récente, méritent d'être signalées : la Banque des règlements internationaux (BRI) favorise la coopération entre les banques centrales nationales ; la Banque interaméricaine de développement (BID), a été créée par les États-Unis et 19 pays d'Amérique latine pour favoriser le développement économique et social de ceux-ci. Différents pays d'Europe participent également à son financement. La Banque Asiatique de développement et la Banque Africaine de développement participent du même esprit. La Banque européenne d'investissement (BEI), a été créée par le Traité de Rome pour permettre et favoriser le développement du marché commun ; elle prête aux emprunteurs du secteur public comme à ceux du secteur privé et a permis le financement d'une large gamme d'infrastructures, de matériels de télécommunications et de moyens de transport (TGV Atlantique Nord, tunnel sous la Manche, satellites...). La Banque européenne pour la reconstruction et le développement (BERD) a été créée, en 1991, par un grand nombre de pays européens et américains pour permettre le développement des pays de l'Est.

Un premier effort tient à la mise en place d'institutions financières spécialement destinées à leur venir en aide (11). Une deuxième action a consisté en la création d'institutions intergouvernementales spécialement préoccupées par cette cause. La Conférence des Nations unies pour le commerce et le développement (CNUCED), créée consécutivement à la Conférence de Genève des 23 mars-16 juin 1964, est un organe subsidiaire de l'Assemblée générale des Nations unies qui, à travers des cycles de conférences, prône l'idée de relations plus équitables entre pays riches et pays pauvres (12). L'Organisation de coopération et développement économiques (OCDE) a succédé, en décembre 1960, à l'ancienne Organisation européenne de coopération économique (OECE) dont l'origine remontait au Plan Marshall ; ses objectifs tiennent à la recherche de l'amélioration du niveau de vie, l'équilibre économique des pays membres, la participation à l'expansion économique des pays en voie de développement et l'élargissement du commerce international sur une base multilatérale et non discriminatoire (13).

6. – Dans le même temps, des efforts régionaux étaient menés dans le même sens, dans les pays capitalistes comme socialistes, développés comme en voie de développement, et, parce que géographiquement plus limités, permettaient des intégrations économiques plus avancées.

Les *zones de libre échange* éliminent les restrictions tarifaires et non tarifaires à leurs flux commerciaux, ainsi de l'Association européenne de libre échange (AELE) instituée par la Convention de Stockholm, le 4 janvier 1960 (14). Cette forme d'intégration, la plus élémentaire, donc

---

(11) La BIRD reste l'institution principale de financement du tiers monde. Avec deux de ses filiales, l'Association internationale de développement (AID) et la Société financière internationale (SFI), elle constitue le groupe de la Banque mondiale dont l'un des objectifs reste la promotion du progrès économique et social des pays en voie de développement. À ce titre, elle consent des prêts à des États mais également à des entreprises et peut devenir le chef de file de pools bancaires dans des opérations internationales lourdes. On signalera encore l'aide au financement procurée aux pays en voie de développement par deux organisations de l'ONU : le Programme des Nations unies pour le développement (PNUD) et l'ONU pour le développement industriel (ONUDI).

(12) En dépit de quelques actions ponctuelles (mise en place d'un système généralisé de préférence, sans réciprocité, des produits en provenance des pays en développement) les résultats de la CNUCED restent décevants en regard des progrès du GATT dans la définition d'un *« nouvel ordre économique international »*, même si son magistère ne peut être ignoré.

(13) Au sein de cette institution, le Comité d'aide au développement (CAD) émet des recommandations et coordonne les aides publiques au développement ; par ailleurs, la déclaration et les décisions de l'OCDE du 21 juin 1976 sur l'investissement international et les entreprises multinationales constitue l'une des rares tentatives de contrôle des activités de ces dernières.

(14) L'AELE regroupe l'Autriche, la Finlande, l'Islande, le Liechtenstein, la Norvège, la Suède, la Suisse. L'accord de Porto du 2 mai 1992 a créé l'Espace économique européen entre les pays de l'AELE – sauf la Suisse – et les États de la CEE.

la plus facile à mettre en œuvre, connaît, aujourd'hui, un succès certain avec l'Accord de libre échange Nord américain (ALENA) (15) ou encore l'Accord de libre échange asiatique (ALEA) (16).

Les *Unions douanières* représentent une forme d'intégration plus poussée que les précédentes puisque, au-delà de l'élimination des restrictions aux échanges commerciaux entre les États membres, elles organisent une protection commune, tarifaire et non tarifaire, à l'égard des pays tiers ; citons l'exemple du Benelux, institué entre la Belgique, le Luxembourg et les Pays-Bas.

Au-delà, ces unions se muent en *marchés communs* lorsqu'elles visent à supprimer entre États membres toutes restrictions à la circulation des personnes, biens, capitaux.... La Communauté économique européenne (CEE), instituée par le Traité de Rome signé le 25 mars 1957, en est l'expression la plus célèbre (17).

La phase ultime de cette évolution suppose que les États membres consentent des transferts de compétence auprès des autorités communautaires ; pareille démarche suppose des abandons partiels de souveraineté et révèle un véritable fédéralisme économique perceptible dans l'Acte unique européen signé le 17 février 1986 (18).

7. – De ces différents accords et institutions, les négociations commerciales multilatérales *(rounds)* instituées par le GATT reflètent au mieux les efforts des États vers la progression du libre échange. Les premiers *rounds* concernaient exclusivement le domaine tarifaire (19) ; le Kennedy *round* (1963-1967) marqué par la domination américaine, comportait le premier code antidumping et les premières réductions douanières afférentes aux produits agricoles ; le Tokyo *round* (1973-1979) élargissait la négociation aux restrictions non tarifaires (20) ; le cycle de l'Uruguay *round* ouvert à la Punta del Este en septembre 1986 et clos par l'Acte final de Marrakech du 14 avril 1994 comporte deux innovations majeures : en même temps qu'il élargit encore le domaine de la négociation à la propriété intellectuelle avec les Accords sur les aspects de droits de

---

(15) Le *North American Free Trade Agreement* (NAFTA), signé le 17 décembre 1992, regroupe les États-Unis, le Mexique et le Canada ; l'accord conserve des régimes dérogatoires relatifs à l'agriculture, au textile, à l'automobile.

(16) Également, *Espace de libre échange de l'ASEAN* ou *Asean Free Trade Area* (AFTA). Signée le 24 octobre 1992, la Déclaration de Singapour regroupe le Brunei, l'Indonésie, la Malaisie, les Philippines, Singapour et la Thaïlande.

(17) L'accord *Mercosur*, signé, le 26 mars 1990, entre l'Argentine, le Brésil, l'Uruguay et le Paraguay s'inspire directement de la logique de la CEE.

(18) V. E. GAILLARD, D. CARREAU, W. L. LEE, *Le marché unique européen*, Pédone 1989.

(19) Genève 1947, Annecy 1949, Torquay 1951, Genève 1956, Dillon *round* 1962.

(20) Code sur les subventions, les marchés publics, la valeur en douane.

propriété intellectuelle qui touchent au commerce (ADPIC-TRIPS) et aux services avec l'Accord général sur le commerce des services (*General Agreement on Trade in Services* – GATS), l'accord prévoit la création de l'Organisation mondiale du commerce (OMC) (21).

D'un point de vue institutionnel, l'OMC reproduit, en les toilettant, les structures et principes du GATT. Une *conférence ministérielle* composée de représentants de tous les États membres se réunit au moins une fois tous les deux ans. Le *Conseil général*, lui aussi composé de représentants de tous les adhérents de l'OMC, se substitue à la conférence ministérielle lorsque celle-ci ne siège pas ; en réunion *ad hoc*, il exerce également les fonctions « d'organe d'examen des politiques commerciales » et d'« organisme de règlement des différends » (ORD) (22). Il est assisté de trois organes spécialisés qui contrôleront la bonne mise en œuvre des accords multilatéraux négociés lors du cycle d'Uruguay : *le Conseil du commerce des marchandises, le Conseil du commerce des services, le Conseil des aspects des droits de propriété intellectuelle qui touchent au commerce.* Différents comités à finalités particulières sont également institués : *Comité du commerce et du développement, Comité*

---

(21) V. Th. FLORY, chron. *Droit international économique : Annuaire fr. dr. int.* 1993, 753. – Société française pour le droit international, *La réorganisation mondiale des échanges*, Actes coll. Nice juin 1995, Pédone 1996. – *Adde,* J. KRAUS, *Les négociations du GATT*, CCI Paris 1994. – J.H. JACKSON, *Observations sur les résultats du Cycle de l'Uruguay round : RGDI publ.* 1994, 675. – P. MESSERLIN, *La nouvelle organisation mondiale du commerce*, Dunod 1995. – Th. FLORY, *La communauté européenne et le GATT*, éd. Apogée, Rennes 1995. – *Adde*, le texte de l'accord de Marrakech : *JO* 26 nov. 1995. L'idée d'une institution internationale du commerce n'est pas nouvelle. La charte de La Havane, adoptée en mars 1948, instituait une Organisation internationale du commerce (OIC), institution spécialisée rattachée à l'ONU. Des raisons de politique intérieure ont conduit les États-Unis à ne jamais ratifier la charte, ce qui a entraîné l'avortement du projet.

(22) L'une des raisons qui ont amené à la mise en place de l'OMC était l'inaptitude du GATT à résoudre les contentieux nés de l'irrespect envers les accords. Aussi l'amélioration de la procédure de règlement des litiges, déjà introduite en 1947 dans le GATT, était-elle prévue par la Déclaration ministérielle de Punta del Este du 20 septembre 1986. Désormais, un *groupe spécial* sera mis en place à la demande d'un État membre sauf consensus des autres membres. Le rapport de ce panel d'experts sera considéré comme approuvé par le *Conseil général siégeant en tant qu'organe de règlement des différends* (ORD) à moins que *« l'ORD ne décide par consensus de ne pas adopter ce rapport »* (Accord de Marrakech, art. 16, annexe 2) ; ainsi l'unanimité devient nécessaire pour le rejet du rapport. Le pays mis en cause peut déposer un recours auprès d'une instance d'appel dont le rapport sera similairement adopté sauf consensus contraire de l'ORD. Le pays condamné devra se mettre en conformité avec les règles de l'accord méconnu éventuellement en modifiant sa législation ; à défaut, le pays plaignant pourrait prendre des mesures de rétorsion. Une procédure arbitrale peut, également, se substituer à celle décrite. La limite de ce système paraît bien résider dans la nature des sanctions prescrites : les éventuelles mesures de rétorsion que pourrait prendre un petit État à l'encontre d'un pays riche risquent de se révéler dérisoires pour le second alors qu'elles sont de nature à nuire à l'économie du premier !

des balances des restrictions appliquées à fin de balance de paiement, Comité du commerce et de l'environnement. L'OMC est dotée d'un secrétariat et d'un directeur général nommé par la conférence ministérielle.

Destinée à faciliter la mise en œuvre des différents accords négociés, l'OMC pourra édicter des décisions à cet égard (art. IV, 1), disposera du pouvoir d'interpréter les accords (art. IX, 2) et devrait devenir une enceinte de négociation permanente rendant désormais inutile la pratique des *rounds* (art. III, 2) (23). Le processus décisionnel de l'OMC conserve la règle du consensus instituée par le GATT de 1947 ; à défaut la décision sera mise aux voix, chaque État membre disposant d'une voix, y compris les États membres de l'Union européenne.

Les relations que l'OMC entretiendra avec les autres organisations internationales économiques décideront de la mise en place d'une véritable stratégie économique mondiale (24).

8. – L'étude de ces institutions et des rapports qu'elles entretiennent relève de ce qu'il est convenu d'appeler le *droit international économique*. Cette branche du droit (public) est constituée par l'ensemble des règles qui régissent l'organisation des relations internationales *macro-économiques*, c'est-à-dire qui se développent entre des ensembles économiques (États, institutions...), mais restent indifférentes aux relations *micro-économiques* afférentes aux comportements d'opérateurs individuels comme c'est le cas de la vente internationale (25).

9. – De nouvelles institutions apparaissent, alors, dont l'activité est plus spécialement orientée à la régulation de cette deuxième catégorie de rapports. La première de celles-ci, dans la sphère d'influence du droit français est incontestablement la Chambre de commerce internationale (CCI). Créée en 1919, il s'agit d'une organisation non gouvernementale, association de droit français, dont le siège se trouve à Paris. La CCI fédère

---

(23) Le budget du GATT est financé par les États membres au prorata de leur part dans le volume des échanges de marchandises. Arrivée au 4e rang après les États-Unis, l'Allemagne et le Japon, la France y a contribué pour 7,18 % en 1994.

(24) Sur la déclaration des pays membres de l'OCDE à respecter les principes et procédures de l'OMC, *Le Figaro Économie*, 23 mai 1996 ; M.H. PAEMEN, directeur général adjoint des relations économiques extérieures de la commission de la communauté européenne écrit par exemple : *« L'OMC peut prétendre à s'asseoir à la même table que le FMI et la Banque mondiale, car que signifie un abaissement des tarifs de 10 % quand les monnaies fluctuent avec les marges bien supérieures ? »* (*La réorganisation mondiale des échanges*, Coll. Nice, cité, spéc., p. 28).

(25) Sur cette définition, v. D. CARREAU, Th. FLORY et P. JUILLARD, *Droit international économique*, 3e éd. LGDJ 1991, n. 9 et s. – *Adde*, M. BÉLANGER, *Institutions économiques internationales*, Économica 1987. – J. FONTANEL, *Organisations économiques internationales*, Masson, 2e éd. 1995. – H.A. SCHRAEPLER, *Organisations internationales et européennes*, Économica 1996.

heureusement, dans une soixantaine de pays, entreprises, groupements professionnels et chambres de commerce. Des conseils et des comités nationaux organisent et coordonnent, au niveau national, les activités des membres. La structure interne de la CCI distingue le *conseil,* qui rassemble les représentants des comités et conseils nationaux, le *comité directeur* élu par le conseil et organe exécutif de la CCI, le *bureau international* qui assure la permanence de l'institution et se prononce sur les recommandations et les documents soumis par les commissions diverses et groupes de travail. Parmi ces derniers, la *Cour internationale d'arbitrage* et l'*Institut du droit et pratique des affaires internationales* sont les plus célèbres. Fondée en 1923, la première figure au premier rang mondial parmi les institutions d'arbitrage du commerce international ; l'Institut de la CCI s'est donné pour objectif de diffuser et d'approfondir les règles du droit du commerce international, spécialement par une collaboration accrue des milieux d'affaires et universitaires. D'autres services de la CCI contribuent efficacement à l'effectivité de la règle de droit et à la régulation des échanges internationaux (26). Enfin, la CCI œuvre directement dans l'élaboration de règles matérielles de commerce international, illustration de l'émergence d'un véritable droit d'origine professionnelle, *lex mercatoria,* fil d'Ariane de notre matière. À ce titre, nombreux seront les *« carrefours »* où nous rencontrerons cette institution à travers son *« œuvre normative ».*

La Commission des Nations unies pour le droit commercial international (CNUDCI-UNCITRAL) est née d'une résolution de l'assemblée générale du 28 décembre 1966 ; cette instance a pour objectif l'unification progressive des règles matérielles du droit du commerce international ; c'est au sein de cette commission qu'ont été initiés les premiers travaux destinés à préparer une réglementation uniforme de la vente internationale des marchandises qui allait donner naissance à la Convention de Vienne du 11 avril 1980. La CNUDCI s'est également efforcée d'harmoniser les systèmes nationaux d'arbitrage avec la loi-type qu'elle a adoptée le 21 juin 1985.

L'Institut international pour l'unification du droit privé (UNIDROIT) est une organisation internationale intergouvernementale créée comme organe auxiliaire de la Société des Nations en 1926, puis reconstitué en 1940 en vertu d'un accord multilatéral appelé *« statut organique ».* L'institut œuvre pour l'unification des règles de droit privé dans le secteur du droit économique ; nombre de conventions internationales

(26) Ainsi du bureau maritime international de la CCI, du bureau d'enquêtes sur la contrefaçon, du bureau international des chambres de commerce, du bureau international de l'environnement.

sont directement issues de ses travaux (27) ; au-delà, l'institut n'hésite pas à proposer ses propres règles comme c'est le cas des *« Principes relatifs aux contrats du commerce international »* publiés en mai 1994 (28).

L'Organisation internationale du travail (OIT) qui date de 1919 est le seul organisme survivant de la Société des Nations érigé en institution spécialisée des Nations unies. Elle se propose de promouvoir l'amélioration des conditions de travail et le développement de règles internationales en la matière ; sa composition tripartite (représentants des États, des organisations patronales, des organisations d'employés) la rend d'autant convaincante. L'OIT formule suggestions, recommandations et propose à ratification des textes de conventions. Le contrôle juridictionnel des conventions de l'OIT devant la Cour internationale de justice reste inopérant ; de fait, l'obligation pour les États membres de présenter un rapport annuel sur les conditions d'application des conventions ratifiées demeure, avec le poids de l'opinion publique, le meilleur gage de l'effectivité de celles-ci.

L'Organisation mondiale de la propriété intellectuelle (OMPI) a succédé, en 1967, aux Bureaux internationaux réunis pour la protection de la propriété intellectuelle avant d'acquérir le statut d'institution spécialisée des Nations unies en 1974. Elle administre les grandes conventions internationales existant dans les domaines des propriétés littéraire, artistique et industrielle. L'action de l'OMPI est importante en matière d'information et de coopération ; la récente mise en place, en 1994, par cet organisme, d'un centre d'arbitrage pour les litiges de propriété intellectuelle a paru justifiée en regard de l'internationalisation de l'exploitation des droits de propriété intellectuelle.

§ 2. – Les institutions nationales du commerce international

10. – Adhérant aux principes économiques de libre échange et aux accords internationaux y référant, l'État français n'est pas moins soucieux

(27) L'institut a, notamment, initié les travaux qui devaient donner lieu aux Conventions de La Haye de 1964 et, indirectement, de Vienne du 11 avril 1980 sur la vente internationale de marchandises ; ou, dans un tout autre secteur, des deux Conventions d'Ottawa du 28 mai 1988 relatives au crédit-bail international et à l'affacturage international.

(28) Unidroit, *Principes Unidroit relatifs aux contrats du commerce international*, Rome 1994. V. CCI Unidroit, *Principles for International Contracts : A new* lex mercatoria, 1995 et comm. A. GIANDIMAS : *Clunet* 1995, 547. – C. KESSEDJIAN, *Un exercice de rénovation des sources du droit des contrats du commerce international – les principes proposés par Unidroit : Rev. crit. DIP* 1995, 642. – J.-P. BÉRAUDO, *Les principes d'Unidroit*

de la bonne santé d'une économie qui dépend, largement, du commerce extérieur de notre pays. Le bon succès de celui-ci a justifié la mise en place d'organismes susceptibles de promouvoir les exportations d'origine française, placés sous la tutelle des ministères du Commerce extérieur et de l'Économie et des Finances.

11. – La Direction des relations économiques extérieures (DREE) dépend du ministère de l'Économie et des Finances et assure la mise en œuvre de la politique gouvernementale en matière de commerce extérieur et de soutien aux entreprises exportatrices. Le Centre français du commerce extérieur (CFCE) est chargé de diffuser toute l'information sur les marchés extérieurs de manière à permettre aux éventuels exportateurs de connaître les territoires sur lesquels ils peuvent s'implanter. Le CFCE est relayé par vingt-quatre directions régionales du commerce extérieur ainsi que par une centaine de chambres de commerce et d'industrie qui ont signé une convention avec elle. À l'étranger, des postes d'expansion économique auprès des ambassades ou des consulats font écho à cette action. Le Comité français des manifestations économiques à l'étranger (CFME), association soumise à la loi de 1901, fait connaître hors du territoire les produits français ; il participe ainsi à des salons dans lesquels il favorise l'intervention d'entreprises françaises.

À côté des organismes administratifs, deux institutions méritent d'être spécialement relevées.

La Banque française du commerce extérieur (BFCE), instituée par un décret du 1er juin 1946, a pour mission de faciliter le financement de toutes opérations d'exportation et d'importation et, d'une manière générale, de toutes les opérations de commerce extérieur. Son statut relève du décret du 30 janvier 1986, modifié à plusieurs reprises. La BFCE est une société par actions dont le capital s'est progressivement ouvert aux établissements de crédit, compagnies financières et organismes d'assurance (AGF, Crédit Lyonnais...). Elle a, à la fois, les fonctions d'une banque publique puisqu'elle intervient pour le compte de la Banque de France, de la COFACE et de la DREE mais aussi d'une banque commerciale qui propose des financements diversifiés ainsi que des services pour gérer les paiements en France et à l'étranger. À son origine, la BFCE bénéficiait du monopole de financement des crédits à l'exportation à long terme. Mais la fin des années 1980 a été marquée par une déréglementation destinée à stimuler la concurrence dans le secteur bancaire ; si la BFCE a perdu cette exclusivité, elle conserve un rôle capital dans la faculté de consentir une garantie de stabilisation de taux (29).

---

relatifs au droit du commerce international : JCP 95, éd. G, I, 3842. – J. HUET : *Petites Affiches*, 10 nov. 1995.

(29) V. *infra*, l'étude des crédits court-terme de préfinancement, n. 934 et s.

Enfin, la Compagnie française d'assurance pour le commerce extérieur (COFACE), joue un rôle essentiel dans l'assurance des opérations de commerce international (30).

12. – Si la pièce du commerce international se joue sur la scène et sous les feux médiatiques des grandes négociations intervenues entre les États, ses principaux acteurs, et point seconds rôles, restent les opérateurs individuels, entreprises rompues à l'export-import ou désireuses de s'implanter à l'étranger. Une nouvelle attribution assignée au juriste tient, alors, à l'élaboration de règles précisément destinées à organiser ces relations individuelles.

SECTION II
LES RÈGLES DU COMMERCE INTERNATIONAL

13. – Le droit du commerce international s'attache à l'étude des règles appelées à régir les relations économiques internationales qui se nouent entre opérateurs individuels, c'est-à-dire entre entreprises. La définition que nous retenons pour désigner cette discipline appelle trois séries de précisions successives tenant au *commerce* (§ 1), au *commerce international* (§ 2), enfin au *droit du commerce international* (§ 3). L'observation nous permettra d'apprécier tant l'objet que l'autonomie de la matière.

§ 1. – Le commerce

14. – De quelle signification faut-il investir le mot *« commerce »* dans la dénomination de droit du commerce international ? Suffit-il de transposer, ici, l'acception généralement prêtée à ce terme en droit interne français ? En d'autres termes, *« le droit du commerce international est-il une branche du droit commercial ? »*. Déjà posée, il y a près de trente ans (31), la question reçoit des auteurs du présent ouvrage une réponse pareillement négative.

---

(30) Cet organisme et ses attributions seront présentés à propos de l'étude de l'assurance internationale, *infra*, n. 675 et s.

(31) V. Y. LOUSSOUARN et J.-D. BREDIN, *Droit du commerce international*, Sirey 1969, spéc., n. 2, p. 5.

15. – Un premier argument en ce sens tient à l'orientation retenue par notre approche de la matière.

Dans son observation hexagonale, le commerce au sens étroit du terme, concerne les activités de négoce ou distribution. Au sens large, l'expression regroupe, également, les activités de service (assurance, banque, tourisme...), l'activité financière et l'activité de production, notamment si l'on songe au développement de la sous-traitance.

Observé d'un point de vue international, il est généralement enseigné que le commerce regroupe les mêmes notions en les entendant largement au point d'englober la plupart des activités économiques. Ainsi, pour Berthold Goldman, le mot *« commerce »* dans le contexte de la dénomination *« droit du commerce international », « n'est pas employé... dans le sens très étroit du langage courant, ni même dans celui, déjà plus large qu'il revêt dans la terminologie du droit français interne... il couvre... l'ensemble des relations économiques internationales »* (32).

En regard de l'approche retenue par les auteurs du présent manuel, il est encore possible d'aller au-delà de cette perception pour définir les activités de *« commerce »* qui seront l'objet de notre étude. À l'invitation d'une école rennaise, le droit commercial s'épanouit, depuis quelque trente ans, en un *droit des affaires* cette deuxième expression ayant vocation à élargir le domaine de la première notamment au droit fiscal et comptable. Plus largement encore, le *droit de l'entreprise* auquel les signataires de cet ouvrage sont particulièrement attachés, exerce, en sus, sa force d'attraction sur le droit social et de la Sécurité sociale, voire des pans importants du droit administratif. L'hospitalité, affichée depuis ses origines ainsi que le rappelle le propos précédent de Berthold Goldman, du mot *« commerce »* dès lors qu'on lui associe le label *« international »* encourage à ne pas méconnaître les préoccupations fiscales ou sociales qui s'attacheront à de nombreuses relations économiques internationales et qui, souvent, gouverneront le choix de la formule

---

(32) B. GOLDMAN, *Frontières du droit et de la* lex mercatoria *in Arch. phil. dr.* 1964, p. 177. – *Adde,* Y. LOUSSOUARN et J.-D. BREDIN pour qui l'expression regroupe *« l'ensemble des relations du commerce qui ont des attaches essentielles avec plusieurs États »* (*op. cit.*, n. 1, p. 4). On retiendra encore la définition du terme *« commercial »* dans la loi-type de la CNUDCI du 21 juin 1985 sur *« l'arbitrage commercial international » : « Le terme commercial devrait être interprété au sens large, afin de désigner les questions issues de toute relation de caractère commercial, contractuelle ou non contractuelle. Les relations de nature commerciale comprennent, sans y être limitées, les transactions suivantes : toute transaction commerciale portant sur la fourniture ou l'échange de marchandises ou de services ; accord de distribution ; représentation commerciale ; affacturage ; crédit-bail ; construction d'usines ; services consultatifs d'ingénierie ; licences ; investissements ; financement ; transactions bancaires ; assurance ; accords d'exploitation ou concessions ; coentreprises et autres formes de coopération industrielle et commerciale ; transport de marchandises ou de passagers par voie aérienne, maritime, ferroviaire ou routière ».*

juridique la plus adéquate. De fait, la pratique ignore largement les distinctions que des strates d'histoire, de pensées, d'enseignements nous ont léguées : ainsi, la *« vente d'usine clé en main »* associera dans une même opération *« transfert de matériaux », « d'ingénierie », « de savoir-faire », « de personnel »* où le juriste, seul, distinguera contrats de vente, de louage d'ouvrage, de licence et de travail, avec autant de régime fiscaux..., un peu comme naguère il discernait prosaïquement des immeubles par destination derrière les colombes du ciel.

Ainsi, le commerce lorsqu'il est international impose, aujourd'hui plus encore qu'il y a trente ans, une compréhension accueillante du premier de ces termes.

16. – Dans le sens de l'originalité de la matière, un deuxième argument, plus objectif que le précédent, tient à ce que le droit du commerce international méconnaît les définitions et le particularisme du droit commercial interne.

Dans leurs définitions du droit commercial, les juristes français oscillent, en effet, entre deux analyses selon qu'ils privilégient une approche objective (le *droit commercial serait un corps de règles appliquées au commerce*) ou subjective (le *droit commercial serait un corps de règles appliquées aux commerçants*). Le particularisme du droit commercial français réside, alors, dans les règles spéciales qu'imposent les nécessités du commerce et qui dérogent à certaines règles de droit civil (prescription, solidarité, souplesse des règles probatoires, principe des procédures collectives, compétence des tribunaux consulaires...). Ainsi, dans un cadre purement interne, doit-on distinguer les actes civils, les actes commerciaux, voire les actes mixtes. Or, le droit du commerce international ignore, pour une grande part, ces distinctions. La Convention de Vienne du 11 avril 1980 relative à la vente internationale de marchandises ne dissocie pas les ventes civiles ou commerciales même si elle s'applique surtout aux dernières (33) ; la Convention de Bruxelles du 27 septembre 1968 sur la compétence judiciaire et l'exécution des décisions s'applique *« en matière civile et commerciale »* (34) ; la jurisprudence affirme la validité de la clause compromissoire comme une règle matérielle spécifique de l'arbitrage international, sans égard au caractère commercial, civil ou mixte du contrat (35) ; ces exemples parmi d'autres démontrent la vanité qu'il y aurait à essayer de retrouver dans les règles que nous étudierons des distinctions attachées à la notion de commercialité et que d'autres systèmes juridiques ignorent ou fondent sur des critères propres.

---

(33) Convention de Vienne, art. 1-3, v. *infra*, n. 375 et s.
(34) Convention de Bruxelles, art. 1, v. *infra*, n. 282 et s.
(35) Civ. 1re, 4 juill. 1972 *(Hecht)*, cité, note 46.

§ 2. – Le commerce international

17. – La distinction entre les relations de *« commerce »* purement internes et celles qui présentent un caractère international ne va pas de soi. Par ailleurs, chaque système juridique, dont le système français, tend à poser sa propre définition des relations internationales et la relation d'affaires perçue ici comme internationale pourrait, outre Rhin, être considérée comme interne à un État ; la définition de *« l'internationalité »* reste, donc, relative.

Considérant que le support de l'opération de commerce international résidera, surtout, dans un instrument contractuel, il n'est pas vain d'identifier les frontières de l'opération de commerce international dans les critères du contrat international.

18. – Le thème du contrat international reste l'objet de controverses célèbres et la définition même de la notion fait difficulté.

Dans une vision marquée par les travaux de Bartin, on verra dans le contrat international la simple projection au plan international d'un contrat interne alors affecté d'un élément d'extranéïté (36).

Une approche plus moderne attribuera une nature propre au contrat international en considérant, notamment, l'existence au sein même du droit interne d'un État, de règles matérielles relatives au seul contrat international et révélatrices, par là même, de sa spécificité (37).

19. – Mis à part le domaine du contrat de vente, il est revenu à la jurisprudence de définir cette notion. Les juges ont, en effet, éprouvé le besoin de caractériser le contrat international soit pour rechercher la loi qui lui est applicable, soit pour lui appliquer des règles substantielles propres.

Historiquement, plusieurs critères ont été dégagés.

20. – C'est pour affirmer la validité des clauses monétaires qu'a été proposé, en premier, un critère économique pour caractériser un paiement international. Avec l'*arrêt Pélissier du Besset* (38) est né le critère du

---

(36) Bartin a fondé sa doctrine sur l'idée selon laquelle *« le droit international privé n'est rien d'autre que la projection du droit interne au plan international »*, (*Études de droit international privé*, CHEVALIER-MARESQ, 1899 et *Principes de droit international privé*, Domat-Montchrestien 1930).

(37) En ce sens, au sein d'une littérature abondante, J.-M. JACQUET, *Principe d'autonomie et contrats internationaux*, Économica 1983 ; *Le contrat international, Connaissance du droit*, Dalloz 1992. – B. OPPETIT, *Autour du contrat international : Rev. dr.*, n. 12, *Le contrat*, 1990, p. 107.

(38) Civ. 17 mai 1927 : *Gaz. Pal.* 1927, 2, 153, concl. MATTER ; *DP* 1928, 1, 25, H. CAPITANT ; *S.* 1927, 1, 289, ESMEIN.

« flux et du reflux » aussi connu sous le nom de *doctrine Matter* par référence à l'avocat général intervenu dans cette affaire :

> « Pour qu'une créance relève de la circulation internationale, il faut deux éléments : l'introduction d'une marchandise ou d'une valeur dans un pays, l'exportation, de ce pays, d'une valeur destinée à en solder le prix. C'est cette double condition qui donne à une convention le caractère international » (39).

La Cour de cassation a, par la suite, consacré cette doctrine dans de nombreux arrêts (40).

Cette première approche du contrat international allait, néanmoins, appeler des réserves : adaptée à la vente internationale, cette définition était d'application moins aisée au louage d'ouvrage ou à la prestation de travail opérés à l'étranger (41). Mais, même circonscrit au transfert de biens matériels, le critère du flux et reflux paraissait encore beaucoup trop accueillant et les auteurs raillaient la proposition en évoquant l'exemple du

> « Français qui, par contrat passé à Paris, vend sa voiture automobile garée à Bruxelles et s'engage à la faire revenir à Paris » (42).

Malgré ces reproches, le critère des flux réciproques est remis à l'ordre du jour par des arrêts récents (43).

21. – Le caractère vague du critère économique a appelé la naissance d'un critère juridique plus strict, celui du rattachement du contrat international à plusieurs systèmes juridiques :

> « ... le contrat litigieux... conclu en Hollande entre une société commerciale de droit hollandais et un Français est un contrat international, c'est-à-dire se rattachant à des normes juridiques émanant

---

(39) H. CAPITANT, note sous arrêt, préc.

(40) Civ. 3 juin 1930, 9 juill. 1930, 14 janv. 1931 : *DP* 1932, 1, 5, R. SAVATIER. – Com. 4 nov. 1958 : *D.* 1959, 361, Ph. MALAURIE. – Civ. 4 mai 1964 : *Rev. crit. DIP* 1965, 348, ECK.

(41) Civ. 7 oct. 1980 (*JCP* 80, II, 19480, concl. GULPHE ; *Rev. crit. DIP* 1981, 311, J. MESTRE) refuse de reconnaître le caractère international d'un contrat conclu entre français alors que l'une des parties est appelée à s'expatrier en Colombie ; cpdt en sens contraire : Paris 18 janv. 1983 : *Rev. arb.* 1984, 87, P. MAYER, v. *infra*, n. 516.

(42) NIBOYET, note sous Civ. 19 fév. 1930 et 27 janv. 1931 : *S.* 1933, I, 41.

(43) La Cour de cassation s'est prononcée, en 1983, dans les termes suivants : *« ...cet engagement devait donner lieu à des paiements internationaux, puisqu'ils tendaient à rapatrier en Allemagne des fonds qui en étaient sortis pour permettre le financement de l'opération immobilière en France... le contrat de prêt avait donc eu des conséquences réciproques en Allemagne et en France ».* Civ. 15 juin 1983 : *JCP* 84, II, 20123, J.-Ph. LÉVY. – *Adde*, TGI Dijon 9 juin 1981 référant à la doctrine Matter pour reconnaître un caractère international à des *« emprunts impliquant la première fois, lors de la souscription, la seconde, au moment du remboursement ou du paiement des intérêts, un double mouvement de fonds par delà les frontières » : Clunet* 1983, 111, Ph. FOUCHARD, conf. par Dijon, 27 avril 1983 ; *Clunet* 1983, 610, Ph. FOUCHARD.

de plusieurs États... Il a ce caractère à la fois par le lieu de sa conclusion, en Hollande, la nationalité différente des parties et son objet même qui était de donner pouvoir à Hecht, ressortissant français, d'accomplir en France des actes juridiques au nom d'une société de droit, donc de statut personnel, hollandais en vue d'accroître les exportations en France, des marchandises de celle-ci » (44).

Le rattachement du contrat à plusieurs systèmes juridiques découvre leur conflit : le critère juridique a plutôt été utilisé afin de révéler le conflit de lois et la recherche de la loi applicable.

Le recours à ce dernier critère invite à recenser les différents éléments d'extranéïté qui pourront affecter le rapport contractuel. Une nouvelle difficulté se fait, alors, jour. Sans doute, le contrat de vente conclu, en France, entre un acquéreur et un revendeur, tous deux de nationalité française, et relatif à des biens localisés en France, ne paraît pas, en regard du critère juridique, intéresser la sphère du commerce international et si, procédant par touches, l'introduction progressive d'éléments d'extranéité va permettre d'imprégner à cette relation une dimension internationale (le vendeur allemand, les biens localisés à Hanovre...), on s'interroge pourtant sur l'instant précis où s'opère la transition. Par ailleurs, faut-il tenir tous les éléments d'extranéïté pour équivalents ou certains doivent-ils, au contraire, être privilégiés ?

La proposition selon laquelle le contrat international est celui qui se rattache à plusieurs systèmes juridiques nationaux, participe, enfin, davantage du constat ou de la tautologie que de la démonstration scientifique. À l'observation, critères juridique et économique sont apparus moins concurrents que complémentaires et la Cour de cassation a souvent associé l'un à l'autre (45).

---

(44) Paris 19 juin 1970 *(Hecht) : Clunet* 1971, 833, B. OPPETIT ; *JCP* 71, II, 16927, B. GOLDMAN ; *Rev. crit. DIP* 1971, 692, P. LEVEL ; *Rev. arb.* 1972, 67, Ph. FOUCHARD. – *Adde*, Lyon 19 avril 1977 : *Rev. crit. DIP* 1979, 788, B. ANCEL. – Paris 9 nov. 1984 : *Clunet* 1986, 1039, E. LOQUIN. – 26 avril 1985 : *Rev. arb.* 1985, 311.

(45) V. Civ. 18 mai 1971 (2 arrêts) : *D.* 1972, 37, D. ALEXANDRE ; *Rev. arb.* 1972, 2, Ph. KAHN ; *Rev. crit. DIP* 1972, 124, E. MEZGER ; *Clunet* 1972, 62, B. OPPETIT ; Toulouse 26 oct. 1982 qui retient que *« si chacun de ces caractères a pu être considéré comme suffisant en lui-même pour établir le caractère international d'une convention, ces deux caractères paraissent difficilement détachables l'un de l'autre et c'est leur conjonction qui caractérise le mieux l'extranéité... En la cause, il est constant que le lieu de conclusion du contrat, Ravenna en Italie, la nationalité différente des parties et l'objet même du contrat qui était de permettre à un ressortissant italien de donner pouvoir à un ressortissant français d'accomplir en France, un certain nombre d'actes juridiques relevant du droit interne, faisaient appel à des normes juridiques émanant des deux États... L'application de ces normes juridiques différentes avait bien d'autre part pour objet de mettre en jeu les intérêts du commerce international de sorte que les deux critères se retrouvent l'un dans l'autre imbriqués » : Clunet* 1984, 603, H. SYNVET. – *Adde*, Paris 9 nov. 1984 : *Clunet* 1986, 1039, E. LOQUIN.

22. – Un dernier effort tend, alors, à affiner la teneur du critère économique. La jurisprudence a, en effet, développé le critère de *la mise en jeu des intérêts du commerce international* afin de qualifier un contrat d'international et d'écarter la nullité de la clause compromissoire qui, en principe, atteint les contrats internes (46). Le critère de la mise en jeu des intérêts du commerce international, incontestablement peu sûr et subjectif, a, cependant, été conforté, en 1981, par la référence que lui fait le nouvel article 1492 du Nouveau Code de procédure civile dans la définition de l'arbitrage international (47) ; sa prise en considération permet d'attraire dans la sphère internationale nombre d'opérations purement internes de prime abord (48). Ainsi, le critère du contrat international, support de l'opération de commerce international, se révèle, en quelque sorte, fonctionnel et invite l'interprète, juge, arbitre ou parties, à contempler le but final que les opérateurs ont en vue.

23. – La référence au contrat international pour percevoir l'opération de commerce international laisse poindre une nouvelle interrogation sur l'autonomie de la matière au regard cette fois du droit international privé.

§ 3. – Le droit du commerce international

24. – À défaut d'être une branche du droit commercial, le droit du commerce international en est-il une du droit international privé ? En

---

(46) Civ. 19 fév. 1930 : *DH* 1930, 228 ; *Rev. crit. DIP* 1930, 282 ; *Clunet* 1931, 90. – 27 janv. 1931 : *Clunet* 1932, 93 ; *S.* 1933, I, 41, J.-P. NIBOYET. – Req. 29 juin 1931 : *DP* 1931, I, 140 ; *S.* 1933, I, 297, J.-P. NIBOYET. – 14 fév. 1934 : *DP* 1934, I, 78 ; *S.* 1934, I, 297, A. MESTRE. – 2 juill. 1935 : *DH* 1934, 457. – Civ. 18 mai 1971, cité. – 4 juill. 1972 *(Hecht) : Clunet* 1972, 842, B. OPPETIT ; *Rev. crit. DIP* 1974, 82, P. LEVEL, rejetant le pourvoi contre Paris 19 juin 1970, cité. – Paris 13 déc. 1975 : *Rev. crit. DIP* 1976, 507, B. OPPETIT ; *Clunet* 1977, 106, E. LOQUIN. – 21 fév. 1980 : *Rev. arb.* 1980, 524. – 21 fév. 1980 : *Rev. arb.* 1980, 524, F.-Ch. JEANTET ; *Clunet* 1980, 660, Ph. FOUCHARD ; *Rev. crit. DIP* 1980, 763, E. MEZGER ; *D.* 1980, 568, J. ROBERT ; *JCP* 81, II, 19512, P. LEVEL. – 9 déc. 1980 : *Rev. arb.* 1981, 306, F.-Ch. JEANTET ; *Rev. crit. DIP* 1981, 545, E. MEZGER.

(47) Ce texte dispose qu'*« est international l'arbitrage qui met en cause des intérêts du commerce international »*.

(48) V. Paris 11 avril 1973 : *Clunet* 1974, 620 à propos d'un contrat conclu entre un importateur et l'utilisateur du produit ; Civ. 1re, 11 oct. 1989 : *D.* 1990, 167, E. de LA MARNIÈRE ; *JCP* 90, éd. G, II, 21393 et éd. E, II, 21393, Ph. LÉVY, à propos d'un prêt conclu entre parties françaises pour lequel la cour d'appel n'avait pas recherché s'il était destiné à *« financer une opération de commerce international » ;* dans ce cas, la mise en jeu des intérêts du commerce international apparaît en quelque sorte par anticipation. La prise en compte de ce critère suggère, encore, la possibilité d'une qualification d'internationalité par accessoire. V. Civ. 14 fév. 1934 : *DP* 1934, I, 73 qui considère *« comme internationaux des paiements internes connexes à des opérations internationales » ; adde,*

d'autres termes, le *droit du commerce international* ne serait-il rien d'autre que le *droit international du commerce ?* À nouveau, la spécificité du droit du commerce international s'affirme à plusieurs égards.

Le particularisme des *sources*, l'importance à cet égard de la pratique professionnelle, contractuelle notamment (contrats-types, conditions générales) des principes et usages corporatifs constitutifs selon certains d'un véritable droit transnational ou anational, *lex mercatoria* ou *jus mercatorum*, constitue un premier facteur, puissant, d'émancipation.

L'originalité du droit du commerce international s'accuse si l'on considère les *méthodes* utilisées tant la matière se révèle, ici, hostile à la classique méthode conflictualiste qui invite à rechercher et appliquer une loi nationale pour régir une question internationale et propice au développement de règles matérielles d'origines nationales ou conventionnelles exclusivement destinées à régir une question internationale. Tout autant, en effet, qu'à la désignation du corps de règles applicable, le droit du commerce international est, dans une large part, ce droit matériel lui-même. Et le phénomène ira se renforçant avec la prolifération de pareilles règles.

La singularité de cette discipline s'affirme encore si l'on observe que celle-ci connaît, souvent, son juge propre, tant la procédure de l'arbitrage paraît idoine au contexte de litiges suscités par des relations d'affaires privées internationales (49).

Finalement, du droit international privé au droit du commerce international, la mue s'opère d'un droit savant à un droit vivant, tant il est vrai que le second reste le produit d'une lente maturation du premier. Et si l'autonomie du droit du commerce international s'affiche aussi franchement, c'est probablement à raison de la spécificité des rapports dont ce droit appelle étude.

25. – L'originalité de l'opération de commerce international tient, en grande partie, à la rencontre et au franchissement du *poteau-frontière*. Ce passage révèle, en effet, des problèmes supplémentaires à ceux que la relation proprement interne perçoit et qui tiennent aux différences d'espaces, de souverainetés et d'intérêts rencontrés.

TGI Paris 19 sept. 1991 : *D.* 1992, 43, Ch. JARROSSON, à propos du caractère international d'un pacte de *quota litis*.

(49) Sans doute ces trois propositions méritent-elles bien des nuances : l'émergence de la *lex mercatoria* reste discutable et, à tout le moins, sporadique ; la méthode du conflit de lois conserve une place majeure dans notre secteur d'étude et demeure, dans bien des cas, la toile de fond sur laquelle se détachent des règles matérielles de plus en plus nombreuses, il est vrai ; enfin, l'autorité judiciaire ne sera pas toujours exclue des procédures de règlement des litiges et revendiquera, même, une compétence exclusive pour le traitement de certains d'entre eux.

26. – Les *différences d'espaces* apparaissent, d'abord. Si la relation internationale comporte le franchissement d'une frontière, c'est que, par des termes essentiels, elle comporte déplacement d'un espace à un autre aussi bien des hommes, des marchandises que des fonds. En résulte l'importance des phénomènes de transport dont découlent des situations supplémentaires de risques qui font un appel pressant à l'assurance.

27. – Les *différences de souverainetés* apparaissent, ensuite. La réalité est faite de territoires étatiques et la société internationale, autonome et hiérarchisée, n'existe pas. La frontière ne marque pas simplement la distinction entre deux espaces physiques ; elle établit la distinction entre deux espaces politiques, soumis à des autorités publiques différentes, elles-mêmes dotées de pouvoirs régaliens qui vont tendre à s'exercer, en alternance ou cumul, sur la relation internationale considérée.

Or, ces droits sont de contenus et, même, de philosophies différents. Pour la tradition de *Common Law* – et sans doute aussi de droit Romain –, le droit est l'ensemble des solutions données par les tribunaux saisis de conflits entre particuliers ayant, de libre façon, organisé leurs rapports, ces solutions étant nécessairement particulières et concrètes : le *juridique* est le sous-produit du *judiciaire* ; en découle l'émiettement de la règle fixée par les *« précédents »*. Pour la tradition civiliste, et probablement sous l'influence judéo-chrétienne où la Loi précède le Jugement, toute relation sociale est juridique puisque soumise à des règles du jeu préétablies et, par conséquent, générales et abstraites ; le *judiciaire* est l'appendice pathologique du *juridique*.

Nées du hasard plus que de la nécessité, obstacles, aujourd'hui, à l'efficacité économique, ces diversités juridiques nationales ont appelé, de bonne heure, un effort de rapprochement. Nous n'adhérons pas, en effet, à l'image des deux traditions civiliste et de *Common Law* directement antagoniques et à la parfaite pertinence de la question : qui l'emportera, demain, en Europe de la *Common Law* ou du droit civil ? Nous n'assistons pas, en effet, au choc du droit Romain et des droits barbares du début de notre ère ou de la Charia et des droits européens dans les sociétés islamiques du XXe siècle. Nous assistons à un changement beaucoup plus complexe, un métissage volontaire de droits nationaux et il est – sera, demain – bien difficile de mesurer les apports respectifs des systèmes conciliés...

Cette opposition primaire doit, de plus, être dépassée pour éviter un oubli. En surimpression sur la distinction entre secteur national et secteur international, il faut, pour nous européens, en particulier, prêter la plus grande attention au droit régional que constitue le droit communautaire, métis par excellence. La construction de la Communauté puis de l'Union européenne a, en effet, pour conséquences de réduire les frontières internes et de porter les frontières internationales aux limites de cette Union. Le droit du commerce international sera, de plus en plus, le droit applicable entre l'Union européenne ou un État membre de celle-ci et un État extérieur (50).

28. – Les *différences d'intérêts* s'affirment, enfin. Les souverainetés nationales sont, normalement et légitimement, représentatives des intérêts des agents économiques nationaux. Or, la relation internationale se caractérise par l'absence d'une autorité centrale ; c'est, par conséquent, par la confrontation – et, le plus souvent, la composition – des intérêts nationaux que se définissent les réglementations essentiellement nationales appliquées à ces relations économiques internationales.

29. – Au bénéfice de ces observations, la pièce du commerce international peut commencer : nous en connaissons déjà la scène, le cadre et les décors ; il faut en présenter les acteurs avant d'en étudier le scénario : nous nous intéresserons, tour à tour, aux *opérateurs du commerce international* (Partie I) puis aux *opérations du commerce international* (Partie II).

---

(50) De fait nous exclurons de notre étude les règles spéciales aux relations d'affaires internes à l'Union européenne et généralement regroupées sous le label de droit communautaire (européen) des affaires, renvoyant aux beaux ouvrages que sont, notamment, Chr. GAVALDA et Ch. PARLEANI, *Traité de droit communautaire des affaires*, Litec 1992 et *Droit des affaires de l'Union européenne*, Litec 1995 ; Mémento Francis Lefebvre 1993, *Communauté européenne 1994-1995*. – B. GOLDMAN, A. LYON-CAEN, L. VOGEL, *Droit commercial européen*, Dalloz 1994. – J. SCHAPIRA, G. LE TALLEC, J.-B. BLAISE, *Droit européen des affaires*, PUF 1992.

PREMIÈRE PARTIE
LES OPÉRATEURS DU COMMERCE INTERNATIONAL

30. – Envisager la condition internationale des opérateurs économiques conduit à distinguer la situation des opérateurs nationaux, français en l'occurrence, à l'étranger et celle des opérateurs étrangers sur le territoire national, français en l'occurrence.

31. – Le statut des opérateurs français à l'étranger n'appelle guère d'observations dans un ouvrage de droit français dans la mesure où cette question relève exclusivement des droits étrangers qui feront preuve d'une plus ou moins grande hospitalité à l'égard des opérateurs extérieurs, français en particulier. Il convient, donc, de renvoyer l'observation sur ce point aux ouvrages de droits nationaux.

32. – S'agissant, alors, du seul statut des opérateurs étrangers en France, le juriste est en devoir de s'interroger et de connaître les réponses aux deux questions majeures qui se posent : Quand faut-il considérer que nous sommes en présence d'un opérateur étranger ? Quel régime faut-il lui reconnaître ? Aussi, étudierons-nous, tour à tour, *La qualité d'opérateur étranger* (Titre I) puis *La condition* (Titre II) de celui-ci.

TITRE I
LA QUALITÉ D'OPÉRATEUR ÉTRANGER EN FRANCE

33. – Le concept de nationalité a été conçu et organisé pour les personnes physiques. Savoir si ce concept pouvait être transposé aux personnes morales a été discuté par une littérature abondante (1).

34. – La faveur *à la nationalité des sociétés* prend appui sur le succès en jurisprudence de la réalité des personnes morales (2). La personne morale est une entité indépendante des sujets qui la composent et doit jouir de droits et prérogatives analogues à ceux des personnes physiques.

On observe, encore, que le concept de nationalité n'est pas étranger par nature aux personnes morales. La nationalité est, sans doute, un lien politique mais traduit aussi une allégeance plus large :

> « Le rattachement des sociétés à un État apparaît tout aussi indispensable que celui des personnes physiques lorsqu'il s'agit d'établir le statut personnel de ces personnes morales : des conflits de lois apparaissent au moment de la constitution d'une société, durant la vie sociale et lors de la dissolution. L'importance d'un lien unique et permanent avec un État est mise en évidence par la difficulté qu'il y aurait à appliquer différentes lois au cours de la vie d'une personne morale (...) » (3).

Plus décisive est, enfin, l'observation selon laquelle les traités internationaux qui distinguent Français et étrangers visent, sans aucun doute, les personnes morales au même titre que les personnes physiques.

---

(1) V. spéc. Y. LOUSSOUARN, *Les conflits de lois en matière de sociétés*, thèse Rennes 1949. – L. LÉVY, *La nationalité des sociétés : Bibl. droit privé*, n. 181, LGDJ 1984. – Y. LOUSSOUARN et M. TROCHU, *Nationalité des sociétés : J.-Cl. Int.*, fasc. 564-10 et *J.-Cl. Soc.*, fasc. 29.

(2) Civ. 2e, 28 janv. 1954 : *D.* 1954, 217, G. LEVASSEUR ; *JCP* 54, éd. G, II, 7978, LEMOINE.

(3) L. LÉVY, *op. cit.*, p. 25. Les arguments ne sont, cependant, pas totalement convaincants dans la mesure où les formules utilisées aux articles 3 de la loi du 24 juillet 1966 ou 1837 du Code civil restent prudemment sur le terrain de la seule loi applicable à la personne morale (v. P. MAYER, *Droit international privé*, Domat, 5e éd., 1994, n. 1031, p. 649 et s.).

35. – La défaveur *à la nationalité des sociétés* a d'autres appuis (4). Un premier argument est suggéré par l'analyse du concept de nationalité selon laquelle celui-ci traduit un rapport d'allégeance politique d'un individu à un État, qu'il serait choquant d'élargir à une personne morale.

Plus convaincante est la réplique tirée de la nature même de la société. Le Code civil y voit un acte juridique, un contrat, voire *« l'acte de volonté d'une seule personne »* (5) qui ne peuvent être affectés d'une nationalité. Mais ces arguments ne restent pas non plus sans réponses : le mot *« société »* désigne, tout à la fois, l'opération et l'entité qui en est issue (6) ; la société acquiert la personnalité juridique par une formalité administrative, l'immatriculation, et point par la seule volonté des associés (7) ; et le législateur règle, lui-même, de manière impérative les conditions de constitution de la société. Enfin et surtout, la personne morale a des intérêts et un patrimoine propres, distincts de ceux des associés.

36. – Quoi qu'il en soit, la Cour de cassation (8) n'hésite plus à évoquer *« la nationalité des sociétés » ;* le législateur fait de même (9). La démarche est d'autant plus aisée que le débat est ramené à de justes proportions : l'application aux sociétés du concept de nationalité n'entraîne pas l'application de toutes les conséquences qui lui sont attachées (10) et le rattachement des sociétés à un État apparaît indispensable tant en matière de conflit de lois, de conditions de change, qu'en matière fiscale.

37. – Suivant le calendrier même des situations où le problème se pose, nous envisagerons, tour à tour, *l'attribution initiale de* la nationalité (Chapitre I), les *changements* de la nationalité en cours d'existence de la société (Chapitre II) et, aux approches de sa fin, *le régime de la « faillite »* de la société étrangère (Chapitre III).

---

(4) V. NIBOYET, *Existe t-il vraiment une nationalité des sociétés : Rev. crit DIP* 1927, p. 420.

(5) Art. 1832, C. civ. mod., L. 11 juill. 1985.

(6) Sur l'ensemble de la question, Ph. MERLE, *Droit commercial, sociétés commerciales*, Dalloz, 5e éd., 1996, spéc. n. 21, p. 30. – M. COZIAN et A. VIANDIER, *Droit des sociétés*, Litec, 9e éd., 1996, spéc. n. 152, p. 54. – Y. GUYON, *Droit des affaires*, Économica, t. I, 9e éd., 1996, n. 181 et s., p. 181 et s. – G. RIPERT et R. ROBLOT, *Traité de droit commercial*, t. 1, LGDJ, 16e éd. par M. GERMAIN, 1996, n. 670 et s. – J. MESTRE, *Lamy Sociétés*, 1996, n. 33 et s., p. 12 et s.

(7) Art. 1842, C. civ. et art. 5, L. 24 juill. 1966.

(8) V. par ex., Com. 21 déc. 1987 : *Rev. soc.* 1988, 398, H. SYNVET.

(9) V. par ex., art. 31, 60 et 154, L. 24 juill. 1966.

(10) V. Y. LOUSSOUARN et M. TROCHU, *op. cit.*, spéc. n. 36 et s.

CHAPITRE I
LA NATIONALITÉ INITIALE DES SOCIÉTÉS

38. – Dans la recherche d'un critère attribuant une nationalité à une société, plusieurs *rattachements* sont *possibles* (Section I). Les *rattachements retenus* empruntent à plusieurs systèmes proposés (Section II). L'observation permettra de préciser le rôle prêté à la notion de nationalité en droit des sociétés.

SECTION I
LES SOLUTIONS POSSIBLES

39. – L'ambivalence de la société, *contrat* (§ 1) générateur et *personne* (§ 2) engendrée, induit deux types de rattachement.

§ 1. – Les critères induits de l'origine contractuelle

40. – À l'origine, la société est un contrat. Le principe de l'autonomie de la volonté suggère plusieurs critères de rattachement d'une société à un État.

– Il peut, tout d'abord, sembler naturel de respecter le choix des membres fondateurs de la société qui, ayant voulu sa création, ont pu vouloir son rattachement à tel ou tel État. L'attribution de la nationalité qui s'afficherait dans une *clause des statuts* serait, alors, purement subjective. Les risques de fraude liés à pareil rattachement, s'agissant notamment de sociétés de capitaux mettant en jeu des intérêts importants, ont été dénoncés (1).

---

(1) V. Y. Loussouarn et J.-D. Bredin, *op. cit.*, spéc. n. 245, p. 263.

– Le critère dit du *lieu de constitution* ou *d'incorporation* procure, encore, une grande liberté aux fondateurs de la personne morale. L'idée de départ est que, seule, l'autorité publique du pays où la société est constituée lui confère la personnalité. Les fondateurs de la société peuvent constituer celle-là dans l'État de leur choix ; cette incorporation conférerait à la société la personnalité et, au-delà, la nationalité de cet État (2).

La construction a essuyé de vives critiques. Elle suggère une confusion entre l'acte de constitution de la société qui peut être accompli conformément à une première loi et le fonctionnement ultérieur de la personne morale qui peut relever d'une loi différente. Par ailleurs, la liberté laissée aux membres fondateurs de la personne morale leur permet de tourner les règles impératives gouvernant les sociétés dans chaque État et, finalement, reste incitative de fraude à la loi. Au demeurant, dans la logique extrême de cette construction, la société ne pourrait accomplir d'activité excédant les limites du pays qui l'a vu naître. Le résultat serait parfaitement contraire aux besoins du commerce international. Pourtant, si l'on fait abstraction de cette dernière conséquence, le libéralisme du système n'est pas sans intérêt dans le monde des affaires. Cette construction assure, par ailleurs, une certaine sécurité aux tiers qui pourront aisément connaître le pays de constitution de la société. Le critère du lieu de constitution connaît ainsi un succès certain dans les pays anglo-saxons ou en Suisse (3) ; il retient, à l'occasion, les faveurs de la Cour internationale de justice (4) ; il s'est, enfin, introduit dans le droit français par la voie de certains traités internationaux (5).

§ 2. – Les critères induits de la personnalité juridique

41. – Du contrat de société naît une personne juridique propre. L'attribution d'une nationalité à cette dernière peut s'autoriser d'une recherche de localisation objective. Deux attitudes sont, alors, possibles : privilégier

(2) La thèse est soutenue par PILLET qui fondait toute sa conception du droit international privé sur les principes de souveraineté des États et la théorie des droits acquis (v. Y. LOUSSOUARN et J.-D. BREDIN, *op. cit.*, n. 246).

(3) V. art. 154, loi fédérale sur le droit international privé, 18 déc. 1987 : *Rev. crit. DIP* 1988, p. 409 et s. – *Adde,* P.-M. PATTOCHI et E. GEISINGER, *Code de droit international privé suisse*, éd. Payot, Lausanne 1995.

(4) V. CIJ, 5 fév. 1970, *Barcelona Traction : Rec. CIJ* 1970, 42. – V. J. CHARPENTIER, *L'affaire de la Barcelona Traction : Ann. fr. dr. int.* 1970.307. – Ph. FRANCESCAKIS, *Lueurs sur le droit international des capitaux : l'arrêt Barcelona de la CIJ. : Rev. crit. DIP* 1970, 609.

(5) V. notamment l'art. 58 du Traité de Rome du 25 mars 1957.

la localisation du centre de contrôle de la personne morale ; rechercher un critère de localisation intrinsèque à la société.

42. – Le critère du contrôle assure une *localisation indirecte* de la personne morale. Le contrôle peut, alors, s'apprécier en contemplation de la nationalité des dirigeants sociaux, des associés-majoritaires ou de l'origine nationale des capitaux. Ce critère s'appuie sur une conception transparente de la société et permet la mise en place de mesures discriminatoires à l'encontre de ressortissants étrangers ou protectrices de l'économie nationale.

L'utilisation de ce critère n'est pas dénuée d'inconvénients pratiques : le contrôle d'une société est une situation précaire, incompatible avec la nécessaire stabilité du régime applicable à la personne morale ; l'émission de titres au porteur par une société anonyme (6) rend divinatoire la mise en œuvre de ce critère ; l'imprécision du terme de référence contredit les impératifs de sécurité juridique et de rapidité, ferments du droit commercial (7). Au-delà, il est bien difficile d'identifier les détenteurs du contrôle effectif d'une société : au regard de pareil critère, quelle est la nationalité de la société dont le quart du capital appartient à un étranger alors que le solde revient à de nombreux petits porteurs français ?

Le critère du contrôle reste, cependant, l'outil technique apte à assurer l'efficacité de mesures de discrimination. Cela explique sa fréquente utilisation en dépit des critiques de la doctrine (8).

43. – Les reproches précédents (9) justifient le succès d'un rattachement direct de la personne morale, cette fois considérée en elle-même. La démarche privilégie, désormais, l'opacité de la personne morale et conduit à rechercher les éléments de référence aptes à traduire la réalité de pareille attache. La logique invite à transposer en notre matière les critères de référence utilisés pour les personnes physiques.

– La nationalité d'une personne morale ne peut, à l'évidence, se déterminer *jure sanguinis ;* seuls, peuvent être considérés les éléments de rattachement *jure soli.* Une analogie directe avec le domicile des personnes physiques désigne, à nouveau, le critère du *siège social* (10).

---

(6) Hypothèse désormais sans application en droit français depuis l'instauration du principe de dématérialisation des valeurs mobilières. V. Ph. MERLE, *op. cit.*, n. 271 et s., p. 263 et s.

(7) V. Y. LOUSSOUARN et J.-D. BREDIN, *op. cit.*, n. 248, p. 265. – L. LÉVY, *op. cit.*, n. 154, p. 203.

(8) Sur la plus récente mise en œuvre de ce critère, v. *infra*, L. 14 fév. 1996 sur les investissements étrangers en France.

(9) Pour L. LÉVY « *établir la nationalité française des sociétés en fonction du contrôle apparaît tout à la fois faux, difficile et injuste* » (*op. cit.*, n. 155, p. 204).

(10) Sur cette analogie, G. LEVASSEUR, *Le domicile et sa détermination en droit international privé*, thèse Paris, éd. Rousseau, 1931, spéc. p. 203 et s.

La recherche s'autorise d'une localisation objective de la personne morale et point de la seule volonté des fondateurs. Le siège social considéré peut encore être statutaire ; il doit surtout être le siège social effectif de la société. D'un point de vue théorique, on a reproché la confusion opérée entre les deux concepts, de domicile et de nationalité, dont la signification et la fonction restent différentes (11). D'un point de vue pratique, l'utilisation du critère du siège social pour déterminer la loi applicable au régime juridique de la personne morale présente d'incontestables attraits en terme de sécurité des tiers, de rapidité ou de permanence, sans nuire pour autant à d'éventuels transferts. Ces avantages expliquent son succès en droit positif. Le critère souffre, pourtant, certains reproches. Sur le terrain de la jouissance des droits, s'agissant de prendre des mesures discriminatoires ou de réciprocité, il perd de sa superbe au profit du système du contrôle : la société anonyme dont le siège social est situé à Paris mais qui est la filiale d'une société mère étrangère mérite-t-elle d'être assimilée en tous points, s'agissant de la jouissance des droits, à une SARL ? Les profits réalisés seront-ils réellement réinvestis en France ? Le développement des groupes internationaux de sociétés remet sérieusement en cause pareille référence.

– Le critère du centre d'exploitation, avancé par certains auteurs (12), n'est pas dénué d'intérêts : hostile à la fraude, cette référence paraît particulièrement judicieuse lorsqu'il s'agit de personnes morales exerçant des activités agricoles ou immobilières, liées au sol (13). Y. Loussouarn et J.-D. Bredin expriment, cependant, leur défaveur à cet égard dans la mesure où le centre d'exploitation n'est pas toujours unique, est susceptible de mobilité, et, enfin, ne permet pas de rendre compte de l'origine des décisions de l'entreprise (14).

– Ainsi est-on naturellement orienté vers le critère du *centre de décision* de la personne morale (15). Pareille progression dans la recherche d'une localisation effective recourt, toutefois, à des critères de plus en plus abstraits et difficiles à apprécier ; le centre de décision de l'entreprise est un élément purement intellectuel, par nature incompatible avec toute localisation objective. Au demeurant, le centre décisionnel, fut-il localisé, n'en reste pas moins mouvant.

---

(11) L. LÉVY, *op. cit.*, n. 134 et s., p. 185 et s.

(12) V. G. LYON-CAEN et RENAULT, *Traité de droit commercial*, Paris, 3e éd. 1929, t. II, n. 1167, p. 1067.

(13) En ce sens, L. LÉVY, *op. cit.*, n. 148, p. 197.

(14) Y. LOUSSOUARN et J.-D. BREDIN, *op. cit.*, n. 249, p. 267. – Également Y. LOUSSOUARN et M. TROCHU, *op. cit.*, n. 103 et s., p. 14 et s.

(15) V. B. GOLDMAN, *La nationalité des sociétés dans la CEE* in *Travaux comité fr. DIP* 1966-1969, 242.

SECTION II
LES SOLUTIONS RETENUES

44. – En l'absence d'un texte général, la mission de dégager un critère déterminant est revenue à la jurisprudence. Les tribunaux ont alternativement exprimé leur préférence pour les critères du siège social et du contrôle. La première référence apparaît comme le *critère principal* (§ 1) alors que la seconde conserve un rôle *de critère correcteur* (§ 2).

§ 1. – Le critère principal : le siège social de la personne morale

45. – La jurisprudence et la loi précisent le *domaine* du critère du siège social (A). Mais ce concept reste suffisamment abstrait pour que la jurisprudence ait jugé bon d'en préciser le *contenu* (B).

A. – LE DOMAINE DU CRITÈRE DU SIÈGE SOCIAL

46. – La référence au critère du siège social pour déterminer un rattachement de la personne morale prévaut à de multiples égards.

47. – Sur le terrain des *conflits de lois,* la Cour de cassation a posé la règle selon laquelle *« la nationalité d'une société se détermine par la situation de son siège social »* (16). Si le législateur n'a pas véritablement énoncé un principe général, il a, néanmoins, appliqué cette solution avec l'article 3 de la loi du 24 juillet 1966 sur les sociétés commerciales et l'article 1837 du Code civil. En posant, en effet, la règle selon laquelle *« les sociétés dont le siège social est situé en territoire français sont soumises à la loi française (...) »*, l'alinéa 1er de ces deux textes pose une règle unilatérale de conflit. Pratiquement, la loi impose le respect des règles matérielles françaises lors de la rédaction des statuts et de la constitution de la personne morale dont le siège social est situé en France ; une société ayant son siège en France doit être immatriculée dans ce pays. La doctrine procède à une lecture bilatérale des textes susvisés pour désigner la compétence de la loi – éventuellement étran-

(16) Civ. 1re, 30 mars 1971 : *Rev. crit. DIP* 1971, 451, P. LAGARDE ; *Clunet* 1972, 834, Y. LOUSSOUARN ; *JCP* 72, éd. G, II, 17101, B. OPPETIT ; *Grands arrêts DIP*, n. 51, p. 412.

gère – du pays dans lequel est situé le siège social comme *lex societatis* (17) sans préjudice de l'application éventuelle du système du *« renvoi »* ou de *« la prise en considération de la loi étrangère »* ainsi que l'illustre la célèbre affaire de la Banque Ottomane (18).

Plus généralement, il n'est pas vain de déduire de ces observations la compétence de la loi nationale de la société – loi du siège social – pour déterminer les conditions de constitution de la société, les règles de son fonctionnement, les modalités de sa dissolution et de sa liquidation (19).

Spécialement, la compétence de la *lex societatis* est retenue par la Cour de cassation lorsqu'il s'agit d'apprécier l'étendue des pouvoirs des dirigeants (20), voire leur restrictions statutaires (21).

Le développement contemporain de groupes *« inter », « trans- »* ou *« multinationaux »* de sociétés pose le problème du mode de désignation

---

(17) V. Y. LOUSSOUARN et J.-D. BREDIN, *op. cit.*, n. 258, p. 274 ; cpdt P. MAYER, *op. cit.*, n. 1037 et s., p. 653 et s.

(18) La Banque Ottomane avait été constituée en Turquie et avait à Istanbul un siège statutaire mais son siège réel était situé à Londres. Reprochant aux administrateurs de ne pas les informer correctement, des actionnaires mécontents assignent la Banque devant un juge français qui doit, alors, désigner la loi applicable à l'obligation d'information dont la société peut être tenue à l'égard de ses actionnaires. La règle française de conflit désignait la loi du siège social réel, c'est-à-dire la loi anglaise. Mais le droit anglais adopte le système de l'incorporation qui, en l'occurrence, désigne la compétence de la seule loi turque. Le juge français a estimé qu'il convenait *« de faire application du droit turc auquel la loi anglaise qui adopte le principe dit de l'incorporation offre une compétence qui est acceptée par les dispositions spéciales de la loi turque relative à la Banque Ottomane »* (Paris 3 oct. 1984 : *Rev. crit. DIP* 1985, 526, H. SYNVET ; *Clunet* 1986, 156, B. GOLDMAN).

(19) Y. LOUSSOUARN et M. TROCHU, *op. cit.*, n. 146 et s., p. 18 et s. – H. BATIFFOL et P. LAGARDE, *Droit international privé*, LGDJ, t. I, n. 203, p. 356.

(20) Com. 21 déc. 1987 *« la capacité et le pouvoir d'agir pour le compte d'une société étrangère sont régis par la loi étrangère sous l'empire de laquelle elle a été constituée ; doit être cassé l'arrêt ayant appliqué la loi (française) du lieu de l'engagement pris par le dirigeant d'une société-mère espagnole à l'égard du créancier de sa filiale française, sous forme de lettre d'intention »* (*Bull.* IV, n. 281 ; *Rev. crit. DIP* 1989, 344, M.-N. JOBARD-BACHELLIER qui prône l'application de la loi française au titre de la théorie de l'apparence ; *JCP* 88, éd. G, II, 21113, concl. MONTANIER ; *JCP* 88, éd. E, I, 17170, p. 55 ; *Rev. soc.* 1988, 398, H. SYNVET. – V égal. Com. 8 nov. 1988 : *Rev. crit. DIP* 1989, 371 ; *JCP* 89, éd. G, II, 21230, BARBIERI. – Com. 9 avril 1991 : *Rev.soc.* 1991, 446, R. LIBCHABER. – 19 mai 1992 : *Clunet* 1992, 954, Ph. KAHN. – 9 mars 1995 : *D.* 1995, IR 92).

(21) Com. 19 mai 1992 admet que *« l'étendue des pouvoirs des dirigeants sociaux et l'opposabilité aux tiers des limitations qui sont apportées à ces pouvoirs par des dispositions légales ou statutaires s'apprécient selon la loi nationale – étrangère – de la société ayant son siège à l'étranger »* (cité). Cette dernière solution, guère protectrice des intérêts des tiers, peut surprendre une certaine doctrine favorable, pour ce qui est des sociétés étrangères, au jeu de la loi française au titre de l'apparence ou de l'exception fondée sur l'ignorance excusable de la loi étrangère. V. B. AUDIT, *Droit international privé*, Économica, n. 1097, p. 855, cpdt M.-N. JOBARD-BACHELLIER, *op. cit.* – Y. LOUSSOUARN et M. TROCHU, *op. cit.*, n. 149.

de la nationalité des sociétés filiales et, partant, du régime juridique national applicable à celles-ci (22). Le groupe multinational apparaît comme un ensemble regroupant plusieurs sociétés, juridiquement autonomes, localisées ou constituées dans différents États, assujetties à des lois distinctes mais économiquement soumises à une même direction (23).

Si le droit français refuse, en principe (24) de reconnaître au groupe la personnalité juridique, une doctrine paraît favorable à l'idée de reconnaître à l'ensemble des sociétés du groupe la nationalité de la société mère (25).

Cette propagation de la nationalité de la société dominante aux sociétés dominées devrait logiquement entraîner l'application de la loi de la société mère à ses filiales étrangères. Cette conséquence pourrait paraître fâcheuse en certaines hypothèses. Ainsi, quand il s'agit d'envisager la protection d'actionnaires minoritaires d'une société dominée ou de ses créanciers en cas de changement de contrôle de la société dominante, la compétence de la loi de la société contrôlée est souvent prônée sauf dispositions plus favorables de la loi de la société mère (26). Enfin l'émergence de règles de conflit à coloration matérielle, c'est-à-dire de règles qui désignent la loi applicable en fonction du résultat recherché, ou de règles matérielles visant à doter directement le problème international d'une solution de fond (27) révèle la difficulté de mettre en œuvre la règle de conflit classique lorsque celle-ci est appliquée aux groupes internationaux de sociétés. Plusieurs solutions de droit international du travail pourraient être citées à cet effet (28).

---

(22) V. sous la direction de B. GOLDMAN et Ph. FRANCESCAKIS, *L'entreprise multinationale face au droit,* Litec 1977. – H. SYNVET, *L'organisation juridique du groupe international de sociétés, conflits de lois en matière de sociétés et défaut d'autonomie économique de la personne morale,* thèse Paris 1979. – C. HANNOUN, *Le droit et les groupes de sociétés : Bibl. droit privé,* n. 216, LGDJ 1991. – B. OPPETIT, *Les sociétés multinationales et les états nationaux, Mélanges D. Bastian,* Litec 1974, t. I, p. 161 et s. – J.-P. LABORDE, *Droit international privé et groupes internationaux de sociétés, Mélanges J. Derruppé,* Litec 1991, spéc. p. 49 et s. ; sur les questions soulevées par la notion de groupe en matière de conflits de juridictions, v. I. FADLALLAH, *Clauses d'arbitrage et groupes de sociétés : Travaux comité fr. DIP* 1984-1985, p. 105.

(23) Sur les préoccupations de coordination qui doivent animer le promoteur du groupe multinational, v. *infra,* n. 912 et s.

(24) Le droit du travail reconnaît la personnalité juridique du comité de groupe, (B. TEYSSIÉ, *Droit du travail,* Litec 1993, n. 317 et s., p. 246 et s.), *adde,* M. PARIENTE, *Nouvelle approche da la notion de groupe de sociétés,* thèse Paris I, 1989.

(25) V. *supra,* la proposition de B. GOLDMAN de référer au « centre de décision », *La nationalité des sociétés dans la CEE ; op.* et *loc. cit.*

(26) En ce sens, J.-P. LABORDE, art. cit., p. 55 ; cpdt G. CASSONI, *Le droit international privé des groupes de sociétés : l'exemple italien pourrait-il devenir un modèle ? : Rev. crit. DIP* 1986, 633.

(27) V. Y. LOUSSOUARN, *Règles de conflit et règles matérielles dans le droit international des sociétés, Mélanges B. Goldman,* Litec 1983, p. 167 et s.

(28) Sur l'art. L. 122-14-8, C. trav., v. *infra,* n. 546.

48. – S'agissant des questions de *jouissance des droits*, la jurisprudence devait désigner le critère révélant la nationalité étrangère des personnes morales, éventuelle source de mesures discriminatoires. Le critère du siège social entre, alors, fréquemment en conflit avec le critère du contrôle. Mais la préférence au premier est affirmée en certaines hypothèses : le décret du 30 septembre 1953 réserve, par exemple, le bénéfice du statut de la propriété commerciale aux seuls ressortissants français (29) et la Cour de cassation considère comme françaises les personnes morales locataires ayant leur siège social en France (30).

49. – L'application de la *règle fiscale* se réfère implicitement (31) au critère du siège social ; une société dont le siège est en France est une société française tandis qu'une société est étrangère si son siège est hors de France :

> « ... Il résulte de l'instruction que si le capital social de la société anonyme X appartient à concurrence de 4 769 actions sur 5 000 au sieur Y de nationalité espagnole, le siège de ladite société, laquelle a été constituée selon la loi française et qui fonctionne en France, est situé à Z (France) ; qu'ainsi, et quelle que soit la nationalité de ses membres, cette société possède au regard du droit fiscal la nationalité française... » (32).

On retrouve cette analyse dans la jurisprudence fiscale de la Cour de cassation. Il a ainsi été jugé dans une affaire relative à la taxe de 3 % due par certaines sociétés étrangères détenant des immeubles en France que la nationalité d'une société résulte de la localisation de son siège qui est présumé être son siège statutaire réel (33).

50. – La jurisprudence retient encore le critère du siège social en matière de *conflits de juridictions* lorsqu'il s'agit de décider du bénéfice

---

(29) Art. 38, D. 30 sept. 1953.

(30) V. Civ. 3e, 10 mars 1976 : *Rev. crit. DIP* 1976, 658. – Civ. 3e, 8 fév. 1972 : *Bull.* III, n. 83 ; *Clunet* 1973, 218, B. OPPETIT ; *RTD com.* 1973, 672, Y. LOUSSOUARN ; v. cpdt Req. 12 mai 1931 (*DH* 1931, 329) qui se réfère au critère du contrôle, v. *infra*, n. 53 et s.

(31) Doc. adm. DGI 4H-1412, 1er sept. 1985, § 1. V. égal. instr. adm. 31 déc. 1991 : *BOI* 4A-1-92, § 3.

(32) Cons. d'État 22 fév. 1960 : *JCP* 60, éd. E, II, 11790, P. AYMOND.

(33) Ass. plén. 21 déc. 1990 : *Rev. crit. DIP* 1992, 70, G. DURANTON ; *Dr. fisc.* 1991, n. 12, comm. 614 et n. 15, comm. 806 *« ... le critère retenu par l'article 990-D, CGI, pour délimiter son champ d'application, fondé sur la situation hors de France du siège des sociétés, ne se distingue pas de la nationalité des sociétés telle que définie par l'art. 26 de la Convention franco-suisse du 9 septembre 1966... »*. Dans sa rédaction alors en vigueur, l'art. 990-D visait *« les personnes morales dont le siège est situé hors de France »*, celles-ci devant s'entendre des *« personnes morales qui ont hors de France leur siège de direction effective, quelle que soit leur nationalité, française ou étrangère »*. L'art. 26-2-b de la Convention franco-suisse dispose que les *« nationaux d'un État contractant »* s'entendent notamment de *« toutes les personnes morales... constituées conformément à la législation dudit État »*.

des privilèges de juridiction associés aux articles 14 et 15 du Code civil (34).

B. – LE CONTENU DU CRITÈRE DU SIÈGE SOCIAL

51. – Le large usage du critère du siège social a justifié que la jurisprudence en précise le contenu.

– Le siège social doit être *réel* (35). Le siège social statutaire qui ne coïnciderait pas avec le lieu où se réunissent les organes sociaux serait fictif. Les articles 1837 du Code civil et 3 de la loi du 24 juillet 1966 prévoient dans leur alinéa 2 que

> « les tiers peuvent se prévaloir du siège statutaire, mais celui-ci ne leur est pas opposable par la société si le siège réel est situé en un autre lieu ».

La désignation du siège social réel ne fait pas de difficultés lorsque le siège du conseil d'administration, les bureaux de la société, les réunions des assemblées générales sont effectivement regroupés en un même lieu. La jurisprudence devient rebelle à toute synthèse lorsque ces éléments sont dispersés en des pays distincts (36) ; en pareil cas, la désignation du siège social réel devient une question de fait (37).

52. – Le siège social doit encore être *sérieux*. L'exigence procède de la simple application de la théorie de la fraude à la loi : les tribunaux sanctionnent les cas dans lesquels le siège social a été établi à l'étranger dans le seul but d'éviter l'emprise de la loi française (38). Échappe, en revanche, à ce reproche la localisation du siège social dans le pays étranger avec lequel la personne morale a des attaches sérieuses, dans le but de bénéficier de dispositions fiscales (39).

---

(34) Colmar 23 juin 1950 : *RTD com.* 1950, 704, Y. LOUSSOUARN ; cpdt s'agissant du jeu de la caution *judicatum solvi,* Trib. civ. Metz 16 juin 1950 : *Rev. crit. DIP* 1952, 460, Y. LOUSSOUARN.

(35) Req. 22 déc. 1896 : *D.* 1897, I, 159.

(36) V. Y. LOUSSOUARN et M. TROCHU, *op. cit.*, n. 175 et s., p. 20.

(37) La jurisprudence tend à rechercher le lieu où se localise effectivement le centre de gestion de l'entreprise (Req. 11 avril 1927 : *Gaz. Pal.* 1927, II, 79).

(38) V. Paris 4 fév. 1935 : *Rev. crit. DIP* 1935, 816. – Com. 25 avril 1950 : *Gaz. Pal.* 1950, 2, 8. Pour une application au domaine de la faillite, Civ. 1re, 21 juill. 1987 : *D.* 1988, 170.

(39) V. Y. LOUSSOUARN et M. TROCHU, *op. cit.*, n. 193, p. 22.

§ 2. – Le critère correcteur : le contrôle de la personne morale

53. – L'origine du contrôle d'une personne morale peut être appréciée en considération d'éléments divers : nationalité des associés, des dirigeants, provenance des capitaux... Les difficultés de mise en œuvre de ce critère rendent compte de son relatif insuccès. Cependant, la considération de l'origine du contrôle exercé sur la personne morale permet de mettre en lumière les intérêts nationaux qui profitent des avantages économiques de l'activité sociale. Ainsi ce critère reste-t-il utilisé de façon ponctuelle en matière de *jouissance de droits.*

54. – Le critère du contrôle a connu un regain d'intérêt périodique en temps de guerre lorsqu'il s'agissait de démasquer des sociétés sous influence ennemie. Une circulaire du ministère de la Justice du 29 février 1916 inaugurait cette référence en matière de séquestre en considérant les sociétés sous contrôle étranger pour lesquelles *« il ne saurait être fait état de leur nationalité d'apparence française »*. De même, la loi du 28 octobre 1946 sur les dommages de guerre excluait expressément de son bénéfice les sociétés ayant leur siège social en France mais dont la moitié au moins des associés, gérants ou administrateurs, possédait une nationalité étrangère ou dont la moitié au moins du capital appartenait à des apporteurs étrangers (40).

Indépendamment de ces hypothèses, la jurisprudence et le législateur usent encore, aujourd'hui, du critère du contrôle lorsqu'il s'agit de dénier la jouissance de droits à une personne morale qui, *a priori* devrait bénéficier de la nationalité française par la localisation de son siège social (41).

D'une plus grande actualité, la réglementation des relations financières par les textes du 14 février 1996 (42) avec l'étranger réfère constamment au contrôle de la société.

Les juges et le législateur utilisent, donc, ce critère à une fin purement négative et un auteur observait qu'il n'existait pas de décisions ayant

---

(40) D'autres exemples d'application du critère du contrôle peuvent être relevés dans la jurisprudence en matière de séquestre (Civ. 1re, 21 nov. 1956 : *Rev. crit. DIP* 1957, 38, Y. Loussouarn ; *RTD com.* 1957, 221, Y. Loussouarn. – Paris 16 juill. 1953 : *JCP* 54, II, 8254) ou de relations commerciales avec l'ennemi (Com. 19 juill. 1954 : *Rev. crit. DIP* 1955, 106, Y. Loussouarn).

(41) Une jurisprudence aujourd'hui révolue, avait, ainsi, refusé le bénéfice de la propriété commerciale à une société de siège social français mais sous contrôle étranger (Req. 12 mai 1931, citée). V. d'autres exemples en matière de privatisation des entreprises (L. n. 86-918, 6 août 1986, art. 10) ou de propriété des entreprises de presse (L. n. 86-897, 1er août 1986, art. 7, al. 2).

(42) V. *infra*, n. 171 et s. et 240 et s.

déclaré française une société en raison du contrôle que pouvaient exercer sur elle des ressortissants français (43). Le propos mérite, sans doute, d'être nuancé et notre droit révèle avec parcimonie quelques situations dans lesquelles on a tenu compte du critère du contrôle afin de traiter en sociétés françaises des sociétés ayant leur siège à l'étranger. Cette méthode a ainsi permis de soumettre à la législation française des sociétés sous contrôle français dont le siège social était situé sur le territoire d'anciens départements ou colonies français qui accédaient à l'indépendance (44). Aujourd'hui, la méthode reste utilisée en matière de relations financières avec l'étranger (45).

(43) L. LÉVY, thèse, préc., n. 163.

(44) La formule a été utilisée dans le cadre de conventions internationales conclues avec des États africains en 1960. On retrouve également des traces de ce mode de raisonnement dans la jurisprudence concernant des sociétés ayant primitivement leur siège en Algérie.

(45) La circulaire du 15 janvier 1990 prévoit *« Une société étrangère est considérée comme étant sous contrôle français lorsque des résidents, directement ou par l'entremise d'entreprises étrangères sous contrôle de résidents, détiennent plus de 20 % du capital ou des droits de vote »* (art. 121) ; v. D. 15 janv. 1990, *infra*, n. 173.

CHAPITRE II
LE CHANGEMENT DE NATIONALITÉ DES SOCIÉTÉS

55. – Ce changement peut être *volontaire* (Section I) ou *involontaire* (Section II).

SECTION I
LE CHANGEMENT VOLONTAIRE DE NATIONALITÉ (transfert du siège)

56. – La concurrence internationale, l'apparition de nouveaux marchés, peuvent, parmi tant d'autres causes, appeler le transfert du siège social de l'entreprise dans un autre État. Les associés peuvent, alors, dissoudre le groupement et apporter les éléments de son patrimoine à une nouvelle structure sociétaire créée ailleurs. La formule présente de graves inconvénients de temps et de coût et les membres du groupement préféreront revendiquer la survie de la personne morale initiale. Une certaine doctrine a exprimé son hostilité à l'égard de ce schéma : la personne morale ne saurait se soustraire à sa seule loi d'origine ; son émigration commanderait sa dissolution (1). À l'inverse une plus large doctrine contemporaine, prenant appui sur le succès en jurisprudence des thèses de la *réalité* des personnes morales admet la persistance du groupement en dépit du transfert de son siège social à l'étranger (2).

---

(1) V. J. Hamel et G. Lagarde, A. Jauffret, *Traité de droit commercial*, Dalloz, 2e éd., t. II, n. 429, p. 86.

(2) V. Y. Loussouarn et J.-D. Bredin, *op. cit.*, n. 273, p. 293, et du premier de ces auteurs, *Le transfert du siège social et le problème du statut des sociétés : Travaux comité fr. DIP* 1946-48, p. 157 et s. – H. Batiffol et P. Lagarde, *op. cit.*, t. I, n. 197, I, p. 345 et s. – J.-M. Bischoff, *Observations sur la validité du transfert international du siège social, Mélanges D. Bastian*, t. I, Litec 1974, p. 23 et s.

La jurisprudence française n'a jamais pris nettement parti sur ce problème (3). Certaines dispositions de la loi du 24 juillet 1966 intéressent le débat. Son article 5 dispose que *« les sociétés commerciales jouissent de la personnalité morale à dater de leur immatriculation au registre du commerce »*. Dans la mesure où l'immatriculation au registre du commerce et des sociétés françaises n'est pas nécessairement concomitante au jour où le transfert a été décidé, certains y ont vu le signe d'une *« brisure »* de la personnalité de la société, sauf à considérer que celle-ci conserve son statut juridique d'étranger jusqu'à l'immatriculation (4). À l'inverse, le même texte qui prévoit que *« la transformation régulière d'une société n'entraîne pas la création d'une personne morale nouvelle »* paraît militer pour la thèse prônant la permanence de la personne morale en dépit du transfert.

57. – Plus concrètement, alors, la loi française règle le cas du transfert du siège social de France à l'étranger. Ainsi, les articles 31 et 60 de la loi, respectivement relatifs aux sociétés en commandite simple et aux SARL posent une règle d'unanimité des associés au changement de nationalité. S'agissant des sociétés anonymes, l'article 154 de la loi prévoit :

> « L'assemblée générale extraordinaire peut changer la nationalité de la société, à condition que le pays d'accueil ait conclu avec la France une convention spéciale permettant d'acquérir sa nationalité et de transférer le siège social sur son territoire et conservant à la société sa personnalité juridique ».

L'absence de pareille convention ne devrait, cependant, pas interdire, pour la SA, le transfert décidé à l'unanimité des associés (5). La rigueur de ces dernières dispositions est justifiée par l'évasion de ressources fiscales qu'entraîne le transfert du siège social à l'étranger, cette préoccupation explique la portée du dispositif figurant à l'article 221-3 du CGI aux termes duquel le changement de nationalité d'une société française par actions est assimilé à la dissolution de cette dernière, entraînant notamment l'imposition des plus-values latentes.

---

(3) V. cpdt un très vieil arrêt, plutôt favorable à la thèse prônant la disparition de la personne morale lors du transfert, Civ. 26 nov. 1894 : *DP* 1895, I, 57, THALLER. La décision paraissait cependant largement justifiée par le changement de forme d'une société civile en société anonyme qui intervenait à l'occasion de ce transfert. Rappr. Cass. belge, 12 nov. 1965, favorable au maintien de la personnalité juridique lors du transfert (*Clunet* 1966, 140, ABRAHAMS ; *Rev. crit. DIP* 1967, 510, Y. LOUSSOUARN).

(4) V. Y. LOUSSOUARN et J.-D. BREDIN, *op. cit.*, n. 274, p. 297.

(5) En ce sens, Y. LOUSSOUARN et J.-D. BREDIN qui interprètent cette disposition par référence à l'ordonnance du 7 janvier 1959 (*op. cit.*, n. 274, p. 297). – P. MAYER, *op. cit.*, n. 1067, p. 671 ; cpdt H. BATIFFOL et P. LAGARDE, *op.* et *loc. cit.*, t. I, n. 197-1, p. 346.

La même logique explique l'absence de dispositions pareillement restrictives s'agissant du transfert en France du siège social d'une société étrangère. Sans doute, l'administration fiscale estime-t-elle que pareil transfert donne naissance à une personne morale nouvelle... redevable du paiement de nouveaux droits d'enregistrement (6), mais l'autonomie souvent prêtée au droit fiscal interdit d'attribuer une portée trop générale à cette analyse.

58. – Si l'on admet le principe de la continuité de la personne morale lors du transfert du siège social, on doit s'interroger ensuite sur la loi applicable, sans doute, aux conditions, mais sûrement à la licéité même de ce transfert.

Sur le principe de la licéité du transfert, l'accord des deux lois en cause paraît nécessaire (7).

S'agissant du régime du transfert, la doctrine prône l'application distributive des lois en cause, la loi ancienne ayant vocation à régir ce qui précède le changement de siège, la loi nouvelle s'appliquant immédiatement (8), sous réserve de la compétence de la loi ancienne jusqu'à la nouvelle immatriculation (9). Les statuts de la société seront mis en harmonie avec la loi nouvelle sans que, pour autant, il n'y ait à reconstituer la personne morale.

SECTION II

LE CHANGEMENT INVOLONTAIRE DE NATIONALITÉ (mutation de souveraineté territoriale)

59. – Dans un système qui désigne la nationalité d'une personne morale par référence à la localisation de son siège social, le changement de souveraineté du territoire sur lequel est situé celui-ci entraîne, logiquement, le changement de nationalité du groupement.

– Lorsque le changement de souveraineté résulte d'un traité international, cette difficulté est souvent réglée par des dispositions spéciales. Ainsi, lors de l'accession à l'indépendance des États francophones, spécialement d'Afrique noire, les accords conclus ont pris soin d'affirmer le respect

(6) Rép. min. 19 fév. 1972 : *Rev. crit. DIP* 1972, 511.

(7) En ce sens, v. art. 161, Loi fédérale suisse sur le droit international privé : *Rev. crit. DIP* 1988, p. 409 et s., spéc. p. 439.

(8) Sur les thèses prônant la survie de la loi originaire, v. Y. LOUSSOUARN et J.-D. BREDIN, *op. cit.*, n. 279, p. 303.

(9) V. *supra*, art. 5, L. 24 juill. 1966.

de la nationalité et, par conséquent, du statut juridique des sociétés contrôlées par des Français (10). Cette hypothèse révèle une utilisation exceptionnelle du critère du contrôle afin de conserver sous l'égide de la loi française des sociétés dont le siège social était désormais sis à l'étranger.

– Mais les conséquences de la mutation de souveraineté d'un territoire sur le régime juridique des personnes morales dont le siège social est situé sur celui-ci peuvent rester ignorées par d'éventuels accords internationaux. Tel est le cas des accords d'Évian destinés à régler les rapports de la France et de l'Algérie lors de l'indépendance de cet État. Conformément aux principes précédemment dégagés, le changement de souveraineté d'un État doit emporter le changement de la nationalité des sociétés ayant leur siège social sur son sol (11). Cette solution avait été admise s'agissant de sociétés ayant leur siège social en Algérie après l'indépendance de cet État (12).

Mais d'autres décisions avaient admis que les sociétés sous contrôle français ayant leur siège en Algérie conservaient la nationalité française au titre de la théorie du contrôle ou d'un droit d'option (13). Les fondements invoqués pour justifier cette jurisprudence n'emportaient cependant pas la conviction (14).

L'affaire de la *Caisse centrale de réassurance des Mutuelles agricoles* dans laquelle les administrateurs français évincés avaient décidé de procéder à un transfert du siège social de la personne morale d'Alger à Paris a fourni l'occasion à la Cour de cassation de prendre position :

> « Si, en principe, la nationalité d'une société se détermine par la situation de son siège social, pareil critère cesse d'avoir application lorsque, le territoire sur lequel est établi ce siège social étant passé sous une souveraineté étrangère, les personnes qui ont le contrôle de la société et les organes sociaux investis conformément au pacte social ont décidé de transférer le siège de la société afin qu'elle

---

(10) Conventions franco-tunisienne du 3 juin 1955, franco-malgache du 27 juin 1960, franco-tchadienne du 11 août 1960, franco-centrafricaine du 13 août 1960, franco-congolaise du 15 août 1960 ; sur ces Conventions : *Rev. crit. DIP* 1961, p. 212. – *Adde*, J. FOYER, *La nationalité des sociétés dans les rapports entre la France et les nouveaux États africains d'expression française : Travaux comité fr. DIP* 1966-69, p. 267.

(11) En ce sens, J. HAMEL, G. LAGARDE, A. JAUFFRET, *op. cit.*, n. 429, p. 87.

(12) Paris 21 oct. 1965 : *Gaz. Pal.* 1965, 2, 353 ; *Clunet* 1966, 360, J.-D. BREDIN. – Civ. 1re, 26 nov. 1975 : *Rev. crit. DIP* 1976, 506, P.L. – Versailles 6 juin 1984 : *Gaz. Pal.* 14 fév. 1986.

(13) Paris 17 mai 1967 : *Clunet* 1967, 874, Y. LOUSSOUARN ; *JCP* 68, II, 15427, B. OPPETIT. – TGI Seine 23 juin 1965 : *Gaz. Pal.* 1965, 2, 401.

(14) V. spéc. Y. LOUSSOUARN et J.-D. BREDIN, *op. cit.*, n. 283, p. 309. – H. BATIFFOL et P. LAGARDE, *op. cit.*, n. 197-1, p. 348, spéc., note 11.

conserve sa nationalité et continue d'être soumise à la loi qui la régissait jusqu'alors » (15).

On verra dans cette décision la transposition aux personnes morales du système de la reconnaissance de la nationalité française prévu pour les personnes physiques à l'occasion de l'indépendance des mêmes États d'Afrique noire, de Madagascar et d'Algérie (16).

---

(15) *Rev. crit. DIP* 1971, 451, P. LAGARDE ; *Clunet* 1972, 834, Y. LOUSSOUARN ; *JCP* 72, II, 17101, B. OPPETIT ; *Grands arrêts DIP*, n. 51, p. 413.

(16) V. P. LAGARDE : *Rev. crit. DIP* 1971, art. cit.

CHAPITRE III

LA « FAILLITE » INTERNATIONALE

60. – Le patrimoine d'une société peut être localisé dans différents États. L'ouverture d'une procédure collective à l'encontre de celle-ci pose l'épineux problème de la *faillite internationale* (1). La règle de l'unicité du patrimoine de la personne – physique ou morale – milite pour l'unité de la procédure. De même, le principe d'égalité entre les créanciers suggère de ne considérer qu'une masse unique des biens du débiteur même situés en divers pays. Le système dit de l'*universalité de la faillite* appelle application extra-territoriale d'une loi unique. À nouveau, la nationalité prêtée à la société pourrait influer sur le régime de sa *« faillite »* internationale.

61. – À son encontre on relèvera que l'ouverture d'une procédure collective concerne le patrimoine du débiteur et se rattache, rationnellement, au statut réel d'application strictement territoriale. Par ailleurs, la règle de l'unicité du patrimoine subit de nombreuses entorses tant en droit interne qu'en droit international privé, notamment en matière successorale. D'autre part, la nécessité d'un *exequatur* du jugement d'ouverture porte un coup fatal à la règle de l'égalité des créanciers dans la mesure où les poursuites individuelles pourront encore être exercées après le jugement d'ouverture tant que celui-ci ne sera pas revêtu de l'*exequatur* dans l'État requis. Enfin, le système de l'universalité de la

---

(1) M. TROCHU, *Conflits de lois et conflits de juridictions en matière de faillite*, Sirey 1967. – Y. LOUSSOUARN et J.-D. BREDIN, *op. cit.*, 1969, p. 751 et s., n. 677 et s. ; *Travaux comité fr. DIP* 1986-88, 85 et 1991-93, 227 ; numéro spécial de la *RD aff. int.* 1989, 3, et, notamment, P. DIDIER, *La problématique du droit de la faillite internationale*, p. 201 et s. – N. PIMBLIS, *La faillite dans les relations internationales d'ordre privé*, thèse Paris XI, 1992. – A. MARTIN-SERF, *La faillite internationale : une réalité économique pressante, un enchevêtrement juridique croissant : Clunet* 1992, 31. – V. TINGRY, *La faillite internationale : Petites Affiches* 1992, n. 97, p. 22 et s., n. 98, p. 24 et s. et n. 99, p. 10 et s. – J.-C. COVIAUX, *Redressement et liquidation judiciaires. Procédures collectives en droit international : J.-Cl. Int.*, fasc. 568. – L. IDOT et C. SAINT-ALARY-HOUIN, *Procédures collectives, droits internes, droit international : J.-Cl. Eur.*, fasc. 870, n. 78 et s. ; *Dr. prat. com. int.* 1995-1 et 2, *Les faillites internationales*. – M. DUSSEAUX, *La faillite des succursales, Mélanges J. Pardon*, Bruylant 1996.

faillite supposerait la compétence d'une juridiction unique qui appliquerait et imposerait sa propre loi.

62. – Ces raisons contribuent au succès en doctrine d'un second système dit de la *territorialité de la faillite* selon lequel les biens du débiteur situés en un État ne peuvent faire l'objet que d'une procédure locale relevant de la même loi ; la principale conséquence est celle de la pluralité des faillites.

63. – Le dépassement de ces controverses supposait l'élaboration d'instruments internationaux et la France a ratifié des conventions internationales bilatérales destinées à favoriser la reconnaissance mutuelle des procédures ouvertes dans chaque pays (2) ; ces conventions qui désignent un seul tribunal compétent, assurent l'unité de la procédure de faillite.

Leur petit nombre est, cependant, significatif de *« l'îlot de résistance »* que constitue la matière de la faillite à *« l'internationalisation du droit »* (3). L'effort européen mérite, tout particulièrement, d'être signalé.

Dans le cadre du Conseil de l'Europe, d'abord, la Convention européenne *sur certains aspects internationaux du droit de la faillite* dite Convention d'Istanbul, adoptée les 19-23 février 1990, et ratifiée par la France n'est pas encore entrée en vigueur (4). Mais la convention communautaire *relative aux procédures d'insolvabilité* adoptée à Bruxelles, le 12 septembre 1995, et ouverte à signature est destinée à se substituer dans les rapports intra-communautaires au texte précédent (5). À l'inverse des conventions bilatérales, ces textes européens n'ont pas pour objet d'unifier la procédure d'une faillite internationale ; au contraire, ils consacrent le système de la pluralité des faillites même s'ils cherchent à l'aménager (6).

64. – Universalité, pluralité... l'influence de ces deux écoles se partage selon qu'il s'agit d'apprécier la *compétence du juge français* pour l'ouverture d'une procédure collective originaire (Section I), et l'*autorité* en

---

(2) De telles conventions ont été conclues avec l'Autriche (27 fév. 1979), la Belgique (8 juill. 1899), l'Italie (3 juin 1930), Monaco (13 sept. 1950) ou la Suisse (15 juin 1869, abrogée par échange de lettres à compter du 1er janv. 1992) ; sur ces conventions v. J.-C. COVIAUX : *J.-Cl. Int., op. cit.*, fasc. 568, n. 129 et s.

(3) V. J. BÉGUIN, *Un îlot de résistance à l'internationalisation : le droit international des procédures collectives, Mélanges Y. Loussouarn*, Dalloz 1994, p. 31 et s.

(4) V. *Rev. crit.* DIP 1993, 121 et comm. VALLENS. – BOTTIAU : *Rev. proc. coll.* 1990, 97. La convention a été ratifiée par l'Allemagne, le Luxembourg, la Grèce et la Turquie.

(5) Act. Leg. : *D.* 1995, 239 et comm. J.-L. VALLENS, p. 217 et s.

(6) On retiendra qu'aucune de ces deux conventions ne s'applique aux établissements de crédit et entreprises d'assurance qui font actuellement l'objet de deux propositions de directives sur *l'assainissement et la liquidation des établissements de crédit* (1985) et *sur la liquidation obligatoire des entreprises d'assurance directe* (1987).

France d'un *jugement étranger* prononçant la faillite de l'entreprise (Section II).

SECTION I
LA COMPÉTENCE DU JUGE FRANÇAIS

65. – En l'État du droit positif, le décret n. 85-1388 du 27 décembre 1985 pose la règle selon laquelle

> « le tribunal territorialement compétent pour connaître de la procédure de redressement ou de liquidation judiciaire est celui dans le ressort duquel le débiteur a le siège de son entreprise ou, à défaut de siège en territoire français, le centre principal de ses intérêts en France (...) » (art. 1er, al. 1).

La jurisprudence transpose au plan international cette règle de compétence interne. De fait, la localisation française du siège social *« réel »* de la personne morale justifie *« naturellement »* la compétence des tribunaux français pour prononcer l'ouverture d'une procédure de redressement ou liquidation judiciaire ; les tribunaux français se reconnaissent également compétents dès lors qu'un établissement (7) du débiteur autre que le siège de l'entreprise est situé en France. Le caractère essentiellement *« liquidatif »* des procédures alors ouvertes paraît justifier cette jurisprudence ; mais c'est l'entreprise elle-même, et non le simple établissement qui fait l'objet de la procédure.

Au-delà, la compétence internationale des tribunaux français est encore admise, hors tout établissement situé en France, dès lors que le débiteur possède des biens localisés en France ou même que l'une des parties à la faillite, créancier ou débiteur commerçant, est française, les articles 14 et 15 du Code civil assurant ce chef de compétence (8).

---

(7) La Cour de cassation a décidé que *« le principal établissement du débiteur, au sens de ce texte, désigne le principal de ses établissements secondaires situés en France »* ; en l'occurrence, la Banque BCCI Overseas dont le siège social était situé dans les Iles Caïman, avait créé des succursales à Paris, Marseille, Cannes et Monaco dont celle de Paris constituait le principal établissement ; le tribunal de commerce de Paris était bien territorialement compétent pour prononcer le redressement judiciaire de la Banque (Com. 11 avril 1995 : *Bull.* IV, n. 126, p. 111 ; *D.* 1995, 640, M. VASSEUR). *Adde,* Com. 19 janv. 1988, à propos de l'ouverture en France d'une procédure à l'encontre d'une société de droit allemand qui *« exploitait une succursale à Choisy le Roy »* (*D.* 1988, 565, J.-P. REMERY). Cpdt, sur la personnalité fiscale de « l'établissement stable » établi par une société étrangère, *infra*, n. 771 et s.

(8) Civ. 2e, 7 juin 1962 : *Bull.* II, n. 506, p. 361 ; *Clunet* 1963, 108, PONSARD. – Civ. 2e, 12 juill. 1962 : *Clunet* 1963, 1056, B.G. – Com. 19 mars 1979 : *Rev. crit. DIP* 1981, 524, P. LAGARDE ; *Dr. prat. com. int.* 1979, 537, MERCADAL ; *Rev. soc.* 1979, 567, Y. GUYON ; cpdt Y. LOUSSOUARN et J.-D. BREDIN, *op. cit.*, n. 691, p. 769.

L'entrée en vigueur, peu probable, de la Convention d'Istanbul ou, plus sûre, de la Convention de Bruxelles relative aux procédures d'insolvabilité ne devrait pas bouleverser cette présentation, au moins lorsque la compétence des tribunaux français est fondée sur la localisation du siège *(« centre des intérêts principaux »)* ou d'un établissement de l'entreprise (9). En revanche, en l'absence de tout établissement du débiteur dans un État contractant, la simple localisation de biens du débiteur ne constitue un chef de compétence que dans la seule Convention d'Istanbul (art. 17).

66. – La compétence internationale d'une juridiction française qui a été retenue pour la procédure ouverte à l'encontre d'une société s'impose-t-elle encore à l'occasion de l'extension de la procédure à l'endroit d'une ou plusieurs autres personnes *« domiciliées »* à l'étranger ? Les règles de compétence interne invitent à cette solution (10). La jurisprudence réserve, pourtant, l'extension de compétence à la constatation d'une confusion de patrimoines et, partant, d'unité de fait de la faillite (11).

67. – La compétence des juridictions françaises emporte, alors, application au fond de la loi française pour décider des conditions d'ouverture, du déroulement et de la clôture de la procédure. Plus généralement, la loi du *for* décide des débiteurs susceptibles de faire l'objet d'une telle procédure, des biens objet du dessaisissement, des conditions de production des créances (12), des pouvoirs respectifs du débiteur et du *« syndic »*, etc. (13). La compétence de la loi du *for* souffre de la seule concurrence de la *lex rei sitae* à l'égard des sûretés conventionnelles

(9) Art. 4 Convention Istanbul ; art. 3 convention relative aux procédures d'insolvabilité. La procédure *« secondaire »*, ouverte en présence d'un simple établissement sur le territoire doit être une procédure de liquidation limitée aux seuls biens du débiteur se trouvant sur ce territoire ; toute entreprise qui est soumise dans un État contractant à une *« procédure principale »* peut être l'objet d'une procédure secondaire dans un autre État contractant sans que son insolvabilité soit examinée dans ce second État, art. 16 Convention d'Istanbul ; art. 27, convention relative aux procédures d'insolvabilité.

(10) Art. 7, 178, 181, 182, L. 25 janv. 1985 ; art. 163 et 166, D. 27 déc. 1985.

(11) Civ. 1re, 31 janv. 1990 : *D.* 1990, 461, J.-P. REMERY. – Aix-en-Provence 19 avril 1990 : *D.* 1991, 116. V. cpdt Civ. 1re, 24 mars 1993 qui retient la compétence du tribunal de grande instance de Paris pour connaître de la procédure de redressement ouverte à l'encontre du co-gérant, domicilié en Belgique, d'une SCP mise en liquidation par ce tribunal (*Bull.* I, n. 122, p. 81).

(12) En ce sens, Com. 14 mai 1996 *(aff. BCCI Overseas) : Rev. crit. DIP* 1996, 475, rapport J. P. REMERY ; *D.* 1996, 586, M. VASSEUR ; *Dr. aff.* 1996, 810.

(13) En ce sens, art. 4 convention relative aux procédures d'insolvabilité ; art. 19 Convention d'Istanbul. Pour l'application de la loi du *for* étrangère aux conditions de la compensation invoquée par des créanciers français, Civ. 1re, 6 juin 1990 ; *D.* 1991, 137, J.-P. REMERY.

portant sur des biens situés à l'étranger (14). La doctrine marque pourtant ses réserves à l'encontre de ce partage, tant il est raisonnable de penser que la loi de la faillite *(du for)* qui pose la mesure de la règle d'égalité entre les créanciers a seule compétence pour déroger à cette règle au profit d'un créancier titulaire d'une sûreté réelle (15). Dès lors, la Cour de cassation semble, aujourd'hui, privilégier la *lex fori* et soumet à celle-ci, en l'occurrence la loi française, les conditions de revendication de marchandises vendues avec réserve de propriété au bénéfice d'une société de droit allemand (16).

SECTION II
L'AUTORITÉ DU JUGEMENT ÉTRANGER

68. – L'ouverture en France d'une procédure collective risque, cependant, d'être affectée par l'existence d'un jugement étranger prononçant la faillite du débiteur. Le droit positif est fermement établi sur l'absence d'effet de plein droit du jugement étranger sauf convention bilatérale posant une règle différente ; de fait, avant la décision d'*exequatur* de ce jugement, ce dernier ne peut permettre de recourir en France à des mesures d'exécution où le débiteur doit toujours être considéré comme *in bonis* (17). On concède, simplement, que le mandataire étranger peut, malgré l'absence d'*exequatur* ester en justice et accomplir des actes conservatoires en France (18). Le droit français retient, donc, de ce point

(14) À propos d'un contrat de crédit-bail soumis à la loi allemande, déclaré opposable aux créanciers sans que les conditions de publicité requises par la loi française « de la faillite » n'aient été respectées : Com. 11 mai 1982 : *Rev. crit. DIP* 1983, 450, G. KHAIRALLAH.

(15) V. Y. LOUSSOUARN, *Les conflits de lois en matière de réserve de propriété, Mélanges R. Houin*, Dalloz-Sirey 1985, 275, spéc., p. 284. – P. MAYER, *Les conflits de lois en matière de réserve de propriété après la loi du 12 mai 1980 : JCP* 81, I, 3019, 8. – *Adde,* G. KHAIRALLAH, *op.* et *loc. cit.*.

(16) Civ. 1re, 8 janv. 1991 : *D.* 1991, 276, J.-P. REMERY.

(17) Poitiers 20 déc. 1972 : *Rev. crit. DIP* 1974, 118, Y.L. Encore doit-il s'agir d'un *exequatur* général qui n'est pas restreint à certains effets du jugement étranger, Civ. 1re, 20 mai 1967 : *Bull.*, n. 172 ; *Clunet* 1967, 629, J.-D. BREDIN ; *Rev. crit. DIP* 1968, 87, Chr. GAVALDA.

(18) TGI Paris 15 juin 1988 : *Clunet* 1990, 423, J.-P. MATTOUT, reconnaît le droit du syndic à disposer d'un compte courant créditeur du failli en France ; le jugement fait cependant application de la convention franco-belge du 8 juillet 1899. La Cour de cassation a reconnu que *« les liquidateurs d'une banque étrangère tenaient du jugement étranger qui les a désignés, ne fût-il pas revêtu de l'* exequatur, *le pouvoir de représenter les créanciers ayant produit entre leurs mains ou auprès de la juridiction étrangère et avaient à ce titre, dans les conditions fixées par la loi et les autorités étrangères, qualité pour adresser au représentant des créanciers nommé dans la procédure ouverte en France une déclaration de créance en leur nom »* (Com. 14 mai 1996, préc.).

de vue, le système de pluralité des faillites avec ses conséquences : l'ouverture d'une procédure collective en France paralyse la demande d'*exequatur* du jugement étranger (19). Le système de *territorialité* des *faillites* ainsi adopté supporte, cependant, d'importants tempéraments et la Cour de cassation invite à reconnaître certains effets au jugement étranger déclaratif de faillite : la cour régulatrice déclare inopposable à la masse des créanciers de la faillite étrangère l'inscription provisoire d'hypothèque antérieure à la décision d'*exequatur* mais postérieure au jugement étranger et à la date de cessation des paiements fixés par celui-ci ; elle déclare encore irrecevable une action en paiement introduite à la même époque dans la mesure où ces solutions sont également connues du droit français (20).

En revanche, la décision d'*exequatur* du jugement étranger de faillite conduit à mettre en œuvre en France une faillite étrangère. L'autorité de chose jugée que l'*exequatur* confère au jugement étranger de faillite interdit au juge français d'ouvrir sa propre procédure (21). La force exécutoire attachée à l'*exequatur* du jugement étranger permet au *« syndic »* étranger de poursuivre en France l'exécution des biens du failli, même si les mesures d'exécution paraissent devoir être empruntées au seul droit local. Plus généralement, la procédure instruite en France est bien une faillite étrangère dont les conditions d'ouverture, le déroulement (débiteurs concernés, sort des biens du débiteur, production des créances, sort des contrats en cours, pouvoir du syndic...) et la clôture sont appréciés en application de la loi étrangère par le juge étranger. La perspective d'*exequatur* du jugement étranger de faillite pourrait ouvrir une course contre la montre pour les créanciers français cherchant à obtenir paiement ou garantie d'un débiteur localement *in bonis ;* les effets reconnus par la Cour de cassation au seul jugement étranger déclaratif de faillite paraissent destinés à prévenir cette conséquence (22).

---

(19) La concurrence de deux procédures analogues développées au sein de deux États membres de la CEE ne heurte pas les principes d'égalité entre ressortissants communautaires dans la mesure où tous les créanciers du débiteur peuvent produire dans la procédure ouverte en France sans distinction de nationalité (Com. 19 janv. 1988, préc.) ou d'origine de la créance (Com. 14 mai 1996, préc.).

(20) Civ. 1re, 25 fév. 1986 : *Rev. crit. DIP* 1987, 589, H. SYNVET ; *JCP* 87, éd. E, II, 20776, J.-P. RÉMERY ; *Clunet* 1988, 425, A. JACQUEMONT.

(21) Com. 19 janv. 1988 et 11 avril 1995, préc.

(22) Civ. 1re, 25 fév. 1986, préc.

TITRE II

LA CONDITION DE L'OPÉRATEUR ÉTRANGER EN FRANCE

69. – Réglés les problèmes de sa nationalité, demeurent les problèmes du régime juridique applicable aux étrangers, personnes physiques et morales, sur le sol français.

L'étude de la condition, au sens le plus neutre du terme, de l'opérateur étranger en France (1) invite à considérer deux questions, bien distinctes mais néanmoins liées, ayant trait aux *conditions d'entrée, de séjour et de travail des étrangers* en France (Chapitre I) avant de se préoccuper des *conditions de jouissance de droits* des étrangers séjournant régulièrement dans notre pays (Chapitre II). La première question ressort au domaine de la police des étrangers ; la seconde à celui de la jouissance des droits ou, mieux, de la condition des étrangers *stricto sensu.*

Ces deux questions sont étroitement associées dans la mesure où, par exemple, la large reconnaissance de droits au profit de l'opérateur étranger justifiera une réglementation plus stricte de ses conditions d'entrée et de séjour en France.

---

(1) Rappr. sur la situation inverse de l'opérateur à l'étranger et à propos des dirigeants de sociétés : Ordre des avocats à la cour de Paris, *Droit international de l'homme d'affaires*, Dalloz 1994.

CHAPITRE I

LES CONDITIONS D'ENTRÉE, DE SÉJOUR ET DE TRAVAIL DES ÉTRANGERS EN FRANCE

70. – La police des étrangers en France est assurée par une ordonnance n. 45-2658 du 2 novembre 1945 relative *« aux conditions d'entrée et de séjour des étrangers et portant création de l'office national d'immigration »*. Cette réglementation consécutive aux désordres créés par la Deuxième Guerre mondiale succédait à de nombreux textes sporadiques qui étaient apparus dès la fin du XIXe siècle et qui répondaient à la demande croissante de main d'œuvre étrangère.

La période de croissance économique continue dont bénéficia notre pays jusqu'en 1973 justifia la stabilité de cette réglementation. Le ralentissement de l'activité économique, l'augmentation dramatique du nombre de demandeurs d'emploi appelèrent de la part des pouvoirs publics de nouvelles mesures dont l'inspiration est étroitement associée aux mutations politiques de notre pays (1). La loi du 10 janvier 1980 relative à la prévention de l'immigration clandestine (2) était d'inspiration restrictive ; les lois du 29 octobre 1981 relative aux conditions d'entrée et de séjour des étrangers en France (3), puis du 17 juillet 1984 étaient plus accueillantes en créant des titres uniques de séjour et de travail (4) ; la loi du 9 septembre 1986 marquait un retour de balancier vers plus de sévérité (5) qu'allaient contredire les lois du 2 août 1989 (6) et du 10 janvier 1990 (7) ; la loi du 24 août 1993 (8) marque le retour à une certaine

---

(1) En dehors des textes législatifs ci-après évoqués, la question de la police des étrangers fait l'objet de nombreux décrets, arrêtés et autres circulaires ministérielles. Ces dernières sont d'ailleurs essentielles pour définir la pratique de la politique législative.

(2) *JO* 11 janv. 1980.

(3) *JO* 30 oct. 1981.

(4) *JO* 17 juill. 1984.

(5) *JO* 12 sept. 1986.

(6) *JO* 8 août 1989.

(7) *JO* 12 janv. 1990.

(8) *JO* 29 août 1993. Sur cette loi, v. N. GUIMEZANES, *L'arrêt de l'immigration en France ? : JCP* 94, éd. G, I, 3728 ; *Clunet* 1994, 59. – D. TURPIN : *Rev. crit. DIP* 1994, 1. – *Adde*, L. 30 déc. 1993 : *JO* 1er janv. 1994 qui complète ce texte. L. constit., 25 nov. 1993 : *JO* 26 nov., relative aux accords internationaux en matière de droit d'asile. –

rigueur dans la police des étrangers. Enfin, la loi du 26 février 1992 (9) procède à quelques adaptations rendues nécessaires par la signature des accords de Schengen du 19 juin 1990 destinés à permettre le libre franchissement des frontières à l'intérieur des États signataires après contrôle effectué à l'entrée de l'un d'eux.

Pareil chassé-croisé traduit le caractère désormais sensible et politique du thème des conditions d'entrée et de séjour et d'une éventuelle activité de l'étranger en France.

71. – L'article 5 modifié de l'ordonnance du 2 novembre 1945 précise *« les conditions d'entrée de l'étranger en France »*. Le texte exige la présentation par l'immigrant d'un passeport délivré par l'État d'origine et visé par les autorités consulaires françaises, de documents relatifs à l'objet de son séjour, voire aux conditions de son rapatriement (10), et, enfin, le cas échéant, d'une autorisation relative à *« l'activité professionnelle »* exercée sur le territoire français. Cette énonciation connaît de nombreuses dispenses au profit des personnes bénéficiaires de mesures de regroupement familial, conjoint et enfants mineurs de l'immigrant (11), des personnes pouvant rendre des *« services importants à la France »* (art. 5-1) et, naturellement, des personnes relevant du domaine de conventions internationales, nombreuses en la matière (12).

L'entrée sur le territoire français peut, en revanche, être refusée à tout étranger dont la présence constituerait *« une menace pour l'ordre public ou qui fait l'objet soit d'une interdiction du territoire soit d'un arrêté d'expulsion »* (art. 5). La décision de refus doit être prise par le chef du poste de la police des frontières ou du poste de douane (13) et doit faire l'objet d'une décision écrite spécialement motivée d'après les

---

L. 27 déc. 1994 réprimant l'aide à l'entrée irrégulière en France, après les accords de Schengen : *JO* 28 déc. 1994.

(9) *JO* 29 fév. 1992, compl. par L. n. 92-625, 6 juill. 1992 : *JO* 9 juill.

(10) Cette exigence posée par le décret n. 82-442 du 27 mai 1982 vise à juguler le flot d'immigration clandestine et concerne *« tout étranger bénéficiaire d'une dispense de visa qui déclare vouloir effectuer en France un séjour d'une durée n'excédant pas trois mois »*. Parmi les documents exigés figure un *« certificat d'hébergement »* fourni par l'hôte de l'immigrant et certifié par le maire de la commune d'accueil ; v. *Rev. crit. DIP* 1982, 596.

(11) V. D. n. 94-963, 7 nov. 1994 : *JO* 9 nov. V. *Rev. crit. DIP* 1995, 163.

(12) De nombreux accords ont substitué à l'exigence du passeport et du visa celle d'une pièce d'identité. V. accord européen 13 déc. 1957 : *Rev. crit. DIP* 1960, 398 ; v. égal. les accords recensés par rép. min. publiée in *Rev. crit. DIP* 1984, 749 ; pour les personnes dispensées de visa, v. D. n. 82-444, 27 mai 1982, cité ; pour le régime des ressortissants communautaires, v. D. n. 81-405, 28 avril 1981. Ces dispositions de droit commun seront affectées par l'entrée en vigueur des accords de Schengen du 14 juin 1985 et 19 juin 1990 relatifs à la suppression graduelle des contrôles aux frontières communes des états signataires, v. L. n. 92-190, 26 fév. 1992, citée.

(13) D. 27 mai 1982, cité.

éléments de l'espèce et dont le double est remis à l'intéressé pour lui permettre, le cas échéant, de former un recours contentieux non suspensif. L'étranger qui se voit opposer cette décision est en mesure d'en informer son hôte d'accueil, son consulat ou le conseil de son choix. La décision ne saurait, cependant, donner lieu à une mesure de rapatriement contre la volonté de l'intéressé avant l'expiration d'un délai d'un jour franc ; celui-ci peut alors être *« maintenu dans des locaux ne relevant pas de l'administration pénitentiaire pendant le temps strictement nécessaire à son départ »* (art. 5) (14).

Ces conditions ne sont pas exigées s'il s'agit de réfugiés politiques ou autres qui demandent à bénéficier du droit d'asile et pour lesquels il appartient au ministre de l'Intérieur, après consultation du ministre des Relations extérieures, d'accorder ou de refuser l'entrée en France ; la décision de reconnaissance de ce statut appartient à l'Office français de protection des réfugiés et apatrides (OFPRA) (15).

72. – Le *séjour sur le territoire français* suppose un titre de séjour. À la carte d'identité d'étranger instituée par le décret du 2 avril 1917 l'ordonnance de 1945 avait substitué trois titres : la carte de séjour de résident temporaire, celle de résident ordinaire, celle de résident privilégié. Dans un souci de simplification, sans doute, de meilleure maîtrise des flux migratoires, sûrement, mais de garantie pour les étrangers aussi, la loi du 17 juillet 1984 a réduit à deux le nombre des titres de séjour : la carte de séjour temporaire et la carte de résident.

La *carte de séjour temporaire* est nécessaire à tout étranger âgé de plus de dix-huit ans (16) qui désire séjourner en France plus de trois mois sans s'y fixer ; en deçà de cette période, les touristes étrangers ne sont, donc, pas soumis à cette exigence. Cette carte constitue le titre de séjour de l'étranger qui vient en France sans y exercer d'activité lucrative, l'intéressé prenant des engagements à cet égard. Elle est, encore, nécessaire aux étrangers qui ne remplissent pas les conditions nécessaires à l'obtention de la carte de résident, c'est-à-dire qui séjournent en France depuis moins de trois ans. Mais l'étranger régulièrement entré en France, qui justifie d'un visa de long séjour et de ressources suffisantes, est à même de l'obtenir. Sa durée de validité maximale est d'une

(14) Sur le maintien en zone d'attente des ports et aéroports, v. art. 35 *quater,* Ord. 2 nov. 1945, mod. L. 6 juill. 1992, après Cons. constit. 25 fév. 1992 ; *Clunet* 1992, 669, D. LOCHAK.

(15) L. n. 52-983, 25 juill. 1952 : *D.* 1952, 284.

(16) Les étrangers âgés de seize à dix-huit ans et qui désirent exercer une activité professionnelle salariée pourront recevoir, de plein droit, une carte de séjour s'ils sont en France au titre du regroupement familial ou en tant que descendants d'un ressortissant français (v. art. 9, 12 *bis* et 15, Ord. 2 nov. 1945).

année renouvelable. Le refus de renouvellement de la carte supposait l'aval préalable de la commission de séjour des étrangers instituée par la loi de 1989, avant que la loi du 24 août 1993 ne supprime cette étape ; une mesure de rejet reste, toutefois, soumise à la police du recours pour excès de pouvoir (17).

La *carte de résident* est destinée aux étrangers qui peuvent justifier d'une résidence en France licite et non interrompue d'au moins trois ans. Elle est également délivrée à différentes personnes ayant des attaches particulières avec la France (18). Peut également obtenir ce titre l'étranger satisfaisant aux conditions d'acquisition de la nationalité française prévues par l'article 21-7 du Code civil (ex. art. 44, C. nat.). La carte de résident a une durée de validité de dix ans et est renouvelée de plein droit. La permanence de ce titre de séjour justifie la relative sévérité de ses conditions d'obtention et de leur police. Le Conseil d'État a de la sorte reconnu aux autorités préfectorales le droit de refuser la carte de résident aux étranger(e)s suspecté(e)s de mariage blanc avec des Français(es) (19) ; de la même source coulent les dispositions de la loi du 24 août 1993 qui subordonnent, désormais, l'attribution de la carte à l'absence de menace à l'ordre public, à la régularité du séjour et, pour certains cas, à la régularité de l'entrée sur le territoire français (20). Le refus de la carte de résident reste soumis à l'aval préalable de la commission du séjour des étrangers ; à l'inverse, depuis la loi de 1993, un avis favorable de cette commission à la délivrance ou au renouvellement du titre ne saurait lier l'autorité préfectorale (21). La carte de résident ne peut, en principe, être retirée sauf fraude de l'intéressé, vie maritale en situation de polygamie, départ de France avec bénéfice à l'aide de la réinsertion, perte de la qualité de réfugié, expulsion ou interdiction du territoire.

---

(17) Cons. d'État 26 nov. 1982 : *Gaz. Pal.* 1983, II, somm. 450.

(18) L'art. 15 de l'ord. 2 nov. 1945 vise à ce titre treize catégories d'étrangers : il s'agit, notamment, et sous certaines conditions du conjoint étranger d'un ressortissant de nationalité française, de l'enfant étranger d'un ressortissant français, du parent étranger d'un enfant français résidant en France, des réfugiés, de certains apatrides et de leurs proches.

(19) Avis du 9 oct. 1992 : *JO* 24 oct. 1992, p. 14852 ; *JCP* 93, éd. G, II, 22025, LAROCHE-GISSEROT ; *D.* 1993, 251, MAILLARD-DESGRÉES du LOÛ ; *Rev. crit. DIP* 1993, 25, P.L.

(20) Art. 6, al. 4, v. N. GUIMEZANES : *JCP, op. cit.*, n. 17. Le Conseil constitutionnel a néanmoins décidé que la condition d'absence de menace pour l'ordre public n'était pas applicable à l'étranger remplissant les conditions de l'ancien art. 44, C.nat., nouvellement art. 21-7, C. civ. (13 août 1993 : *JO* 18 août).

(21) Cette exigence a été introduite par la loi de 1993 dans le cadre de l'art. 15 *bis* de l'ordonnance. – V. N. GUIMEZANES : *JCP, op. cit.*, n. 21.

Ne sont naturellement pas soumis à ces exigences les ressortissants de l'Union européenne ou les bénéficiaires d'accords bilatéraux (22).

73. – Mais le séjour de l'étranger en France pour une période longue est souvent motivé par la perspective d'exercer dans notre pays une activité salariée (23) ou commerciale.

74. – L'activité commerciale en France des ressortissants étrangers à l'Union européenne et qui ne bénéficient pas d'une convention bilatérale dérogatoire (24) est conditionnée à l'obtention d'une *carte de commerçant* (25). Cette carte est requise pour toute activité commerciale, industrielle ou artisanale individuelle mais également pour l'exercice par un étranger des fonctions de dirigeant d'une succursale ou d'une agence d'une société étrangère, d'agent commercial, de président de conseil d'administration et de directoire de société anonyme ou de gérant de SARL, voire même pour les fonctions d'administrateur d'un GIE ou la qualité d'associé au sein d'une société de personnes (26). La jurisprudence veille aux risques de fraude, notamment par l'interposition de prête-noms et impose l'exigence de la carte aux dirigeants de fait (27). Délivrée par le préfet, la carte indique le ou les professions exercées et le ou les départements d'exercice. Le refus de la carte doit être motivé et peut se fonder sur des motifs individuels tels qu'une condamnation antérieure mais pas sur les circonstances économiques défavorables (28). La carte de commerçant constitue un titre professionnel qui suppose que l'étranger séjourne régulièrement en France et dispose d'un titre de séjour valable (29) ; néanmoins, l'obtention de la carte de résident dispense du titre en question pour l'exercice d'une activité commerciale (30). La méconnaissance de cette réglementation justifie le prononcé de peines d'amende et d'emprisonnement à l'encontre de l'intéressé, voire la fermeture de son établissement (31). Au plan civil, la jurisprudence annule

---

(22) Pour la Tunisie, v. accord du 17 mars 1988 et D. 8 fév. 1989 : *Rev. crit. DIP* 1989, 400.

(23) Sur le régime de l'emploi en France de travailleurs étrangers, v. *infra*, n. 508 et s.

(24) V. PEUCHOT, *La carte d'identité de commerçant étranger : RD publ.* 1989, p. 1095-1136. – *Adde : J.-Cl. Dr. int.*, fasc. 525-B, N. GUIMEZANES 1987. Pour une illustration du Traité franco-espagnol du 7 janvier 1862, CE 21 déc. 1994 : *Rev. crit. DIP* 1995, 291, P. LAGARDE.

(25) D. 12 nov. 1938. Ce texte ainsi que quelques autres (D. 2 fév. 1939 ; L. 8 oct. 1940) continuent d'être en vigueur après l'ordonnance du 2 nov. 1945.

(26) D. 2 fév. 1939, mod., art. 5.

(27) V. notamment Crim. 4 juill. 1956 : *D.* 1956, 720. – 2 juill. 1958 : *Gaz. Pal.* 1958, 2, 217.

(28) Cons. d'État 16 juin 1989, pan. ; *Dr. adm. ; Gaz. Pal.* 2 juin 1990. – *Adde,* Circ. 24 oct. 1985 : *JO* 6 fév. 1986 ; *Rev. crit. DIP* 1986, 359.

(29) Cons. d'État 16 avril 1986 : *D.* 1987, somm. 221, NAGUET et LAFERRIÈRE.

(30) L. 17 juill. 1984, citée.

(31) Art. 1er, D. 12 nov. 1938.

les actes de commerce et contrats conclus par l'étranger en situation irrégulière (32). Par ailleurs, en cas de procédure collective ouverte à son encontre, le tribunal peut, à tout instant de la procédure, prononcer la faillite personnelle du commerçant étranger dépourvu de titres réguliers (33). Ces sanctions sont particulièrement sévères et ont ému certains auteurs qui estiment que la simple suspension de l'exécution des contrats jusqu'à ce que la situation de l'étranger ait été régularisée apparaîtrait comme une sanction civile suffisante (34).

75. – Un régime analogue à la carte de commerçant étranger existe pour les exploitants agricoles (35).

---

(32) Civ. 11 avril 1962 : *Bull. civ.* I, n. 212 ; *Clunet* 1964, 99, SIALLELI. – Soc. 19 juill. 1957 : *Bull. civ.* IV, n. 878 ; *Clunet* 1958, 1026, SIALELLI.

(33) Art. 189-1°, L. 25 janv. 1985, mod. L. n. 88-1202, 30 déc. 1988. – V. Paris 3 juill. 1978 : *Rev. crit. DIP* 1978, 84, P. LAGARDE.

(34) H. BATIFFOL et P. LAGARDE, *op. cit.*, n. 166-1, p. 274. – Égal. : *Rev. crit. DIP* 1971, 667.

(35) Les exploitants agricoles étrangers sont également astreints à la titularité d'une carte professionnelle distincte provisoirement remplacée par une simple autorisation du directeur départemental des services agricoles (arr. 30 mars 1955). Le défaut de ce titre ne fait pas l'objet de sanctions pénales propres mais appellera application des peines de police de l'art. R. 26-15°, C. pén. Du point de vue civil, comme précédemment, la jurisprudence annule les contrats conclus par l'exploitant en situation irrégulière, v. Soc. 6 fév. 1959 : *Rev. crit. DIP* 1961, 524, M. SIMON-DEPÎTRE, 24 oct. 1963 ; *Rev. crit. DIP* 1965, 530, M. SIMON-DEPÎTRE. – *Adde,* cpdt Civ. 3e, 17 déc. 1970 : *Rev. crit. DIP* 1971, 664, P. LAGARDE. – 4 nov. 1976 : *Rev. crit. DIP* 1977, 702, P. LAGARDE.

CHAPITRE II
LES CONDITIONS DE JOUISSANCE DES DROITS DES ÉTRANGERS EN FRANCE

76. – L'étranger qui réside régulièrement en France où il exerce son activité professionnelle a-t-il la *jouissance* des mêmes prérogatives qu'un Français ? La question de la jouissance des droits peut être précédée de préoccupations tenant à la reconnaissance de la personnalité juridique des opérateurs étrangers en France et, tout spécialement, des personnes morales étrangères. Aussi envisagerons-nous, tour à tour, les questions tenant à la *reconnaissance* (Section I) puis *aux droits* (Section II) des *opérateurs étrangers en France.*

SECTION I
LA RECONNAISSANCE DES OPÉRATEURS ÉTRANGERS EN FRANCE

77. – Il n'est guère envisageable de priver une *personne physique* étrangère de la personnalité juridique de même qu'il a toujours été admis de lui reconnaître le bénéfice d'un certain nombre de droits fondamentaux.

78. – S'agissant des *personnes morales* pareille attitude n'est plus de mise. Si la reconnaissance de plein droit de la personnalité aux sociétés de personnes n'est guère discutée (1), il n'en est pas de même pour les sociétés de capitaux.

Au début du XIXe siècle, les tribunaux faisaient preuve d'hospitalité à l'endroit des sociétés anonymes régulièrement constituées à l'étranger. Mais cette attitude a été révisée à la suite d'une décision de la Cour de cassation de Belgique du 8 février 1849 qui avait refusé de reconnaître

---

(1) En ce sens, Civ. 1re, 17 juin 1958 : *Rev. crit. DIP* 1958, 704, Ph. FRANCESCAKIS.

en Belgique une société anonyme française. Une loi du 30 mai 1857, toujours en vigueur, reconnut, alors, aux sociétés anonymes belges la faculté *« d'exercer tous leurs droits et d'ester en justice »* en France. Néanmoins, l'article suivant du même texte a subordonné la reconnaissance de la personnalité juridique des sociétés anonymes étrangères à un décret collectif pris en Conseil d'État (2).

Sans doute, de nombreux décrets catégoriels ont-ils été pris et, dans le cas où il n'en existe pas, la possibilité d'invoquer en la matière la clause de la nation la plus favorisée réduit encore l'influence du dispositif de rétorsion. Au-delà, la Cour de cassation a récemment affirmé l'incompatibilité de cette loi avec la convention européenne des droits de l'homme, spécialement en ses dispositions relatives au respect des biens et au droit d'ester en justice (3).

79. – Le droit conventionnel est apparu, une nouvelle fois, comme la méthode la plus sûre de surmonter les entraves du droit commun. S'agissant de la reconnaissance des personnes morales étrangères, trois conventions multilatérales méritent d'être évoquées.

– La Convention de La Haye du 1er juin 1956 relative à *la reconnaissance de la personnalité juridique des sociétés, associations et fondations* conjugue les critères du siège social et de l'incorporation. Cette convention prévoit la reconnaissance de plein droit de la personnalité acquise en vertu de la loi de l'État contractant dans lequel les formalités d'enregistrement ou de publicité ont été satisfaites et où se trouve le siège statutaire ; néanmoins, un État contractant dont la loi prendrait en considération le siège social réel pourrait ne pas reconnaître cette personnalité si ce siège est considéré comme se trouvant sur son territoire (art. 1 et 2). Ratifiée par la France, cette convention n'est pas entrée en vigueur même si son influence peut être décelée en jurisprudence (4).

– La Convention du Conseil de l'Europe sur *l'établissement des personnes morales* du 20 janvier 1966 apparaît plus ambitieuse que la précédente. Elle envisage, sans doute, la reconnaissance internationale de la personne morale mais prévoit, au-delà, l'assimilation au national des personnes morales étrangères. Pourtant, cette convention, pas plus que la précédente, n'est entrée en vigueur ; la difficulté de concilier les

---

(2) Cette exigence dont on a pu dire qu'elle faisait écho à celle d'une carte de séjour pour les personnes physiques paraît, aujourd'hui, bien surannée.

(3) Crim. 12 nov. 1990 et Civ. 1re, 25 juin 1991 : *Rev. crit. DIP* 1991, 667, G. KHAIRALLAH. – V. égal. Com. 5 déc. 1989, *ibid.* – *Adde,* respectivement sur la première et deuxième espèce : *D.* 1992, 29, B. BOULOC ; *D.* 1992, somm. 163, B. AUDIT.

(4) Paris 19 mars 1965, citée, *supra.* – *Adde,* Y. LOUSSOUARN : *Travaux comité fr. DIP* 1958-59, 67.

critères du siège social et du lieu de constitution peut rendre compte de ce relatif échec.

– La Convention de Bruxelles du 29 février 1968 sur la *reconnaissance mutuelle des sociétés et des personnes morales* a été élaborée en application de l'article 220 du Traité de Rome (5) ; faute de ratifications suffisantes, cette convention n'est pas encore entrée en vigueur. On rappellera que l'article 58 du Traité de Rome dispose :

> « Les sociétés constituées en conformité de la législation d'un État membre et ayant leur siège statutaire, leur administration centrale ou leur principal établissement à l'intérieur de la Communauté sont assimilées, pour l'application des dispositions du présent chapitre, aux personnes physiques ressortissant des États membres ».

Dans la même logique, l'article 1er de la Convention de Bruxelles prévoit :

> « Sont reconnues de plein droit les sociétés de droit civil ou commercial, y compris les sociétés coopératives, constituées en conformité de la loi d'un État contractant qui leur accorde la capacité d'être titulaires de droits et d'obligations, et ayant leur siège statutaire dans les territoires auxquels s'applique la présente convention ».

Cette convention respecte la référence ainsi faite au critère de l'incorporation. Les effets de la reconnaissance sont élargis : ainsi, la société bénéficiaire doit-elle se voir reconnaître dans tout État contractant la capacité accordée par la loi en conformité de laquelle elle a été constituée ; une éventuelle réduction de capacité, cependant admise, ne pourrait descendre au-dessous d'un certain seuil (titularité de droits et d'obligations, capacité de contracter et d'ester en justice...).

La place privilégiée faite par ce dispositif au critère de l'incorporation a justifié certaines dispositions échappatoires dans le corps de la Convention. Ainsi, un État peut-il déclarer celle-ci inapplicable aux sociétés dont le siège réel ne se trouve pas sur le territoire d'un État contractant si la société n'a aucun lien sérieux avec l'économie de l'un d'eux (art. 3) ; la convention prévoit, également, le cas de fraude à la loi et réserve la possibilité pour un État d'appliquer les dispositions impératives de sa propre loi aux sociétés dont le siège réel se trouve sur son territoire (art. 4).

80. – À côté de ces conventions multilatérales, on signalera enfin, sans prétention d'exhaustivité, l'existence de différentes conventions bilatérales (6).

---

(5) Texte et rapport introductif B. GOLDMAN : *RTD eur.* 1968, p. 401.

(6) Pour d'autres exemples de conventions bilatérales signées par la France et consacrant le système de l'incorporation, v. Y. LOUSSOUARN et M. TROCHU, *Les sociétés étrangères en France, reconnaissance et jouissance des droits : J.-Cl. Int.*, fasc. 564-B, n. 52 et s.

Celles qui ont été passées par la France avec nombre d'États aujourd'hui membres de l'Union européenne sont désormais dénuées d'intérêt (7). De nombreux accords similaires ont également été conclus avec des pays d'Afrique noire (8). La Convention du 25 novembre 1959 conclue entre la France et les États-Unis (9) prévoit quant à elle :

> « Les sociétés constituées conformément aux lois et règlements en vigueur dans les territoires de l'une des Hautes Parties contractantes sont réputées être des sociétés de ladite Haute Partie contractante et voient leur personnalité morale reconnue dans les territoires de l'autre Haute Partie contractante » (art. 14, § 5).

La convention réserve cependant le cas de la société contrôlée par des ressortissants d'un pays tiers (art. 13).

SECTION II

LES DROITS DES OPÉRATEURS ÉTRANGERS EN FRANCE

81. – Quelles prérogatives le droit français reconnaît-il à l'étranger, personne physique ou morale, en situation régulière en France ? Cette question, qui tient au thème de la jouissance des droits, est traditionnellement perçue comme une question préalable à celle de l'exercice des droits ; et la doctrine distinguait ainsi traditionnellement les règles de condition des étrangers (jouissance des droits) de celle de conflits de lois (exercice des droits).

82. – Cette chronologie trouve sa justification première dans la lettre de la loi. L'article 11 du Code civil pose la règle de principe selon laquelle :

> « L'étranger jouira en France des mêmes droits civils que ceux qui sont ou seront accordés aux Français par les traités de la nation à laquelle cet étranger appartiendra ».

Ce texte énonce le principe de l'assimilation de l'étranger au national sous réserve de réciprocité : à la lettre, le texte refuse aux étrangers non

---

(7) Ex., convention d'établissement du 23 août 1951 entre la France et l'Italie : *D.* 1958, IV, 51. – Convention franco-allemande d'établissement et de navigation du 27 oct. 1956 : *Rev. crit. DIP* 1959, 541.

(8) Conventions franco-malgache du 27 juin 1960, franco-gabonaise du 17 août 1960, v. *Travaux comité fr. DIP* 1966-1969, spéc., p. 276 et s.

(9) D. n. 60-1330, 7 déc. 1960 : *Rev. crit. DIP* 1961, 229.

bénéficiaires de traités internationaux la jouissance de l'ensemble des droits civils.

Sous l'influence de la doctrine (10), la jurisprudence a reconnu l'existence de droits naturels dont le bénéfice n'était conditionné à aucune réciprocité puis a étendu, peu à peu, la liste de ceux-ci notamment en matière commerciale. Finalement, la Cour de cassation, dans le très important *arrêt Lefait* rendu le 27 juillet 1948, a décidé qu' *« en principe les étrangers jouissent en France des droits qui ne leur sont pas spécialement refusés »* (11).

À la suite de cet arrêt, dès lors qu'un texte ne refuse pas expressément le jeu de ses dispositions à un étranger, celui-ci doit *« naturellement »* en bénéficier. L'évolution est remarquable : elle inverse la lecture littérale que l'on pouvait pratiquer de l'article 11 du Code civil ; celui-ci est interprété comme s'il posait un principe d'assimilation de l'étranger au national ; les seules discriminations possibles doivent résulter de dispositions expresses. Selon une juste doctrine, il n'y a plus, aujourd'hui, en droit privé français de règles propres à la condition des étrangers et préalables à l'exercice des droits (12).

D'un point de vue pratique, on recherche, alors, les textes de lois français qui, sauf réciprocité, excluent expressément les étrangers du bénéfice de leur disposition.

83. – Le *droit du travail* révèle une grande hospitalité du droit français à l'endroit du salarié étranger. Notre droit n'établit aucune préférence

---

(10) La doctrine s'est, tôt, efforcée d'atténuer la rigueur de pareil système. La méthode exégétique ne permettait guère à Demolombe de prendre de liberté avec ce dispositif : pour cet auteur, les droits civils sont tous les droits privés dont les étrangers ne peuvent en conséquence jouir sauf réciprocité. Aubry et Rau allaient proposer une doctrine célèbre distinguant les droits civils, refusés aux étrangers sauf réciprocité, des droits des gens, droits naturels dont la jouissance était toujours reconnue. Cette distinction conférait à l'étranger un statut minimum en dehors de toute réciprocité ; mais la démarcation des deux catégories de droits était par trop imprécise et condamnait l'analyse. Le système d'Aubry et Rau a, cependant, fortement influencé la jurisprudence qui, par exemple, associait aux droits civils le bénéfice de l'hypothèque légale ou la protection du nom commercial alors que la Cour de cassation reconnaissait aux étrangers le droit d'accomplir de manière générale des actes de commerce en France. L'évolution allait dans le sens d'une plus grande hospitalité à l'endroit de l'étranger ; l'interprétation proposée par Demangeat puis Valette allait dans le sens de l'histoire. Pour ces auteurs, les droits civils sont les droits privés refusés aux étrangers par la loi ; ce sont, donc, les droits qu'un texte express désigne comme tels. Le vieux droit d'aubaine, droit de recevoir à titre gratuit, apparaissait alors comme le seul droit civil dont le bénéfice était spécialement refusé aux étrangers.

(11) Cass. 27 juill. 1948 : *D.* 1948, 535 ; *Rev. crit. DIP* 1949, 75, H. BATIFFOL ; *Grands arrêts DIP* n. 20, p. 156.

(12) En ce sens, O. CARMET, *Étude de la distinction entre condition des étrangers et conflits de lois*, thèse Paris I, 1977. – P. MAYER, *op. cit.*, n. 996 et s. – *Adde*, l'opinion plus nuancée de H. BATIFFOL et P. LAGARDE, *Traité, op. cit.*, t. I, n. 159, p. 239. – D. HOLLEAUX, J. FOYER et G. de LA PRADELLE, *Droit international privé*, Masson, n. 203.

nationale dans le droit à l'emploi et l'article 225-1 du Code pénal sanctionne les discriminations fondées sur l'appartenance à une ethnie, une race ou une nation susceptibles d'intervenir au stade de l'offre d'emploi, du recrutement, voire du licenciement. De même, nombre de dispositions du Code du travail posent l'égalité de traitement entre nationaux et étrangers dans le régime des relations individuelles et collectives de travail (C. trav., art. L. 200-2, L. 133-5-10°, L. 122-45) (13) et la doctrine affirme sans hésitation que l'égalité de traitement est un principe général du droit du travail (14).

84. – Le *droit de la sécurité sociale* se révèle également attentif au sort du salarié étranger. Les conventions internationales posent la règle de l'assimilation de l'étranger au national (15).

85. – Le *droit commercial* révèle quelques dispositions restrictives à l'endroit des étrangers. Ainsi la loi du 26 novembre 1873 (art. 9) exclut-elle expressément les étrangers, sauf réciprocité, du bénéfice de la protection du nom commercial assurée par les *« lois en vigueur »*. Sans doute, cette disposition vise-t-elle directement le régime de réservation institué par la loi du 28 juillet 1824 qui incrimine les altérations ou suppositions de nom sur produits ; à l'inverse, il semble difficile de refuser à un étranger le bénéfice du régime de l'action en concurrence déloyale dès lors, notamment, que la Convention d'Union de Paris du 20 mars 1883 prévoit que *« les pays de l'Union sont tenus d'assurer aux ressortissants de l'Union une protection effective contre la concurrence déloyale »* (art. 10 *bis*, 1). L'article 38 du décret du 30 septembre 1953 réserve, de même, le bénéfice du droit au renouvellement du bail, caractéristique de la propriété commerciale, à certains étrangers dont le pays d'origine satisfait à la réciprocité ou qui justifient avec la France d'attaches particulières. Mais, là encore, la jurisprudence se révèle particulièrement accueillante et la cour d'appel de Paris reconnaît le bénéfice du statut au commerçant de nationalité chinoise *« fondé à invoquer l'accord franco-chinois du 30 mai 1984 relatif à l'encouragement et à la protection réciproque des investissements, aucun élément de ce texte ne permettant de considérer que la volonté des parties a été d'exclure la notion de propriété commerciale »* (16). C'est finalement le domaine de la propriété intellectuelle qui offre le plus de suspicion à l'égard des étrangers. Les articles L. 611-1, alinéa 3 et L. 712-11 du Code de la propriété intellec-

---

(13) Pour de plus amples développements, v. *infra*, n. 508 et s.

(14) G. et A. Lyon-Caen, *Droit social international et européen*, Dalloz 1993, 8e éd., n. 136.

(15) Conventions OIT, art. 19 et 162, Charte sociale européenne, sur le régime du travailleur étranger au regard du droit de la Sécurité sociale, v. *infra* n. 508.

(16) Paris 9 juill. 1992 : *JCP* 92, éd. E, Pan. 1186.

tuelle respectivement relatifs aux régimes de réservation institués par les droits de *brevet* et de *marque* accordent aux étrangers la protection instituée par la loi française – c'est la règle de la territorialité – sous la condition de réciprocité ; ces dispositions sont cependant privées d'une grande portée pratique en raison de l'existence de conventions internationales d'Union fondées sur le principe du traitement national de l'étranger (17). Les mêmes observations peuvent être pratiquées s'agissant des *droits de propriété littéraire et artistique :* les articles L. 111-4 et L. 111-5 du Code de la propriété intellectuelle posent l'exigence d'une réciprocité de protection pour assurer le bénéfice de la loi française aux œuvres étrangères d'auteurs étrangers et, spécialement, aux logiciels créés par des auteurs étrangers ; là encore, l'influence des conventions signées à Berne, le 9 septembre 1886, et à Genève, le 6 septembre 1952, fondées sur le principe du traitement national (18) prive d'une grande utilité pratique les dispositions précédentes (19).

(17) V. J.-M. MOUSSERON, *Traité des brevets*, t. I : *L'obtention des brevets*, Coll. CEIPI, n. XXX, Litec 1984, n. 37 et s., p. 54 ; v. *infra*, n. 437 et s.

(18) V. *infra*, n. 426 et s.

(19) V. cpdt, Civ. 1re, 28 mai 1991 qui affirme un peu hâtivement, le caractère de « *lois d'application impérative* » de l'art. L. 111-4, CPI : *Rev. crit. DIP* 1991, 752, P.-Y. GAUTIER ; *JCP* 91, éd. G, II, 21731, A. FRANÇON ; *JCP* 91, éd. E, II, 220, P. SIRINELLI et J. GINSBURG ; *D.* 1993, 197, J. RAYNARD. V. *infra*, n. 469.

DEUXIÈME PARTIE

LES OPÉRATIONS DU COMMERCE INTERNATIONAL

86. – Pour l'essentiel, les opérations du commerce international ne diffèrent pas, dans leur nature, des opérations du commerce interne : ventes et locations, chèques et effets de commerce, garanties personnelles et sûretés, droits d'auteur et brevets sont, dans l'un et l'autre cas, les instruments des relations à établir et à exécuter entre entreprises.

Se développant dans un système social multi-étatique, ces opérations vont se caractériser par leur mise en contact avec plusieurs systèmes étatiques. Le *phénomène de la frontière* est le phénomène à la fois essentiel et caractéristique qui va marquer l'opération internationale par rapport à la même opération menée dans un cadre proprement national.

Une contradiction première s'établit, alors, entre l'assiette de l'opération internationale qui vise, de manière unitaire, un large marché et le fractionnement de ce marché en divers éléments, sièges de prérogatives souveraines distinctes. Ces obstacles sont d'autant plus vigoureux qu'ils correspondent aux prérogatives dites régaliennes des États : pouvoir de fixer les règles du jeu de toute activité sociale, pouvoir de taxer et prélever l'impôt sur les individus comme sur leurs opérations, pouvoir de battre monnaie et d'en imposer la circulation sur une aire géographique déterminée, pouvoir d'exercer la police sur tout le territoire et, tout particulièrement, aux frontières pour filtrer l'accès des choses et des gens, pouvoir de rendre la justice et de régler les conflits...

Dès lors, par conséquent, que l'opération veut franchir les frontières, elle s'est heurtée, se heurte et se heurtera longuement encore à diverses contraintes avec lesquelles elle doit composer. Leur présence et leur contenu, les mécanismes qui en tiennent compte font la spécificité du droit du commerce international.

87. – Il faut, donc, envisager, tour à tour, *Les contraintes* (Livre I) spécifiques à l'action internationale de l'entreprise tenant au cloisonnement de notre univers terrestre – pour nous arrêter provisoirement à lui... – en différents systèmes étatiques et *Les instruments* (Livre II) que le droit met à la disposition des opérateurs pour les faire progresser à travers les exigences qui en découlent.

LIVRE I
LES CONTRAINTES DU COMMERCE INTERNATIONAL

88. – Dépassant un territoire national, l'opérateur, la marchandise, l'information, le service se heurtent à plusieurs frontières. Leur principe n'est pas, en effet, d'être un contenant en lequel s'épuiserait la relation commerciale mais une mitoyenneté, nationale d'un côté et étrangère d'un second. La relation internationale – commerciale ou autre – relève, par définition, de plusieurs souverainetés et le problème majeur est de coordonner l'application qui va en être faite. Dans la mesure où elle ne relève pas d'une seule d'entre elles et ne peut se découper en différentes tranches relevant, chaque fois, de l'une de celles-ci, la relation internationale doit composer avec chacune et, bien souvent, relever d'un choix ou d'une composition de lois, de juges ou de monnaies, faits par les opérateurs ou, même, organisés par les États : conventions internationales de conflits de lois ou de juridictions, de double imposition...

89. – Le premier effort doit être, alors, d'identifier les obstacles spécifiques que ce phénomène de la frontière oppose à la relation internationale et de relever, chaque fois, les types de comportements – subis, choisis, composés... – dont les opérateurs disposent pour les réduire et/ou y adapter leurs opérations.

Tout système étatique se reconnaît différentes prérogatives, alors dites *prérogatives régaliennes*.

– *Pouvoir normatif :* chaque autorité nationale crée ou habilite son droit national ; ces ensembles se sont développés sous le signe de la spécificité même si, depuis quelques dizaines d'années et en nos matières, spécialement, des efforts d'harmonisation se sont amplifiés et si une règle propre du commerce international cherche à se mettre en place. Chaque État élabore, de plus, des réglementations, de plus en plus nombreuses, sur les qualités, par exemple, que les marchandises doivent présenter et, aujourd'hui bien souvent, sous couvert de protection de la santé publique et de sécurité des usagers, les frontières des réglementations et des huissiers remplacent les frontières des douaniers (Chapitre I).

– *Pouvoir fiscal :* le premier pouvoir du Prince est, traditionnellement, de taxer ses sujets et différentes autorités fiscales y contribuent, à commencer par les administrations en charge de l'impôt sur le revenu, de l'impôt sur les sociétés ou de la TVA (Chapitre II).

– *Pouvoir monétaire :* le Prince a, traditionnellement, le pouvoir de battre monnaie ; pièces, puis billets ont, longtemps, été à son effigie, symboles de l'identification de l'instrument monétaire et du pouvoir qui l'émet et, surtout, lui donne cours obligatoire et forcé. Les difficultés et risques majeurs que rencontre l'action internationale de l'entreprise sont, alors, dues à la diversité des instruments monétaires utilisés tant comme monnaie de compte que comme monnaie de paiement (Chapitre III).

– *Pouvoir de police :* le système douanier a pour premier objet de filtrer les entrées et les sorties de personnes, mais aussi de marchandises, voire de services sur un territoire national – ou régional – déterminé (Chapitre IV).

– *Pouvoir judiciaire :* le pouvoir du Prince s'identifie, en premier, au pouvoir – et, bien souvent, au devoir – de dire la justice et de traiter les conflits dont ceux que suscitera l'action internationale de l'entreprise (Chapitre V).

Ces pouvoirs s'expriment sous les personnages diversifiés du législateur, du publicain, du changeur, du gabelou et du juge.

90. – Si changeur et gabelou n'interviennent pas dans/sur la relation interne de commerce, ils sont les personnages supplémentaires du rapport international. Législateur, juge et publicain interviennent dans la première mais, isolés et souverains, exercent leurs pouvoirs sur un territoire réservé à l'autorité d'un seul Prince ; la traversée de la frontière par l'acte international va les mettre au contact de leur correspondant de l'État voisin.

CHAPITRE I
LA CONTRAINTE NORMATIVE

91. – Le premier pouvoir régalien est d'énoncer la règle sur son territoire de souveraineté. Le législateur – porteur et diseur de règles – est la première figuration du Prince.

92. – La priorité d'exercice de ce pouvoir normatif par rapport au pouvoir judiciaire dépend de la conception fondamentale même que l'on se fait du droit et du choix opéré dans un débat que l'un d'entre nous a illustré par l'opposition du droit des sables au droit des sylves (1). Les juristes français adhèrent, communément, à l'idée de règles préalables, donc nécessairement générales et abstraites puisque ne procédant ni ne visant une situation donnée.

93. – Il faut, alors, s'interroger sur l'origine de ces règles. À un premier degré, la discussion oppose les *jus naturalistes* tenants d'un droit naturel empruntant aux principes les plus élevés de notre vie sociale, voire spirituelle, que les règles de droit positif pour l'entreprise déclareraient, d'abord, et prolongeraient, ensuite... et les *jus positivistes,* dont les auteurs du présent ouvrage, pour qui le droit se développe dans le cadre d'un ordonnancement positif qui, seul, confère force et autorité à ses prescriptions et proscriptions.

94. – À la recherche des règles matérielles susceptibles de gouverner les rapports internationaux des entreprises, nous constatons, alors, *l'absence d'un droit supranational* (Section I), *la discussion d'un droit anational* (Section II), *l'existence exceptionnelle d'un droit international* (Section III) et *le choix nécessaire entre des droits nationaux* (Section IV).

---

(1) J.-M. MOUSSERON, *Pour un droit nouveau... des juristes nouveaux : Rev. avocats conseils d'entreprises*, sept.-oct. 1993, p. 28. Dans le cloître installé au cœur de la Faculté de droit de Montpellier, la plus ancienne École de droit de France, une plaque rappelle la phrase de son étudiant Paul Valéry : « *Qu'il s'agisse des lois naturelles ou des lois civiles, le type même de la loi a été précisé par des esprits méditerranéens* » (Variété III, éd. 1949, p. 248).

SECTION I
L'ABSENCE D'UN DROIT SUPRANATIONAL

95. – La société internationale est faite d'une collection d'États dont les règles fondamentales de droit international public affirment l'indépendance, excluant, par conséquent, l'existence d'autorités supranationales susceptibles d'énoncer à quelques propos que ce soit des règles préalables supérieures, hors abandon de souveraineté, à celles des États.

Il faut référer aux constructions européennes récentes pour voir apparaître, sur accord des États, des instances et des procédures excédant les structures et les démarches étatiques pour énoncer des règles de droit.

SECTION II
LA DISCUSSION D'UN DROIT ANATIONAL

96. – Plusieurs internationalistes de haute renommée avancent que les rares corps de règles matérielles internationales expresses sont complétés par un système de normes spécifiques au commerce international présenté sous un intitulé latin visant moins à les enraciner qu'à éviter de choisir, dès le départ, une culture et une langue de référence : la *lex mercatoria* (2) dont l'exposé majeur est l'œuvre de Berthold

---

(2) Si l'expression de *lex mercatoria* a la préférence des auteurs, français tout particulièrement, d'autres dénominations lui sont, parfois, préférées : *« règles anationales »* a été proposée par Ph. FOUCHARD qui les définit comme *« des règles qui se forment, s'appliquent, se sanctionnent en dehors, en marge des cadres et des autorités étatiques, à l'intérieur de groupes humains plus vastes et plus réduits à la fois, qui ne se constituent pas au sein d'une nation, mais d'une ou plusieurs professions ou corporations et, plus largement, d'une communauté internationale des commerçants »* (*L'arbitrage commercial international*, Dalloz 1964, n. 577, p. 402). Elle est reprise par E. LOQUIN (*L'application des règles anationales dans l'arbitrage commercial international* in CCI, *L'apport de la jurisprudence arbitrale : Dossiers Institut dr. prat. aff. int.* 1986, p. 67, 69). À leur suite, F. OSMAN intitule sa très intéressante thèse : *Les principes généraux de la* lex mercatoria *– contribution à l'étude d'un ordre juridique anational* (*Bibl. droit privé,* n. 229, LGDJ 1992). Ph. FOUCHARD, E. GAILLARD et B. GOLDMAN préfèrent, aujourd'hui, *« règles transnationales », Traité de l'arbitrage commercial international*, Litec 1996, n. 1447 et s., p. 818 et s.

Les sentences arbitrales, comme les contrats lorsqu'ils y réfèrent, utilisent des formules plus descriptives : *« usages – pratiques ou contenu – du – conformes au – commerce international », « règles propres à la communauté internationale des commerçants », « principes généraux du droit qui doivent régir le commerce international »*... (E. LOQUIN, art. cit., p. 73).

Goldman (3). Un ordre juridique détaché des règles étatiques, *« directement issu des usages du commerce international »* (4), systématisant, notamment, les usages commerciaux et dont les arbitres, fréquemment appelés par les clauses des parties, constitueraient les exécutants et, surtout, les principaux interprètes, serait ou se mettrait, tout au moins, en place.

97. – Chercher sinon à opter dans le débat sur la juridicité de la *lex mercatoria* du moins à savoir si tel corps de règles apporte ou non – et dans l'affirmative dans quelle mesure – à notre ordre juridique en cette fin de XXe siècle conduit à s'interroger, tour à tour, sur *les sources* – d'où vient-elle ? – (§ 1), *le contenu* – en quoi consiste-t-elle ? – (§ 2) et *la fonction* – à quoi sert-elle ? – (§ 3) de la *lex mercatoria.*

§ 1. – Les sources de la *lex mercatoria*

98. – Les sources de ce possible corps juridique seraient les sentences de l'arbitrage international, les principes généraux, les usages et les instruments du commerce international.

99. – Les zélateurs de la *lex mercatoria* privilégient la *jurisprudence arbitrale internationale* née des sentences rendues en matière de commerce international. En même temps que ses exécutants, les arbitres seraient les créateurs de ce droit du commerce international. Les sentences de l'arbitrage international sont nombreuses et croissent même plus rapidement que le commerce international, lui-même ; le fait est moins dû au caractère conflictuel de tels rapports qu'au fait que l'arbitrage permet de résoudre des différends dont le traitement judiciaire apparaît à beaucoup comme une possibilité plus théorique qu'effective (5). Les

(3) B. GOLDMAN, *Frontières du droit et* lex mercatoria : *Arch. phil. dr.* 1968, p. 177 ; *Règles de conflit, règles d'application immédiate et règles matérielles dans l'arbitrage international : Travaux comité fr. DIP* 1966-1969, p. 123 ; *La* lex mercatoria *dans les contrats et l'arbitrage internationaux : Clunet* 1979, 475. Parmi les multiples travaux prolongeant la doctrine de B. GOLDMAN. – F. OSMAN, *op. cit.*, avec une très forte bibliographie. – Y. DERAINS, *Les normes d'application immédiate dans la jurisprudence arbitrale internationale, Mélanges B. Goldman, Le droit des relations économiques internationales*, Litec 1982, p. 29 et s. – Ph. FOUCHARD, E. GAILLARD et B. GOLDMAN, *op. cit.*, n. 1443 et s., p. 813 et s. – U. DRAETTA et R. LAKE, *Contrats internationaux : pathologie et remèdes*, Coll. Feduci, Bruylant 1996, chron. 1 et, plus critiques. – P. LAGARDE, *Approche critique de la* lex mercatoria, *Mélanges B. Goldman, op. cit.*, p. 125 et s. – J.-M. MOUSSERON, Lex mercatoria : *bonne mauvaise idée ou mauvaise bonne idée ? Mélanges L. Boyer* 1996, p. 469.

(4) J. DABIN, *Théorie générale du droit*, Dalloz 1969, n. 21, p. 26.

(5) Un important effort de publication des sentences a, d'autre part, été développé de différents côtés par l' *International Council of Commercial Arbitration*, éditeur sous la direction de P. Sanders du *Yearbook of Commercial Arbitration*, et, en France, depuis

rares décisions de justice, rendues sur recours formés contre les sentences traitent davantage de questions de procédure que de droit matériel.

100. – Participent, ensuite, à la *lex mercatoria* les *principes généraux du droit du commerce international :*

> « Par principes généraux du droit du commerce international, on entendra toutes les règles qui ne sont pas tirées d'un seul ordre juridique étatique mais qui sont dégagées soit de la comparaison des droits nationaux, soit directement de sources internationales telles que les conventions internationales, en vigueur ou non, ou la jurisprudence des tribunaux internationaux » (6).

Opposée à la spécialité professionnelle ou corporative des usages, leur généralité les distingue de ces derniers. Leur identification est, tout particulièrement, le fruit du droit comparé. On retrouve le grand mythe d'Édouard Lambert qui voyait dans la discipline qu'il initiait un moyen privilégié de dégager le *« droit commun législatif »* et d'atteindre la règle juridique universelle (7). La publication par Unidroit en mai 1994 des *« Principes relatifs aux contrats du commerce international »* doit être tenue pour un effort majeur de rassemblement de telles règles au sein d'un véritable code anational des contrats internationaux de près de cent vingt articles (8).

101. – Une autre source de ce droit matériel anational consiste dans les *usages du commerce international* dont la codification est entreprise, de façon émiettée, par de nombreux organismes professionnels qui y trouvent un de leurs premiers objets (9).

---

vingt ans, par le Journal de droit international (Clunet), la Revue de l'Arbitrage et par la CCI avec la diffusion d'un recueil de ses principales sentences à l'initiative de S. JARVIN et Y. DERAINS (*Sentences arbitrales de la CCI, 1975-1985 et 1986-1990*, publication CCI 1990 et 1994). Il ne comble pas pleinement, cependant, notre besoin d'information, à raison même du souci de confidentialité sur l'existence, le déroulement et, *a fortiori*, la solution des litiges entre entreprises qui est l'un des intérêts majeurs de l'arbitrage.

(6) E. GAILLARD, *La distinction des principes généraux du droit et des usages du commerce international, Mélanges P. Bellet*, Litec 1991, p. 203 ; sur la confusion des principes et usages du droit anational, v. F. OSMAN, *op. cit.*, p. 338 et s.

(7) E. LAMBERT, *La fonction du droit civil comparé – Études de droit commun législatif, Les législations*, 1re série, LGDJ 1903. – Rappr. *Mélanges E. Lambert ; Introduction à l'étude du droit comparé*, Partie IV, titre II ; *L'unification des droits*, LGDJ 1938. – *Adde*, R. DAVID et C. JAUFFRET-SPINOSI, *Grands systèmes de droit contemporains*, Dalloz 1992, n. 8, p. 8.

(8) V. réf. citées, *supra*, n. 9, note 28.

(9) Codes internationaux de conduite pour le transfert de techniques, chartes de la sous-traitance, de la franchise, code des usages des écrivains et du syndicat national de l'édition, codes d'éthique des conseils en organisation, en assurance, des professionnels des pompes funèbres, de la vente ou location de bateaux de plaisance, CGV établies par de multiples organisations professionnelles, codes internationaux publiés par la CCI en matière de publicité, études de marché et promotion des ventes... Rappr. S. SUR, *La coutume internationale*, Litec 1990. – M. DAHAN observe avec pertinence : *« Le véritable droit de la pratique du commerce international, qu'on cherchera en vain dans les ouvrages théoriques consa-*

Ces usages sont, très généralement, liés à un certain type d'activité, une profession. À la fragmentation, parfois excessive, des instruments de droit selon leur nature viendrait, alors, s'ajouter un processus d'éparpillement tenant, cette fois, à l'étroitesse des relations visées.

102. – Une dernière source, excédant les moyens et apports de la précédente, consiste dans les *instruments juridiques du commerce international* élaborés par les intéressés eux-mêmes, souvent novateurs à la différence, de principe, des codifications d'usages empruntés au passé. Il s'agit des instruments mis au point par certains opérateurs, les banques et établissements financiers en tout premier lieu, ou divers organismes comme la CCI avec ses *règles et usances uniformes relatives aux crédits documentaires* lancées en 1933, *aux encaissements,* en 1956, et *aux garanties contractuelles* publiées en 1978, aux *garanties sur demande,* enfin, en 1992...,

> « conçues à la fois comme l'expression des solutions généralement reconnues et comme une formule contractuelle équilibrée propice aux – contrats des – participants au commerce international » (10).

Il s'agit, également, de la *pratique contractuelle* nettement homogénéisée, ces dernières décennies. On doit l'initiative de ces rapprochements aux contrats-types dont les multiples modèles proposés, depuis longtemps, par la *London Corn Trade Association*, comme les *Incoterms* élaborés par la CCI offrent les exemples les plus connus. Mais, à côté de ces instruments de prêt à porter contractuel, se développe aussi – et heureusement – un sur-mesure conventionnel. Si nous pensons, en effet, que la progression de la technique contractuelle – et, par conséquent, de sa pratique – passe par des applications nouvelles de moyens connus, par l'emploi de mécanismes établis pour certaines relations – certains contrats, par exemple – à la construction d'autres rapports – d'autres contrats, par exemple – , il s'en faut de beaucoup pour que ces pratiques soient, aujourd'hui, homogènes même si l'observation des contrats inter-

---

crés à cette discipline, a son siège dans les règlements internes de certains opérateurs : qui connaît les conditions générales et le règlement d'arbitrage du comité de la laine ? le code RUCIP (Règlement unifié du commerce international de la pomme de terre) ? le code COFREUROPE, pour le règlement des litiges en matière de fruits et légumes ? les COGECO, Conditions générales pour le commerce des courtiers assermentés de la chambre de commerce de Paris ? le règlement international du commerce des oléagineux ? le règlement de Hambourg pour la vente des fruits secs importés ? le code d'usage des diamantaires ? Les normes contenues dans ces règlements, parce qu'elles résultent de pratiques spontanément acceptées, constituent un droit international des marchands dominé par quelques grands principes. On peut qualifier cet ensemble de normes de lex mercatoria », *La pratique française du commerce international*, Paris, éd. CFCE 1992, n. 584.

(10) J. STOUFFLET, *L'œuvre normative de la CCI dans le domaine bancaire, Mélanges B. Goldman, op. cit.*, p. 361, 365.

nationaux de transfert de technique, de financement, de distribution... révèle moins de disparités que l'on ne croit. Nous bénéficions, depuis plusieurs années, d'un effort d'information et de publication lié, tout particulièrement, aux travaux menés à Louvain, sous la direction de M. Fontaine, à l'apport de *Droit et pratique du commerce international*, puis de la *Revue de droit des affaires internationales*, publications initiées par H. Lesguillons.

Faisant suite à cette information sur la *pratique contractuelle*, les travaux de *technique contractuelle* prolongent l'observation de ce qui se fait par la suggestion de ce qui peut se faire. Reste à mesurer le caractère normatif de ces usages et le passage à ce qui doit être fait pose au juriste de délicats problèmes : une solution étant présente dans de nombreux contrats A, B, C, D... mais absente dans un contrat Z silencieux sur le problème traité, faut-il conclure de ce dernier silence à l'accueil ou au refus de la formule commune ? Là est le problème essentiel du passage de la pratique à la règle... Nous retrouvons, sans doute, les questions classiques de la coutume qui suppose un élément matériel consistant dans la répétition d'une solution... mais aussi un élément moral tenant à la croyance en son effet obligatoire. Bien difficile à apprécier dans des situations internes où les opérateurs, de même culture juridique, se trouveraient rassemblés, la réponse est encore plus délicate à énoncer face à des pratiques internationales...

§ 2. – Le contenu de la *lex mercatoria*

103. – S'il peut sembler aisé, à premier regard, de fixer les noyaux de la *lex mercatoria* que sont les concepts généraux de bonne foi et d'usage, il est autrement délicat d'aller plus avant et d'en inventorier les prescriptions et proscriptions majeures.

Certains observateurs (11) ont recherché *« l'existence de principes généraux anationaux » :* exigence de bonne foi supportant une police de la négociation (12), prévalence du consensualisme sur le formalisme conventionnel (13), présomption de compétence des parties et inopposabilité du défaut de pouvoirs des négociateurs du contrat, prise en compte de la réalité économique du groupe, obligations de négocier, de coopérer, d'exécuter les contrats de bonne foi, de loyauté contractuelle impliquant

(11) Citons, parmi les plus récents, F. OSMAN, *op. cit.*, p. 18 et s.
(12) V. *Principes d'Unidroit*, cité, art. 1-7 ; 2-15.
(13) *Ibid.*, art. 1-2. – *Adde*, art. 11 de la Convention de Vienne, *infra*, n. 365 et s.

divers devoirs de renseigner et de se renseigner, de collaborer (14) ou d'observer la confidentialité (15), affirmation et tempéraments à l'intangibilité des accords (16), responsabilité à l'égard des dommages dus à l'inexécution des obligations contractuelles avec devoir pour le créancier de minimiser son préjudice (17), interprétation des accords par la recherche de la commune intention des parties et de la finalité de leur rapprochement (18), obligation de renégocier les contrats menacés de déséquilibre en cours d'exécution même en l'absence de clause de révision et, à défaut de ce rééquilibrage conventionnel, faculté d'intervention de l'arbitre, voire du juge, obligation de coopération réciproque des parties à la preuve en cas de litige, incitation à la *favor contractus* en présence d'incidents de formation ou d'exécution (19)...

104. – Un premier regret tient, alors, au fait que les règles imputées à la *lex mercatoria* concernent, pratiquement, toutes, les contrats et que l'éparpillement des rares sentences publiées et l'absence d'une autorité arbitrale supérieure interdisent de les constituer en corps de règles. Il faut ainsi noter le nécessaire recours aux autorités nationales pour en assurer le respect même si l'ampleur du problème est réduit par l'exécution spontanée de la grande majorité des sentences et par l'arsenal des sanctions disciplinaires appliquées par les groupements professionnels (20).

La difficulté majeure de constituer ces mécanismes en un droit autonome tient à ce qu'à ces principes et règles de multiples sources peuvent être assignées : droit naturel... noyau commun de la plupart des droits nationaux modernes révélé par le droit comparé... conventions internatio-

---

(14) *Principes d'Unidroit*, art. 5-3.

(15) *Ibid.*, art. 2-6.

(16) *Ibid.*, art. 7-1-5. – *Adde*, art. 63 de la Convention de Vienne sur la vente internationale de marchandises.

(17) *Principes d'Unidroit*, art. 4-1. – *Adde*, art. 77 de la Convention de Vienne sur la vente internationale, art. 13-5 de la Convention d'Ottawa sur le crédit-bail international ; plus généralement, v. Y. Derains, B. Hanotiau, P. Level et autres in *RD aff. int.* 1987, 345 et s., numéro spécial sur *L'obligation de minimiser le dommage*.

(18) *Principes d'Unidroit*, art. 7-4-7 ; 7-4-8.

(19) *Principes d'Unidroit*, art. 3-3 ; 7-3-1. – *Adde*, C. Ferry, *La validité du contrat en droit international privé – France-USA : Bibl. droit privé*, n. 206, LGDJ 1989.

(20) M. Virally ajoutait : « *La première – conclusion – est que les relations transnationales ne peuvent échapper que partiellement au contrôle des États et, par conséquent, au droit étatique. S'il existe une* lex mercatoria, *elle ne peut donc avoir la prétention de constituer un ordre juridique régissant les relations commerciales transnationales sous tous leurs aspects. Cela est évident et n'a jamais été contesté. Il n'en résulte pas, pour autant, que cela exclut de parler d'un ordre juridique transnational. Comme nous l'avons vu, un ordre juridique n'est pas nécessairement complet et totalement auto-suffisant. C'est le cas de l'ordre juridique international qui, pour un certain nombre de problèmes, est obligé de renvoyer leur solution aux droits internes* » (*Un tiers droit ? Réflexions théoriques, Mélanges B. Goldman, op. cit.*, p. 373, 377).

nales... *lex mercatoria*... droits étatiques susceptibles d'être investis par la méthode des conflits de lois.... La règle la plus fondamentale et la plus largement admise, par exemple, selon laquelle dans les relations internationales *pacta sunt servanda* va être retenue par les *jus naturalistes* comme prescription de droit naturel, par les *lex mercatoristes* comme règle très commune du commerce international et par les conflictualistes parce que le droit national applicable à ce contrat en a ainsi décidé.

Au-delà même, la question majeure tient à l'origine de l'application de telle ou telle disposition à un contrat déterminé. Est-elle due à l'autorité du *corpus* auquel elle appartient ou au consentement des parties ?

§ 3. – La fonction de la *lex mercatoria*

105. – Une dernière question concerne l'articulation de la *lex mercatoria* avec les autres composantes de l'ordre juridique. Est-elle supplétive aux règles provenant des États ? Quand et comment peut-elle se combiner avec elles si l'on admet une possible coexistence ? Doit-on les confronter en fonction de leurs précisions respectives, de leur plus ou moins grande appropriation au problème posé ? (21). Son caractère anational la soustrait, en effet, à la hiérarchie classique des sources : supra nationales, internationales, nationales. Elle est ailleurs.

106. – Plusieurs types de situations appelleraient le recours (préférentiel) à la *lex mercatoria.*

On peut, tout d'abord, prendre en compte des indices négatifs : non désignation du droit applicable, exclusion expresse, voire tacite, par les parties des corps de règles susceptibles de jouer (22), inaptitude des

---

(21) H. BATIFFOL, *La loi appropriée au contrat, Mélanges B. Goldman, op. cit.*, p. 1.

(22) Citons l'importante sentence rendue, le 1er septembre 1988, par Me X. de Mello dans l'affaire *Valenciana : « L'arbitre décide que le présent litige sera réglé selon les seuls usages du commerce international, autrement dénommés "lex mercatoria" »... « Non seulement, elles – les parties – n'ont voulu ni du droit espagnol, ni du droit de l'État de New York mais on est même fondé à penser que du fait qu'elles ont écarté le droit anglais, elles n'ont pas voulu d'un droit national quelconque et qu'elles ont préféré un droit purement international... Au moment de la formation du contrat, l'Espagne et les États-Unis n'étaient pas liés par une convention internationale applicable à ce contrat. Au demeurant, une telle convention n'eut été applicable que par le truchement d'un droit national. En revanche, l'ensemble des usages du commerce international s'applique à toutes les parties qui se livrent à ce commerce. Or, il constitue un véritable droit international des affaires même si c'est sa réception couverte par les droits nationaux qui lui donne son efficacité. À la nécessité de retenir les usages en vertu des dispositions de l'acte de mission, s'ajoute ainsi la reconnaissance de leur qualification des règles de droit international qui apparaissent ainsi appropriées à la solution du litige »* (inédite, p. 14 et 15, citée in *Rec. sentences arbitrales CCI*, p. 43). Le recours formé contre cette sentence a été rejeté par la cour de Paris, le 13 juillet 1989 (*Rev. crit. DIP* 1990, 305, B. OPPETIT ; *Clunet* 1990, 430, B. GOLDMAN ; *Rev. arb.* 1990, 663, P. LAGARDE). Le pourvoi formé contre cet arrêt

différents systèmes étatiques en conflit à régler le problème considéré, soit qu'ils soient fort discrets à son égard, soit que la solution répugne à être soumise à une règle nationale au cas, notamment, où elle doit s'exécuter dans différents pays et que le tronçonnement ou le *« dépeçage »* de la relation ne paraissent guère souhaitables.

Il est, aussi, suggéré de tenir compte d'indices positifs comme l'insertion d'une clause compromissoire dans le contrat international et, plus particulièrement, le recours à certaines formes d'arbitrage international comme celui de la CCI. La proposition nous paraît excessive car, pas plus qu'en matière interne, le recours à l'arbitrage n'écarte en matière internationale l'application de la règle étatique et nous ne sommes pas convaincus que la clause compromissoire inscrite dans pareil contrat signifie autre chose que le choix de la technique arbitrale pour le traitement de litiges éventuels.

Plus significative, encore, serait la clause d'amiable composition. Faut-il encore s'entendre sur celle-ci. Pas plus dans les arbitrages internationaux qu'en droit interne, le choix de l'amiable composition n'équivaut, selon nous, à un rejet des règles de fond étatiques et à la soumission du litige à un ordre d'une autre nature, tel la *lex mercatoria.* L'amiable composition est une méthode de traitement de conflit et point le choix d'un corps de règles autre qu'un système étatique.

107. – On peut constater un rôle de la *lex mercatoria* dans le traitement des conflits particuliers et, alors, relever sa participation au *« judiciaire »*. Elle participe, en revanche, de façon beaucoup plus discrète au *« juridique »*, c'est-à-dire à l'énoncé de règles préalables et, par conséquent, générales. La question essentielle est, alors, de savoir si les juristes du commerce international demandent au droit de résoudre les litiges dans les circonstances exceptionnelles où ils en connaissent ou bien plutôt de définir, à chaque instant et de façon continue, des instruments juridiques et, surtout, de pallier les silences de leurs opérations, leurs contrats en particulier, lorsqu'ils s'interrogent, par exemple, sur l'état exact de leurs obligations respectives... Les liens étroits que la réflexion sur la *lex mercatoria* entretient avec l'arbitrage tendent à réduire son rôle. Or, l'essentiel, selon nous, d'un système de droit n'est pas d'aider à traiter les conflits ni même de les prévenir mais de proposer des instruments aux intéressés, en dehors de tout conflit et même éventuellement de différend.

---

a été rejeté par la 1re chambre civile, le 22 oct. 1991 : *« En se référant à "l'ensemble des règles du commerce international dégagées par la pratique et ayant reçu la sanction des jurisprudences nationales" l'arbitre a statué en droit ainsi qu'il en avait l'obligation conformément à l'acte de mission »* (*Clunet* 1992, 176, B. GOLDMAN ; *Rev. crit. DIP* 1992, 112, B. OPPETIT ; *Rev. arb.* 1992, 457, P. LAGARDE).

À ce dernier égard et s'agissant, tout au moins, d'aujourd'hui, l'apport de la *lex mercatoria* est encore bien mince et insuffisant à justifier sa promotion comme norme juridique première des rapports internationaux des entreprises. Si l'intérêt de la *lex mercatoria* n'est, donc, pas discutable, elle ne saurait, cependant, en l'état actuel, prétendre à la qualité de norme générale supplétive à la volonté des parties, applicable aux rapports du commerce international (23). Le développement de ce corps de règles... et une moindre attente de ce que le droit peut apporter, voire imposer, pourront, demain, élever sa fonction.

SECTION III

L'ACCUEIL EXCEPTIONNEL D'UN DROIT INTERNATIONAL

108. – On constate la présence d'un droit matériel né de conventions internationales d'objets spécialisés (transport, effets de commerce, arbitrage...) et à taux de ratification généralement faible ; l'entrée en vigueur de la Convention de Vienne sur la vente internationale est de ce point de vue un véritable événement.

109. – Les voies universelles ont un succès réduit.

Les traités portant unification de règles de droit matériel ont des résultats médiocres ; les États peinent à les élaborer, puis, surtout, à les ratifier et les mettre en vigueur : effets de commerce, transports, propriété industrielle, vente... sont les secteurs les plus fécondés par l'exigence internationale (24). On doit savoir gré à H. Lesguillons

(23) M. Virally observait : « *L'idée même d'une* lex mercatoria *suppose l'existence d'une communauté marchande et industrielle multinationale suffisamment cohérente dans ses comportements pour donner naissance à un corps de règles présentant de tels caractères. Ici encore, il s'agit d'une question de fait dont je laisse l'appréciation aux spécialistes. L'hypothétique formation d'un ensemble cohérent de règles transnationales – d'une* lex mercatoria *– dépend d'abord, en définitive, de l'existence de relations commerciales échappant partiellement, tout au moins, au contrôle des États* » (art. cit., p. 376).

(24) V. not. les Conventions de La Haye, du 1er juillet 1964 *portant loi uniforme sur la vente internationale d'objets mobiliers corporels* et la Convention de Vienne du 11 avril 1980 *sur la vente internationale de marchandises* ; les Conventions de Bruxelles de 1910, 1924, 1926 et 1961 *sur le transport maritime international ;* les Conventions CIM. et CIV. de Berne de 1952 sur le transport ferroviaire international ; la Convention CMR de Genève de 1956 *sur le transport routier international ;* les Conventions de New-York de 1958 et de Genève de 1961 *sur l'arbitrage international ;* les Conventions de Genève de 1930 et 1931 *pour le droit cambiaire ;* les Unions de Paris de 1883 et Berne de 1886 *pour les propriétés intellectuelles.* V. A. Prujiner, *Traités et documents internationaux usuels en droit du commerce international*, éd. Werl, Montréal 1992 ; *Dr. prat. com. int.* 1995-2, numéro spécial : *Recueil commenté des principales conventions du commerce international.*

d'avoir établi, un *« essai d'inventaire des sources du droit positif ou en formation »* (25).

Il faut, de plus, noter la faible autorité de ces dispositions, plus fréquemment supplétives qu'impératives.

110. – Il faut être tout aussi attentif aux *voies régionales* de rapprochement et, plus particulièrement, à la mise en place d'un droit communautaire ou européen *« unioniste et autonome »*, comme il se proclame dans la Convention de Luxembourg sur le brevet communautaire signée, voici plus de vingt ans mais point encore entrée en vigueur. Comparatistes et historiens auront, demain, du mal à discerner les sources de ce droit, préparé par les juges de Luxembourg, négocié, aussi, par les autorités de Bruxelles avec les organisations professionnelles européennes... Le phénomène n'est pas particulier à notre monde européen ; d'autres communautés régionales existent et, en matière de relations économiques internationales, on prête, par exemple, attention à la communauté andine constituée par cinq États d'Amérique du Sud (26).

SECTION IV

LE RECOURS ORDINAIRE À UN DROIT NATIONAL

111. – À défaut de règle matérielle internationale propre, il faut recourir à l'application d'un droit national (27) ; c'est la situation la plus fréquente.

112. – L'une des principales tâches du droit international privé de chaque État est, alors, d'ordonner le règlement des conflits de lois et

(25) H. LESGUILLONS, *op. cit.* 1986, II, 288.

(26) B. REMICHE, *Le rôle du système des brevets dans le développement, le cas des pays andins*, Coll. CEIPI, n. 29, Litec 1982 ; sur le traité Mercosur, v. *supra, Introduction*, n. 6.

(27) La recherche de la règle de rattachement la plus adaptée est l'objet traditionnel des travaux des internationalistes ; v. en dernier lieu, H. VAN HOUTTE, *The law of international trade*, ICC, publication 1996. En présence d'une réglementation matérielle internationale, la recherche de la norme nationale de référence demeure en raison des interprétations divergentes auxquelles la convention internationale portant loi uniforme est susceptible de donner lieu dans les différents systèmes juridiques où elle est applicable. Pour une illustration à propos de la Convention de Genève du 7 juin 1930 relative à la lettre de change : Com. 4 mars 1963 : *Rev. crit. DIP* 1964, 264 ; *Clunet* 1964, 806, B. Goldman ; *JCP* 63, II, 13376, R. Lescot. – *Adde*, P. LAGARDE : *Rev. crit. DIP* 1964, 236 et Ph. MALAURIE : *Trav. comité fr. DIP* 1964-1966, 83. V. *infra*, n. 965.

de juridictions pour désigner le droit national applicable et le juge national compétent.

Le besoin s'en fait, tout d'abord, sentir à la construction de chaque relation. La désignation de la règle – et mieux, selon nous, de la règle du jeu – applicable est la tâche première. Comment jouer aux cartes sans décider, d'abord, de la règle du jeu... comment renvoyer à la fin de la partie le choix entre mistigri, bridge ou poker ?

Le besoin s'en fait sentir tout au long du développement de la relation considérée pour connaître ses conséquences.

Le besoin s'en fait sentir à la fin de la relation lorsqu'il s'agit des problèmes liés tant à ses causes qu'à ses effets. Même si bon nombre de juristes attachent une attention trop forte à nos yeux à cette fin des contrats, des sociétés, des instruments financiers... il ne faut pas, à l'inverse, les sous-considérer.

113. – La désignation du droit applicable se complique, le plus souvent, de la désignation de l'autorité en charge des possibles conflits relatifs à l'opération observée. Dans les cas exceptionnels où il y a litige, il lui appartient, en effet, de désigner la règle applicable, au regard de laquelle elle devra apprécier sa propre intervention et, surtout, identifier et appliquer l'instrument de droit à l'origine du conflit et/ou objet de celui-ci.

Dans les cas ordinaires où il n'y a pas litige, les parties auront, toujours, le même besoin de connaître la règle mais elles vont, curieusement, procéder comme si, à l'occasion d'un conflit qui, en l'espèce, n'existe pas, l'autorité en charge de ce règlement intervenait : *« Quel système l'autorité en charge de notre possible conflit désignerait-elle ? »*. La prégnance justicialiste de notre droit n'est pas indifférente à cette démarche et au fait que dans 100 % des cas les opérateurs se demandent ce qui se passerait dans le 0,01 % des cas où un contentieux se nouerait.

Le raisonnement se complique, alors, de la désignation de l'autorité de conflit et c'est au terme de son identification que se fera celle de la règle applicable (28). La compétence du juge français entraîne application par celui-ci des règles françaises de droit international privé des contrats, c'est-à-dire, principalement, la Convention de Rome.

114. – La Convention de Rome du 19 juin 1980 sur la loi applicable aux obligations contractuelles est entrée en vigueur, le 1er avril 1991 (29).

---

(28) V. *infra*, n. 243 et s.

(29) D. 28 fév. 1991 : *JO* 3 mars 1991 ; sur cette convention, v. M. GIULIANO et P. LAGARDE, Rapport : *JOCE*, n. C. 282, 31 oct. 1980. – P. LAGARDE, *Le nouveau droit international privé des contrats après l'entrée en vigueur de la Convention de Rome du 19 juin 1980 : Rev. crit. DIP* 1991, 287 et s. et V° Convention de Rome ; Rép. dr. comm. – J. FOYER, *Entrée en vigueur de la Convention de Rome : Clunet* 1991, 601 et s. – H. GAUDEMET-TALLON, *Le nouveau droit international privé européen des contrats : RTD eur.* 1981, 215 et *J.-Cl. Europe*, fasc. 3200. – A. KASSIS, *Le nouveau droit européen des contrats*

Cette convention réalise une unification du droit international privé des contrats au sein de la communauté européenne, en écho à la Convention de Bruxelles du 27 septembre 1968 sur la compétence judiciaire et l'exécution des décisions en matière civile et commerciale. L'importance de cette unification est accrue par le caractère universel de la convention : la loi désignée par elle s'applique même si cette loi est celle d'un État non contractant.

Quelques observations concernant *le domaine* (§ 1) de cette convention précéderont l'étude des règles en énonçant *le contenu* (§ 2).

§ 1. – Le domaine de la Convention de Rome

115. – *La convention ne s'applique pas à certaines matières :* état et capacité des personnes physiques, obligations tenant aux testaments, successions, régimes matrimoniaux et autres relations de famille, obligations nées de lettres de change, chèques, billets à ordre et autres instruments négociables dont le régime international est réglé par les Conventions de Genève, conventions d'arbitrage et d'élection de *for*, pouvoirs de représentation d'un intermédiaire, questions relevant du droit des sociétés, de la constitution et du régime des trusts et des contrats d'assurance couvrant les risques situés dans les territoires des États membres de la communauté (art. 1er-2).

La convention réserve la priorité du droit communautaire (art. 20) et d'autres conventions *« auxquelles un État contractant est ou sera partie »* (art. 22) (30).

116. – *La convention s'applique* aux situations comportant *« un conflit de lois applicables aux obligations contractuelles »* (art. 1er-1). La notion d'obligation contractuelle n'est pas expressément définie ; dans le cadre d'une chaîne de contrats, on s'interroge sur l'applicabilité des règles de la Convention de Rome pour désigner la loi applicable à l'action du

---

internationaux, LGDJ 1993. – *Adde*, J. Mestre : *RTD civ.* 1992, 387. – H. Lesguillons : *RD aff. int.* 1991, 267. – J.-M. Mousseron et J. Raynard : *JCP* 92, éd. E, I, 199, n. 5.

(30) Par ailleurs, indépendamment de la matière en cause, la convention ne s'applique pas aux contrats conclus antérieurement au 1er avril 1991 pour lesquels les règles de droit commun restent de droit positif (v. *infra,* n. 118 et s.). Cependant, la règle dite du *« maximum de différences entre le droit conventionnel et le droit commun »* dégagée par Niboyet et selon laquelle le juge qui applique le droit commun tend à se rapprocher des règles de droit conventionnel invite à considérer que les principes posés par la convention inspireront les juges traitant de contrats conclus avant le 1er avril 1991 (en ce sens, à propos du contrat de cautionnement : Versailles 6 fév. 1991 : *Rev. crit. DIP* 1991, 745, P. Lagarde ; *Clunet* 1992, 125, J. Foyer ; *D.* 1992, 174, J.-D. Mondoloni. – *Contra,* Civ. 1re, 13 avril 1992 : *JCP* 92, éd. E, Pan. 821 ; *RJDA* 1992, n. 739).

sous-acquéreur d'un produit à l'encontre de son fabricant étranger auquel il n'est pas contractuellement lié (31). La Convention de Rome ne règle pas davantage la question du cumul des deux responsabilités contractuelle et délictuelle ; en présence d'une faculté d'option pour le demandeur entre les deux ordres de responsabilité, il semble que la loi applicable à la prétention doive être déterminée prioritairement par les règles de la Convention de Rome, applicable à la matière contractuelle, et c'est à la loi nationale désignée qu'il appartiendrait de régler la question du cumul des responsabilités (32). L'uniformité d'interprétation de la Convention reste limitée par la simple faculté – et non l'obligation – dont disposent les juridictions suprêmes des États membres de solliciter à cette fin, à titre préjudiciel, la CJCE (33).

§ 2. – Le contenu de la Convention de Rome

117. – La Convention de Rome assure *la désignation de la loi applicable* (A) et fixe les conditions et modalités de *l'application de la loi désignée* (B).

A. – LA DÉSIGNATION DE LA LOI APPLICABLE

118. – Les canonistes faisaient application au contrat de la maxime *locus regit actum*, désignant la compétence de la loi du lieu de l'acte ; le rattachement se justifiait par l'idée d'un choix implicite des parties. Au XVIe siècle, Dumoulin en déduira logiquement, en matière de régime matrimonial, l'aptitude des parties à désigner la compétence d'une loi autre. Au XIXe siècle, la consécration de la doctrine de l'autonomie de la volonté allait faire de la volonté des parties la clé du rattachement d'un contrat ; en France, la Cour de cassation posait nettement cette

(31) Dans une décision du 17 juin 1992, la CJCE a estimé que l'action directe du sous-acquéreur contre le fabricant n'était pas contractuelle au sens de l'art. 5, § 1 de la Convention de Bruxelles du 27 septembre 1968, v. *infra*, n. 286. – *Adde*, F. LECLERC, *Les chaînes de contrats en droit international privé : Clunet* 1995, 267. S'agissant de chaînes de contrats de vente, la Convention de Rome a cependant vocation à s'effacer (art. 21) lorsqu'on se trouve dans le domaine d'application de la Convention de La Haye du 15 juin 1955, v. *infra*, n. 345 et s.

(32) En ce sens, P. LAGARDE : *Rev. crit. DIP* 1991, *op. cit.*, p. 293.

(33) Sur les deux protocoles des 19 décembre 1988 concernant l'interprétation par la CJCE de la Convention de Rome, v. texte et comm. P. LAGARDE : *Rev. crit. DIP* 1989, 414 et s. – *Adde*, rapp. TIZZANO : *JOCE* n. C. 219, 3 sept. 1990.

règle par l'*arrêt American Trading* contre *Quebec Steamship*, selon lequel « *la loi applicable aux contrats, soit en ce qui concerne leur formation, soit quant à leurs effets et conditions, est celle que les parties ont adoptée* » (34).

119. – Ainsi s'affirmait une analyse *subjectiviste* qui faisait dépendre la loi applicable au contrat de la seule volonté des parties et conduisait, dans leur silence, à la recherche divinatoire d'une volonté présumée. Cette conception subjective place la volonté des parties sur un piédestal égal sinon supérieur à celui de la loi et produit un certain nombre de conséquences. En premier lieu, l'amplitude de choix laissée aux parties semble appeler la reconnaissance d'une liberté illimitée et la possibilité de soumettre un contrat au droit d'un pays avec lequel il n'aurait aucune attache, sauf application de la notion de fraude à la loi de conciliation délicate avec le libéralisme du système. Par ailleurs, l'analyse subjective invite à tenir pour indifférente, toute modification de la loi applicable au contrat même au titre de mécanisme d'ordre public. Dans cette logique, les parties peuvent procéder au dépeçage du contrat en soumettant ses diverses obligations à des lois différentes, voire même ne soumettre le contrat à aucune loi.

120. – En réaction à ces analyses et leurs conséquences s'est dessinée une doctrine *objectiviste*, fondée sur l'idée que la loi applicable dépend d'une localisation objective de l'acte et non de la seule volonté des parties. La théorie de la localisation a été élaborée par Henri Batiffol (35). Elle invite le juge à rechercher les « *indices* » de localisation du contrat (nationalité des parties, lieu de conclusion, lieu d'exécution, langue...) et à en déduire la loi applicable à l'acte. Cette dernière analyse s'écarte d'un objectivisme exacerbé en ce qu'elle conserve à la volonté exprimée des parties un rôle en tant qu' « *indice décisif de localisation* »... pour autant que ce choix n'apparaît pas en contradiction manifeste avec l'économie de l'opération. La doctrine de H. Batiffol illustre, alors, une conception unitaire de la règle de conflit contractuelle qui, tant en présence qu'en absence de clause d'*electio juris,* permet au juge de désigner la loi applicable à l'aide d'une méthode cohérente. Par ailleurs, cette construction défère aux lois impératives internes auxquelles le contrat peut *objectivement* se rattacher. Ces raisons justifient le succès de la

---

(34) Civ. 5 déc. 1910 : *S.* 1911, 1, 129, LYON-CAEN ; *Clunet* 1912, 1156 ; *Rev. crit. DIP* 1911, 395.
(35) H. BATIFFOL, *Les conflits de lois en matière de contrats*, Sirey 1938.

théorie et la jurisprudence française rejoint ce schéma de pensée en estimant que :

> « si la localisation du contrat dépend de la volonté des parties, c'est au juge qu'il appartient, après avoir interprété souverainement leur commune intention quant à cette localisation, de déduire de celle-ci la loi applicable au contrat litigieux » (36).

121. – Désormais, la Convention de Rome dissocie expressément selon que les parties *ont* (1°) *ou non* (2°) *fait le choix d'une loi applicable ;* la convention prévoit, encore et sous certaines conditions, l'éventuelle concurrence de *lois de police*, locales, voire étrangères (3°).

1° *La présence d'un choix*

122. – La Convention de Rome consacre la doctrine de l'autonomie de la volonté : *« le contrat est régi par la loi choisie par les parties »* (art. 3-1). Elle organise ainsi un système dualiste reconnaissant à la volonté des parties le pouvoir de désigner la loi applicable au contrat et non simplement de localiser celui-ci. De cette *règle générale* de conflit *(a)*, doivent être dissociées certaines *règles spéciales* à fins protectrices *(b)*.

a) La règle générale

123. – On s'interrogera successivement sur les *termes* [1] et les *modalités*, [2] de ce choix.

1) Les termes du choix

124. – La convention reste muette sur les liens que la loi choisie pourrait entretenir avec le contrat ; le choix d'une loi neutre, sans rapport objectif avec le contrat, paraît, donc, admissible au-delà semble-t-il, de ce qu'admettait la doctrine française traditionnelle (37). Néanmoins, ce libéralisme trouve sa contrepartie dans les réserves faites par la conven-

---

(36) Civ. 1re, 25 mars 1980 : *Rev. crit. DIP* 1980, 576, H. BATIFFOL. – *Adde*, Civ. 1re, 6 juill. 1959 : *Rev. crit. DIP* 1959, 708, H. BATIFFOL ; *Grands arrêts DIP,* n. 36, B. ANCEL. – Civ. 1re, 15 juin 1982 : *D.* 1983, IR 150. Sur le dévoiement progressif de la théorie de la localisation, V. HEUZÉ, *La réglementation française des contrats internationaux, étude critique des méthodes,* GLN-Joly 1990.

(37) H. BATIFFOL et P. LAGARDE, *op. cit.*, t. II, n. 57, p. 273.

tion au profit des lois de police et, plus largement, dans l'application du jeu de la fraude à la loi :

> « Le choix des parties d'une loi étrangère (...) ne peut lorsque tous les autres éléments de la situation sont localisés au moment de ce choix dans un seul pays porter atteinte aux dispositions "impératives" auxquelles la loi de ce pays ne permet pas de déroger par contrat (...) » (art. 3-3).

Ce dispositif sanctionne l'internationalisation artificielle d'un contrat purement interne (38).

125. – La logique subjectiviste emporte son lot de conséquences dont la possibilité de soumettre le contrat à un système juridique national à l'exception de certaines de ses dispositions, ou encore à des lois différentes (39) : *« les parties peuvent désigner la loi applicable à la totalité ou à une partie seulement de ce contrat »* (art. 3-1). La doctrine pose, cependant, l'exigence du maintien d'une certaine cohérence du contrat dans le dépeçage pratiqué (40). En ce sens, tout en rappelant que dans le cadre d'un droit accueillant largement la liberté contractuelle les rédacteurs peuvent s'inspirer de solutions étrangères, nous déconseillerons le *dépeçage horizontal* (le prix selon la loi française, la garantie selon la loi suisse, la circulation du contrat selon le droit anglais...). Nous retiendrions, plus facilement, le *dépeçage vertical*, dans le cas, par exemple, où un contrat s'intéresse à plusieurs titres nationaux de propriété industrielle et soumet la licence en tant qu'elle porte sur le brevet français à la loi française et en tant qu'elle porte sur le brevet anglais à la loi anglaise.

126. – La logique subjectiviste inviterait, encore, à admettre la possibilité d'un défaut de rattachement à une loi nationale et à envisager la validité de *« contrats sans loi »* (41). La Convention de Rome n'envisage

---

(38) Au-delà de cette hypothèse, la liberté de choix laissée aux parties pourrait sembler proscrire toute application de la théorie de la fraude à la loi dans la Convention de Rome (en ce sens, A. KASSIS, *op. cit.*, n. 459). Mais la généralité de l'adage *fraus omnia corrumpit* demeure et le juge fera certainement jouer l'exception même en l'absence de dispositions expresses en ce sens dans le corps de la convention. – V. P. MAYER, *op. cit.*, n. 710.

(39) V. P. LAGARDE, *Le dépeçage dans le droit international privé des contrats : Rev. dir. int. proc.* 1975, 649.

(40) P. LAGARDE, *op. cit.* 1991, spéc. n. 21, p. 302 ; *op. cit.* 1975, 671 ; J. FOYER, *op. cit.*, n. 13, p. 606.

(41) Dans nos États modernes, le *« contrat sans loi »* est difficile à admettre. L'application d'un corps de règles – à commencer par celles qu'énonce un contrat – suppose son investiture par un droit étatique... qu'il faut désigner. L'autorité même des dispositions contractuelles s'autorise chez nous de l'article 1134 du Code civil disposant que *« les conventions légalement formées tiennent lieu de loi à ceux qui les ont faites »*. Tout comme appelle *« Dieu »* la réponse à l'ultime interrogation, notre besoin de logique exige la désignation, en clé de voûte, d'une loi étatique à laquelle devraient se rattacher toutes les solutions régissant une relation donnée. La formule selon laquelle *« tout contrat international est nécessairement rattaché à la loi d'un État »* (Com. 21 juin 1950 : *D.* 1951,

pas cette éventualité et d'aucuns en déduisent, *a contrario*, sa condamnation implicite (42). Le contrat référant *« aux seuls usages pratiqués dans tel secteur d'activité professionnelle »*, et réfutant toute compétence de loi nationale devrait sans doute être traité par un juge judiciaire comme un contrat ne comportant aucun choix de loi applicable ; celle-ci devrait alors être identifiée par les règles posées par la convention *« en l'absence de choix »* (43), la loi nationale ainsi désignée décidant, en dernier lieu, du sort à faire à la référence à la *lex mercatoria* (44).

2) Les modalités du choix

127. – La convention organise les modalités du choix à opérer par les parties ; plus encore que la lettre du texte, la raison invite à privilégier trois directives : *choisir vite, choisir tôt, choisir clair.*

128. – Une première directive est de *choisir vite.* Le comportement, constaté chez quelques négociateurs d'accords, consistant à attendre un éventuel différend pour choisir parmi les systèmes juridiques applicables celui dont la solution au fond leur serait le plus favorable serait judicieux s'ils avaient la maîtrise de ce choix ; or, bien évidemment, leur partenaire fait exactement le même raisonnement pour arriver, le plus souvent, à une conclusion inverse. Le traitement se pose, alors, à chaud et point à froid. Le silence volontairement observé sur ce point affaiblit le contrat plus qu'il ne favorise ses opérateurs. Les constructeurs d'accords doivent l'éviter et exercer leur liberté de choix dès la mise au point de leurs relations.

Les parties pourront, d'ailleurs, modifier ce choix : *« les parties peuvent convenir, à tout moment, de faire régir le contrat par une loi autre que celle qui le régissait auparavant »* (art. 3, § 2) (45). Ce choix rétroagit jusqu'à la conclusion du contrat. Cependant, la loi tardivement désignée ne saurait affecter la validité formelle du contrat désignée conformément à l'article 9, ni davantage porter atteinte aux droits des tiers.

749, J. HAMEL ; *JCP* 50, II, 5812, J.-Ph. LÉVY ; *Rev. crit. DIP* 1950, 609, H. BATIFFOL), fût-ce par délégation ou habilitation, paraît tout autant qu'une exigence de droit positif, une nécessité de raison et peut être élargie à toute relation juridique ; v. V. HEUZÉ, *La réglementation française des contrats internationaux, étude critique des méthodes*, cité, n. 199 et s.

(42) J. FOYER, *op. cit.*, n. 15, p. 607. – P. MAYER, *op. cit.*, n. 706. – *Contra*, B. AUDIT, *op. cit.*, p. 634.

(43) En ce sens, Angers 18 mai 1989 : *Rev. crit. DIP* 1990, 601.

(44) En ce sens, P. LAGARDE, *op. cit.*, 1991, n. 19, p. 301. – P. MAYER, *op.* et *loc. cit.*

(45) V. J. FOYER, *Le contrat d* 'electio juris *à la lumière de la Convention de Rome du 19 juin 1980, Mélanges Y. Loussouarn*, Dalloz 1994, p. 169 et s. À l'inverse, les clauses de stabilisation, prévues dès la formation du contrat, visent à écarter d'éventuelles modifications législatives voulues applicables au contrat en cours.

129. – Une deuxième directive est de *choisir tôt.* En pratique, les rédacteurs de contrats lient les clauses attributives de compétence législative et de compétence judiciaire ou d'arbitrage et les installent, toutes deux, en fin de contrat. Ce lien n'est ni nécessaire ni opportun car le tribunal désigné peut parfaitement appliquer une loi qui n'est pas sa loi nationale. Le choix de la loi applicable est, surtout, à régler très tôt, dès le début de la rédaction du contrat car la connaissance de la loi applicable est nécessaire tout au long de son élaboration : imaginons un contrat de vente entre un Français et le ressortissant d'un État n'ayant pas ratifié la Convention de Vienne dont le droit ignore la garantie légale des vices cachés de la chose vendue. Si la loi française est applicable, le vendeur est tenu de garantir les vices dans les termes de cette convention et les clauses à inscrire dans le contrat seront, à l'initiative du vendeur, des clauses suppressives ou limitatives de garantie ; dans le cas inverse, les clauses à inscrire dans le contrat seront, à l'initiative de l'acheteur, des clauses génératrices de garantie. Si les parties n'ont ni traité la question ni désigné la loi applicable, elles ignorent leur situation en matière de garantie et seront confrontées à un problème qui ne pourra être résolu que par le juge... désignant la loi applicable. Le silence du contrat appelle le conflit.

130. – Une troisième directive est de *choisir clair.* La convention pose un certain nombre d'exigences relatives à la forme du choix opéré qui *« doit être exprès ou résulter de façon certaine des dispositions du contrat ou des circonstances de la cause »* (art. 3, § 1).

Ainsi, la simple présence d'une clause attributive de juridiction ne saurait satisfaire à l'exigence d'un choix exprès ou certain ; à l'inverse, l'utilisation de contrats types d'une organisation professionnelle (46), la référence dans le corps du contrat à une réglementation nationale ou à un contrat principal expressément soumis à une loi nationale satisferaient, sans doute, l'exigence de clarté posée par l'article 3, § 1 de la convention (47).

131. – En réalité, la clarté du choix exprimé résultera, le plus souvent, de la clause d'*electio juris*, que les parties auront prévue et dont la rédaction appelle quelques observations.

Les parties doivent se garder de surcharger leurs clauses et de limiter la portée de leur choix. En précisant que *« l'exécution du contrat sera régie par la loi française »*, les parties excluent de leur choix ce qui concerne la formation, la circulation ou l'extinction de ce contrat.

(46) P. LAGARDE cite l'exemple d'une police d'assurance des Lloyds dont l'interprétation suppose consultation d'une loi... d'origine (art. préc. 1991, n. 23, p. 304).
(47) P. LAGARDE, *op. cit.,* 1991. – Rapport GIULIANO-LAGARDE, cité, p. 17.

Les parties doivent être précises dans la désignation de la loi applicable. Très tôt, voire dans le préambule, les parties indiqueront que le contrat est soumis à telle loi nationale : la loi française, le droit de l'État de New York (48)... :

> « Les parties conviennent que ce qui suit sera soumis à la loi française ».

Cela doit jouer même si la loi a un rôle supplétif. Les parties peuvent, toutefois, accentuer ce caractère :

> « En cas de lacune de la présente convention et pour le cas où elles ne trouveraient pas une solution aux difficultés d'interprétation qui pourraient se rencontrer au cours de son exécution, les parties conviennent que la loi française sera, seule, applicable au présent contrat pour suppléer leur volonté ».

b) Les règles spéciales

132. – La règle de l'autonomie de la volonté emporte différents inconvénients liés à la possible situation de domination d'une partie sur l'autre et au choix par la première d'une loi qui lui serait favorable. Tout comme le législateur interne, la Convention de Rome a un souci de faveur pour la partie faible (49). Cette préoccupation a conduit à remettre en cause le principe même de l'autonomie de la volonté pour les contrats d'inégaux.

133. – *Le contrat de travail international* participe d'une opération internationale spécifique appelant des règles spéciales de conflit de lois et de juridictions dont l'étude a été regroupée dans un développement propre (V. *infra*, n. 514 et s).

134. – La tendance consumériste contemporaine des droits occidentaux a également justifié une règle de conflit spécialement protectrice et nouvelle pour le juge français dès lors qu'il s'agit d'un *contrat de consommation* (50).

---

(48) Des précautions particulières doivent être prises lorsque l'État dont la loi est désignée n'a pas atteint son homogénéité juridique : *« Lorsqu'un État comprend plusieurs unités territoriales dont chacune a ses propres règles en matière d'obligation contractuelle, chaque unité territoriale est considérée comme un pays aux fins de la détermination de la loi applicable selon la présente convention »* (Conv. Rome, art. 19, § 1).

(49) V. F. LECLERC, *La protection de la partie la plus faible dans les contrats internationaux*, Bruylant, Bruxelles 1995.

(50) J. FOYER, *op. cit.*, n. 28 et s., p. 611. Les contrats concernés ont pour objet la fourniture d'objets mobiliers corporels ou de services à un consommateur ainsi que ceux destinés au financement d'une telle fourniture (art. 5, § 1). Néanmoins, ladite règle ne saurait s'appliquer au contrat de transport ou au contrat de fourniture de services, s'agissant de services fournis exclusivement dans un pays autre que celui dans lequel le consommateur a sa résidence habituelle, à l'occasion d'un séjour à l'étranger notamment (art. 5, § 4).

Le bénéficiaire de ce dispositif protecteur est le consommateur, c'est-à-dire celui qui fait un usage *« étranger à son activité professionnelle »* (art. 5, § 1) des fournitures objets du contrat. On relèvera l'heureuse communauté d'esprit des Conventions de Rome et de Bruxelles laquelle pose également une règle de compétence spéciale propre au consommateur.

> « – Le choix par les parties de la loi applicable ne peut avoir pour résultat de priver le consommateur de la protection que lui assurent les dispositions impératives de la loi du pays dans lequel il a sa résidence habituelle,
> – si la conclusion du contrat a été précédée dans ce pays d'une proposition spécialement faite ou d'une publicité, et si le consommateur a accompli dans ce pays les actes nécessaires à la conclusion du contrat, ou
> – si le cocontractant du consommateur ou son représentant a reçu la commande du consommateur dans ce pays, ou
> – si le contrat est une vente de marchandises et que le consommateur se soit rendu de ce pays dans un pays étranger et y ait passé la commande, à la condition que le voyage ait été organisé par le vendeur dans le but d'inciter le consommateur à conclure une vente » (art. 5, § 1 et 2) (51).

La convention retient ainsi une règle distributive de conflit commandant de rechercher les règles applicables au contrat prioritairement dans la loi choisie sauf à préférer les dispositions impératives de la loi de la résidence habituelle du consommateur, qui lui seraient *in concreto* plus favorables (52).

2° *L'absence d'un choix*

135. – En l'absence d'un choix des parties répondant aux caractéristiques précédentes, la Convention de Rome pose, à nouveau, une *règle générale (a)*, associée à des *règles spéciales (b)*, permettant d'assurer la désignation de la loi applicable au contrat.

Réintègrent le domaine des contrats protégés les contrats qui offrent *« pour un prix global des prestations combinées de transport et de logement »* (art. 5-5) ; la référence concerne les prestations de voyages organisés à l'étranger.

(51) Pour de tels contrats, la loi suisse sur le droit international privé du 18 décembre 1987 écarte directement la liberté de choix jusqu'ici laissée aux parties en prévoyant que ces contrats *« sont régis par le droit de l'État de la résidence habituelle du consommateur »* (art. 120 de la loi) ; v. F. DESSEMONTET et Alii auctores, *Le nouveau droit international privé suisse*, Lausanne 1989, coll. Cedidac, t. 9, spéc. p. 97.

(52) V. P. LAGARDE, *op. cit.*, 1991, n. 35, p. 314. – Cp. *infra*, avec le contrat international de travail, n. 516 et s.

a) La règle générale

136. – La convention édicte une règle à trois temps : le contrat est soumis à la loi du pays avec lequel il présente les liens les plus étroits... présumé être celui où demeure le débiteur de la prestation caractéristique du contrat... sauf s'il est manifeste que celui-ci présente des liens plus étroits avec un autre pays.

137. – En un *premier temps*, le contrat est soumis à la loi du pays avec lequel il présente les liens les plus étroits (art. 4, § 1). Le critère de rattachement usité traduit un souci de localisation objective qui réalise au mieux en matière contractuelle la règle de *« proximité »* (53). Dès lors, la mise en œuvre de la règle ne devrait pas *« présenter de difficultés insurmontables »*, pour le juge français (54).

De même qu'en présence de choix, la convention admet l'hypothèse d'un dépeçage du contrat en prévoyant que

> « si une partie du contrat est séparable du reste du contrat et présente un lien plus étroit avec un autre pays, il pourra être fait application à titre exceptionnel, à cette partie du contrat de la loi de cet autre pays » (art. 4, § 1) (55).

138. – En un *deuxième temps*, le pays avec lequel le contrat présente les liens les plus étroits est présumé être celui où le débiteur de la prestation caractéristique a sa résidence habituelle ou, s'agissant d'une personne morale, son administration centrale (art. 4, § 2).

Le flou qui entoure la notion de *« liens étroits avec un pays »*, justifiait largement la présomption édictée par la convention. D'origine suisse (56), la prestation caractéristique du contrat est *« la prestation pour laquelle le paiement est dû »* (57), la dette inverse de paiement étant très commune.

---

(53) V. P. LAGARDE, *Le principe de proximité dans le droit international privé contemporain : Rec. cours La Haye* 1986, T. 196, 13 et s.

(54) J. FOYER, *op. cit.*, n. 18, p. 608.

(55) Plus encore que précédemment, la logique objectiviste ambiante, en l'absence de choix exprimé, commande au juge d'user avec la plus grande modération de cette faculté exceptionnelle. De fait, la doctrine invite déjà à interpréter avec rigueur la condition de *« séparabilité »* (P. LAGARDE, *op. cit.* 1991, n. 27, p. 307) ou à considérer la finalité d'un tel dépeçage pour sa mise en œuvre.

(56) V. A. SCHNITZER, *La loi applicable aux contrats : Rev. crit. DIP* 1955, 459 et *Les contrats internationaux en droit international privé suisse : Rev. crit. DIP* 1968, 123, 541 et s.

(57) Rapport GIULIANO-LAGARDE cité, p. 20. L'art. 117 de la loi fédérale suisse qui pose la même règle de rattachement procède à une rapide typologie : *« Par prestation caractéristique on entend notamment : la prestation de l'aliénateur, dans les contrats d'aliénation..., la prestation de la partie qui confère l'usage dans les contrats portant sur l'usage d'une chose ou d'un droit..., la prestation de service dans le mandat, le contrat d'entreprise et d'autres contrats de prestations de service..., la prestation du dépositaire, dans le contrat de dépôt... la prestation du garant ou de la caution, dans les contrats de garantie de cautionnement ».* – *Adde,* art. 28 de la loi fédérale allemande

Un rattachement direct au lieu d'exécution de cette prestation paraissait inopportun, le caractère quérable au portable de celle-ci dépendant déjà, dans le silence des parties, de la loi du contrat.

Le rattachement trouve une justification supplémentaire dans l'idée selon laquelle c'est le débiteur de somme d'argent qui, généralement, prend l'initiative de l'opération de commerce international ; il n'est, donc, pas illégitime pour celui-ci, souvent professionnel, de voir appliquer au contrat la loi du partenaire qu'il a sollicité.

139. – Selon un *troisième temps*, la présomption de localisation du contrat au domicile du débiteur de la prestation caractéristique est écartée lorsque cette prestation *« ne peut être déterminée »*, ou *« qu'il résulte (des) circonstances que le contrat présente des liens plus étroits avec un autre pays »* (art. 4, § 5). La règle d'exception à la présomption de localisation reste fondée sur le principe objectif de proximité. En effet, en l'absence de prestation financière, comme dans le contrat d'échange, la prestation caractéristique ne peut être déterminée. Le deuxième cas de mise en œuvre de la clause d'exception introduit un indéniable élément de souplesse et, partant, d'incertitude dans la règle de rattachement. La doctrine s'efforce de révéler de telles hypothèses d'application de la clause : on évoque la livraison effectuée par l'établissement du fournisseur situé à l'étranger alors que les parties ont leur siège social en France et que le paiement se réalise en francs français (58) ; on envisage l'emprunt obligataire émis en différents pays et pour lequel il apparaît plus opportun d'appliquer la loi du siège de l'émetteur que les lois multiples des prêteurs (59). Plus généralement, le bénéfice de l'exception pourrait être invoqué dès lors que le contrat emporte obligation d'exclusivité à la charge du débiteur de somme d'argent – créancier de la prestation caractéristique (60). On signalera, enfin, que l'existence de liens entre plusieurs conventions agrégées en un groupe de contrats conduit à soumettre l'ensemble des conventions à un seul et même droit applicable à l'accord principal (61).

---

du 25 juillet 1986 qui reproduit l'art. 4 de la Convention de Rome : *Rev. crit. DIP* 1987, 170.

(58) V. P. LAGARDE, *op. cit.* 1991, n. 31, p. 310.

(59) V. B. AUDIT, *op. cit.*, n. 805, p. 640.

(60) Ainsi l'exclusivité qui peut exister dans des contrats de licence de brevet va fréquemment entraîner une obligation d'*« exploitation »* à la charge du licencié dont on pourrait soutenir qu'elle génère des liens plus étroits avec le pays d'exploitation. Les mêmes principes de réflexion pourraient être appliqués au contrat de représentation exclusive ou à d'autres conventions portant exclusivité. V. F. KNOEPFLER, *Le nouveau droit international privé suisse*, préc. p. 90.

(61) B. TEYSSIÉ, *Les groupes de contrats : Bibl. droit privé*, n. 139, LGDJ 1975, n. 453 et s., p. 225 et s. – V. Civ. 1re, 12 janv. 1994 : *Rev. crit. DIP* 1994, 92, H. MUIRR-WATT.

Pour louables que soient les motifs ayant conduit à l'introduction dans la Convention de Rome de cette soupape de sûreté, il est à craindre que le juge ne fasse usage de la clause d'exception pour retenir la compétence de la loi qu'il estime la mieux appropriée (62).

b) Les règles spéciales

140. – Le rattachement au domicile du débiteur de la prestation caractéristique reste ainsi fondé sur une présomption de localisation objective du contrat. S'agissant, alors, de certains contrats particuliers, la Convention de Rome écarte le jeu de la présomption en faveur d'un critère de rattachement jugé plus flagrant.

Ainsi en est-il des contrats de vente ou de bail ayant pour objet un droit réel immobilier ou un droit d'utilisation d'un immeuble, pour lesquels *« il est présumé que le contrat présente les liens les plus étroits avec le pays où est situé l'immeuble »* (art. 4, § 3). À la réflexion, la localisation de la prestation caractéristique – et point, ici, du domicile de son débiteur – de tels contrats désignerait également la loi du pays où est situé l'immeuble en raison de l'intangibilité de ce dernier qui emporte localisation des obligations non financières ayant l'immeuble pour objet.

De même, s'agissant du contrat de transport de marchandises, la compétence de la loi de l'établissement principal du transporteur – domicile du débiteur de la prestation caractéristique – n'est retenue que si ce lieu coïncide avec le lieu de chargement ou de déchargement de la marchandise ou avec l'établissement principal de l'expéditeur (art. 4, § 4) (V. *infra*, n. 644).

3° *L'appel aux lois de police*

141. – La large liberté de choix laissée aux parties devrait leur permettre d'échapper aisément à l'emprise d'une loi gênante pour leur accord.

---

(62) La jurisprudence a déjà fait une application hasardeuse de la clause d'exception de l'art. 4, § 5 ; la cour d'appel de Versailles a estimé devoir *« faire application de cette clause d'exception pour un contrat de cautionnement pour lequel les différents indices de localisation (langue du contrat, domicile du bénéficiaire de la garantie, lieu de conclusion, loi de l'obligation garantie) conduisent à le rattacher plus étroitement à la loi italienne »*, alors que l'application du droit – français – du débiteur de la prestation caractéristique risquait d'entraîner la nullité du contrat (Versailles 6 fév. 1991 : *Rev. crit. DIP* 1991, 745, P. LAGARDE ; *Clunet* 1992, 125, J. FOYER ; *D.* 1992, 174, J.-D. MUNDOLONI).

La Convention de Rome permet de faire échec à pareille démarche en prévoyant le jeu, contre la volonté des parties, d'éventuelles *« dispositions impératives »*, caractéristiques de lois de police. Les lois de police sont des lois d'application immédiate dans un domaine minimum, indépendamment des règles ordinaires de conflits de lois, pour que soient atteints les objectifs auxquels elles sont ordonnées (63). Ainsi, nonobstant la clause de loi applicable, la convention prévoit de donner

> « effet aux dispositions impératives de la loi d'un autre pays avec lequel la situation présente un lien étroit, si et dans la mesure où, selon le droit de ce dernier pays, ces dispositions sont applicables quelle que soit la loi régissant le contrat (...) » (art. 7-1).

142. – À la lecture du texte, l'application de la loi de police contre la volonté des parties suppose le respect d'une double condition.

La *première condition* est qu'il s'agisse bien de lois de police au sens international du terme. La démarche du juge ou de l'arbitre appelé à connaître de l'affaire posant le problème considéré sera aisée lorsqu'un texte (64) ou la jurisprudence (65) de l'État en cause désigneront comme

---

(63) Pour définir la notion de loi de police, P. FRANCESCAKIS évoquait, tour à tour, leur processus d'application – lois d'application immédiate déterminant elles-mêmes directement leur domaine d'application spatial sans la médiation de la règle de conflit – ou leur fonction – lois dont *« l'observation est nécessaire pour la sauvegarde de l'organisation politique, sociale et économique du pays »* (*Travaux comité fr. DIP* 1966-1969, p. 144 et s., spéc. p. 165. – *Adde : Rép. dr. int., V° Conflits de lois – principes généraux*, n. 137. – *Quelques précisions sur les lois d'application immédiate et leurs rapports avec les règles de conflits de lois : Rev. crit. DIP* 1966, 1). L'identification des lois de police et des lois d'application immédiate est cependant discutée en doctrine. V. spéc. P. MAYER, *Les lois de police étrangères : Clunet* 1981, 277. Sur la notion et le régime des lois de police ou d'application immédiate ou nécessaire, on renverra à la littérature abondante signalée dans les manuels et traités de droit international privé.

(64) Ainsi la loi du 31 décembre 1989 qui renforce les garanties offertes aux personnes assurées contre certains risques prévoit que *« les contrats destinés à satisfaire une obligation d'assurance imposée par une loi française sont régis par le droit français »* (C. assur., art. 181-2) ou encore du 21 décembre 1975 relative à l'emploi de la langue française qui pose l'exigence de la rédaction en langue française du contrat de travail exécuté sur le territoire (C. trav., art. L. 121-1, al. 2) et dont la jurisprudence a consacré le caractère de loi de police (Soc. 19 mars 1986 : *Rev. crit. DIP* 1987, 554, Y. LEQUETTE ; *D.* 1987, 359, G. LÉGIER ; *RTD civ.* 1988, 330, J. MESTRE).

(65) Ainsi des dispositions relatives à la représentation des salariés : Cons. d'État 29 juin 1973 *(Cie Wagons lits) : Rev. crit. DIP* 1974, 344, concl. N. QUESTIAUX ; *Clunet* 1975, 538, M. SIMON-DEPÎTRE ; *Dr. soc.* 1976, 50, J. SAVATIER ; *Rev. soc.* 1976, 663, J.-L. BISMUTH ; *Grands arrêts DIP*, n. 54, p. 443, v. *infra*, n. 521... de la loi du 10 janvier 1978 relative à l'information et à la protection des consommateurs dans le domaine de certaines opérations de crédit (TGI Dunkerque 19 fév. 1986 : *Clunet* 1986, 713, Ph. KAHN)... ou encore des règles françaises sur le droit moral de l'auteur (Civ. 1re, 28 mai 1991, cité). La jurisprudence arbitrale peut aussi désigner de telles lois. La sentence CCI-1973, n. 1859 retient ainsi : *« Tout commerçant d'un pays qui cherche à vendre ses produits dans un autre pays, est tenu de respecter les lois de police du pays d'accueil de sa marchandise et ne saurait prétendre ignorer ou ne pas se soumettre aux lois de police ou à la réglementation relative à l'importation de ses marchandises, surtout lorsque cette loi ou*

telle la loi en question. En revanche, l'interprète reste dubitatif sur l'impérativité internationale d'un précepte non consacré alors que selon la Convention

> « pour décider si effet doit être donné à ces dispositions impératives, il sera tenu compte de leur nature et de leur objet ainsi que des conséquences qui découleraient de leur application ou de leur non-application » (art. 7-1).

La *deuxième condition* d'application d'une loi de police tient au lien étroit qu'elle est tenue de présenter avec la situation en cause. Ainsi a-t-il été jugé qu'une disposition américaine faisant interdiction aux sociétés de cet État de livrer du matériel destiné à la construction du gazoduc sibérien ne pouvait être appliquée aux filiales européennes de ces sociétés dans la mesure où le contrat conclu par ces dernières ne présente plus de lien suffisant avec l'État auteur de la norme impérative (66).

B. – L'APPLICATION DE LA LOI DÉSIGNÉE

143. – La délimitation du *domaine* de la loi du contrat incite à préciser quelles lois concurrentes peuvent également trouver application (1°). Par ailleurs, l'application d'une loi étrangère, désignée par les parties ou issue du rattachement de proximité « le plus étroit », risque fréquemment de contredire les principes du droit local ; l'éviction de la loi du contrat par le juge saisi est caractéristique du jeu de l'exception d'ordre public international et atteint l'autorité de la loi désignée (2°).

---

réglementation existait à l'époque de la signature du contrat » (cité par Y. DERAINS, *Le statut des usages du commerce international devant les juridictions arbitrales*, art. 1973, p. 122,134). Sur le caractère de lois de police des règles nationales en matière de concurrence, v. L. IDOT, *Les conflits de lois en droit de la concurrence : Clunet* 1995, 321.

(66) Trib. ardt de La Haye (réf.) 17 sept. 1982 : *Rev. crit. DIP* 1983, 473 et chron. B. AUDIT, *ibid.*, p. 401. Si l'appréciation de cette deuxième condition ne fait guère de difficulté lorsque le contrat s'exécute pour une part significative sur le territoire de l'État dont la norme impérative est issue, sa mise en œuvre apparaîtra, dans bien des cas, fort délicate. Cet aspect divinatoire est encore accusé par le fait que, selon les termes de la convention, le juge *« pourra () donne(r) effet »* à la loi de police... sans y être tenu (*contra*, A. KASSIS pour qui le juge est tenu d'appliquer la loi de police étrangère ; son pouvoir d'appréciation ne concernerait que les conditions d'application de l'art. 7-1, *op. cit.*, n. 456). Autant d'incertitudes justifient la faculté de réserve laisée par la convention aux États membres sur cette disposition (art. 22) ; cette faculté a, d'ailleurs, été utilisée par le Luxembourg, l'Allemagne et le Royaume Uni. Encore observera-t-on que cette faculté ne concerne que les lois de police étrangères ; l'article 7-2 de la convention dissocie, en effet, expressément les lois de police du for des précédentes et prive le juge de tout pouvoir d'appréciation sur l'opportunité de leur application : la loi de police du for prime toujours la loi désignée par les parties ou les règles précédentes de la convention, même s'il s'agit d'une loi de police étrangère.

1° *Le domaine de la loi du contrat*

144. – La loi désignée comme applicable aspire à gouverner tant la *formation (a)* que *l'exécution (b)* du contrat.

a) La formation du contrat

145. – La réunion des conditions de fond commandant la validité du contrat doit s'apprécier au regard de la loi désignée par les règles de la Convention de Rome (art. 8, § 1) : un contrat soumis au droit français devra naturellement respecter les exigences posées par l'article 1108 du Code civil.

La règle reçoit une double exception.

S'agissant de démontrer son défaut d'acquiescement au contrat, une partie peut se référer à la loi de sa résidence habituelle s'il n'est manifestement pas raisonnable de se référer à la loi du contrat (art. 8, § 2). On envisage l'application de cette disposition dans les rapports franco-allemands dans la mesure où le droit allemand attribue au silence d'une partie une valeur approbative plus grande que le droit français (67). Par ailleurs, conformément à une règle traditionnelle de droit international privé français, la capacité de la personne physique relève du *« statut personnel »*, et de la seule loi nationale de l'intéressé (68). Ce rattachement, souvent insoupçonné des tiers contractants, est attentatoire à la sécurité juridique. Arguant de l'ignorance excusable de la loi étrangère, la jurisprudence française a, depuis longtemps, admis que

> « les engagements contractés par un étranger, mineur selon sa loi nationale mais majeur selon la loi française, envers un marchand français n'en sont pas moins valables si le Français a agi sans légèreté, sans imprudence et avec bonne foi » (69).

La Convention de Rome généralise cette solution (art. 11).

146. – La forme du contrat est une notion malaisée à définir (70). Selon le rapport explicatif précité, il faut considérer comme une *« forme »*, au sens de la Convention

---

(67) En ce sens, P. LAGARDE, *op. cit.*, 1991, n. 50, p. 327. Pour une illustration, v. Paris 14 déc. 1993 : *Rev. crit. DIP* 1995, 300, P. LAGARDE.

(68) Paris 13 juin 1814 : *Grands arrêts DIP*, n. 1.

(69) Req. 16 janv. 1861 *(Lizardi) : S.* 1861, 1, 305, C. MASSÉ ; *Grands arrêts DIP*, n. 5.

(70) V. DELAPORTE, *Recherches sur la forme des actes juridiques en droit international privé*, thèse Paris I 1974, dactyl.

> « tout comportement extérieur imposé à l'auteur d'une manifestation de volonté juridique et sans lequel cette manifestation de volonté ne peut se voir attribuer une pleine efficacité » (71).

S'agissant de la loi applicable à la forme du contrat, la Cour de cassation est restée fidèle à la règle traditionnelle *locus regit actum*, selon laquelle la validité formelle d'un contrat s'apprécie au regard de la loi du pays de sa conclusion. Elle a, cependant, également posé le caractère facultatif de la règle qui *« ne s'oppose pas à ce que les contrats internationaux soient passés en France en une forme prévue par la loi étrangère qui les régit au fond »* (72), voire par la loi nationale commune des parties (73) pourvu que les parties aient eu la volonté de s'y soumettre. La Convention de Rome ne retient qu'une alternative à deux branches posant la règle matérielle selon laquelle le

> « contrat conclu entre des personnes qui se trouvent dans un même pays est valable quant à la forme s'il satisfait aux conditions de forme de la loi qui le régit au fond en vertu de la présente convention ou de la loi du pays dans lequel il a été conclu » (art. 9, § 1).

S'agissant du contrat entre absents, on considérera, pour ce qui est de la seconde branche de l'alternative, la loi de l'un des pays où se trouvait l'une des parties (art. 9, § 2). La règle est encore appliquée en présence d'un représentant (art. 9, § 3) ou pour les actes juridiques unilatéraux (art. 9, § 4). On observera que la convention édicte une règle de conflit parfaitement alternative et orientée à l'inverse de la jurisprudence *Pierrucci* précitée qui donnait compétence de principe à la loi de passation de l'acte (74). Concrètement, si le contrat est valide selon une loi et vicié selon l'autre, la *favor validatis* qui anime la convention impose la compétence de la première ; en revanche, si le contrat est annulable selon ces deux lois, la loi du contrat, désignée en vertu des articles 3 à 6, régira les conséquences de cette annulation et, spécialement, le délicat problème des restitutions conséquentes (art. 10, § 1-e).

On retiendra, enfin, que les règles de forme répondront souvent à des finalités qui en feront des lois de police soumises de ce fait à l'article 7, précité. On évoque ainsi les lois exigeant la forme écrite pour la clause

---

(71) Rapport GIULANO-LAGARDE, *op. cit.*, p. 29, qui réfère à V. DELAPORTE, cité.
(72) Civ. 1re, 28 mai 1963 : *Rev. crit. DIP* 1964, 513, Y. LOUSSOUARN ; *Clunet* 1963, 1004, B. GOLDMAN ; *JCP* 63, II, 13347, Ph. M. ; *D.* 1963, 677 ; *Grands arrêts DIP,* n. 41.
(73) Civ. 1re, 10 déc. 1974 *(aff. Pierrucci) : Rev. crit. DIP* 1975, 474, E. PONSARD ; *Clunet* 1975, 542, Ph. KAHN ; *D.* 1975, 685, Ph. MALAURIE et G. MORIN.
(74) V. J. FOYER, *op. cit.*, n. 43, p. 616.

de non-concurrence dans un contrat de travail (75) ou les lois des anciens pays socialistes exigeant la forme écrite pour les contrats de vente (76).

b) L'exécution du contrat

147. – Les effets obligatoires de la convention relèveront de la *loi du contrat* [1], ses effets réels échapperont à la compétence de cette loi pour relever de la *loi de la chose*, [2].

1) Compétence de la loi du contrat

148. – La loi désignée applicable au contrat gouverne l'interprétation de celui-ci (art. 10, § 1-a), c'est-à-dire, notamment, l'appréciation de l'étendue des obligations qu'il engendre (art. 10, § 1-b), leur caractère quérable ou portable, leur autorité, leur régime (solidaire, indivisible...), les conséquences de leur inexécution totale ou partielle (77). L'application de la loi du contrat aux conséquences de son inexécution trouve une frontière naturelle dans *« les limites des pouvoirs attribués au tribunal par sa loi de procédure »* (art. 10, § 1-c). Concrètement, l'article 1142 du Code civil interdirait au juge français de prendre une mesure d'exécution forcée concernant une obligation emportant prestation personnelle du débiteur même si la loi du contrat devait l'admettre. La loi du contrat gouverne, encore, *« l'évaluation du dommage dans la mesure où des règles de droit la gouvernent »* (art. 10, 1-c) ; la formule vise les droits de *Common Law*, pour lesquels les règles gouvernant l'évaluation des dommages intérêts apparaissent comme traitant d'une question de fait ou procédurale relevant de la *lex fori* (78). La loi du contrat décide,

(75) Rapport GIULIANO-LAGARDE, p. 31.

(76) P. LAGARDE, *op. cit.*, 1991, n. 53. On verra deux illustrations particulières de cette idée dans les règles spéciales que pose la convention pour la forme de deux types de contrats : ainsi la forme des contrats conclus par les consommateurs, dans les conditions de l'article 5, est régie par la loi du pays de la résidence habituelle du consommateur (art. 9, § 5) ; par ailleurs, la forme des contrats ayant pour objet un droit réel immobilier ou un droit d'utilisation d'un immeuble est régie par les règles impératives de la loi du pays de situation de l'immeuble (art. 9, § 6).

(77) Art. 10, § 1-c ; la loi du contrat gouverne au régime de la responsabilité applicable, aux actes de résolution (Civ. 1re, 25 mai 1992 : *Rev. crit. DIP* 1992, 689, Ch. JARROSON), aux éventuelles clauses limitatives de responsabilité aux clauses pénales (Paris 22 déc. 1983 : *Rev. crit. DIP* 1984, 484, J. MESTRE), aux clauses portant exonération du débiteur.

(78) Antérieurement à l'entrée en vigueur de la Convention de Rome, la Cour de cassation avait déjà admis que *« le montant d'une créance de réparation ne peut être fixé que par la juridiction appelée à statuer »* mais que les intérêts moratoires produits par cette créance relevaient de la loi de la créance (Civ. 1re, 18 oct. 1989 : *Rev. crit. DIP* 1990, 712, J. FOYER. – *Adde*, pour le régime des agios, Civ. 1re, 9 oct. 1990 : *Rev. crit. DIP* 1991, 341, H. MUIRR-WATT).

enfin, des *« divers modes d'extinction des obligations ainsi que les prescriptions et déchéances fondées sur l'expiration d'un délai »* (art. 10, § 1-d).

2) Compétence de la loi de la chose

149. – Les effets réels du contrat échappent au domaine de la loi du contrat et relèvent de la seule loi de situation du bien, la *lex rei sitae*. L'entrée en vigueur de la Convention de Rome n'affecte pas l'analyse classique qui émancipe les effets réels d'origine contractuelle de la loi d'autonomie (79) ; en effet, au-delà d'argumentaires développés en regard du champ d'application de la convention (art. 1) ou du domaine de la loi du contrat (art. 10), on retiendra que cet instrument international concerne, seulement, *« la loi applicable aux obligations contractuelles »*. Ainsi, s'agissant du contrat de vente, il faut considérer, aujourd'hui comme hier, que le contenu du droit réel, les modalités de son transfert, les éventuelles formalités publicitaires nécessaires à l'opposabilité de la convention relèvent de la seule loi du pays de situation du bien faisant l'objet du contrat (80).

Il apparaît alors que les contrats ayant pour objet des biens mobiliers corporels sont susceptibles de produire leurs effets réels sur le territoire de plusieurs États. La question relève de ce qu'il est convenu d'appeler un *conflit mobile* pour la résolution duquel la doctrine dominante propose de transposer au plan international les règles du droit transitoire interne (81). Spécialement, la Cour de cassation a admis qu'en dehors de l'ouverture d'une procédure collective, le régime des sûretés réelles mobilières relevait de la *lex rei sitae*, laquelle en cas de déplacement de la chose est celle de la situation actuelle (82). De la sorte la sûreté réelle stipulée conformément à la loi de situation d'origine du bien ne produira effet que conformément à la loi de situation actuelle du bien ; de fait, l'ignorance de la sûreté par la loi de situation nouvelle privera

---

(79) Sur cette interrogation, v. B. ANCEL et Y. LEQUETTE, obs. sous Civ. 1re, 8 juill. 1969, *Grands arrêts DIP*, n. 49, spéc. n. 16.

(80) S'agissant de contrats concernant des droits réels immobiliers, les parties prendront soin de faire coïncider les lois du contrat et de la chose. En l'absence de clause de loi applicable, la Convention de Rome pose une règle spéciale tant pour le fond que la forme s'agissant des contrats ayant pour objet un droit réel immobilier ou un droit d'utilisation d'un immeuble qui assure à nouveau cette coïncidence, v. *supra*, n. 140.

(81) V. H. BATIFFOL et P. LAGARDE, *op. cit.*, t. I, n. 320, p. 519. – Y. LOUSSOUARN et P. BOUREL, *Droit international privé*, Dalloz 5e éd. 1996, n. 228 et s. – P. MAYER, *op. cit.*, n. 656 et s.

(82) Civ. 1re, 8 juill. 1969 : *Rev. crit. DIP* 1971, 75, Ph. Fouchard ; *Clunet* 1970, 916, J. DERUPPÉ ; *JCP* 70, éd. CI, II, 16182, H. GAUDEMET-TALLON ; *Grands arrêts DIP*, n. 49.

celle-ci de toute efficacité (83). Plus généralement, la loi de situation mesurera l'efficacité de la sûreté réelle étrangère.

La solution menace, sans doute, la sécurité des tiers. Aussi un certain nombre de thèses concurrentes apportent-elles au problème posé des réponses différentes. Ainsi a-t-il été proposé de privilégier et, partant, d'appliquer la seule loi d'autonomie aux sûretés mobilières conventionnelles (84). Mais les partisans de cette thèse concèdent divers correctifs à leur construction ; ainsi, la loi d'autonomie devrait-elle s'effacer lorsqu'il est excusable de l'avoir ignorée (85) ; par ailleurs, la loi de situation du bien devra encore s'appliquer en tant que loi de police (86) ; plus radicaux, d'autres auteurs proposent de soumettre certains biens mobiliers comme les véhicules automobiles, à la seule compétence de la loi de leur pays d'immatriculation (87).

La délimitation des lois d'autonomie et de la chose présente un intérêt accru pour les contrats internationaux sur propriétés intellectuelles. Le contrat portant cession d'une invention brevetée sur plusieurs États produira une série d'effets obligatoires soumis à la seule loi d'autonomie et une série d'effets réels soumis aux lois des divers États de réservation. Il appartiendra aux parties d'anticiper les conséquences de cette situation en insérant dans leur contrat des *« clauses de géométrie variable »* (88).

2° *L'autorité de la loi du contrat*

150. – Le propre du droit international privé est d'admettre que la loi désignée applicable puisse être différente de la loi du *for*, c'est-à-dire, pour le juge français, la loi française. L'application concrète de cette loi peut, alors, produire des conséquences choquantes pour le juge saisi. Le jeu de l'exception d'ordre public international constitue pour celui-ci l'ultime palliatif permettant de préserver *« les principes de justice*

(83) Spécialement pour une réserve de propriété allemande consentie à un organisme de crédit à titre de garantie et privée d'effet en France en tant que pacte commissoire : Civ. 1re, 8 juill. 1969, préc. Plus généralement, v. M. CABRILLAC, *La reconnaissance en France des sûretés réelles sans dépossession constituées à l'étranger : Rev. crit. DIP* 1979, 487 et s. – K. KREUZER, *La reconnaissance des sûretés mobilières conventionnelles étrangères : Rev. crit. DIP* 1995, 465.

(84) En ce sens, G. KHAIRALLAH, *Les sûretés mobilières en droit international privé*, Économica 1984. – H. GAUDEMET-TALLON, *op. cit.*

(85) V. G. KHAIRALLAH, *op. cit.*, n. 336 et s.

(86) V. P. MAYER, *op. cit.*, n. 654.

(87) À l'instar des aéronefs, v. J. DERUPPÉ, note, préc.

(88) Sur cette question et la délimitation des effets du contrat soumis à la loi du brevet ou du droit d'auteur, v. J. RAYNARD, *Droit d'auteur et conflit de lois : Bibl. droit entrepr.*, n. 26, Litec 1990, n. 669 et s. – *Adde, infra*, n. 468.

universelle considérés dans l'opinion française comme doués de valeur internationale absolue » (89). L'ordre public international est un mécanisme d'éviction de la loi étrangère en tant qu'elle est jugée contraire à des principes tenus pour fondamentaux ou à une politique législative tenue pour essentielle (90). L'ordre public international n'intervient pas dans l'élaboration de la règle de conflit mais, consécutivement à l'application de celle-ci, au terme d'une démarche à trois temps (91) : ayant désigné la loi étrangère... le juge doit apprécier les conséquences concrètes qui résulteraient de son application avant d'en mesurer le résultat à l'aune d'un ordre juridique de référence... pour finalement décider la mise en œuvre de la norme étrangère ou son éviction au profit de sa propre loi. Si le jeu de l'exception d'ordre public international paraît fréquent dans la sphère du droit des personnes ou de la famille, le droit des contrats d'affaires paraît moins propice à son utilisation. La Convention de Rome en retient néanmoins le principe (art. 16). Mais la formulation utilisée selon laquelle la loi étrangère *« ne peut être écartée que si cette application est manifestement incompatible avec l'ordre public du* for » en suggère un usage restrictif (92). De fait, la Cour de cassation refuse d'appliquer l'exception lorsqu'elle est confrontée au jeu des clauses monétaires ou à une loi étrangère qui admet le licenciement sans indemnité de salariés – français – grévistes en violation d'une clause de leur contrat de travail (93).

L'observation s'attache, alors, à préciser, dans le domaine du droit du commerce international, la nature de l'ordre juridique de référence auquel le juge doit confronter les résultats issus de l'application de la norme étrangère. En effet, alors que cet ordre juridique de référence est classiquement, en droit international privé, la loi du *for*, le droit du commerce international pourrait justifier la référence à un ordre juridique proprement international. Telle est spécialement l'opinion de H. Batiffol et P. Lagarde qui observent que la notion, quoique floue,

> « reste cependant utile pour les arbitres du commerce international qui, n'ayant pas de *for* et ne tenant leurs pouvoirs que de la volonté

---

(89) Civ. 1re, 25 mai 1948 *(aff. Lautour) : Rev. crit. DIP* 1949, 89, H. BATIFFOL ; *D.* 1948, 357, P.L.-P. ; *S.* 1949, I, 21, NIBOYET ; *JCP* 48, II, 4532, M. VASSEUR ; *Grands arrêts DIP,* n. 19.

(90) Sur cette notion, P. LAGARDE, *Recherches sur l'ordre public international : Bibl. droit privé*, t. XV, LGDJ 1959.

(91) Déjà en ce sens, BARTIN, *Études de droit international privé*, 1899.

(92) B. AUDIT n'exclut pas l'utilisation de cette technique à l'égard de clauses limitatives de responsabilité, de clauses pénales, de dispositions relatives aux taux d'intérêts mais relève que *« l'intervention de l'ordre public est assez rare en matière contractuelle »* (*op. cit.*, n. 815 réf. à Paris 22 déc. 1983, cité).

(93) Soc.16 juin 1983 : *Rev. crit. DIP* 1985, 86, M. SIMON-DEPÎTRE, v. *infra*, n. 524.

des parties, ont besoin d'un ordre juridique de référence anational pour écarter si nécessaire les règles de droit applicables aux litiges dont ils sont saisis » (94).

Ainsi, ces auteurs relèvent-ils les références faites par les arbitres à « *un principe public communément admis* » (95) pour annuler des contrats de corruption trop flagrantes. Mais cet ordre juridique de référence reste par trop incertain, voire politique (96) et renvoie à la discussion, déjà tenue, sur l'existence d'un droit commercial anational.

151. – Au final de nos observations propres à la désignation et à l'application de la loi du contrat, nous parvenons alors au chemin critique suivant :

(+) Loi de police du *for* : loi de police du *for*

(-) Loi de police du *for*

(+) Loi de police étrangère :« *le juge pourra* (lui) *donner effet* » (Conv. Rome, art. 7)

(-) Loi de police étrangère

(+) Clauses d'attributions de compétence législative : loi désignée par les parties (*)

(-) Clause d'attribution de compétence législative : loi du pays avec lequel le contrat présente les liens les plus étroits (*)

(*) sauf contradiction avec l'ordre public international du *for*.

---

(94) H. BATIFFOL et P. LAGARDE, *op. cit.*, t. I, spéc. n. 365. – Cpdt B. AUDIT, *op. cit.*, n. 302. – P. MAYER, *Le contrat illicite : Rev. arb.* 1984, 205 et s.

(95) Sentence CCI, n. 3267 : *Clunet* 1980, 966.

(96) V. B. OPPETIT s'interroge sur la licéité des contrats de vente internationale d'armes au regard des développements contemporains du droit international humanitaire et du versement des commissions à des intermédiaires institutionnels (obs. sous Paris 29 janv. 1991, Versailles 22 mars 1990, TI Paris 1er juill. 1988 : *Clunet* 1991, 691). Sur ce thème, *adde*, P. MAYER, *La règle morale dans l'arbitrage international, Mélanges P. Bellet*, Litec 1991, p. 379 et s. – B. OPPETIT, *Droit du commerce international et valeurs non marchandes, Mélanges P. Lalive*, éd. Helbing et Lichtenhahn (Bâle-Francfort) 1993, p. 309 et s. – Sous la direction de Ph. KAHN et C. KESSEDJIAN, *L'illicéité dans le commerce international*, coll. Dijon, CREDIMI, Litec 1996.

CHAPITRE II
LA CONTRAINTE FISCALE

152. – Si les avantages liés à la fiscalité indirecte (exonération de TVA et autres) peuvent apparaître comme des sortes de subventions à l'activité internationale de l'entreprise, la fiscalité directe développe diverses contraintes dont la prise en compte est un souci majeur pour les constructeurs d'opérations internes comme internationales (1). Il apparaît, alors, utile, en préalable aux développements qui suivent et qui seront consacrés aux implications fiscales des différentes opérations effectuées à l'étranger par des entreprises françaises ou en France par des entreprises étrangères, d'indiquer quel est dans le système fiscal français le corps des règles d'imposition directe applicables aux opérations internationales des entreprises. Nos observations viseront principalement les opérations des entreprises relevant de l'impôt sur les sociétés par opposition à celles dont les revenus sont imposables au nom de personnes physiques.

153. – La règle fondamentale de territorialité de l'impôt sur les sociétés résultant de la loi française figure à l'article 209-I, alinéa 1 du Code général des impôts (2) :

> « (...) les bénéfices passibles de l'impôt sur les sociétés sont déterminés (...) en tenant compte uniquement des bénéfices réalisés dans les entreprises exploitées en France ainsi que de ceux dont l'imposition est attribuée à la France par une convention internationale relative aux doubles impositions ».

154. – Nous envisagerons, donc, les deux situations d'*absence* (Section I) et de *présence* (Section II) d'une convention fiscale internationale.

---

(1) V. entre autres, B. PLAGNET, *Droit fiscal international*, Litec 1986. – R. DUCCINI, *Approche fiscale des contrats internationaux*, Litec 1985. – B. GOUTHIÈRE, *Les impôts dans les affaires internationales*, éd. Fr. Lefebvre, 3e éd., 1995-1996. – J.-F. COURT et G. ENTRAYGUES, *Gestion fiscale internationale des entreprises*, Montchrestien, 2e éd., 1993. – G. TIXIER, *Droit fiscal international*, PUF 2e éd., 1995. – P.-J. DOUVIER, *Droit fiscal dans les relations internationales*, Pedone 1996.

(2) L. n. 59-1472, 28 déc. 1959, art. 3-III.

SECTION I

EN ABSENCE D'UNE CONVENTION FISCALE INTERNATIONALE

155. – Il résulte de l'article 209-I du Code général des impôts que les résultats d'opérations effectuées par des sociétés entrent dans le champ d'application de l'impôt sur les sociétés si ceux-ci sont réalisés dans des *« entreprises exploitées en France »*.

Trois observations peuvent être faites immédiatement :

En raison de la généralité des termes utilisés par le législateur, le principe posé à l'article 209-I du Code général des impôts est applicable aussi bien aux sociétés françaises qui effectuent des opérations à l'étranger qu'aux sociétés étrangères (3) qui effectuent des opérations en France (4) et (5).

L'impôt français sur les sociétés n'a pas un caractère *« mondialiste »* : à la différence de ce que l'on observe dans des pays tels que les États-Unis, l'Allemagne ou la Belgique, où l'impôt sur les sociétés frappe les revenus mondiaux réalisés par les sociétés ayant la nationalité du pays concerné, l'impôt français sur les sociétés n'est pas dû sur les résultats des *« entreprises exploitées à l'étranger »* par des sociétés fran-

---

(3) Si la loi fait exclusivement référence au critère de l'*« entreprise »* (exploitée en France ou à l'étranger), il est nécessaire de remonter à celui de la nationalité de la société. Une société française sera soumise à l'impôt sur les sociétés français pour la totalité de ses revenus, sauf pour ceux d'entre eux provenant d'entreprises exploitées à l'étranger alors qu'une société étrangère sera passible de l'impôt français sur les sociétés pour les seuls revenus qu'elle tire d'une entreprise exploitée en France. Par ailleurs, le changement de nationalité d'une société de capitaux française sera fiscalement assimilé à la dissolution de cette dernière (CGI, art. 221-3, pour les sociétés par actions), à moins que la France n'ait conclu avec le pays d'accueil de la société une convention spéciale *« permettant d'acquérir sa nationalité et de transférer le siège social sur son territoire, et conservant à la société sa personnalité juridique »* (L. n. 66-537, 24 juill. 1966, art. 154). Aucune convention de ce type n'apparaît être en vigueur actuellement, cette absence entraînant notamment l'imposition des plus-values latentes et, pour les associés, celle du *boni* de liquidation.

(4) On mentionnera, enfin, l'importance du critère de la nationalité des sociétés au regard de l'application, dans les conventions fiscales ainsi que, éventuellement, dans les conventions d'établissement, du principe de non-discrimination ou d'égalité de traitement en matière d'impôt sur les sociétés entre les nationaux de l'un des pays imposés sur le territoire de l'autre pays et les nationaux de ce dernier pays (v. notamment, Cons. d'État, 16 déc. 1991, req. n. 54611, *Management Resources Corporation : Dr. fisc.* 1992, n. 47, comm. 2197).

(5) Au regard des règles de territorialité de l'impôt sur les sociétés, la France comprend le territoire métropolitain, les départements d'outre-mer (Martinique, Guadeloupe, Réunion, Guyane) ainsi que, dans une certaine mesure, le plateau continental tel que défini par l'art. 1er de la Convention de Genève du 29 avril 1958.

çaises. Corrélativement, les pertes d'une société française réalisées à l'étranger ne sont pas déductibles du résultat de cette dernière imposable en France.

L'article 209-I du CGI pose un principe mais n'apporte pas de précisions sur ses critères d'application ; celles-ci ont été données par la jurisprudence et, à un moindre titre, par l'administration.

156. – Nous envisagerons, tour à tour, l'imposition pour leurs activités internationales des sociétés françaises (§ 1) et des sociétés étrangères (§ 2).

§ 1. – L'imposition des sociétés françaises

157. – Une société française n'est pas soumise à l'impôt sur les sociétés en France au titre des résultats d'opérations effectuées à l'étranger si celles-ci se rattachent à une ou des entreprises exploitées à l'étranger.

Il en va, toutefois, différemment dans certaines situations de provisions pour implantation d'entreprises à l'étranger (6) ou si la société française

(6) Une société qui, pour implantation commerciale, crée hors de France un établissement dont l'objet est de commercialiser des biens à l'étranger peut constituer une provision déductible du résultat imposable en France. Le montant de cette provision est celui des pertes subies dans le pays étranger concerné au cours de l'année de réalisation de l'investissement et des quatre années suivantes, dans la limite du montant de l'investissement, c'est-à-dire des capitaux transférés (L. n. 91-1322, 30 déc. 1991, art. 86 ; CGI, art. 39 *octies*-D. – *Adde*, instr. adm. 29 oct. 1992 : *BOI* 4H-16-92).Cette aide fiscale a un caractère temporaire : la provision doit être réintégrée dans le résultat imposable en France, à hauteur des bénéfices réalisés par l'implantation étrangère, au titre des exercices suivant celui au cours duquel la provision a été déduite et, au plus tard, dans le résultat de l'exercice arrêté au cours de la dixième année suivant celle de l'investissement. Les résultats de l'implantation étrangère sont, pour le calcul de cette provision et de sa réintégration, déterminés selon la législation fiscale française. Certains événements, tel un changement d'activité de l'exploitation étrangère, peuvent entraîner une réintégration immédiate.Une société qui effectue à l'étranger une implantation dont l'objet est la prestation de services, peut constituer une provision pour implantation de service déductible de son résultat imposable en France (CGI, art. 39 *octies*-D-IV). Le montant de la provision et ses modalités de réintégration sont déterminés comme précédemment. Toutefois, le montant de l'investissement pris en compte pour calculer la provision est limité à 20 MF et le bénéfice de cette provision subordonné à un agrément préalable du ministre du Budget, à la condition que la filiale ou l'établissement étranger permette d'assurer une exportation *« durable et significative de services »* de France ; tel sera ainsi le cas pour une implantation étrangère ayant un rôle de représentation commerciale.Le dispositif de la provision pour implantation industrielle (L. n. 72-1147, 23 déc. 1972, art. 6. – L. n. 74-1114, 27 déc. 1974, art. 3. – L. n. 80-30, 18 janv. 1980, art. 81. V. égal. instr. adm. 29 oct. 1992, préc. [CGI, art. 39 *octies*-A-II]) concerne, les sociétés qui effectuent certaines implantations industrielles. Si les conditions de son application sont plus restrictives que pour les implantations commerciales ou de services puisqu'il doit s'agir de la première implantation de l'entreprise dans le secteur et le pays considérés, extérieur à la communauté européenne), le montant de la provision est, en revanche, déterminé selon des règles globalement plus favorables.

est autorisée par le ministre de l'Économie et des Finances à se placer sous le régime du bénéfice mondial et du bénéfice consolidé (7) ou si le dispositif anti-abus de l'article 209-B du CGI doit s'appliquer (8).

---

(7) Le régime du bénéfice consolidé repose sur le principe suivant : par dérogation aux règles de territorialité de l'impôt sur les sociétés, une société française agréée à cet effet par le ministre de l'Économie et des Finances peut inclure dans son propre résultat imposable celui de ses *« exploitations directes et indirectes »* situées en France ou à l'étranger (CGI, art. 209 *quinquies ;* L. n. 65-566, 12 juill. 1965, art. 22). Ce dispositif, qui laisse une large part aux règles d'interprétation et d'application fixées par l'administration (D. n. 91-1265, 16 déc. 1991. – Instr. adm. 16 mars 1995 : *BOI* 4H-4-95), concerne un petit nombre de sociétés agréées. Le régime du bénéfice mondial implique le rattachement aux résultats français des résultats des *« exploitations directes »* étrangères, c'est-à-dire des établissements dépourvus de personnalité morale distincte. Les sociétés agréées peuvent imputer, dans certaines limites, sur leur impôt sur les sociétés français les impositions sur les bénéfices supportées par leurs exploitations étrangères.

(8) L'article 209-B du CGI apporte une dérogation importante aux règles de territorialité de l'impôt sur les sociétés, ce dernier frappant les revenus d'une exploitation étrangère d'une entreprise française, lorsque cette exploitation se situe à l'étranger, dans un pays où elle bénéficie d'un régime fiscal privilégié. Cette imposition additionnelle est assise au niveau de l'entreprise française sur une quote-part des bénéfices de l'exploitation étrangère.Le régime de l'article 209-B du CGI comporte, actuellement, un dispositif ancien et un dispositif nouveau (P. DIBOUT, *Rupture d'égalité ou rétroactivité de la loi fiscale – L'article 209-B réformé du CGI entre Charybde et Scylla : Dr. fisc.* 1994, n. 11). Le dispositif ancien, qui s'applique jusqu'au 1er janvier 2003 aux sociétés créées ou acquises avant le 30 septembre 1992, concerne les sociétés dont l'entreprise française détient directement ou indirectement 25 % au moins des parts. Le dispositif nouveau s'applique aux établissements exploités directement hors de France, ainsi qu'aux sociétés créées ou acquises à compter du 30 septembre 1992, dont le prix de revient est égal ou supérieur à 150 millions de francs, ou dont 10 % au moins des actions, parts, droits financiers ou droits de vote sont détenus directement ou indirectement par l'entreprise française.Ce dispositif d'imposition obligatoire chez la société française d'une quote-part des résultats de sa filiale étrangère n'est applicable que si la société française ne peut établir que les opérations de sa filiale n'ont pas principalement pour effet de permettre la localisation de bénéfices dans un État ou territoire où elle est soumise à un régime fiscal privilégié ; pareille exception est d'application restreinte et l'illustration figurant dans le texte de loi, relative à la situation où l'exploitation établie hors de France a principalement une activité industrielle ou commerciale effective et réalise ses opérations de façon prépondérante sur le marché local, correspond dans les faits à l'hypothèse principale (voire à peu près unique) où l'entreprise peut apporter cette preuve contraire. Cette dernière ne peut d'ailleurs être fournie lorsque la filiale étrangère est une société holding qui perçoit *« des intérêts provenant d'opérations réalisées sur le marché international des capitaux et des redevances provenant de la cession ou de la concession de brevets, marques de fabrique, procédés ou techniques de fabrication »* (Instr. adm. 15 fév. 1983 : *BODGI* 4H-2-83, 90). L'administration estime (CGI, annexe II, art. 102-X. – Instr. adm. 6 mars 1992 : *BOI* 4H-9-92) par ailleurs que le dispositif de l'article 209-B est applicable même dans la situation où une convention fiscale internationale lie la France au pays de résidence fiscale de la société étrangère. Une telle analyse est sans doute discutable en droit strict (P. DIBOUT, *L'article 209-B du CGI est-il compatible avec les conventions fiscales internationales et le droit communautaire ?* in *Dr. fisc.* 1990, n. 44. – A. DARGAHI, *Section 209-B of the French tax code : facts and fictions* in *Tax planning international review*, vol. 18, n. 5. – P.-J. DOUVIER, *L'article 209-B et ses limites d'application* in *Bull. fisc.*, oct. 1991). La quote-part de résultat imposable au niveau de l'entreprise française donne lieu à taxation distincte chez celle-ci. L'entreprise française ne peut pas, par exemple, pratiquer une compensation

158. – Ces exceptions indiquées, une société française a une entreprise exploitée à l'étranger en présence de l'une de ces situations suivantes :

– La société dispose d'un établissement hors de France, c'est-à-dire d'un *« ensemble »* dont l'activité est industrielle ou commerciale, qui est installée à demeure et qui possède une autonomie suffisante : succursale de vente (9), unité de production, bureau d'achat.

– La société française effectue des opérations à l'étranger par l'intermédiaire d'un ou plusieurs représentants n'ayant pas de personnalité juridique distincte ; cette condition est considérée comme remplie lorsque la ou les personnes concernées ont un lien de subordination à l'égard de la société française, sans être forcément des salariés de celle-ci, et qu'elles prennent des décisions, au nom de l'entreprise, dont la finalité est la réalisation de profits (10).

– La société française effectue à l'étranger des opérations qui se détachent de celles réalisées en France et qui forment un cycle commercial complet : produits acquis et revendus à l'étranger sur décisions prises hors de France par des représentants de la société (11), prestations de services (location de matériel, concession de brevet, assurance ou réassurance...) si celles-ci se détachent clairement, par leur nature ou leur mode d'exécution, des autres opérations de la société (12).

– La société française participe à un chantier de construction à l'étranger ou y fournit un ensemble industriel clés en mains. Ici aussi, les résultats provenant des opérations réalisées à l'étranger n'entrent pas dans le champ d'application de l'impôt sur les sociétés en France si ces opérations, ayant une autonomie significative, sont *« détachables »* de l'activité en France de l'entreprise (13) ; pour de tels contrats, la quote-part de résultat provenant de la vente de produits fabriqués en France demeure imposable dans ce dernier pays ; l'impôt éventuellement sup-

---

entre le résultat bénéficiaire de sa filiale ou de son établissement situé dans un pays à fiscalité privilégiée et son propre résultat qui serait déficitaire.

(9) *A contrario*, Cons. d'État 3 mars 1958, req. n. 41135 : *Dr. fisc.* 1958, n. 23, concl. Comm. gouv. Poussière.

(10) Cons. d'État 5 juin 1937, req. n. 42274 : *Rec.* 1937, p. 561.

(11) Cons. d'État 14 fév. 1944, req. n. 67442 : *RO*, p. 38.

(12) Le critère de *« détachement »* de l'activité à l'étranger peut être d'appréciation délicate, tend à être interprété de manière restrictive par la jurisprudence (Cons. d'État 18 juin 1969, req. n. 68042 : *Dr. fisc.* 1969, n. 29, comm. 926 ; *BOCD* 1969-II-4607).

(13) Cons. d'État 23 juin 1978 et 17 mai 1989, req. n. 99444 : *Dr. fisc.* 1978, n. 45, comm. 1722 ; Req. n. 34380 ; *RJF* juillet 1989, concl. Comm. gouv. M. Liébert-Champagne à propos de la livraison d'un ensemble industriel. – Cons. d'État 29 juin 1981, req. n. 16095 ; *Dr. fisc.* 1982, n. 48, comm. 2243, concl. Comm. gouv. C. Schricke, pour une opération de chantier de construction. On notera qu'un chantier à l'étranger est, dans le cadre de certaines classifications (Doc. adm. DGI 4H-1412, préc., § 12), directement assimilé à un établissement.

porté dans le pays étranger sur cette quote-part de résultat est alors, dans le principe, déductible de la base de l'impôt sur les sociétés français (14).

Le fait qu'une société française, qui se trouve dans l'une des quatre situations présentées ci-dessus, soit placée hors du champ d'application de l'impôt sur les sociétés au titre des revenus de ses opérations réalisées à l'étranger n'implique pas *per se* une exonération totale d'impôt en France pour les revenus de source étrangère.

En premier lieu, ses revenus de source étrangère qui ne se rattachent pas directement aux opérations à l'étranger affranchies de l'impôt sur les sociétés sont soumis à l'impôt sur les sociétés en France ; tel est le cas pour les paiements reçus au titre de prestations de services fournies à une société étrangère, pour les intérêts de sommes prêtées à des personnes établies à l'étranger, et pour les dividendes reçus de sociétés étrangères (15).

En second lieu, la distribution éventuelle par la société française à ses associés des bénéfices réalisés à l'étranger et qui n'ont pas été soumis à l'impôt sur les sociétés entraîne l'exigibilité du précompte (CGI, art. 223 *sexies*-1), égal au tiers des montants ainsi distribués ; la justification de l'exigibilité du précompte est l'octroi par le trésor public aux associés de la société d'un crédit d'impôt (avoir fiscal) égal à la moitié de la distribution nette reçue.

§ 2. – L'imposition des sociétés étrangères

159. – Nous étudierons, tour à tour, les *revenus soumis à l'imposition en France* (A) et *le prélèvement spécifique sur les bénéfices des sociétés étrangères* (B).

A. – Les revenus soumis à l'imposition en France

160. – Il convient de distinguer selon que les revenus obtenus en France *proviennent* (1°) ou *ne proviennent pas* (2°) de l'exploitation d'une entreprise.

(14) C. adm. Paris 21 nov. 1991, req. n. 89-2415, *SA Thomson-CSF : Dr. fisc.* 1992, n. 51, comm. 2400, concl. Comm. gouv. C. Martin.

(15) Les distributions reçues d'une filiale étrangère peuvent, toutefois, être placées par la société-mère française sous le régime des art. 145 et 216, CGI et bénéficier ainsi d'une exonération d'impôt sur les sociétés.

1° *Les revenus provenant de l'exploitation d'une entreprise*

161. – Les dispositions présentées pour les sociétés françaises ayant des entreprises exploitées à l'étranger, dont les résultats sont placés hors du champ d'application de l'impôt sur les sociétés, sont applicables *mutatis mutandis* aux sociétés étrangères ayant des entreprises exploitées en France. Les résultats de ces entreprises exploitées en France sont soumis à l'impôt français sur les sociétés, le critère d'existence d'une entreprise exploitée en France étant apprécié de manière symétrique au critère d'entreprise exploitée à l'étranger. Ainsi, une société de capitaux étrangère sera assujettie à l'impôt français sur les sociétés au titre des résultats d'opérations effectuées en France si elle y dispose d'un établissement ou si elle y effectue des opérations par l'intermédiaire de représentants n'ayant pas de personnalité distincte ou y réalise des opérations se détachant de celles effectuées à l'étranger et formant un cycle commercial complet ou si elle participe à un chantier ayant une réelle autonomie ou si elle y fournit un ensemble industriel *« clés en mains »*.

2° *Les revenus ne provenant pas de l'exploitation d'une entreprise*

162. – Une société étrangère de capitaux peut être soumise à l'impôt en France, par voie de prélèvement à la source ou par assujettissement à l'impôt sur les sociétés, sans pour autant y exploiter nécessairement une entreprise. Dans ces situations, la société étrangère dispose de revenus *« de source française »* qui sont soumis à imposition en France.

163. – Divers régimes d'imposition sont, alors, possibles :

– Si la société étrangère dispose, en France, d'une entreprise, ses revenus de source française sont incorporés aux produits de celle-ci ; il devra, à notre avis, en être ainsi même si ces revenus ne se rattachent pas aux activités de la société étrangère (16). Si une retenue à la source est prélevée sur ces revenus, elle s'imputera sur l'impôt sur les sociétés dû par la société étrangère.

– Si la société étrangère ne dispose pas en France d'une entreprise, elle sera, dans la plupart des cas, soumise au seul prélèvement d'une

---

(16) Il en sera ainsi sur le fondement de l'art. 218, 1er al., CGI, qui dispose pour partie que « ... l'impôt sur les sociétés est établi sous une cote unique au nom de la personne morale... pour l'ensemble de ses activités imposables en France ». V. égal. Rép. min. KROEPFLÉ, n. 18622 : *JOAN* 27 mai 1966, p. 1528. En sens contraire, B. GOUTHIÈRE, *op. cit.*, n. 323.

retenue à la source française sur ces revenus (17). Dans certaines situations, toutefois, elle pourra être assujettie à l'impôt sur les sociétés.

164. – Les revenus ou plus-values des sociétés étrangères imposés en France sont les suivants :

– Les revenus d'immeubles situés en France ou de droits relatifs à ces immeubles ; ils sont soumis à l'impôt sur les sociétés au taux de droit commun (actuellement 33 1/3 %, auquel s'ajoute la contribution de 10 % calculée sur cet impôt), sur le fondement, selon l'administration (18) de l'article 206-1 du CGI. Cet article définit, en fait, le champ d'application de l'impôt sur les sociétés, qui concerne plusieurs catégories de personnes morales de droit français ainsi que *« toutes autres personnes morales se livrant à une exploitation ou à des opérations de caractère lucratif »*. Le critère d' *« exploitation »* devant logiquement s'intégrer dans celui d' *« entreprise exploitée en France »* l'élément supplémentaire apporté par l'article 206-1 concerne les *« opérations de caractère lucratif »*. Compte tenu de l'emploi du pluriel pour le mot *« opération »*, on peut penser qu'une opération isolée à caractère lucratif ne rend pas une société étrangère passible de l'impôt sur les sociétés. Selon l'administration, toutefois, une opération isolée de location d'immeuble en France par une société étrangère rend cette dernière passible de cet impôt (19). La même règle d'assujettissement s'applique pour les sociétés étrangères qui donnent en location des domaines agricoles situés en France.

– Les revenus de valeurs mobilières françaises et de tous autres capitaux mobiliers (créances, dépôts, cautionnements, comptes d'associés, bons de caisse, bons du Trésor...) (20).

---

(17) On observera, par ailleurs, que si ce concept fiscal de *« revenus de source française »* est très proche du concept économique relatif aux mêmes revenus, il ne s'identifie pas à lui. Ainsi, les plus-values qui résultent de cessions de valeurs mobilières françaises cotées à l'une des bourses françaises sont la plupart du temps hors du champ de l'impôt en France bien que, d'une part, celles-ci soient, au plan économique, des gains de source française et que, d'autre part, les opérations boursières aient un caractère lucratif.

(18) V. notamment, instr. adm. 8 fév. 1982 : *BODGI* 4H-3-82.

(19) Doc. adm. DGI 4H-1413, 1er mars 1995, 61. Cette analyse est partagée par une partie de la doctrine, v. notamment P. FONTANEAU et A. PONS, *L'incidence fiscale en France de la détention et de la mutation d'immeubles par des étrangers : Rev. fisc. eur.*, 1992, 1.

(20) Certains de ces revenus (parmi lesquels les produits d'obligations émises à compter du 1er janvier 1987, de titres de créances négociables tels que billets de trésorerie, certificats de dépôt ou bons ISF, ou encore de certains emprunts contractés à l'étranger) sont exonérés de tout prélèvement ou retenue en vertu d'une disposition spécifique de la loi fiscale (CGI, art. 119 *bis*-1, 3e al., L. n. 86-1318, 30 déc. 1986, art. 15-I. – CGI, art. 131 *quater*, L. n. 87-416, 17 juin 1987, art. 30). D'autres sont soumis à prélèvement ou à retenue dont les principaux taux sont de 10 % (tels les produits des obligations émises entre le 1er oct. 1984 et le 31 déc. 1986) (CGI, art. 125-A-III, 2e al., L. n. 84-1208, 29 déc. 1984, art. 32-I. – CGI, art. 187-1, 1er al., L. n. 64-1279, 23 déc. 1964, art. 7-I), de 15 % (tels les produits des parts des fonds communs de créances) (CGI, art. 125-A-III, 1er al., L. n. 65-997, 29 nov. 1965, art. 57-III. – CGI, art. 125-A-III *bis*-8°, L. n. 89-935, 29 déc. 1989, art. 14-I et III),

– Les revenus de la propriété industrielle, de la propriété littéraire et artistique, de prestations de services, entrant dans le champ d'application de la retenue de 33 1/3 % prévue par l'article 182-B (21) du CGI ; aux termes du paragraphe I de cet article, en effet :

> « Donnent lieu à l'application d'une retenue à la source lorsqu'ils sont payés par un débiteur qui exerce une activité en France à des (...) sociétés, relevant de (...) l'impôt sur les sociétés, qui n'ont pas dans ce pays d'installation professionnelle permanente :
> *a)* Les sommes versées en rémunération d'une activité déployée en France dans l'exercice de l'une des professions mentionnées à l'article 92 ;
> *b)* Les produits définis à l'article 92 et perçus par les inventeurs ou au titre de droits d'auteur, ceux perçus par les obtenteurs de nouvelles variétés végétales au sens des articles L. 623-1 à L. 623-6 du Code de la propriété intellectuelle, ainsi que tous produits tirés de la propriété industrielle ou commerciale et de droits assimilés ;
> *c)* Les sommes payées en rémunération des prestations de toute nature fournies ou utilisées en France (...) ».

Parmi les opérations visées figurent les contrats de recherche-développement, les transferts de brevets, savoir-faire technique, marques, dessins et modèles, logiciels et la fourniture d'assistance technique. On relèvera notamment la portée très large de l'expression *« sommes payées en rémunération des prestations de toute nature fournies ou utilisées en France »*. Le prélèvement de 33 1/3 %, effectué par le débiteur des sommes, est calculé sur le montant brut des sommes payées. Ce prélèvement n'est pas libératoire de l'impôt sur les sociétés (CGI, art. 219 *quinquies*). Ce caractère non libératoire de la retenue à la source s'observe en pratique lorsque le bénéficiaire des paiements est passible de l'impôt sur les sociétés : tel est le cas pour une société étrangère qui exploite une entreprise en France sans y avoir, cependant, une installation profes-

---

de 25 % (tels les dividendes d'actions ou de parts de sociétés françaises soumises à l'impôt sur les sociétés) (CGI, art. 119 *bis*-2, L. n. 65-566, 12 juill. 1965, art. 4-I. – CGI, art. 187-1, 2e al., L. 12 juill. 1965, préc., art. 4-2-b. Aucune retenue à la source n'est toutefois due à compter du 1er janv. 1992 sur les dividendes versés à une société mère ayant son siège dans un pays de la Communauté européenne, L. n. 91-1323, 30 déc. 1991, art. 24). Le taux de 35 % a pu aussi s'appliquer (ainsi pour les intérêts de comptes courants, courus entre le 1er janv. 1990 et le 31 déc. 1994) (CGI, art. 125 A-III, 1er al. – CGI, art. 125-A-III *bis*-7°, L. n. 89-935, 29 déc. 1989, art. 14-I. Le taux de 15 % s'applique depuis le 1er janvier 1995, aux intérêts de comptes courants (L. n. 93-1352, 30 déc. 1993, art. 79).

(21) L. n. 76-1234, 29 déc. 1976, art. 10. Une proposition de directive européenne (91/C120/05) envisageant la suppression de la retenue à la source sur les paiements d'intérêts et de redevances effectués entre sociétés-mères et filiales d'États membres de la communauté (v. T. STEINMANN et J.-L. PIERRE, *La proposition de directive européenne sur l'imposition des intérêts et redevances* in *L'expert-comptable suisse*, juill.-août 1993). Ce projet de directive a été retiré en novembre 1994 par la Commission de Bruxelles.

sionnelle permanente ; à défaut, la retenue à la source ne serait pas due (22).

– Les plus-values de cession d'immeuble situé en France : elles y sont imposées sur le fondement de l'article 206-1 du CGI (23). La société étrangère est redevable de ce prélèvement dès lors qu'elle n'exploite pas en France une entreprise industrielle, commerciale ou agricole au bilan de laquelle l'immeuble cédé aurait été inscrit. Le prélèvement est établi sur une base égale à la différence entre le prix de vente et le prix d'achat, lui-même diminué forfaitairement de 2 % par année de détention de l'immeuble. Le taux du prélèvement est de 50 % lorsque la plus-value réalisée a le caractère d'un bénéfice professionnel (CGI, art. 244 *bis*). Le prélèvement ainsi acquitté s'impute sur l'impôt sur les sociétés dû par la société et calculé selon les règles des bénéfices industriels et commerciaux. L'administration exclut (24) le remboursement d'un excédent du prélèvement.

(22) C. adm. Nancy 23 fév. 1995, s'est prononcée pour une application étroite de l'article 182-B (req. n. 93-679, *Sté d'Édition APBP : Dr. fisc.* 1995, n. 41, comm. 1938, extraits concl. Comm. gouv. B. Commenville) *« Les sommes payées par un débiteur établi en France à des personnes morales qui n'ont pas dans ce pays d'installation professionnelle permanente ne peuvent donner lieu à retenue à la source que lorsque les bénéficiaires sont eux-mêmes passibles de l'impôt sur les sociétés »*. L'analyse de la cour de Nancy, s'appuyant sur le fait que l'article 10 de la loi du 29 déc. 1976 édicte que *« la retenue s'impute sur le montant de (...) l'impôt sur les sociétés »*, alors que l'article 219 *quinquies* du CGI, qui est la codification de ce dispositif législatif, précise que l'imputation se fait *« sur le montant de l'impôt sur les sociétés éventuellement exigible à raison des revenus qui l'ont supportée »*, ne nous paraît pas convaincante : le fait de prévoir l'imputation de la retenue sur l'impôt sur les sociétés n'implique pas que la retenue soit due seulement si l'opération concernée entre dans le champ d'application de ce dernier.

(23) Cette base légale de l'exigibilité de l'impôt sur les sociétés français a été établie sans restriction par le Conseil d'État. Après que la même jurisprudence ait censuré la doctrine administrative (v. notamment instr. adm. 30 déc. 1976 : *BODGI* 8M-1-76 et 8 fév. 1982, préc. V. H. LAZARSKI, *Quelques réflexions sur les aspects fiscaux de la vente d'immeubles et de droits sociaux de sociétés non cotées à prépondérance immobilière détenus par des personnes morales non résidentes* in *JCP* 91, éd. E, I, 60) relative à l'exigibilité, dans le délai d'un mois suivant la cession, d'un prélèvement égal au tiers de la plus-value (cette dernière étant calculée selon les règles de détermination des plus-values immobilières des particuliers), le législateur (L. n. 93-1353, 30 déc. 1993, art. 43-1) est intervenu pour valider le principe de celui-ci ; cette validation « sanction » accompagne de nouvelles règles d'application, défavorables par rapport aux précédentes. V. notamment 12 fév. 1992, req. n. 79523, *Croninvest Establishment : RJF* avril 1992, n. 482.

(24) Instr. adm. 7 sept. 1994 : *BOI* 8M-5-94. Dans le cadre de l'imposition sur le fondement de l'article 206-1, la question se pose de l'application du taux réduit d'imposition des plus-values à long terme (soit actuellement 19 %, une majoration de 10 % s'ajoutant par ailleurs à l'impôt ainsi calculé) à la quote-part de la plus-value imposable de la société étrangère, qui a éventuellement la nature de plus-value à long terme. Une condition générale posée par la loi fiscale (CGI, art. 209 *quater*) pour qu'une société puisse bénéficier du taux réduit d'imposition des plus-values à long terme est que le montant, net d'impôt, de la plus-value à long terme soit affecté à une réserve spéciale au passif du bilan de la société. De quelle manière cette condition, dont la finalité est la non-distribution de la plus-value réalisée, peut-elle être considérée comme respectée pour une société étrangère ?

– Les plus-values de cession de participations dans des sociétés passibles de l'impôt sur les sociétés dont le cédant a détenu plus de 25 % des droits aux bénéfices sociaux à un moment quelconque des cinq dernières années (CGI, art. 206-1, 244 *bis*-B et 160) (25) ; le taux d'imposition applicable à la plus-value, égale à l'excédent du prix de cession sur le coût historique des titres, est de 16 %. L'impôt doit être acquitté dans le mois de la cession ou au moment de l'enregistrement de l'acte constatant la cession (26).

– La quote-part des bénéfices dans une société de personnes française ou dans une société en participation, lorsque celle-ci a pour associé une société de capitaux étrangère (CGI, art. 8, 206-1, 218 *bis* et 209-I) ; la question se pose du critère d'assujettissement éventuel à l'impôt sur les sociétés. Celui-ci doit être apprécié au niveau de la société de personnes ainsi qu'à celui de la société étrangère. En effet, la société de personnes est, par hypothèse, fiscalement *« translucide »* ; cela implique qu'elle détermine, elle-même, son résultat fiscal et qu'elle reporte sur chacun de ses associés une quote-part de ce dernier (27). Aux termes de l'article 8, alinéa 1 du CGI, les associés des sociétés de personnes sont *« personnellement soumis à l'impôt sur le revenu pour la part de bénéfices sociaux correspondant à leurs droits dans la société »* lorsque celle-ci n'a pas opté pour le régime fiscal des sociétés de capitaux. Par ailleurs, l'article 206-1 du CGI rend passibles de l'impôt sur les sociétés *« toutes personnes morales* – autres que celles visées plus avant au paragraphe 1 et qui sont des sociétés prévues par la loi française – *se livrant à une exploitation ou à des opérations de caractère lucratif »*. L'article 218 *bis* du CGI dispose que ces mêmes sociétés passibles de l'impôt sur les sociétés sont *« personnellement soumises audit impôt à raison de la part des bénéfices »* qui leur revient dans une société visée à l'article 8. Toute société étrangère membre d'une société de personnes française ne devrait pas pour autant être soumise à l'impôt sur les sociétés sur sa quote-part des résultats de la société française. Les règles de territorialité de l'impôt sur les sociétés posées par l'article 209-I du CGI paraissent

---

L'administration estime (V. Instr. adm. 8 fév. 1982, préc.) que cette condition est remplie lorsque la société étrangère, ayant cédé un immeuble qu'elle détient en France, fait apparaître un compte de réserve spéciale *« ouvert au passif du bilan français »*. Cette appréciation peut apparaître discutable dans la mesure où le bilan à prendre en considération devrait logiquement être celui des comptes sociaux et non un bilan purement fiscal.

(25) V. notamment, L. 30 déc. 1993, préc., art. 43-1.

(26) Instr. adm. 25 fév. 1994 : *BOI* 5B-8-94.

(27) V. à cet égard concl. Comm. gouv. C. Schricke sur Cons. d'État 10 juin 1983, req. n. 28922 : *Dr. fisc.* 1983, n. 49, comm. 2254. On lit dans ces conclusions que la translucidité fiscale *« ne fait pas pour autant disparaître la personnalité propre de la société. Les bénéfices sont réalisés par la société (...) »*.

limiter la portée des articles 8, 206-1 et 218 *bis* précités et ne permettre de soumettre la société étrangère à l'impôt sur les sociétés en France que si l'activité de la société de personnes est celle d'une *« entreprise exploitée en France »* (28).

B. – Le prélèvement spécifique sur les bénéfices des sociétés étrangères

165. – Les bénéfices que les sociétés étrangères réalisent en France sont réputés distribués à des associés n'ayant pas leur siège social ou leur domicile en France. Ils sont, en conséquence, soumis à un prélèvement au taux de 25 %, prévu par l'article 115 *quinquies* du CGI (29) dont l'objectif est d'assurer une certaine neutralité de traitement fiscal entre la situation où la société étrangère effectue des opérations en France par le moyen d'une filiale, société de capitaux de droit français, et celle où la société étrangère effectue des opérations identiques directement et en évitant l'utilisation d'une filiale française. Dans le premier cas, les dividendes versés par la filiale française à sa mère étrangère sont soumis à retenue à la source au taux de 25 %. Dans le second cas, les bénéfices de l'exploitation française sont passibles du prélèvement de 25 % de l'article 115 *quinquies* du CGI qui s'applique en complément de l'impôt sur les sociétés.

166. – Le prélèvement (ou retenue) de l'article 115 *quinquies* est liquidé sur une base égale au bénéfice réalisé en France par la société étrangère, net de l'impôt sur les sociétés correspondant (CGI, art. 115 *quinquies*-1, 2e al.). Le prélèvement ainsi calculé est versé par la société étrangère dans le délai de déclaration de ses résultats (CGI, art. 1673 *bis*) (30). Le montant du prélèvement ainsi calculé peut faire l'objet d'une révision ultérieure (31) en baisse, à la demande de la société, dans l'un des trois cas suivants :

---

(28) À propos d'une société en participation dont l'un des associés était une personne morale étrangère, la cour administrative de Paris (6 nov. 1990, req. n. 1987, *SCODI : Dr. fisc.* 1991, n. 31, comm. 1588, concl. Comm. gouv. F. Bernault, G. Tixier et T. Lamulle), paraît retenir ce critère : *« si une société passible de l'impôt sur les sociétés est l'un des associés d'une société en participation, l'assujettissement à l'impôt sur les sociétés en France de la part qui lui revient dans les résultats bénéficiaires ou déficitaires de l'exploitation de ladite société est fonction des conditions de réalisation des résultats de la société en participation dont elle est membre ».*

(29) L. 12 juill. 1965, préc., art. 7-1.

(30) L'administration accepte, toutefois, un versement jusqu'au 15 du mois suivant l'expiration de ce délai (Instr. adm. 24 fév. 1966, § 154 et s. et 16 mai 1966, § 97 et s.).

(31) L'administration accepte (note adm. 30 janv. 1968 : *BOE* 1968-10, 241) que la société, sur demande expresse, limite le montant du prélèvement à celui qui devrait être selon elle définitivement exigible. Dans tous les autres cas, l'article 115 *quinquies* établis-

– Les distributions effectives de la société étrangère à ses associés, au cours des douze mois suivant la clôture de l'exercice concerné, sont inférieures à la base du prélèvement ; cette dernière est, alors, ajustée pour correspondre au montant des distributions effectives (CGI, art. 115 *quinquies*-2, et annexe II, art. 380).

– Certains des associés de la société étrangère ont leur domicile fiscal ou leur siège social en France ; la société étrangère peut obtenir le remboursement de la quote-part de retenue afférente aux distributions opérées au bénéfice de ces associés, à condition de justifier que celle-ci leur est reversée (CGI, art. 115 *quinquies*-2, et annexe II, art. 381).

– La société étrangère bénéficie de la protection d'une convention fiscale internationale, qui prévoit la réduction (ou la suppression) du prélèvement de 25 %.

SECTION II

EN PRÉSENCE D'UNE CONVENTION FISCALE INTERNATIONALE

167. – Les conventions fiscales conclues par un État ont pour objectif principal d'éviter les situations de double imposition qui peuvent résulter, dans les opérations internationales, de l'application conjointe de la législation fiscale du pays de la source des revenus et de celle du pays où le bénéficiaire a domicile ou établissement. Ces conventions sont fréquentes et de grande importance pratique, par conséquent (32).

Les conventions, dont les dispositions suivent d'assez près celles du modèle de convention concernant le revenu et la fortune de l'OCDE, prévoient, en règle générale, pour les revenus des entreprises, les règles de partage d'imposition suivantes.

168. – Les bénéfices industriels et commerciaux qu'une entreprise réalise sont imposables dans le seul pays de résidence de celle-ci, c'est-à-dire en principe dans le pays où elle a son siège social, sauf si

---

sant une présomption de distribution des bénéfices, le prélèvement ne peut être remis en question après versement que dans le cadre d'une liquidation nouvelle (C. adm. Paris 13 mai 1993, req. n. 91-992 et 91-993, *SARL Prominvest Immobilier : RJF* août-sept. 1993, n. 1160 ; *Bull. concl. fisc.* juill. 1993, concl. Comm. gouv. J.-F. Gipoulon).

(32) J.-P. Le Gall, *Les conventions fiscales internationales en 1985 : à quoi servent-elles ? : RD aff. int.* 1985, 3. – J.-F. Court, P. Kerlan, Y. Kergall, A. Santini, *Les conventions fiscales : à quoi servent-elles aujourd'hui ? Dr. prat. com. int.* 1985, 185 et s.

l'entreprise exerce son activité dans le pays étranger par l'intermédiaire d'un établissement stable qui y est situé ; dans ce dernier cas, les bénéfices de l'entreprise sont imposables dans le pays étranger mais uniquement dans la mesure où ils sont imputables à cet établissement stable. Corrélativement, l'État du pays de résidence de l'entreprise perd, en principe, tout droit d'imposition desdits bénéfices (33).

169. – À défaut d'être rattachés à un établissement stable que celle-ci aurait dans le pays d'où ils proviennent, les autres revenus perçus par une entreprise suivent les règles d'imposition suivantes :

– Les revenus provenant de biens immobiliers sont, en règle générale, imposés exclusivement dans le pays où ces immeubles sont situés.

– Les intérêts et les dividendes sont imposés dans le pays de résidence de l'entreprise ; ils peuvent faire, par ailleurs, l'objet d'un prélèvement dans le pays de la source : dans ce cas, l'État du pays de résidence accorde à l'entreprise un crédit d'impôt correspondant au prélèvement effectué à la source et imputable sur l'impôt sur les bénéfices dû dans le premier pays.

– Les redevances sont soumises au même principe.

– Les plus-values réalisées à l'occasion de l'aliénation de biens immobiliers sont, en règle générale, imposées dans le seul pays de situation de ceux-ci.

– Les plus-values provenant de la cession de titres de sociétés autres que celles à prépondérance immobilière, qui suivent les règles afférentes aux biens immobiliers, sont habituellement imposées dans le pays de résidence du cédant sauf s'ils font partie d'une participation représentant au moins 25 % du capital de la société dont les titres sont cédés.

170. – Le prélèvement de l'article 115 *quinquies* du CGI est habituellement réduit, voire supprimé, dans le cadre des conventions fiscales conclues par la France.

---

(33) Sur la définition de l'*« établissement stable »*, v. *infra*, n. 762 et s.

CHAPITRE III
LA CONTRAINTE MONÉTAIRE

171. – Parmi les prérogatives dont l'articulation suscite problèmes... et solutions particulières au commerce international figure le pouvoir régalien de battre monnaie et multiples sont les monnaies dont les devises sont les expressions. Si Israël a essayé, voici quelques années, de prendre le dollar US comme monnaie, si celui-ci joue un rôle croissant dans bon nombre de pays, si les Européens, de leur côté, s'orientent vers une monnaie européenne unique, l'unité monétaire est une composante ordinaire et décisive de la spécificité politique et, donc, juridique des États.

L'absence de monnaie commune aux territoires entre lesquels se développe l'opération de commerce international introduit dans la bonne réussite de celle-ci un obstacle supplémentaire, le *change*, c'est-à-dire l'échange d'une monnaie contre une autre monnaie.

172. – Le *cours de change* est la valeur unitaire de la monnaie à convertir exprimée dans la monnaie convertie ; il résulte, comme tous les prix, d'une offre et d'une demande (1).

173. – Les mouvements de devises peuvent être soumis au *contrôle des changes* susceptible d'entraver les transferts monétaires de/à l'étranger.

Le texte de base en la matière est la loi du 28 décembre 1966 révisée, en dernier, le 14 février 1996, qui pose la règle de la liberté des relations financières avec l'étranger. Cette affirmation reste de principe en regard des textes nombreux qui réglementaient, voire prohibaient, ces opérations. La directive communautaire du 24 juin 1988 (2) qui obligeait les États membres à supprimer leurs restrictions de change entre résidents a justifié l'abrogation de ces dispositions restrictives. Les décrets du 29 décembre 1989 (3) et du 15 janvier 1990 (4) ont restauré la liberté de mouvement

---

(1) P. SCHEVIN, *Variations des cours des devises et mesure de résultat de change*, Économie et comptabilité 1990, n. 170.
(2) Dir. 24 juin 1988, n. 88/381 : *JOCE* 8 juill. 1988, n. L. 178.
(3) D. 29 déc. 1989 : *JCP* 90, éd. E, III, 63, 412.
(4) D. 15 janv. 1990 : *D.* 1991. L. 97 ; *JCP* 90, éd. G, III, 63509.

des capitaux tout en assortissant ces mouvements d'obligations d'informations douanières ou fiscales (5). Cette libération massive au 1er janvier 1990 n'a, cependant, pas empêché des textes exceptionnels de rétablir le contrôle des changes en raison de circonstances politiques hors du commun (6).

174. – Le prix de marchandises à l'importation peut être brutalement renchéri par une hausse de la devise convenue ; à l'exportation, le risque d'une chute du cours de la devise dans laquelle est libellée l'obligation monétaire est tout aussi important. C'est ce que l'on appelle le *risque de change*.

Le système actuel est un système de changes flottants qui expose les opérateurs à des risques sensibles. Au sein de l'Union européenne, le Système monétaire européen (SME) limite les marges de fluctuation des monnaies de part et d'autre d'une monnaie de compte spécifique à l'Europe, l'*European currency unit* (l'ECU) (7). Le traité sur l'Union européenne signé à Maastricht le 7 février 1992, prévoit qu'au début de la troisième phase, au plus tard le 1er janvier 1999, les parités monétaires seront *« irrévocablement »* gelées, l' *« écu »* désormais *« euro »*, devenant la monnaie unique européenne ; les obligations pourront être libellées et les paiements effectués en *euros* sans la concurrence d'une autre monnaie nationale : le risque de change intra-européen disparaîtra (8). Il demeurera pour les autres opérations de commerce international, au moins vis-à-vis des devises américaine et japonaise.

L'économiste, ou le gestionnaire, identifie les différents risques de change pour l'entreprise (9). Ainsi, le risque de change de transaction

---

(5) A. FROGER et G. GALZY, *La fin du contrôle des changes*, Castellange diff. 1986. – J.-N. ANDRIEU et E. TEITGEN, *Contrôle des changes, un volcan éteint dont les cendres sont encore chaudes : JCP* 93, éd. E, I, 257.V. *infra*, n. 241 et s.

(6) V. par ex., le décret n. 90-681 du 2 août 1990 rétablissant le contrôle des changes à l'égard de l'Irak et du Koweit ; sur le devenir de ces textes et d'autres dispositions, A. COURET, J. DEVÈZE, G. HIRIGOYEN, *op. cit.*, n. 4365. Sur le contrôle des investissements étrangers, *adde, infra*, n. 240 et s.

(7) V. Ph. KAHN et *alii auctores, Droit et monnaie*, Coll. CREDIMI, Litec 1988. – R. LIBCHABER, *Recherches sur la monnaie en droit privé : Bibl. droit privé*, t. 225, LGDJ 1992, spéc. n. 78 ; B. SCHMIDT, *L'Ecu et les souverainetés nationales en Europe*, Dunod 1988. – *Adde*, J.-P. ECK, *Validité des clauses en écus au regard du droit français : Banque et droit* 1991, n. 16. – D. ANDRÉ, *L'Ecu, une monnaie pour l'entreprise : Cah. jur. fisc. exp.* 1986, n. 1.

(8) L'évolution est significative de l'idée, que les auteurs de cet ouvrage ont fait leur, selon laquelle le droit international de l'entreprise s'identifie de plus en plus au droit qui se développe dans les relations d'affaires aux frontières de l'espace européen avec les pays tiers ; v. Ch. DE BOISSIEU, *Chassée d'Europe, la volatilité des changes ira ailleurs : Marchés et techniques financières* 1992, n. 32.

(9) Th. JACOMET et E. DIDIER, *Les relations financières avec l'étranger, le contrôle des changes*, GLN-Joly 1990.

ou sur flux concerne les opérations financières et commerciales libellées en devises (exportation, importation, créances ou placement de trésorerie en devises...) ; le risque de change de bilan ou comptable intéresse les actifs et passifs de l'entreprise (titres de filiales, valeurs étrangères, prêts et emprunts...) et peut se traduire par des écarts de conversion.

175. – La *gestion du risque de change* est un impératif pour l'entreprise opératrice de commerce international. La gestion du risque comptable sollicite moins les juristes que les financiers qui rivalisent d'imagination pour mettre au point de nouveaux produits et instruments de trésorerie (*swaps,* options sur taux d'intérêts...) dont l'analyse juridique commence (10). La gestion du risque de transaction entraîne diverses pratiques allant de *la prévention* (Section I) à *l'imputation* (Section II) du risque.

SECTION I
LA PRÉVENTION DU RISQUE DE CHANGE

176. – La prévention du risque de change peut résulter de la suppression de l'instrument monétaire dans l'opération de commerce international : les accords de compensation, contre-achat, *pay-back* ne sont que redécouverte et applications sophistiquées de l'antique troc. Exportateurs et importateurs peuvent également recourir à l'emprunt contracté à l'étranger en devise dans laquelle ils auront à intervenir. La gestion des délais de paiement qui peut revêtir plusieurs aspects reste, encore, une modalité traditionnelle de prévention du risque de change soit que le paiement s'opère comptant, soit que les délais soient allongés ou réduits en fonction de la conjoncture avec la pratique du démaillage : « *leading and lagging* ».

Mais le contrat reste, ici comme ailleurs (11), un instrument de prévention des risques par l'insertion de clauses dites de variation de change pour la rédaction desquelles le juriste succède au financier. Les parties peuvent écarter l'influence de fluctuations de faible ampleur du cours de change intervenues entre le jour de la naissance de l'obligation et celui de son exigibilité par une clause de franchise de variation :

(10) V. tout particulièrement, A. COURET, J. DEVÈZE, G. HIRIGOYEN, *op. cit.*

(11) J.-M. MOUSSERON, *La gestion des risques par le contrat : RTD civ.* 1988, 481. – Univ. d'Ottawa, *La gestion des risques dans les contrats internationaux*, Colloque 1989, éd. 1991.

> « Les variations inférieures à + ou – 5 % du cours de change au jour de l'échéance du prix par rapport au jour de la signature du présent contrat ne seront pas répercutées sur le prix ».

Les parties peuvent, à l'inverse, limiter la prise en compte des fluctuations de change par *une clause de plafonnement des variations :*

> « Le prix dû par l'acheteur ne saurait s'accroître ou s'alléger de plus de 10 % en cas de variation du cours de change entre les jours de naissance et d'exécution de la dette du prix ».

Enfin, des *clauses multidevises,* dites également d'option de change ou de change multiple, stipulent un prix libellé en diverses monnaies en réservant au créancier, rarement au débiteur, la faculté de choisir au jour de l'échéance, parmi ces monnaies, la monnaie de facturation (12).

Ces clauses se distinguent des *clauses de paniers de monnaies* qui réfèrent à une variété de monnaies composite (l'*Euro*) et participent d'un système de cumul de monnaies dans lequel l'étalon résulte d'une moyenne entre plusieurs monnaies nationales et réduit les fluctuations de prix dues au phénomène de change ; ces dernières clauses nous paraissent davantage devoir être rapprochées des clauses monétaires.

SECTION II

L'IMPUTATION DU RISQUE DE CHANGE

177. – L'imputation du risque de change peut être recherchée auprès d'un tiers, voire auprès de l'autre partie.

178. – L'imputation du risque de change auprès d'un *tiers* appelle le recours à des techniques traditionnelles. En effet, en dépit de ces spécificités, le risque de change reste un risque commun susceptible d'être couvert par une assurance de type COFACE (13). Par ailleurs, l'affacturage et le forfaitage sont des instruments financiers du commerce international qui réduisent ou suppriment tous risques liés au change (14).

179. – L'imputation du risque de change auprès de l'une des *parties* est assurée par différents types de clauses dont la validité a pu être discutée.

180. – Les clauses de *garantie de change* proprement dites garantissent le paiement par le débiteur au créancier de tout ou partie de la perte

---

(12) Pour un exemple, Bordeaux, 8 mars 1990 : *D.* 1990, 550, Ph. MALAURIE.

(13) V. *infra, L'assurance internationale*, n. 675 et s.

(14) V. *infra, Les instruments financiers du commerce international*, n. 928 et s.

de change que ce dernier pourrait subir. Ces clauses se rencontrent dans les contrats d'approvisionnement de longue durée :

> « En cas de variation du cours de la monnaie de facturation au jour du paiement, le prix facturé sera réajusté de manière à tenir compte de cette variation » (15).

181. – Les clauses *valeur or* consistaient pour les parties à indexer l'obligation monétaire sur les cours de ce métal. Le paiement pouvait, d'ailleurs, être prévu directement en or. Au regard des règles nationales interdisant – en tout cas en droit interne – leur usage, ces clauses sont tombées en désuétude, les parties préférant adopter une monnaie tierce pour déterminer l'étendue de leurs obligations monétaires.

182. – Les clauses *monétaires* réfèrent à une monnaie de compte étrangère pour déterminer le *quantum* de la créance. De la monnaie de compte qui sert d'unité de mesure se distingue, alors, la monnaie de paiement dans laquelle celui-ci sera effectivement réalisé. La monnaie de paiement est fixée par la loi du lieu d'exécution qui, fréquemment, imposera l'usage exclusif des instruments locaux ; c'est le cas en France où les paiements doivent être effectués en francs français qui, seuls, ont cours légal (16). Les clauses de monnaie de compte étrangère constituent, alors, une simple variété des clauses d'indexation retenant pour indice une monnaie étrangère (17).

183. – Les procédés, divers, d'*indexation* sont, eux-mêmes, facteurs d'inflation. C'est pourquoi le législateur français a tenté de les encadrer ; mais le pouvoir d'intervention étatique ne se justifie pas pareillement pour les contrats internes (18) et internationaux.

---

(15) V. Th. JACOMET et E. DIDIER, *op. cit.*, n. 46.

(16) Req. 17 fév. 1937 : *DH* 1937, 234. – Civ. 1re, 25 mars 1981 : *Bull.*, n. 104.

(17) E.-S. DE LA MARNIÈRE, *Monnaie de compte et monnaie de paiement : D.* 1951, 169. – J.-P. ECK, *Problèmes actuels du droit monétaire : Travaux comité fr. DIP* 1970, 81. – J.-L. BISMUTH, *Problèmes monétaires dans les contrats internationaux*, thèse Paris II, 1973. – Ph. MALAURIE, *Les obligations libellées en monnaies étrangères : Travaux comité fr. DIP* 1975, 17. – A. MORGAN DE RIVERY, *Quel avenir pour les clauses monétaires ? : Gaz. Pal.* 1991, I, 243.

(18) Dans les contrats purement internes, en application de la règle fixée en 1958-1959 qui impose le choix d'un indice en rapport avec l'objet du contrat ou l'activité d'une partie, la Cour de cassation a admis que *« le caractère interne du prêt... prohibait... sauf lorsque l'un des contractants est banquier ou financier, la fixation de la créance en monnaie étrangère »* (Civ. 1re, 12 janv. 1988 : *D.* 1989, 80, Ph. MALAURIE ; *RTD civ.* 1988, 740, J. MESTRE). Ainsi, en droit interne, il faut considérer, tout d'abord, que l'usage d'une monnaie étrangère ou de l'or comme monnaie de paiement (*« clause monnaie étrangère »* ou *« clause or »*) est inadmissible, cette pratique étant directement attentatoire au cours légal et, surtout, forcé de la monnaie nationale (v. l'arrêt de principe, Civ. 11 fév. 1873 : *DP* 1873, 1, 177, BOISTEL. – *Adde*, Civ. 1re, 12 janv. 1988, préc. et Bordeaux 8 mars 1990, préc., où il était stipulé que les paiements de l'emprunteur ne seraient libératoires que s'ils étaient faits dans la devise empruntée). En revanche, la référence à une monnaie étrangère ou à l'or comme monnaie de compte (*« clause valeur monnaie*

Le contexte du marché international émancipe le paiement international de l'interventionnisme étatique : la jurisprudence témoigne de mansuétude à l'égard des clauses précédentes. Ainsi, les clauses *« monnaie-étrangère »* ou *« clause-or »* prévoyant un paiement en monnaie étrangère ou en or ont été jugées valables dans de tels contrats bien que dérogeant au cours forcé de la monnaie (19). *A fortiori,* la validité des clauses *« valeur monnaie-étrangère »* ou *« valeur-or »* est-elle également admise mais le fondement de cette solution a varié. Parce qu'elle définit le montant de l'obligation contractuelle, la monnaie de compte concerne la *« substance même du contrat »* et, partant, relève dans son principe et son régime, de la seule loi du contrat (20). Ainsi, la jurisprudence a-t-elle, d'abord, admis la validité des clauses monétaires dans les contrats internationaux, que celles-ci s'imposent au débiteur étranger au profit de leurs créanciers français (21) ou, inversement, qu'elles soient souscrites par les débiteurs français à l'avantage de leurs créanciers étrangers. Mais, spécialement dans ce dernier cas, la loi du paiement réalisé à l'étranger pourrait prohiber la clause monétaire : l'application de cette loi au contrat affecterait à nouveau la validité de la clause ; aussi, la Cour de cassation a-t-elle affirmé le principe de la liberté de la monnaie de compte à l'encontre des *« règles impératives de la loi interne appelée à régir la convention »* (22). Les auteurs discernent dans cette liberté de choix une règle de droit international privé matériel applicable directement à l'accord international (23).

184. – Demeure l'exigence de la désignation de la monnaie de paiement. Dans le respect des lois de police de l'État du paiement, se pose

---

étrangère » ou *« clause valeur-or »*) paraît admissible si elle a une relation avec l'objet de la convention ou l'activité d'une des parties (Civ. 1re, 12 janv. 1988, préc. – Soc. 25 oct. 1990 : *Bull.*, n. 508 ; *D.* 1990, IR 278).

(19) Civ. 3 juin 1950 : *DP* 1951, 1, 5, concl. MATTER, R. SAVATIER. – 21 juin 1950 : *D.* 1951, 749, J. HAMEL ; *JCP* 50, II, 5812, J.-Ph. LÉVY ; *Rev. crit. DIP* 1950, 609, H. BATIFFOL ; *S.* 1952, I, 1, NIBOYET ; *Grands arrêts DIP*, n. 23. – 24 janv. 1956 : *Bull. civ.* I, n. 42 ; *D.* 1956, 317, M. LENOAN ; *JCP* 56, II, 9400, J.-Ph. LÉVY. – Com. 4 nov. 1958 : *D.* 1959, 361. – Civ. 15 juin 1983 : *Bull.* I, n. 175 ; *JCP* 84, II, 20123, J.-Ph. LÉVY. – 13 mai 1985 : *Bull.* I, n. 146.

(20) H. BATIFFOL : *Rev. crit. DIP* 1950, 609.

(21) Civ. 1re, 17 mai 1927 : *DP* 1928, I, 25, concl. MATTER, H. Capitant.

(22) Civ. 1re, 21 juin 1950, cité. – *Adde*, Civ. 1re, 16 juill. 1987 : *Bull.*, n. 228.

(23) En ce sens, B. ANCEL et Y. LEQUETTE in *Grands arrêts DIP,* préc. – *Contra*, V. HEUZÉ, *La réglementation française des contrats internationaux*, préc., spéc. n. 589, qui justifie la règle par une extension aux relations internationales des solutions que les ordonnances de 1958 et 1959 consacrent pour les contrats internes, textes qui seraient alors appliqués comme lois de police.

le problème de son identification que, pour la vente, la Convention de Vienne ne précise pas (24).

(24) « *S'inspirant de ce qu'il considérait être un principe général de la convention, un tribunal a décidé de résoudre cette question par l'application du droit du lieu d'établissement du vendeur dans la mesure où c'est là que devait intervenir le paiement du prix en application de l'article 57 de la Convention de Vienne* (Krammer Govicht Berlin, 24 janv. 1994, 2, *u* 7418/92 : *RIW* 1994, p. 683). *Le tribunal a préféré appliquer un principe général de la convention plutôt que d'avoir recours au droit national applicable au contrat (art. 7 de la Convention)* » (*Dossiers européens Fr. Lefebvre : Vendre en Europe*, 1995, p. 2631, p. 212). – *Adde, supra*, n. 182.

CHAPITRE IV
LA CONTRAINTE TERRITORIALE

185. – La manifestation traditionnelle la plus forte et apparente du phénomène de la frontière est l'installation autour du territoire national d'une clôture destinée moins à interdire qu'à *filtrer* – et taxer – *les flux* de personnes et *de marchandises* (Section I) qui peuvent la traverser ; la police sous de multiples formes y contribue mais surtout, sans doute, l'administration des douanes rattachée au ministère du Budget dont elle alimente les recettes. S'y ajoute le *contrôle des investissements étrangers* (Section II).

SECTION I
LES CONTRAINTES RELATIVES AUX MARCHANDISES

186. – Les États sont, en principe, libres d'organiser comme ils l'entendent le franchissement de leurs frontières par les marchandises tant à l'importation qu'à l'exportation ; la tâche est plus délicate pour les services.

187. – Le droit de douane est ancien (1).

---

(1) Il a *« fait son apparition en France à l'époque gallo-romaine avec l'impôt douanier – quadragesima Galliorum, impôt perçu sur le 1/40 de la valeur des marchandises – prélevé par le fisc romain aux frontières des provinces conquises »* et s'est développé sous des formes et des appellations multiples où les *« droits de haut passage et de rêve... font suite aux tonlieux... [toutes sortes de droits seront] acquittés à la sortie de certains produits exportés en dérogation à la prohibition quasi générale qui frappait alors les marchandises à l'exportation »*. Ainsi, à l'intérieur de frontières nationales qui se cherchaient, des formules de taxation sur les mouvements de produits sinon de services se trouvaient établies. Il fallut attendre 1790 et 1791 pour que la Constituante réalise *« l'unité douanière du territoire en abolissant toutes les douanes intérieures et les péages locaux »* (*ibid.*, n. 4, p. 3) et établisse un tarif uniforme à l'entrée sur le territoire français. L'évolution interne s'acheva par l'élimination des octrois installés à l'entrée des cités (C. BERR et H. TRÉMEAU, *Le droit douanier*, 3e éd. Économica 1988, n. 2, p. 2 ; *adde*

La construction d'un marché commun européen a vivement modifié le paysage en mettant fin aux filtrages douaniers entre les États contractants, au nombre accru au cours des dernières années et en les reportant aux frontières de la Communauté, puis Union, européenne et en faisant de ceux-ci un instrument non plus du Prince de Paris, Londres ou Madrid mais de l'autorité bruxelloise.

L'article 9 du Traité de Rome a, en effet, établi la Communauté en union douanière, interdisant les barrières entre contractants et décidant un tarif commun à l'égard des pays extérieurs :

> « La définition et le classement des marchandises sont repris dans un tarif douanier commun adopté par les États membres de la communauté ainsi qu'il est précisé par l'article 9 du Traité de Rome. Le règlement du 23 juillet 1987 (Règl. n. 2658/87 du Conseil, 23 juill. 1987 : *JOCE*, n. L. 256, 7 sept.) reprend en son annexe I la nomenclature tarifaire et statistique, ainsi que les taux autonomes et conventionnels des droits du tarif douanier commun. L'article 12 dudit règlement prévoit que la commission adopte chaque année une nouvelle version de cette annexe. Le règlement du 26 juillet 1991 (Règl. n. 258/91 de la Commission, 26 juill. 1991 : *JOCE*, n. L. 259, 16 sept.) a modifié l'annexe du règlement n. 2658/87.
> Les dispositions de ce tarif sont appliquées au moment de l'entrée des marchandises dans le territoire douanier communautaire qui comprend l'ensemble des pays composant la CEE. Aucun droit de douane n'est désormais perçu dans les échanges entre les pays de la Communauté économique européenne » (2).

188. – Les sources du droit douanier vont largement tenir compte de cette évolution récente et associent dispositions nationales, communautaires et internationales.

– Le *Code des douanes,* issu de la loi du 6 août 1791, a été refondu par un décret du 8 décembre 1948 (3) ; les textes non codifiés sont

4e éd. 1997, n. 9 et s., p. 5 et s. – *Adde*, J.-R. NASSIER, *La réglementation douanière européenne*, Précis Jupiter 1988. – J. PANNIER, *Douanes et changes*, coll. « Jurisprudence française », n. 6, Litec 1990. – *Lamy Transport*, sous la direction de P. Brunat, éd. 1995, t. II, 8e partie : *la douane*).

(2) G.-A. GAUTHIER, *V° Libre pratique : Rép. dr. commun. Dalloz* 1992, n. 3 à 6. Ajoutons l'observation faite, dès 1988, par C. BERR et H. TRÉMEAU, *« Si l'on a pu douter pendant longtemps que les États aient abdiqué toute souveraineté dans le domaine tarifaire, ne serait-ce qu'en raison du maintien formel dans notre Code des douanes de dispositions traditionnelles relatives au rôle respectif du gouvernement et du parlement en la matière, hésiter n'est plus permis, aujourd'hui. C'est le conseil des ministres de la CEE qui détient le pouvoir d'établir le tarif extérieur commun. L'acte unique européen prévoit même expressément les conditions de majorité auxquelles il doit prendre ses décisions en la matière »* (*op. cit.*, n. 77, p. 57 référant à l'art. 28 de l'Acte Unique).

(3) En exécution de la loi du 17 août 1948 (*DH* 1948, 278), la refonte du Code des douanes a fait l'objet du décret du 8 déc. 1948 (*DH* 1949, 13, rectif. 137). Il a été modifié et complété à plusieurs reprises par les lois de finances en particulier jusqu'à celle du 30 déc. 1995 (*JO* 31 déc.).

toujours d'une grande importance, tels les règles fiscales, sanitaires, techniques en matière de normes diverses.

Les *actes communautaires* ont une importance considérable ; ils sont regroupés dans un Code douanier communautaire (4).

Les *traités internationaux* sont de forte importance puisque les pratiques unilatérales sont, largement, dépassées par les accords entre États conclus dans ce domaine. Il s'agit, tout d'abord, de conventions multilatérales tenant à l'appartenance de la France au GATT et, aujourd'hui, l'OMC. Les *conventions bilatérales,* d'autre part, par lesquelles la France et un autre pays organisent leurs relations douanières sont multiples.

– La *jurisprudence nationale* tient à l'intervention des tribunaux tantôt administratifs, tantôt judiciaires. Élaborée par la Cour de justice de Luxembourg, la jurisprudence communautaire en matière douanière occupe une place chaque jour renforcée.

– La *doctrine* est, tout d'abord, une doctrine administrative prenant la forme de circulaires de même importance pratique que les autres circulaires fiscales ; au niveau communautaire, il s'agit d'avis et de recommandations de la commission et de notes explicatives du tarif douanier des communautés ; au plan national, la doctrine scientifique n'a pas connu un développement considérable à l'exception, notamment, de l'ouvrage précité de C. Berr et H. Trémeau.

189. – Les *missions non fiscales* de la douane (§ 1), croissantes, s'ajoutent à ses *missions fiscales* (§ 2), mieux connues.

§ 1. – Les missions non fiscales de la douane

190. – En dehors de ses tâches fiscales les plus apparentes, la douane assure des missions d'*observation* et de *protection* de l'économie.

191. – En intervenant à chaque franchissement de frontière par des marchandises, des services, des paiements, la douane assure une *mission d'observation de l'économie.* Les statistiques du commerce extérieur sont élaborées et diffusées par ses soins.

La réduction de l'activité douanière intra-communautaire pose le problème de savoir comment cette tâche pourra être assurée. Tout comme l'élimination des octrois à la porte des cités a supprimé le constat des mouvements de marchandises à leur approche, la réduction de l'activité de l'administration douanière peut affaiblir la connaissance de ces mouvements internationaux ; d'autres méthodes, à commencer par le contrôle

(4) Conseil, règl., n. 2913/92, 12 oct. 1992 : *JOCE* 19 oct., n. L. 302.

des comptabilités des entreprises, permettront, toutefois, de reconstituer ces flux.

192. – La douane a une *mission de protection de l'économie* visant à *protéger* l'espace économique national et, aujourd'hui, communautaire face à la concurrence étrangère tant par une action touchant au prix que par le contrôle des mouvements de marchandises.

193. – Elle permet une *action sur les prix*. Les prix agricoles, par exemple, ne sont pas fixés par chaque État mais par la communauté européenne. Si le cours du marché mondial est inférieur à celui fixé par ses soins, la douane applique à l'importation le prélèvement agricole sur la différence afin de décourager cette importation. À l'exportation, la communauté européenne, par l'intermédiaire du Fonds européen d'orientation et de garantie agricole (FEOGA), compense les différences de prix pour les exportateurs ; si l'exportateur n'arrive pas à vendre, le FEOGA versera une somme de rachat.

S'agissant des prix industriels, le douanier ajoute, notamment, à la perception de la TVA celle des droits de douane.

194. – À l'intérieur de la communauté, le problème est réglé dans le sens le plus libéral avec la proclamation de la libre circulation des marchandises par l'article 36 du Traité de Rome. Il demeure aux frontières de la communauté et trouve sa solution dans les décisions retenues par le Tarif extérieur commun et vise une *action sur les mouvements de marchandises*.

195. – Décidant un *filtrage direct*, les États peuvent établir des politiques de contingentement de l'exportation d'un certain nombre de biens. Les États qui souffrent de pénurie de devises ferment, d'autre part, leurs marchés aux importations par toutes sortes d'autorisations délivrées par l'autorité administrative.

En France, ces mouvements sont, en principe, libres à l'exportation.

Au niveau des importations une distinction importante intervient :

– Pour les marchandises libérées, les restrictions quantitatives ont été supprimées. Dans ce cas, en principe, il n'y a pas de formalités particulières à assurer lors du dédouanement sauf s'il s'agit de matériels sensibles intéressant, par exemple, la défense nationale. Des déclarations d'importation peuvent être exigées pour permettre leur contrôle par les services administratifs.

– Pour les marchandises non libérées, l'interdiction est définitive ou temporaire (5), totale ou partielle, une prohibition d'entrée pouvant être

(5) Suite à l'initiative prise par différents pays, le Japon est ainsi le dernier pays en date à avoir interdit, le 14 septembre 1989, toute importation d'ivoire dont il est le premier consommateur mondial. L'interdiction peut être temporaire et répondre à un besoin spécifique : c'est ainsi qu'au mois de septembre 1989, la Commission européenne a autorisé la France à contrevenir au principe de la libre circulation des marchandises au sein de

tempérée par des licences d'importation délivrées dans la limite de certains contingents. Si les examens des demandes de licences sont simultanés, il suffit de les déposer dans les délais ; s'ils sont échelonnés, l'utilisation du contingent sera le prix de la course.

196. – Les *filtrages indirects* à l'importation peuvent être assurés pour vérifier le respect des normes de sécurité du travail, santé, hygiène, bruit, voire même moralité... La marchandise ne sera pas dédouanée tant que la preuve de la satisfaction donnée à ces normes ne sera apportée.

197. – L'administration des douanes assure, également, une mission de *contrôle des contrefaçons.*

La réglementation communautaire a, successivement, consisté dans le règlement du 1er décembre 1986 mis en œuvre, en France, par un décret du 27 décembre 1987 choisissant la douane pour faire respecter le règlement communautaire, puis dans le règlement du 22 décembre 1994 (6) visant à empêcher la mise en libre pratique, l'exportation et le placement sous un régime suspensif des modèles contrefaisants. La douane a la possibilité de bloquer pendant dix jours la marchandise après que l'entreprise menacée a demandé son intervention. Cette demande doit être accompagnée d'une attestation en provenance de l'INPI portant sur l'inscription de la marque et doit être renouvelée tous les six mois ; après l'écoulement d'un délai de dix jours, l'entreprise devra assumer les frais de garde de la marchandise ; pendant ce temps, l'entreprise doit demander et obtenir une saisie conservatoire auprès du président du tribunal de grande instance.

Cette procédure concerne les seules marchandises déclarées pour être mises à la consommation et ne couvre pas celles qui sont stockées. Cette lacune a été comblée pour la France par un texte réglementaire visant, entre autres, les produits tiers non destinés à la consommation (7).

198. – Il existe aussi une infraction douanière dans certains cas de circulation ou de détention sur le territoire douanier lorsqu'on ne peut pas justifier de la situation régulière de la marchandise (8).

§ 2. – Les missions fiscales de la douane

199. – Selon G.-A. Gauthier :

> « L'admission de marchandises étrangères sur un territoire national a pour conséquence l'application d'une fiscalité généralisée, en

la communauté et à suspendre ses importations d'anoraks en provenance de Taipeh (même s'ils transitaient par un autre pays de la Communauté) afin de protéger l'industrie textile française.

(6) Conseil, règl., n. 3295-94, 22 déc. 1994 : *JOCE* 30 déc., n. L. 341.

(7) Administration des douanes, décis. adm. 2 fév. 1988.

(8) C. douanes, art. 414.

vigueur dans le pays concerné, afin d'empêcher toute discrimination entre les marchandises selon leur origine. Cependant, il ne peut échapper que, par conséquent, les marchandises en provenance des pays tiers acquittent des droits intérieurs différents selon leur point d'entrée dans la communauté. En ce qui concerne le territoire douanier français, les marchandises étrangères sont soumises à divers droits intérieurs, à d'autres taxes parafiscales, ainsi qu'au droit commun de la taxe sur la valeur ajoutée » (9).

S'y ajoutent les droits antidumping prévus par l'article VI du GATT visant à protéger les industries de la communauté contre les pratiques faussant les conditions normales de la concurrence dans les relations commerciales internationales. Le texte de base, remanié et complété, depuis, à plusieurs reprises est, aujourd'hui, le règlement du conseil du 11 juillet 1988 (10).

200. – Les missions fiscales de la douane s'exercent, donc, essentiellement, *en matière de TVA* (A) et *en matière de droits de douane* (B).

A. – L'INTERVENTION DE LA DOUANE EN MATIÈRE DE TVA

201. – *L'importation* de biens en France donne lieu à perception de la TVA lors du passage de la frontière (CGI, art. 291-I-1). La TVA est exigible au moment où le bien est introduit sur le territoire français (CGI, art. 293-A). À partir du 1er janvier 1993, la notion d' *« acquisition »* s'est substituée à celle d' *« importation »* pour les échanges intra-communautaires (11). Le nouveau régime maintient temporairement le principe de l'imposition dans le pays de destination (CGI, art. 256 *bis*-I).

Si la livraison, définie par l'article 256-II du CGI comme le *« transfert de propriété d'un bien meuble corporel »* devenu le *« transfert du pouvoir*

(9) G.-A. GAUTHIER, art. cit., n. 41 et 42 qui poursuit, *« La sixième directive TVA a admis la création ou le maintien de certaines taxes en plus de la taxe sur la valeur ajoutée tandis que certaines impositions ont été supprimées après condamnation par la Cour de justice européenne ou qu'elles aient été mises en cause par la commission. De nombreuses taxes ont été ainsi maintenues telles que les taxes parafiscales sur les papiers, cartons, cuirs, produits textiles, etc. Toutes ces impositions résultent des dispositions d'une loi ou d'un décret. D'autres taxes peuvent être perçues à l'importation ou lors de la mise à la consommation sur des marchandises étrangères, selon la nature de ces marchandises et de façon très variable selon les époques. Ces taxes sont en général affectées à diverses actions économiques relatives à un secteur déterminé » (ibid.).*

(10) Conseil, règl. n. 2423/88, 11 juill. 1988 : *JOCE* 2 août, p. 1 et 18. – D. VOILLEMOT, *La réglementation CEE anti-dumping et anti-subventions*, GLN-Joly 1993 ; sur le Code antidumping du GATT, D. CARREAU, Th. FLORY, P. JUILLARD, *op. cit.*, n. 187 et s.

(11) L. n. 92-677, 17 juill. 1992 : *D.* 1992, L. 407.

de disposer d'un bien meuble corporel comme un propriétaire » est effectuée par l'importateur, celui-ci ou son représentant doit acquitter la TVA sur la livraison du bien, sous déduction de la taxe versée lors de l'importation. Il est admis, toutefois, de ne pas exiger le paiement de la TVA sur la livraison par l'entreprise étrangère lorsque la marchandise est transportée directement chez l'acheteur dans l'État où elle a été présentée à la douane.

202. – L'assiette se compose de la valeur du produit lui-même, augmentée de tous les frais d'approche jusqu'au lieu réel de destination intérieure, y compris les droits de douane, ceux-ci faisant partie de l'assiette de la TVA.

Le taux de la TVA est identique à celui applicable en régime intérieur, soit un taux réduit de 5,5 % et un taux normal de 20,6 %.

En régime interne, les redevables de la TVA sont les opérateurs successifs dans le courant économique. Le redevable de la TVA est, ici, le déclarant en douane, quel que soit le destinataire réel. Pour déclarer pour le compte d'autrui, il faut une autorisation et être agréé par l'administration.

Contrairement à la TVA interne, la TVA sur les marchandises en provenance d'un territoire extérieur à la Communauté européenne est perçue en douane (12). L'acquittement de la taxe se fait en une seule fois, au moment de la déclaration en douane.

Deux formules de crédit sont à la disposition de l'opérateur international : un crédit d'enlèvement permet de payer dans un mois ; un crédit des droits, à quatre mois par obligation cautionnée.

La TVA supportée à l'importation est déductible dans les conditions et sous les restrictions de droit commun.

203. – Pour l'*exportation* de marchandises à l'étranger, les opérateurs bénéficient d'une exonération de TVA. Si l'exportateur ne dispose pas d'une TVA déductible suffisamment importante pour compenser la TVA collectée sur les ventes réalisées en France, il pourra obtenir un remboursement du crédit de TVA.

204. – L'administration douanière recouvre, également, une quinzaine de taxes parafiscales.

---

(12) C. BERR et H. TRÉMEAU, « *Les sommes perçues au titre de la TVA – par la douane – représentent plus de la moitié des perceptions douanières et 30 % environ du montant budgétaire global des taxes sur le chiffre d'affaires* » (*op. cit.*, éd. 1988, n. 40, p. 30).

B. – L'INTERVENTION DE LA DOUANE EN MATIÈRE DE DROITS DE DOUANE

205. – G.-A. Gauthier définit les droits de douane dans les termes suivants :

> « Les droits de douane sont des impôts qui frappent les marchandises importées dans le territoire douanier par un opérateur du commerce extérieur en vue de leur mise en libre pratique. Le droit de douane exerce un effet protecteur permettant de maintenir une compétitivité entre le prix des produits provenant du marché intérieur et le prix des produits venant de l'étranger. Actuellement, les droits sont perçus sur les marchandises importées des pays extérieurs à la communauté économique européenne. Il n'existe pas de droits de douane à l'exportation, s'agissant d'un instrument de protection » (13).

206. – Nous observerons, tour à tour, *les règles* (1°) et *les procédures* (2°) douanières.

1° *Les règles douanières*

207. – Examinons, tour à tour, les mécanismes de *qualification (a)* et de *recouvrement (b)* posés par ces règles douanières.

a) La qualification

208. – La taxation consiste à appliquer à une marchandise les droits prévus au tarif douanier commun en fonction de critères tenant à l'espèce, l'origine et la valeur de la marchandise.

209. – Établir son *espèce* consiste à localiser la marchandise considérée dans la nomenclature douanière internationale des marchandises élaborée à Bruxelles par accord international, le 14 juin 1983, et adoptée aujourd'hui par près de cent quarante États en raison de ses qualités de logique et de simplicité (14).

Le numéro de la nomenclature douanière déterminant l'espèce de la marchandise est important à l'importation comme à l'exportation. Ainsi, dans le commerce hors communauté européenne, il conviendra de faire spécifier dans la commande du client le numéro de douane de son propre

---

(13) G.-A. GAUTHIER, art. cit., n. 1.

(14) CFCE, *Exporter, pratique du commerce international*, 12e éd., 1996, éd. Foucher.

pays. Cette prudence est, en effet, nécessaire car, en cas d'erreur, il sera responsable et les conséquences peuvent être coûteuses (amendes, retards...).

210. – Les taxations douanières ne sont pas identiques selon l'*origine* des produits importés. Dès lors, il peut être intéressant pour un importateur de faire venir ses marchandises d'un pays à l'égard duquel les droits d'importation sont bas. Pour éviter de multiples fraudes, une notion plus contraignante d' *« origine de la marchandise »* a été élaborée et figure, notamment, à l'article 5 du règlement communautaire 802/68 :

> « Une marchandise dans la production de laquelle sont intervenus deux ou plusieurs pays est originaire du pays où a eu lieu la dernière transformation ou ouvraison substantielle, économiquement justifiée, effectuée dans une entreprise équipée à cet effet et ayant abouti à la fabrication d'un produit nouveau ou représentant un stade de fabrication important ».

La justification de l'origine se fait par des certificats de circulation délivrés par les autorités douanières du pays d'exportation.

211. – La définition de la *valeur en douane* (15) représente, aujourd'hui encore, le problème névralgique du droit douanier.

Certains principes ont été élaborés par la conférence des Nations unies sur le commerce assemblée à Genève, en 1947, et ont été ultérieurement repris par le GATT et par la convention de Bruxelles du 15 décembre 1959 sur la valeur en douane des marchandises. Le règlement communautaire 803/68 retient les principaux éléments de cette définition :

> « Pour l'application du tarif douanier commun, la valeur en douane des marchandises importées est le prix normal, c'est-à-dire le prix réputé pouvoir être fait pour ces marchandises lors d'une vente effectuée sous des conditions de pleine concurrence entre un acheteur et un vendeur indépendants l'un de l'autre ».

Cette condition de vente commerciale effectuée dans des règles de pleine concurrence est remplie lorsque *« le paiement du prix constitue la seule prestation effective de l'acheteur »* et que

> « le prix convenu n'est pas influencé par des relations commerciales, financières ou autres, contractuelles ou non, qui pourraient exister en dehors de celles créées par la vente elle-même : vente internationale effectuée dans le cadre de concession de distribution ou dans les relations entre une société mère et ses filiales qui peuvent se caractériser par des ristournes ou autres avantages divers » (16).

---

(15) C. BERR, *La valeur en douane et le droit commun, Mélanges A. Jauffret*, 1974, p. 63.

(16) *Ibid.*

La valeur en douane est déterminée d'après les indications fournies par la déclaration en détail (17). Elle est généralement établie à partir du prix facturé mais l'administration peut opérer différents ajustements en vue de faire apparaître le prix de marché qui servira d'assiette à la taxation de préférence au prix déclaré qui pourrait, en dehors même de toute idée de déclaration fausse, ne pas correspondre à un prix de pleine concurrence. Lorsque l'administration ne tient pas compte de la *« valeur transactionnelle »*, c'est-à-dire du prix effectivement payé, elle devra rechercher, avec plus de difficulté, la valeur ajoutée en tenant compte des coûts de production, des frais généraux et de la marge bénéficiaire à retenir.

Le règlement communautaire 1284/80 du 28 mai 1980 détermine la notion de valeur sur laquelle sont assis les droits de douane. Il s'agit d'une valeur CAF CEE, c'est-à-dire de la valeur à l'entrée de la Communauté européenne. Il s'agit d'un prix de concurrence normale établi au moment de la transaction. Aussi, la valeur facturée n'est-elle pas toujours acceptée, surtout pour les échanges entre les membres d'un groupe multinational qui négocient un ajustement avec l'administration des douanes.

b) Le recouvrement

212. – Distinguons régimes de *recouvrement* [1] et de *non-recouvrement* [2].

1) Régimes de recouvrement

213. – À l'importation, il s'agit du *régime de la mise à la consommation* ou de *l'importation simple*. À l'exportation, il s'agit du régime de l'*exportation simple*.

214. – Les marchandises importées pour être versées sur le marché intérieur français doivent être déclarées et sont ordinairement placées sous le régime dit *« de la mise à la consommation »* sur un territoire national ou *« de la mise en libre pratique »* en application de l'article 10-1 du Traité de Rome produisant ses effets dans l'ensemble de la Communauté européenne :

> « Doivent être considérés comme étant en libre pratique dans un État membre, les produits en provenance de pays tiers pour lesquels les formalités d'importation ont été accomplies et les droits de douane et taxes d'effet équivalent exigibles ont été perçus dans cet État

(17) V. *infra*, n. 233 et s.

membre et qui n'ont pas bénéficié d'une ristourne totale ou partielle de ces droits et taxes ».

Les marchandises provenant de pays hors Communauté européenne bénéficiant de ce régime sont, alors, assimilées aux produits originaires de celle-ci et bénéficient du principe de libre circulation à l'intérieur de la Communauté (18).

215. – À la différence de l'importation, l'exportation de marchandises doit faire l'objet d'une déclaration mais ne supporte que très exceptionnellement des droits de sortie.

2) Régimes de non-recouvrement

216. – Bien avant le Traité de Rome, les législations douanières connaissaient des régimes suspensifs de droits de douane et taxes ; ils ont été réorganisés et unifiés depuis (19). Des *régimes suspensifs* traditionnels, on distingue, parfois, des *régimes économiques* où l'intervention active de la douane va s'accentuer.

• *Régimes suspensifs*

217. – Tout au cours de notre histoire, les marchandises étrangères traversant notre territoire furent taxées alors même qu'elles ne pouvaient pas mettre en danger une quelconque production nationale. De plus, ces mouvements de marchandises peuvent être bénéfiques à l'économie nationale par les transports qu'ils suscitent, auxquels des entreprises locales peuvent participer. Aussi, dès le début du XIXe siècle, des régimes de **transit sous douane** furent-ils prévus.

Le transit sous douane consiste en un régime douanier d'exception à base de suspension des droits applicables aux marchandises en cours de transport entre deux pays. Dans la mesure où ces marchandises doivent sortir peu après leur entrée sans avoir subi de modification et où le territoire national sert simplement de lieu de passage, il est normal que les droits douaniers à l'importation ne soient pas prélevés.

L'avantage pratique du transit sous douane tient au regroupement des opérations douanières dans les pays de départ et d'arrivée définitive. On évite ainsi formalités et vérifications des chargements à chaque

---

(18) V. CJCE 15 déc. 1976 (aff. 41/76, *Doncker Wolcke*) : *Rec.* 1921.

(19) C. BERR et H. TRÉMEAU observent, *« C'est surtout au niveau des régimes économiques, encore souvent désignés sous le nom de régimes suspensifs, que la douane allait résolument s'engager dans la voie, non seulement de la libération, mais surtout de l'aide active à l'économie »* (*op. cit.*, éd. 1988, n. 23, p. 17 ; *adde*, 4e éd. 1997, n. 463 et s., p. 255).

passage de frontière. Afin de faciliter ce processus et après agrément de l'administration, les entreprises peuvent domicilier leurs opérations de transit à un bureau de douane dont la situation leur est géographiquement intéressante. Dans la crainte de différentes fraudes, des mesures de garantie doivent, toutefois, être prises : garanties matérielles comme le scellement des remorques ou citernes contenant les marchandises, garanties financières pouvant prendre la forme soit de consignation – rare – des droits de douane, soit, plus fréquemment, d'une caution bancaire qui pourra être appelée si la marchandise n'est pas sortie dans le délai prévu...

218. – On distingue différents régimes particuliers de transit.

219. – Le *Transit national* concerne la circulation des marchandises sur le territoire national. Il pourra s'agir de :

– *Transit direct* où les marchandises en provenance de l'étranger et à destination de l'étranger ne font que traverser le territoire national ;

– *Transit avec l'extérieur* soit à l'importation où des marchandises en provenance de l'étranger et à destination de la France passent le bureau de douane frontalier pour subir les formalités douanières à un bureau de destination situé à l'intérieur du territoire français... soit à l'exportation où des marchandises en provenance de France et à destination de l'étranger subissent les formalités douanières à l'intérieur du territoire français, puis passent le bureau de douane frontalier en transit ;

– *Transit intérieur* où les marchandises circulent entre deux bureaux de douane situés à l'intérieur du territoire français.

220. – Le *Transit communautaire* s'applique à la *« circulation des marchandises entre deux points situés dans la communauté »* (20).

Dans le passé, les transports de marchandises intra-communautaires se traduisaient par une succession de transits nationaux, chaque État s'efforçant de protéger ses intérêts propres. Désormais, le transit communautaire s'effectue sous le couvert d'un document unique, connu dans la pratique sous le nom de *« formulaire T »,* évitant la répétition de multiples formalités.

221. – Le *Transit international* comporte trois procédures :

– Le *Transit international par fer* (TIF) est réservé aux transports ferroviaires entre les pays ayant adhéré à la convention de Genève du 10 janvier 1952 ; son fonctionnement impose l'utilisation de formulaires TIF à remplir en autant de fois deux exemplaires qu'il y a de pays à traverser.

---

(20) Règl. conseil n. 222/77, 13 déc. 1976 : *JOCE,* n. L. 38, 9 fév. 1977, art. 1er, p. 1.

– Le *Transit international par route* (TIR) est réservé aux transports internationaux routiers, sans rupture de charge, entre les États ayant adhéré à la convention de Genève ; il a pour avantage qu'au passage des frontières, les chargements de marchandises ne sont pas normalement vérifiés.

– Le *Transit du manifeste rhénan* était destiné, à l'origine, à faciliter les opérations de transit sur le Rhin et les voies d'eau rhénanes ; le transit communautaire a réduit aussi bien l'intérêt que l'usage de ces formules.

222. – L'*entreposage sous douane* consiste à organiser le séjour de marchandises, dont on va retarder ou anticiper le franchissement de la frontière, dans un *« entrepôt public utilisable par toute personne qui répond à un besoin général d'entreposage »* ou *« un entrepôt privé, réservé à l'usage exclusif d'un opérateur pour les nécessités de son commerce ou de son industrie »* (21).

223. – *À l'importation,* ce régime permet de placer des marchandises dans des locaux soumis au contrôle de la douane en suspension de droits et taxes pendant trois ans. Un constructeur automobile étranger pourra ainsi établir en France un stock sur lequel ses différents distributeurs français tireront immédiatement les formalités douanières étant déjà effectuées et ne pouvant pas, par conséquent, retarder la mise à disposition de ces biens. Les marchandises étant prises en charge dès leur arrivée dans l'entrepôt par les douanes, il reste à régler les droits et taxes correspondants : le système permet des sorties par lots, évitant ainsi de payer tous les droits et taxes en une seule fois. Cette grande souplesse (facilité d'approvisionnement, avantage de trésorerie) favorise les activités économiques périphériques (de transport, d'assurance...) qui en découlent.

Le magasin franc, peu pratiqué, permet de stocker pendant cinq ans sous la responsabilité d'une chambre de commerce qui traite avec la douane.

224. – *À l'exportation,* ce régime permet d'obtenir, dès l'entrée en entrepôt, un certain nombre d'avantages. Il permet aux entreprises nationales d'affronter la concurrence à l'exportation dans de meilleures conditions ; une société française exportatrice placera des marchandises en entrepôt sous douane de façon à obtenir les avantages directs accordés par nos pouvoirs publics à l'exportation avant même d'avoir conclu la

(21) M. Aime, *V° Douanes (régimes économiques) : Rép. dr. commun. Dalloz* 1992, n. 8. Les entrepôts douaniers doivent être distingués des entrepôts fiscaux qui, ne répondant pas aux exigences de la réglementation douanière, sont sans influence sur la perception des droits de douane et permettent, uniquement, de suspendre la TVA.

vente ferme et encore moins la délivrance et la livraison de ces marchandises ; pendant leur séjour en entrepôt sous douane, ces marchandises peuvent être vendues. On rappellera que parmi les avantages liés à l'exportation figure la possibilité pour l'entreprise exportatrice d'acquérir en franchise de TVA, dans la limite d'un certain contingent, les biens acquis en France, importés d'un pays hors Communauté européenne, ou encore faisant l'objet d'une livraison intra-communautaire et destinés à l'exportation (CGI, art. 275-I) ou à une livraison intra-communautaire. Ce contingent, fixé annuellement, est égal au montant des ventes à l'exportation et des livraisons intra-communautaires de produits taxables effectuées par l'entreprise au cours de l'année précédente.

Outre l'aspect de décharge fiscale, purement national, le régime de l'entrepôt d'exportation est utilisé dans un cadre communautaire en tant qu'instrument de préfinancement des restitutions octroyées pour certains produits agricoles.

225. – Le **régime des retours** s'applique lorsque l'exportation des marchandises doit être rapidement suivie d'une réimportation ; les suspensions de droits douaniers peuvent être prévues. Il s'agit, notamment, de matériels vendus sous réserve d'essais satisfaisants ou vendus mais renvoyés pour défectuosité en vue d'une réparation rapide.

226. – Le **régime des « carnets ATA » (Admission Temporaire ou Temporary admission)** est valable pour les opérations avec les pays hors CEE (22).

L'utilisation d'un tel document dispense de déclaration douanière et de caution, l'importation et l'exportation temporaires de matériels professionnels, de marchandises participant à des foires et expositions ainsi que d'autres marchandises autorisées à figurer sur cette liste par les États membres à la Convention de 1961 instituant le système.

Ce système permet de faire prospecter différents pays avec un seul carnet ; il permet des entrées et des sorties temporaires dans quarante pays ainsi que de franchir la frontière, vingt-quatre heures sur vingt-quatre.

• *Régimes économiques*

227. – Il s'agit de régimes harmonisés au plan communautaire visant à favoriser des mouvements d'aller et retour de marchandises souhaités notamment par les industries de transformation. Ils s'organisent, principalement, en deux familles.

(22) Commission, règl., n. 2365/91, 31 juill. 1991 : *JOCE* 3 août, n. L. 216.

228. – Prévu par les règlements CEE des 16 juillet 1985 (23) et 24 novembre 1986 (24), le régime de *perfectionnement actif* (25) vise à aider les industries de transformation en France en autorisant une entreprise à importer en provenance de pays tiers (non communautaires) et à suspendre le règlement des droits et taxes sur des marchandises qui vont être réexportées en totalité ou en partie vers des pays tiers (non communautaires) après avoir subi, en France, par exemple, une ouvraison.

L'opérateur peut aussi choisir le système du remboursement qui, au lieu d'une suspension des droits, permet d'en obtenir le remboursement après réexportation des marchandises ayant subi la transformation.

L'objectif est de permettre aux entreprises communautaires *« exportatrices de perfectionnements et de transformations »* d'affronter la compétition mondiale. Cependant, le risque de concurrence avec des produits identiques fabriqués sur les divers territoires nationaux des pays membres fait que le champ d'application de ce régime est soigneusement balisé.

229. – Prévu par un règlement du 24 juillet 1986 (26), le régime de *perfectionnement passif* (27) permet d'expédier des marchandises à l'étranger pour transformation, ouvraison, réparation et de les réimporter dans un délai prévu en bénéficiant de modalités particulières de taxation, exonération totale ou partielle des droits à l'importation.

2° *Les procédures douanières*

230. – La réalisation des différentes procédures douanières est globalement désignée par l'expression de *« dédouanement »*. Elle comporte un certain nombre de phases : *conduite en douane (a), déclaration douanière (b), contrôle douanier (c)* et *paiement des droits de douane (d).*

a) La conduite en douane

231. – L'entrée et la sortie du territoire doivent être effectuées par une voie légale, à travers un point de douane, la contrebande consistant

---

(23) Conseil, règl., n. 1999/85, 16 juill. 1985 : *JOCE* 20 juill., n. L. 188.

(24) Conseil, règl., n. 3677/86, 24 nov. 1986 : *JOCE* 12 déc., n. L. 351.

(25) Commission, règl., n. 2228-91, 26 juin 1991 : *JOCE* 31 juill., n. L. 210 mod., notamment, par règl., n. 3206/93, 23 nov. 1993 ; *JOCE* 24 nov., n. L. 289.

(26) Conseil, règl., n. 2473/86, 24 juill. 1986 : *JOCE* 2 avril, n. L. 212.

(27) Conseil, règl., n. 3036/94, 8 déc. 1994 : *JOCE* 15 déc., n. L. 322 applicable à certains produits textiles réimportés dans la communauté après ouvraison dans certains pays tiers.

à ne pas utiliser pareil passage. Toutes les marchandises importées ou exportées doivent, en principe, être conduites en douane, c'est-à-dire, présentées à un bureau de douane.

Il existe diverses modalités de présentation de la marchandise :

– voie maritime : à l'exception des bateaux de pêche et de plaisance, les navires doivent accoster dans un port pourvu d'un bureau de douane ;

– voie aérienne : les aéronefs qui empruntent des routes aériennes doivent atterRir uniquement sur des aérodromes comportant un bureau de douane ;

– voie terrestre : les marchandises ne peuvent pénétrer sur un territoire national ou, désormais, européen qu'à des points déterminés.

Cette conduite en douane est singulièrement allégée par le développement de la *domiciliation* qui permet à une entreprise d'effectuer toutes ses déclarations et formalités douanières auprès du bureau de douane le plus proche.

b) La déclaration douanière

232. – Une fois la présentation en douane effectuée, il convient de rattacher les marchandises à un régime douanier déterminé.

233. – La *déclaration ordinaire ou en détail* est une déclaration écrite, obligatoire même pour les marchandises exemptées de droits et taxes. Elle est destinée à permettre aux services des douanes l'accomplissement de leurs deux premières fonctions de constatation et de contrôle de flux ; seules, les opérations sans caractère commercial et de faible valeur effectuées par les touristes font l'objet d'une simple déclaration orale. Cette déclaration doit être faite sur un document dont le dernier modèle est entré en application le 1er janvier 1993 (28). Normalisée, cette déclaration doit comporter certaines mentions permettant d'identifier la marchandise, son origine et sa valeur. Ces formalités se sont assouplies afin de faciliter l'accomplissement des multiples formalités administratives propres aux exportations qui nécessitent :

– l'obtention d'autorisations administratives internes au pays de l'exportateur (ex., licence d'exportation) ;

– le respect de la réglementation du pays acheteur par la délivrance d'un certificat international d'importation pour les marchandises contingentées ou soumises au contrôle de la destination finale, d'un certificat

(28) Conseil, règl., n. 717/91, 21 mars 1991 : *JOCE* 26 mars, n. L. 78.

d'origine... d'une attestation de la chambre de commerce du vendeur... d'un visa du tribunal local ou du consul du pays acheteur (29) ;

– le respect des réglementations internationales trouvant leur source dans les conventions ou traités comme les certificats de circulation entre pays de la Communauté européenne ;

– le respect de certains critères, tant à l'importation qu'à l'exportation : qualitatifs, sanitaires... appelant établissement de divers documents...

234. – Les *déclarations simplifiées* ont pris un grand développement avec la globalisation des opérations douanières consistant pour une entreprise à déclarer globalement l'ensemble des opérations internationales de vente – ou de services – effectuées pendant une période donnée, un mois par exemple. Le système de la déclaration simplifiée correspond à un fractionnement en trois étapes de l'opération de déclaration :

– La *déclaration simplifiée* proprement dite est née de la dissociation entre les informations d'ordre statistique ou financier, par exemple, dont le traitement immédiat ne s'impose pas et les informations retraçant la volonté de l'opérateur commercial d'exporter ou de placer ses marchandises sous un régime douanier d'importation.

– La *déclaration complémentaire* permet à l'administration de contrôler *a posteriori* la correction des opérations au regard des réglementations financières, fiscales, statistiques.

– Lorsque certains renseignements exigés au titre des documents précédents présentent un caractère permanent, les entreprises ont la faculté de fournir ces renseignements sous forme d'une *déclaration provisionnelle ;* le régime des magasins et aires de dédouanement répond aux possibles lenteurs de l'opération.

c) Le contrôle douanier

235. – La déclaration en douane va permettre à l'administration de procéder à différents contrôles pour lesquels elle dispose de fortes prérogatives sous l'intitulé de *« droit de communication »* et de *« droit d'enquête »* ; la loi du 17 juillet 1992, transportant à son article 106 la directive n. 91-680 du 19 décembre 1991, lui permet d'enquêter sur les manquements aux règles de facturation auxquelles sont soumis les assujettis à la TVA (30).

---

(29) Cette dernière mesure peut coûter très cher à l'exportateur car le prix de la certification est proportionnel à la valeur déclarée mais, bien plus qu'une source de revenus, elle est exigée par le pays importateur pour se protéger contre de fausses factures violant la réglementation des changes et du commerce extérieur.

(30) L. n. 92-677, 17 juill. 1992 : *D.* 1992, 407 et Instr. 2 déc. 1992 : *BO* 13-K-3-92, 11 déc. 1992.

En cas de conformité, le passage à la frontière s'effectuera sans difficulté.

En cas de non-conformité, trois solutions au règlement des litiges se présentent.

– Prévue par l'article 350 du Code des douanes, la *transaction* est un contrat synallagmatique par lequel le contrevenant reconnaît être en tort : moyennant le paiement d'une certaine somme, la douane s'engage à ne pas aller en justice ; la majorité des litiges sont réglés de cette manière.

– Lorsque le litige porte sur l'espèce, la valeur ou l'origine et non pas la quantité, on peut s'adresser à la *Commission de conciliation et d'expertise douanière*, organisme consultatif et point tribunal, indépendant de la douane, qui essaiera de concilier les deux parties ; l'avis de la commission ne lie pas les parties et la partie qui la conteste devra saisir les tribunaux.

– Si la contestation porte sur des éléments facilement identifiables (quantité, nombre d'unités...), l'administration établira un procès-verbal de saisie et, en cas de contestation, un contentieux douanier (31) naîtra qui pourra être porté devant les juridictions appropriées. Il est de principe que seuls, les tribunaux de l'ordre judiciaire sont compétents : en matière répressive (32), les tribunaux de police et les tribunaux correctionnels et, en matière non répressive, les tribunaux d'instance ont une compétence exclusive. Les juridictions administratives interviennent exceptionnellement, en application des principes généraux du droit public.

C'est seulement dans le silence du droit douanier que la règle de droit commun s'appliquera. Le droit douanier est un droit dérogatoire : renversement de la charge de la preuve (C. douanes, art. 373, l'entreprise doit apporter la preuve qu'elle est innocente)... responsabilité pour détention de la marchandise (toute personne détenant la marchandise étant présumée responsable)... force probante des procès-verbaux de la douane (rédigé par un seul agent, le procès-verbal fait foi jusqu'à preuve contraire ; rédigé par deux agents, le procès-verbal fait preuve jusqu'à inscription de faux)... possibilité pour les tribunaux de reconnaître des circonstances atténuantes sans pouvoir descendre en-deçà du tiers des peines légales... possibilité de retenir des marchandises à titre de sûretés ou pénalités.

---

(31) J. PANNIER, *V° Douanes (procédure douanière) : Rép. dr. commun. Dalloz* 1992.
(32) V. P. RAVILLARD, *La répression des infractions douanières dans le cadre du grand marché intérieur*, GLN-Joly 1992.

d) Le paiement des droits de douane

236. – Sur la base de l'assiette retenue par le régime douanier, une *taxation* va être établie. Il n'existe pratiquement plus de tarif douanier français, chaque État de la communauté devant, désormais, appliquer les taux de droits prévus au tarif extérieur commun, à la seule exception des produits qui ne relèvent pas du champ d'application de l'union douanière. Les droits de douane se répartissent en droits *ad valorem*, en pourcentage de la valeur des marchandises concernées, et, exceptionnellement, en droits spécifiques visant certaines marchandises sur la base de leurs nombre, poids ou valeur.

237. – Du point de vue du *règlement*, il y a lieu ordinairement à un paiement comptant avant enlèvement de la marchandise.

Des formules de crédit peuvent être retenues.

– Le crédit d'enlèvement permet le règlement différé moyennant, éventuellement, la constitution de certaines garanties, telles que cautions ; il ne s'agit alors pas d'un mode de paiement mais d'un simple engagement de payer à trente jours.

– Le crédit des droits permet au contribuable de remettre un billet à ordre cautionné à règlement différé, à quatre mois d'échéance, que l'administration encaissera ultérieurement. Il s'agit d'un véritable moyen de paiement libérant les marchandises du privilège de la douane et permettant de récupérer la TVA déductible sans attendre l'échéance du billet à ordre. Cette forme de crédit est généralement plus avantageuse qu'un découvert bancaire.

Les deux modalités de paiement peuvent se cumuler et porter les délais totaux de paiement à cent cinquante jours.

238. – Face à des débiteurs récalcitrants, l'administration dispose d'une action en recouvrement des droits non perçus, se prescrivant par trois ans à compter de leur prise en compte.

239. – La charge administrative et financière de ces opérations de dédouanement est d'importance et on comprend que l'appel au vendeur ou à l'acheteur soit l'un des problèmes majeurs posés par une vente internationale et voit son règlement confié, le plus souvent, aux incoterms.

SECTION II

LES CONTRAINTES RELATIVES AUX INVESTISSEMENTS

240. – La politique économique de certains pays est marquée par une certaine suspicion – et point hostilité – à l'égard des investissements étrangers ; d'autres, au contraire, y sont très favorables. Chaque droit national comporte, par conséquent, ses règles en la matière dont nous détacherons le dispositif français.

241. – La France a connu une longue tradition de soupçon à l'égard des investissements étrangers dans notre pays. Pendant longtemps, le contrôle des changes permettait d'exercer le contrôle de ces apports de fonds ou prises de contrôle. La réduction, puis l'écart de ce contrôle des changes appelèrent à une intervention plus directe et la loi du 28 décembre 1966 va, à la fois, l'écarter et organiser le contrôle des investissements extérieurs ; ses dernières dispositions ont été sensiblement allégées par la loi du 14 février 1996 *relative aux relations financières avec l'étranger en ce qui concerne les investissements étrangers en France* (33) dans le double souci de l'emploi (34) et de la libéralisation des relations économiques (35) :

> « Sont considérées comme investissements directs étrangers en France toutes les opérations relatives à des fonds de commerce ou à des sociétés pré-existantes dont le contrôle est pris ou augmenté pour peu qu'elles soient effectuées par des personnes physiques ou morales non résidentes ou par des sociétés qu'elles contrôlent directement ou indirectement » (36).

242. – Le *régime de principe* est celui de la *déclaration administrative* lors de la réalisation de l'investissement, définie comme

> « toute opération matérialisant l'accord des parties contractantes et notamment la conclusion de l'accord, la publication de l'offre d'achat ou d'échange, ou l'acquisition d'un actif constitutif d'un investissement direct étranger en France. La déclaration administra-

---

(33) L. n. 96-109, 14 fév. 1996 : *JO* 1996, p. 2385 et s. V. P. ROUX, *Le contrôle des investissements étrangers en France : DR aff. int.* 1995, 60. – D. BOULANGER, *La réglementation des investissements directs après la réforme du 14 février 1996 : JCP* 96, éd. E, 551, 172. – D. CARREAU et D. HURSTEL, *La nouvelle liberté des investissements directs étrangers en France : D.* 1996, 239. – E. BROUSSY, *Réflexions sur le nouveau régime des investissements étrangers en France : Dr. aff.* 1996, 888.

(34) M. VALO, *Les investissements étrangers ont permis de créer 20 000 emplois en 1995* (*Le Monde,* 6 mars 1996).

(35) D. CARREAU et D. HURSTEL observent, *« Le traité de l'union européenne (ou de Maastricht) pose erga omnes le principe de la liberté des changes en général et des mouvements de capitaux en particulier (art. 73 B) tout en acceptant des restrictions à ces derniers "lorsqu'ils impliquent des investissements directs" (art. 73-C et 73 D). À dire vrai, une telle approche est aujourd'hui commune de la part des pays développés industrialisés : si tous ont supprimé le contrôle des changes (lorsqu'ils en avaient un et ce qui n'a jamais été le cas des États-Unis, par exemple), en revanche, ils ont également gardé un certain contrôle, sans doute résiduel, en matière d'investissements directs étrangers dans des secteurs spécifiques »* (art. cit., p. 1).

(36) D. CARREAU et D. HURSTEL, art. cit., n. 12.

tive doit être envoyée au moment de la survenance du premier de ces événements (Arr. 14 fév. 1996, art. 6) » (37).

Le *régime d'exception* est celui de *l'autorisation administrative préalable ;* le défaut de réponse dans le mois de la requête vaut accord mais l'administration dispose d'un droit d'ajournement. En relèvent les projets concernant les *« matériels de guerre »* ou *« susceptibles de mettre en cause l'ordre public, la santé publique ou la sûreté publique »* ou *« participant en France même à titre occasionnel à l'exercice de l'autorité publique »*. La méconnaissance de ces règles est réprimée par des sanctions pécuniaires pouvant s'élever au double de l'investissement concerné et l'annulation des *« engagement, convention ou clause contractuelle »* irréguliers.

(37) *Ibid.*, n. 26.

CHAPITRE V
LA CONTRAINTE JUDICIAIRE

243. – L'ampleur et la complexité des intérêts en jeu, la difficulté des problèmes posés et, partant, l'aléa de leur possible solution conduisent les gestionnaires de rapports internationaux à éviter le traitement conflictuel de leurs éventuels différends.

244. – Les parties s'efforcent, bien souvent, d'inscrire dans leurs contrats des clauses de discipline, mieux que clauses de différends, gérant ou sanctionnant automatiquement les écarts de conduite. Le conflit d'intérêts né à cette occasion est immédiatement réglé, que ce soit par une clause de suspension ou, à l'inverse, une clause pénale, voire une clause de résiliation totale ou partielle telle une clause de privation d'avantages, de déchéance d'exclusivité, par exemple.

245. – Admettre le différend proprement dit n'est pas, encore, le porter devant l'autorité de règlement. Aussi les litiges du commerce international apparaissent-ils, souvent, comme la terre d'élection des modes de règlement de conflits alternatifs à leur traitement contentieux (1).

246. – Les *clauses d'expertise* correspondent à une sorte d'état des lieux pratiqué par les représentants des parties ou mieux un observateur extérieur, les difficultés naissant, souvent, d'une représentation optimiste par l'intéressé de ce qu'il a fait et pessimiste de ce qu'a fait son partenaire.

> « À cet égard, semble-t-il, l'expertise préalable présente un triple intérêt. Tout d'abord, l'expert désigné établira la matérialité des faits à l'origine du litige. Or, ceux-ci sont souvent mal connus et, par

---

(1) J.-M. MOUSSERON, *Technique contractuelle, op. cit.*, n. 1453 et s., p. 543 et s. – C. JARROSSON, *Les clauses de renégociation, de conciliation et de médiation* in coll. Institut du droit des affaires, Aix-Marseille, *Les principales clauses des contrats conclus entre professionnels*, PU Aix 1991, p. 143. – Coll. Québec-Birmingham, *Solutions de rechange au règlement des conflits*, PU Laval 1993. – Assoc. belge des juristes d'entreprise et ULB, *Les modes non judiciaires de règlement des conflits*, Bruylant 1995. – CARA, coll. sur « La médiation », Lyon 1995 : *Gaz. Pal.* 21 août 1996. – A. ADELINE, *La montée de « l'alternative dispute résolution » (ADR) dans les pays anglo-saxons : Petites affiches* 21 oct. 1996.

> la suite, leurs conséquences sont mal évaluées par les parties. En deuxième lieu, le recours à un expert permettra de formuler les questions exactes auxquelles il faudra répondre pour résoudre le litige et, lorsque l'on a bien formulé les questions, on n'est souvent pas éloigné des bonnes réponses. Enfin, le rapport de l'expert permettra souvent aux parties d'apprécier leurs chances probables de succès dans un contentieux à l'occasion duquel se posent des problèmes techniques. De ce fait, l'expertise pourra dissuader l'une des parties, ou même les deux, d'ouvrir un contentieux » (2).

Enfin, la « clause d'expertise irréversible » oblige les parties à admettre les conclusions de l'expert.

247. – Les procédures de règlement amiable sont, ordinairement, conduites par les parties de façon spontanée. Cette recherche d'un mauvais arrangement préférable à un bon procès est, parfois, appelée par une clause :

> « En cas de litige, le mandant et l'agent conviennent d'épuiser la recherche amiable d'une solution avant de le soumettre à l'autorité de conflit... ».

Un dispositif contractuel peut, donc, exiger ce qu'appelle le devoir de bonne foi dans la négociation dont la méconnaissance vaut faute délictuelle (3) et que n'appelle pas toujours l'obligation générale de

---

(2) M. Dubisson, *La négociation d'une clause de règlement de litiges : Dr. prat. com. int.* 1981, 233.

L'ampleur des besoins à cet égard, a conduit la CCI à mettre en place un *Centre international d'expertise* technique dont la saisine peut être spontanée ou valoir exécution d'une clause rédigée comme suit, *« Les parties à la présente convention conviennent d'avoir recours, le cas échéant, au centre international d'expertise de la CCI conformément au règlement d'expertise technique de celle-ci »*. Le règlement de la CCI poursuit, *« La demande de nomination peut être adressée par une partie seule ou par l'ensemble conjointement. Celles-ci peuvent ensemble soumettre le nom d'un expert au centre en vue de sa nomination. À défaut, l'expert est nommé par le centre. L'expert doit être indépendant des parties. L'expertise peut être confiée à une personne physique ou morale mais, dans ce dernier cas, une personne physique responsable de l'expertise doit être identifiée. Un bref descriptif de la mission de l'expert doit figurer dans la demande de nomination. Si cette demande est faite par une partie seulement, la mission est fixée sans préjudice des amendements ou compléments que la ou les autres parties pourraient demander ultérieurement à l'expert. La mission se déroule d'après le règlement d'expertise. En principe, l'expert effectue des constats. Son rapport n'aura d'effet obligatoire que si les parties ont conclu un accord exprès en ce sens. Bien entendu, si l'avis de l'expert est, avec l'accord des parties, incorporé au contrat, il acquiert alors force contractuelle. L'avis de l'expert ne s'impose généralement pas au juge ou à l'arbitre mais il peut cependant être admis comme mode de preuve... En dehors de tout contentieux, l'avis d'un expert peut servir de base à un accord entre les parties, même s'il ne les lie pas. Mais si les parties le souhaitent, l'expert peut également faire des recommandations... »*.

(3) M.-E. André, J.-M. Mousseron et J. Raynard, *Contrat et négociation*, comm. à Colloque Québec-Montpellier, Québec 1995.

bonne foi dans l'exécution des contrats. Les parties peuvent préciser les modalités souhaitables d'exécution de pareille obligation de négociation.

248. – La *médiation* ou *conciliation* correspond à l'intervention d'un ou plusieurs tiers, choisi(s) par les deux ou par chaque partie (4) et organisée ou non selon les prescriptions d'une clause de conciliation d'un contrat telle que :

> « Avant tout arbitrage et à défaut de règlement amiable, les parties devront chercher à se concilier devant un médiateur désigné à la requête de la société la plus diligente par le président de la chambre syndicale. Il réunira les parties, effectuera toutes constatations utiles sur leurs positions tout en leur donnant éventuellement acte des conséquences pouvant en découler. Il devra leur proposer dans un délai de trois mois les éléments d'une solution de nature à régler le différend tout en sauvegardant leurs intérêts légitimes. Dans ce cas, la proposition du conciliateur ne sera ni obligatoire ni exécutoire. Les frais et honoraires du conciliateur seront partagés par parts égales entre toutes les parties au différend » (5).

249. – Si un effort important d'harmonisation des règles et méthodes de solutions de ces conflits et, par conséquent, de désignation des juges compétents sur tels ou tels litiges a été accompli, la Convention de Bruxelles du 27 septembre 1968 représentant un progrès particulièrement notable en la matière, les difficultés et, partant, l'aléa n'en subsistent pas moins. Elles pèsent sur la prévision et le traitement des conflits et de toutes sortes de leurs conséquences.

Elles consistent dans l'imposition de compétence mal reçue par l'une des parties, tout au moins, parfois les deux... et tiennent, à d'autres égards, dans l'aléa qui confiera, souvent, la désignation du juge compétent au droit international privé du juge saisi, accélérant, alors, parfois, la maturation du litige.

À défaut de réussite de ces procédures, le traitement contentieux du différend devenu litige s'imposera (6). La voie commune du traitement

---

(4) La possibilité de plusieurs conciliateurs choisis et rémunérés séparément par les parties risque de modifier l'esprit de l'opération et de la rapprocher d'un règlement amiable par conciliateurs interposés. – *Adde*, C.-S. SEPPALA, *La procédure pré-arbitrale de règlement des litiges selon les conditions du contrat-type de génie civil de la FIDIC : RJDA* 1987, 579.

(5) Allant plus avant, la formule *Orgalime* de clause compromissoire subordonne l'intervention d'un juge ou d'un arbitre à la production d'un procès-verbal de non-conciliation. M. DUBISSON remarque, alors, utilement, *« Il faudra alors éviter de stipuler dans le marché que ce tiers sera désigné, le moment venu, d'un commun accord entre les parties. Une telle solution recèlerait, en effet, de toute évidence un risque de blocage pour le cas où un différend surgirait. Il faut, au contraire, soit désigner le tiers dans le marché, soit de préférence préciser l'autorité à laquelle l'une ou l'autre partie pourra demander de procéder à sa désignation »* (art. cit., p. 232).

(6) *Dr. prat. com. int.*, numéro spécial 1988-3 et 4, *Le règlement des litiges commerciaux internationaux.*

judiciaire introduit, alors, une *contrainte subie* (Section I), particulièrement aléatoire dans la gestion de litiges internationaux. S'agissant de différends liés à des contrats, une *contrainte réduite* (Section II) peut être obtenue par une clause d'attribution de compétence judiciaire. Une méthode plus radicale visant une *contrainte écartée* (Section III) est largement pratiquée avec le recours, organisé ou spontané, au traitement arbitral des possibles différends.

SECTION I

LA CONTRAINTE SUBIE : LE JUGE DÉSIGNÉ

250. – La première tâche régalienne consiste à rendre la justice. Le devoir du Prince se mue, rapidement, en pouvoir et celui-ci soumet à ses institutions judiciaires les litiges nés sur son territoire et/ou affectant ses sujets et/ou visant les intérêts de sa communauté.

La difficulté est, alors, que le caractère international du rapport et, par conséquent, du conflit suscite les candidatures de plusieurs souverainetés et que naît ce que l'on dénomme, ordinairement, un conflit de juridictions. Le problème, spécifique, aux litiges internationaux leur impose des contraintes particulières.

251. – L'étude de la solution de ces conflits et la mesure de leurs contraintes appellent une première distinction selon que *ne jouent pas* (§ 1) ou *jouent* (§ 2) les dispositions de la Convention de Bruxelles du 27 septembre 1968.

§ 1. – Le droit commun du traitement judiciaire

252. – Les règles de droit commun auront vocation à s'appliquer pour autant que le litige considéré ne relèvera pas du domaine d'application d'une convention internationale et, spécialement, de la Convention de Bruxelles.

Les problèmes techniques alors posés concernent essentiellement la désignation du juge compétent (A) au terme du conflit de juridictions que provoque l'internationalité du conflit reflet de l'internationalité du rapport... puis la procédure applicable (B)... et, enfin, l'effet à reconnaître au jugement qui la clôt (C).

A. – Le juge compétent

253. – L'expression de *« règles de conflit de juridictions »* est trompeuse en suggérant une analogie avec les *« règles de conflits de lois »*. Alors que ces dernières ont une fonction *« répartitrice »* (7), les premières – au moins de droit commun – ne visent pas à désigner le juge compétent – français ou étranger – pour tel litige international mais simplement à circonscrire les cas de compétence du juge français face à des litiges présentant un élément d'extranéité. Nouvelle contrainte à l'opération de commerce international, chaque État souverain décide, seul, des conditions dans lesquelles ses juges pourront se saisir d'un litige international.

254. – Le premier rappel, historique, tient à l'affirmation récente par la jurisprudence de ce que l'extranéité des parties n'est pas *per se* une cause d'incompétence des tribunaux français (8). Cette situation oblige à préciser les litiges internationaux dont les juridictions françaises peuvent effectivement connaître, étant entendu qu'elles ne sauraient se déclarer compétentes pour trancher un contentieux ne présentant aucun rattachement à l'ordre juridictionnel français.

Les *règles ordinaires de compétence*, indépendantes de la nationalité française d'une partie doivent, d'abord, être évoquées (1°) ; elles sont complétées par des *règles subsidiaires de compétence* entièrement fondées sur la nationalité et constitutives de véritables privilèges de juridiction (2°).

1° *Les règles ordinaires de compétence des juridictions françaises en matière de litiges internationaux*

255. – Les règles ordinaires de compétence des juridictions françaises jouent dans les litiges concernant un Français ne pouvant se prévaloir des privilèges de juridiction – spécialement après renonciation à ceux-ci – ou lorsque le différend oppose des étrangers.

La Cour de cassation a posé le principe de l'extension des règles de compétence territoriale interne à l'ordre international (9) ; ainsi, à la

---

(7) V. M. Deby-Gérard, *Le rôle de la règle de conflit dans le règlement des rapports internationaux*, Dalloz 1973 et H. Muir-Watt, *La fonction de la règle de conflits de lois*, thèse Paris II, 1985.

(8) Civ. 1re, 30 oct. 1962 : *Rev. crit. DIP* 1963, 387, Ph. Francescakis ; *D.* 1963, 109, G. Holleaux ; *Grands arrêts DIP,* n. 38.

(9) Civ. 1re, 19 oct. 1959 : *Rev. crit. DIP* 1960, 215, Y.-L. ; *D.* 1960, 37, G. Holleaux.

compétence du tribunal du domicile du défendeur (NCPC, art. 42) fait écho la règle de compétence de l'ordre juridictionnel français dès lors que le défendeur est domicilié en France (10).

256. – À côté de ce premier corps de règle de compétence, il est encore apparu opportun d'admettre des règles de compétence spécifiquement internationales des tribunaux français. Ainsi, est-il admis que les actions touchant au fonctionnement d'un service public sont de la compétence exclusive des tribunaux de l'État ayant institué celui-ci ; c'est spécialement vrai des litiges mettant en cause la validité de propriétés industrielles mais point de ceux relatifs aux contrats d'exploitation de tels droits ou aux actions en contrefaçon. D'autres chefs de compétence internationale résultent d'un souci de bonne administration de la justice, sinon même de paix publique ; ainsi, les tribunaux français doivent-ils se reconnaître compétents si le demandeur établit qu'aucun juge étranger n'est susceptible de se reconnaître compétent, en ouvrant par là le risque d'un déni de justice (11) ; de même est-il admis qu'un tribunal français se reconnaisse compétent pour prendre des mesures d'urgence en dépit de la compétence d'un juge étranger (12).

2° *Les règles subsidiaires de compétence des juridictions françaises en matière de litiges internationaux*

257. – Le Code civil attribue compétence aux juridictions françaises lorsqu'un Français est demandeur (C. civ., art. 14) ou défendeur (C. civ., art. 15) au litige. Ces règles constituent de véritables privilèges de juridiction dont l'opportunité même fait débat (13). L'idée selon laquelle les juges français sont les juges naturels des Français associée à une

---

(10) Le principe de l'extension de compétence vaut aussi pour les règles de compétence spéciale : en matière immobilière, la juridiction du lieu de situation de l'immeuble est exclusivement compétente (NCPC, art. 44 ; Montpellier 18 déc. 1984 : *Rev. crit. DIP* 1985, 559, H. BATIFFOL et Ass. plén. 15 avril 1988 ; *Rev. crit. DIP* 1989, 100, G. DROZ)... ; en matière d'actions mixtes le demandeur dispose d'une option entre le *for* du domicile du défendeur et celui du lieu de situation de l'immeuble (NCPC, art. 46)... ; en matière contractuelle, le demandeur peut agir devant le *for* du domicile du défendeur, mais aussi devant le tribunal du lieu de livraison effective de la chose ou d'exécution de la prestation de services (NCPC, art. 46). De même les règles admises en matière de procédures collectives internationales sont transposées des règles de compétence interne, v. *supra*, n. 65 et s.

(11) Civ. 1re, 16 avril 1985 : *Rev. crit. DIP* 1985, 694, H. BATIFFOL.

(12) La principale jurisprudence appliquant la règle se trouve dans les litiges d'ordre familial, s'agissant de mesures provisoires touchant à la résidence, la garde des enfants...

(13) V. G. DROZ, *Réflexions pour une réforme des articles 14 et 15 du Code civil français : Rev. crit. DIP* 1974, 1.

suspicion de partialité à l'égard de certains juges étrangers reste, aujourd'hui, la justification essentielle de ces dispositions.

À la lecture des textes, si l'article 14 du Code civil apparaît bien comme une faveur pour le Français qui pourra attraire son contradicteur devant un juge français, l'article 15 du Code civil confère la même faveur cette fois au demandeur étranger : celui-ci n'aura pas à assigner, d'abord, le Français à l'étranger pour avoir ensuite à demander en France l'exécution de la décision étrangère. Pourtant, cette lecture doit être démentie si l'on observe que la faculté conférée au demandeur étranger (14) se mue en obligation en regard de la jurisprudence qui refuse de conférer l'*exequatur* au jugement étranger rendue contre un Français en *« méconnaissance »* de l'article 15 du Code civil. L'article 15 du Code civil devient alors *« une faveur obligatoire »* pour l'étranger demandeur et, tout aussi sûrement que pour l'article 14 du Code civil, un privilège, cette fois indirect, de juridiction pour le Français défendeur.

On étudiera successivement *le domaine d'application* de ces textes *(a)* puis leur *mise en œuvre* en considérant notamment leur caractère facultatif *(b)*.

a) Le domaine d'application des articles 14 et 15 du Code civil

258. – Le domaine d'application des articles 14 et 15 du Code civil doit être apprécié en contemplation des *personnes* et des *matières* concernées.

259. – Quant aux *personnes*, les articles 14 et 15 supposent que l'une des parties au litige, personne physique ou morale, soit française. Cette qualité est appréciée au seul moment de l'introduction de l'instance et non à la formation du rapport litigieux : le privilège est d'ordre procédural. Spécialement, en cas de transmission de droits (succession, cession de créance, subrogation, transfert de titres négociables...), l'ayant-cause français pourra se prévaloir du privilège alors même que son auteur étranger ne le pouvait pas (15)... pour autant que le litige n'ait pas déjà été introduit devant un juge étranger (16) ou que le contrat litigieux ne comporte une clause attributive de juridiction ou compromissoire naturel-

(14) *« Un Français pourra être traduit devant un tribunal de France... »*.

(15) Pour un assureur français subrogé dans les droits d'un assuré étranger, Civ. 1re, 21 mars 1966 : *D.* 1966,429, Ph. MALAURIE ; *Rev. crit. DIP* 1966, 670, A. PONSARD ; *Clunet* 1967, 380, J.-D. BREDIN ; *Rec. gén. lois* 1966, 441, G. DROZ ; *Grands arrêts DIP*, n. 44.

(16) V. Civ. 1re, 24 nov. 1987 : *Rev. crit. DIP* 1988, 364, G. DROZ ; *Clunet* 1988, 793, E. LOQUIN ; *JCP* 89, II, 21201, L. CADIET ; *RTD civ.* 1988, 544, J. MESTRE.

lement opposable au cessionnaire (17) ou enfin que la transmission n'ait pas pour seul objet de créer, alors frauduleusement, les conditions d'application du privilège juridictionnel (18). En revanche, en cas de représentation, seule la nationalité du représenté devra être considérée ; spécialement l'administrateur français d'un commerçant étranger en redressement judiciaire ne saurait utilement invoquer le bénéfice du privilège.

La Convention de Bruxelles élargit aux personnes domiciliées en France, quelle que soit leur nationalité, le bénéfice des privilèges de juridiction (art. 4, al. 2).

260. – Quant aux *matières*, les articles 14 et 15 visent les *« obligations contractées »* par ou à l'endroit d'un Français ; mais la jurisprudence ne s'arrête pas à la lettre des textes et reconnaît à ceux-ci *« une portée générale s'étendant à toutes matières, à l'exclusion des actions réelles immobilières et demandes en partage, portant sur des immeubles situés à l'étranger ainsi que des demandes relatives à des voies d'exécution pratiquées hors de France »* (19). Les privilèges peuvent ainsi être amenés à jouer pour les litiges nés d'un contrat international de travail, d'assurance ou d'une procédure de redressement judiciaire. En revanche, l'application des articles 14 et 15 reste controversée en matière gracieuse bien que la doctrine majoritaire soit favorable à cette extension (20).

b) La mise en œuvre des articles 14 et 15 du Code civil

261. – Les règles des articles 14 et 15 sont des règles de compétence subsidiaire que le juge devra appliquer d'office pour autant que le bénéficiaire de ces textes n'y aura pas renoncé et dont la mise en œuvre conduit à retenir la compétence d'un tribunal français.

262. – La coexistence de deux corps de règles de compétence fondées respectivement sur la transposition des règles de compétence interne et sur la nationalité française d'une partie conduit à préciser leur hiérarchie.

---

(17) Civ. 1re, 25 nov. 1986 : *Rev. crit. DIP* 1987, 396, H. GAUDEMET-TALLON. – Paris 27 janv. 1988 : *D.* 1988, somm. comm. 342.

(18) V. Civ. 1re, 24 nov. 1987, préc. – *Adde*, Montpellier 2 mai 1985 : *Rev. crit. DIP* 1987, 108, G. DROZ.

(19) Civ. 1re, 27 mai 1970 : *Rev. crit. DIP* 1971, 113, H. BATIFFOL ; *Grands arrêts DIP,* n. 50. – *Adde*, 17 nov. 1981 : *Clunet* 1982, 926, G. WIEDERKEHR. – 21 juin 1988 : *Bull.* I, n. 198 ; *D.* 1988, somm. comm. 344, B. AUDIT.

(20) En ce sens A. PONSARD, note : *Rev. crit. DIP* 1970, 298 ; H. MOTULSKY, *V° Procédure civile et commerciale : Rép. dr. int.*, n. 213. – *Adde*, D. HOLLEAUX, J. FOYER, G. DE LA PRADELLE, *Droit international privé*, Masson 1987, n. 745.

Après avoir adopté l'attitude inverse (21), la Cour de cassation a finalement admis la compétence subsidiaire des articles 14 et 15 en retenant que l'article 14 *« n'a lieu de s'appliquer que lorsqu'aucun critère ordinaire de compétence territoriale n'est réalisé en France »* (22).

Des raisons théoriques et pratiques militent pour cette solution. Les premières procèdent de la reconnaissance tardive par notre droit de la possible compétence de juridictions françaises à un litige opposant des justiciables étrangers, en foi de quoi la nationalité française n'était plus une condition préalable de la compétence de l'ordre juridictionnel français. Les secondes résultent de l'antipathie dans laquelle les juridictions étrangères tiennent les articles 14 et 15 du Code civil ; la reconnaissance et l'exécution, à l'étranger, d'une décision française rendue sous le visa de règles de compétence objectives, transposées du droit interne et indépendantes de la nationalité française s'avérera plus aisée que si la même décision avait été rendue sous le visa de privilèges de juridiction.

263. – La Cour de cassation a toujours admis que les articles 14 et 15 du Code civil ne sont pas d'ordre public et que le Français peut y renoncer (23).

À l'évidence, si le Français défendeur invoque l'incompétence du juge étranger de ce fait, avant de plaider au fond, il pourra ensuite se prévaloir du privilège de l'article 15, spécialement pour priver d'effet en France le jugement étranger. Mais, même en l'absence de contestation de compétence, le simple fait de se défendre au fond ne suffira pas à caractériser la renonciation : la conviction pour le plaideur du rejet de l'exception d'incompétence qu'il pourrait invoquer, la crainte de déplaire au magistrat local, voire même l'ignorance du jeu des privilèges justifieront cette attitude. Néanmoins, la demande reconventionnelle formée

---

(21) V. note Civ. 1re, 11 oct. 1967 : *Rev. crit. DIP* 1968, 105, J. FOYER ; *D.* 1968, 302, CLAEYS.

(22) Civ. 1re, 19 nov. 1985 : *Rev. crit. DIP* 1968, 712, Y. LEQUETTE ; *Clunet* 1986, 719, A. HUET ; *D.* 1986, 362, PRÉVAULT, comm. IR 268, B. AUDIT ; *JCP* 87, II, 20810, P. COURBE ; *Grands arrêts DIP,* n. 67.

(23) Civ. 1re, 21 mai 1963 : *Rev. crit. DIP* 1964, 340, Y. LOUSSOUARN ; *Clunet* 1964, 113, G. SIALELLI. – Com. 9 oct. 1967 : *Clunet* 1968, 918, J.-D. BREDIN. La renonciation doit émaner du bénéficiaire de la faveur ; ainsi le Français seul pourra renoncer au privilège de l'article 14 alors que les deux parties (français et étranger) pourront avoir intérêt au jeu de l'article 15, la renonciation devra alors émaner des deux. Elle est admise pour toutes questions ressortissant au domaine des articles 14 et 15 y compris en droit du travail. La seule exigence tient à la manifestation d'une volonté certaine de la part de celui qui abandonne le privilège : clause attributive de juridiction ou compromissoire, mais point de simple *electio juris* (Civ. 1re, 15 juin 1981 : *Rev. crit. DIP* 1981, 721, 1re esp., H. GAUDEMET-TALLON), comportement du bénéficiaire du privilège qui forme sa demande à l'étranger (Paris 28 sept. 1979 : *Rev. crit. DIP* 1981, 109, Y. LEQUETTE. – Versailles 20 déc. 1988 : *D.* 1989, somm. comm. 258, B. AUDIT).

devant le juge étranger par le défendeur français révélerait son désistement au bénéfice de l'article 15 du Code civil (24).

264. – Le caractère facultatif des articles 14 et 15 du Code civil paraissait devoir justifier la jurisprudence selon laquelle, si le bénéficiaire du privilège ne les avait pas invoqués, le juge n'avait pas à les faire jouer (25). Cette solution était pourtant contestée en regard de la règle qui veut que le juge se doive d'appliquer d'office la règle de droit aux faits allégués (NCPC, art. 12). Cette thèse parait désormais consacrée par la Cour de cassation qui reconnaît l'*applicabilité d'office* du privilège s'il n'y a pas eu renonciation (26).

265. – L'application des articles 14 et 15 du Code civil permet de rendre l'ordre juridictionnel français compétent dans un cas où il ne le serait pas par la seule application des règles ordinaires de compétence. La détermination ultérieure du tribunal spécialement compétent s'opère par simple application des règles internes de compétence d'attribution et territoriale (27) qui renvoient, sauf règles spéciales, au tribunal du domicile du défendeur (NCPC, art. 42). Pourtant, la nationalité et la domiciliation étrangères de l'autre partie peuvent priver de sens cette règle de compétence, dès lors :

> « Le demandeur peut valablement saisir le tribunal français qu'il choisit en raison d'un lien de rattachement de l'instance au territoire français ou, à défaut, selon les exigences d'une bonne administration de la justice » (28).

À ce titre, le tribunal du domicile du demandeur, le tribunal le plus rapproché de la frontière du pays dont l'étranger est ressortissant, le tribunal du lieu de localisation des biens du défendeur, voire les tribunaux parisiens ont vu leur compétence tour à tour reconnue par la jurisprudence.

B. – La procédure applicable

266. – La compétence du juge français retenue, la question de la procédure applicable est aussitôt résolue : les organes judiciaires doivent

(24) Com. 15 fév. 1950 : *JCP* 51, II, 5507, Delaume ; *Rev. crit. DIP* 1950, 642.

(25) Civ. 1re, 21 mai 1963, cité. – *Adde*, Com. 9 oct. 1967, cité. – Cpdt Civ. 1re, 21 oct. 1980 : *Bull.*, n. 264.

(26) Civ. 1re, 16 avril 1985 : *Rev. crit. DIP* 1987, 583, G. Khairallah ; *D.* 1985, IR 496, B. Audit.

(27) Civ. 1re, 11 oct. 1967, préc.

(28) Civ. 1re, 13 juin 1978 : *Rev. crit. DIP* 1978, 722, B. Audit ; *Clunet* 1979, 414, Ph. Kahn. – Cpdt, NCPC, art. 42, al. 3.

procéder selon les règles de la souveraineté qui les a institués ; la compétence des tribunaux français emporte l'application des *règles générales* de procédure française (29).

267. – L'application des règles de procédure française au litige international n'est pas démentie par l'existence en droit français de *règles spéciales* édictées en considération de la spécificité internationale du litige. Le juge dispose ainsi de la faculté de relever d'office son incompétence quand l'affaire *« échappe à la connaissance de la juridiction française »* (NCPC, art. 92, al. 2). Le Nouveau Code de procédure consacre également des règles spéciales (30) ; les délais d'exercice des voies de recours sont, par exemple, augmentés de deux mois pour les personnes vivant à l'étranger (31). Enfin, la Conférence de La Haye s'est préoccupée des questions de procédure liées à un litige international et les Conventions du 15 novembre 1965 relative à *« la signification et la notification à l'étranger des actes judiciaires et extra-judiciaires »* (32), du 18 mars 1970 sur *« l'obtention des preuves à l'étranger en matière civile et commerciale »* (33) et du 25 octobre 1980 *« tendant à faciliter l'accès international à la justice »* ont été ratifiées par la France.

C. – L'EFFET DU JUGEMENT

268. – La reconnaissance et l'effet à l'étranger d'une décision de justice (34) française dépendent, sauf application d'une convention internationale de règles nationales de procédure de l'État d'accueil de ce jugement ou arrêt.

269. – La reconnaissance et l'effet en France d'une décision de justice étrangère relèvent des règles françaises. Un plaideur se prévaut en France

(29) Ainsi la délimitation des questions ressortant de la procédure – soumise à la *lex fori* – de celles relevant du fond revêt-elle un intérêt particulier en droit international privé. – Voir H. BATIFFOL et P. LAGARDE, *op. cit.*, t. II, n. 70 et s. – P. MAYER, *op. cit.*, n. 492 et s. – B. AUDIT, *op. cit.*, n. 430 et s. – D. HOLLEAUX et *alii auctores, op. cit.*, n. 854.

(30) V. art. 683 et s., NCPC pour les notifications internationales ; art. 733 et s., NCPC pour les commissions rogatoires internationales.

(31) NCPC, art. 643. – Cpdt Civ. 2e, 10 fév. 1988 : *D.* 1988, 452, I. FADLALLAH.

(32) *Rev. crit. DIP* 1965, 249, P. LAGARDE.

(33) *Rev. crit. DIP* 1969, 215, H. BATIFFOL. – *Adde,* Versailles, 9 avril 1993 : *Rev. crit. DIP* 1995, 80, C. COUCHEZ.

(34) On entend par là les décisions à caractère juridictionnel prononcées au nom d'une souveraineté et intéressant des intérêts privés, civils ou commerciaux, à l'exception des sentences arbitrales dont l'efficacité sera postérieurement étudiée. En effet, la compétence d'un tribunal arbitral a été recherchée par les parties et ce volontarisme évince les discussions que peut soulever l'efficacité des décisions de justice.

d'une décision de justice rendue à l'étranger. Refuser de la satisfaire le contraindrait pratiquement à recommencer une nouvelle procédure en France ; un souci de bonne administration de la justice incite, alors, à faire produire un large effet à cette décision. Mais le pouvoir de justice participe directement du pouvoir régalien et ce serait directement le méconnaître que d'admettre sans aucun contrôle l'efficacité en France de ce même jugement. Entre ces deux positions extrêmes, l'attitude du droit français diffère selon le type d'effet qu'est susceptible de produire la décision et/ou le jugement étranger.

270. – Certains effets de la décision étrangère sont ainsi reconnus indépendamment de l'appréciation par le juge français des conditions dans lesquelles elle a été rendue. Le jugement étranger peut, tout d'abord, être considéré, en lui-même, indépendamment de tout effet juridique, en tant que fait brut (35). Ainsi, le fournisseur étranger qui n'aura pas livré ses produits en temps utile en raison d'une décision étrangère, naturellement exécutoire dans le pays où elle est rendue, pourra invoquer celle-ci comme constitutive du fait du Prince caractéristique d'un événement de force majeure ; le droit français retient la condamnation étrangère comme cause de déchéance du droit d'exercer une activité commerciale (36) ; enfin, le débiteur étranger pourra invoquer l'exécution de la décision étrangère dans la nouvelle procédure en paiement diligentée en France (37). La prise en considération de l'existence ou de l'exécution du jugement étranger s'opère, alors indépendamment de tout contrôle préalable, simplement parce que le droit français ne saurait ignorer la situation créée à l'étranger.

De même, les constatations et éléments de preuve retenus par le juge étranger pour fonder sa décision pourront servir d'indices ou de présomptions au juge français qui en appréciera librement la force probante (38). Au-delà de sa seule motivation, le jugement étranger constitue, encore, un titre que l'on ne peut méconnaître ; la jurisprudence admet que le jugement étranger non pourvu de l'*exequatur* constatant le bien-fondé d'une créance permet à son bénéficiaire de produire à une procédure collective ou de solliciter une mesure conservatoire, telle une saisie-arrêt ; le bien-fondé de ces actions reste subordonné au contrôle ultérieur de la régularité du jugement.

---

(35) V. E. BARTIN, *Le jugement étranger considéré comme un fait : Clunet* 1924, 857.

(36) V. art. 3, al. 1, L. 30 août 1947. – Cpdt, art. 25, § 5, C. civ. pour la déchéance de la nationalité française.

(37) V. Paris 15 janv. 1979 : *Gaz. Pal.* 1979, 1, somm. 258. – Cpdt 8 juill. 1971 : *Rev. crit. DIP* 1971, 771, TOPOR.

(38) Civ. 1re, 19 juin 1963 : *Rev. crit. DIP* 1965, 366, Y. LOUSSOUARN ; *Clunet* 1964, 555, H. SEBAG.

271. – En revanche, d'autres effets en France du jugement étranger restent subordonnés à la réunion de certaines conditions dites de régularité internationale. Ces effets sont caractéristiques de l'efficacité internationale de la décision (39). Selon la nature de la décision étrangère et les conséquences que le plaideur entend en tirer, ces conditions seront ou non appréciées à l'occasion de la procédure préalable spécifique d'*exequatur* (40).

272. – L'instance en *exequatur* révèle son caractère d'instance propre, liée à la seule recherche de l'exécution en France d'une décision étrangère (NCPC, art. 509).

La procédure est de la compétence exclusive du tribunal de grande instance siégeant à juge unique avec faculté de renvoi devant la juridiction collégiale. L'instance est de nature contentieuse et le jugement est susceptible de voie de recours.

273. – L'objet de la procédure réside dans la seule vérification sur un certain nombre de points de la régularité du jugement étranger que la Cour de cassation, dans un célèbre *arrêt Munzer* a fixé à cinq (41), ultérieurement réduits à quatre.

274. – La première condition tient à la *compétence internationale du tribunal étranger* pour le litige considéré. Cette condition sera satisfaite

---

(39) V. D. HOLLEAUX, *Compétence du juge étranger et reconnaissance des jugements*, thèse Paris 1968.

(40) Le XIXe siècle connaissait le système dit de la révision qui, pratiquement, contraignait le plaideur bénéficiaire d'une décision rendue à l'étranger à reprendre en France son procès. La jurisprudence s'est progressivement dégagée de cette manière de voir. Elle a, d'abord, admis que les décisions relatives à l'état et à la capacité des personnes devaient être reconnues immédiatement, indépendamment de toute déclaration d' *exequatur, « sauf actes d'exécution matérielle sur les biens ou de coercition sur les personnes »* (Req. 30 mars 1930 : *S.* 1930, 1, 377, J.-P. NIBOYET ; *D.* 1930, 981. – *Adde*, Civ. 1re, 28 fév. 1960 : *S.* 1961, 1, 210, M. DUPIN et, surtout, 9 mai 1900 : *Clunet* 1900, 613 ; *S.* 1901, 1, 185 ; *Grands arrêts DIP*, n. 10). La distinction de la reconnaissance de la décision, indépendamment de tout *exequatur* (autorité de la chose jugée, création d'une situation nouvelle qui modifie un rapport de droit) et de sa force exécutoire conditionnée par une procédure d' *exequatur* (possibilité d'exécution forcée de son dispositif) allait être généralisée aux jugements patrimoniaux. Ainsi est-il admis que les jugements patrimoniaux constitutifs de droit (jugement d'adjudication, de désignation d'un syndic en faillite...) sont reconnus de plein droit, c'est-à-dire sans le préalable d'une procédure d' *exequatur ;* en revanche, l'efficacité des jugements patrimoniaux déclaratifs de droit (résiliation d'un contrat, condamnation au paiement de dommages-intérêts) qui seront généralement invoqués aux fins d'exécution en France reste subordonnée à la procédure d' *exequatur ;* un tel jugement pourrait encore être invoqué en défense devant le juge français ; en ce cas celui-ci, incapable de contrôler lui-même la régularité du jugement étranger, devrait surseoir à statuer pour que soit demandé l' *exequatur*. La justification de cette distinction, fondée sur un critère d'application délicate, est aujourd'hui discutée en doctrine.

(41) Civ. 1re, 7 janv. 1964 : *Rev. crit. DIP* 1964, 344, H. BATIFFOL ; *Clunet* 1964, 302, B. GOLDMAN ; *JCP* 64, II, 13590, M. ANCEL ; *Grands arrêts DIP,* n. 42.

> « toutes les fois que la règle française de conflits de juridictions n'attribue pas compétence exclusive aux tribunaux français..., si le litige se rattache d'une manière caractérisée au pays dont le juge a été saisi et si le choix de la juridiction n'a pas été frauduleux » (42).

L'appréciation de la compétence du juge étranger, compétence internationale indirecte, ne s'apprécie, donc, au regard ni des règles françaises de compétence, ni des règles étrangères de compétence posées par le seul juge étranger, mais de règles propres de compétence (43) et destinées à apprécier le lien raisonnable du litige avec le juge étranger. La réserve faite à l'existence de règles françaises de compétence exclusive intéresse directement le privilège de juridiction de l'article 15 du Code civil auquel le défendeur français n'aurait pas clairement renoncé devant le juge étranger ; celui-ci pourra alors s'opposer à l'*exequatur* en France du jugement rendu à l'étranger (44). Mais le rappel des articles 14 et 15 du Code civil n'épuise pas la liste des règles françaises de compétence directe exclusive : il en est encore ainsi du jeu de clauses attributives de juridiction (45) ou des règles de compétence purement internationales.

275. – La deuxième condition tient à la *régularité de la procédure suivie à l'étranger*. Cette exigence a, cependant, été ultérieurement évincée par l'*arrêt Bachir* de la Cour de cassation :

> « Cette condition de régularité doit s'apprécier uniquement par rapport à l'ordre public international français et au respect des droits de la défense » (46).

276. – La troisième condition tient à *l'application de la loi compétente d'après les règles françaises de conflit*. Cette exigence est particulièrement sévère et supposerait, en pratique, une identité des règles de conflit du for étranger avec celles du droit français ; or, pareille pétition est exagérée si l'on tient compte qu'un choix de rattachement différent de celui retenu par le droit international privé français peut être justifié par des raisons objectives (47). Aussi bien cette troisième condition a-t-elle été édulcorée par la jurisprudence postérieure qui estime qu'une

---

(42) Civ. 1re, 6 fév. 1985 : *Rev. crit. DIP* 1985, 369 et chron. Ph. FRANCESCAKIS, 243 ; *Clunet* 1985, 460, A. HUET ; *D.* 1985, 469, J. MASSIP et IR 497, B. AUDIT.

(43) Cpdt Paris 10 nov. 1971 : *Clunet* 1973, 239, A. HUET.

(44) Parmi une riche jurisprudence, Civ. 1re, 2 mai 1979 : *Rev. crit. DIP* 1980, 362, Y. LEQUETTE ; 23 juin 1982 : *Rev. crit. DIP* 1983, 314, M. POISSON-DROCOURT.

(45) Civ. 1re, 5 mars 1969 : *Rev. crit. DIP* 1970, 546, H. GAUDEMET-TALLON, v. *infra*, n. 298.

(46) Civ. 1re, 4 oct. 1967 : *D.* 1968, 95, P. MEZGER ; *Rev. crit. DIP* 1968, 98, P. LAGARDE ; *Clunet* 1950, 102, B. GOLDMAN ; *JCP* 68, II, 15634, G. SIALELLI ; *Grands arrêts DIP*, n. 46. – *Adde*, Paris, 23 mars 1994 : *Rev. crit. DIP* 1996, 119, H.M.W.

(47) Ainsi de l'application de la loi du domicile au statut personnel, connue de l'ancien droit et aujourd'hui évincée au profit de la loi nationale.

« équivalence » de résultats suffit et précise le véritable objet du contrôle qui tient à l'identité des solutions (48).

277. – La quatrième condition tient à sa conformité à *l'ordre public international.* C'est ici l'ordre public atténué qui doit être considéré. On retiendra que, depuis l'*arrêt Bachir* précité, c'est sous ce contrôle que le juge français appréciera la régularité de la procédure suivie à l'étranger et, spécialement, le respect des droits de la défense.

278. – La cinquième condition tient à *l'absence de fraude à la loi ;* mais le contrôle tant de la compétence du juge étranger que de la loi appliquée par celui-ci enlève une réelle autonomie à cette dernière exigence.

§ 2. – Le droit conventionnel du traitement judiciaire

279. – Chaque État pose ses propres règles de compétence judiciaire. Les conséquences de cette contrainte sont fâcheuses si l'on considère le caractère unilatéral de ces règles qui décident des cas de compétence du *for* national et restent étrangères à toute fonction répartitrice.

Cette situation est source de deux maux, extrêmes l'un de l'autre : les lacunes, défauts absolus de compétence, sont rares et susceptibles de justifier la compétence subsidiaire du juge français en cas de risque de déni de justice... les *doublons*, cumuls de compétence, sont plus nombreux et sont à l'origine de la pratique du *forum shopping* conduisant chaque plaideur à porter le litige devant le juge dont il attend la désignation de la loi la plus favorable.

280. – Le remède aux maux précédents réside dans la conclusion de traités internationaux destinés à harmoniser les règles de compétence judiciaire, voire à favoriser la reconnaissance et l'exécution des décisions rendues sur le territoire des différents États membres.

Des traités bilatéraux ont ainsi été conclus par la France avec la Suisse (13 juin 1869) ou la Belgique (8 juill. 1899). La réussite la plus spectaculaire en cette matière résulte de la Convention de Bruxelles du 27 septembre 1968 conclue entre les États de la CEE sur *« la compétence judiciaire et l'exécution des décisions en matière civile et commerciale »* (49).

---

(48) Civ. 1re, 16 mars 1982 : *Bull.* I, n. 110. – 22 avril 1988 et 6 juill. 1988 : *Rev. crit. DIP* 1989, 89, H. GAUDEMET-TALLON. – 20 nov. 1990 : *Bull.* I, n. 249.

(49) Cette convention et le protocole du 3 juin 1971 valables pour la Belgique, la France, la Hollande, l'Italie, le Luxembourg, le RFA sont complétés par les conventions d'adhésion d'autres pays à l'intérieur de la Communauté en 1978 (Danemark, Irlande, Royaume Uni) et 1982 (Grèce).Le protocole attribue compétence à la Cour de justice de Luxembourg pour interpréter la convention, les conventions d'adhésion et le protocole

Négociée entre les pays de la CEE et ceux de l'Association européenne de libre échange (Autriche, Finlande, Islande, Norvège, Suède, Suisse) (50) la Convention de Lugano (16 sept. 1988) comporte des règles pratiquement analogues à la Convention de Bruxelles ; les différences entre ces deux instruments ont été perçues comme autant d'améliorations du dispositif originaire de celle-ci et lui ont été intégrées, pour l'essentiel, par la Convention de San-Sébastian (51).

281. – Nous concentrerons notre étude sur la Convention de Bruxelles en considérant son domaine (A) puis son contenu (B).

A. – Le domaine de la Convention de Bruxelles

282. – Selon son article 1er, *« la présente convention s'applique en matière civile et commerciale... » ;* la notion de *« matière civile et commerciale »* est autonome et n'obéit pas aux critères traditionnels de qualification des États membres (52). Les auteurs de la convention ont visé tout ce qui relève du droit privé, mais, en vertu d'une précision apportée par l'article 3 de la convention d'adhésion de 1978, les dispositions de la convention *« ne recouvrent pas les matières fiscales, douanières ou administratives ».*

En revanche, sont expressément exclus du domaine de la convention :

> « 1. L'état et la capacité des personnes physiques, les régimes matrimoniaux, les testaments et les successions ;
> 2. les faillites, concordats et autres procédures analogues (53) ;
> 3. la Sécurité sociale ;
> 4. l'arbitrage ».

(Les cours suprêmes des États sont tenues de demander à la CJCE de statuer à titre préjudiciel). G. Droz, *Compétence judiciaire et effets des jugements dans le marché commun, Bibl. droit int. privé*, n. XIII, Dalloz 1972. – S. Gothot et D. Holleaux, *La Convention de Bruxelles du 27 septembre 1968*, Jupiter 1985. – H. Gaudemet-Tallon, *Les conventions de Bruxelles et de Lugano*, LGDJ, coll. « Droit des affaires » 1993.

(50) V. G. Droz, *La Convention de Lugano : Rev. crit. DIP* 1989, 1. – H. Gaudemet-Tallon, *op. cit.*, n. 421 et s.

(51) G. Droz, *La convention de San Sebastian alignant la Convention de Bruxelles sur la Convention de Lugano : Rev. crit. DIP* 1990, 1. – La Convention de San Sebastian a été ratifiée le 17 octobre 1990 par la France où elle est entrée en vigueur, le 1er fév. 1991.

(52) En ce sens, CJCE 14 oct. 1976 : *Rev. crit. DIP* 1977, 776, G. Droz ; *Clunet* 1977, 707, A. Huet. – 14 juill. 1977 : *Clunet* 1978, 393, A. Huet.

(53) CJCE 22 fév. 1979 : *Rev. crit. DIP* 1979, 661, G. Lemontey ; *Rev. soc.* 1980, 529, J.-L. Bismuth ; *D.* 1982, 602, Chr. Gavalda ; sur la faillite internationale, v. *supra*, n. 60 et s.

B. – Le contenu de la Convention de Bruxelles

283. – La convention a pour objet *la compétence des autorités judiciaires* (1°) et *la reconnaissance et l'exécution des décisions judiciaires* (2°).

1° *La compétence des autorités judiciaires*

284. – Le litige saisi par la convention ne doit pas être réduit au seul litige qui se développerait entre deux ressortissants de l'Union européenne : le litige peut être intégré à un État contractant en considération de trois critères de rattachement : *le domicile du défendeur (a), l'objet du litige (b), la volonté des parties (c).*

a) Le contentieux intégré en considération du domicile du défendeur

285. – Une règle de compétence générale doit être combinée à des règles de compétence dites spéciales.

286. – Selon la règle de *compétence générale* de l'article 2, tout défendeur, quelle que soit sa nationalité, doit être attrait devant les juridictions du territoire de l'État contractant, de son domicile ou de son siège social tels que définis par les articles 52 et 53.

Par dérogation à la règle de l'article 2, les articles 5 et 6 de la convention permettent au demandeur d'assigner un défendeur domicilié dans un État contractant devant une autre juridiction que celles de cet État. Ainsi, en matière contractuelle générale, le défendeur peut-il être attrait *« devant le tribunal du lieu où l'obligation qui sert de base à la demande a été ou doit être exécutée »* (art. 5, 1) (54). La notion de *« lieu d'exécu-*

---

(54) La notion d'*« obligation qui sert de base à la demande »* est le fruit d'une abondante jurisprudence de la Cour de justice. Si l'arrêt de Bloos (CJCE 6 oct. 1976 : *Rec.* 1497 ; *D.* 1977, 616, G Droz ; *Clunet* 1977, 714, J.-M. Bischoff ; *Rev. crit. DIP* 1977, 751, S. Gothot et D. Holleaux) ainsi que l'arrêt Shenavai c. *Kreischer* (CJCE 15 janv. 1987 : *Rec.* 239 ; *Clunet* 1987, 465, J.-M. Bishoff et A. Huet ; *Rev. crit. DIP* 1987, 798) privilégiaient la technique du *« dépeçage judiciaire »* lorsque la demande est basée sur différentes inexécutions, l'arrêt Roger Ivenel (CJCE 26 mai 1982 : *Rec.* 1891 ; *Clunet* 1982, 948, J.-M. Bischoff et A. Huet ; *Rev. crit. DIP* 1983, 116, H. Gaudemet-Tallon) retenait, pour le contrat de travail, le critère de la prestation caractéristique, c'est-à-dire de l'obligation qui caractérise le contrat. Finalement la lettre de l'article 5-1 a été modifiée lors de la révision de 1978 pour consacrer la première interprétation : la règle n'institue, donc, pas un *for* du contrat mais de l'obligation contractuelle qui favorise l'éclatement du contentieux. Mais la jurisprudence française méconnaît l'interprétation de l'arrêt de Bloos. Ainsi, en présence d'une concession commerciale convenue entre un fabricant allemand et un distributeur français, la Cour de cassation a décidé, le 8 janvier 1985 : *« La cour d'appel a justement estimé que l'obligation caractéristique invoquée par le concessionnaire français pour justifier ses demandes était celle incombant au concédant*

tion de l'obligation en cause est déterminée conformément à la loi qui régit l'obligation litigieuse selon les règles de conflit de la juridiction saisie » (55) et il n'y a, donc, pas de définition commune de ce lieu.

Dans une importante décision du 17 juin 1992, la CJCE a estimé que l'action directe du sous-acquéreur contre le fabricant n'était pas contractuelle au sens de l'article 5, paragraphe 1 (56).

287. – Un souci de faveur pour certains contractants, réputés faibles conduit à poser des règles spéciales pour le contrat de travail et le contrat conclu par le consommateur. Ainsi, « en matière de contrats conclus par les consommateurs, c'est-à-dire *« conclus par une personne pour un usage pouvant être considéré comme étranger à son activité professionnelle... »* (art. 13) :

– l'action intentée *par* le consommateur peut être portée soit devant les tribunaux de l'État contractant sur le territoire duquel est domiciliée l'autre partie, soit devant les tribunaux de l'État contractant sur le territoire duquel le consommateur est domicilié ;

– l'action intentée *contre* le consommateur ne peut être portée que devant les tribunaux de l'État contractant sur le territoire duquel le consommateur est domicilié (art. 14).

L'article 5 pose d'autres règles de compétence spéciale, alternatives à la règle de l'article 2 et déjà connues de notre droit judiciaire (57).

---

allemand de respecter la clause d'exclusivité, obligation qui devait être exécutée en France puisque la clause dont il s'agit concernait le territoire français ; qu'elle en a déduit, à bon droit, que la juridiction française était compétente en vertu de l'article 5-1° de la Convention de Bruxelles précitée » (Civ. 8 janv. 1985 : *Bull.* I, n. 8. – *Adde*, 23 janv. et 27 nov. 1979 : *Clunet* 1980, 333, D. HOLLEAUX ; *Rev. crit. DIP* 1979, 816 et pour un VRP, Angers 29 janv. 1980 : *Clunet* 1980, 89, D. HOLLEAUX. Cpdt pour une vente internationale, Civ. 1re, 6 fév. 1996 : *Rev. crit. DIP* 1996, 504, G. DROZ).

(55) CJCE 6 oct. 1976, *Tessili : Rec.* 1473 ; *Clunet* 1977, 714, A. HUET ; *D.* 1977, 616, G. DROZ ; *Rev. crit. DIP* 1977, 791, S. GOTHOT et D. HOLLEAUX.

(56) *Rec.* I, 3697, concl. JACOBS ; *Clunet* 1993, 469, J.-M. BISCHOFF ; *JCP* 93, éd. G, I, 3666, n. 3, M.-C. BOUTARD-LABARDE et 3644, n. 1 à 6, G. VINEY et 92, II, 21927, Chr. LARROUMET et éd. E, II, 363, P. JOURDAIN ; *Rev. crit. DIP* 1992, 730, H. GAUDEMET-TALLON ; *RTD civ.* 1993, 131, P. JOURDAIN ; *D.* 1993, somm. comm. 214, J. KULLMANN ; *RTD eur.* 1992, 712, P. VAREILLES-SOMMIÈRES ; *Cah. dr. eur.* 1992, 705, TAGUAS. – *Adde*, Civ. 1re, 27 janv. 1993 : *Rev. crit. DIP* 1993, 485, H. GAUDEMET-TALLON.

(57) *En matière délictuelle et quasi délictuelle,* le défendeur peut être attrait *« devant le tribunal du lieu où le fait dommageable s'est produit »* (art. 5, § 3), ce qui, pour la cour de Luxembourg, couvre aussi bien le lieu de survenance du dommage que le lieu du fait générateur du dommage (CJCE 30 juin 1976 : *Rec.* 1735 ; *D.* 1977, 613, G. DROZ ; *Clunet* 1977, 728, A. HUET ; *Rev. crit. DIP* 1977, 563, P. BOUREL. – *Adde*, Civ. 3 avril 1978 : *Bull.* II, n. 196). *En matière de réparation consécutive à une infraction,* le défendeur peut être attrait *« devant le tribunal saisi de l'action publique, dans la mesure où, selon sa loi, ce tribunal peut connaître de l'action civile »* (art. 5, § 4). *En matière de contestation relative à l'exploitation d'une succursale, d'une agence ou de tout autre établissement,* le défendeur peut être attrait *« devant le tribunal du lieu de leur situation »* (art. 5, § 5). *En matière de fonctionnement d'un trust,* le défendeur peut être attrait *« devant les tribunaux de l'État contractant sur le territoire duquel le trust a son domicile »* (art. 6). *En matière*

288. – La convention interdit alors aux parties de se prévaloir des règles de compétence exorbitantes telles que celles posées par les articles 14 et 15 du Code civil pour le Français (art. 3) (58).

b) Le contentieux intégré en considération de l'objet du litige

289. – Il s'agit de règles de compétence *exclusive* qui ont vocation à retenir la compétence du juge d'un État contractant alors même que les plaideurs – et spécialement le défendeur – ne seraient pas domiciliés sur le territoire d'un État contractant ; une décision rendue en violation de ce dispositif ne bénéficiera pas du système de reconnaissance et d'exécution de la convention (art. 28, al. 1). Prévus dans l'article 16, ces cas de compétence concernent :

- la validité, la nullité ou la dissolution des sociétés ou personnes morales et les décisions de leurs organes : les litiges sont affectés aux tribunaux de l'État contractant sur le territoire duquel la personne morale a son siège ;
- les droits réels immobiliers et les baux d'immeubles : sont exclusivement compétents les tribunaux de l'État contractant du lieu de situation ;
- la validité des brevets, marques, dessins ou modèles et plus généralement des inscriptions sur les registres publics : sont compétents les tribunaux de l'État contractant du lieu où l'enregistrement a été effectué ;

---

de paiement pour rémunération d'assistance ou de sauvetage à une cargaison ou fret, le défendeur peut être attrait *« devant le tribunal dans le ressort duquel cette cargaison ou le fret s'y rapportant : a) a été saisi pour garantir ce paiement, b) aurait pu être saisi à cet effet, mais une caution ou autre sûreté a été donnée ; cette disposition ne s'applique que s'il est prétendu que le défendeur a un droit sur la cargaison ou sur le frêt ou qu'il avait un tel droit au moment de cette assistance ou de ce sauvetage »* (art. 5, § 7). *En matière de lien entre les procédures,* plusieurs cas de figure doivent être observés : en cas de pluralité de défendeurs, un défendeur peut être attrait *« devant le tribunal du domicile de l'un d'eux »* (art. 6, § 1) pour autant qu'il existe un lien sérieux entre les différentes demandes ; en cas de demande en garantie ou intervention, le défendeur peut être attrait *« devant le tribunal saisi de la demande originaire, à moins qu'elle n'ait été formée que pour traduire hors de son tribunal celui qui a été appelé »* (art. 6, § 2) ; en cas de demande reconventionnelle dérivant du contrat ou du fait sur lequel est fondée la demande originaire, le défendeur peut être attrait *« devant le tribunal saisi de celle-ci »* (art. 6, § 3) ; en cas d'action en responsabilité du fait de l'utilisation ou de l'exploitation d'un navire, le tribunal compétent désigné par la loi interne d'un État contractant *« connaît aussi des demandes relatives à la limitation de cette responsabilité »* (art. 6 *bis*) ; en matière d'assurance, la convention couvre divers cas de figure suivant que l'assureur est défendeur ou, au contraire, demandeur (art. 8, 9, 10, 11), sur ce dernier point, v. *infra*, n. 690 et s.

(58) V. cpdt, art. 4, al. 2 de la Convention qui élargit le bénéfice de ces textes aux personnes domiciliées en France, lorsque le litige n'est pas intégré.

• les mesures d'exécution des décisions de justice : sont compétents les tribunaux de l'État contractant du lieu de l'exécution.

290. – Ces règles de compétence sont également *impératives*. Les parties ne peuvent y déroger par une clause attributive de juridiction ou une comparution volontaire ; le magistrat d'un État contractant saisi à titre principal en méconnaissance de l'article 16 doit d'office se déclarer incompétent (art. 19), à la différence du magistrat saisi, à titre reconventionnel, de l'annulation d'un titre de propriété industrielle à l'occasion d'un litige contractuel ou de contrefaçon.

c) Le contentieux intégré en considération de la volonté des parties

291. – La volonté des parties peut fonder la compétence directe des tribunaux d'un État contractant, sous réserve de ne pas déroger aux règles de compétence de l'article 16 (59).

292. – Retenons enfin que, la Convention de Bruxelles traite les problèmes de vérification de compétence et de recevabilité (art. 19 et 20), de litispendance et de connexité (art. 21 à 23), de mesures provisoires et conservatoires (art. 24).

2° *La reconnaissance et l'exécution des décisions judiciaires*

293. – Toute décision de justice émanant d'une juridiction d'un État contractant est, sous réserve de sa régularité internationale, reconnue de plein droit et peut faire l'objet d'une exécution simplifiée. Les conditions de régularité internationale sont allégées par rapport au droit commun et tiennent à des impératifs d'ordre public, de respect des droits de la défense et de conciliabilité des décisions (art. 27).

294. – L'article 26 de la convention sur la *reconnaissance de plein droit* est dans la lignée de la jurisprudence qui accordait déjà certains effets aux jugements étrangers non revêtus de l'*exequatur* (60).

Bien que la reconnaissance opère de plein droit, une décision de justice peut, dans un certain nombre de cas (art. 26 et 30), faire l'objet d'une contestation judiciaire, voire même d'un refus de reconnaissance

(59) V. *infra*, n. 298.

(60) H. MUIR-WATT, *Remarques sur les effets en France des jugements étrangers indépendamment de l'exequatur, Mélanges D. Holleaux,* cités, p. 301.

par l'autorité judiciaire saisie en cas d'irrégularité internationale (art. 27 et 28), sans pouvoir jamais faire l'objet d'une révision au fond (art. 29).

295. – S'y ajoute une *exécution simplifiée*. La reconnaissance de plein droit par la convention d'une décision de justice d'un État contractant donne à l'*exequatur* dont les conditions sont allégées un effet plus limité qu'en matière de droit commun. La demande s'opère sur requête dont la caractéristique est d'être non contradictoire (art. 32 à 35) ; la partie contre laquelle l'exécution est demandée ne peut pas présenter d'observation lors de la requête d'exécution, elle peut, par contre, présenter un recours contre la décision d'*exequatur* dans un cadre contradictoire (art. 36 et 37). Cette même partie pourra demander à la juridiction saisie de surseoir à statuer lorsque la décision étrangère fait l'objet dans son État d'origine d'un recours *« ordinaire »* (art. 38) au sens de la convention (61). Pendant le délai du recours et jusqu'à ce que la juridiction saisie statue, seules des mesures conservatoires peuvent être prises sur les biens de la partie contre laquelle l'exécution est demandée, sans qu'il soit besoin d'obtenir une autorisation spéciale. Une fois que la juridiction a statué sur le recours, les mesures exécutoires sont alors possibles et à partir de ce moment peut être exigée la constitution d'une garantie pour protéger les intérêts du débiteur (62), un pourvoi en cassation, par exemple, étant encore possible (art. 37 à 41). Parallèlement, si la requête d'exequatur est rejetée, le requérant a la possibilité de former appel en vue d'une procédure contradictoire (art. 40).

La convention prévoit aussi l'exécution des actes authentiques (art. 50) et des transactions judiciaires (art. 51) dans les États contractants autres que l'État d'origine.

SECTION II

LA CONTRAINTE RÉDUITE : LE JUGE CHOISI

296. – La réduction des aléas tenant au traitement des conflits de juridictions n'a pas sonné leur élimination, soit que la Convention de Bruxelles leur donnant solution ne soit pas applicable, soit que son

(61) V. CJCE 22 nov. 1977 : *Rec.* 2175 ; *Clunet*, 1978, 398, A. HUET ; *Rev. crit. DIP* 1979, 433, H. GAUDEMET-TALLON.
(62) CJCE 27 nov. 1984 : *Rec.* 397 ; *Clunet* 1985, 173, A. HUET.

application, elle-même, pose, maintienne ou crée des hésitations ou de nouveaux conflits.

Il est, alors, un moyen pour les intéressés, lors, notamment, de la conclusion du contrat, de se soustraire à des contraintes dont les uns redoutent la rigueur et d'autres craignent, à l'inverse, l'aléa. Il consiste pour des contractants à choisir, à l'avance, en vue d'un contentieux peu probable, le juge qui aura à le traiter.

Jouent des motifs de crainte ou de jubilation dans la mesure où, pour des raisons qui peuvent être extrêmement différentes, tel opérateur s'inquiétera ou se satisfera de la possible intervention de telle ou telle autorité judiciaire : ainsi, de multiples débats sur les litiges en matière de brevet européen ou de brevet communautaire ont été dominés par les fantasmes développés autour de la compétence éventuelle du juge sicilien, voire japonais, qui pourrait traiter d'une affaire de validité de brevet, puis de contrefaçon.

Jouent des motifs plus rationnels ou raisonnables sur la faculté et l'efficacité de l'intervention judiciaire au soutien de telle ou telle créance, du partenaire ou de son vis-à-vis. Regrouper les litiges possibles devant un juge physiquement voisin donne plus d'autorité au créancier. Les vouer à un – et, *a fortiori*, plusieurs – juge(s) éloigné(s) rend les procédures plus longues, plus compliquées, plus coûteuses et dissuadera tel opérateur de faire appel à l'autorité judiciaire pour faire sanctionner les accrocs portés au contrat.

Joue ou devrait, tout particulièrement, jouer la curiosité à l'égard des règles de fond applicables aux contrats car, dans le silence de l'accord, tout particulièrement, il appartient au juge saisi, à l'occasion exceptionnelle d'un différend porté devant lui, d'appliquer son propre système de droit international privé pour désigner le système juridique – ordinairement national – applicable à une relation déterminée. Or, si le nombre des rapports juridiques internationaux soumis à justice est infinitésimal par rapport à l'ensemble, lors même que le conflit n'existe pas et n'est pas transformé en contentieux, les partenaires soucieux – mais un peu tard – du droit applicable à leur rapport *« font comme si »* un juge en était saisi et préjugent du raisonnement qu'il ferait et du résultat qu'il obtiendrait dans l'identification du droit applicable.

297. – Les règles précédentes de compétence sont, en effet, susceptibles de dérogations contractuelles et les clauses attributives de juridiction ou clauses de prorogation de *for* sont fréquentes et importantes tant en droit commun que dans le cadre de la Convention de Bruxelles.

Dans un contexte de droit commun, la première question est de savoir au regard de quelle loi – loi du contrat, loi nationale des parties, loi du *for*, élu ou exclu – doit être appréciée la validité de ces clauses.

Considérant que chaque État est maître de sa compétence, *« la seule loi qui ait vocation à admettre ou à refuser dans son principe, l'extension ou la restriction conventionnelle de la compétence des tribunaux d'un État est celle de cet État »* (63). Ainsi, *« le juge saisi n'analyse donc que sa propre compétence. Élu, il examine l'efficacité de la désignation. Exclu, il détermine la validité de la dérogation »* (64). Le juge français saisi d'une demande de ce chef appréciera la validité d'une telle clause au regard du droit français.

La deuxième interrogation, plus étroite, tient, alors, à l'attitude du droit français sur la licéité de telles clauses. Il la subordonne en droit interne à la qualité de commerçants des parties (NCPC, art. 48) ; l'utilité des clauses attributives de juridiction dans les contrats internationaux et l'ignorance par de nombreux systèmes juridiques de la distinction entre droit civil et droit commercial militent contre la transposition de ce texte en matière internationale :

> « Les clauses prorogeant la compétence internationale sont en principe licites, lorsqu'il s'agit d'un litige international et que la clause ne fait pas échec à la compétence territoriale impérative d'une juridiction française » (65).

La jurisprudence postérieure est venue préciser les conditions de validité des clauses de prorogation de *for*. Quant au *fond*, la clause doit d'abord concerner un litige international ; la clause ne doit pas faire échec à la compétence territoriale impérative d'une juridiction française. En revanche, la validité de la clause est indifférente à l'absence de liens sérieux du litige avec le *for* élu (66). Quant à la *forme*, l'exigence de droit interne selon laquelle la clause doit être *« spécifiée de façon très apparente dans l'engagement de la partie à qui elle est opposée »* (NCPC, art. 48) doit être transposée au plan international, atténuée ou étayée par la présence d'usages du commerce international propres à la matière (67). Spécialement, on considérera la langue de rédaction de la clause ; le document dans lequel celle-ci s'insère (conditions générales de

---

(63) P. MAYER, *op. cit.*, n. 301.

(64) B. ANCEL et Y. LEQUETTE, obs. sous Civ. 1re, 17 déc. 1985 : *Grands arrêts DIP*, n. 68, spéc. p. 567. – *Adde : Rev. crit. DIP* 1986, 537, H. GAUDEMET-TALLON ; *D.* 1986, IR 265, B. AUDIT.

(65) Civ. 1re, 17 déc. 1985 : *Rev. crit. DIP* 1986, 537, H. GAUDEMET-TALLON ; *D.* 1986, IR 265, B. AUDIT ; *Grands arrêts DIP*, n. 68.

(66) Com. 19 déc. 1978 : *Rev. crit. DIP* 1979, 617, A. HUET ; *Clunet* 1979, 366, H. GAUDEMET-TALLON ; *D.* 1979, IR 341, B. AUDIT.

(67) Civ. 1re, 25 nov. 1986, à propos d'usages des transports maritimes internationaux : *Rev. crit. DIP* 1987, 396, H. GAUDEMET-TALLON.

vente...) (68). Plus généralement on transposera ici les règles posées par l'accord de Bruxelles sur la prorogation de *for* (69).

298. – La Convention de Bruxelles admet, en effet, *les clauses attributives de juridiction* par lesquelles les parties au contrat assignent compétence au *for* d'un État contractant pour autant que l'une des parties y est domiciliée. La validité de la prorogation de compétence est subordonnée à un formalisme rigoureux destiné à s'assurer du consentement des parties :

> « Cette convention attributive de juridiction est conclue : par écrit ou verbalement avec confirmation écrite, soit sous une forme qui soit conforme aux habitudes que les parties ont établies entre elles, soit dans le commerce international, sous une forme qui soit conforme à un usage dont les parties avaient connaissance ou étaient censées avoir connaissance et qui est largement connu et régulièrement observé dans ce type de commerce par les parties à des contrats du même type dans la branche commerciale considérée » (art. 17, al. 1) (70).

La prorogation de *for* doit porter sur *« des différends nés ou à naître à l'occasion d'un rapport de droit déterminé »* et ne sauraient donc viser tous les différends susceptibles de naître entre les parties, à l'occasion de relations ultérieures. Restent également exclues du jeu de telles clauses, les matières relevant de l'article 16 de la convention (art. 17, al. 4). La

(68) Paris 18 déc. 1987 : *D.* 1988, somm. 343, B. AUDIT. – 27 janv. 1988 : *D.* 1988, somm. 342. – V. cpdt Civ. 1re, 9 janv. 1996 : *BRDA* 1996/6, p. 7 qui admet l'opposabilité à l'acheteur français et à son assureur de la clause attributive de compétence aux tribunaux de Hanovre qui figurait au verso des confirmations de commandes et factures reproduisant les CGV, en caractères minuscules et en langue allemande. Mais Com. 18 oct. 1994, refuse d'admettre l'opposabilité au sous-acquéreur de la clause valable dans les rapports fabricant-vendeur : *Rev. crit. DIP* 1995, 727, A. SINAY-CYTERMAN.

(69) En ce sens, P. MAYER, *op. cit.*, n. 303, réf. à Civ. 1re, 25 nov. 1986, cité.

(70) V. CJCE 14 déc. 1976 : *Rec.* 1831 ; *Clunet* 1977, 734, J.-M. BISCHOFF. En revanche, un droit national ne peut poser de conditions supplémentaires à la validité de la clause, spécialement quant à la langue employée (CJCE 24 juin 1981 : *Rec.* 1671 ; *Gaz. Pal.* 1981, 2, 767, LAURENT ; *Clunet* 1981, 903, A. HUET).La cour de Luxembourg après avoir fait une interprétation stricte de ces dispositions, pourrait assouplir sa jurisprudence (v. H. GAUDEMET-TALLON, préc. n. 117 et s.). Ainsi, l'exigence de forme pose problème dans le cas de conditions générales de vente, faisant référence à la clause attributive de juridiction. Pour que le formalisme soit respecté, il faut que le contrat conclu par les parties contienne une référence expresse à ces CGV, sous réserve de rapports commerciaux courants (CJCE 19 juin 1984, qui admet la validité d'une clause attributive de juridiction figurant sur les conditions générales imprimées sur un connaissement, pour autant que celui-ci se situe dans le cadre de rapports commerciaux courants : *Clunet* 1985, 159, J.-M. BISCHOFF ; *Rev. crit. DIP* 1985, 391, H. GAUDEMET-TALLON. – Cpdt Civ. 1re, 9 janv. 1996, qui admet l'opposabilité de la clause figurant au verso des confirmations de commandes et factures reproduisant les CGV, en caractère minuscule et en allemand : *BRDA* 1996/6, p. 7). En revanche, une clause attributive de juridiction contenue dans un connaissement n'est pas opposable au destinataire tiers porteur qui ne l'a pas acceptée (Com. 10 janv. et 4 avril 1995 : *Rev. crit. DIP* 1996, 610, H. GAUDEMET-TALLON).

convention prévoit enfin que si la clause *« n'a été stipulée qu'en faveur de l'une des parties, celle-ci conserve le droit de saisir tout tribunal compétent en vertu de la présente convention »* (art. 17, al. 5) (71).

La portée de la clause est cependant limitée en matière de *trust* aux rapports internes à celui-ci (art. 17, al. 3) ; la clause ne saurait porter atteinte aux dispositions spéciales de la convention en matière de contrats conclus par les consommateurs (art. 13 à 15) ou en matière de contrat d'assurance (art. 12, 12 *bis*). Enfin, le régime du contrat de travail est encore singulier (v. *infra*, n. 533).

299. – Selon la Convention de Bruxelles, la prorogation de compétence peut être tacite et résulter du comportement des parties lorsque le défendeur accepte de débattre à l'audience sans soulever l'exception d'incompétence (art. 18), à nouveau sous la réserve de l'article 16.

SECTION III

LA CONTRAINTE ÉCARTÉE : L'ARBITRE PRÉFÉRÉ

300. – L'éviction de l'intervention judiciaire a pour premières conséquences l'écart des contraintes ou des aléas tenant à la désignation du juge compétent. Aussi le recours à l'arbitrage est-il plus fréquent en matière internationale (72) qu'interne. À l'écart des difficultés de dési-

---

(71) Selon la CJCE, *« Doivent être considérées comme des clauses dont les termes font ressortir qu'elles ont été stipulées à l'avantage exclusif d'une des parties, les clauses qui indiquent expressément la partie en faveur de laquelle elles l'ont été et celles qui, tout en précisant devant quels tribunaux chacune des parties doit attraire l'autre, donnent à l'une d'elles un plus grand choix de juridictions... une convention attributive de juridiction ne doit pas être considérée comme n'ayant été stipulée qu'en faveur de l'une des parties au sens... de la convention, lorsqu'il est simplement établi que les parties ont convenu de la compétence d'un tribunal ou des tribunaux d'un État contractant sur le territoire duquel cette partie a son domicile »* (CJCE 24 juin 1986, Activités de la CJCE 1986, n. 15 ; *Rev. crit. DIP* 1987, 140, H. GAUDEMET-TALLON ; *Clunet* 1987, 474, A. HUET).

(72) V. toutefois, E. ROBINE, *Les obstacles au développement de l'arbitrage commercial international : RJDA* 1996, 823. – Sur l'ensemble de la question, Ph. FOUCHARD, E. GAILLARD et B. GOLDMAN, *op. cit.*, 1996. – *Adde*, M. DE BOISSESON, *Le droit français de l'arbitrage interne et international*, GLN-Joly 1990. – J. ROBERT, *L'arbitrage : droit interne, droit international*, Dalloz, 6e éd. 1993. – C. GAVALDA et C. LUCAS DE LEYSSAC, *L'arbitrage*, Dalloz 1993. – J.-P. BÉRAUDO, *Règlement des litiges commerciaux*, imprimé et informatique, éd. Pacta 1994, spéc. chap. 16. – A. REDFERN et M. HUNTER, avec le concours de M. SMITH et E. ROBINE, *Droit et pratique de l'arbitrage commercial international*, LGDJ 1994. – A. HOLLANDE et X. LINANT DE BELLEFONDS, *L'arbitrage*, Coll. « Que sais-je ? », PUF 1995.

gnation de l'autorité compétente et/ou des appréhensions sur sa parfaite objectivité, s'ajouteront les avantages ordinaires de la discrétion, de la compétence spécialisée, de la rapidité, du choix de la méthode d'application de la règle de droit et de la dédramatisation du litige entre opérateurs souvent appelés à collaborer par la suite. Ils expliquent la souplesse des articles 1492 à 1507 du Nouveau Code de procédure civile qui, en droit français, régissent l'arbitrage international depuis la réforme apportée à notre droit judiciaire privé.

301. – Cela est vrai des matières arbitrables. Préparé par l'*arrêt Hecht* rendu par la chambre civile, le 4 juillet 1972 (73) et évoqué par nous à différents temps précédents de notre étude, l'article 1492 du Nouveau Code de procédure civile énonce selon une formule désormais consacrée :

> « Est international, l'arbitrage qui met en cause des intérêts du commerce international ».

Et la cour de Paris a admis, à plusieurs reprises, le 18 janvier 1983, puis le 8 octobre 1988, qu'un litige opposant deux sociétés françaises à propos d'un transfert de génie civil à l'étranger (74) convenu en France avec choix de la loi française avait le caractère d'un contrat international tout comme le contrat relatif à l'exploitation du nom et du service de *tennismen* appelés à se déplacer dans différents pays (75). La solution évitera de nombreux problèmes d'arbitrabilité dans de nombreuses situations comme en matière de propriétés intellectuelles, de contrats de représentation... et, plus largement, de contrats civils ou mixtes qui pourraient accueillir des conventions d'arbitrage suspectes en matière interne.

302. – Cela est vrai des personnes et l'article 2060 du Code civil (76) refusant, en principe, aux personnes publiques l'accès à l'arbitrage n'a pas de jumeau pour ce qui est de l'arbitrage international alors que la participation des personnes publiques à la vie économique, internationale tout particulièrement, a pris une importance considérable. L'*arrêt Galakis* du 2 mai 1966 a fixé leur accès à l'arbitrage dans des termes très nets :

> « Attendu que la prohibition dérivant des articles 83 et 1004 du Code civil ne soulève pas de question de capacité au sens de l'article 3 du Code civil ; que la cour d'appel avait seulement à se

(73) Civ. 4 juill. 1972 : *Rev. crit. DIP* 1974, 82, P. LEVEL ; *Clunet* 1974, 82, B. OPPETIT ; *Rev. arb.* 1974, 67 et 89, Ph. FRANCESCAKIS.

(74) Paris 18 janv. 1983 : *Rev. arb.* 1984, 87, P. MAYER.

(75) Paris 8 oct. 1988 : *Rev. arb.* 1989, 111 (somm.).

(76) C. civ., art. 2060, *« On ne peut compromettre... sur les contestations intéressant les collectivités publiques et les établissements publics... Toutefois, des catégories d'établissements publics à caractère industriel et commercial peuvent être autorisées par décret à compromettre ».*

prononcer sur le point de savoir si cette règle édictée pour les contrats internes devait s'appliquer également à un contrat international passé pour les besoins et dans des conditions conformes aux usages du commerce maritime ; que l'arrêt attaqué décide justement que la prohibition susvisée n'est pas applicable à un tel contrat et que, par suite, en déclarant valable la clause compromissoire souscrite ainsi par une personne morale de droit public, la cour d'appel, abstraction faite de tous autres motifs qui peuvent être regardés comme surabondants, a légalement justifié sa décision » (77).

La Cour de cassation admet, également, qu'en acceptant une clause compromissoire, un État accepte que la sentence à venir puisse être soumise à la procédure d'*exequatur* malgré sa propre immunité de juridiction (78).

303. – Nous envisagerons, tour à tour, *l'encadrement* (§ 1) et le *développement* (§ 2) de l'arbitrage.

§ 1. – L'encadrement de l'arbitrage

304. – Tout en détachant (79) l'arbitrage international des règles étatiques, la *loi du 12 mai 1981* inscrite aux articles 1493 à 1497 du Nouveau Code de procédure civile a codifié différentes règles préparées par la jurisprudence (80). Bon nombre d'États étrangers ont adopté des dispositifs de même ordre (81).

305. – De nombreux *accords bilatéraux* se sont multipliés en la matière dont l'importance a décru avec le développement des *accords multilatéraux :* protocole de Genève du 24 septembre 1923 dont la signature a provoqué la réforme française de 1925 validant la clause compromissoire en matière commerciale et libérant pleinement le recours à

(77) Civ. 2 mai 1966 : *D.* 1966, 575, J. ROBERT ; *JCP* 66, II, 14798, M. LIGNEAU ; *Rev. crit. DIP* 1967, 553, B. GOLDMAN ; *Clunet* 1966, 648, P. LEVEL ; *Grands arrêts DIP,* n. 45.

(78) Civ. 1re, 18 nov. 1986 : *Rev. arb.* 1987, 149, J.-P. DELVOLVÉ ; *Clunet* 1987, 786, P. MAYER ; *Rev. crit. DIP* 1987, 120, B. OPPETIT.

(79) L'art. 1495, NCPC dispose « *Lorsque l'arbitrage international est soumis à la loi française, les dispositions des Titres I, II et III du présent livre ne s'appliquent qu'à défaut de convention particulière et sous réserve des articles 1493 et 1494* ».

(80) V. P. BELLET et E. MEZGER, *L'arbitrage international dans le Nouveau Code de procédure civile : Rev. crit. DIP* 1981, 611. – Ph. FOUCHARD, *L'arbitre international en France après le décret du 12 mai 1981 : Clunet* 1982, 374 et, surtout, avec E. GAILLARD et B. GOLDMAN, *Traité de l'arbitrage international, op. cit.*

(81) Ph. FOUCHARD : *J.-Cl. Int.*, fasc. 585-2, éd. 1989, n. 47 et s. – R. DAVID, *L'arbitrage dans le commerce international*, Économica 1982, p. 117 et s. et, plus particulièrement, CCI, *Le droit de l'arbitrage en Europe*, 1981.

l'arbitrage pour nos opérateurs, Convention de Genève du 26 septembre 1927 concernant, à l'autre extrémité du processus arbitral, l'exécution des sentences arbitrales, Convention de New York du 10 juin 1958 assouplissant les conditions que doivent remplir les sentences bénéficiant de son appui ; adoptée par plus de soixante-dix États, cette convention sert de modèle à plusieurs réglementations nationales de la matière et a provoqué la faveur des législations nationales à l'égard de ce traitement des conflits.

Au texte précédent visant l'universalité ont succédé des *accords régionaux* dont les Conventions européenne de Genève du 26 avril 1961 (82), interaméricaine de Panama du 20 janvier 1970, arabe d'Amman du 14 avril 1987 créant, notamment, le centre arabe d'arbitrage commun établi à Rabat, le Traité Ohada sur l'arbitrage international en Afrique...

De multiples *institutions internationales privées et parapubliques* participent à l'encadrement de l'arbitrage international. Les guides, règlements et conventions-types de la Chambre de commerce internationale (CCI) (83), de la *London court of international arbitration*, de la CNUDCI (84), de la fédération internationale de la franchise ou de l'organisme correspondant des ingénieurs conseils (FIDIC), les centres d'arbitrage de la chambre de commerce franco-allemande et de plusieurs autres, le règlement de l'arbitrage maritime international construit par la CCI et le comité maritime international, le centre d'arbitrage de l'Organisation mondiale de la propriété industrielle (OMPI) (85)... jouent un rôle très important dans la mise en place, l'organisation et le dénouement des procédures d'arbitrage international (86).

---

(82) J. Robert, *La convention européenne de Genève sur l'arbitrage : D.* 1961, 173.

(83) La chambre d'arbitrage de la CCI est l'organisme le plus connu des entrepreneurs français. Plusieurs centaines d'affaires impliquent, chaque année, des partenaires du monde entier et des dizaines de milliers de contrats comportent une clause d'arbitrage CCI : *« La cour, nonobstant son appellation, n'est pas un tribunal mais un organe administratif qui surveille et contrôle la conduite des arbitrages sous ses auspices d'après le règlement de conciliation et d'arbitrage. La version actuellement en vigueur est celle du 1er janvier 1988 »* (*Guide de l'arbitrage de la CCI* 1994, p. 9). La règle est conforme à l'art. 1451, NCPC, *« La mission d'arbitre ne peut être confiée qu'à une personne physique ; celle-ci doit avoir le plein exercice de ses droits civils. Si la convention d'arbitrage désigne une personne morale, celle-ci ne dispose pas du pouvoir d'organiser l'arbitrage ».*

(84) Loi-type de la CNUDCI sur l'arbitrage commercial international du 21 juin 1983 et comm. de S. Jarvins : *Rev. arb.* 1986, 509 et Ph. Fouchard : *Clunet* 1987, 861.

(85) IRPI, *Arbitrage et propriété intellectuelle*, vol. n. 12, Litec 1994. – J.-M. Burguburu et J.-M. Mousseron, *L'arbitrage face aux préjudices nés des licences*, comm. à Coll. CCI, Dossiers Brevets 1994, II.

(86) M. Cozian et F. Ruhlmann, *Réflexions sur la négociation et la mise en forme d'une clause d'arbitrage en droit commercial international : Gaz. Pal.* 8 août 1993.

§ 2. – Le développement de l'arbitrage

306. – Le traitement arbitral d'un différend passe par plusieurs étapes. Au départ, la *convention d'arbitrage* (A) oblige les parties à régler leur litige par la voie arbitrale ; le *processus arbitral* (B) conduit jusqu'à la *sentence* (C).

A. – LA CONVENTION D'ARBITRAGE

307. – L'instrument premier d'un arbitrage est la convention d'arbitrage par laquelle les parties décident de soumettre à arbitrage des litiges à naître (clause compromissoire) ou nés (compromis). La conclusion de la convention d'arbitrage a pour double effet d'obliger les parties à ne pas saisir les juridictions étatiques de leur(s) conflit(s) et à le(s) soumettre à des arbitres obtenant leur compétence de cet accord. Dans un litige particulier, l'objet et les principales modalités de l'arbitrage sont précisés par le compromis ou par un document établi par les arbitres et, ordinairement, signé par les parties appelé acte de mission (87).

---

(87) Le guide de l'arbitrage de la CCI présente ainsi cet acte de mission, « *Avant de commencer l'instruction de l'affaire, la première tâche de l'arbitre est d'établir un document appelé "acte de mission". L'acte de mission décrit les prétentions des parties. Afin d'éviter les réclamations tardives ou abusives, les nouvelles demandes, reconventionnelles ou non, peuvent être présentées ultérieurement à condition de rester dans les limites fixées par l'acte de mission, ou de faire l'objet d'un* addendum *à ce document, établi et signé par les parties et par l'arbitre.*

Ce système autorise les arbitres à rejeter de nouvelles demandes présentées au cours des audiences si elles vont au-delà de l'acte de mission (ou d'un éventuel addendum *à cet acte) et facilite la vérification de la sentence par la cour en s'assurant que les arbitres ne traitent que des demandes définies (dans l'acte de mission ou dans un* addendum*).*

L'acte de mission permet à l'arbitre et aux parties de discuter et de se concerter sur la conduite de la procédure.

La rédaction de l'acte de mission offre aux parties et aux arbitres l'occasion d'une première rencontre laquelle permettra éventuellement aux parties d'arriver à un règlement négocié de leur litige après avoir mieux pris la mesure de ce qui les oppose et de ce qui les rapproche.

L'abstention d'une partie n'empêche pas l'établissement de l'acte de mission. En pareil cas, l'arbitre donne à cette partie un délai définitif pour la présentation de ses pièces. Si rien n'a été reçu de cette partie à l'expiration du délai, l'arbitre établit l'acte de mission sur la seule base des informations qui lui ont été fournies.

Il est important de noter que l'arbitre établit l'acte de mission d'après les demandes, reconventionnelles ou non, et les défenses qui ont été exprimées jusqu'à ce moment. En conséquence, celles-ci peuvent avoir été formulées dans l'acte initial de demande ou de réponse comme dans tous documents versés ultérieurement au dossier de la procédure.

L'acte de mission doit indiquer l'identité et les adresses des parties et des arbitres.

Il contient aussi un exposé sommaire des prétentions des parties, la détermination des points litigieux à résoudre, l'indication du siège de l'arbitrage, les règles applicables à la procédure et, le cas échéant, mention des pouvoirs d'amiable compositeur.

Les tribunaux ont affirmé l'autonomie de cette convention d'arbitrage par rapport à la convention de fond, notamment lorsque la première est matériellement inscrite dans la seconde. Si cette autonomie trouve sa limite dans l'existence et la forme de la convention principale (88), il est acquis que l'annulation de la convention de fond n'a pas d'effet sur la clause d'arbitrage (89) ; au-delà, la jurisprudence a posé la règle matérielle de la validité de la clause compromissoire afférente à une opération de commerce international, indépendamment de toute loi étatique (90).

308. – Se pose, alors, le problème de la loi applicable à cette convention d'arbitrage. La jurisprudence admet, désormais, la distinction des lois applicables... lorsque les parties en ont exprimé le choix (91).

La règle de droit international privé quant à la *forme du contrat* appelle classiquement compétence de la loi du lieu d'établissement de cette convention conformément à l'adage *locus regit actum* désormais en concurrence avec la loi qui régit le contrat au fond de telle sorte que, finalement et plus généralement, la forme des conventions d'arbitrage est réellement soumise à la loi d'autonomie.

L'arbitre soumet son acte de mission aux parties ou à leurs conseils pour signature ou observations. Il est libre de prendre en considération toutes suggestions pouvant lui être présentées à cette occasion et de modifier son projet en conséquence.

L'arbitre transmet l'acte de mission, revêtu de sa signature et de celles des parties, à la cour internationale d'arbitrage qui en prend alors note.

Si une partie refuse de signer l'acte de mission, l'arbitre n'en communique pas moins l'acte signé par lui et par l'autre partie à la cour, laquelle approuve alors l'acte de mission lorsque celui-ci est rédigé conformément au règlement. La cour accorde alors à la partie défaillante un délai supplémentaire dans lequel celle-ci est invitée à ajouter sa signature. À l'expiration de ce délai, la procédure se poursuit, que cette partie ait signé ou non.

Le refus par l'une des parties de signer l'acte de mission n'affecte pas la validité de la procédure ; il n'empêche pas non plus celle-ci de prendre part à l'instruction.

L'acte de mission n'est pas un "pré-jugement" de l'affaire mais seulement une constatation des prétentions respectives des parties et de la mission de l'arbitre. En apposant leur signature sur l'acte de mission, les parties ne reconnaissent aucunement les prétentions de leur adversaire. Pareillement, l'approbation par la cour n'est pas un engagement de sa part quant à la véracité de son contenu mais une formalité procédurale requise par le règlement pour permettre à l'instance arbitrale de continuer, nonobstant le refus par l'une des parties de signer l'acte de mission » (p. 39).

(88) Civ. 1re, 10 juill. 1990 : *Rev. arb.* 1990, 85, P. MAYER.

(89) Civ. 1re, 7 mai 1963 : *Rev. crit. DIP* 1963, 615, H. MOTULSKY ; *Clunet* 1964, 82, J.-D. BREDIN ; *D.* 1963, 545, J. ROBERT ; *JCP* 63, II, 13405, B. GOLDMAN.

(90) Civ. 1re, 4 juill. 1972 *(Hecht)* cité. – *Adde*, Paris 13 déc. 1975 : *Rev. crit. DIP* 1976, 507, B. OPPETIT ; *Clunet* 1977, 106, E. LOQUIN ; *Rev. arb.* 1977, 147, Ph. FOUCHARD. – Toulouse 26 oct. 1982 : *Clunet* 1984, 603, H. SYNVET. – Civ. 1re, 20 déc. 1993 : *Rev. crit. DIP* 1994, 663, P. MAYER. Cela ne signifie pas que la clause recevra systématiquement effet mais simplement qu'elle échappe à la prohibition de principe qu'une règle étatique interne poserait à son égard.

(91) Paris 26 mars 1991 : *Rev. arb.* 1991, 456, H. GAUDEMET-TALLON.

S'agissant du *fond du contrat*, convention d'arbitrage et contrat de fond bénéficient, tous deux, du principe d'autonomie indépendamment l'un de l'autre. Les parties usant peu de cette liberté, la convention d'arbitrage est fréquemment soumise à la loi du lieu où se déroulera l'arbitrage (92).

309. – La convention d'arbitrage s'occupe de fixer les modalités de désignation ou identité des *arbitres*. L'article 1493 du Nouveau Code de procédure civile dispose que *« directement ou par référence à un règlement d'arbitrage, la convention d'arbitrage peut désigner le ou les arbitres ou préciser les modalités de leur désignation »* (93). Le Tribunal arbitral, arbitre unique ou collège arbitral, sera mis en place conformément aux dispositions de la clause compromissoire ou du compromis (94) et le choix opéré entre arbitrage *ad hoc* et arbitrage institutionnel (CCI...) ; cette dernière formule paraît majoritairement retenue en matière internationale où elle facilite le traitement des problèmes de constitution du tribunal, de règlement des contestations possibles, de fonctionnement du processus arbitral, de fixation, recouvrement et distribution des frais et honoraires d'arbitres.

310. – Différents problèmes se présentent à propos des *parties à l'arbitrage* que leur participation soit obligatoire à raison d'une clause compromissoire ou, en son absence, spontanée.

311. – L'ampleur et la diversification des opérations internationales pose avec plus de fréquence qu'en matière interne le problème de l'extension des effets de la convention d'arbitrage à des tiers (95). Comme à

---

(92) J. ROBERT, *op. cit.*, n. 270, p. 238.

(93) La CCI, par exemple, conseille la clause compromissoire très large, *« Tous différends découlant du présent contrat seront tranchés définitivement suivant le règlement de conciliation et d'arbitrage de la CCI par un ou plusieurs arbitres nommés conformément au règlement »*.

(94) Cour international d'arbitrage, CCI, *Le statut de l'arbitre : Bull.*, numéro spécial 1996.

(95) V. Cour française d'arbitrage, *L'arbitrage et les tiers : Rev. arb.* 1988, 431 et s. – M. DE BOISSESON, *op. cit.*, n. 603, p. 522. – *Adde*, I. FADLALLAH, *Clauses d'arbitrage et groupe de sociétés : Travaux comité fr. DIP* 1984-1985, p. 105.

La sentence CCI-1434 rendue en 1975 énonce ainsi, *« Ainsi qu'il est fréquent dans les accords industriels internationaux de cette envergure, le pays (la société nationale) qui entend acquérir et faire installer sur son sol une nouvelle usine ou un ensemble industriel, traite avec un groupe ou avec une grande société multinationale qui, pour des raisons d'organisation ou d'opportunité interne au groupe, confiera l'exécution de l'opération à une ou plusieurs sociétés filiales, existantes ou à créer* ad hoc. *D'une manière générale, le cocontractant n'a pas d'intérêt direct et ne songe pas à s'immiscer dans ces questions d'organisation interne du groupe, pour autant que celui-ci lui garantisse par des clauses appropriées, la bonne exécution des obligations assumées... Dans ces conditions, il y a lieu de s'en tenir à l'idée, conforme à l'esprit des contrats comme à la réalité économique, que ni le groupe A, ni son président, ni telle ou telle des sociétés membres de ce groupe, ne peuvent s'abriter derrière la rédaction de telles clauses particulières, interprétées littéralement et isolées du contexte de l'ensemble des accords, pour demander à être mis* l'égard de toute prise en compte des groupes de sociétés, la jurisprudence française est très prudente (96). Par deux arrêts des 30 novembre 1988 et 14 février 1989, la cour de Paris a, toutefois, attaché ce raisonnement au caractère international de la situation (97). Le choix du droit national applicable à la procédure sera important puisque, selon que celui-ci accueillera plus ou moins facilement la notion de groupe de sociétés, il admettra plus ou moins aisément de telles extensions (98). Le choix du droit national de procédure devra, donc, tenir compte des chapitres de ce droit autres que strictement processuels (99).

312. – L'arbitrage multipartite – caractérisé par trois des parties et plus à un arbitrage unique – (100) soulève d'autres problèmes tenant à la signature d'une convention d'arbitrage par plusieurs parties ayant des positions et, par conséquent, des intérêts différents. Il faut distinguer cette situation de celle où un demandeur – un acheteur, par exemple – s'adresse à plusieurs défendeurs – des co-vendeurs, par exemple – pour un litige tenant, par exemple, au vice de la chose vendue... comme de celles où, ultérieurement, l'un des défendeurs – co-vendeur, par exemple – condamné, recourrait en garantie contre son auteur.

Les difficultés tiennent peu à l'instruction de la sentence où le calendrier devra être envisagé en fonction de la pluralité d'intérêts ni à son exécution qui peut distinguer les différents niveaux de ses interventions et répartir ses prescriptions entre diverses catégories de parties à l'arbitrage. Elles concernent, surtout, sa mise en place, à commencer par le choix des arbitres et la désignation de la loi unique de procédure. Dans le cas d'un arbitrage *ad hoc*, à défaut d'accord des parties, trouverait

---

hors de cause dans un litige qui concerne directement le groupe ou l'organisation A. Ceci à moins qu'il ne soit établi, dans un cas donné, par celui qui s'en prévaut, qu'une interprétation formaliste s'impose et correspond à la volonté réelle des parties, interprétée de bonne foi, et à l'esprit de l'opération. Cette présomption d'acceptation a été qualifiée d'"opposabilité de la convention d'arbitrage" mais en réalité elle porte sur une "extension des effets juridiques de cette convention" » (M. DE BOISSESON, *op. cit.*, n. 603, p. 522).

(96) Com. 9 janv. 1979 : *Rev. arb.* 1979, 8.

(97) Paris 30 nov. 1988 et 4 fév. 1989 énonçaient, « *La clause compromissoire insérée dans un contrat international a une validité et une efficacité propres qui commandent d'en étendre l'application aux parties directement impliquées dans l'exécution d'un contrat et dans les litiges qui peuvent en résulter, dès lors qu'il est établi que leur situation fait présumer qu'elles ont eu connaissance de l'existence et de la portée de la clause d'arbitrage...* » (*Rev. arb.* 1989, 690, TSCHANZ).

(98) V. par ex., D. COHEN, *Arbitrage et société : Bibl. dr. privée,* n. 229, LGDJ 1993, n. 524 et s., p. 273 et s.

(99) Rappr. M. DE BOISSESON, *op. cit.*, n. 606 et s., p. 528 et s.

(100) M. DE BOISSESON, *op. cit.*, n. 617, p. 540. – K.-D. MAPARA, *Les tiers-partenaires en arbitrage, Essai sur les litiges mutlti-partites en droit français et en droit allemand,* thèse Montpellier 1987, n. 30, p. 11. – *Adde,* X. TANDEAU DE MARSAC, *L'arbitrage multipartite et les conventions d'arbitrage multilatérales : D.* 1980, chron., p. 313.

à s'appliquer l'article 1493 du Nouveau Code de procédure civile prescrivant que

> « si pour les arbitrages se déroulant en France... la constitution d'un tribunal arbitral se heurte à une difficulté, la partie la plus diligente peut, sauf clause contraire, saisir le président du tribunal de grande instance de Paris selon les modalités de l'article 1457 ».

Dans le cas d'un arbitrage international, il appartiendra à l'institution organisatrice de procéder, elle-même, après contact, sans doute, avec les différents intéressés à la désignation de l'arbitre unique ou des trois arbitres en charge du dossier, le développement du collège arbitral ne paraissant pas une bonne solution.

313. – Il faut également distinguer la situation des arbitrages parallèles en cas, par exemple, de conflits voisins entre un concédant et plusieurs concessionnaires ou franchisés. Les litiges relatifs à des groupements horizontaux, tels des *joint-ventures*, ou verticaux tels des rapports de franchise ou sous-traitance, seront l'occasion de pareils conflits et, corrélativement, de pareille intervention arbitrale. Ces différends gagneront, souvent, à être soumis à des collèges arbitraux ayant la même composition qui, après instruction commune, rendent des sentences distinctes.

314. – Vient, ensuite, la désignation de la *matière de l'arbitrage*, ample dans les clauses compromissoires, à préciser dans le compromis et/ou l'acte de mission.

La large faveur faite à l'arbitrage des conflits internationaux ne débouche pas sur l'arbitrabilité générale des conflits. Le principe de départ est que tout litige arbitrable peut céder devant l'indisponibilité du droit litigieux appréciée selon le droit applicable au fond du litige. Les conflits mettant en jeu le droit de la concurrence ne peuvent comporter de sanctions pour les entreprises mais peuvent s'autoriser de celui-ci pour annuler tout ou partie des contrats ; l'arbitrabilité des litiges en matière de propriété intellectuelle paraît exclue, en droit français, pour ce qui est de la validité des droits mais admise en matière de contrefaçon et, surtout, de contrats d'exploitation : l'arbitre n'est même pas tenu de surseoir à statuer dans l'attente de la décision à rendre par le juge judiciaire saisi d'une action en annulation du droit intellectuel concerné (101). L'arbitrabilité des litiges de consommation a été admise, en 1995, dans une *affaire Jaguar France* (102).

(101) Paris 24 mars 1994 : *Dossiers Brevets* 1994, I, 7.

(102) *« Les arrêts infirmatifs rendus dénient la compétence du tribunal de grande instance de Paris et reconnaissent celle de l'arbitre anglais désigné par la clause compromissoire. Ces procédures concernent des actions engagées par divers acheteurs français de ce modèle de série, à ce jour le plus cher et le plus rapide du monde, directement vendu par Project XJ 220, société britannique mais relayée administrativement par Jaguar France. La cour accueille la thèse de Jaguar France, d'ailleurs reprise par Project, qui soutenait que la clause d'arbitrage conclue entre une société étrangère et un particulier*

315. – Suivent les indications relatives à l'*objet de l'arbitrage* qui découle des prétentions des parties exprimées dans les écritures déclenchant la procédure auxquelles il peut être renvoyé. Il peut être exprimé en un certain nombre de questions dont le traitement sera l'objet de la mission des arbitres. Les rédacteurs de ces documents hésitent entre des formules très précises qui peuvent gêner le développement de l'instance et susciter des recours pour intervention *ultra petita* et des formules très – trop – larges qui peuvent prêter à des gonflements de tâches et des discussions regrettables en cours d'instance.

316. – La convention d'arbitrage identifie le *droit applicable* à l'opération examinée, le contrat, par exemple.

Le tribunal arbitral mettra, alors, en œuvre les règles précédemment exposées sur l'identification de la règle applicable au contrat : droit matériel international, règle nationale applicable...

L'une des difficultés de la situation envisagée tient à ce que l'arbitre ne statue pas en vertu d'un droit étatique déterminé et reste embarrassé pour identifier les règles nationales de conflits de lois alors applicables. La réponse est empreinte de pragmatisme. Les règles de droit applicables sont celles que *« les parties ont choisies »* et à défaut « *celles* (que l'arbitre) *estime appropriées* » (NCPC, art. 1496, al. 1) en tenant compte *« des usages du commerce »* (NCPC, art. 1496, al. 2).

317. – La convention d'arbitrage doit fixer la *méthode de traitement du conflit.*

Le tribunal arbitral peut avoir à statuer *en équité*, conformément à des préoccupations de morale et d'équilibre des intérêts en présence. La pratique en est faible.

Le tribunal arbitral peut avoir à statuer *en amiable composition*, c'est-à-dire par application d'un droit dont il pourra corriger les conclusions, financières en particulier, par la prise en compte des intérêts et des situations propres à l'espèce. M. de Boisseson écrit :

> « L'originalité de l'amiable composition, dans l'arbitrage international comme en droit interne, consiste dans la dispense accordée à l'arbitre d'appliquer non seulement le droit applicable au contrat

---

français est valide dès lors que les intérêts du commerce international sont en cause, ce que contestaient les acheteurs français. Les arrêts rendus considèrent que l'éventuelle applicabilité au litige de la réglementation française, protectrice du consommateur, n'est pas de nature à exclure la compétence arbitrale et qu'il n'appartient qu'à l'arbitre de statuer sur sa compétence ainsi que sur la validité et l'étendue de son investiture. L'importance théorique de ces décisions va trouver une application pratique sur les nombreuses affaires parallèles actuellement pendantes devant les juridictions de première instance qui sont ainsi invitées à se dessaisir au profit de Lord Donaldson, arbitre désigné par le président de la Law Society de Londres » (Lettre des juristes d'affaires, 26 déc. 1994, p. 3).

mais le contrat lui-même, notamment à travers un efficace et parfois redoutable “pouvoir de modération” » (103).

La pratique en est fréquente. L’article 1497 du Nouveau Code de procédure civile précise que *« l’arbitre statue comme amiable compositeur si la convention des parties lui a conféré cette mission »*.

Le tribunal arbitral peut avoir à statuer *en droit*, c’est-à-dire à appliquer la règle juridique comme le ferait un juge judiciaire sans disposer de facultés particulières de mise en œuvre.

Le choix de ces méthodes de traitement du litige ne se substitue en aucune manière à la désignation de la règle applicable au contrat. Dotés de pouvoirs plus ou moins larges dans l’application de ce corps de règles, les arbitres n’en sont pas moins tenus de le désigner. La coexistence fréquente dans les contrats de clauses désignant, d’abord, le système juridique applicable à leurs relations puis, en conformité avec ce droit, de dispositions prévoyant le traitement arbitral de leurs possibles conflits en droit, en amiable composition ou en équité illustre une distinction à bien opérer.

318. – La convention établit les *règles de procédure* applicables. L’article 1494 du Nouveau Code de procédure civile dispose ainsi très largement :

> « La convention d’arbitrage peut, directement ou par référence à un règlement d’arbitrage, régler la procédure à suivre dans l’instance arbitrale ; elle peut aussi soumettre celle-ci à la procédure qu’elle détermine ».

L’article 1494, alinéa 3 précise, de plus, en solution de droit commun :

> « Dans le silence de la convention, l’arbitre règle la procédure, autant qu’il est besoin, soit directement soit par référence à une loi ou à un règlement d’arbitrage ».

À défaut d’autres pièces, les règles de procédure seront identifiées par la loi du lieu de l’arbitrage, dont la désignation obtient un intérêt accru.

319. – La convention règle, enfin, diverses *modalités de l’arbitrage* et, notamment, la langue, le siège ainsi que la durée de la procédure et son calendrier, fréquemment renvoyés au procès-verbal d’une des premières réunions arbitrales.

---

(103) M. de Boisseson, *op. cit.*, n. 663, p. 594. – Cpdt E. Loquin, *op. cit.* – R. David, préc., n. 376.

B. – Le processus arbitral

320. – La procédure arbitrale se développe en plusieurs temps.

1° *L'engagement de la procédure arbitrale*

321. – La procédure arbitrale est, ordinairement, engagée par l'une des parties comme cela se ferait pour un traitement judiciaire (104).

2° *La mise en place du tribunal arbitral*

322. – Suivant les modalités prévues par la convention d'arbitrage, les parties ou l'organisme investi par elles vont désigner le ou les arbitres ; la formule la plus commune est celle de la désignation – ou de la présentation – par chaque partie d'un arbitre, les deux arbitres ainsi désignés choisissant – ou présentant – un troisième arbitre, plus président du tribunal arbitral qu'arbitre départiteur. Le tribunal est mis en place par l'acceptation de sa mission par ce dernier arbitre désigné.

Une difficulté, ignorée, en principe, du monde judiciaire, peut résulter de liens privilégiés, d'affaires ou autres, existant entre l'arbitre et l'une des parties ; le principe est alors que l'arbitre doit, en tout début de procédure, faire connaître aux parties tous les éléments susceptibles d'appeler sa récusation (105).

3° *L'instruction arbitrale*

323. – Dans le respect du principe fondamental du contradictoire, les parties vont, tout d'abord, exposer par écrit leurs prétentions et arguments. Les échanges de conclusions accompagnés de documents sous bordereaux s'effectuent dans le respect ordinaire de deux échanges demande-défense, puis réplique et duplique. Lorsque les premières conclusions échangées

---

(104) Le Guide de l'arbitrage de la CCI indique les informations que le demandeur doit adresser à la chambre arbitrale de cette institution ajoutant, « *La réponse du défendeur peut être accompagnée d'une demande reconventionnelle. Dans ce cas, le demandeur, en tant cette fois-ci que défendeur à la demande reconventionnelle, peut soumettre une duplique sous forme de réponse à la demande reconventionnelle* » (p. 37).

(105) V. Com. 16 juill. 1964 où l'arbitre était l'associé du conseil de l'une des parties : *Rev. arb.* 1964, 125.

pour le déclenchement de la procédure sont suffisamment importantes, le tribunal arbitral, avec ordinairement l'accord des parties, peut décider qu'elles tiendront lieu de premier échange.

324. – La procédure arbitrale peut être modifiée par toutes sortes d'incidents ou compléments tels que procédure de référé pré-arbitral, énoncé de mesures provisoires, mesures d'instruction, audiences de mise en état de la procédure, sentences intérimaires...

Elle peut aussi être interrompue par la transaction des parties qui vont soit dessaisir le tribunal, soit lui faire prendre en charge leur décision conventionnelle par une sentence d'accord-parties qui ajoutera à l'autorité de la transaction celle de la sentence arbitrale. Dans cette recherche d'accord mettant précocement fin au litige, les arbitres peuvent jouer un rôle éminent d'initiateurs ou de facteurs de propositions de solutions (106).

Au terme de cette instruction écrite, l'audience arbitrale peut comporter – prévoir – l'audition de témoins et sachants, voire des parties elles-mêmes, puis l'intervention des conseils en leurs plaidoiries. Cette formule suivie de questions posées par les arbitres, voire les vis-à-vis, peut se voir préférer une formule d'instruction orale menée par les arbitres et comportant, à leur initiative, questions et réponses, point par point, des parties et de leurs conseils.

En fin d'audience, le tribunal arbitral peut poser certaines questions aux parties, voire décider des mesures supplémentaires d'instruction... ou, plus rapidement, prononcer la clôture des échanges. S'ouvre le délibéré du tribunal que clôt sa sentence.

C. – La sentence

325. – La sentence est l'objectif de la procédure arbitrale. Son *énoncé* (1°), son *exécution* (2°) et sa possible *contestation* (3°) s'enchaîneront.

1° *Le prononcé de la sentence*

326. – Délibérée, la sentence est décidée à la majorité des arbitres, la voix du président l'emportant en cas de clause expresse lui permettant

(106) *« Les procédures d'arbitrage donnent souvent lieu à des règlements à l'amiable : en moyenne seulement un tiers des affaires pendantes devant la CCI se terminent par le prononcé d'une sentence finale »* (CCI, *op. cit.*, p. 10).

d'imposer sa décision en cas de partage définitif des opinions de ses collègues ; cette formule le dispensera, le cas échéant, d'un choix brutal entre deux opinions contraires. Dans la pratique, il semble, toutefois, que les sentences sont prises, le plus souvent, du consentement de tous les arbitres.

La sentence comporte ordinairement le rappel des informations inscrites dans l'acte de mission, puis le traitement des différentes questions, prétentions et demandes des parties dans l'ordre qui paraît le plus convenable aux arbitres à la seule condition que toutes les demandes fassent l'objet de réponses ; la motivation que n'exigent ni un texte exprès – l'article 1472 du Nouveau Code de procédure civile vise le seul arbitrage interne – ni l'ordre public international tel que le comprennent les juridictions françaises (107), précède, ordinairement, le dispositif de la sentence.

La sentence statue sur le montant et l'imputation des dépens, des honoraires et des frais d'arbitrage. Elle reconduit, fréquemment, les mesures prises pour l'appel de provisions.

327. – Dans les formules d'arbitrage institutionnel – de la CCI, par exemple –, la sentence fait l'objet d'une lecture – pour ne pas dire contrôle – d'une instance telle la cour d'arbitrage de la CCI.

328. – La sentence fait, finalement, l'objet d'une notification aux parties.

2° *L'exécution de la sentence*

329. – À l'extrémité du processus, une fois la sentence rendue, l'exécution des sentences arbitrales (108) devra être assurée conformément aux prescriptions nationales des États sur les territoires desquels cette exécution sera requise.

330. – L'exécution des sentences internationales pose de façon plus poussée qu'en matière interne les problèmes liés à leur *exequatur*. Lorsque les autorités politiques ont été favorables à l'arbitrage international et voulu l'accompagner, elles ont allégé de telles procédures ; la Convention de New York du 10 juin 1958 sur la reconnaissance et l'exécution

---

(107) Paris 22 juin 1988, 13 mai 1988 : *Rev. arb.* 1989, 251, X. DERAINS. – *Adde*, Civ. 1re, 22 nov. 1966 : *Rev. crit. DIP* 1967, 372, Ph. FRANCESCAKIS ; *Clunet* 1967, 631, B. GOLDMAN.

(108) Sur la question, v. G. FLÉCHEUX, *La reconnaissance et l'exécution des sentences internationales en droit français, Journées Soc. législ. comp.* 1986, vol. 8, p. 15. – J. HUET, *Les procédures de reconnaissance et d'exécution des jugements étrangers et des sentences arbitrales en DIP : Clunet* 1988, 5.

des sentences arbitrales étrangères y a, particulièrement, contribué. Le contrôle du juge de l'*exequatur* est léger selon les indications de l'article 1498 du Nouveau Code de procédure civile qui retient le principe du plein accueil des sentences arbitrales internationales :

> « Les sentences arbitrales sont reconnues en France si leur existence est établie par celui qui s'en prévaut et si cette reconnaissance n'est pas manifestement contraire à l'ordre public international.
> Sous les mêmes conditions, elles sont déclarées exécutoires en France par le juge de l'exécution » (109).

L'ordonnance est rendue au terme d'une procédure non contradictoire et d'un contrôle par le juge de l'*exequatur* limité à la conformité de la sentence à la convention d'arbitrage, voire sur sa non-contrariété à l'ordre public international.

Un appel peut être formé contre l'ordonnance d'*exequatur* dans les seuls cas visés par l'article 1502 du Nouveau Code de procédure civile :

> « L'appel de la décision qui accorde la reconnaissance ou l'exécution n'est ouvert que dans les cas suivants :
> 1. si l'arbitre a statué sans convention d'arbitrage ou sur convention nulle ou expirée ;
> 2. si le tribunal arbitral a été irrégulièrement composé ou l'arbitre unique irrégulièrement désigné ;
> 3. si l'arbitre a statué sans se conformer à la mission qui lui avait été confiée ;
> 4. lorsque le principe de la contradiction n'a pas été respecté ;
> 5. si la reconnaissance ou l'exécution sont contraires à l'ordre public international ».

Cette dernière ouverture porte reconnaissance expresse de l'ordre public international plus étroite que l'ordre public interne qui le comprend (110) ; en font notamment partie *« les droits fondamentaux des parties en ce qui concerne l'égalité des plaideurs et les droits de la défense »* (111). Le refus de reconnaissance ou d'*exequatur* d'une sentence est rare (112).

---

(109) L'art. 1499, NCPC dispose, *« L'existence d'une sentence arbitrale est établie par la production de l'original accompagné de la convention d'arbitrage ou des copies de ces documents réunissant les conditions requises pour leur authenticité. Si ces pièces ne sont pas rédigées en langue française, la partie en produit une traduction certifiée par un traducteur inscrit sur la liste des experts »*.

(110) V. *supra*, n. 150.

(111) Paris 5 mai 1989, inédit, cité par M. DE BOISSESON, *op. cit.*, n. 798, p. 848. On notera la parenté entre l'art. 1502 NCPC relatif à l'appel contre la décision d' *exequatur* d'une sentence étrangère et l'art. 1484 NCPC sur les recours susceptibles d'être formés contre une sentence interne rendue en dernier ressort, la référence à *« l'ordre public international »* se substituant, seule, à celle de la règle d'ordre public.

(112) Civ. 1re, 23 mars 1994 : *Rev. crit. DIP* 1994, 356, B. OPPETIT. – Paris 15 fév. 1996 : *D.* 1996, 414, H. GARIDOU. – 10 sept. 1993 : *Rev. crit. DIP* 1993, 349, V. HEUZÉ. – Civ. 1re, 25 mai 1992 : *Rev. crit. DIP* 1992, 699, B. OPPETIT.

L'appel sera porté devant la cour d'appel dont relève le juge qui a statué sur la demande d'*exequatur*.

3° *La contestation de la sentence*

331. – La sentence internationale ne peut pas faire l'objet d'un *recours* en *réformation* devant un juge français (113), l'article 1504 du Nouveau Code de procédure civile écartant les voies de recours applicables en cas d'arbitrage interne (114).

332. – Si la sentence internationale a été rendue en France, l'article 1504 prévoit un *recours en annulation* ou *inopposabilité* (115) de la sentence :

> « La sentence arbitrale rendue en France en matière d'arbitrage international peut faire l'objet d'un recours en annulation dans les cas prévus à l'article 1502 ».

Le recours est *« porté devant la cour d'appel dans le ressort de laquelle la sentence a été rendue »* et doit être exercé *« dans le mois de la signification de la sentence déclarée exécutoire »* (NCPC, art. 1505). Le recours est suspensif et fait l'intérêt des décisions d'exécution provisoire que la sentence peut comporter. Sauf accord exprès des parties, la cour saisie n'a pas la possibilité de substituer sa décision à la décision arbitrale annulée *« car il aurait été difficilement admissible que le juge français connaisse d'un arbitrage international qui, par hypothèse, ne relève pas de son ordre juridique »* (116).

---

(113) S. Crépin, *Les sentences arbitrales devant le juge français : Bibl. droit privé*, n. 249, LGDJ 1995.

(114) J. Robert précise, même, *« Les parties auraient-elles voulu et stipulé dans le compromis, que la sentence serait susceptible d'appel, que cette clause serait dépourvue de portée... Devrait, donc, être considérée comme nulle la stipulation d'un appel en matière d'arbitrage international. La nullité de la stipulation entraînant de surcroît celle de la clause compromissoire elle-même dont elle avait constitué une disposition essentielle* (Paris 12 déc. 1989 : *Rev. arb.* 1989, 863, P. Level). *Si un appel réformatoire avait, à tort, été formé à l'encontre d'une sentence rendue en matière internationale, la requalification telle que prévue par l'article 1487, alinéa 2 serait sans effet »* (*op. cit.*, n. 333).

(115) J. Robert poursuit, *« Le recours qui fait l'objet de l'article 1502 est un appel dirigé contre la décision de reconnaissance ou d'exécution en France. Il suit que la décision en cause ayant été rapportée, si l'appel est admis, la sentence qui en fait l'objet se trouve privée de toute possibilité de reconnaissance ou d'exécution. Elle n'entre pas dans l'ordre public français. C'est en cela que l'on qualifie le recours d'action en inopposabilité »* (*op. cit.*, n. 344, p. 294).

(116) M. de Boisseson, *op. cit.*, n. 793, p. 821.

Si la sentence internationale a été rendue à l'étranger, seule la procédure d'*exequatur* en permettra une critique très limitée devant le juge français.

333. – Se dégage, alors, la grille de lecture suivante : le tribunal arbitral ou judiciaire saisi va, en premier, se prononcer sur sa compétence et, à cette fin, appliquer la clause du contrat et, à défaut, les règles de la convention internationale et, à défaut, la règle de son système national de conflit de juridictions :

S'il récuse sa compétence, il déclarera la demande irrecevable sans, pour autant, transférer le dossier à qui que ce soit et il appartiendra aux parties de reprendre leur procédure devant une autre autorité.

S'il reconnaît sa compétence, il aura à appliquer son système de conflit de lois pour désigner la règle applicable au problème qui va se poser, sinon la règle de droit matériel directement applicable au litige international.

LIVRE II
LES INSTRUMENTS DU COMMERCE INTERNATIONAL

334. – Dans le respect des contraintes précédemment envisagées, les opérateurs du commerce international vont conduire leurs opérations. Pour ce faire, ils vont mettre en œuvre toutes sortes d'outils que la pratique, le plus souvent, a élaborés, au cours des siècles, dans l'ignorance ou la faveur des autorités, que celles-ci ont ou non précisés et même, parfois, harmonisés avec les réglementations nationales des autres États qui s'étaient, précédemment, livrés aux mêmes constructions et/ou interventions.

Il est, souvent, quelque peu arbitraire de distinguer entre les *instruments juridiques* (Titre I) et les *instruments financiers* (Titre II), fût-ce du commerce international. La clarté – recherchée – de l'exposé appelle et, seule, explique leur présentation dissociée bien plus que le souci de leur mise en œuvre car les opérateurs les conjuguent toujours, avec, souvent, beaucoup de virtuosité, d'esprit d'innovation et de créativité.

Nous présenterons les cartes dont l'expérience enseigne le jeu.

TITRE I
LES INSTRUMENTS JURIDIQUES DU COMMERCE INTERNATIONAL

335. – Les opérateurs du commerce international disposent d'instruments juridiques multiples que la créativité des juristes affirme et multiplie depuis bien longtemps. Qu'ils soient, toutefois, nés des relations transfrontalières pour imprégner les droits internes ou, créations du droit interne, aient, à l'inverse, gagné les rapports avec l'étranger, les opérations évoquées comme les principes juridiques qui les gouvernent ne sont ordinairement pas propres aux relations internationales. Avant d'être internationale, une vente internationale est une vente et les mécanismes élaborés par des siècles de pratique juridique pour des actes développés à l'intérieur de frontières se proposent, tout naturellement, à l'action extérieure des entreprises. Nous avons, nous-mêmes (1), suffisamment insisté sur le caractère excessif de certaines distinctions entre contrats internes et contrats internationaux, par exemple, pour ne pas avoir à le rappeler, ici et aujourd'hui.

Leur mise en œuvre sous les contraintes précédemment répertoriées et la confrontation d'expériences nationales différentes appelleront, toutefois, de multiples adaptations (2).

Progressivement, même, des outils propres apparaîtront que les pratiques nationales accueilleront, parfois, à leur tour : un rendu pour un prêté en quelque sorte.

336. – Par souci de présentation accusant des dissociations que la pratique atténue, nous distinguerons dans l'évocation de ces outils juridiques selon qu'ils servent des objectifs d'*action vers l'étranger* (Sous-titre I) ou d'*installation à l'étranger* (Sous-titre II), la pesanteur et l'ampleur des dernières opérations appelant pareille dissociation, les problèmes posés et les solutions données se modifiant, alors.

---

(1) J.-M. MOUSSERON, *Technique contractuelle, op. cit.*, n. 3, p. 18.

(2) N. SARIS, *Les problèmes propres aux contrats internationaux*, thèse Montpellier 1981.

SOUS-TITRE I
L'ACTION VERS L'ÉTRANGER

337. – La première famille d'opérations de commerce international consiste à conduire des marchandises, des personnes, des prestations diverses... d'un site de départ vers un site d'arrivée. Le nombre de ces transferts implique leur diversité et leur présentation appelle des classements. Nous sommes, toutefois, conscients que les opérations que nous examinerons sont rarement isolées et parfaitement dissociées les unes des autres. La commodité de l'observation et de l'enseignement appelle des distinctions où la pratique associe et remembre. L'étanchéité des qualifications ne doit pas faire oublier la porosité des régimes et la netteté des distinctions de départ ne doit pas cacher les rapprochements dûs, en premier, aux souhaits et, par conséquent, aux contrats des opérateurs. Ce point ne devra jamais être oublié ou sous-estimé.

Tout comme la même obligation est créance ou dette selon le sujet qui la considère ou que le même contrat est dénommé d'achat ou de vente selon l'opérateur qui le conclut, ces actions seront d'importation et d'exportation selon le territoire national à partir duquel on les contemplera. Aussi n'est-ce pas, essentiellement, de ce point de vue que nous les examinerons.

Nous préférerons distinguer, en un premier temps, ces opérations selon qu'elles représentent, à titre principal, une forme de déplacement propre ou qu'il s'agit d'opérations intervenant à titre complémentaire pouvant s'associer à toute forme de déplacement de biens, de personnes, d'ouvrage. Nous distinguerons, donc, selon qu'il s'agit d'*instruments principaux* (Chapitre I) ou *complémentaires* (Chapitre II).

CHAPITRE I
LES INSTRUMENTS PRINCIPAUX

338. – Rémunérées, ordinairement, par des transferts inverses de monnaie, les opérations de commerce, fût-il international, visent à transférer d'un territoire, ordinairement national, à un autre, ordinairement étranger, des valeurs que notre organisation juridique distingue en *biens matériels* (Section I) ou *intellectuels* (Section II), en *personnes* (Section III) et en *ouvrages* (Section IV).

SECTION I
LE TRANSFERT DES BIENS MATÉRIELS

339. – La vente internationale (1) est, ordinairement, la vente convenue entre deux opérateurs établis sur des marchés nationaux différents. Ce peut, donc, être aussi bien pour les entreprises françaises l'opération à l'exportation lorsque le vendeur est établi en France que l'opération à l'importation lorsque l'acheteur est établi en France.

340. – Le *vendeur international établi en France* est le *producteur industriel ou autre* qui assure, lui-même, directement, son action vers l'étranger... l'agent commercial développant son activité en France puis commercialisant ses produits vers l'étranger... la société dite de gestion à l'exportation qui constitue son service export (2)... Les entreprises exportatrices peuvent se lier entre elles par toutes les formes de groupe-

(1) V. Ph. KAHN, *La vente commerciale internationale : Bibl. dr. com.*, Sirey 1961, et *Vente commerciale internationale : J.-Cl. Int.*, fasc. 565-A-5, 1989. – F. DESSEMONTET, *Les contrats de vente internationale de marchandises*, éd. Cedidac, n. 20, Lausanne 1991. – V. HEUZÉ, *La vente internationale de marchandises*, GLN-Joly 1992.

(2) La rémunération d'une société de gestion à l'exportation comporte, ordinairement, en sus de commissions un versement forfaitaire rémunérant les activités non immédiatement génératrices de commissions.

ment en empruntant au droit des biens (marque collective ou en copropriété), au droit des sociétés, GIE ou associations (3) ou au droit des contrats ; on évoquera, à ce dernier titre, les opérations de portage ou *piggy back* par lesquelles une entreprise confie la commercialisation à l'étranger de ses produits à une société diffusant des produits complémentaires aux siens à charge de revanche, souvent, dans le cas d'opérations croisées ; la pratique paraît se développer.

Le vendeur international établi en France peut aussi être un *acheteur-revendeur* qui, s'étant approvisionné par contrats internes auprès de producteurs locaux, assure la commercialisation de leurs marchandises vers l'étranger : négociants-exportateurs (4), sociétés de commerce extérieur (5)...

341. – *L'acheteur international établi en France* peut être un consommateur s'adressant directement à une maison de vente par correspondance (VPC) établie à l'étranger... un transformateur ou un ensemblier industriels... un distributeur agissant seul et pour son propre compte... lié ou non à d'autres dans le cadre d'un groupement à l'achat, groupement ou centrale d'achat ou de référencement (6)...

342. – Au gré de ces formules, la vente internationale constitue l'opération de commerce international par excellence. Tous les États consacrent une réglementation à ce contrat interne. Or, les ventes purement internes ou internationales reproduisent fondamentalement le même schéma. Jusqu'à peu, en conséquence, l'application des règles internes de chaque État aux ventes internationales (7), moins nombreuses, paraissait devoir se faire sans difficulté. Le problème posé concernait simplement la désignation de l'ordre juridique interne applicable au contrat ; la méthode des conflits de lois devait être apte à résoudre toutes les difficultés du contrat de vente internationale.

---

(3) Les fonctions de ces groupements pourront être fort diverses : simples lieux d'échanges d'informations, groupements *ad hoc* pour la réalisation d'un salon, mandataires ou commissionnaires, acheteurs-revendeurs...

(4) Les négociants-exportateurs, maisons de commerce avec l'étranger, firmes d'import-export sont, sous des intitulés nés de l'usage, mais sans conséquence de droit, des entreprises indépendantes pratiquant exclusivement le commerce international (G.-A. SCHMOLL, *Vendre à l'étranger*, Jupiter, mars 1987, § 4.3.1., p. 4-10).

(5) Les sociétés de commerce extérieur (CFCE, *Comment faire bon usage des sociétés de commerce extérieur*, Coll. L'Exportateur 1986) ou international (SCI) ont un rôle important en Allemagne, Royaume-Uni, Japon. Leurs faibles ressources financières les ont souvent amenées à se rapprocher de banques qui ont pris des participations à leur capital ou créé, avec elles, de nouvelles sociétés de commerce extérieur, v. *infra*, n. 956.

(6) V. M.-E. ANDRE, *Les contrats de la grande distribution : Bibl. droit entrepr.*, n. 25, Litec 1991.

(7) V. à titre d'exemple, *Dossiers européens Francis Lefebvre, Vendre en Europe – aspects juridiques et pratiques*, éd. Fr. Lefebvre 1995.

Le développement des moyens de transport, l'abaissement local des tarifs douaniers et l'avènement des doctrines libérales ont considérablement développé les réflexes d'exportation – et d'importation – des entreprises. Les seules règles nationales allaient rapidement paraître insuffisantes ou inadaptées aux praticiens du commerce international et la contestation de l'opportunité, voire de la légitimité de la méthode conflictuelle classique pour régir une opération dont la nature était spécifiquement internationale prenait forme (8).

343. – La première réaction est venue des milieux professionnels qui chercheront à élaborer puis à codifier les règles qui leur manquaient ; les contrats types de la *London Corn Trade Association*, puis de nombreuses autres organisations, horizontales ou verticales, d'opérateurs en sont les plus flagrantes illustrations.

Le procédé s'est généralisé aux institutions internationales qui, à leur tour, ont éprouvé le besoin de poser des règles propres à la matière : la commission des Nations unies pour le commerce international a, de la sorte, élaboré des modèles de conditions générales de vente ; au-delà, la chambre de commerce internationale a entrepris, avec succès, de codifier les termes commerciaux les plus courants afin d'assurer une standardisation des obligations des parties selon le mode de livraison. L'ensemble de ces règles présente une réelle cohérence de sorte que, s'il est un domaine où la notion de *lex mercatoria* revêt sans doute un sens, c'est celui de la vente internationale.

344. – Sensibles à pareille profusion de règles nées de la pratique, les États nationaux ont adopté deux attitudes.

En écho à l'évolution des méthodes précédemment évoquée, un premier type d'accords internationaux concerne l'outil traditionnel du conflit de lois, les États cherchant à harmoniser leurs solutions. Plus audacieux, un second type d'accords porte sur le droit matériel de la vente internationale : les États s'efforçant, alors, d'unifier les règles de fond applicables à la vente internationale.

Aussi envisagerons-nous, tour à tour, *le droit applicable à la vente internationale* (§ 1), puis *le droit matériel de la vente internationale* (§ 2).

§ 1. – Le droit applicable à la vente internationale

345. – La Convention de La Haye du 15 juin 1955 sur *« la loi applicable aux ventes à caractère international d'objets mobiliers corporels »*

(8) V. R. David, *Le droit du commerce international. Réflexions d'un comparatiste sur le droit international privé*, Économica 1987, p. 2. – Ph. Kahn, *op. cit.*

a été ratifiée par neuf États dont la France (9) et constitue pour cette dernière le droit commun des conflits de lois en matière de contrats de vente internationale. On pouvait se demander si l'entrée en vigueur, le 1er avril 1991, de la Convention de Rome du 19 juin 1980 sur la loi applicable aux obligations contractuelles ne remettait pas en cause l'application de cet accord. L'article 21 de la Convention de Rome qui prévoit que celle-ci *« ne porte pas atteinte à l'application des conventions internationales auxquelles un État contractant est ou sera partie »* vide le débat (10).

En revanche, cet accord sera remplacé par une autre Convention de La Haye, du 22 décembre 1986, *« sur la loi applicable aux contrats de vente internationale de marchandises »* lorsque celle-ci aura reçu l'adhésion d'au moins cinq États (11).

Si la Convention de La Haye de 1955 peut, seule, être invoquée utilement, aujourd'hui, devant les tribunaux, la comparaison avec sa cadette, négociée par soixante États, sera néanmoins profitable (12). Aussi, envisagerons-nous, tour à tour, le *domaine* (A), puis le *contenu* (B) de ces deux Conventions.

A. – Le domaine des Conventions de La Haye

346. – La Convention de La Haye du 15 juin 1955 concerne les *« ventes à caractère international d'objets mobiliers corporels »* (art. 1er, al. 1) ou d'aéronefs (art. 1er, al. 2).

(9) Belgique, Danemark, Finlande, France, Italie, Niger, Norvège, Suède et Suisse.

(10) En ce sens, P. Lagarde, *Le nouveau droit international privé des contrats*, art. préc., spéc. n. 61, p. 337. – V. Heuzé, *op. cit.,* spéc. n. 16, p. 19. – V. cpdt, *contra,* Ph. Kahn, note sous Civ. 1re, 4 oct. 1989 : *Clunet* 1990, 415, spéc. p. 421 et *La vente commerciale internationale, op. cit.*, n. 185. – *Adde,* A. Mebroukine, *Remarques à propos de la Convention de La Haye sur la loi applicable aux contrats de vente internationale de marchandises : RD aff. int.* 1988, 5.

(11) Celle-ci n'a été ratifiée que par l'Argentine, le 4 oct. 1991.

(12) La présentation des deux conventions de La Haye n'épuise, cependant, pas l'ensemble des accords qui, du point de vue des conflits de lois, peuvent intéresser la vente internationale. La Convention de La Haye du 15 avril 1958 sur « la loi applicable aux transferts de propriété en cas de vente à caractère international d'objets mobiliers corporels » devait compléter la convention de 1955 sur des points laissés en suspens par celle-ci ; ratifiée par un seul État, cet instrument n'est jamais entré en vigueur... et restera probablement lettre morte. Sans doute la Convention de La Haye du 2 oct. 1973 « sur la loi applicable à la responsabilité du fait des produits » est, aujourd'hui, de droit positif mais ce texte ne s'applique pas aux rapports existant entre la victime du dommage et son vendeur pour lesquels les deux conventions précédemment étudiées paraissent avoir compétence ; la convention de 1973 intéresse, alors, le domaine de la loi applicable à la responsabilité civile délictuelle et n'apporte plus guère au régime de l'opération de commerce international.

La qualification de *« contrat de vente »* peut, néanmoins, poser problèmes spécialement lorsque le *« vendeur »* fournit également certains services à *« l'acquéreur »* (art. 1er, al. 3).

> « 1. Sont réputés ventes les contrats de fourniture de marchandises à fabriquer ou à produire, à moins que la partie qui commande celles-ci n'ait à fournir une part importante des éléments matériels nécessaires à cette fabrication ou production.
> 2. Ne sont pas réputés ventes les contrats dans lesquels la part prépondérante de l'obligation de la partie qui fournit les marchandises consiste en une fourniture de main-d'œuvre ou d'autres services » (art. 4).

Mais la jurisprudence refuse d'assimiler à une vente au sens de la convention un contrat de concession exclusive (13), contrat d'organisation de ventes à venir dont l'originalité par rapport à celles-ci s'accuse en droit français, notamment. De même que son aînée, la convention de 1986 n'a pas vocation à s'appliquer aux *« ventes sur saisie ou par autorité de justice »* (art. 2-a) alors qu'elle concerne *« les ventes de marchandises sur documents »* (art. 2-b).

La notion *« d'objets mobiliers corporels »* ne soulève, *a priori*, guère de difficultés (14).

La notion de *marchandises* n'a guère appelé de précisions particulières : la convention ne s'applique ni aux *« ventes de valeurs mobilières d'effets de commerce ou de monnaies (...) »* ni *« aux ventes de marchandises achetées pour un usage personnel (...) »* (art. 2-b et c). À l'inverse, la convention considère comme marchandises : *« les navires, bateaux, aéroglisseurs et aéronefs »*, voire *« l'électricité »* (art. 3).

Seule, la Convention de 1986 pose les critères du *caractère international* de la vente ; la Convention s'applique aux contrats de vente de marchandises :

> « – lorsque les parties ont leur établissement dans des États différents ;
> – dans tous les autres cas où la situation donne lieu à un conflit entre les lois de différents États, à moins qu'un tel conflit ne résulte du seul choix par les parties de la loi applicable, même associé à la désignation d'un juge ou d'un arbitre » (art. 1er).

---

(13) Civ. 1re, 22 juill. 1986 : *Rev. crit. DIP* 1988, 56, H. BATIFFOL.

(14) La jurisprudence paraît interpréter de manière libérale la notion puisque la Cour de cassation applique la convention à la vente de « granit » (Civ. 1re, 10 mai 1988 : *Clunet* 1988, 1007, Ph. KAHN), de « sacs de terreau » (Civ. 1re, 4 oct. 1989 : *Rev. crit. DIP* 1990, 316, P. LAGARDE), de pièces d'un silo de dessication de fourrages déjà incorporées au sol (Civ. 1re, 18 oct. 1989 : *Rev.crit.* 1990, 712, J. FOYER) ou de vin chaptalisé (Civ. 1re, 23 janv. et 6 fév. 1996 – 2 arrêts – : *Rev. crit. DIP* 1996, 460, D. BUREAU ; *Clunet* 1996, 670, Ph. KAHN).

La deuxième hypothèse visée par le texte suggère la possible application de la Convention alors que les deux parties ont leur établissement dans un même État (15) ; cette conséquence peut, néanmoins, être évitée par la faculté offerte aux États désireux de ratifier la convention d'émettre une réserve et de limiter le jeu de la Convention aux seuls contrats relevant de la première hypothèse (16).

B. – LE CONTENU DES CONVENTIONS DE LA HAYE

347. – Les deux conventions désignent la loi applicable au contrat de vente (1°) et précisent son domaine (2°).

1° *La désignation de la loi applicable au contrat de vente internationale*

348. – Les deux instruments adoptent un système dualiste applicable en présence ou en l'absence d'un choix des parties.

349. – En présence d'un choix des parties les deux conventions consacrent le principe d'autonomie en prévoyant que *« la vente est régie par la loi du pays désigné par les parties contractantes »* (17). Le premier texte prévoit que ce choix *« doit faire l'objet d'une clause expresse ou résulter indubitablement des dispositions du contrat »* alors que la Convention de 1986 admet que ce choix s'affiche *« clairement des termes du contrat et du comportement des parties envisagés dans leur ensemble »* (art. 7, § 1). Un problème pratique pourrait résulter de clauses d'*electio juris* insérées dans le corps des conditions générales de vente ou d'achat lesquelles sont rédigées unilatéralement par chacune des parties et sont susceptibles de se contredire. À l'évidence, une éventuelle incompatibilité entre CGV et CGA sur ce point conduirait à leur neutralisation (18). Mais, même en l'absence de contrariété, à supposer que pareille clause ne figure que dans le document remis par une seule des parties, Ph. Kahn

(15) Cpdt V. HEUZÉ, *op. cit.*, spéc. n. 35, p. 36.

(16) L'art. 21 de la Convention prévoit la faculté de faire certaines réserves et notamment *« de ne pas appliquer la convention dans les cas visés à l'al. b de l'art. 1er »*.

(17) Convention de La Haye de 1955, art. 2. – L'art. 7 de la Convention de La Haye de 1986 prévoit que *« la vente est régie par la loi choisie par les parties »*.

(18) Cpdt Paris 27 janv. 1955 : *Rev. crit. DIP* 1955, 330, H. MOTULSKY. – *Adde*, Ph. KAHN, *op. cit.*, n. 66.

estime qu'il n'y aurait pas alors *« désignation indubitable de la loi applicable »* au sens de la Convention de 1955 (19) ; la formulation de la Convention de 1986 invite cependant à moins de sévérité à l'égard de pareilles clauses.

Une autre difficulté concerne le contenu du choix des parties et la possibilité pour celles-ci de s'en remettre à la *lex mercatoria.* Sur ce point, les formulations utilisées diffèrent à nouveau : la Convention de 1955 autorise les parties à choisir *« la loi d'un pays »* ; l'autre prévoit simplement l'application *« de la loi choisie par les parties ».* L'article 2, alinéa 1 de la Convention de 1955 invite à exclure le choix d'un ordre juridique *« anational »* (20) ; pareille conclusion ne s'impose pas à la lecture de l'article 7 du texte de 1986 et la consultation des travaux préparatoires de cet instrument confirme que celle-ci ne règle pas cette question (21).

En toute hypothèse, il ne fait pas de doute que le terme *« loi »* utilisé par les deux conventions désigne le droit substantiel du pays en cause et exclut le jeu du renvoi, technique étrangère à la matière contractuelle (22).

350. – *En absence d'un choix des parties,* la loi applicable au contrat est, en principe, celle de l'État sur le territoire duquel le vendeur est établi. Cette solution (23) coïncide heureusement avec les principes de la Convention de Rome du 19 juin 1980 sur la loi applicable aux obligations contractuelles qui, en l'absence de clause d'*electio juris* retient la compétence de la loi du pays du *« domicile du débiteur de la prestation caractéristique »* (24).

Cette règle de rattachement connaît, cependant, de nombreux tempéraments.

– La Convention de 1955 prévoit ainsi la compétence de

> « la loi interne du pays où l'acheteur a sa résidence habituelle ou dans lequel il possède l'établissement qui a passé la commande,

---

(19) Ph. KAHN, *op. cit.*, n. 178.

(20) En ce sens, Y. LOUSSOUARN et J.-D. BREDIN, *op. cit.*, n. 575, p. 666. – V. HEUZÉ, *op. cit.*, n. 25, p. 27. – *Contra*, Ph. KAHN, *op.* et *loc. cit.*, n. 184.

(21) V. Actes de la session extraordinaire d'oct. 1985 de la conférence de La Haye de droit international privé, Impr. nat. des Pays-Bas 1987, spéc. n. 149 et s.

(22) Sur l'exclusion du renvoi par la convention de 1955, v. Civ. 1re,18 oct. 1989 : *Rev. crit. DIP* 1990, 712, J. FOYER. – *Adde*, art. 15, Convention de 1986 qui exclut expressément le renvoi.

(23) Cette règle reçoit des formulations différentes selon les Conventions, celle de 1955 vise le *« pays où le vendeur a sa résidence habituelle au moment où il reçoit la commande » ;* si la commande est reçue par un établissement du vendeur, la vente est régie par la loi interne *« du pays où est situé cet établissement »* (art. 3, al. 1). – Celle de 1986 désigne *« la loi de l'État dans lequel le vendeur a son établissement au moment de la conclusion du contrat »* (art. 8-1).

(24) Pour une intéressante référence à ce principe *« d'application universelle »* par un arbitre, v. sentence CCI, aff. 6281 : *Clunet* 1991, 1054, D.H.

> si c'est dans ce pays que la commande a été reçue soit par le vendeur soit par son représentant, agent ou commis voyageur » (art. 3, al. 2).

Cette dérogation est justifiée par des raisons d'ordre psychologique : l'assise territoriale des opérations suggère dans l'esprit des parties l'application de la loi du pays de l'acheteur (25). La Convention de 1986 prévoit l'application de

> « la loi de l'État dans lequel l'acheteur a son établissement au moment de la conclusion du contrat si :
> *a)* des négociations ont été menées et le contrat a été conclu par les parties présentes dans cet État ; ou
> *b)* le contrat prévoit expressément que le vendeur doit exécuter son obligation de livraison des marchandises dans cet État ; ou
> *c)* la vente a été conclue aux conditions fixées principalement par l'acheteur en réponse à une invitation qu'il a adressée à plusieurs personnes mises en concurrence (appel d'offres) » (art. 8.2).

Le jeu de cette règle dérogatoire paraît encore justifié par la localisation dans le pays de l'acheteur d'éléments caractéristiques ou essentiels à l'accord, même si la mise en œuvre des notions introduites par ce texte risque de nourrir, demain, des contestations (26).

– La Convention de 1986 introduit une *« clause d'exception » :* la compétence reconnue à la loi du pays du vendeur ou de l'acheteur peut être écartée

> « à titre exceptionnel si, en raison de l'ensemble des circonstances, par exemple de relations d'affaires entre les parties, la vente présente des liens manifestement plus étroits avec une loi autre que celle qui serait applicable au contrat selon les paragraphes 1 ou 2, la vente est régie par cette autre loi » (art. 8.3).

La souplesse introduite dans la règle de rattachement par cette disposition trouve sa contrepartie dans l'insécurité qu'elle instaure ; de fait, la Convention exclut le jeu de la *« clause d'exception »* pour certaines questions (27) ou pour certains États qui ont, expressément, réservé le jeu de cette disposition (28).

---

(25) V. Ph. KAHN, *« La Convention de La Haye sur la loi applicable aux ventes à caractère international d'objets mobiliers corporels » : Clunet* 1966, 312, spéc., p. 340. – Pour une application de ce texte, v. Civ. 1re, 18 oct. 1989 : *Rev. crit. DIP* 1990, 712, J. FOYER. – 10 oct. 1995 : *Rev.crit. DIP* 1996, 332, V. HEUZÉ ; *JCP* 96, éd. G, II, 22742, L. HENRY, qui en refuse le bénéfice à l'action directe du sous-acquéreur.

(26) Pour une discussion de ce texte, v. V. HEUZÉ, *op. cit.*, n. 43 et s., p. 41 et s.

(27) La clause d'exception *« ne s'applique pas aux questions réglées dans la convention des Nations unies sur les contrats de vente internationale de marchandises (Vienne 11 avril 1980) si, au moment de la conclusion du contrat le vendeur et l'acheteur ont leur établissement dans des États différents qui sont tous deux parties à cette convention »* (art. 8.5).

(28) Art. 8.4 et 21, § 1, al. *b* de la Convention ; sur la combinaison de ces textes, v. V. HEUZÉ, *op. cit.*, n. 46, p. 43.

– Les deux conventions retiennent un rattachement spécial pour les ventes aux enchères ou celles réalisées dans un marché boursier ; celles-ci sont soumises à la loi de l'État où sont réalisées les enchères ou de l'État où se trouve située la bourse : ce rattachement ne joue qu'à défaut de volonté exprimée des parties dans la Convention de 1955 (29) alors qu'il s'impose en toute hypothèse dans la plus jeune (30).

– Par des dispositions désormais habituelles dans les traités intervenus en matière de conflits de lois, les deux conventions réservent, enfin, le jeu de l'exception d'ordre public international et des lois de police du *for* (31).

351. – Les deux conventions présentent un caractère universel en ce sens que leur application ne dépend que de l'appartenance du juge saisi à un État contractant ; le fait que la loi désignée soit celle d'un État non contractant est indifférent (32).

S'agissant de règles de conflit d'origine conventionnelle, la Cour de cassation prescrit aux juges du fond l'application d'office de la règle de conflit française et, partant, de la Convention de La Haye de 1955, celle-ci désignât-elle une loi étrangère (33).

2° *Le domaine de la loi applicable au contrat de vente internationale*

352. – La Convention de La Haye de 1955 ne se soucie pas de *la forme* du contrat (34) ; les principes de solution doivent être recherchés dans les règles posées par la Convention de Rome. À l'inverse, le texte de 1986 reproduit minutieusement et applique à la vente des règles analogues à celles de l'article 9 de la Convention de Rome (35).

353. – Indépendamment de cette question, la première convention définit négativement son domaine en précisant qu'elle ne s'applique pas *« à la capacité des parties... au transfert de propriété, aux effets de la vente à l'égard de toutes personnes autres que les parties »* (art. 5). Plus positivement, on admettra que la loi désignée règle les conditions

---

(29) Conv. 1955, art. 3, al. 3.
(30) Conv. 1986, art. 9.
(31) Conv. 1955, art. 6. – Conv. 1986, art. 17 et 18.
(32) Conv. 1986, art. 6.
(33) Civ. 1re, 4 oct. 1989, préc. – 18 oct. 1989, préc. – 18 déc. 1990 : *Bull.* I, n. 297, p. 208. – 10 mai 1995 : *Rev. crit. DIP* 1996, 331, B. Ancel.
(34) Conv. 1955, art. 5-2°.
(35) Conv. 1986, art. 11.

de formation du contrat, ses effets obligatoires *inter partes* (*quid* d'une stipulation pour autrui ?), les conséquences de l'inexécution des obligations et le transfert des risques ; la Cour de cassation a admis que relevaient de la loi du contrat de vente la validité de la clause de non garantie (36), le régime de la prescription extinctive des obligations et des clauses abrégeant celle-ci ou encore le sort de la créance de réparation et des intérêts compensatoires qu'elle produit (37).

La Convention de 1986 emprunte à son aînée la définition négative du domaine attribué à la *lex contractus* mais son article 5 prévoit encore que celle-ci ne désigne pas la loi applicable :

> « – à la question de savoir si un intermédiaire peut engager la personne pour le compte de laquelle il prétend agir ou si un organe d'une société, d'une association ou d'une personne morale peut engager cette société, association ou personne morale ; (...)
> – aux conventions d'arbitrage et d'élection de *for*, même lorsqu'elles sont insérées dans le contrat de vente ».

La compétence de la loi applicable aux contrats d'intermédiaires et à la représentation, pour lesquels est récemment entrée en vigueur la Convention de La Haye du 14 mars 1978, ou de la *lex societatis* justifient logiquement la première exclusion. L'autonomie, largement affirmée en jurisprudence, des clauses d'arbitrage et d'élection de *for* rend compte de la deuxième. L'article 13 de la Convention prévoit, encore, que *« les modalités et la procédure de l'examen des marchandises »* échappent également à la loi du contrat pour relever de la loi de *« l'État où a lieu »* l'examen.

De manière plus positive, alors, la loi du contrat gouverne *« notamment »*

> « *a)* l'interprétation du contrat ;
> *b)* les droits et obligations des parties et l'exécution du contrat ;
> *c)* le moment à partir duquel l'acheteur a droit aux produits et aux fruits des marchandises ;
> *d)* le moment à partir duquel l'acheteur supporte les risques relatifs aux marchandises ;
> *e)* la validité et les effets entre les parties des clauses de réserve de propriété ;
> *f)* les conséquences de l'inexécution du contrat, y compris les chefs de préjudice pouvant donner lieu à réparation, à l'exclusion de ce qui relève de la loi de procédure du *for ;*
> *g)* les divers modes d'extinction des obligations, ainsi que les prescriptions et déchéances fondées sur l'expiration d'un délai ;

---

(36) Civ. 1re, 4 oct. 1989, cité. – *Adde*, Com. 4 juin 1991 : *Bull.* IV, n. 205.
(37) Civ. 1re, 18 oct. 1989, cité.

h) les conséquences de la nullité ou de l'invalidité du contrat » (art. 12).

§ 2. – Le droit matériel de la vente internationale

354. – Nous observerons, tour à tour, *les aspects juridiques* (A) et *les aspects fiscaux* (B) de pareille vente internationale.

A. – LES ASPECTS JURIDIQUES

355. – L'harmonisation des seules règles de conflit de lois est insuffisante à satisfaire les besoins du commerce international : la méthode conflictualiste entretient l'imprévisibilité des solutions et, au mieux, soumet une opération spécifiquement internationale à un droit interne. La voie de l'unification du droit de la vente internationale apparaît, alors, comme seule satisfaisante.

356. – Précurseur, la chambre de commerce internationale a publié, en 1936, la première édition des *incoterms* ; le document fut – est – un succès considérable. Dans le même sens, les États se sont également efforcés de mettre au point un instrument international portant loi uniforme sur la vente internationale (38).

---

(38) Les premiers efforts ont été entrepris, dès 1929, sous les auspices de l'Institut de Rome pour l'unification du droit privé (Unidroit) et ont donné naissance à deux conventions : les Conventions de La Haye du 1er juillet 1964 portant respectivement *« Loi uniforme sur la formation des contrats de vente internationale des objets mobiliers corporels »* (LUFVI ou encore LUFC) et *« sur la vente internationale des objets mobiliers coporels »* (LUVI). Ces textes, entrés en vigueur en 1972, ont connu un faible succès. (Sur de rares applications de la LUVI par les juridictions françaises, Civ. 1re, 23 mars 1994 : *Rev. crit. DIP* 1994, 545, D. BUREAU et 6 fév. 1996, cité). Ce relatif échec s'explique par plusieurs raisons : les textes en cause se montraient très restrictifs pour définir les contrats de vente auxquels ils devaient s'appliquer et ouvraient la faculté aux États contractants de multiplier les réserves ; la pratique internationale n'a jamais franchement adopté ces instruments ; la mise à l'écart des États socialistes et du tiers monde lors de l'élaboration de ces conventions, enfin, sonnait le glas de celles-ci. La Commission des Nations unies pour le droit commercial international (CNUDCI – UNICITRAL), créée en 1966, a repris le flambeau. Une première convention de New York du 14 juin 1974, modifiée le 11 avril 1980, sur *« la prescription en matière de vente internationale de marchandises »* a été ratifiée et est entrée en vigueur dans une dizaine d'États essentiellement d'Europe de l'Est, d'Afrique et d'Amérique du Sud mais point la France. C'est surtout avec la Convention de Vienne du 11 avril 1980 sur la *« vente internationale des marchandises »* que ces efforts ont été couronnés de succès. Si l'on considère, alors, que les États membres de la LUFVI ou de la LUVI devront dénoncer ces traités lors de leur adhésion à la Convention de Vienne (art. 99), on conçoit comme inéluctable le déclin des deux conventions de La Haye de 1964. On signalera, enfin, l'existence de la Convention de Genève du 17 février 1983, réalisée sous l'égide d'Unidroit, sur *« la représentation en matière de vente internationale de marchandises »*, mais non entrée en vigueur faute des ratifications nécessaires.

Le droit matériel de la vente internationale résulte, donc, d'un ensemble important de textes complémentaires de diverses origines : professionnelle avec, notamment, *les incoterms* (1°) et étatique avec, essentiellement, la Convention de Vienne du 11 avril 1980 *« sur la vente internationale des marchandises »* (ci-après CVIM) (2°).

1° *Les incoterms*

357. – Dans un évident souci de standardisation et, partant, de sécurité, la chambre de commerce internationale a édité, dès 1936 une série de *« termes commerciaux d'application universelle »* destinés à être insérés par les parties dans leur accord. Ainsi, les incoterms ont pour objet d'établir une série de règles internationales de caractère facultatif précisant l'interprétation des principales expressions utilisées dans les contrats de vente avec l'étranger (39). Dès lors que le domaine des incoterms s'apparente, pour une large part, à celui de la CVIM, les premiers auront naturellement vocation à primer sur les dispositions de la seconde pour autant que les parties s'y soient référées. Chaque terme commercial fixe la division du rôle des parties et détermine le partage des coûts et des risques ; treize termes commerciaux définissent ainsi, aujourd'hui, autant de contrats types auxquels réfère, automatiquement, la mention de leurs lettres-symboles.

Chacun reproduit à la charge des parties un noyau dur d'obligations *« caractéristiques »* du contrat de vente. Ainsi, le vendeur doit-il en toute hypothèse assurer la livraison des marchandises et l'acheteur, en régler le prix. Mais au-delà de ces caractéristiques essentielles à la vente, la nature et l'étendue des obligations sont fort variables. Les incoterms traitent essentiellement de la livraison des marchandises, du moment du transfert des risques, de la répartition des frais, de la charge des formalités douanières. Les problèmes de transfert de propriété, des causes de rupture du contrat et de ses conséquences comme des modalités de paiement restent à l'écart. Le document diffusé par la CCI égrène les treize termes aujourd'hui retenus dans une progression allant de la formule la plus légère pour le vendeur (vente *« à l'usine »*) à la plus lourde pour lui (vente *« rendu droits acquittés »*).

358. – Dans un essai de regroupement et classification des incoterms, plusieurs présentations peuvent être retenues en considération de différents critères.

---

(39) V. *Guide des Incoterms*, Doc. CCI, 1990 et J. RAMBERG, *Guide des incoterms 1990*, éd. CCI 1991.

Une première approche s'attache au *mode de transport* visé et distingue les termes concernant les ventes purement maritimes de celles appelant tout mode de transport (40).

Une seconde attitude considère l'*auteur du transport* et dissocie les termes relatifs à une *livraison directe ou indirecte à l'acheteur* selon que les parties font ou non appel à un tiers intermédiaire pour assurer cette charge (41).

Une dernière distinction considère le lieu où le vendeur exécute l'obligation de *livraison. Les ventes au départ (a)* prévoient que le vendeur remplira cette obligation dans son propre pays, soit en mettant les marchandises à la disposition de l'acheteur dans ses propres locaux, soit en les livrant à un transporteur aux fins d'expédition ; *les ventes à l'arrivée (b)* étendent l'obligation de livraison du vendeur jusqu'au pays de destination. Confortant cette présentation tous les incoterms lient le transfert des risques à la *livraison* de la marchandise et non au transfert du droit de propriété et se regroupent par référence à leur première lettre (42).

a) Les ventes au départ (groupes E, F, C)

359. – La distinction s'opère entre les différents incoterms et, par conséquent, les différents contrats-types proposés par la CCI aux opérateurs internationaux dissociant *le terme indifférent au transport des marchandises* (terme EXW, constitutif du groupe E) [1] et *les termes intéressés au transport des marchandises* (groupes F et C) [2].

1) Terme indifférent au transport des marchandises (groupe E)

360. – La vente *« À l'usine »* (à la mine, au magasin, en entrepôt...), également *« Ex Works » (Ex Factory, Ex Mill, Ex Plantation, Ex Wharehouse...)* (EXW) constitue la formule la moins contraignante pour le vendeur dont la seule obligation est de mettre la marchandise à la disposition de l'acheteur à partir d'un de ses établissements nommément désigné. Par voie de conséquence, l'acheteur est tenu au chargement de

---

(40) En ce sens, V. HEUZÉ, *op. cit.*, n. 237 et s., p. 202 et s. et n. 328 et s., p. 254 et s.

(41) Cette classification suit celle adoptée par H. LESGUILLONS, *op. cit.*, sur la base d'une distinction elle-même utilisée par F. EISEMANN in *Usages de la vente commerciale internationale, Incoterms*, Coll. Exporter, Jupiter 1972 et par Y. DERAINS, *La pratique des incoterms,* Coll. Jupiter, LGDJ 1988.

(42) V. en ce sens *Guide CCI,* préc. Il ne s'agira ici que d'une présentation sommaire de chaque incoterm, le lecteur intéressé pouvant se reporter directement au texte de chacun.

la marchandise sur un véhicule qu'il fournira ; en pratique, l'acheteur aura fréquemment recours à un transporteur mais il pourrait aussi effectuer personnellement cette opération. L'acheteur supporte donc les frais et risques inhérents au transport de la marchandise ainsi que ceux liés à l'accomplissement des formalités d'exportation.

2) Termes intéressés au transport des marchandises (groupes F et C)

361. – Les contrats utilisant les termes F ou C se classent normalement dans la catégorie des ventes *« au départ »*. La distinction s'opère selon que le vendeur *ne paie pas* (termes F) (α) ou, au contraire, *paie* (termes C) (β) le transport principal.

α) Le vendeur ne supporte pas la charge financière du transport principal (groupe F)

362. – Selon ces termes, le vendeur peut être tenu d'organiser tout transport d'approche en vue de remettre les marchandises au transporteur principal qui reste commandé et payé par l'acheteur.

– Le terme *« franco transporteur »*, également *« Free carrier »* (FCA), indifférent aux modes de transport, s'est substitué dans l'édition de 1990 des incoterms aux termes *« Franco Wagon »* (également *Free on Rail/Free on Truck : FOR/FOT*) et *« FOB Aéroport »* (également *FOB Airport*), chacun propre à un mode de transport donné, ferroviaire ou aérien. Cette modification satisfait l'évolution des modes de transport internationaux qui, désormais multimodaux, combinent, fréquemment, plusieurs techniques d'acheminement des marchandises par voies aérienne, ferroviaire et/ou maritime. Le contrat de transport, sauf clause contraire possible, doit être conclu par l'acheteur qui en assume les frais. Le vendeur remet les marchandises au transporteur – ou à une autre personne – désignée par l'acheteur. Ce dernier a, d'ailleurs, tout intérêt à préciser le lieu, les délais ou les modalités de livraison dans la mesure où, dans le silence du contrat, le vendeur peut livrer les marchandises au point qui lui convient le mieux et selon les modalités adéquates, compte tenu du transporteur et de la quantité ou de la nature des marchandises. Les modalités de la livraison varient, cependant, selon le mode de transport considéré : dans le cas du transport *par rail* ou *par mer*, la livraison s'opère quand la marchandise occupe un wagon ou un conteneur complet ou, à défaut, lors de la remise de la marchandise au point de réception du chemin de fer ou à un terminal de transport ; dans le cas du transport *par route* ou par *voies navigables intérieures,* la livraison est réalisée lorsque la marchandise est chargée dans le véhicule ou sur le bateau fourni par l'acheteur ou qu'elle est remise au transporteur ; dans le cas du transport *par air,* d'un *transport multimodal* ou d'un transport dont le *mode n'est pas déterminé*, la livraison s'opère lors de la remise des marchandises au transporteur. Une fois la prise en charge du transporteur effectuée, le transfert des frais et risques intervient. Les opérations d'exportation et les frais de dédouanement sont à la charge du vendeur.

– La vente *« franco le long du navire » (port d'embarquement convenu)*, également *« Free Alongside Ship » (named port of shipment)* (FAS) caractérise encore une vente purement maritime aux obligations les moins contraignantes pour le vendeur. Celui-ci a rempli ses obligations, une fois que la marchandise a été placée le long du navire, sur le quai ou dans les allèges (barges ou péniches). À partir de cet instant, l'acheteur supporte tous les frais et risques afférant à la marchandise ; la charge de l'exportation (dédouanement) repose encore sur l'acheteur qui désigne le navire et assume le coût du fret.

– La vente *« franco bord » (port d'embarquement convenu)*, également *« Free on Board » (named port of shipment)* (FOB), constitue la formule de vente maritime la plus usitée. Au regard de la précédente, elle se caractérise par une augmentation sensible des obligations du vendeur qui assume une obligation de chargement de la marchandise dont il supporte désormais les frais. Le transfert des frais et risques s'effectue lorsque la marchandise passe le bastingage du navire d'embarquement. Sauf indication contraire, les formalités et frais relatifs à l'exportation sont à la charge du vendeur. C'est en principe l'acheteur qui conclut le contrat de transport, choisit le navire et assume le coût de fret, à moins que le vendeur n'agisse en qualité de mandataire.

β) Le vendeur supporte la charge financière du transport principal (groupe C)

363. – Les formules suivantes entraînent un alourdissement des obligations du vendeur désormais en charge, sauf stipulation contraire, de l'organisation du transport jusqu'au point de destination convenu.

En pratique, cette catégorie de termes est souvent confondue avec la catégorie suivante des *ventes à l'arrivée.* Mais l'obligation du vendeur d'organiser et de payer le transport n'étend pas son obligation de livraison jusqu'au pays de destination. La distinction devient essentielle en cas de perte ou d'avarie des marchandises en cours de transport : à l'inverse d'une *vente à l'arrivée*, le vendeur dont le contrat comportera un terme du groupe C aura rempli son obligation de livraison au point d'expédition même si, après celui-ci, la marchandise vient à périr ; les risques sont transférés à l'acheteur dès le point de livraison et le contrat d'assurance, que le vendeur devra éventuellement souscrire, bénéficiera à l'acheteur (43).

– La vente *« coût et fret » (port de destination convenu)*, également *« Cost and Freight » (named port of destination)* (CFR), reproduit sensiblement les modalités d'exécution de la livraison de la vente FOB ; il ne peut être utilisé que pour le transport par mer et voies navigables. Le vendeur assume une obligation de chargement de la marchandise dont il supporte les risques, de perte ou de dommage, jusqu'au moment où elle passe le bastingage du navire. La livraison est réalisée au port d'embarquement et point de destination, la marchandise voyageant aux risques de l'acheteur. Le vendeur a aussi à sa charge toutes les formalités et les frais relatifs à l'exportation, l'importation étant à la charge de l'acheteur. Cependant, le choix du navire et le coût du fret maritime jusqu'au port convenu font aussi partie des obligations du vendeur qui supporte les risques de variation de cours (de la marchandise, du fret et de l'assurance dans le cas, ci-dessous, du CAF), le prix d'une vente CFR étant forfaitaire, à moins que les parties n'aient conclu une clause de révision du prix.

– La vente *« coût, assurance, fret » (port de destination convenu)*, également *« Insurance and Freight » (named port of destination)* (CAF/-CIF) reproduit à l'identique la formule précédente tout en imposant en plus au vendeur l'obligation de conclure un contrat d'assurance dont il paye la prime pour le risque du transport. Cette assurance constitue une obligation minimale du vendeur puisqu'elle concerne une assurance conclue aux conditions FPA (Franche d'avaries particulières) couvrant le prix CAF augmenté de 10 % ; les risques spéciaux et de guerre ne sont pas couverts, sauf stipulation contraire. L'assurance doit être contractée auprès d'un assureur ou d'une compagnie d'assurance *« de bonne réputation »* et être *« conforme à la garantie minimum des clauses sur facultés de l'Institute of London Underwriters ou de toute autre série de clauses similaires »*. L'acheteur, ou toute autre personne ayant un intérêt assurable dans la marchandise, doit être en mesure de pouvoir

(43) La confusion des termes C et des ventes à l'arrivée est entretenue par la pratique, condamnable, qui consiste à désigner le seul point de destination après le terme choisi, *« par exemple, dans un contrat de vente conclu entre un acheteur à New York et un vendeur à Londres, seule New York sera mentionnée après le terme C ; généralement on ne dit rien concernant l'expédition à partir de Londres (...). On pourrait avoir la fause impression que la marchandise doit être livrée à New York et que le vendeur ne s'acquitte de son obligation de livraison qu'en ce lieu »*, alors qu'en réalité l'obligation est exécutée dès l'expédition. L'absence de référence au point d'expédition s'explique par la liberté que le vendeur entend conserver pour choisir celui-ci postérieurement à la conclusion du contrat (v. *Guide CCI,* préc., p. 18). Sur le lieu de livraison dans une vente CAF, v. Com. 1er mars 1994 : *Rev. crit. DIP* 1994, 672, V. HEUZÉ.

présenter directement sa réclamation à l'assureur. De fait, le vendeur doit fournir à l'acheteur la police d'assurance ou toute autre preuve de sa garantie.

– Le terme *« fret ou port payé jusqu'à » (point de destination convenu)*, également *« Freight or Carriage Paid to » (named point of destination)* (CPT), constitue une transposition du terme CFR pour les ventes tous modes de transport. Le vendeur conclut le contrat de transport, choisit le transporteur et paye le fret. Le transfert des risques s'opère lors de la livraison de la marchandise au premier transporteur. Le vendeur a en charge toutes les formalités et tous les frais relatifs à l'exportation de la marchandise.

– Le terme *« fret ou port payé assurance comprise jusqu'à » (point de destination convenu)* également *« Freight or Carriage and Insurance Paid to » (named point of destination)* (CIP), est identique au *« fret ou port payé jusqu'à »* mais impose, en outre, au vendeur l'obligation de contracter une assurance-transport dont il paye la prime contre les risques d'avarie de la marchandise ou de sa perte pendant le transport. L'étendue de cette obligation d'assurance devra être précisée par les parties, ses caractéristiques étant définies dans les mêmes termes que dans le cas de la vente CAF.

b) Les ventes à l'arrivée (groupe D)

364. – Désormais, le vendeur s'acquitte de son obligation de livraison – et, partant, s'opère le transfert des risques – au lieu désigné de destination ; il sera incité à prévoir des clauses d'inexécution, de *« force majeure »* ou autres.

– La vente *« Ex Ship » (port de destination convenu)*, également *« Ex Ship » (named port of destination)* (DES), concerne une vente purement maritime. Si les termes commerciaux concernant ce mode de transport sont les plus anciens et, partant, les mieux éprouvés, ils risquent, demain, d'être de moins en moins utilisés en raison de modes de transport combinés (44). Dans la vente *« Ex Ship »* le vendeur

> « choisit le navire qui transportera la marchandise et assume les coûts et les risques du transfert maritime jusqu'au port de destination convenu dans le contrat. Le vendeur met la marchandise (non dédouanée) à la disposition de l'acheteur à bord du navire au point de déchargement usuel du port de destination désigné à la date ou dans le délai stipulé dans le contrat de vente ».

(44) V. P. JASINSHI, *Les nouveaux incoterms et le crédit documentaire : Rev. Banque* 1990, p. 917 et s.

La vente *« Ex Ship »* est, donc, une vente à l'arrivée qui oblige le vendeur à livrer les marchandises sur le navire, prêtes au déchargement assumé par le vendeur.

– La vente rendue *« À quai » (dédouanée ou droits acquittés... port convenu)*, également *« Ex Quay » (duty paid... named port)* (DEQ), constitue encore une vente maritime proche de la formule précédente mais plus contraignante pour le vendeur. Celui-ci mettra la marchandise dédouanée (45) à la disposition de l'acheteur sur le quai du port convenu au contrat. Il est possible de faire varier cette formule et l'on rencontre les régimes *« à quai dédouané »* et *« à quai non dédouané »*, ou encore *« à quai droits acquittés à l'exclusion de la TVA »*...

– La vente *« rendue frontière » (lieu de livraison convenu à la frontière)* également *« Delivered at Frontier » (named place of delivery at frontier)* (DAF), concerne une vente à l'arrivée dans laquelle le lieu de livraison n'est pas l'entrepôt de l'acheteur. Dans cette formule, le vendeur mettra la marchandise à la disposition de l'acheteur à la ville-frontière précisément déterminée au contrat. Jusqu'à ce lieu, les frais et les risques restent à la charge du vendeur. Conformément à tous les termes D, le vendeur doit organiser et payer le transport des marchandises jusqu'à ce point, l'acheteur assurant ultérieurement cette charge jusqu'à son entrepôt. De fait, il est recommandé que vendeur et acheteur se concertent, dans cette formule, pour organiser le transport et l'assurance de la marchandise sur la totalité du parcours.

– La vente *« rendue droits acquittés » (lieu de destination convenu dans le pays d'importation)*, également *« Delivered Duty Paid » (named place of destination in the country of importation)* (DDP), est la plus contraignante pour le vendeur. Le vendeur fait tout : il s'occupe, en particulier, des opérations de dédouanement à l'importation ainsi que du paiement de tous les droits ou taxes afférents ; il conviendra encore aux parties de préciser à qui incombe la charge de la TVA. Il doit accomplir toutes les formalités relatives au transport de la marchandise, dont il assume les frais et les risques jusqu'à la mise à disposition à l'acheteur au lieu convenu. Les opérations de déchargement sont, en principe, à la charge du vendeur, sauf stipulation contraire. Le choix de ce terme suppose que le vendeur ait une parfaite connaissance de la réglementation fiscale, douanière et, plus généralement, de toute mesure restrictive de l'État d'importation.

– La dernière formule connaît plusieurs variantes, telles que *« rendu droits non acquittés »* (DDU) ou marchandises *« dédouanées à l'importa-*

---

(45) Ceci recouvre les droits et taxes d'importation ainsi que toutes autres charges relatives à l'importation de la marchandise, y compris la TVA et autres taxes dues à l'importation, sauf disposition contraire des parties.

tion » qui met à la charge de l'acheteur le paiement des droits de douane et autres taxes à l'importation.

2° *La Convention de Vienne*

365. – La Convention de Vienne sur la vente internationale de marchandises (CVIM), également désignée comme *Vienna Sale Convention* (VSC), constitue la réussite la plus spectaculaire d'un effort international d'harmonisation de règles de droit privé dans un secteur considéré (46).

Ratifiée sous l'égide des Nations unies, la CVIM a connu un succès immédiat et gagne un large champ d'application : en effet, la couverture des Nations unies rassure les pays en voie de développement, donnant à penser que la CVIM est équilibrée, ainsi que l'illustre son préambule référant au *« nouvel ordre économique international »* ainsi qu'aux termes *« égalité »* et *« avantages mutuels »*. La souplesse de la Convention est le résultat d'un compromis et du refus de faire référence à un droit particulier. La Convention a ainsi gagné une audience accrue : trente-quatre pays l'ont ratifiée dont les USA, la Chine, la France, l'URSS, le Canada, la Suisse... De même, on s'attend à ce que l'ensemble des pays européens y adhèrent dans les années à venir. Au plan mondial et à plus long terme, il convient de noter les efforts des Nations unies pour promouvoir la CVIM en Amérique latine, en Afrique, au Proche-Orient et dans le Commonwealth.

En adoptant les règles de la CVIM, les États contractants ont consacré la coexistence de deux corps de règles parallèles concernant le droit de la vente : le droit de la vente interne (régi en France par les art. 1582 à 1710, C. civ.) et le droit de la vente internationale régi par la Convention (47).

Soucieux d'appliquer cet instrument, le praticien s'interroge successivement sur *le domaine (a)* et *le contenu (b)* de la Convention.

---

(46) Pour une présentation générale de la convention, l'ouvrage fondamental est *La vente internationale de marchandises (droit uniforme)* de V. HEUZÉ, GLN-Joly 1992. – V. aussi, au cœur d'une littérature abondante, B. AUDIT, J. THIEFFRY et C. GRANIER, *La vente internationale*, éd. CFCE 1985 ; *Dr. prat. com. int.* 1989 n. 3 et 4, *La Convention de Vienne sur la vente internationale,* Coll. Paris 1989, *La Convention de Vienne sur la vente internationale et les incoterms*, LGDJ 1990. – B. AUDIT, *La vente internationale de marchandises,* LGDJ 1990. – Cl. WITZ, *La Convention de Vienne sur la vente interationale de marchandises à l'épreuve de la jurisprudence naissante : D.* 1995, 143 et *Les premières applications jurisprudentielles du droit uniforme de la vente internationale*, LGDJ 1995.

(47) V. Chr. MOULY, *Que change la Convention de Vienne sur la vente internationale par rapport au droit français interne ? : D.* 1991, chron., p. 77.

a) Le domaine de la Convention

366. – Nous délimiterons, tour à tour, le domaine territorial [1] et le domaine matériel [2] de la Convention (48).

1) Domaine territorial de la Convention

367. – L'article 1er de la Convention prévoit qu'elle s'applique

> « aux contrats de vente de marchandises entre des parties ayant leur établissement dans des États différents :
> *a)* lorsque ces États sont des États contractants ;
> *b)* lorsque les règles du droit international privé mènent à l'application de la loi d'un État contractant ».

Ce texte cherche à résoudre et règle effectivement deux difficultés distinctes : il recherche une *définition de la vente internationale* au sens de cette convention (α) puis fixe *les critères d'application* de la convention à de telles ventes (β).

α) Définition de la vente internationale

368. – Dans la définition de la vente internationale, le critère – unique – de la CVIM tient à la localisation des établissements de l'acheteur et du vendeur dans des États différents (49). Ainsi, le critère du déplacement international des marchandises objets du contrat ou la considération de la nationalité des parties restent indifférents (50). De la sorte, si une entreprise établie en France vend à une autre entreprise installée sur le même territoire des marchandises que la première détient à l'étranger, le contrat de vente relèvera du seul droit interne (51).

Cette présentation est source de difficultés dont certaines ont été envisagées par les rédacteurs de la convention. Ainsi, considérant l'hypothèse dans laquelle l'une des parties ignore le pays d'établissement de son contractant, la CVIM prévoit qu' *« il n'est pas tenu compte du fait que les parties ont leur établissement dans des États différents »* (art. 1-2). Cette hypothèse concerne la vente conclue par le représentant de l'une des parties qui occulte la localisation de la personne représentée

(48) La convention est entrée en vigueur en France, le 1er janv. 1988. Elle comporte différentes dispositions de droit transitoire.

(49) Il ne fait pas de doute que les négociateurs ont volontairement préféré cette référence à celles de siège social, filiale ou succursale, la notion d'établissement, d'acception plus large, recouvrant celles-ci.

(50) Expressément en ce sens, v. l'art. 1-3.

(51) Sauf volonté des parties de soumettre leur accord à la CVIM.

(commissionnaire) : en pareil cas, la convention sera inapplicable (52). De même, envisageant le cas, fréquent, où les parties possèdent plusieurs établissements, la CVIM invite à prendre en considération l'établissement

> « qui a la relation la plus étroite avec le contrat et son exécution eu égard aux circonstances connues des parties ou envisagées par elles à un moment quelconque avant la conclusion ou lors de la conclusion du contrat » (art. 10-a).

Inversement, *« si une partie n'a pas d'établissement, sa résidence habituelle en tient lieu »* (art. 10-b).

β) Application de la convention à la vente internationale

369. – L'application de la CVIM est encore subordonnée au rattachement du contrat de vente internationale ainsi caractérisé à un État contractant de la CVIM.

L'article 1er de la Convention institue un mécanisme alternatif : la Convention s'appliquera lorsque les États – différents – sur lesquels sont établis vendeur et acheteur *« sont des États contractants »* ou lorsque les règles de conflit de lois désignent la compétence *« de la loi d'un État contractant »*.

• Rattachement par l'établissement des parties sur le territoire d'un État contractant

370. – La Convention s'applique, bien évidemment, en dehors de tout contentieux mais dans un essai de casuistique, il convient, semble-t-il, de distinguer selon que l'autorité saisie en cas de conflit serait ou non, le juge d'un État contractant, voire un arbitre.

371. – Le *juge* saisi sera fréquemment celui d'un État contractant dès lors que chacune des parties est établie sur un tel État (53) ; en pareil cas, le juge saisi doit appliquer la convention indépendamment de tout mécanisme de conflit de lois. La CVIM ne règle, cependant, pas toutes les questions suscitées par une vente internationale ; pour celles qui restent ignorées par la convention, le juge devra appliquer la *lex contractus* même si, par extraordinaire, il s'agissait de la loi d'un État non contractant (54).

---

(52) En ce sens, V. HEUZÉ, *op. cit.*, n. 103, p. 86. – Ph. KAHN, *op. cit.*, n. 41.

(53) On peut aussi imaginer que le juge soit celui d'un État contractant tiers.

(54) Il est en effet peu probable que les parties au contrat aient choisi la compétence d'un État non contractant. Par ailleurs, en l'absence de choix, on sait que les conventions de La Haye de 1955 et 1986 retiendront toujours pour la première, sûrement pour la seconde, la loi du vendeur, voire de l'acheteur.

Le juge saisi pourra, également, être celui d'un État non contractant, à raison, notamment, d'un privilège de juridiction ou d'une règle de compétence spéciale en matière contractuelle. Le juge saisi devra, alors, mettre en jeu sa propre règle de conflit de lois.

– Celle-ci peut désigner la compétence de la loi d'un État contractant – il s'agira fréquemment de la loi du pays du vendeur ou de l'acheteur ; en pareil cas, les règles de la CVIM font partie intégrante du droit de l'État dont la compétence législative est retenue : la Convention est naturellement applicable à la cause.

– La règle de conflit du *for* peut, également, désigner la loi d'un État non contractant, spécialement la loi du *for*. En pareil cas, la convention se révèle inapplicable à la cause, sauf volonté contraire exprimée des parties. En ce dernier cas, une difficile articulation des règles de la CVIM et de la loi du contrat devrait être organisée ; le caractère supplétif de la CVIM invite à ne faire jouer celle-ci qu'en l'absence de dispositions impératives de la loi du contrat (55).

Les risques évidents de *forum shopping* qu'introduit cette dernière observation conduisent à encourager vivement les praticiens à désigner expressément l'autorité et le système juridique compétents pour l'interprétation et l'exécution du contrat. *« Choisir vite, choisir tôt, choisir clair »*, les conseils que nous avions prodigués à l'origine de cet ouvrage (56) concernent encore la vente internationale en dépit de l'existence d'une convention de droit matériel.

372. – Les parties peuvent également retenir la compétence d'un arbitre. Une clause d'*electio juris* attribuant compétence à la loi d'un État contractant emportera application de la convention ; la clause qui attribuerait compétence à la loi d'un État non contractant suggère la mise à l'écart de la CVIM... sur laquelle les parties devraient néanmoins expressément se prononcer afin d'éviter toute ambiguïté. En l'absence de clause, le juge recherchera le système juridique applicable au contrat, étant entendu que la compétence, peu probable, de la loi d'un État non contractant ne devrait pas ici, nuire à l'application de la CVIM pourvu que les parties s'y soient référées.

373. – Trois facultés de réserve compliquent quelque peu l'application des règles précédentes :

– L'article 92 réserve aux États contractants la faculté de n'être pas liés par la deuxième ou troisième partie de la Convention respectivement relatives à la formation et aux effets du contrat ; l'État qui fait cette réserve *« ne sera pas considéré comme un État contractant au sens du*

(55) V. V. HEUZÉ, *op. cit.*, n. 108, p. 88.
(56) V. *supra*, n. 127 et s.

paragraphe 1 de l'article 1er de la Convention » pour les matières de la CVIM dont il aura refusé l'application (art. 92-2) ;

– L'article 93 concerne les États comportant plusieurs « *unités territoriales* » susceptibles de connaître des systèmes de droit différents : lors de son adhésion, l'État contractant pourra décider d'exclure le jeu de la CVIM pour certaines de ces « *unités* » qui, dès lors, ne seront pas considérées comme États contractants ; cette faculté a été utilisée par les Pays-Bas et par le Canada dont certaines provinces – notamment le Québec – ne sont pas liées par la CVIM.

– L'article 94 réserve aux États contractants la faculté d'exclure le jeu de la convention dès lors que « *deux ou plusieurs (de ces États) appliquent des règles juridiques identiques ou voisines (...)* ». Ainsi, la convention ne s'appliquera pas lorsque l'acheteur et le vendeur sont établis sur le territoire d'États contractants ayant convenu d'exclure le jeu de la CVIM et dont les règles relatives à la formation ou aux effets de la vente sont analogues (57). Néanmoins, la volonté affirmée des parties de soumettre leur accord à la CVIM devrait pouvoir briser cette réserve.

• Rattachement par le biais des règles de conflits de lois

374. – Par le biais des règles de conflits de lois, un second mode de rattachement du contrat de vente à un État contractant apparaît subsidiaire au premier et suppose que les parties ne soient pas, l'une et l'autre, établies dans des États contractants. Ainsi, lorsque l'une des parties, voire aucune, ne sera établie sur le territoire d'un État contractant, le juge saisi qui, par application de sa règle de conflit, retient la compétence de la loi d'un État contractant devra faire application de la CVIM. Cette solution n'est pas surprenante en soi dans la mesure où la CVIM est intégrée dans le droit de chaque État contractant dont elle constitue le droit commun de la vente internationale ; la compétence de la loi de cet État emporte inéluctablement application de la convention. En réalité, cette règle souffre peu de reproches dès lors qu'au moins l'une des parties contractantes est établie sur le territoire d'un État signataire de la convention ; à l'inverse, dès lors qu'aucune des parties ne satisfait cette hypothèse, l'attente raisonnable de celles-ci risque d'être déçue par l'application au contrat d'une convention que n'ont pas ratifiée les États d'origine du vendeur et de l'acheteur. Cette dernière situation risque heureusement de se révéler fort rare dans la mesure où elle suppose

(57) La réserve a été faite par le Danemark, la Finlande, la Norvège et la Suède.

que la règle de conflit du *for* désigne l'application de la loi d'un État – contractant – qui ne serait ni celle du vendeur, ni celle de l'acheteur (58).

2) Domaine matériel de la Convention

375. – La CVIM s'applique aux *« contrats de vente de marchandises »* (art. 1er-I).

376. – Les négociateurs de la Convention se sont attachés à résoudre les difficultés de qualification que suscitent nombre d'opérations complexes associant au transfert de propriété d'une chose la fourniture de main-d'œuvre ou une prestation de services.

La Convention ne s'applique pas, par exemple, aux contrats dans lesquels *« la part prépondérante de l'obligation de la partie qui fournit la marchandise consiste en une fourniture de main-d'œuvre ou d'autres services »* (59). Pour distinguer vente et entreprise, la CVIM retient, donc, une simple application quantitative de la règle de l'accessoire (60) ; l'utilisation d'un tel critère arithmétique et objectif a le mérite de la simplicité même s'il ne satisfait pas une certaine doctrine contemporaine, voire une pratique arbitrale, qui lui substituerait un critère psychologique en considérant que la volonté des parties est susceptible d'imprimer à une obligation objectivement accessoire un caractère principal dans l'opération (61). Ainsi peut-il en être dans des ventes d'équipements au service d'un transfert de technologie ; les premières n'ont de sens qu'en complément du second ; la combinaison de prix, forfaitaire pour les unes

---

(58) Cependant, l'application de la convention en de telles occurrences a suscité des réticences de la part d'États contractants qui ont justifié une nouvelle faculté de réserve à cet égard. L'article 95 réserve ainsi la faculté de déclarer *« ne pas être lié par l'alinéa b du paragraphe 1 de l'article premier »* de la Convention. Cette faculté a été utilisée par de nombreux États parmi lesquels les États-Unis d'Amérique et la Chine. Le jeu de cette réserve rend parfois hasardeuse la mise en œuvre de la convention ; il faut, également, tenir compte des possibilités de réserve offertes par les articles 92, 93 et 94 de la Convention, de telle sorte que, si la loi désignée par la règle de conflit est celle d'un État qui, conformément au premier de ces textes notamment, a exclu l'application de la deuxième ou troisième partie de la Convention, celles-ci n'auront pas vocation à s'appliquer au contrat en cause.

(59) De même, s'agissant de vente de *« marchandises à fabriquer ou à produire »* la convention ne s'applique pas dès lors que *« la partie qui commande (cette marchandise) (...) fournit une part essentielle des éléments matériels nécessaires à cette fabrication ou production »* (art. 3-1).

(60) Cette règle se trouvait, déjà, dans l'art. 6 de la Convention de La Haye du 1er juillet 1964 (LUVI) non ratifiée par la France. En revanche, la Convention de La Haye du 15 juin 1955 relative aux conflits de lois en matière de vente internationale assimilait les contrats d'objets mobiliers corporels à fabriquer ou à produire au contrat de vente (art. 1er, al. 3, v. *supra*, n. 346).

(61) En ce sens, v. spéc. G. GOUBEAUX, *La règle de l'accessoire en droit privé*, LGDJ 1969, n. 371. – J. GHESTIN et B. DESCHÉ, *Traité des contrats, La vente*, LGDJ 1990, n. 77.

et ordinairement proportionnelle pour l'autre, facilite d'autant moins la comparaison que des préoccupations fiscales et, souvent, de crédit peuvent conduire à majorer les prix de vente au détriment des revenus de licence.

La CVIM prévoit encore certaines exclusions habituelles de son domaine : les ventes aux consommateurs (62), les ventes aux enchères, sur saisie ou par autorité de justice, sont, assez naturellement, exclues du jeu de la convention (art. 2-a, b et c). Il en va de même pour les *« ventes »* de valeurs mobilières, d'effets de commerce et monnaies, de navires, bateaux, aéroglisseurs et aéronefs (63) ou d'électricité (art. 2, c, d, e et f).

Se pose le délicat problème de l'*extension* de la CVIM à un contrat normalement étranger à son domaine. Certains auteurs admettent l'applicabilité de la CVIM au titre de *lex contractus* par le jeu de stipulations contractuelles (64). V. Heuzé estime, à l'inverse, que la convention ne puise son autorité que de la seule adhésion d'un État contractant et cet auteur dénie à la CVIM, *per se,* la nature d'une véritable *lex contractus* (65). Cette dernière opinion repose, il est vrai, sur le refus de l'auteur de voir dans le principe d'autonomie une véritable règle de conflit (66). La question de l'applicabilité de la Convention, hors son domaine naturel, peut encore se présenter devant l'autorité arbitrale. La clause du contrat désignant expressément la CVIM applicable astreint l'arbitre à respecter cet ordre de mission, la loi du contrat, retenue par les arbitres, pouvant subsidiairement suppléer la Convention. Au-delà de pareilles clauses, la CVIM pourrait être appliquée au titre de la *lex mercatoria* dès lors que les arbitres sont appelés à se référer aux *« usages du commerce international »* comme cela est fréquemment le cas dans les règlements d'arbitrage (67). On a reproché à cette analyse qui prône le jeu de la CVIM hors son domaine d'application et en l'absence de stipulation

---

(62) Sauf si le vendeur ignorait que les marchandises étaient achetées pour *« un usage personnel, familial ou domestique... »* (art. 2-a, CVIM). L'écart ordinaire des ventes aux consommateurs dispense de poser le problème de l'application de la convention aux ventes duty free en zones aéro-portuaires ; si l'art. 262 *quater,* CGI exonère de TVA les livraisons en comptoir de vente, les règles françaises des contrats de la consommation et de la concurrence, notamment, s'appliquent sans perturbation à ces conventions.

(63) Cette exclusion n'est pas subordonnée à l'immatriculation ou l'enregistrement des navires et autres bateaux. Mais l'exclusion ne concerne que le navire, point les matériaux et autres biens meubles (moteurs) utilisés pour sa fabrication et réparation. V. B. AUDIT, *La vente internationale de marchandises, op. cit.,* n. 33.

(64) V. Chr. MOULY, art. cit., p. 400, n. 11 et s.

(65) V. HEUZÉ, *op. cit.*, n. 125 et s.

(66) V. V. HEUZÉ, *La réglementation française des contrats internationaux, op. cit.*

(67) B. AUDIT, *op. cit.*, n. 203.

contractuelle expresse, de ruiner l'attente légitime des parties qui n'ont pu raisonnablement songer soumettre leur accord à la Convention (68).

b) Le contenu de la Convention

377. – Trois séries d'observations préalables concernent l'étendue, l'autorité et l'interprétation de la Convention.

378. – S'agissant de l'étendue de la Convention, la CVIM régit exclusivement la *« formation du contrat »* de vente – deuxième partie – et *« les droits et obligations »* que le contrat fait naître entre les parties – troisième partie. Partant, l'applicabilité des règles de droit matériel de la convention n'évince pas totalement la compétence des droits nationaux et l'utilité de la méthode conflictuelle.

Ainsi, la convention ne concerne pas la *validité* du contrat ou de ses clauses (art. 4-a) qui devra s'apprécier au regard de la *lex contractus* et, s'il s'agit de la loi française, des articles 1108 et suivants du Code civil. Par ailleurs, le silence du texte ne laissant aucune ambiguïté à cet égard, l'appréciation de la *capacité* des parties contractantes échappe à la CVIM pour relever de la loi personnelle de l'intéressé. De même, la convention reste étrangère aux *effets réels* du contrat (art. 4-b) ; dans les conventions de conflits de lois, cette limite est naturelle et tient au domaine de la loi du contrat (69) et à la territorialité des effets réels soumis à la *lex rei sitae ;* il est cohérent de retrouver cette limite dans une convention de droit matériel, sauf à méconnaître la compétence de la *lex rei sitae* ; les conditions et les modalités du transfert de propriété, notamment en présence de clause de réserve de propriété, relèveront de la *lex rei sitae*. La Convention ne concerne pas davantage la question de la *responsabilité* du vendeur pour les dommages corporels causés à quiconque par les marchandises (art. 5) ; *a contrario*, s'agissant des dommages causés aux biens de l'acheteur, il faut admettre le jeu de la CVIM.

379. – La réglementation du contrat de vente par la Convention est d'autorité supplétive :

> « Les parties peuvent exclure l'application de la présente convention ou (...) déroger à l'une quelconque de ses dispositions ou en modifier les effets » (art. 6).

---

(68) V. HEUZÉ, *op. cit.*, n. 129.
(69) En ce sens, v. art. 10 de la Convention de Rome du 29 juin 1980.

De la sorte, les parties peuvent déroger à la convention par une disposition expresse, par exemple en modifiant un délai, ou par référence aux incoterms.

Les dispositions de la Convention s'effacent, encore, derrière les usages du commerce international. L'article 9 de la CVIM prévoit que les parties sont liées non seulement par *« les usages auxquels elles ont consenti »* – et qui revêtent, alors, la valeur de stipulation contractuelle – mais encore par les *« habitudes (...) établies entre elles »* – référence aux relations d'affaires suivies – et surtout par les usages notoires du commerce international et auxquels les parties sont *« réputées s'être tacitement référées »* (70).

380. – L'article 7 de la convention pose des règles d'*interprétation* distinctes selon que l'interprète est confronté à une ambiguïté ou une lacune de la CVIM.

S'agissant de l'interprétation d'une disposition ambiguë de la Convention, l'article 7-1° donne deux directives. La première invite à *« tenir compte de son caractère international et de la nécessité de promouvoir l'uniformité de son application » ;* elle prescrit, alors, une interprétation autonome de la Convention, indépendamment de toute référence aux droits nationaux (71). La seconde appelle à *« assurer le respect de la bonne foi dans le commerce international »* et consacre la place privilégiée de *« la bonne foi »* dans l'interprétation de cette famille de contrats (72). Les parties veilleront, notamment, à la communication d'informations réciproques lors de la négociation et au respect de certains comportements après le transfert de propriété (73).

Confronté à une lacune de la convention, l'interprète doit se référer aux *« principes généraux dont (...) s'inspire »* la CVIM *« ou, à défaut*

---

(70) L'association de cette dernière disposition et de l'article 6 de la CVIM révèle la supériorité des usages du commerce international sur les règles de la convention. Cette hiérarchie est considérable d'un point de vue pratique, sans doute, mais aussi théorique dans la mesure où ces dispositions admettent la reconnaissance dans un instrument international de droit positif français, de pratiques professionnelles comme source de droit. De fait, on ne s'étonnera guère de retrouver dans le texte de la CVIM des directives d'interprétation de celle-ci.

(71) Ainsi, par exemple, n'est-il pas possible d'invoquer utilement la règle de l'article 1602 du Code civil selon laquelle le silence s'interprète à l'encontre du vendeur. Ce souci de promotion d'une interprétation internationale uniforme de la CVIM souffre néanmoins de l'absence d'une autorité juridictionnelle internationale à l'instar de la CJCE pour les Conventions de Rome et de Bruxelles. L'absence de jurisprudence – nationale ou étrangère – encourage, dans un premier temps, les praticiens à tenir compte des travaux préparatoires dans l'interprétation de la CVIM, en ce sens, J.-P. PLANTARD : *Clunet* 1988, p. 328.

(72) V. G. HORSMANS, *L'interprétation des contrats internationaux* in *L'arbitrage commercial international – l'apport de la jurisprudence arbitrale*, CCI 1986, p. 123, spéc. p. 153. – Ph. KAHN, *Les principes généraux du droit devant les arbitres du commerce international : Clunet* 1989, 305, spéc. p. 319 et s. – *Adde*, F. OSMAN, *op. cit.* p. 19 et s.

(73) V. spéc. les sentences CIRDI et CCI évoquées par Ph. KAHN, *op. cit.*

de ces principes (...) à la loi applicable en vertu des règles du droit international privé » (art. 7-2). S'agissant des *« principes généraux »* en question, on retrouve l'exigence de bonne foi qui doit animer les parties dans l'exécution du contrat voire d'un devoir de coopération entre elles (74). La carence de ces principes doit être palliée par référence à la loi nationale désignée par la règle de conflit. Ce regain de la méthode conflictuelle rompt malheureusement avec la logique autonomiste qui présidait à l'interprétation d'une Convention de droit matériel. Par ailleurs, la diversité des droits nationaux fait obstacle à l'identité de l'interprétation et réintroduit le risque de *forum shopping*. Afin de circonscrire ce risque on a opportunément suggéré aux parties d'exclure, par une stipulation contractuelle précise, le recours au jeu de la méthode conflictuelle et aux droits nationaux dans l'interprétation de la CVIM et à inviter l'interprète à se référer aux seuls principes généraux ou aux seules règles d'interprétation de l'article 7-1 (75).

381. – Au bénéfice de ces observations il est possible d'entreprendre l'étude du contenu de la convention. Elle est divisée en quatre parties : la première définit son champ d'application et, à ce titre, a été déjà largement envisagée ; la dernière rassemble au titre de *« dispositions finales »* diverses précisions touchant aux conditions d'adhésion et de ratification à la CVIM et ne nous retiendra guère ; la deuxième et la troisième parties sont, respectivement, relatives à la *« formation »* [1] et à l'*« exécution »* (76) de la vente de marchandises [2].

1) Formation du contrat

382. – Nous distinguerons entre problèmes de forme (α) et de fond (β).

α) Problèmes de forme

383. – Du point de vue de la forme, *« le contrat de vente n'a pas à être conclu ni constaté par écrit et n'est soumis à aucune autre condition de forme »* (art. 11). Par voie de conséquence, le contrat *« peut être prouvé par tous moyens y compris par témoins »* (art. 11). À première vue, cette règle est légitime : le principe du consensualisme est tradition-

(74) En ce sens, Ph. KAHN, *Vente commerciale internationale, op. cit.*, n. 47. – B. AUDIT propose d'utiliser le raisonnement par analogie pour déduire ces principes des règles posées par la CVIM, *op. cit.*, n. 55.

(75) Ph. KAHN, *op.* et *loc. cit.* et *Convention de Vienne du 11 avril 1980 – Caractères et domaine d'application : Dr. prat. com. int.* 1988, 385, spéc.398.

(76) Par exécution du contrat nous entendrons la production par celui-ci des effets en vue desquels il a été conclu (J.-M. MOUSSERON, *Technique contractuelle, op. cit.*, n. 593, p. 251).

nel dans les échanges commerciaux qui exigent rapidité ; le seul échange de documents dans la vente internationale est généralement associé à l'ouverture d'une procédure de crédit documentaire ou autre. Cette disposition peut néanmoins surprendre. En premier, elle concerne une question touchant à la validité du contrat, matière pourtant abandonnée par la CVIM aux droits nationaux (art. 4-a) ; par ailleurs, l'article 11 figure dans la première partie de la Convention – et non dans la deuxième relative à la formation du contrat – et échappe aux facultés de réserve jusqu'ici envisagées. Or, si le principe du consensualisme est largement admis par les pays occidentaux, tel n'est pas le cas des pays de l'Est. Cette défaveur justifie, dans la convention, une faculté de réserve spéciale selon laquelle lorsque la législation d'un État contractant exige que les contrats de vente soient conclus ou constatés par écrit, cet État peut à tout moment, c'est-à-dire même après avoir ratifié la convention, déclarer que la règle du consensualisme de l'article 11 ne s'appliquera pas pourvu que l'une des parties au contrat ait son établissement dans cet État (art. 96). Cette réserve est d'ordre public en ce sens que les parties au contrat ne peuvent y déroger (art. 6 et 12) (77).

β) Problèmes de fond

384. – Les règles touchant à la formation du contrat procèdent des articles 14 et suivants (78). Le contrat est conclu *« au moment où l'acceptation d'une offre prend effet »* (art. 23). Le consentement appelle la rencontre de deux composantes, l'offre et l'acceptation, que la Convention définit avant de régler le sort du *« contrat conclu entre absents »*.

385. – *L'offre* suppose *« une proposition de conclure un contrat »* ferme et précise adressée à *« une ou plusieurs personnes déterminées »* (art. 14.1).

386. – La proposition est ferme lorsque *« elle indique la volonté de son auteur d'être lié en cas d'acceptation »* (art. 14.1) ; le simple acquiescement du bénéficiaire suffit à la conclusion du contrat dès lors que la proposition est faite sans réserve. La fermeté de l'offre suppose, dans la CVIM, une proposition faite à personne déterminée ; à l'inverse, sauf volonté expresse du pollicitant, la *« proposition adressée à des personnes indéterminées »* vaut *« invitation à l'offre »* et l'acquiescement de ces conditions ne saurait suffire à constituer le contrat.

---

(77) À notre connaissance, l'Argentine, la Biélorussie, la Chine, la Hongrie, l'Ukraine et la Russie ont usé de cette faculté de réserve ; dès lors que l'une des parties au contrat sera établie sur le territoire d'un de ces États, la règle du consensualisme s'estompera.

(78) Conformément à l'art. 92, le Danemark, la Finlande, la Norvège et la Suède n'ont pas ratifié cette partie de la convention.

387. – La proposition est précise *« lorsqu'elle désigne les marchandises et, expressément ou implicitement fixe la quantité et le prix ou donne des indications permettant de les déterminer »* (art. 14.1) ; la proposition doit définir les éléments essentiels du contrat que la CVIM désigne à propos de l'objet et du prix (79), lesquels doivent être, à la lecture de ce texte, déterminés ou déterminables. La similitude de ces exigences et des critères traditionnellement posés en droit français à la qualification de l'offre et à la formation du contrat de vente est flagrante.

388. – La lecture de ce seul texte est néanmoins trompeuse et l'article 55, relatif au paiement du prix, révèle l'influence du droit anglo-saxon sur la formation du contrat et introduit une douloureuse contradiction au sein de la convention. Ce dispositif admet, en effet, que le contrat est *« valablement conclu sans que le prix ait été fixé dans le contrat, expressément ou implicitement ou par une disposition permettant de la déterminer »*. En pareil cas, l'article 55 prévoit en effet que

> « les parties sont réputées, sauf indications contraires, s'être tacitement référées au prix habituellement pratiqué au moment de la conclusion du contrat dans la branche commerciale considérée, pour les mêmes marchandises vendues dans des circonstances comparables ».

Pareille disposition suggère l'éventualité de contrats dont le prix ne serait ni déterminé ni déterminable dès sa formation... et contredit expressément l'article 14 de la même Convention. Ce constat ne résulte pas d'une maladresse de rédaction mais d'un désaccord célèbre entre les délégations nationales : alors que la France, le Japon, la plupart des pays socialistes et des États en voie de développement plaidaient pour l'exigence de déterminabilité du prix dès la formation du contrat, les États anglo-saxons admettaient la validité du contrat de vente sans prix déterminé ou déterminable (80). La doctrine se divise, alors, sur l'interprétation qui doit présider à la solution de ce conflit.

Une première argumentation est favorable à la prééminence de l'article 55 (81) : l'article 55 serait *« un mécanisme subsidiaire de détermina-*

---

(79) *Dr. prat. com. int.*, numéro spécial 1995-4, *Les prix internationaux.*

(80) Sur cette opposition v. J.-M. BONELL, *La nouvelle convention des Nations unies sur les contrats de vente internationale de marchandises : Dr. prat. com. int.* 1981, p. 7 et s., spéc. p. 24 ; sur l'exigence de détermination du prix en droit américain, v. P. THIEFFRY, *La détermination du prix en droit américain : Dr. prat. com. int.* 1985, 603.

(81) V. spéc. Chr. MOULY, *La Convention de Vienne...*, Actes du colloque préc., spéc. p. 81. – Cp. J.-P. PLANTARD, *op. cit.*, spéc. p. 348. – I. CORBISIER, *La détermination du prix dans les contrats commerciaux portant vente de marchandises, Réflexions comparatistes : RID comp.* 1988, p. 767 et s. – V. FORTIER, *Le prix dans la Convention de Vienne sur la vente internationale de marchandises : les articles 14 et 55 : Clunet* 1990, 381.

tion du prix » (82) auquel les parties se seraient implicitement référées par leur silence de sorte qu'en définitive, le contrat ne serait jamais dénué de prix dès sa formation ; par ailleurs, l'article 14 ne règle que la validité de l'offre et non celle du contrat, de telle sorte que la proposition muette sur le prix mais saisie par une acceptation... emporterait néanmoins conclusion d'un contrat... dont le prix serait alors régi par l'article 55 ; enfin, on ne peut guère penser que la CVIM, largement inspirée par les principes du commerce international, ait voulu interdire les contrats dont le prix était déterminé par référence implicite à un prix du marché, tant cette pratique est courante (83).

À l'encontre de cette thèse, une seconde argumentation invoque, d'abord, les termes de l'article 55 qui ne joue que lorsque *« le prix des marchandises vendues (n'a pas) été fixé dans le contrat expressément ou implicitement ou par une disposition permettant de le déterminer (...) »*... ce qui paraît bien concerner l'hypothèse dans laquelle les parties ne se sont effectivement pas entendues à propos du prix ; par ailleurs, l'argument selon lequel l'article 14 concerne la validité de la seule offre et non celle du contrat dont la formation pourrait s'opérer sans prix effectivement déterminé, participe de la pétition de principe (84) ; ce raisonnement restreint le domaine de l'article 14 pour hypertrophier celui de l'article 55 dont l'objet reste de prévoir un mode subsidiaire de détermination du prix lorsque *« la vente (a été) valablement conclue »* (85) ; enfin, si le commerce international connaît la pratique du contrat sans prix... il se trouvera, toujours, quelques praticiens du commerce international pour alléguer la nullité de pareil accord ; ce qui tend bien à démontrer l'incertitude de l'efficacité juridique de la formule. De nombreux auteurs réfutent, enfin, la thèse prônant la prééminence de l'article 55 et estiment, afin de résoudre le conflit des textes, qu'il convient de se référer à la seule loi applicable au contrat afin de déterminer si celle-ci admet que le contrat soit formé sans prix déterminé ou déterminable (86). Cette dernière thèse paraît bien satisfaire l'esprit de

---

On retrouve également cette opinion chez les commentateurs qui ont participé à la conférence de Vienne (v. C.-M. BIANCA et M.-J. BONELL, *Commentary on the International Sales Law, The 1980 Vienna Sales convention*, Giuffre 1987, spéc. comm. art. 14, p. 136 et s. et de l'art. 55, p. 401 et s.).

(82) H. LESGUILLONS, *Contrats internationaux, op. cit.,* division 4, p. 74.

(83) Chr. MOULY cite le texte Unidroit de *« Principes pour les contrats internationaux »* qui retient la validité du contrat sans détermination de prix (art. cit., p. 79, note 55).

(84) V. HEUZÉ, *op. cit.*, n. 170, p. 131. – B. AUDIT, *La vente internationale de marchandises..., op. cit.*, spéc. p. 60, note 2.

(85) B. AUDIT, *La vente internationale de marchandises..., op.* et *loc. cit.*

(86) En ce sens, B. AUDIT, *op.* et *loc.cit.* – V. HEUZÉ estime la thèse de la prééminence de l'article 55 *« illogique »* et *« inopportune »* (*op. cit.*, n. 171 et s., p. 132). – *Adde*, Ph. KAHN, *op. cit.*, n. 114.

la CVIM dont on sait qu'elle ne concerne pas la validité du contrat (87) ; au-delà, elle paraît encore la seule voie de conciliation de conceptions nationales profondément divergentes sur cette question ; elle accuse l'importance de la clause de loi applicable – et, plus généralement de la méthode conflictuelle – dans un secteur de droit matériel international.

389. – L'offre peut être révoquée avant que sa formulation ne parvienne à son destinataire (art. 15-2) ou que ce dernier n'ait *« expédié une acceptation »* (art. 16-1). Encore faut-il estimer, d'une part, que cette révocation doit parvenir à son destinataire avant ces dates-butoir et, d'autre part, que l'acceptation ait fait l'objet d'une expédition et ne se déduise pas des circonstances. L'offre ne peut être révoquée lorsque l'offrant a fixé un délai ou a prévu le caractère irrévocable de son offre ; il en est de même *« s'il était raisonnable pour le destinataire de considérer l'offre comme irrévocable et s'il a agi en conséquence »* (art. 16). La réception du retrait de l'offre emporte sa caducité (art. 17).

390. – *L'acceptation* suppose *« une déclaration ou autre comportement du destinataire indiquant qu'il acquiesce à une offre »* (art. 18-1). Conformément aux dispositions précédentes relatives à la révocation de l'offre, l'acceptation suppose un comportement actif et ne peut résulter du seul silence ou de l'inaction du destinataire de l'offre (art. 18-1). La signature d'un bon de commande adressé par le vendeur, l'expédition d'un accusé de réception par télex ou par fax caractérisent assurément une telle déclaration. Cependant, le principe du consensualisme précédemment affirmé interdisant d'assujettir l'acceptation à un formalisme quelconque, l'émission active de volonté est nécessaire mais aussi suffisante. Au demeurant, des relations d'affaires suivies peuvent justifier l'établissement de pratiques *« habituelles »* entre les parties, lesquelles, nous le savons, s'imposent aux contractants (art. 9) ; l'acheteur qui commande régulièrement des marchandises sans accuser réception du bon de commande adressé par le vendeur sera censé avoir accepté celles-ci en dépit, ou mieux en raison, de son silence. La même analyse paraît s'imposer aux contrats de vente passés en application d'un contrat-cadre de distribution.

La réponse positive assortie d'additions, limitations ou modifications caractérise une *« contre-offre »* (art. 19-1) sauf s'il s'agit de modifications *« n'altérant pas substantiellement les termes de l'offre »* où elle emporte conclusion du contrat, dans les termes de celles-ci, sauf réaction rapide de l'offrant (art. 19-2). La CVIM précise encore que toutes modifications touchant

---

(87) Pour cet argument, V. HEUZÉ, *op. cit.*, n. 179, p. 134 ; on pourrait encore répliquer que l'article 4 exclut la validité du contrat du champ de la convention *« sauf disposition contraire expresse »* (en ce sens, v. J.-P. PLANTARD, *op. cit.*, p. 347).

« aux prix, au paiement, à la qualité et à la quantité des marchandises, au lieu et au moment de la livraison, à l'étendue de la responsabilité d'une partie à l'égard de l'autre ou au règlement des différends, sont considérés comme altérant substantiellement les termes de l'offre » (art. 19-3).

Ces dispositions sont importantes en cas, notamment, de contradictions entre CGV et CGA (88).

391. – La convention se devait de régler le régime du *contrat entre absents* pour lequel l'expression et la rencontre de volontés ne coïncident pas dans l'espace et le temps. La CVIM prévoit que l'offre *« prend effet lorsqu'elle parvient au destinataire »* (art. 15-1) alors que l'acceptation *« prend effet au moment où l'indication d'acquiescement parvient à l'auteur de l'offre »* (art. 18-2). La sécurité du commerce international justifie largement l'adoption du système dit de la réception ; pareille option pourrait demain influencer les solutions, par trop incertaines, du droit français sur cette question.

2) Exécution du contrat

392. – La troisième partie de la convention, intitulée *« Vente de marchandises »*, concerne les effets du contrat. L'effet distinctif du contrat de vente réside dans un effet réel translatif de propriété. La logique juridique invite ainsi à dissocier l'étude des *effets obligatoires* (α) et *réels* (β) du contrat.

α) Effets obligatoires du contrat de vente

393. – Il est possible d'envisager tour à tour le *contenu* et la *sanction* des obligations produites par le contrat de vente internationale (89).

• Contenu des effets obligatoires

394. – La convention traite successivement des *obligations du vendeur* (art. 30 à 52), *puis de l'acheteur* (art. 53 à 65). Un chapitre résiduel rassemble des dispositions communes aux obligations des deux parties (art. 71 à 88) ; mais cette partie concerne davantage l'inexécution des obligations et sa sanction.

---

(88) La convention pose, enfin, un certain nombre de règles relatives à la computation du délai d'acceptation fixé par l'auteur de l'offre (art. 20), aux effets d'une acceptation tardive (art. 21) ou à la rétractation de l'offre (art. 22).

(89) Sur *les obligations des parties selon la Convention de Vienne*, v. *RD aff. int.* 1988, 1, études J. GHESTIN et F. NIGGEMANN.

395. – Au titre du contrat de vente soumis à la Convention, le *vendeur* est obligé *« à livrer les marchandises, à en transférer la propriété et, s'il y a lieu, à remettre les documents s'y rapportant »*.

396. – L'obligation de *livraison* des marchandises a été préférée à celle de délivrance, connue du droit français. Sans doute la délivrance recèle-t-elle une exigence particulière de conformité de l'objet qu'ignore la seule notion de livraison (90). Par ailleurs, s'agissant du lieu de son exécution, l'obligation de délivrance apparaît, en droit français, comme une obligation de ne pas faire consistant, pour le vendeur, à ne pas empêcher l'acquéreur de retirer la chose (91). En retenant la notion de livraison, la Convention de Vienne ignore ces analyses et en propose une réglementation détaillée.

La Convention prévoit qu'à défaut d'indication contraire, lorsque la vente implique un transport des marchandises, l'obligation de livraison s'épuise par la remise des marchandises au premier transporteur. Lorsque la vente n'implique pas le recours à un transporteur, le lieu de livraison dépend d'un certain nombre de circonstances ; s'agissant du contrat qui porte sur un corps certain, sur une chose de genre qui n'a pas encore été individualisée ou sur une chose future qui doit être fabriquée, la livraison s'opère au lieu où se trouve la marchandise au moment du consentement ou au lieu de l'individualisation ou de la fabrication, dès lors que les parties connaissaient cet endroit (art. 31-b) (92).

La livraison doit s'opérer à la date ou durant la période fixée par le contrat ou, à défaut, *« dans un délai raisonnable à partir de la conclusion du contrat »*.

La conclusion du contrat n'emporte, en soi, aucune obligation de transport ou d'assurance à la charge du vendeur ; néanmoins, si le contrat comporte de tels engagements, la CVIM prévoit l'obligation pour l'acheteur d'individualiser les marchandises, de conclure des contrats circonstanciés et d'en informer son contractant (art. 32). Là encore, la concision de la CVIM à cet égard s'explique par le fait que les parties auront pris soin de régler les éventuelles questions de transport et d'assurance par des clauses expresses ou par référence à un incoterm, ces stipulations ayant vocation à prévaloir sur les dispositions supplétives de la Convention.

(90) V. J. Ghestin et B. Desché, *op. cit.*, n. 703 et s. – J.-M. Mousseron, *Technique contractuelle, op. cit.*, n. 766 et s., p. 310 et s.

(91) Com. 17 nov. 1966 : *Bull. civ.* 1966, 3, p. 387. – V. J. Ghestin et B. Desché, *op. cit.*, n. 678.

(92) Si les parties, spécialement l'acheteur, ignoraient cette localisation, la livraison s'opère au lieu où le vendeur avait son établissement au moment de la conclusion du contrat (art. 31-c). La référence systématique, dans le contrat à un terme commercial (incoterm) qui primera les dispositions conventionnelles purgera cette difficulté.

La Convention associe à la livraison des marchandises la remise d'éventuels *« documents »* qui y sont afférents (art. 34). Ces documents sont essentiels en ce qu'ils sont nécessaires à l'ouverture d'un crédit, documentaire ou non (93).

397. – La livraison est une notion purement matérielle et les rédacteurs de la convention ont éprouvé le besoin de consacrer une section de dix articles à la question de la *« conformité des marchandises (...) »*. Afin d'éviter des difficultés qui ne sont pas propres au droit français, la convention organise au profit de l'acheteur un régime unique de recours et adopte un système moniste que certains appellent de leurs vœux en droit interne (94). Fidèle au pragmatisme qui l'imprègne, la convention prévoit que les marchandises livrées doivent être *« conformes au contrat »* (art. 35) et *« libres de tout droit ou prétention de tiers »* (art. 41 et 42).

398. – La *conformité matérielle* des marchandises s'apprécie au regard des prévisions du contrat qui doit indiquer *« la quantité, la qualité et le type »* des marchandises vendues (art. 35-1) mais aussi les modalités d' *« emballages et (de) conditionnement »* de celles-ci (art. 35-1). À défaut de volonté exprimée, la marchandise doit être propre *« aux usages auxquels serviraient habituellement des marchandises de même type »* (art. 35-2-a) ou à *« l'usage spécial »* que l'acheteur veut faire de la marchandise et dont le vendeur aura été informé (art. 35-2-b) (95). La même référence aux habitudes doit également permettre d'apprécier la qualité de l'emballage et du conditionnement qui, en toutes hypothèses, doivent permettre la conservation et la protection des marchandises (art. 35-2-b). Néanmoins, en ces derniers cas, le vendeur ne saurait être tenu responsable *« d'un défaut de conformité que l'acheteur connaissait ou ne pouvait ignorer au moment de la conclusion du contrat »* (art. 35-3).

L'acheteur ne pourra davantage adresser de reproches au vendeur s'*« il résulte des circonstances que l'acheteur ne s'en est pas remis à la compétence ou à l'appréciation du vendeur ou qu'il n'était pas raisonnable de sa part de le faire »* (art. 35-2-b). Cette dernière cause d'exonération invite le juge à contempler les circonstances et les compétences techniques respectives de chacune des parties.

---

(93) V. *infra*, n. 999 et s.

(94) V. M. ALTER, *L'obligation de délivrance dans la vente de meubles corporels*, LGDJ 1972. – Ph. LE TOURNEAU, *Conformité et garanties dans le droit français de la vente* in *Les ventes internationales de marchandises*, Économica 1981, p. 285 et *RTD com.* 1980, p. 231. – J. HUET, *Les principaux contrats spéciaux* in *Traité de droit civil* de J. GHESTIN, LGDJ 1996, n. 11, 239, p. 191.

(95) V. Civ. 1re, 23 janv. 1996 : *D.* 1996, 334, Cl. WITZ ; *Rev. crit. DIP* 1996, 460, D. BUREAU.

La présentation d'un échantillon ou d'un modèle oblige le vendeur à présenter un produit de qualité équivalente (art. 35-2-c).

399. – Le défaut de conformité n'est imputable au vendeur qu'autant qu'il existait déjà *« au moment du transfert des risques à l'acheteur, même si ce défaut n'apparaît qu'ultérieurement »* (art. 36-1). La convention reproduit ici une règle traditionnelle du droit de la vente (96) ; la référence au transfert des risques, préférée au transfert de propriété, rappelle, d'une part le silence de la CVIM sur cette dernière question et, d'autre part, la possible dissociation des deux mécanismes. L'application de la règle soulève l'épineux problème de la démonstration de l'existence du vice antérieurement au transfert des risques lorsque le défaut est apparu postérieurement. B. Audit propose d'appliquer l'adage *actori incumbit probatio :* la charge de la preuve incombe à l'acheteur et sera renversée si celui-ci établit des faits suffisamment probants (97).

Néanmoins, le vendeur sera responsable du vice survenu après le transfert des risques si le défaut est imputable à l'inexécution d'une quelconque de ses obligations (art. 36-2) ; on pense à une mauvaise manipulation lors d'un transport à la charge du vendeur ou à un emballage défectueux des marchandises. De même, le vendeur répond-il des défauts survenus après le transfert des risques lorsqu'il a garanti que *« pendant une certaine période, les marchandises resteront propres à leur usage normal ou à un usage spécial ou conservant des qualités ou caractéristiques spécifiées »* (art. 36-2). Cette dernière hypothèse concerne la présence de clauses extensives de garantie insérées dans le contrat par lesquelles le vendeur garantirait les performances de ses produits et dont la CVIM prévoit la validité. La convention ne requiert cependant pas le caractère exprès de la clause, B. Audit estime que celle-ci peut être implicite et dépendre des marchandises ou de leur durée habituelle de fonctionnement (98).

L'acheteur mécontent doit, cependant, faire preuve de diligence en examinant les marchandises *« dans un délai aussi bref que possible »* eu égard aux circonstances et aux nécessités du transport (art. 38). Sous peine d'être déchu de son action, il doit dénoncer le vice qu'il a constaté *« dans un délai aussi bref que possible eu égard aux circonstances »* (art. 39) et *« au plus tard dans un délai de deux ans à compter de la date à laquelle les marchandises lui ont été effectivement remises »* (art. 39-2). Cette dernière disposition qui s'applique quelle que soit la

---

(96) V. J. GHESTIN et B. DESCHÉ, *op. cit.*, n. 735.

(97) B. AUDIT, *op. cit.*, n. 102, p. 100. – *Contra*, V. HEUZÉ qui estime qu'il y a lieu de faire application de la loi désignée applicable au contrat pour régler cette question, *op. cit.*, n. 294, p. 223.

(98) B. AUDIT, *op. cit.*, n. 103, p. 101.

marchandise concernée par le contrat, produits alimentaires ou matériel industriel, est d'une importance pratique considérable ; en cas de revente du produit importé sur le territoire français, l'importateur sera tenu à l'égard du sous-acquéreur français au titre du régime du Code civil français, alors qu'il perdra toute possibilité d'action récursoire à l'égard de son auteur étranger passé ce délai de deux années. De même, le sous-acquéreur français qui exercerait une action directe contre le fabricant étranger se heurterait, sans doute, à ce délai... pourvu que l'on reconnaisse à cette action un caractère contractuel comme la jurisprudence française n'a jamais cessé de faire.

L'attention des rédacteurs du contrat doit être spécialement attirée sur l'opportunité de clauses extensives de garantie ; ces clauses auront vocation à primer sur le dispositif de la CVIM, pour autant qu'elles ne heurtent pas des dispositions impératives de la *lex contractus* (99). Néanmoins, le vendeur de mauvaise foi qui *« connaissait ou ne pouvait ignorer »* le défaut de conformité ne saurait se prévaloir du délai biennal de forclusion ni davantage du défaut d'examen des marchandises ou de l'absence de dénonciation du défaut (art. 40).

400. – La conformité juridique des marchandises s'entend, encore, de l'absence de vice de droit. Les marchandises vendues doivent être *« libres de tout droit ou prétention d'un tiers à moins que l'acheteur n'accepte de prendre les marchandises dans ces conditions »* (art. 41). L'hypothèse vise les marchandises objets d'un droit de gage, d'un nantissement ou du droit de propriété d'un tiers, notamment auprès duquel le vendeur a lui-même acquis celles-ci. La CVIM ne fait certainement pas obstacle à la présence de clauses de réserve de propriété insérées dans le contrat de vente internationale au profit du vendeur ; elle institue simplement une garantie d'éviction au profit de l'acquéreur contre son vendeur à l'encontre de revendications formées par un tiers.

401. – La Convention de Vienne admet la validité des clauses limitatives (dans leur objet, dans le temps...) de garantie bien plus facilement que le droit français de la vente (100).

---

(99) V. V. HEUZÉ, *op. cit.*, n. 281, p. 215.

(100) La question se pose de la transposition de la jurisprudence française – restrictive – relative aux clauses aménageant la garantie des vices cachés dans la vente internationale de marchandises relevant de la Convention de Vienne. K. Missaoui a, récemment, opiné en faveur d'une réponse négative en rappelant, notamment, comment la Cour de cassation a admis, le 4 octobre 1989, que les règles françaises en la matière ne sont pas d'ordre public international (*La validité des clauses aménageant la garantie des vices cachés dans la vente internationale de marchandises : JCP* 96, éd. G, I, 3927 référant à Civ. 1re, 4 oct. 1989 : *Rev. crit. DIP* 1990, 316, P. LAGARDE). Pour une approche comparatiste de la question, v. Centre du droit des obligations de Paris I, *Les clauses limitatives ou exonératoires de responsabilité en Europe*, déc. 1990, LGDJ 1991.

402. – L'obligation essentielle de l'acheteur est, traditionnellement, l'obligation de paiement du prix :

> « L'acheteur s'oblige dans les conditions prévues au contrat et par la présente convention, à payer le prix et à prendre livraison des marchandises » (art. 53).

L'obligation comprend également l'obligation de prendre les mesures et d'accomplir les formalités destinées à permettre ce paiement. Ces mesures et formalités peuvent être prévues par *« le contrat », « les lois ou les règlements »* (art. 54). L'accord des parties précisera, en effet, fréquemment sinon toujours, les modalités de règlement et l'intervention d'un établissement bancaire au titre d'une procédure de crédit-documentaire.

Le *lieu* du paiement sera généralement désigné dans le contrat ; à défaut, la CVIM pose le caractère portable du paiement qui doit s'opérer à *« l'établissement »* du vendeur ou, *« si le paiement doit être fait contre remise des marchandises ou des documents, au lieu de cette remise »* (art. 57). De fait, c'est à la loi du lieu de paiement de décider en quelle monnaie le débiteur doit se libérer et il appartient aux parties de respecter à cet égard d'éventuelles lois de police.

Le *moment* du paiement sera également défini par le contrat ; à défaut, le paiement du prix doit s'opérer lors de la remise des marchandises ou des documents représentatifs de celles-ci (art. 58-1). Si le contrat implique un transport de marchandises, *« le vendeur peut les expédier sous condition que celles-ci ou les documents représentatifs ne seront remis à l'acheteur que contre paiement du prix »* (art. 58-2). En toutes hypothèses et sauf stipulation contraire, l'acheteur n'est pas, en principe, tenu de payer avant d'avoir eu la possibilité d'examiner les marchandises (art. 58-3).

403. – *L'obligation de prendre livraison des marchandises* ne fait l'objet que d'un seul texte (art. 60), au demeurant fort lacunaire. L'acheteur doit effectuer les actes matériels et juridiques *« qu'on peut raisonnablement attendre de lui »* permettant au vendeur d'effectuer la livraison. Dans l'exécution de cette obligation, on tiendra compte spécialement des incoterms présents au contrat.

404. – Le laconisme de la disposition précédente se justifie dans la mesure où l'acheteur doit, aux termes de l'article 38, *« examiner les marchandises ou les faire examiner dans un délai aussi bref que possible eu égard aux circonstances »*. Cette véritable obligation de réception et de contrôle fait écho à l'obligation du vendeur de livrer une chose *« conforme »* ; on se rappelle, alors, que le vendeur de mauvaise foi ne peut opposer à l'acquéreur le défaut d'examen des marchandises.

• Sanction des effets obligatoires

405. – La CVIM prévoit de manière rigoureusement parallèle un ensemble de « *moyens dont dispose(nt) l'acheteur* » (art. 45 à 52) et « *le vendeur* » (art. 61 à 65) « *en cas de contravention au contrat par (l'autre partie)* ». Par ailleurs, la Convention réserve un chapitre particulier de « *dispositions communes aux obligations du vendeur et de l'acheteur* » (art. 71 à 88) et consécutives à l'inexécution par l'une ou l'autre partie d'une de ses obligations. Enfin, dans le cadre même des rubriques consacrées aux obligations des parties, certains articles envisagent déjà les conséquences de leur inexécution.

Cette présentation à première vue disparate, poursuit une meilleure lisibilité du texte, les rédacteurs s'efforçant d'adapter les mêmes instruments à la situation de chacun et aux circonstances. Au-delà de cette diversité, un même esprit anime ces dispositions : la CVIM tend à favoriser le maintien du contrat plutôt que sa disparition ; cette préoccupation paraît particulièrement justifiée dans le domaine de la vente internationale : dès lors, en effet, que les marchandises ont été livrées, la résolution du contrat justifierait leur rapatriement avec des coûts et risques supplémentaires de transport et d'assurance, voire leur vente sur place à un prix souvent soldé (101).

La survie du contrat n'est, cependant, concevable que dans la mesure où l'inexécution de l'obligation n'est pas essentielle à son économie. Ainsi, la CVIM distingue-t-elle entre les « *contraventions essentielles et non essentielles* ».

406. – La résolution du contrat peut être obtenue lorsque l'inexécution par l'une des parties d'une quelconque de ses obligations constitue une « *contravention essentielle* » (art. 49-1-a et 64-1) privant substantiellement l'autre de ce qu'elle était en droit d'attendre ; néanmoins, la qualification sera écartée si la partie en défaut – le débiteur de l'obligation inexécutée – n'avait pas prévu un tel résultat et qu'une personne raisonnable de même qualité et placée dans les mêmes circonstances ne l'aurait pas davantage envisagé (art. 25). Le degré élevé de subjectivité de la notion invite les parties à la définir elles-mêmes. L'acheteur comme le vendeur disposent de la faculté d'impartir à leur partenaire un délai supplémentaire pour livrer les marchandises (art. 47-1), payer le prix ou prendre livraison (art. 63-1). La résolution du contrat sera à nouveau encourue à défaut d'exécution de l'obligation dans ledit délai (art. 49-1-b et 64-1-b). Afin d'éviter les lourdeurs d'une action internationale

---

(101) En ce sens, B. AUDIT, *op. cit.*, p. 118 et 199. Cette faveur pour le contrat, que l'on peut déceler dans d'autres conventions internationales, apparaît bien comme l'un des principes du commerce international chers à la *lex mercatoria,* v. *supra*, n. 103.

la résolution n'est pas judiciaire mais *« déclarée »* unilatéralement par le créancier insatisfait qui la notifiera à l'autre (art. 26).

La résolution du contrat donne lieu à des problèmes de restitutions (art. 81-2) qui se présentent différemment selon la partie considérée. En effet, le vendeur doit restituer le prix indûment perçu augmenté d'intérêts calculés à compter du jour du paiement (art. 84-1). La question du taux de ces intérêts n'est pas réglée par la Convention. En l'absence de stipulation contractuelle à cet égard, on proposera de fixer le taux d'intérêt pas référence à la *lex contractus*, à la *lex fori* ou, plus sûrement, à la loi du domicile du vendeur (102). À l'inverse, l'acheteur doit restituer les marchandises *« dans un état sensiblement identique à celui dans lequel il les a reçues »* ; à défaut, celui-ci perd le droit de demander la résolution du contrat, voire même d'exiger la livraison de marchandises de remplacement (art. 82-1). L'acheteur retrouve sa faculté d'action si cette altération ne lui est pas imputable ou s'il a disposé juridiquement de la chose conformément à un usage normal (art. 82-2).

407. – En présence *« de contravention non essentielle »*, acheteur et vendeur disposent de *« remèdes »* (103) aux dommages en résultant.

Acheteur ou vendeur peuvent obtenir des *« dommages-intérêts »* pour autant qu'ils justifient d'un préjudice consécutif à l'inexécution de l'obligation (art. 45-1-b et 61-1-b). Ces dommages-intérêts devront correspondre *« à la perte subie et au gain manqué par l'autre partie par suite de la contravention »* (art. 74) (104) ou à l'exception d'inexécution *« lorsqu'il apparaît (...) que l'autre partie n'exécutera pas une partie essentielle de ses obligations (...) »* (art. 71).

L'acheteur mécontent pourra, également, demander, sous certaines conditions, *l'exécution forcée en nature, le remplacement des marchandises,* leur *réparation,* voire une *réduction du prix ;* le vendeur peut exiger *l'exécution forcée en nature ou effectuer lui-même la spécification des marchandises à la place de l'acheteur.*

Chacune des parties peut impartir un délai supplémentaire d'exécution à son contractant mais la possibilité d'obtenir des délais de grâce en s'adressant au juge ou à un arbitre est exclue (art. 45-3 et 61-3) ; cette disposition importante qui accuse la rigueur d'engagements consentis dans le cadre de l'opération de commerce international devrait priver les parties à un contrat soumis à la loi française de la faculté de se prévaloir de l'article 1244 du Code civil (105).

---

(102) En ce sens, B. AUDIT, *op. cit.*, n. 194, p. 186. – V. HEUZÉ, *op. cit.*, n. 449, p. 341.

(103) Le terme de *« remèdes »* est consacré par le texte anglais de la convention *(remedies)* et paraît traduire l'authenticité des moyens mis en œuvre dont certains n'ont aucun caractère sanctionnateur (V. HEUZÉ, *op. cit.*, n. 388, p. 293).

(104) Les articles 74 à 77 de la Convention fixent le régime des dommages et intérêts.

(105) *Contra,* M. DAHAN, *op. cit.*, n. 680.

β) Effets réels du contrat de vente

408. – L'effet caractéristique du contrat de vente réside dans l'effet translatif de droit de propriété. Or, cette question reste ignorée par la CVIM (106) ; le moment, les modalités de ce transfert seront ainsi déterminés par la seule loi nationale désignée par la règle de conflit du statut réel.

409. – Ce silence est compensé par la prolixité de la convention en matière de transfert de risques. L'instant du transfert des risques est décisif en ce qu'il décide du moment où l'acheteur doit supporter les conséquences de la disparition ou des avaries des marchandises en raison de la survenance d'un événement de force majeure.

Lorsque le contrat de vente implique un transfert de marchandises et que le vendeur n'est pas tenu de les remettre en un lieu déterminé, la CVIM prévoit que les risques sont transférés à l'acheteur *« à partir de la remise des marchandises au premier transporteur »*. Dans le cas inverse, c'est la remise des marchandises au transporteur dans un lieu désigné au contrat qui emportera ce transfert (art. 67-1). En toutes hypothèses, ce transfert suppose l'identification des marchandises vendues par l'apposition d'un signe distinctif, document de transport ou autre (art. 67-2). S'agissant des marchandises vendues en cours de transport, le transfert des risques s'opère, sauf circonstances contraires, lors de la conclusion du contrat (art. 68). À défaut de contrat de transport, les risques sont transférés lors du retirement des marchandises par l'acheteur (art. 69). La Convention s'efforce, encore, de régler les difficultés annexes telles que celles nées de la vente de marchandises mises à la disposition de l'acheteur en un lieu autre qu'un établissement du vendeur et où les risques sont transférés *« lorsque la livraison est due et que l'acheteur sait que les marchandises sont mises à sa disposition en ce lieu »* (art. 69-2). En réalité, la multiplicité des cas de figure suggère fortement la présence de dispositions spéciales dans le contrat, lesquelles procéderont fréquemment d'une référence à un incoterm. Là encore, mais peut être plus qu'ailleurs, le caractère subsidiaire de la Convention de Vienne par rapport aux dispositions contractuelles et aux usages – incoterms – doit être réaffirmé.

410. – Au final, la Convention de Vienne apparaît comme le résultat, souvent heureux, parfois malheureux ainsi que l'illustre la question de la déterminabilité du prix, d'un compromis entre les conceptions anglo-saxonnes et latino-germaniques du contrat de vente. Le pragmatisme qui

---

(106) Sous la réserve de l'art. 30 de cet instrument qui prévoit, à la charge du vendeur, de façon bien discutable, l'obligation de *« transférer la propriété »*.

anime cet instrument ne doit pas être interprété comme la marque d'une régression du droit savant au profit d'un droit vivant mais comme le signe d'une sophistication constante de la réponse apportée par la pratique du commerce international aux besoins particuliers des opérateurs de la matière.

Au-delà de son esprit et de sa texture, la CVIM reste un remarquable – et presque unique – exemple d'unification de règles de droit matériel dont l'influence, demain, devrait être certaine, notamment, sur les règles nationales relatives à la vente purement interne.

B. – Les aspects fiscaux

411. – Nos développements en matière de *fiscalité directe* seront brefs car la matière relève, essentiellement, des règles nationales des États de départ et d'arrivée ou des conventions fiscales les joignant.

Nous référerons, par conséquent, ici, à la seule règle française. L'entreprise exportatrice française est, en ce qui concerne les règles de détermination des bénéfices applicables imposables en France sur la totalité du résultat de ces opérations commerciales, en raison de l'absence d'entreprises exploitées à l'étranger.

412. – Les règles applicables à la *fiscalité indirecte* vont différer.

S'agissant d'un *achat-vente à l'importation,* les règles concernant la TVA ont été exposées plus haut à propos des contraintes douanières propres. C'est, en effet, l'administration des douanes qui a la charge de son établissement et de sa perception (V. *supra*, n. 200 et s.).

413. – S'agissant d'un *achat-vente à l'exportation,* les règles applicables à la TVA sont simples puisqu'elles consistent en une exonération de taxes.

On apportera, toutefois, quelques précisions :

– Les départements d'outre-mer sont considérés comme territoires d'exportation (CGI, art. 294-2), mais Monaco ne l'est pas. On observe ainsi une différence avec les règles de territorialité de l'impôt sur les sociétés français.

– Le régime de TVA applicable aux opérations intra-communautaires fait l'objet, depuis le 1er janvier 1993, d'un certain nombre de modifications (107). L'objectif de cette directive est la mise en place d'un espace européen sans frontières intérieures, en deux étapes : *« un régime transitoire de taxation des échanges »* entre les pays membres est institué,

(107) Dir. conseil, n. 91/680/CEE, 16 déc. 1991.

en principe, pour une période de quatre ans à compter du 1er janvier 1993 et devrait être remplacé, à ce terme, par un régime définitif de taxation des échanges entre les pays membres reposant sur le principe de l'imposition dans le pays membre d'origine des biens livrés. Le législateur français a voté la loi n. 92-677 du 17 juillet 1992 qui a pour objet d'adapter les dispositions du Code général des impôts au régime prévu par la directive du 16 décembre 1991 pour la période transitoire de quatre ans. La loi substitue, pour les échanges intra-communautaires, les notions de « *livraison* » et d' « *acquisition* » à celles d' « *exportation* » et d' « *importation* ». Toutefois, pendant la période transitoire, la livraison du bien par le vendeur, établi en France, à l'acquéreur, établi dans un autre pays membre de la Communauté européenne, demeurera exonérée de TVA française. On mentionnera que ce système commun de TVA a été complété par une directive du conseil n. 92/77/CEE du 19 octobre 1992, relative au rapprochement des taux de TVA et par les directives de simplification n. 92/111/CEE du 14 décembre 1992 et n. 95/7/CE du 10 avril 1995. On sait, aujourd'hui, que le régime transitoire durera au-delà du 31 décembre 1996 mais on ignore quel sera son terme effectif ; les prévisions sur ce point varient entre les observateurs.

– L'entreprise exportatrice a la possibilité d'acquérir en franchise de TVA dans la limite d'un certain contingent, les biens acquis en France, importés d'un pays hors Communauté européenne, ou encore faisant l'objet d'une acquisition intra-communautaire et destinés à l'exportation (CGI, art. 275-I) ou à une livraison intra-communautaire. Ce contingent, fixé annuellement, est égal au montant des ventes à l'exportation et des livraisons intra-communautaires de produits taxables effectuées par l'entreprise au cours de l'année précédente.

Par ailleurs, les recettes d'exportation exonérées de TVA sont retenues comme si elles étaient soumises à la TVA (CGI, art. 271-4-c) pour le calcul du prorata de récupération de l'entreprise qui détermine le montant de la déduction de TVA que l'entreprise peut pratiquer du chef de la taxe qui a grevé ses acquisitions de biens ou de services.

414. – Dans le respect de ces différentes règles, l'opération de vente va se développer. Il serait naïf, en effet, de ramener à la vente d'un poulet sur un marché campagnard la vente internationale faite par un fournisseur à l'affilié d'un groupement à l'achat. Tout en rappelant que chacun des termes du scénario peut se développer en variantes multiples, nous pouvons évoquer à titre d'exemple l'achat-vente banal de produits textiles convenu entre un industriel étranger et un distributeur français.

Chercheur de débouchés nouveaux, l'industriel entre en relations avec un client potentiel qui, dans le cas de produits de grande consommation, est, de plus en plus souvent, une société succursaliste ou un groupement à l'achat. C'est, fréquemment aussi, l'agent local d'un possible acquéreur qui connaît le marché visé, la qualité des produits et *« trie »* les fournisseurs ; cet agent négocie une commission auprès du client et, à l'insu de celui-ci, peut aussi obtenir du vendeur une commission si la commande est passée.

Une négociation débute, alors, pendant laquelle l'industriel mène, lui-même, ses propres discussions avec ses propres fournisseurs de fil, produits de teinture, accessoires de confection et de finition, étiquettes, sachets, cartons d'export... Tous les échanges d'informations sont multipliés et accélérés par le recours au fax, aux messageries électroniques et autres banques informatiques de données, voire, désormais, à Internet, dont on se demande s'ils sont, juridiquement parlant, des moyens de preuve.

La discussion va porter soit sur des produits spécifiques au client qui souhaite la reproduction de modèles conçus par ses services et dont, au cours de différents essais, il appréciera les contretypes... soit sur une collection élaborée par l'industriel qui lui présentera ses prototypes dans son *show room.* Le fournisseur fera rapidement part d'une *« cotation »* soit au client, soit à l'agent de celui-ci.

Si les prospects sont intéressés et que les premières discussions sur le prix sont favorables, le client ou l'agent réclamera un échantillon plus ou moins différencié qui, accompagné d'autres informations (tableau de mensurations, gamme de tailles, soumission de tirelles de coloris, d'accessoires d'étiquetage, d'emballage...), sera soumis au possible acquéreur ou au jury de sélection du groupement.

Toutes ces informations nourrissent un dossier (descriptif de produits, propositions et contre-propositions de prix, quantités envisagées, incoterm choisi, termes de paiement, modalités de contrôle de qualité précédant l'exportation...) qui va permettre à la négociation de déboucher sur une décision défavorable ou favorable des parties. Au premier cas, la négociation s'arrêtera. Au second cas, le client peut décider son achat ou, notamment dans le cas d'un groupement, s'engager à référencer l'offre et présenter tout ou part de la collection à ses affiliés lors de journées techniques de sélection.

L'opération décidée, le client établit un bon de commande, portant au verso ses conditions générales d'achat, indiquant pour chaque *« item »* de la collection du fournisseur, les quantités, les coloris, la date d'expédition, les confirmations de prix...

À réception du bon de commande, le fournisseur adresse au client une facture *pro forma* porteuse de ses conditions générales de vente (108).

(108) On ne pousse pas la discussion classique opposant les CGV et les CGA car les acheteurs sont ordinairement les plus forts et que la négociation va très vite.

Celui-ci s'adresse à son banquier pour obtenir de lui une lettre de crédit, faisant référence à la facture *pro forma*, portant engagement de cet établissement à payer telle somme à telle date à la banque du fournisseur à la condition que ce dernier ait respecté toutes les conditions convenues.

Face à des clients nouveaux ou peu sûrs, l'ouverture de la lettre de crédit permet au fournisseur de tenir le contrat pour conclu et d'engager sa production dans une sécurité suffisante.

Le circuit *« marchandises »* et le circuit *« financier »* se dissocient, alors, et la créance va faire l'objet d'une circulation propre par circuit bancaire.

En cas de vente FOB, le fournisseur livre à un transitaire, généralement choisi par le client ou l'agent local de ce dernier la marchandise. Elle est accompagnée d'une liasse de documents, en copies, comprenant la facture définitive, la liste de colisage et la note de poids – très importants pour le calcul du fret au volume et au poids –, le connaissement ou la LTA – en cas de transport par mer ou par air –, le certificat d'assurance des marchandises et tous autres documents spécifiques tels un certificat EUR 1 exemptant de droits d'importation la marchandise entrant dans l'Union européenne ou l'attestation de quota permettant à un opérateur de s'inscrire dans les limites convenues entre États d'importation et d'exportation et l'attestation positive du contrôle de qualité établie par l'agent du client ou par une société tierce indépendante ; celui-ci se fait après échantillonnage d'un certain nombre de produits vendus ou fabriqués par l'installation cédée. Pendant longtemps, lorsque l'éloignement physique du vendeur et de l'acheteur représentait un obstacle important ou, aujourd'hui, lorsqu'il s'agit de la cession d'une installation complexe, le certificat de conformité de la marchandise – installation – livrée à la marchandise – installation – vendue et, partant, le rôle du tiers en charge de cette appréciation était – est – très important. Cette importance faiblit avec les ventes portant sur des produits de grande consommation et de fréquentes transmissions.

Le transitaire remet au fournisseur un certificat de réception des produits. Cette remise date l'exécution de l'obligation de livraison du fournisseur et marque, du côté du vendeur, la fin du circuit *« marchandises »*.

Le fournisseur remet la même liasse, en original, à sa banque. Celle-ci joint, alors, la banque du client qui, selon les accords intervenus et préalablement au dédouanement de la marchandise, devra payer ou s'engager à payer à une date déterminée. La banque du fournisseur pourra, alors, libérer la somme entre les mains de celui-ci, son propre client, moyennant un escompte et c'est, alors, la fin du circuit *« financier »*.

La livraison matérielle de la chose interviendra, donc, lorsque le fournisseur sera payé ou assuré de l'être par le banquier du client. Les deux circuits *« marchandises »* et *« financier »* se rejoignent à leurs termes.

Demeurent les questions de réception, de garantie, de responsabilité civile *« produits »* qui prolongent l'exécution primaire de l'achat-vente...

SECTION II

LE TRANSFERT DES BIENS INTELLECTUELS

415. – Sous les dénominations inutilement diversifiées de savoir-faire, *know-how*, technologie, biens informationnels... des informations utiles et rares représentent des valeurs de plus en plus importantes pour les entreprises. Jusqu'au milieu du siècle, il s'agissait, essentiellement, de savoir-faire industriel ; leur intérêt a gagné tous les secteurs de l'activité et l'importance d'une technique de production, nouveau produit ou nouveau procédé, a été rejointe par celle d'une méthode de gestion de stocks ou d'un portefeuille de titres, d'une batterie de tests de recrutement ou d'un logiciel de réservation pour compagnies aériennes... En découle l'appétit de ceux qui ne savent pas et le souci de tirer pécunes de ceux qui savent.

Au souci d'informations liées à la production ou aux services, s'ajoute, indispensable à la publicité, le souci des signes distinctifs d'un opérateur, d'une marchandise ou d'une prestation.

416. – La première spécificité de ces biens nouveaux tient à leur non-localisation, à une ubiquité tenant à leur immatérialité même. L'immeuble s'identifie à une portion du territoire ; le meuble corporel se déplace – est déplacé – mais ne peut être qu'en un seul endroit à la fois. S'agissant des biens immatériels, il en est tout différemment et le fait que je maîtrise une connaissance à Montpellier n'est pas affecté par la connaissance que peut en avoir un autre à Los Angeles cependant que la communication que j'en fais à un partenaire de Los Angeles n'affecte pas la connaissance que j'en ai à Montpellier. Or, l'intérêt de l'information m'est rarement particulier et tous ceux qui, dans le monde, ont la même activité que moi peuvent, sans partager mon intérêt, ajouter au moins leur intérêt au mien. La non-localisation des informations quelles qu'elles soient (109) et

---

(109) Selon la belle expression de Robert Plaisant, *« fruit sublime de l'intelligence, l'œuvre plane au-dessus des frontières »* (*Les règles de conflits de lois dans les traités*, Paris 1946, p. 199).

la multiplicité des marchés concernés poseront, rapidement, des problèmes de forte ampleur que les premières techniques de l'intervention du droit ont accusés (110).

417. – La seconde spécificité tient à ce qu'à la différence des biens matériels dont la situation juridique dépend, chaque fois, de celle des biens préexistants (111), les biens intellectuels sont des créations dont la condition juridique n'est pas le simple développement d'une situation passée. Les problèmes de leur *réservation* (§ 1) précédent, alors, ceux de leur *commercialisation* (§ 2).

§ 1. – La réservation internationale des biens intellectuels

418. – Dès lors qu'ils ne peuvent plus les maîtriser par leurs propres moyens de fait, le secret tout en premier, les titulaires premiers de ces informations sollicitent du droit les instruments de leur réservation et de leur commercialisation (112).

Interne ou internationale, les formes d'intervention du droit se distinguent selon qu'elles ignorent ou comportent la technique juridique de l'appropriation, c'est-à-dire de la réservation à un titulaire de l'information concernée par la constitution sur celle-ci et l'attribution à celui-là d'une propriété.

Nous distinguerons, par conséquent, selon que la *réservation est obtenue hors* (A) ou *obtenue par* (B) la propriété.

A. – LA RÉSERVATION INTERNATIONALE DES BIENS INTELLECTUELS HORS LA PROPRIÉTÉ

419. – La situation de droit commun d'un bien intellectuel est d'être non approprié, non couvert par un droit de propriété.

---

(110) M. KESSLER, *L'internationalisation des droits intellectuels : RD aff. int.* 1994, 805. – *Dr. prat. com. int.* in 1990, 3 et 4, *Aspects internationaux de la communication audiovisuelle*, 1990.

(111) La formule de Lavoisier *« Rien ne se perd, rien ne se crée, tout se transforme »* cède-t-elle devant les mécanismes juridiques de la spécification ?

(112) V. J.-M. MOUSSERON, *Valeurs, biens, droits, Mélanges A. Breton et F. Derrida*, Dalloz 1991, p. 277 et J.-M. MOUSSERON, J. RAYNARD et Th. REVET, *De la propriété comme modèle, Mélanges A. Colomer*, Litec 1992, p. 281.

420. – Non appropriée, la maîtrise du bien intellectuel est principalement obtenue par des moyens de fait essentiellement constitués autour du secret et de la sanction de sa violation. La confidentialité d'une information, industrielle, informatique ou gestionnaire d'une entreprise va être obtenue par toutes sortes de moyens développés par ses services de sécurité : accès des bâtiments interdit, reproduction de documents prohibée, confidentialité des utilisations... badges et dévoreurs de papier...

421. – Accessoire, l'apport juridiquc (113) va être répressif et préventif.

422. – Répressif, sanctionnateur, il consistera à ériger en faute civile et/ou pénale la violation de la confidentialité : l'espionnage industriel va être tenu pour tel et sanctionné comme tel. L'accord sur les aspects de droit de propriété intellectuelle qui touchent au commerce (114) reconnaît expressément le principe d'une *« protection de l'information non divulguée »* (art. 39) dans le cadre de l'article 10 *bis* de la Convention de Paris pour la protection de la propriété industrielle relatif à la concurrence déloyale (115). De la sorte, le maître du savoir-faire doit pouvoir s'opposer à la divulgation, l'*« acquisition »* ou l'utilisation de celui-ci par des tiers lorsque ces actes sont contraires aux *« usages commerciaux honnêtes »* (116). Cette réservation du savoir-faire reste subordonnée au secret des informations, à la reconnaissance d'une valeur commerciale qui leur soit attachée et aux *« dispositions raisonnables »* prises par le maître du savoir-faire pour conserver ce caractère. Son titulaire n'est pas protégé contre la réitération de sa création par un tiers indépendamment de ses travaux.

Tant que le comportement considéré se développe sur un seul territoire national, le droit sanctionnateur de l'État dont relève ce territoire joue. Dès lors que le comportement considéré comporte des éléments d'extranéité, les solutions ordinaires des conflits de lois en matière de responsabilité civile, voire pénale, s'appliquent.

423. – L'intervention du droit va s'affiner en diverses mesures de prévention. De multiples obligations d'origine contractuelle positives (faire ceci) ou, surtout, négatives (ne pas faire cela) (117), de moyens

(113) F. DESSEMONTET, *Le savoir-faire industriel*, Libr. Droz Genève 1974. – R. FABRE, *Le know-how : sa réservation en droit commun*, Coll. CEIPI, n. 14, Litec 1976.

(114) V. *supra*, Introduction générale, n. 7 et, plus fortement, J. SCHMIDT-SZALEWSKI et J.-L. PIERRE, *Droit de la propriété industrielle*, Litec 1996. – B. REMICHE et H. DESTERBECQ, *Brevet et Gatt : quel intérêt : RD intell.* 1996, 81.

(115) V. E. ULMER et alii auctores, *La répression de la concurrence déloyale dans les États membres de la CEE*, dont t. IV : *France*, par E. KRASSER (Munich 1967 et Paris, Dalloz 1972).

(116) L'ADPIC vise à ce titre la rupture de contrat, l'abus de confiance, l'incitation au délit... (art. 39, note 10).

(117) A. WYVEKENS, *Observations sur l'obligation de ne pas faire : Ann. Louvain* 1995, 319.

(mettre tout en œuvre pour...) ou de résultat (assurer...) vont engager tel qui par ses liens avec l'entreprise peut avoir accès à l'information, à coopérer au maintien de sa confidentialité. Clauses de secret (118), de non-concurrence, de conflit d'intérêts participent à cette tâche.

Tant que la relation est proprement interne, le droit de l'État sur le territoire duquel l'opération est née et doit s'exécuter s'appliquera. Dès lors que des éléments suffisants d'extranéité l'affecteront, la désignation de la loi applicable à ces obligations posera les problèmes et recevra, sans spécificité, les solutions ordinaires en matière de conflits de lois applicables à un contrat.

B. – LA RÉSERVATION INTERNATIONALE DES BIENS INTELLECTUELS PAR LA PROPRIÉTÉ

424. – Les propriétés intellectuelles se répartissent en deux grandes familles dont les logiques et techniques diffèrent.

Les propriétés littéraire et artistique ont une logique protectrice de la personnalité de l'auteur de l'œuvre dont un droit moral important coexiste avec le droit matériel de propriété – droit d'auteur – ; elles naissent par le fait juridique de la création dans le patrimoine du créateur (1°).

Les propriétés industrielles ont – et de plus en plus – une logique incitatrice à l'investissement avec un souci modéré de la personne de l'auteur dont le droit moral va consister en un simple droit au nom ; elles naissent par l'acte juridique de demande dans le patrimoine du demandeur (2°).

1° *La réservation internationale des biens intellectuels par la propriété littéraire et artistique*

425. – Un droit d'auteur est un droit de propriété assurant, pour l'essentiel, à son titulaire, le monopole d'exploitation d'une création

---

(118) *Dr. prat. com. int.*, numéro spécial 1990-1 et 2, *Le secret*. – M. FONTAINE et *alii auctores, Contrats internationaux : les clauses de confidentialité : RD aff. int.* 1991, n. 1. – F. NAMMOUR, *Les clauses de secret ou la réservation de l'information par le contrat*, thèse dr. Montpellier, Beyrouth 1996.

formelle, dite *« œuvre de l'esprit »* (119). Un film, un roman, une mélodie et, aujourd'hui, le *design* d'un panier à salade ou d'une automobile, un logiciel, une banque de données... accèdent au rang d'œuvres réservées par ce droit. Distinctes de leur support corporel (pellicule, papier, *« CD »* et *« CD-Roms »*), ces créations ont, aujourd'hui plus que jamais, vocation à l'universalité sous leur forme originale ou éventuellement adaptée et *« traduite »*.

426. – La mosaïque de régimes juridiques susceptibles de s'appliquer à l'œuvre de l'esprit d'un côté ou de l'autre d'une frontière incitait à l'adoption, par les États, de principes communs de protection. Dès 1840, la France a contracté un certain nombre de traités bilatéraux mais la création d'une Union internationale, autour de la convention conclue à Berne, le 9 septembre 1886, reste le fait décisif de la protection internationale du droit d'auteur. Cette convention a été constamment rénovée jusqu'à l'Acte de Paris de 1971 alors que, dans le même temps, le nombre des États membres ne cessait de croître (120). Pourtant, le niveau élevé de protection recherché par l'Union de Berne, spécialement au regard du *« droit moral »* de l'auteur (121), freinait l'adhésion d'États dont la philosophie paraissait trop étrangère au modèle proposé. Organisant un système de protection plus modeste que son aînée (122) la Convention universelle sur le droit d'auteur (123) est apparue comme *« une sorte de diminutif »* (124) de la Convention de Berne. Elle a pu rassembler nombre d'États réfractaires au texte de Berne dont les États-Unis. L'adhésion de ces derniers à l'Union de Berne, le 1er mars 1989, réduit désormais l'utilité pratique de la deuxième convention.

L'ADPIC-TRIPS oblige les États membres de l'OMC à se conformer aux articles 1 à 21 de la Convention de Berne telle que révisée à Paris en 1971... à l'exception de son article 6 *bis* relatif à ce qu'il est convenu

---

(119) Sur l'ensemble de la question, J. RAYNARD, *Droit d'auteur et conflits de lois : Bibl. droit entrepr.,* n. 26, Litec 1990. – A. BERTRAND, *Le droit d'auteur et les droits voisins*, Masson 1991. – P.-Y. GAUTIER, *Propriété littéraire et artistique*, PUF 1996. – A. LUCAS et H.-J. LUCAS, *Traité de la propriété littéraire et artistique,* Litec 1994, spéc. 2e partie, n. 90 et s. – Cl. COLOMBET, *Propriété littéraire et artistique et droits voisins*, Précis Dalloz, 7e éd. 1994. – M. JOSSELIN-GALL, *Les contrats d'exploitation du droit de propriété littéraire et artistique – étude de droit comparé et de droit international privé,* GLN-Joly 1995. – J.-S. BERGÉ, *La protection internationale et communautaire du droit d'auteur,* LGDJ 1996.

(120) Sur cette évolution, v. H. DESBOIS, A. FRANÇON, A. KEREVER, *Les conventions internationales du droit d'auteur et des droits voisins*, Dalloz 1976.

(121) Art. 6 *bis* de la Convention introduit par l'acte de Rome de 1928, v. H. DESBOIS, A. FRANÇON, A. KEREVER, *op. cit.*, n. 53, p. 40. – J. RAYNARD, *op. cit.*, n. 115, p. 101.

(122) Notamment s'agissant du *« droit moral »* qu'elle ignore au moins explicitement.

(123) Convention de Genève, 6 septembre 1952 révisée par l'acte de Paris du 24 juillet 1971.

(124) A. et H.-J. LUCAS, *op. cit.*, n. 1113.

d'appeler les droits moraux de l'auteur (125). L'ADPIC traite encore de différents aspects du droit d'auteur méconnus, au moins explicitement, par l'Union de Berne mais dont bon nombre font l'objet de directives européennes (126).

427. – Nous envisagerons, tour à tour, les *conditions (a)* et le *contenu (b)* de cette réservation.

a) Les conditions de la réservation

428. – Nous distinguerons, classiquement, les exigences de *fond* [1] et de *forme* [2] mises à cette appropriation.

1) Conditions de fond

429. – La réservation de l'œuvre de l'esprit est communément subordonnée à une exigence d'originalité appréciée différemment selon les États.

2) Conditions de forme

430. – Selon la Convention de Berne, *« la jouissance et l'exercice des droits ne sont subordonnés à aucune formalité »* (art. 5-2). Application du principe selon lequel le droit d'auteur existe du seul fait de la création (CPI, art. L. 111-1), cette règle permet l'économie des procédures d'obtention du titre de propriété intellectuelle telles que les connaissent et les réglementent aux plans nationaux et internationaux les régimes de propriété industrielle. L'importance pratique de cette disposition doit être soulignée spécialement au regard de la suppression par les États-Unis des formalités légales d'obtention du *copyright* (127).

---

(125) Art. 9, annexe 1-c de l'Accord de Marrakech instituant l'OMC, préc. V. déjà la procédure engagée devant l'OMC par les USA contre le Japon (*Le Monde,* 12 fév. 1995) ; sur les sanctions unilatérales prises par les USA au titre de l'art. 301 de la loi américaine sur le commerce, à l'égard de la Chine pour irrespect d'un accord relatif à la propriété intellectuelle (*Le Monde,* 16 mai 1996).

(126) Protection des programmes d'ordinateur et banques de données (art. 10), droits de location (art. 11), durée de la protection calculée sur une base autre que la vie d'une personne physique (art. 12), limitation au monopole (art. 13), protection des artistes et interprètes (art. 14)...

(127) Ces formalités tenaient à l'apposition sur l'ouvrage d'une mention de réserve accompagnée de l'année de première publication et du nom du titulaire du droit, au dépôt obligatoire d'exemplaires à la librairie du Congrès, à l'enregistrement du droit au *Copyright Office ;* la mention de réserve est devenue facultative bien que certains avantages probatoires y restent attachés ; l'enregistrement est facultatif pour les œuvres ressortissant à l'Union alors qu'il demeure indispensable s'agissant d'œuvres publiées aux États-Unis ; le défaut de dépôt de l'œuvre n'est sanctionné que par une faible amende.

b) Le contenu de la réservation

431. – Techniquement, le droit d'auteur se présente sous la forme d'un faisceau de prérogatives généralement attribuées au créateur-concepteur de l'œuvre, visant à lui réserver, pour un temps déterminé (128), différentes formes d'exploitation de l'œuvre : droit de reproduction, de représentation, de traduction et d'adaptation, voire de destination (129)...

Un deuxième faisceau de prérogatives, généralement désigné comme *« droit moral »*, obtient à l'auteur le droit d'en faire respecter l'intégrité, de décider de la première divulgation de son œuvre, de son exploitation, de faire respecter sa paternité à cette occasion. Il apparaît comme le point de rupture entre les conceptions latino-germaniques du droit d'auteur (France, Allemagne...) et les conceptions anglo-saxonnes du *copyright ;* les premières affirment le caractère perpétuel et inaliénable du droit moral ; les secondes, même si elles connaissent, parfois, de véritables *« moral rights »* (130) ou assurent la prise en compte des intérêts *« moraux »* de l'auteur par la *Common Law* (131), admettent que ces prérogatives doivent s'incliner devant le principe de la force obligatoire du contrat (132).

432. – L'auteur d'une œuvre diffusée dans un État adhérent à l'Union de Berne bénéficiera, pour celle-ci, dans les autres pays unionistes du traitement national (133). À cette règle d'assimilation est souvent associée la règle de conflit posée par la convention, selon laquelle *« l'étendue de la protection ainsi que les moyens de recours garantis pour sauvegarder ces droits se règlent exclusivement d'après la législation du pays où la protection est réclamée »* (134). Il suit que le régime de réservation

---

(128) Le terme *« a quo »* de la protection est diversifié selon les États, voire au sein de ceux-ci selon la nature des œuvres : on retient, parfois, la publication de l'œuvre, plus souvent, la création. Le terme *ad quem* tient à l'écoulement d'un certain délai acquis (50, 60 ou 70 ans après le décès de l'auteur). L'effort d'harmonisation des durées du droit d'auteur et de certains droits voisins a conduit le conseil des communautés européennes à arrêter la directive n. 93/98 du 29 octobre 1993 fixant à 70 ans *post mortem auctoris* la durée des droits d'auteur d'une œuvre littéraire ou artistique (art. 1er).

(129) F. POLLAUD-DULIAN, *Le droit de destination : Bibl. droit privé,* n. 205, LGDJ 1989.

(130) V. loi anglaise du 15 nov. 1988 entrée en vigueur le 1er août 1989.

(131) Pour la reconnaissance du droit moral aux USA, v. J.-M. BAUDEL, *La législation des États-Unis sur le droit d'auteur*, éd. Frison-Roche 1990, p. 228.

(132) Ceci conduit, concrètement, à admettre dans les systèmes de *copyright* la validité des clauses par lesquelles l'auteur renonce à se prévaloir de ses prérogatives *« morales ».*

(133) Ainsi *« les auteurs jouissent dans le pays de l'Union autre que le pays d'origine de l'œuvre des droits que les lois lui accordent actuellement ou accorderont par la suite aux nationaux »* (Conv. de Berne 1971, art. 5-1).

(134) Convention de Berne, art. 5-2. – Dans le même sens, art. II-1 de la Convention universelle.

de l'œuvre publiée dans un État de l'Union relève de la seule loi du pays pour le territoire duquel la protection est réclamée (135) ; il en résulte une situation d'indépendance des droits (136). Un droit d'auteur allemand, français ou un *copyright* conservent, donc, une emprise limitée au territoire qui reconnaît ce droit : c'est là le sens de la règle de territorialité des propriétés littéraires et artistiques.

À l'occasion de l'exercice du droit, son existence même peut être contestée par celui à qui on l'oppose. N'ayant pas à contrôler la régularité formelle de l'obtention d'un droit, né de la seule création, l'autorité locale appréciera, selon ses propres canons, la condition d'originalité de l'œuvre... et pourrait constater l'inexistence ici d'un droit reconnu là ! Pratiquement, toutefois, cette discussion est évincée par celle de la titularité...

La discussion renaît, alors, sur le point de savoir au regard de quelle loi s'apprécie la titularité originelle du droit. En effet, le titulaire du droit qui exerce l'action en contrefaçon verra, à cette occasion, sa qualité systématiquement contestée par le défendeur ; la compétence de la loi locale sur ce point contraindrait pratiquement le demandeur à apporter la preuve, selon cette loi, de sa qualité et, finalement, apparaîtrait comme une prime à la contrefaçon. Les Conventions internationales ignorent, pour l'essentiel, cette question (137). Aussi bien, certains auteurs la soumettent-ils à la compétence de la loi du pays d'origine de l'œuvre (138).

433. – Le principe du traitement national assorti de la compétence de la loi locale pourrait bien constituer une duperie pour les États comme la France qui connaissent un niveau de protection élevé pour le droit d'auteur et dont, à l'étranger, les œuvres relèveraient d'un régime de réservation moins sophistiqué. Aussi, la Convention de Berne édicte-t-elle un *jus conventionis*, minimum conventionnel uniformément applicable,

---

(135) Le fondement de ce rattachement reste plus incertain : pour la référence à la *lex loci delicti*. – A. et H.-J. LUCAS, *op. cit.*, n. 1974 ; pour la référence à la *lex rei sitae*. – J. RAYNARD, *op. cit.*, n. 451 et s.

(136) Art. 5-2, *« cette jouissance et cet exercice – des droits – sont indépendants de la protection dans le pays d'origine de l'œuvre »*.

(137) V. cpdt, art. 14 *bis*-2 de la Convention de Berne de 1971 qui réfère à la loi du pays où la protection est réclamée pour désigner le titulaire du droit sur une œuvre cinématographique.

(138) V. J.-C. GINSBURG, *L'exploitation internationale de l'œuvre audiovisuelle : JCP*, éd. G, I, 3734. – M. JOSSELIN-GALL, *op. cit.*, n. 266 et s., p. 283 et s. – V. en ce sens, Paris, 14 mars 1991 : *JCP*, éd. G, II, 21780, J.-C. GINSBURG. – Paris, 9 fév. 1995 : *RIDA* oct. 1995, p. 310 ; *JCP* 96, éd. E, I, 982, 14, H.-J. LUCAS.

véritable ébauche d'un droit d'auteur international (139). Mais, s'agissant de certaines questions pour lesquelles l'adhésion des États signataires à un minimum conventionnel ne s'avèrerait pas possible, la Convention admet la *« prise en considération »* de la loi du pays d'origine dans un même souci de réciprocité : c'est spécialement le cas de la règle dite de *« comparaison des délais »* (140).

2° *La réservation internationale des biens intellectuels par les propriétés industrielles*

434. – Les propriétés industrielles se caractérisent par la coexistence de régimes juridiques différents selon les informations appropriées, d'une part, et selon les États, d'autre part.

La première disparité tient, sans doute, à l'histoire et au caractère récent – faut-il dire inachevé ? – du traitement de ces valeurs en biens appelant l'intervention du droit.

La seconde disparité a la même origine. Les premiers droits sur informations industrielles, par exemple, les recettes de cuisine protégées à Sybaris au IVe siècle avant J.-C. (141) ou les techniques de fabrication d'armes, de drap ou de glaces de la Renaissance, sont nés de décisions de l'autorité publique de réserver, par la voie des privilèges dans les derniers cas, le monopole de leur exploitation à tel ou tel bénéficiaire. Or, le Prince, concédant, ne pouvait concéder de telles prérogatives que sur le territoire de sa principauté. La promotion, voici deux siècles, de ces privilèges, publics en quelque sorte, en propriétés, privées en quelque sorte (142), n'a pas affecté cette situation et a imposé le principe majeur

---

(139) Ces dispositions intéressent le catalogue des œuvres protégées (art. 2), les prérogatives constitutives du monopole de reproduction (art. 9), de traduction (art. 8), d'adaptation (art. 12), de représentation (art. 11), de radiodiffusion (art. 11 *bis*), la durée du monopole qui ne saurait être inférieure à cinquante ans *post mortem auctoris* (art. 7) ou le droit de suite (art. 14 *ter*), enfin, le droit moral permettant à l'auteur de faire respecter sa paternité et l'intégrité de l'œuvre (art. 6 *bis*). – La Convention de Berne n'affirme pas, toutefois, le caractère inaliénable de ce droit et renvoie à la législation du pays où la protection est réclamée pour régler *« les moyens de recours pour sauvegarder »* ces droits (art. 6 *bis*-3), ce qui a permis au congrès d'estimer suffisantes les garanties offertes par le droit américain en ce domaine.

(140) Art. 7-8, *« Dans tous les cas la durée sera réglée par la loi du pays où la protection sera réclamée ; toutefois, à moins que la législation de ce dernier pays n'en décide autrement, elle n'excèdera pas la durée fixée dans le pays d'origine de l'œuvre »*.

(141) M. VIVANT, *Juge et loi du brevet*, Coll. CEIPI, n. 20, Litec 1977, n. 4, p. 2.

(142) Sur l'ensemble de la question : *J.-Cl. Brevets d'invention*. – J.-M. MOUSSERON, *V° Brevets d'invention : Rép. dr. com.* 4e éd. 1994. – J.-M. MOUSSERON avec le concours de J. SCHMIDT et P. VIGAND, *Traité des brevets*, t. I ; *L'obtention des brevets*, Coll. CEIPI, n. 30, Litec 1984. – J. FOYER et M. VIVANT, *Le droit des brevets*, Coll. Thémis, PUF 1991. – P. MATHÉLY, *Le nouveau droit français des brevets d'invention*, LJNA 1991. –

des droits de propriété industrielle : un droit de propriété industrielle a, nécessairement, pour assiette territoriale, le territoire du ou des États qui l'ont accordé... ou auprès de qui... ou pour lesquels ils ont été demandés.

435. – Chaque droit national dessine pour son aire d'application propre les conditions et, surtout, les effets de tels droits. Cette règle de territorialité est essentielle. En découle une forte dispersion initiale des conditions et du contenu de la réservation par brevet.

436. – La fréquence des réservations multinationales d'informations, les perturbations que le brevetage, par exemple, d'une invention peut apporter à la réservation de cette information sur d'autres territoires, le souhait d'une harmonisation des règles nationales ont fait des propriétés industrielles une terre d'élection de la construction internationale.

437. – Dès 1883, a été signée, à Paris, la Convention d'Union internationale pour la protection de la propriété industrielle (UIPPI) (143) qui, au travers de ses révisions, a construit un socle de règles communes à la plupart des législations nationales. L'un des apports les plus précoces et importants est le bénéfice de priorité unioniste immunisant tout auteur d'un dépôt dans un État de l'Union contre les divulgations dont son information pourrait être l'objet dans un certain délai (six mois pour les dessins et les marques, un an, pour les brevets) (144). L'article 4-A, alinéa 1 énonce, en effet :

> « Celui qui aura régulièrement fait le dépôt d'une demande de brevet d'invention, d'un modèle d'utilité, d'un dessin ou modèle industriel, d'une marque de fabrique ou de commerce, dans l'un des pays de l'Union, ou son ayant-cause, jouira, pour effectuer le

---

A. CHAVANNE et J.-J. BURST, *Droit de la propriété industrielle*, Précis Dalloz, 4e éd. 1993. – J. SCHMIDT-SZALEWSKI et J.-L. PIERRE, *op. cit.*, 1996. – M. VIVANT et J.-L. BILON, *Code de la propriété intellectuelle*, (annoté) Litec 1996.

(143) Sur l'ensemble du système unioniste de propriété industrielle, St. P. LADAS, *La protection internationale de la propriété industrielle*, éd. Medicis 1933. – M. PLAISANT, *Traité de droit conventionnel international concernant la propriété industrielle*, Sirey 1949, p. 5 et s. – P. MONTEILHET, *Des brevets d'invention en droit conventionnel international et en droit interne*, Sirey 1950. – G.-H. BODENHAUSEN, *Problèmes actuels du droit de la propriété industrielle, littéraire et artistique : Rec. cours La Haye* 1949 et, surtout, *Guide d'application de la convention d'Union de Paris*, La Haye 1969. – R. PLAISANT et J.-Y. SAYN : *J.-Cl. Brevets*, fasc. 37, 1947, avec une importante bibliographie internationale. – J. FOYER, *Un siècle de droit unioniste : PIBD* 1983, 321, II, 73. – Y. PLASSERAUD et F. SAVIGNON, *Genèse du droit unioniste*, Litec 1983. – A. BOGSCH, *Les 100 premières années de la Convention de Paris : Propr. ind.* (Genève) 1983, numéro spécial. – J.-M. MOUSSERON, *Traité,* cité, n. 303 et s., p. 316 et s. Au 1er janvier 1996, cent vingt-six États adhéraient à la Convention de Paris.

(144) Pratiquement, tous les dépôts effectués vers l'étranger par des opérateurs français revendiquent un tel bénéfice ; à l'inverse, 80 % des brevets déposés en France le sont, par des étrangers, sur la base de telles priorités.

> dépôt dans les autres pays, d'un droit de priorité pendant des délais déterminés ci-après ».

Pour les différentes propriétés, la Convention de Paris contient des règles de droit matériel relatives aux droits et obligations des parties ne renvoyant pas simplement à l'application des législations nationales régissant, directement, la situation considérée : reconnaissance des marques notoirement connues (art. 6 *bis*), admission de la marque *« telle quelle »* (art. 6 *quinquies*) : division des demandes complexes, obligation d'exploitation des inventions, délais de grâce prévenant la déchéance des droits pour non-paiement des redevances annuelles. Ces dispositions sont d'application directe (145).

La Convention apporte, surtout, des règles essentielles à la vie internationale des propriétés industrielles.

Elle pose, en premier, le principe général de l'assimilation de l'unioniste au national (art. 2 et 3) :

> « Les ressortissants de chacun des pays de l'Union jouiront dans tous les autres pays de l'Union, en ce qui concerne la propriété industrielle, des avantages que les lois respectives accordent actuellement ou accorderont par la suite aux nationaux. En conséquence, ils auront la même protection que ceux-ci et le même recours légal contre toute atteinte portée à leurs droits, sous réserve de l'accomplissement des conditions et formalités imposées aux nationaux ».

Aucune condition de domicile ou d'établissement dans le pays où la protection est réclamée ne peut être exigée des ressortissants de l'Union pour la jouissance de ces droits... Sont assimilés aux ressortissants des pays de l'Union ceux qui y sont domiciliés ou y ont des établissements industriels ou commerciaux effectifs et sérieux.

Elle pose, en second, le principe de l'indépendance des droits couvrant des territoires nationaux distincts et renforce le principe de leur territorialité :

> – « Une marque régulièrement enregistrée dans un pays de l'Union sera considérée comme indépendante des marques enregistrées dans les autres pays de l'Union, y compris le pays d'origine (art. 6, § 3).
>
> – Les brevets demandés dans les différents pays de l'Union par des ressortissants de l'Union seront indépendants des brevets obtenus pour la même invention dans les autres pays adhérents ou non à l'Union. Cette disposition doit s'entendre d'une façon absolue... ».

438. – L'ADPIC énonce clairement l'obligation pour les États membres de se conformer à la Convention de Paris telle que révisée en matière

---

(145) Ch.réunies, 16 nov. 1966 : *Bull.*, n. 5, p. 5 ; *Ann. propr. intell.* 1967, 217.

de brevets à l'Acte de Stockholm du 14 juillet 1967 (146). Il s'ensuit pratiquement l'extension du champ d'application aux États non signataires de celle-ci mais adhérant à l'OMC.

L'ADPIC comporte, également, des dispositions du droit matériel concernant les droits de marque, brevet, sur indications d'origine, dessins et modèles industriels, topographies de produits semi-conducteurs (147).

439. – Les efforts les plus importants ont été réalisés au plan des instruments destinés à faciliter la réservation internationale des créations intellectuelles.

Il s'agit, d'une part, des mécanismes permettant la demande internationale de dessins, la demande et l'instruction internationale des demandes de droits de marque et de brevet (PCT), la demande, l'instruction et la délivrance européenne de brevets (148).

Il s'agit, d'autre part, d'instruments proprement internationaux de réservation de forme, signes et dessins... au plan de l'ensemble européen, tout au moins avec la marque communautaire (en fonction) (149), du dessin communautaire (en proposition), du brevet communautaire (d'application retardée) (150).

440. – Cette accumulation d'interventions de portées différentes n'a pas pour autant limité la dissociation des régimes ; elle a peut-être, réduit

---

(146) Au moins pour les art. 1er à 12 et l'art. 19.

(147) V. J. SCHMIDT-SZALEWSKI et J.-L. PIERRE, *op. cit.*, n. 1010 et s., p. 417 et s. – A. CHAVANNE et J.-J. BURST, *op. cit.* – S. SCHANG, *De l'OMPI au GATT*, Litec 1994. – *Adde*, L. n. 96-1106, 18 déc. 1996, mod. CPI en application de l'accord instituant l'OMC : *JO* 19 déc., p. 18687.

(148) La Convention de Munich sur la délivrance du brevet européen du 5 octobre 1973 (*adde*, loi d'application 30 juin 1977, CPI, art. L. 614-1 à L. 614-7) réunit, aujourd'hui seize États dont ceux de l'Union européenne. La procédure européenne comporte, sur demande faite auprès d'un Office national de l'un des États signataires ou directement auprès de l'OEB, une instruction par étapes débouchant sur la délivrance d'un brevet européen. Si la procédure d'opposition pouvant conclure la phase de délivrance peut amener la révocation du brevet européen pour tous les États désignés, les procédures ultérieures d'annulation devront être conduites devant l'autorité judiciaire de chaque État désigné pour lequel l'élimination du droit sera recherchée.

(149) V. règl. (Cons. d'État), n. 40/94 du conseil du 20 déc. 1993 : *JOCE* 1er janv. 1984, n. L. 11/1, p. 104 et s. – Règl. (Cons. d'État), n. 2868/95 de la Commission du 13 déc. 1995 : *JOCE* 15 déc. 1995, n. L. 303/1. – V. en particulier, J. SCHMIDT-SZALEWSKI, *La marque communautaire : JCP* 94, éd. E, I, 379. – A. HUET, *La marque communautaire : la compétence des juridictions des États membres pour connaître de sa validité et de sa contrefaçon : Clunet* 1994, 623. – J. FOYER, *La marque communautaire ou le monstre du Berlaimont, Mélanges A. Françon*, Dalloz 1995, p. 149 et s. – G. BONET, *La marque communautaire : RTD eur.* 1995, p. 59 et s.

(150) La convention de Luxembourg du 15 décembre 1975, complétée par un texte du 18 décembre 1985 (*adde*, loi d'application du 30 juin 1977, CPI, art. L. 614-25 à L. 614-30) n'est pas encore entrée en application. Sur demande des intéressés, elle soumettra à un régime *« spécifique et autonome »* sur le territoire de l'Union européenne les brevets obtenus selon la voie européenne de la Convention de Munich.

ou mieux déplacé, leur portée. L'observation résulte de l'étude, rapide, des *conditions (a)* et du *contenu (b)* de la réservation.

a) Les conditions de la réservation

441. – La réservation par le jeu d'une propriété incorporelle des informations appropriables est subordonnée à l'accomplissement sur une information satisfaisant à différentes *conditions de fond* [1] de *formalités essentielles* [2].

1) Conditions de fond

442. – Sous l'influence de diverses constructions internationales et en réponse au besoin pressant des entreprises, les conditions de fond d'obtention de ces propriétés industrielles se sont considérablement rapprochées ces dernières décennies. Il en est, tout particulièrement, ainsi des règles de brevetabilité : invention, nouvelle, inventive, susceptible d'application industrielle.

2) Conditions de forme

443. – La naissance d'un droit de propriété industrielle provient d'un acte juridique unilatéral d'appropriation d'un bien sans maître, qui porte le nom de demande... de droit de dessin, marque ou brevet (151).

444. – L'origine historique même de ces droits et leur philosophie inverse de celle des propriétés littéraires et artistiques soumet ces droits à une règle fondamentale de territorialité. Ces droits ont effet sur le territoire de l'État auprès de qui ou pour lequel ils ont été déposés. Il s'agit, donc, au départ de systèmes de propriété territoriale, de droits nationaux. Le souci tôt venu d'assurer la réservation de ces signes ou de ces informations sur des territoires nationaux différents a appelé la réitération de procédures nationales de dépôt ; la forme traditionnelle d'obtention de propriétés industrielles pour plusieurs marchés nationaux consiste, donc, à diligenter autant de demandes qu'il y a d'États visés.

Le poids, le risque et le coût de ces procédures ont conduit à la juxtaposition à ces voies nationales (α) de voies internationales (β) d'appropriation.

---

(151) J.-M. MOUSSERON, *Le droit du breveté d'invention : Bibl. droit privé*, n. 23, LGDJ 1961. – J.-M. MOUSSERON, J. RAYNARD et Th. REVET, art. cité.

α) Voies nationales de réservation

445. – Le système traditionnel de réservations nationales multiples est, toujours, possible.

La réservation ici postulée avec, chaque fois, sous les formulations prévues par les règles locales, dépôt d'une demande comportant description de l'invention et délimitation par revendications des informations appropriées, contrôle administratif de régularité formelle, mise de la demande à la disposition du public (publication), relevé administratif des antériorités éventuelles, délivrance par l'autorité administrative... Le principal écart entre les régimes d'instruction tient à la présence (États-Unis, Allemagne) et l'absence (France) d'un contrôle administratif de brevetabilité précédant la délivrance et de la faculté pour l'État sollicité de refuser l'accord du brevet pour non-brevetabilité de l'invention considérée.

Le titulaire d'un droit de marque dans un État déterminé peut, de la même façon, procéder à une opération mal dénommée d'extension consistant en dépôts du signe concerné auprès d'autres offices nationaux (ou régionaux). Il le fera au bénéfice de la priorité unioniste.

Cette formule impose la multiplication de procédures de dépôt soumises, chaque fois, à des règles propres dont nous avons déjà dit le poids, l'aléa et, tout particulièrement, le coût, la charge des traductions étant, notamment, singulièrement pesante.

β) Voies internationales de réservation

446. – Nous rappellerons brièvement les règles essentielles en matière de réservation internationale des *dessins et modèles,* des *marques* et des *brevets d'invention.*

• Régime international des dessins et modèles

447. – Le régime international des dessins et modèles est constitué, principalement, des dispositions du droit unioniste pour la protection de cette catégorie de propriétés industrielles et, accessoirement, des dispositions du droit unioniste relatif aux propriétés littéraires et artistiques (152), également disponibles.

448. – Les droits dits de dessin et modèle ayant pour objet de réserver des créations industrielles ornementales constituant une variété de propriétés industrielles, se voient appliquer, pour leur protection internationale, le régime de droit commun de la Convention de Paris, d'une

(152) P. et F. GREFFE, *Traité des dessins et modèles*, 5e éd. 1994.

part (art. 5 *quinquies*), et, d'autre part, les régimes spécifiques issus des arrangements particuliers conclus par des pays membres qui la composent conformément à l'article 19 de celle-ci ; ces arrangements particuliers forment l'Union de La Haye (153).

449. – Ces arrangements particuliers ont été conclus entre certains pays membres en vue de faciliter la protection internationale des dessins et modèles et mettre en place un système de dépôt international (154).

Le dépôt peut être effectué directement au Bureau international de Genève sans qu'il soit nécessaire d'effectuer un dépôt préalable au pays d'origine. La demande d'enregistrement international doit comporter la liste des États contractants dans lesquels le déposant désire que le dépôt international produise ses effets.

450. – Le dépôt international produit les effets d'un dépôt national pour chacun des pays désignés dans la demande. Le déposant bénéficie d'une présomption de propriété sur le dessin ou le modèle objet du dépôt (155) ; autrement dit, le dépôt est purement déclaratif. L'admission de la protection dans chaque pays désigné s'effectuera selon les règles du droit national.

451. – La consécration par le droit français de la théorie de l'unité de l'art (156) qui conduit à refuser toute distinction entre l'art pur et l'art appliqué et, partant, à accueillir le cumul des lois en matière de dessins et modèles, rend ces derniers justiciables de la Convention de Berne dès lors que leur créateur souhaite obtenir une protection internationale (157).

---

(153) Arrangements de La Haye du 6 novembre 1925 et du 28 novembre 1960 modifiés par le protocole de Genève du 29 août 1975 entré en vigueur le 1er août 1984. L'union de La Haye comprenait, au 1er janvier 1996, vingt-cinq États.

(154) Les conditions d'accès au dépôt international sont peu nombreuses et demeurent assez souples. Peuvent bénéficier du dépôt international les ressortissants des États membres de l'Union restreinte, ainsi que les assimilés, c'est-à-dire les ressortissants des pays ne faisant pas partie de l'Union, mais qui sont domiciliés ou ont un établissement industriel ou commercial effectif et sérieux sur le territoire de l'un des pays de l'Union (Conv. Paris, art. 3).

(155) L'art. 4, al. 1 de l'Arrangement de 1925 dispose, *« Celui qui effectue le dépôt international est considéré jusqu'à preuve du contraire, comme propriétaire de l'œuvre »*.

(156) CPI, art.L. 112-1, *« Les dispositions du présent code protègent les droits des auteurs sur toutes les œuvres de l'esprit, quels qu'en soient le genre, la forme d'expression, le mérite ou la destination »*.

(157) La disparité des législations pour cette catégorie de droits de propriété industrielle, certains pays admettant le cumul total des protections, la France notamment, d'autres l'absence de cumul, l'Italie par exemple, d'autres encore le cumul partiel, l'Allemagne ou le Bénélux, par exemple, a rendu nécessaire une révision de la Convention de Berne, afin de corriger les irrégularités résultant des différences de traitement national. L'article 2, § 7 de la Convention de Berne tel que modifié à Paris, le 24 juillet 1971, a substitué l'exception de réciprocité au principe général de l'assimilation de l'unioniste au national : l'œuvre d'art appliqué, protégée uniquement par un droit de dessin et modèle dans le pays d'origine, ne peut se voir accorder, en principe, dans un pays d'accueil que la

• Régime international des marques

452. – Loin de révéler l'origine du produit ou du service, le signe distinctif a pour objet principal de fongibiliser des marchandises identiques et, symbole de ces produits, en permettre la publicité. De valeur infime au départ, la marque incorpore les investissements publicitaires réalisés à son propos et peut, souvent, atteindre des valeurs considérables. La mondialisation des marchés et, par conséquent, des produits et des services et, par conséquent, de la publicité fait de la marque un instrument capital dans la concurrence internationale.

453. – Le régime international des marques (158) trouve son fondement dans la Convention de Paris de 1883 et les arrangements particuliers conclus par les pays membres en application de son article 19. Le premier, de nature conventionnelle, instaure un mécanisme respectueux des règles de territorialité et d'indépendance des droits de marque.

Il tient, tout d'abord, aux dispositions générales de l'Union précitée en vue de faciliter et renforcer la protection internationale des marques. Les plus importants d'entre eux sont l'Arrangement de Madrid du 14 avril 1891 (159), entré en vigueur le 15 juillet 1892 et le Protocole relatif à cet arrangement, signé le 27 juin 1989 (160), entré en vigueur le 1er avril 1996. Tous deux ont trait à l'enregistrement international des marques.

---

protection spécifique relative aux dessins et modèles ; elle ne peut bénéficier de la protection par la propriété littéraire et artistique si celui-ci prévoit le cumul des lois. Il n'en va différemment qu'au cas où le pays d'accueil n'a pas de législation spécifique pour les dessins et modèles. En pareille hypothèse, l'article 2, § 7, *in fine* de la Convention de Berne indique que le dessin ou modèle est protégé comme œuvre artistique.

(158) P. MATHÉLY, *Le nouveau droit français des marques*, LJNA 1994.

(159) Au 1er janvier 1996, l'Arrangement de Madrid concernant l'enregistrement international des marques comprenait 46 États. Sur l'Arrangement de Madrid, le Protocole et le règlement d'exécution commun : OMPI, Genève 1996, *Guide pour l'enregistrement des marques*. – A. THRIERR, *Arrangements internationaux : J-Cl. Marque*, fasc. 7730.

(160) Le Protocole relatif à l'Arrangement de Madrid concernant l'enregistrement international des marques comprenait 9 États au moment de son entrée en vigueur, le 1er avril 1996. La France, signataire du Protocole ne l'a pas encore ratifié ; il est permis de penser que cette ratification interviendra avant la fin de l'année 1996. L'élaboration d'un Protocole additionnel à l'Arrangement de Madrid a suscité la mise en place d'un règlement d'exécution commun destiné à articuler les procédures complexes des demandes d'enregistrement international des marques selon que les pays concernés sont membres de l'Arrangement ou du protocole, exclusivement, ou appartiennent aux deux. Le règlement d'exécution est, également, entré en vigueur le 1er avril 1996. L'article 1er, § 2 de l'Arrangement de Madrid (Acte de Stockholm) déclare, *« les ressortissants de chacun des pays contractants pourront s'assurer, dans tous les autres pays parties au présent arrangement, la protection de leurs marques applicables aux produits ou services enregistrés dans le pays d'origine moyennant le dépôt desdites marques au Bureau international de la propriété intellectuelle (ci-après dénommé Bureau international) visé dans la convention instituant l'Organisation mondiale de la propriété intellectuelle (ci-après dénommée Organisation) fait par l'entremise de l'administration dudit pays d'origine »*.

454. – L'*Arrangement de Madrid* auquel participent la plupart des pays européens, à l'exception du Royaume-Uni, permet, à l'issue d'une procédure unique dite d'enregistrement international l'obtention de droits nationaux de marque sur un signe dans les pays membres désignés par le déposant (161).

Pour chaque pays désigné, l'enregistrement international produit les effets d'une demande nationale à son inscription sur le registre international (art. 4).

455. – Seuls les dépôts étant internationalisés, l'enregistrement international selon l'Arrangement de Madrid conduit au déclenchement de procédures nationales de délivrance de titres, suivant les règles de forme et de fond de droit interne propres à chaque pays désigné (162).

L'enregistrement international conduit à la délivrance de titres indépendants sous réserve de l'expiration d'une période de dépendance provisoire à l'enregistrement de la marque d'origine (163).

---

(161) Tout national de chacun des pays contractants ou toute personne ayant son domicile ou un établissement industriel ou commercial effectif et sérieux dans l'un desdits pays a la faculté de recourir à l'enregistrement international du signe qu'il veut réserver comme marque, donnant ainsi naissance à une *« marque internationale »*. L'enregistrement international d'une marque suppose l'obtention préalable d'un enregistrement national, appelé enregistrement du pays d'origine nécessairement membre de l'Arrangement de Madrid. Le déposant n'a pas le choix du pays d'origine qui sera, dans l'ordre, le pays d'exercice de l'activité, de domicile et, enfin, de nationalité du déposant. L'exigence d'un enregistrement national préalable de la marque pour *« asseoir »* une demande internationale n'est pas sans créer des distorsions entre les ressortissants des pays membres de l'Arrangement en raison des disparités des législations, certaines admettant un enregistrement quasi automatique sous réserve d'un contrôle formel, d'autres imposant un examen de fond plus ou moins complet assorti d'une procédure d'oppostion. Cette inégalité de traitement est en passe de disparaître dans la Communauté européenne, tout au moins, avec l'harmonisation des législations nationales qui résulte de la mise en œuvre de la directive du *conseil rapprochant les législations des États sur les marques* (89/104/CEE : *JOCE* 11 fév. 1989, L. 40/1).

(162) Les refus de protection sont notifiés par les administrations nationales au Bureau international dans le délai prévu par leur législation et, en tout état de cause, au plus tard dans les douze mois de l'enregistrement international. Le Bureau international vérifie que le refus qui lui est notifié est régulier en la forme, l'inscrit au registre international et le notifie à l'administration du pays d'origine, au titulaire de la demande de propriété incorporelle ou à son mandataire.

(163) La règle de l'indépendance des marques issues de la procédure d'enregistrement international intervient à l'issue d'une période probatoire de cinq ans au cours de laquelle le sort des marques obtenues dans les pays désignés est lié à celui de la marque enregistrée dans le pays d'origine : les marques enregistrées dans les pays désignés se trouvent juridiquement dépendantes de la marque du pays d'origine, l'annulation de cette dernière entraînant *ipso facto*, l'anéantissement de toutes les autres. Ce système dit de *« l'attaque centrale »* constitue une exception limitée, dans le temps, tout au moins, à la règle de l'indépendance des marques ; il permet à l'auteur de la demande d'enregistrement international d'obtenir, en raison de l'existence de cette opération, l'anéantissement des marques dans tous les pays désignés, du fait de l'annulation de la marque d'origine, effet rendu impossible à partir de dépôts exclusivement nationaux. Passé le délai de cinq ans, l'annulation de la marque dans le pays d'origine n'aura, en revanche, aucune incidence sur la

La marque enregistrée dans les pays désignés est soumise aux droits internes, pour sa validité comme pour ses effets, en particulier pour la durée de sa protection et les conditions de son renouvellement.

456. – Le *Protocole relatif à l'Arrangement de Madrid,* signé le 27 juin 1989, entré en vigueur le 1er avril 1996, est destiné à accueillir des membres parties ou non à l'Arrangement de Madrid, des États de l'Union de Paris, mais également des organisations intergouvernementales telles que l'OHMI (164) et (165).

Le déposant doit être ressortissant du pays dans lequel la demande d'origine a été effectuée ou y avoir un domicile ou un établissement ; si le dépôt d'origine est un dépôt de marque communautaire, le demandeur doit être ressortissant d'un État membre de l'Union européenne ou y avoir domicile ou établissement.

• Régime international des brevets d'invention

457. – Le souci d'éviter, sinon le morcellement des droits, du moins la répétition des procédures d'obtention a, récemment, conduit à doubler les *voies nationales* d'obtention des brevets, de *voies internationales* extrêmement performantes (166).

---

validité des marques dans les autres pays. L'administration du pays concerné devra, cependant, notifier au Bureau international les décisions rendues en la matière.

(164) Office de l'harmonisation dans le marché intérieur (marques, dessins et modèles) créé par le règlement du conseil (CEE) n. 40/94 du 20 décembre 1993 sur la marque communautaire (*JOCE,* 14 janv. 1994, n. L. 11/1, p. 104 et s.).

(165) Les conditions de mise en œuvre de ce système tiennent à l'identité des marques entre le dépôt national ou régional et le maintien du dépot international. La demande internationale doit être présentée par l'intermédiaire de l'office qui a reçu le dépôt d'origine. Elle contient la désignation des pays pour lesquels la protection est demandée, une extension postérieure pour de nouveaux pays étant toujours possible. L'enregistrement international est soumis, dans chaque pays désigné au même examen que les demandes nationales. Le délai accordé aux administrations nationales est, également, de douze mois ; ici, toutefois, les États membres peuvent, sur simple déclaration, étendre ce délai à dix-huit mois et même encore pour une durée maximum de sept mois pour cause de procédure d'opposition (art. 5). Les effets de l'enregistrement international selon le Protocole sont, comme pour l'Arrangement, ceux d'une demande nationale et, pour ce qui concerne l'OHMI, ceux d'une demande de marque communautaire (art. 4). La durée de la protection d'un enregistrement international est de dix ans (Protocole, art. 6, § 1), renouvelable pour une durée identique moyennant paiement d'émoluments de renouvellement. Le Protocole permet, toutefois, au déposant de la marque dont l'enregistrement international est tombé dans le délai de cinq ans, de demander sa transformation en demandes nationales dans les trois mois qui suivent la radiation de l'enregistrement international. La date de l'enregistrement international bénéficiera aux demandes de transformation. Les dépôts internationaux selon l'Arrangement de Madrid représentent plus de 15 % des dépôts de marques concernant la France soit, en 1995 : 13 413 (dont 10 775 premiers dépôts et 2 638 renouvellements) sur 82 894 dépôts (soit 62 270 premiers dépôts et 20 624 renouvellement).

(166) Le succès des formules internationales d'obtention de brevet est attesté par quelques chiffres. Le nombre des demandes pour la France est passé de 49 341 en 1967 à 89 753 en 1995. Celles-ci ont été déposées, pour 15 896 en demandes nationales, 36 321 en demandes européennes et 37 536 en demandes internationales (*Dossiers Brevets* 1996, 3).

458. – La délivrance de brevets pour des territoires nationaux différents a fait des progrès considérables avec le Traité de Washington du 19 juin 1970 (*Patent cooperation treaty* ou PCT) entré en application en 1978 avec une efficacité considérable proposant aux demandeurs une formule de dépôt, de recherche documentaire et d'examen unique mais maintenant l'autorité de chaque office, pour la délivrance des brevets nationaux (167). La Convention de Munich du 5 octobre 1973 également entrée en application en 1978 avec une efficacité considérable, organise un système de délivrance européen par l'Office européen des brevets (OEB) établi à Munich d'un portefeuille de brevets nationaux (168). L'OEB assure, lui-même, la délivrance d'un brevet européen qui est, en vérité, pour l'essentiel, une collection de brevets nationaux. Il délivrera, également, demain, le brevet communautaire qui sera, lui-même, soumis à des règles propres et, par conséquent, autonomes.

b) Le contenu de la réservation

459. – Les droits de dessin, marque ou brevet confèrent à leur titulaire – le demandeur et point le créateur – ou son cessionnaire la propriété d'une forme, d'un signe ou d'une invention. Contre les atteintes qualifiées d'actes de contrefaçon le droit peut être exercé par la voie de l'action en contrefaçon assistée de sanctions civiles (injonction de cessation d'exploitation pour le futur, confiscation et indemnisation pour le passé). Les lois nationales ne sont pas, encore, fortement harmonisées ni sur les moyens d'établir l'exploitation suspecte ni sur les procédures judiciaires d'établissement et sanction, voire garantie des actes fautifs. Le droit français s'est doté de procédures vigoureuses de lutte contre la contrefaçon, que ce soit, depuis longtemps, avec la saisie-contrefaçon d'objets agressant un brevet ou, plus récemment, la loi du 5 février 1994 et le règlement communautaire du 22 décembre 1994 sur la retenue et la saisie en douane des objets contrefaisant droits d'auteur, de dessin ou de marque (169). Les premières euro-injonctions annoncent un temps d'intégration judiciaire (170).

---

(167) La Convention de Washington du 19 juin 1970 (M. VIVANT et J.-L. BILON, *op. cit.*, p. 486. – *Adde*, loi d'application du 30 juin 1977, CPI, art. L. 614-17 à L. 614-24) réunit, aujourd'hui, quatre-vingt-trois États dont ceux de l'Union européenne. Sur la base d'une demande internationale unique elle permet une procédure unique d'instruction dont les conclusions sont adressées aux offices des États – ou de groupe d'États : OEB – désignés qui assurent la délivrance de brevets nationaux soumis à leurs règles nationales.

(168) P. MATHÉLY, *Le droit européen des brevets d'invention*, LJNA 1978.

(169) *Gaz. Pal.* 12 juin 1995, numéro spécial, *Contrefaçon : deux ans après la loi Lang*, spéc. : M. DENOE, *Les nouveaux pouvoirs des douaniers*, p. 6 et s.

(170) Le droit est soumis aux règles nationales de chaque État désigné, notamment pour ce qui est du droit matériel de la contrefaçon. Les procédures de contrefaçon générale-

On relèvera le traitement particulièrement sévère appliqué aux actes d'importation non agréés par le breveté, quel que soit le caractère régulier ou non sur leur territoire d'origine de la fabrication des produits concernés. L'épuisement national et communautaire du droit de brevet existe mais point son épuisement international ; il ne s'agit pas d'une limite apportée aux propriétés industrielles mais d'une articulation avec le principe européen de la libre circulation des marchandises sur le territoire européen (171). Le débat sur la nature de ces prérogatives est purgé depuis que le législateur, lui-même, a pris soin de réunir les textes les régissant dans un Code de la propriété intellectuelle (CPI). Les spécificités affectant le régime de ces droits ne sont pas sensiblement plus importantes que celles qui distinguent les propriétés immobilières des propriétés mobilières. Elles tiennent, essentiellement, au caractère incorporel des biens appropriés.

La spécificité tient, en premier, à la territorialité des droits, règle essentielle pour l'action internationale des entreprises. Les conventions communautaires en matière de dessins, projets, marques, acquis et brevets, à application différée, vérifient la règle en élargissant simplement son assiette d'application.

La spécificité tient, en second, au caractère temporaire des droits. La durée de la protection née du dépôt international (dessin ou modèle) varie selon que l'on se place sous le régime de l'Arrangement de 1925 ou sous le régime de l'Arrangement de 1960. L'Arrangement de 1925 prévoit une durée de protection de quinze ans, tandis que l'Arrangement de 1960 organise un régime de protection minimale laissant aux États le soin de fixer leur propre durée de protection. Elle n'est guère différente de celui qui affecte la propriété des meubles consomptibles ; la règle interne dite de la perpétuité des droits devait, plus opportunément, céder à celle de permanence.

Ces qualifications sont directement vérifiées par les conséquences qu'y attache la commercialisation des biens intellectuels appropriés tenant les cessions de propriétés intellectuelles à titre onéreux pour des ventes et les licences les concernant pour des louages de chose. Permettre l'organisation de leur commercialisation, interne comme internationale, est, d'ailleurs, l'utilité majeure de la qualification des modes de réservation de ces biens intellectuels.

---

ment portées devant le juge de l'État de l'agression peuvent être rassemblées devant le juge de l'un des États désignés sur lequel un défendeur est domicilié en application de l'article 2 de la Convention de Bruxelles (v. *infra*, n. 471).

(171) B. CASTELL, *L'épuisement du droit intellectuel*, PUF 1985, sur le refus de l'épuisement international du droit de brevet, Paris 13 janv. 1996 : *Dossiers Brevets* 1996, IV, 2.

§ 2. – La commercialisation internationale des biens intellectuels

460. – Chercher à pérenniser la maîtrise d'une valeur n'est pas antinomique au souci de sa commercialisation mais représente la condition première de cet accès des autres... contre rémunération. Il est probable que les revenus indirects (rémunération de contrats d'exploitation) des propriétés intellectuelles approchent, voire excèdent leurs revenus directs (avantages d'une exploitation personnelle de l'information par celui qui en a la maîtrise première).

Essentiels pour les particuliers à qui elles permettent l'amortissement élargi et plus rapide d'investissements souvent considérables de publicité, d'une part, et, de recherche-développement, de l'autre, ces transferts sont un élément essentiel de propagation du développement entre les différents États, qu'il s'agisse d'États à fort développement industriel et commercial et, *a fortiori,* d'États que l'on appelle en voie de développement (PVD), développement supposant, généralement, de tels transferts de technique.

461. – Les contrats de transfert ou exploitation d'images ou de techniques relèvent de plusieurs catégories.

462. – Une première distinction peut être conduite selon la *finalité du contrat* financière ou politique pour l'auteur du transfert comme la pénétration d'un marché nouveau... ou technique pour son bénéficiaire, comme la liberté d'exploitation de ses propres procédés ou l'obtention de la connaissance elle-même.

Une seconde distinction peut être menée en fonction de l'*objet du contrat.*

Une distinction, ici rejetée, invite à dissocier ces contrats en considération de la nature du droit de propriété intellectuelle en cause : les seuls droits de propriété industrielle seraient susceptibles d'un véritable négoce contractuel alors que les droits de propriété littéraire et artistique justifieraient, en raison de leur nature *« personnelle »,* l'élaboration de modes contractuels originaux (172). Les auteurs du présent ouvrage qui adhèrent à une analyse unitaire de la nature de ces droits, précisément en termes de propriété (173) repoussent pareille discrimination que la pratique internationale ignore largement, ne serait-ce qu'en raison de l'étroite corréla-

(172) V. en ce sens, et avec regret... M. JOSSELIN-GALL, thèse citée.
(173) V. J.-M. MOUSSERON, J. RAYNARD, Th. REVET, art. cit., p. 281.

tion des régimes de droits intellectuels en cause à l'occasion d'un transfert de technique ou, plus généralement, de biens intellectuels (174).

463. – Un classement beaucoup plus souple paraît plus intéressant :

– Les *accords de recherche* comportent, tout particulièrement, des clauses de répartition des résultats (175).

– Les *cessions d'œuvre, de marques, de brevet,* sont des ventes d'œuvres, de signes, d'inventions appropriés pour un territoire sur lequel leur titulaire n'envisage pas leur exploitation personnelle.

– Les *accords de non-opposition, de tolérance, d'immunisation* obligent le maître d'un signe ou d'une information à ne pas exercer d'action judiciaire en contrefaçon ou responsabilité (176).

– Les *licences sèches d'œuvre, de brevet* ou *de marque* consistent en locations d'informations appropriées et sont, en droit français, marquées d'une lourde obligation de garantie.

– Les *licences mixtes de savoir-faire breveté et non breveté*, souvent accompagnées de licences de droits d'auteur ou de marque, sont les contrats les plus largement pratiqués ; la difficulté tient à leur qualification nécessaire à la désignation du régime applicable : régime de la licence, c'est-à-dire en droit français, du louage de chose, ou régime de la licence de savoir-faire non breveté, c'est-à-dire en droit français, du contrat d'entreprise, ou régime mixte ; les parties doivent, tout particulièrement, être attentives aux taux et formes de communication, de contrôle et de garantie en songeant à la possibilité de dissocier ces différentes prestations par la distinction de leurs rémunérations, par exemple.

– Les *contrats de franchise,* qu'ils soient de distribution, de services ou de production, comportent, nécessairement, deux composantes : licence de savoir-faire, breveté ou non, et licence de marque.

– Les *licences de savoir-faire non breveté* ont pris un développement considérable au cours des dernières décennies, de par leur application à des secteurs extrêmement diversifiés de la technique.

– Les *échanges de techniques* ou *transferts – licences-croisées* lient deux opérations de sens inverse.

---

(174) Pour les contrats d'exploitation du droit d'auteur, v. E. ULMER, *La propriété intellectuelle et le droit international privé*, Études comm. Communautés européennes 1980, n. 59 et s. – *Adde*, J. RAYNARD, *op. cit.*, n. 169.

(175) Y. REBOUL, *Les contrats de recherche*, Coll. CEIPI, n. 23, Litec 1978. – O. COHEN-NADAR, *Les accords de recherche et de développement en droit international*, thèse Toulouse 1995.

(176) J.-M. MOUSSERON, *Les contrats de transfert de renommée : Cah. dr. entrepr.* 1989, II, p. 24 et s. – P. PHILIPPON, *Les contrats de non-opposition*, thèse Montpellier 1996.

– Les opérations de *vente et/ou construction d'équipements et d'installations* comportent de nombreuses opérations de transfert de techniques, de la communication d'une notice d'emploi à la remise d'une bible d'exploitation d'une unité industrielle ou de distribution.

– Les *contrats de distribution* comportent, toujours une composante licence de marque.

– Les opérations de publicité, promotion, parrainage, mécénat comportent des licences sur droits d'auteur, droits dérivés et/ou marques.

464. – En insistant plus particulièrement sur leur cas, régime pilote pour les contrats sur droits d'auteur (177) ou marques (178), nous traiterons, d'abord, du *droit applicable au transfert de technique international* (A) avant d'envisager le *droit matériel du transfert de technique international* (B).

A. – LE DROIT APPLICABLE AU TRANSFERT DE TECHNIQUE INTERNATIONAL

465. – Nous distinguerons entre la désignation de la *loi applicable* (1°) et celle de l'*autorité de conflit compétente* (2°).

1° *La loi applicable*

466. – La question de la désignation de la loi applicable à ces contrats se pose classiquement tant pour la *forme*, que pour le *fond* de ceux-ci. La réponse, toute aussi classique, tient à la mise en œuvre de la Convention de Rome sur la loi applicable aux obligations contractuelles.

467. – S'agissant de la *forme* de l'acte, les contrats de transfert d'informations non appropriées ne sont soumis à aucune formalité, que ce soit pour leur validité ou pour leur opposabilité.

Il en va souvent différemment des accords portant sur des informations ou signes appropriés et dans les pays étrangers existent, souvent, comme en France des formalités solennelles, telles l'exigence d'écrit, ou publicitaires comme l'inscription au registre national des marques, des dessins ou des brevets. L'option « *validante* » de législation ouverte par la Convention de Rome (art. 9) entre la loi applicable au fond et la loi du

(177) J. RAYNARD, *op. cit.*
(178) E. TARDIEU, *Le contrat de licence de marque*, thèse Montpellier 1990.

pays de conclusion de l'acte trouve, alors, à s'appliquer, pour autant que les parties ne se heurtent pas à une loi locale de police.

Des formalités administratives particulières comme la déclaration aux autorités de l'administration économique des transferts à l'étranger de technique, brevetées ou non, sont fréquemment requises (179).

468. – Pour ce qui est du *fond*, en présence d'une clause de loi applicable, l'interprète du contrat retiendra le choix des parties. Le domaine de la loi du contrat doit être cependant considéré : dans le respect de la Convention de Rome (art. 10), la loi choisie gouverne la formation de l'accord, son interprétation, l'exécution des obligations et les conséquences de leur inexécution... ; en revanche, les effets réels de l'acte et spécialement les conditions d'opposabilité de celui-ci telles l'inscription sur un registre spécial auprès d'un office local, relèvent de la seule loi réelle de chaque pays d'exploitation. L'enseignement doit être retenu dans l'hypothèse du contrat concernant différents droits de propriété intellectuelle relatif à une même information dont ceux-ci assurent la réservation pour autant d'États : le contrat et ses effets obligatoires relèveront de la seule *lex contractus ;* les effets réels de l'acte devront être conciliés au regard de chaque droit national dont un titre de propriété intellectuelle est en jeu (180).

En l'absence de clause, conformément aux directives de la Convention de Rome, l'interprète recherche *« le débiteur de la prestation caractéristique du contrat »* (art. 4) pour présumer la compétence de la loi de son domicile. Ainsi, la loi du domicile du maître du savoir-faire, du cédant ou concédant du droit s'applique au contrat (181). Pourtant, la clause d'exception prévue à la Convention de Rome qui écarte le jeu de la présomption précédente *« lorsqu'il résulte des circonstances que le contrat présente des liens plus étroits avec un autre pays »* pourrait bien justifier l'application de la loi du pays d'exploitation de l'information,

---

(179) Un décret n. 70-441 du 26 mai 1970 (*JO* 29 mai 1970) soumet à obligation d'information du ministère de l'Économie les contrats avec l'étranger portant sur l'acquisition ou la cession de droits de propriété industrielle et de tous éléments intellectuels d'aide scientifique et technique (*adde*, Arr.26 mai 1970 : *JO* 29 mai). V. CPI, art. R. 624-1 et s. Rappr. B. DUTOIT et P. MOCK, *Le contrôle administratif des contrats de licence et de transfert de technologie*, Libr. Droz, Genève 1993.

(180) Pour les contrats d'exploitation du droit d'auteur, J. RAYNARD, *op. cit.*, n. 660 et s. – A. et H.-J. LUCAS, *op. cit.* n. 957. – Pour les contrats mettant en cause un brevet, v. M. VIVANT, *op. cit.*, n. 394.

(181) Pour une application à un contrat de cession de brevet, Paris 22 fév. 1994 : *JCP* 95, éd. E, I, 439, 2, J. RAYNARD. Dès lors, s'agissant de transferts de technique réalisés vers des pays en voie de développement, le silence des parties désigne pratiquement la compétence de la loi du pays développé, sans doute plus adaptée, assurément mieux connue de l'exportateur de technique.

dans lequel se localisent l'objet du contrat (182), voire même sa prestation caractéristique (183). Ainsi, en l'absence de clause d'*electio juris*, se trouverait assurée une heureuse coïncidence de la *lex contractus,* loi du contrat, et de la *lex rei sitae,* loi du titre.

469. – Le contrat doit, encore, respecter l'ordre public économique de l'État – des États – de son exécution et les règles de « *police* » qui en découlent.

Dans de nombreux pays et, en particulier, dans les PVD, il existe des lois et réglementations protégeant les (intérêts) nationaux. De telles dispositions peuvent contenir des règles impératives, en matière, notamment, de durée maximale possible d'un contrat, niveau des rémunérations, améliorations (clauses de perfectionnement), vente de composants (ventes liées), droits du licencié d'utiliser la technologie licenciée après l'expiration du contrat, droits du licencié de vendre hors de son territoire.

Les pays – groupes de pays – plus développés connaissent souvent un droit de la concurrence impératif. Les stipulations interdites *per se* sont, souvent, par exemple, les clauses de non-contestation (le licencié n'est pas autorisé à agir en annulation du droit), les clauses de vente liées trop extensives (obligation d'acheter les composants auprès du concédant) et les clauses d'améliorations exclusives (obligation pour le licencié de licencier en retour le concédant pour les améliorations qu'il peut apporter à l'invention). Citons le règlement communautaire européen sur les transferts de technologies du 31 janvier 1996 (184) ; ce dernier texte rend moins compte du souci de concurrence, difficile à exprimer à l'égard de monopoles que du souci de la libre circulation des produits, tout particulièrement innovants, à l'intérieur du marché unique.

L'ordre public en cause n'est pas seulement économique et la Cour de cassation a pu relever le caractère de lois de police d'application

---

(182) Pour ce parti, mais avant l'entrée en vigueur de la Convention de Rome, M. VIVANT, *op. cit.*, n. 324 et s. – J. RAYNARD, *op. cit.*, n. 653. – M. JOSSELIN-GALL pour qui « *la prestation caractéristique est assumée par l'éditeur qui prend les risques de l'entreprise éditoriale en investissant les fonds nécessaires à l'impression et à la distribution de l'ouvrage* », *op. cit.*, n. 316.

(183) L'exercice contractuel d'un droit de propriété intellectuelle ne suscite pas de prestation positive de la part du titulaire du droit mais se caractérise par son abstention, illustrant la tolérance dont il fait preuve à l'égard d'actes d'exploitation consommés par son contractant. – Cette tolérance se « *localise* » bien au lieu du pays d'exploitation ; ce raisonnement s'accuse dès lors que le contractant est en charge d'une obligation d'exploitation. – V. J. RAYNARD, *op. cit.*, n. 169 et *JCP* 95, éd. E, art. cité.

(184) Commission, règl., n. 240/96, 31 janv. 1996 : *JOCE* 9 fév., L. 31/2 ; *Dossiers Brevets* 1995, IV et G. BONET : *JCP* 96, éd. E, I, 544, comm.

immédiate des règles françaises sur le droit moral, à propos d'une cession de *copyright* soumise à la loi américaine (185).

2° *L'autorité de conflit compétente*

470. – La désignation de l'autorité en charge d'interpréter le contrat ne présente, *a priori*, pas de difficulté spécialement en présence d'une clause attributive de juridiction respectant les exigences posées à cet égard, notamment par l'article 17 de la Convention de Bruxelles. On observera que la règle de compétence exclusive que cet instrument pose au profit de *« l'État contractant sur le territoire duquel le dépôt ou l'enregistrement a été demandé (et) effectué (...) »* est limitée aux litiges où sont en cause *« l'inscription ou (la) validité des brevets, marques, dessins et modèles et autres droits analogues donnant lieu à dépôt ou enregistrement »* (Conv. Bruxelles, art. 16-4). Toute autre action, spécialement à consonance contractuelle, relève des règles de droit commun (186).

471. – Deux problèmes délicats se posent.

Le premier tient à l'application aux litiges en matière de propriété industrielle des règles de compétence posées par la Convention de Bruxelles permettant de centraliser devant le juge du domicile d'un défendeur les actions en contrefaçon de droits couvrant des territoires différents. Échappent, seuls, à cet article 2 les litiges visés par l'article 16-4° (187). Après des années d'indifférence, les intéressés ont *« découvert »* l'euro-injonction dont le principe a été reconnu par la cour de Paris, le 28 janvier 1994 (188).

---

(185) Permettant à l'auteur de se prévaloir en France de prérogatives ignorées dans le pays d'origine de l'œuvre (sur l'indépendance des propriétés intellectuelles, v. *supra*) ou auxquelles il avait valablement renoncé selon la *lex contractus*, Civ. 1re, 28 mai 1991 : *Rev. crit. DIP* 1991, 752, P.-Y. Gautier ; *Clunet* 1992, 133, B. Edelman ; *JCP* 91, éd. E, II, 21731, A. Françon et éd. E, II, 220, P. Sirinelli et J. Ginsburg ; *D.* 1993, 197, J. Raynard. – Cpdt l'arrêt de renvoi qui glisse adroitement sur le terrain de l'ordre public international, Versailles 19 déc. 1994 : *RIDA* avril 1995, 389, A. Kerever ; *JCP* 96, éd. E, I, 582, n. 12, H.-J. Lucas.

(186) Spécialement, sur le fondement de l'art. 19 de la Convention de Bruxelles, le juge du contrat, qui serait saisi à *« titre principal »* de questions tenant à son exécution, et incidemment de la question de validité du brevet, pourrait, sans y être obligé, se dessaisir au profit du juge du pays de délivrance. V. P. Lagarde, 4e rencontre de propriété industrielle, *Droit international et actions en contrefaçon de brevets dans la CEE*, Nice 1974 : *PIBD* 1974, numéro spécial., p. 49 et s.

(187) 4e Rencontre de propriété intellectuelle, citée et, tout particulièrement, rapports G. Droz et P. Lagarde.

(188) Paris 28 janv. 1994 : *Dossiers Brevets* 1996, I, 3. V. Coll. LES-France, 29 mars 1996, *Cross Border Injunction*. – J.-M. Mousseron, J. Raynard et P. Véron, *L'euro-injonction : Dossiers Brevets* 1996, I.

Le second concerne « *l'arbitrabilité* » des contrats portant sur la validité du titre. La tendance est favorable à une réponse positive, spécialement dans un contexte international, dans la mesure où, en droit interne déjà, les parties disposent du pouvoir de transaction, de renonciation à une demande en contrefaçon, la décision arbitrale concernant la validité et la portée du brevet ne pourra produire d'effet qu'*inter partes* (189).

B. – LE DROIT MATÉRIEL DU TRANSFERT DE TECHNIQUE INTERNATIONAL

472. – Nous traiterons, tour à tour, des *aspects juridiques* (1°) *stricto sensu,* et des *aspects fiscaux* (2°) de ces opérations.

1° *Les aspects juridiques*

473. – La règle de la territorialité des droits de propriété intellectuelle engendre un « *damier* » pour lequel chaque État constitue une case où il sera décidé de l'appropriation ou non de l'information en cause et de son régime. Les contractants qui avanceront leurs pions sur celui-ci, et, spécialement le titulaire du droit, en tiendront compte pour introduire, le cas échéant, des « *clauses à géométrie variable* » traduisant le fait que la même information ici appropriée, là ne le sera pas, le régime du contrat en étant par là même bouleversé.

474. – Les techniques juridiques de communication des informations vont, en effet, être essentiellement différentes – et point voisines – selon qu'elles concernent des informations *non appropriées (a)* ou *appropriées (b).*

a) La commercialisation des informations non appropriées

475. – Non approprié, le savoir-faire ne peut être l'objet d'une vente ou d'un apport en nature dont l'effet caractéristique est le transfert de

---

(189) Colloque IRPI, *Arbitrage et propriété intellectuelle*, Litec 1994 et, spéc. l'intervention de P. VÉRON, p. 116. – *Adde*, J.-M. BURGUBURU et J.-M. MOUSSERON, *L'arbitrage face aux préjudices nés des licences*, art. cit. – J.-M. MOUSSERON, *Traité des Brevets*, préc. spéc., n. 99. – V. égal. en ce sens, M. VIVANT, *op. cit.*, n. 72. – J. ROBERT, note au *D.* 1972, 343. – A. CHAVANNE, *Arbitrage, propriété industrielle et ordre public, Mélanges J. Vincent,* Dalloz 1981, 51, v. *supra*, n. 314.

propriété. La qualification de la licence (190) soulève, en revanche, discussion : tirant, surtout, argument de l'absence de propriété de l'objet loué, la qualification de louage d'ouvrage – exclusive de garantie, à défaut de clause – est ordinairement retenue ; plus récemment et de façon plus pertinente, semble-t-il, celle de louage chose – procédure de garantie, en l'absence de clause – a été préférée au titre des obligations caractérisques de cette convention : mettre et maintenir le preneur en jouissance de l'information contractuelle, les modalités d'exécution de cette double obligation différant, alors, la levée partielle et le maintien du secret appelant d'autres comportements que la mise et le maintien en jouissance d'une information appropriée (191). Tout comme les techniques de réservation s'efforcent d'obtenir des résultats voisins de l'appropriation par des moyens essentiellement autres pour ne pas dire inverses, le secret s'opposant à la publication qui conditionne les propriétés industrielles, les techniques contractuelles de commercialisation vont, à partir de situations de départ inverses, rechercher des résultats identiques à ceux que poursuivent et atteignent les contrats d'exploitation d'informations appropriées ; elles y parviendront par des moyens juridiques inverses.

476. – Les *obligations du concédant* ou bailleur de techniques tiennent, pour l'essentiel, à la délivrance et conduisent à *« tenir »* – et point *« mettre »* – (192) l'information à la disposition du partenaire. La presta-

---

(190) H. STUMF, *Der know how vertrag,* Heidelberg 1977. – J.-H. GAUDIN, *Stratégie et négociation des transferts de techniques*, éd. du Moniteur 1982 et *Guide pratique de l'ingénierie des licences et des coopérations industrielles*, Litec 1993. – J.-M. MOUSSERON, *Traité,* cité, n. 35 et s., p. 32 et s. – J. JEHL, *Le commerce international de la technologie – approche juridique*, Coll. CREDIMI, vol., n. 10, Litec 1985. – F. BORTOLOTTI et C. COSTA, *I contratti internazionali di transferimento di tecnologia (legislazioni),* Milan 1986. – J.-M. DELEUZE, *Le contrat international de licence de know-how*, Masson, 4e éd. 1988. – M. DUBISSON, *Les accords de coopération dans le commerce international,* éd. Lamy 1989. – I. PAGENBERG et G. GEISSLER, *Lizenzvertrag, C. Heymann vlg.,* 2e éd. 1993. – M.-Z. BROOKE et J.-M. SKILBECK, *Licensing in Gower*, Management 1994. – J.-M. MOUSSERON et J.-J. BURST, *Les licences*, éd. Pacta (impr. et inf.) 1997.

(191) Pour la première thèse, J.-M. MOUSSERON, *Traité*, cité, n. 37, p. 35. – J. FOYER et M. VIVANT, *op. cit.*, p. 398 et s. – A. CHAVANNE et J.-J. BURST, *op. cit.*, n. 606, p. 326. – J. AZÉMA, *op. cit.*, n. 1870, p. 823. Pour la seconde thèse, Ph. DEVÉSA, *La nature juridique de la licence de savoir-faire, Mélanges J.-J. Burst,* à paraître.

(192) H.-J. et L. MAZEAUD enseignent, *« Le vendeur étant, en principe, tenu seulement de laisser la chose vendue à la disposition de l'acheteur pour qu'il en prenne livraison, l'obligation de délivrance, parce qu'elle est ainsi une obligation de ne pas faire, ne comporte en elle-même aucun mode particulier... Parce qu'il s'agit d'une obligation essentiellement négative, accompagnée, tout au plus, d'actes positifs assez limités (remise des clés, du titre...), la délivrance n'est, en général, susceptible d'entraîner que des frais très réduits... »* (*Leçons de droit civil*, t. III, 2e vol. 7e éd. par M. DE JUGLART, Montchrestien 1987, n. 935, p. 245). *Adde*, J.-M. MOUSSERON, *Technique contractuelle, op. cit.*, n. 760 et s., p. 309 et s. – Cpdt, pour la vente, *supra*, n. 396.

tion caractéristique du concédant est, alors, la levée de l'obstacle tenant ordinairement au secret qui empêchait l'accès intellectuel et, partant, industriel à l'information concernée. L'obstacle que pareille délivrance vise à écarter diffère, toutefois, sensiblement de celui que l'on rencontre en présence d'informations appropriées où il tient à l'existence d'un droit privatif réservant l'information et érigeant toute atteinte en usurpation fautive ; dans le cas étudié, l'obstacle est de fait et tient au secret qui entoure l'information concernée, la réitération indépendante de l'invention et l'exploitation de son résultat n'étant point, alors, fautives (193).

Ce que l'on dénomme, parfois, cession de savoir-faire se caractérise par une obligation d'exclusivité mise à la charge du maître de l'information, c'est-à-dire l'obligation à ne pas communiquer à d'autres et à ne pas (plus) exploiter, lui-même, le savoir-faire concerné ; par le jeu de ces obligations de ne pas faire, le maître du savoir-faire s'identifie à un cédant qui perdrait sa propriété ou, plus exactement, au bénéficiaire d'une réservation qui en transfère le bénéfice à autrui. La dénomination de licence exclusive de savoir-faire est réservée aux accords obligeant, seulement, à ne pas contracter avec un autre partenaire pour le même territoire contractuel.

477. – Plus originales sont, sans doute, les *obligations du licencié* bénéficiaire du transfert, hors, bien entendu, l'obligation à règlement d'un prix qui sera, le plus souvent, un prix proportionnel à l'exploitation.

Sitôt l'information dévoilée, le pouvoir d'interdire par le secret disparaît, tout au moins dans les relations entre le concédant et le licencié ; celui-ci se trouve, alors, dans la même situation que celui-là. Il peut, donc, faire ce qu'il veut, où il veut, quand il veut, sans même que la fin du contrat n'interrompe de telles facultés (194)... à moins que le contrat même qui a imposé au concédant de communiquer ses informations n'oblige le licencié à ne pas révéler ou exploiter l'information en toutes sortes de situations. Le propre du contrat – de transfert de technique – tient aux obligations de ne pas faire qu'il établit à la charge du licencié : pendant le temps du contrat, ses obligations l'engagent à ne pas réaliser tels actes d'exploitation, à ne pas exploiter l'invention sous telle ou telle forme, sur tel ou tel territoire... ; pour l'après-contrat – et l'expression est bien mauvaise – l'obligation caractéristique est de ne plus exploiter l'information.

---

(193) Notons une situation intermédiaire où l'obstacle tient à l'éventualité d'une action judiciaire visant à faire sanctionner une forme donnée d'usurpation. Le *« contrat de transfert de renommée »* engage le concédant à ne pas exercer telle ou telle action en contrefaçon ou en responsabilité civile (Colloque LES, *Les contrats de transfert de renommée*, Paris 1988 et J.-M. MOUSSERON, *Les contrats de transfert de renommée*, art. cit.).

(194) J.-M. MOUSSERON, *Secret et contrat, Mélanges J. Foyer,* PUF 1996.

Ainsi, la constitution et le modelage des obligations de ne pas faire permettent au contrat de licence de savoir-faire non approprié d'organiser une véritable prothèse de la licence sur informations appropriées, qui prendra celle-ci pour modèle (195).

b) La commercialisation des informations appropriées

478. – Une distinction doit, alors, être faite selon la nature des opérations effectuées et selon, par conséquent, que le contrat *transfère* [1] ou *non* [2] une propriété intellectuelle.

1) Contrats translatifs de propriété

479. – Les contrats translatifs de propriétés intellectuelles (droit d'auteur, droits de marque, dessin ou brevet) sont, essentiellement, des ventes d'informations menées à titre onéreux.

– La *cession* de droit est une vente d'œuvre, de forme, de signe ou d'invention approprié(e).

– L'*échange* de propriétés intellectuelles est un échange d'informations (œuvre, signe, invention) appropriées et est soumis à des règles qui sont, pour l'essentiel, celles de la vente.

– L'*apport en société* de propriétés intellectuelles est un apport – en nature – d'informations (œuvre, signe, invention) à une société qui va en devenir propriétaire moyennant remise à l'apporteur de parts ou actions correspondantes ; un apport complémentaire en informations non appropriées peut accroître la valeur de l'information appropriée apportée en société par le jeu d'un apport en industrie.

Les transferts peuvent, également, intervenir à titre gratuit, à cause de mort (transmission successorale) ou entre vifs (donation).

2) Contrats non translatifs de propriété

480. – Les contrats non translatifs de propriété intellectuelle (droits d'auteur, de marque, de dessin, de brevet) sont de deux types.

– La formule la plus fréquente – ordinairement appelée *contrat de licence de propriété intellectuelle* – est une location, à titre onéreux, d'œuvre originale, de logiciel, de signe, d'invention... soumise aux règles du louage de choses. Le contrat de location inscrit l'obligation du loueur à assurer la jouissance du locataire, tel un licencié sur droit intellectuel,

(195) J.-M. MOUSSERON, J. RAYNARD et Th. REVET, art. cit.

dans les limites de temps, de lieu, de forme... qui peuvent enserrer les obligations caractéristiques du concédant, à savoir la mise et le maintien en jouissance de l'information appropriée. Pouvant interdire, il peut autoriser et les facultés d'exploitation du licencié s'inscrivent dans les frontières de cette autorisation tant pendant la durée du contrat, dans les licences partielles notamment, qu'à l'expiration de celui-ci où, l'autorisation échue, l'ex-licencié ne saurait exploiter sans commettre d'acte de contrefaçon (196).

La mise à disposition peut, également, intervenir à titre gratuit par commodat.

– Une formule moins lourde et moins fréquente est le *contrat de non-opposition de propriété intellectuelle, de marque ou de brevet*, ayant pour obligation caractéristique l'obligation à ne point exercer une action en contrefaçon de droit d'auteur, marque, dessin ou brevet ou en concurrence déloyale (voire en droit de la personnalité dans le cas des transferts de renommée sur un nom patronymique, par exemple, non déposé comme marque...). Elle peut être faite à titre onéreux ou gratuit et peut être unilatérale ou croisée (197).

481. – Le régime applicable à ces différents contrats dépend de leur qualification. Devant les hésitations à identifier celui-ci ou ceux-ci, la non-spécificité des règles alors désignées, la possible incohérence ou contradiction de ces dispositions, les constructeurs de contrats doivent entrer le plus avant possible dans le détail de leurs dispositions.

482. – La précision de telles conventions est d'autant plus souhaitable que la situation juridique des informations contractuelles peut, d'une part, différer et, d'autre part, évoluer dans l'espace et dans le temps.

Les contrats mixtes portant sur des informations, les unes appropriées et les autres point, sont, sans doute, majoritaires. La rédaction du contrat devra s'employer à énoncer des dispositions – souvent conçues en termes de résultats – propres à s'appliquer aux deux catégories d'informations simultanément concernées.

Les difficultés s'accroissent des changements susceptibles d'intervenir dans la situation de ces biens. Telle information non appropriée – dans un État donné – à la formation du contrat peut le devenir en application du contrat, au cours de l'existence de l'accord ; inversement, telle information qui était initialement appropriée peut cesser de l'être, après

---

(196) Sur l'ensemble de la question, J.-J. BURST, *Breveté et licencié*, Coll. CEIPI, n. 4, Litec 1970. – G. MODIANO, *Le contrat de licence de brevet*, Droz, Genève 1979. – M. DIENER, *Contrats internationaux de propriété industrielle*, Litec 1986.

(197) P. PHILIPPON, *op. cit.*

annulation d'un droit réel intellectuel, par exemple. Les parties devront préciser ce que devra, alors, être le sort du contrat.

2° *Les aspects fiscaux*

483. – Le commerce international des biens intellectuels se développe considérablement tant dans la situation où l'entreprise française *exporte (a)* que celle où elle *importe (b)* des informations quelconques (198).

a) L'entreprise française exporte

484. – Envisager la situation où l'entreprise française transfère des biens intellectuels à une société étrangère conduit à distinguer selon que l'objet de l'opération consiste en *transfert de technologie* [1], *de marque* [2] ou travaux *de recherche-développement* [3].

1) L'entreprise française transfère une technologie

485. – Nous nous plaçons ici dans la situation où l'entreprise établie en France détient une technique, brevetée ou non, qu'elle transfère par des contrats de cession ou de licence à une entreprise étrangère.

α) Règles de fiscalité directe applicables en l'absence d'une convention fiscale internationale

486. – Les sommes versées au titre d'un transfert de technologie par une société établie à l'étranger à une société établie en France sont, dans la grande majorité des cas, soumises à un prélèvement dans le pays de la source, pays d'établissement du cessionnaire ou concessionnaire. Ces sommes sont, par ailleurs, imposables en France au niveau de leur bénéficiaire sauf si elles proviennent d'une entreprise que la société française exploite à l'étranger ; tel est le cas si ces produits se rattachent à l'activité d'un représentant sans personnalité distincte domicilié à l'étranger ou à celle d'un établissement étranger (199). Lorsque les produits en cause sont imposables en France, l'entreprise peut déduire de son résultat imposable tout prélèvement fiscal supporté dans le pays

---

(198) J.-L. PIERRE, *Fiscalité de la recherche, de la propriété industrielle et des logiciels*, éd. EFE, 2e éd. 1993. – J. SCHMIDT-SZALEWSKI et J.-L. PIERRE, *op. cit.*, 3e partie.
(199) Rép. min. COIRRE, n. 11296 : *JOAN* 19 sept. 1958, p. 2700.

de la source, c'est-à-dire le pays étranger. Cette déduction résulte des dispositions de l'article 39-1, alinéa 1 du CGI, selon lesquelles *« le bénéfice net est établi sous déduction de toutes charges »*.

β) Règles de fiscalité directe applicables en présence d'une convention fiscale internationale

487. – Les produits d'inventions sont fréquemment visés par l'article de la convention de double imposition applicable relatif aux redevances. Son apport pour une opération de cession ou de licence de technologie à l'étranger diffère selon que le revenu peut ou non être qualifié de redevances (200).

488. – *En présence d'une qualification de redevances,* le premier effet de la Convention est la réduction, voire parfois la suppression, de la retenue à la source de droit interne si le bénéficiaire des redevances est résident fiscal de France.

Le second effet est le droit à un crédit d'impôt pour l'entreprise bénéficiaire des redevances. Ce crédit d'impôt, qui s'impute sur l'impôt français dû au titre des redevances, correspond à l'impôt effectivement payé dans le pays de la source. En effet, l'article de la Convention internationale relatif aux *« méthodes pour éviter les doubles impositions »* dispose, d'une part, que la France accorde au résident de France un crédit d'impôt correspondant au montant de l'impôt payé dans le pays

---

(200) Bon nombre des conventions conclues par la France retiennent une définition des redevances identique à (ou proche de) celle contenue dans le dernier modèle OCDE de 1992 : *« (...) les rémunérations de toute nature payées pour l'usage ou la concession de l'usage d'un droit d'auteur sur une œuvre littéraire, artistique ou scientifique, (...), d'un brevet, d'une marque de fabrique ou de commerce, d'un dessin ou d'un modèle, d'un plan, d'une formule ou d'un procédé secrets, et pour des informations ayant trait à une expérience acquise dans le domaine industriel, commercial ou scientifique »* (art. 12-2). Dans toutes les conventions fiscales qui suivent le modèle OCDE, les paiements, quelle qu'en soit la forme, au titre de la licence de brevets ou de savoir-faire entrent dans le champ d'application de l'article relatif aux redevances. On notera que certaines conventions internationales (Convention France-Royaume-Uni, 22 mai 1968 : *JO* 24 et 25 nov. 1969. – Avenant 10 fév. 1971 : *JO* 2 août. – 14 mai 1973 : *JO* 28 fév. 1974. – 12 juin 1986 : *JO* 20 juin 1987. – 15 oct. 1987 : *JO* 4 fév. 1988 requièrent, afin de restreindre l'évasion fiscale internationale, que la personne morale qui perçoit les redevances soit le bénéficiaire effectif de celles-ci. Sur la notion de *« bénéficiaire effectif »* (v. notamment P.-J. DOUVIER, *Imposition à la source dans les relations transfrontières : notions de bénéficiaire effectif et de résident* in *Bull. fisc.* août-sept. 1992). L'article conventionnel relatif aux redevances peut être parfois plus large que celui de la convention-modèle OCDE ; ainsi, certaines conventions en vigueur telles celles avec la Grande-Bretagne, la Belgique (Conv. 10 mars 1964 : *JO* 15 août 1965. – Avenant 15 fév. 1971 : *JO* 6 déc. 1973), le Luxembourg (Conv. 1er avril 1958 : *JO* 9 avril 1960. – Avenant, 8 sept. 1970 : *JO* 8 janv. 1972) rattachent aux redevances les produits de cession d'inventions brevetées ou non brevetées.

étranger et, d'autre part, que ce crédit d'impôt ne peut excéder le montant de l'impôt français correspondant (201).

489. – *En l'absence d'une qualification de redevances,* les produits reçus par l'entreprise française d'une entreprise étrangère au titre du contrat de transfert de technologie sont rattachés :

– soit à la catégorie conventionnelle des bénéfices des entreprises : les produits en cause sont imposables exclusivement en France sauf si la société française dispose, dans le pays de la source des revenus, d'une installation permanente (un centre de recherche...) à laquelle se rattache effectivement l'invention génératrice des revenus où le droit d'imposition est attribué au seul pays où se trouve cette installation ;

– soit, à défaut, à la catégorie conventionnelle des gains en capital (à condition que l'opération réalisée implique un transfert de la propriété de l'invention), ou à celle des revenus non expressément mentionnés dans les autres articles de la convention ; dans la plupart des cas, le droit à imposition appartient exclusivement à la France.

γ) Traitement au regard de la TVA

490. – La taxation par la TVA pose d'autres problèmes. Les produits de cession ou de licence d'invention versés par l'entreprise étrangère à l'entreprise française ne sont pas passibles de la TVA (CGI, art. 259-B), le cessionnaire étant par hypothèse établi soit hors de la Communauté européenne, soit dans un pays de la Communauté européenne autre que la France où il est un assujetti à la TVA, c'est-à-dire une personne qui réalise de manière indépendante des opérations entrant dans le champ d'application de la TVA. Ces produits sont ainsi exonérés de TVA. Il n'y aura, par ailleurs, aucun aspect de TVA française si l'opération de cession ou de licence d'invention est réalisée par un établissement à l'étranger de la société française.

2) L'entreprise française transfère une marque

491. – En raison de la très large identité de régime applicable, on renverra, pour ces opérations de licence ou de cession de marque par

(201) B. GOUTHIÈRE, *Le plafonnement des crédits pour impôts étrangers : Bull. fisc.*, nov. 1991. Certaines conventions internationales, telles les conventions en vigueur avec l'Indonésie (Conv. 14 sept. 1979 : *JO* 14 avril 1981, art. 24-2-d), les Philippines (Conv. 9 janv. 1976 : *JO* 4 oct. 1978, art. 23-2-c), l'Argentine (Conv. 4 avril 1979 : *JO* 10 mars 1981, art. 24-2-c) et le Brésil (Conv. 10 sept. 1971 : *JO* 27 nov. 1972, art. 22-2-c), contiennent une clause de crédit pour impôt fictif, par laquelle la France accorde à l'entreprise bénéficiaire des redevances un crédit d'impôt forfaitaire, calculé à un taux plus élevé que le taux de retenue appliqué dans le pays de la source des revenus.

une société française à une société étrangère, aux développements relatifs aux règles de territorialité de l'impôt sur les sociétés pour une entreprise qui conclut un contrat de transfert de technologie avec une société étrangère.

492. – Il en est de même pour les règles de territorialité de la TVA relatives à ces opérations.

3) L'entreprise française effectue une recherche-développement

493. – La société française peut recevoir des versements en rémunération de travaux de recherche pour une société étrangère.

494. – Lorsque le centre de recherche est établi en France, et qu'il n'existe pas de convention fiscale internationale applicable, les paiements reçus par la société française respectent les règles de territorialité de l'impôt en ce qui concerne les contrats de transfert de technique.

495. – Il en est partiellement de même lorsqu'une convention internationale est en vigueur. Les paiements au titre de travaux de recherche entrent dans la catégorie des bénéfices des entreprises. Ils sont imposables exclusivement en France sauf si la société française a son centre de recherche dans le pays où est établie l'entreprise cocontractante. Dans ce dernier cas, le droit d'imposition appartient exclusivement à l'État étranger concerné.

496. – Les règles en matière de TVA afférente aux transferts d'inventions sont également applicables aux paiements pour travaux de recherche-développement.

b) L'entreprise française importe

497. – L'opération par laquelle l'entreprise française acquiert la propriété ou l'usage de biens intellectuels d'une société étrangère est symétrique de la précédente.

1) L'entreprise étrangère transfère une technologie

498. – L'entreprise établie à l'étranger maîtrise une technologie qu'elle transfère, par voie de cession ou de licence, à une entreprise établie en France.

α) Règles de fiscalité directe applicables en l'absence d'une convention fiscale internationale

499. – Les sommes versées au titre d'un transfert de technologie brevetée ou non par une société établie à l'étranger à une société établie en France sont soumises, en France, à la retenue à la source de 33 1/3 % prévue par l'article 182-B du CGI. Le prélèvement doit être effectué par le débiteur établi en France (202).

En cas de manquement à cette obligation de versement, le débiteur est passible d'une amende fiscale, d'intérêts de retard et, éventuellement, de sanctions pénales (CGI, art. 1771).

La base du prélèvement étant constituée par le montant brut des sommes payées, toute prise en charge par le débiteur soit de frais professionnels incombant au bénéficiaire des paiements, soit de la retenue elle-même a pour effet, selon la doctrine administrative (203), d'augmenter la base de la retenue à hauteur de cette prise en charge.

L'exigibilité de la retenue à la source est constituée par le paiement des sommes concernées. Selon l'administration (204), ce terme de paiement recouvre un règlement en espèces, par chèque, en nature ou par inscription à un compte courant ; cette acception peut apparaître excessivement large au vu, notamment, de la jurisprudence (205) relative à la notion d'encaissement, en matière de TVA, pour les inscriptions en compte courant. Le caractère extensif du critère de *« paiement »* trouve sa limite dans l'exigence posée par le juge de l'impôt (206) que les sommes aient été effectivement appréhendées par un bénéficiaire étranger.

La retenue à la source a un caractère non libératoire. Elle s'impute sur l'impôt sur les sociétés exigible pour la société étrangère. Ce dernier est calculé sur le bénéfice réalisé, net de frais et charges. Un éventuel excédent de retenue à la source ne peut être, selon la doctrine administrative (207), restitué.

β) Règles de fiscalité directe applicables en présence d'une convention fiscale internationale

500. – Lorsque l'entreprise étrangère qui transfère une technologie à l'entreprise française a sa résidence fiscale dans un pays ayant signé

(202) J.-Y. LE CALVEZ, *Retenues à la source : réflexions sur l'article 1768 du CGI : Bull. fisc.,* juin 1988.
(203) Doc. adm. DGI 5 B – 7124, 15 mars 1992, § 53.
(204) Doc. adm. DGI 5 B – 7124, préc., § 52.
(205) V. notamment Cons. d'État, 27 juin 1990, req. n. 66279, PUJOL : *Dossiers brevets* 1991, n. 3, J.-L. PIERRE.
(206) Cons. d'État, 28 avril 1986, req. n. 45506 : *Dossiers brevets* 1987, n. 6, J-L. PIERRE.
(207) Doc. adm. DGI 5 B – 7124, préc., § 60.

avec la France une convention internationale relative aux doubles impositions, la retenue à la source française est réduite ou supprimée. Dans la majorité des situations (208), l'entreprise étrangère n'est pas, par ailleurs, soumise à l'impôt sur les sociétés en France au titre des revenus en cause, l'article de la convention applicable, qu'il s'agisse de ceux relatifs aux redevances, aux bénéfices des entreprises, aux gains en capital, ou aux revenus non expressément mentionnés dans les autres articles de la convention, excluant un tel assujettissement. Si la société étrangère disposait en France d'un établissement stable, tel qu'un centre de recherche auquel se rattacherait l'opération de transfert de technologie, il n'y aurait pas de prélèvement à la source mais assujettissement direct de la société étrangère à l'impôt français.

501. – Aucune formalité spécifique n'est prévue par les textes lorsque les paiements effectués par le débiteur établi en France relèvent de la catégorie des bénéfices des entreprises, de celle des gains en capital ou de celle des revenus non expressément mentionnés. Dans la plupart des cas, cette qualification conventionnelle implique l'imposition des paiements dans le seul pays de résidence du bénéficiaire. En l'absence de modalités d'application de l'exonération d'impôt dans le pays de la source des revenus, le débiteur des sommes n'a pas, à notre avis, à effectuer le prélèvement de 33 1/3 %. Des modalités spécifiques d'application des dispositions conventionnelles sont, en revanche, prévues si les paiements concernés relèvent de la catégorie des redevances (209).

γ) Traitement au regard de la TVA

502. – Les produits de cession ou de licence d'invention versés par l'entreprise française à l'entreprise étrangère sont soumis à la TVA (CGI,

---

(208) Pour une exception, v. l'ancienne Convention France-Inde, 26 mars 1969 (*JO* 28 mars 1970). La nouvelle Convention du 29 septembre 1992 (*JO* 26 avril 1994), prévoit la disparition de tout prélèvement fiscal (retenue à la source et impôt sur lessociétés) en France.

(209) Les instructions d'application des différentes conventions prévoient l'utilisation d'un formulaire spécial (RF3), individualisé pour chaque pays. L'utilisation d'un tel formulaire n'est toutefois pas nécessaire si la Convention en vigueur ne contient pas une disposition prévoyant que chaque État contractant arrêtera les mesures administratives requises pour l'application de la convention. L'administration a été amenée à reconnaître la validité de la procédure de « *justificatifs libres* » dans cette dernière situation (Instr. adm. 3 mars 1988 : *BOI* 14-B-1-88. Cette instruction fait suite à un arrêt du Cons. d'État, 17 juin 1987, req. n. 64549 : *Dr. fisc.* 1987, n. 46, comm. 2076, concl. Comm. gouv. B. MARTIN-LAPRADE ; *Dossiers brevets* 1988, n. 4, J.-L. PIERRE). Les moyens de preuve de la qualité de résident fiscal du pays signataire de la Convention pourront alors être une déclaration des revenus du bénéficiaire étranger, un avis d'imposition de celui-ci, ou une attestation du service des impôts dont il dépend.

art. 259-B). Le bénéficiaire de la prestation (210) doit faire apparaître la TVA sur la facture reçue du prestataire, et annoter celle-ci de la mention « *Prestation désignée à l'article 259-B du CGI, TVA due par le bénéficiaire* ». La TVA versée par le bénéficiaire de la prestation est déductible pour ce dernier de ses propres opérations imposables.

2) L'entreprise étrangère transfère une marque

503. – Les règles applicables au regard de la retenue à la source, de l'assujettissement éventuel à l'impôt sur les sociétés et de la TVA sont identiques à celles étudiées ci-dessus pour des opérations de transfert de technologie.

3) L'entreprise étrangère effectue une recherche-développement

504. – Lorsque le centre de recherche de l'entreprise étrangère est situé hors de France, les règles applicables en matière de fiscalité directe sont, en l'absence de convention fiscale internationale, identiques à celles présentées ci-dessus pour les contrats de transfert de technologie.

505. – En présence d'une convention fiscale applicable, les paiements au titre de travaux de recherche entrent, dans la grande majorité des cas, dans la catégorie des bénéfices des entreprises. De manière générale, le droit d'imposition est attribué à titre exclusif au pays étranger dont la société est résident fiscal dès lors que le centre de recherche de celle-ci y est situé.

506. – Les règles de territorialité de TVA afférentes aux travaux de recherche-développement sont identiques à celles étudiées ci-dessus pour les cessions et licences d'inventions, l'article 259-B du CGI visant notamment les « *prestations des conseillers, ingénieurs, bureaux d'études dans tous les domaines y compris ceux de l'organisation de la recherche et du développement* ».

SECTION III

LE TRANSFERT DE PERSONNELS

507. – Associée à l'essor de l'internationalisation des entreprises, la mobilité de la force de travail (211) entraîne le développement de rela-

(210) Appelé « *preneur* » à compter du 1er janvier 1993, par l'effet des art. 11-IV et 12 de la loi précitée du 17 juillet 1992.

(211) Th. Revet, *La force de travail – étude juridique : Bibl. droit entrepr.*, n. 28, Litec 1993, avec une importante bibliographie. V. X. Blanc-Jouvan, *L'internationalisation des rapports de travail,* in Mélanges G. Lyon-Caen, Dalloz, 1989, p. 69.

tions de travail affectées d'un élément d'extranéité. Pareille situation suggère au juriste l'étude de deux catégories de normes définissant, d'une part, la condition juridique de l'opérateur étranger dans le pays d'accueil, *le travailleur étranger* (§ 1), et fixant, d'autre part, les règles gouvernant *le travail international* (§ 2).

§ 1. – Le travailleur étranger

508. – La condition juridique des étrangers dépend, essentiellement, sous réserve d'accords internationaux et, notamment, du droit communautaire, du seul droit du pays de séjour et de travail. Son contenu varie, en conséquence, de pays à pays (212).

509. – Le droit français comporte ainsi un certain nombre de règles relatives aux conditions d'entrée et de séjour du travailleur étranger et aux droits dont il dispose sur le territoire français.

510. – S'agissant des conditions d'entrée et de séjour, les règles de libre circulation de la main-d'œuvre posées par le Traité de Rome (213) ne profitent qu'aux seuls ressortissants des États membres de la communauté.

511. – Le régime de l'emploi en France des travailleurs étrangers à la CEE est subordonné à une procédure de contrôle instituée après la Deuxième Guerre mondiale et fréquemment révisée depuis, le 17 juillet 1984 et le 20 décembre 1993 notamment. On en trouve une synthèse dans une importante circulaire du 8 février 1994 (214).

Le monopole de la sélection en France des travailleurs étrangers est attribué à l'Office des migrations internationales (OMI) (215). L'exercice de toute activité professionnelle salariée par un étranger est subordonné à l'octroi d'une autorisation administrative préalable. La loi du 17 juillet 1984 a sur ce point simplifié le régime antérieur : titre de séjour et

---

(212) Sur l'ensemble de la question, Éd.Francis Lefebvre, *Travail hors de France,* 1994 et, de même origine, *V^o^ Détachement à l'étranger*, Mémento Francis Lefebvre Social 1996.

(213) L'art. 48, al. 1 du Traité de Rome envisage le droit de répondre à des emplois effectivement offerts, de se déplacer à cet effet librement sur le territoire des États membres, d'y séjourner afin d'y exercer un emploi et d'y demeurer après l'exercice de cet emploi. Le second alinéa de ce texte prohibe toute discrimination fondée sur la nationalité en matière d'emploi, rémunération et autres conditions de travail. Des raisons de santé, de sécurité ou, plus généralement, d'ordre public peuvent, cependant, justifier des restrictions à ces règles. V. N. Catala : *J.-Cl. Travail Traité*, fasc. 92-11.

(214) Circ. 8 fév. 1994 : *Semaine sociale* 1994, n. 692.

(215) C. trav., art. L. 341-9, mod. par D. n. 88-24, 7 janv. 1988.

autorisation de travail restent des actes juridiques distincts (216) mais la seule délivrance de la carte de résident confère autorisation de travailler (217). À l'inverse, le titulaire d'une carte de séjour temporaire doit solliciter une autorisation de travail, matérialisée par l'apposition sur le titre (218) de la mention *« salarié »*. Alors que la carte de résident a une durée de validité de dix ans, renouvelable de plein droit, l'autorisation de travailler associée à la carte de séjour temporaire vaut pour un an et son renouvellement est laissé au pouvoir discrétionnaire de l'administration. La loi de 1984 a conservé le régime de l'autorisation provisoire de travail dont la durée ne saurait excéder neuf mois (219).

L'emploi de travailleurs étrangers en situation irrégulière fait l'objet de sanctions sévères. Outre les dispositions relatives au travail clandestin (220), les employeurs de main-d'œuvre étrangère sans autorisation de travail encourent des sanctions pénales (221), voire administratives (222). Le travailleur étranger démuni de semblable autorisation ne commet pas d'infraction propre, même s'il encourt les sanctions attachées au défaut de titre de séjour régulier. Si l'absence d'un titre valable permet l'annulation du contrat de travail (223), le législateur n'a pas exagérément aggravé le régime du travailleur étranger placé dans une situation irrégulière (224).

512. – S'agissant des droits du salarié étranger, les règles de droit international privé relatives à la condition des personnes physiques étrangères trouvent à s'appliquer banalement. L'interprétation de l'article 11 du Code civil conduit la jurisprudence à affirmer *« qu'il est de principe*

---

(216) Cons. d'État, 24 fév. 1989 : *AJDA* 1989, 404, X. PRÉTOT ; sur les titres de séjour, v. *supra*, n. 72.

(217) C. trav., art. L. 341-4, al. 4.

(218) C. trav., art. L. 341-4, al. 3.

(219) C. trav., art. R. 341-7.

(220) C. trav. art. L. 324-9 et s.

(221) C. trav., art. L. 364-3.

(222) L'art. L. 341-7, C. trav. prévoit le paiement d'une contribution spéciale au bénéfice de l'OMI par l'employeur qui occupera irrégulièrement un salarié étranger. Son montant est égal à 2 000 fois le taux horaire du minimum garanti (C. trav., art. R. 341-35).

(223) V. notamment, Soc. 3 oct. 1980 : *D.* 1982, 68, E. AGOSTINI. – 26 janv. 1983 : *Bull.* V, n. 33. En conséquence, la jurisprudence refuse le bénéfice du régime protecteur des représentants du personnel au salarié étranger exerçant cette fonction mais en situation irrégulière (Cons. d'État, 13 avril 1988 : *Dr. soc.* 1988, 773, concl. GUILLAUME. – Soc. 10 oct. 1990 : *Jurispr. soc. UIMM*, n. 533, p. 444).

(224) Ainsi en est-il de la loi du 17 octobre 1981, consacrant sur ce point une jurisprudence antérieure au fondement incertain (v. notamment Soc. 9 juin 1955 : *Bull.* IV, n. 507. – 3 oct. 1980, cité), qui affirme le droit de l'étranger au paiement d'un salaire au titre de la période d'emploi illicite et d'une indemnité lors de la rupture de la relation de travail (C. trav., art. L. 341-6-1, al. 2) ; cette indemnité est égale à un mois de salaire sauf disposition légale ou conventionnelle plus favorable.

que les étrangers jouissent en France des droits qui ne leur sont pas spécialement refusés ».

Plusieurs dispositions spéciales du droit du travail incitent la doctrine à affirmer que l'égalité de traitement entre national et étranger est un principe général de la matière (225). Au crédit de cette proposition on évoquera, notamment, l'article L. 200-2 du Code du travail qui prévoit que les dispositions du Livre deuxième dudit code, relatif à la réglementation du travail, s'appliquent aux travailleurs étrangers. De même, un certain nombre de lois récentes sont venues affirmer l'égalité de traitement entre étranger et national dans le domaine de la représentation collective du personnel : le travailleur étranger dispose, désormais, des mêmes droits électifs que son homologue français (226) ; les accès aux fonctions de délégué syndical (227) et d'administration ou de direction des syndicats (228) lui sont également ouvertes. Seule, l'éligibilité, mais non la qualité d'électeur, aux conseils de prud'hommes est refusée aux étrangers (229).

En droit de la Sécurité sociale, le salarié étranger travaillant en France doit être affilié par son employeur. L'affiliation des étrangers à un régime obligatoire de Sécurité sociale et le droit aux prestations – sauf celles liées aux accidents de travail – sont subordonnés à la régularité de leur séjour en France (230). La jurisprudence ne tire pas, cependant, toutes les conséquences de cette affiliation de principe et distingue, parfois, l'obligation au paiement de cotisations à laquelle sont nécessairement astreints l'étranger et son employeur (C. séc. soc., art. L. 311-12) du droit aux prestations dont le premier pourrait, à l'occasion, se trouver exclu (231). La doctrine se divise dans l'interprétation de la décision rendue par le Conseil constitutionnel, le 22 janvier 1990 (232), qui

---

(225) G. et A. LYON-CAEN, *Droit social international et européen*, Dalloz, 8e éd. 1993, n. 136.

(226) La loi du 27 juin 1972 a supprimé pour les droits électifs toute condition distinctive de nationalité.

(227) C. trav., art. L. 412-14, tel que mod. par la L. n. 75-630, 11 juill. 1975 (art. 1er) ; sur l'aptitude à s'exprimer en français, v. Soc. 20 oct. 1976 : *Dr. ouvrier* 1977, 201.

(228) C. trav., art. L. 411-4, al. 2, tel que mod. par la L. n. 82-915, 28 oct. 1982.

(229) C. trav., art. L. 513-2.

(230) Nouv. C. séc. soc., art. L. 115-6, L. 24 août 1993.

(231) Des artistes étrangers donnant des représentations en France devront payer des cotisations sans percevoir aucune prestation (Cass. 5 fév. 1964 : *JCP* 64, II, 13900. – Cpdt Soc. 7 janv. 1971 : *Bull.* V, n. 11).

(232) Cons. constit. 22 janv. 1990 : *Rev. crit. DIP* 1990, 497, M. SIMON-DEPÎTRE et *Dr. soc.* 1990, 352. En l'espèce, la loi du 21 déc. 1989, *« portant diverses dispositions relatives à la Sécurité sociale et à la santé »* prévoyait le versement d'une allocation supplémentaire dite de *« vieillesse »* aux personnes remplissant certaines conditions d'âge, de plafond de revenus et de résidence en France. L'article 815-5 du C. séc. soc., modifié par la loi précitée, prévoyait que l'allocation n'était due aux étrangers *« qu'en application des règlements communautaires ou de conventions internationales de réciprocité »*. Saisi

reconnaît le droit à l'allocation sociale supplémentaire aux seuls *« étrangers résidant régulièrement en France » ;* pareille exigence est fréquemment posée par des textes du Code de la sécurité sociale, notamment pour ce qui est du bénéfice des prestations familiales (233). Certains considèrent que cette décision consacre l'assimilation de l'étranger au national dans l'accès aux prestations de sécurité sociale (234) alors que d'autres y discernent la seule affirmation du principe de l'égalité des étrangers entre eux dans le bénéfice des mêmes droits (235). Ainsi la condition de résidence régulière en France nourrit-elle de nouvelles discriminations, cette fois entre les étrangers, mais sans exclure *a priori* ceux-ci du bénéfice de la protection sociale.

§ 2. – Le travail international

513. – Afin de résoudre les difficultés suscitées par la mobilité des travailleurs, deux procédés concurrents sont envisageables et pratiqués, par les droits d'aujourd'hui.

Un premier procédé consiste à appliquer les méthodes traditionnelles de droit international privé au contrat de travail investi d'une dimension internationale. La recherche de la loi applicable au contrat international de travail, voire du juge compétent pour statuer sur le même contrat, la mesure de l'intensité de l'exception d'ordre public international... constituent parmi d'autres préoccupations la teneur du *droit applicable au travail international* (A).

Cette méthode conflictualiste doit être complétée par l'examen des pratiques et des règles de fond propres aux relations internationales de travail. Celles-ci forment la substance de ce que nous appellerons le *droit matériel du travail international* (B).

A. – Le droit applicable au travail international

514. – La démarche classique invite à identifier successivement *la loi applicable* (1°) et le juge ou, plus largement, l'*autorité compétente* (2°) sur les litiges liés au contrat international de travail.

---

de plusieurs demandes tendant à faire déclarer l'inconstitutionnalité de certains articles de cette loi et de sa procédure d'adoption (v. *JO* 24 janv. 1990, p. 982 et s.), le Conseil constitutionnel a examiné d'office la disposition précédente pour la déclarer contraire au *« principe constitutionnel d'égalité » : « l'exclusion d'étrangers résidant régulièrement en France du bénéfice de l'allocation supplémentaire du fonds national de solidarité, dès lors qu'ils ne peuvent se prévaloir d'engagements internationaux ou de règlements pris sur leur fondement, méconnaît le principe constitutionnel d'égalité ».*

(233) G. et A. LYON-CAEN, *op. cit.*, n. 142.

(234) V. G. et A. LYON-CAEN, *op. cit.*, n. 141.

(235) V. *Rev. crit. DIP* 1990, 497 et s., M. SIMON-DEPÎTRE.

1° *La loi applicable*

515. – La dimension internationale des relations de travail influence pareillement les *relations individuelles (a)* et *collectives (b)* de travail.

a) Les relations individuelles de travail

516. – La recherche de la loi applicable au contrat (236), c'est-à-dire la mise en jeu des règles de conflits, suppose reconnu, au préalable, le caractère international de la convention (237). La nationalité et le domicile des parties, le lieu d'embauche du salarié, le lieu d'exécution du travail... (238) peuvent justifier une qualification internationale du contrat.

517. – L'observation de la jurisprudence révèle l'émergence d'une règle de rattachement propre qui a inspiré la disposition particulière que la Convention de Rome sur la loi applicable aux obligations contractuelles a consacrée à la matière.

Pendant longtemps, la *jurisprudence* a appliqué au contrat international de travail les principes gouvernant la règle de conflit de droit commun en matière contractuelle. Ainsi imposait-elle de rechercher la commune intention des parties qui pouvaient librement désigner la loi régissant leurs relations (239). Pourtant, dans le même temps, certaines décisions

---

(236) Par loi applicable, il faut, en droit du travail, entendre non seulement les dispositions légales et réglementaires, mais aussi les dispositions des conventions collectives. Ce principe a été posé dans un arrêt du 5 nov. 1991 (*Bull.* I n. 293 ; *D.* 1991, IR 285 ; *Clunet* 1992, 357, M.-A. MOREAU). Encore faut-il que la convention n'ait pas un champ d'application territorial limité au territoire national, ceci est fréquent. Certaines conventions comportent des dispositions spécifiques sur les détachements internationaux (BTP). La Convention ne sera, donc, applicable hors du territoire national que si elle le prévoit ou si le contrat de travail le précise. V. P. RODIÈRE, *La convention collective de travail en droit international,* Coll. CREDIMI, Litec 1987.

(237) P. LAGARDE, *Sur le contrat de travail international,* Mélanges G. Lyon-Caen, cités p. 83. – Ph. COURSIER, *Les conflits de lois en matière de contrat de travail : Bibl. droit privé*, n. 230, LGDJ 1993, avec une importante bibliographie.

(238) On signalera pourtant un arrêt, très restrictif, de la Cour de cassation qui a refusé la qualification internationale à un contrat de travail conclu entre Français domiciliés en France alors que la prestation de travail devait être effectuée en Colombie (Civ. 1re, 7 oct. 1980 : *JCP* 80, II, 19480, concl. GULPHE ; *Rev. crit. DIP* 1981, 313, J. MESTRE). Mais cet arrêt paraît isolé et, dans des circonstances analogues, la jurisprudence la plus récente n'hésite pas à retenir le caractère international du contrat. V. *supra*, Introduction générale, n. 20.

(239) V. Soc. 1er juill. 1964 qui déduit l'intention commune des parties de soumettre leur contrat à la loi française de la nationalité commune de ceux-ci, du lieu de conclusion du contrat et, enfin, de la clause attributive de juridiction à un juge français (*Rev. crit. DIP* 1966, 47, M. SIMON-DEPÎTRE ; *Clunet* 1965, 128).

affirmaient la compétence de principe de la loi du lieu d'exécution de la prestation (240), dont l'application était, parfois, déclinée en raison de la mobilité du salarié (241).

À une exception près (242), les auteurs ont déduit de cette jurisprudence une règle de conflit propre au contrat de travail : *« la loi applicable est la loi du lieu d'exécution de la prestation de travail, sauf dispositions plus favorables au salarié de la loi choisie par les parties »* (243). L'inspiration de cette règle réside, à l'évidence, dans la *faveur pour le salarié*, résurgence au plan international de l'ordre public social de protection du salarié que connaît le droit interne (244). Ce rattachement alternatif conduisait la jurisprudence à confronter la loi française à une

---

(240) La vocation concurrentielle de la loi d'autonomie et de la loi du pays où s'exécute le travail s'affiche clairement dans l'*arrêt Thuillier* rendu par la chambre sociale, le 31 mai 1972 (*Rev. crit. DIP* 1973, 683, P. LAGARDE ; *JCP* 73, II, 17317, G. LYON-CAEN). Si cet arrêt retient la compétence de la loi française – loi d'autonomie (?), il réserve *« l'application de plein droit de la loi du pays d'exécution pour ses dispositions relevant de l'ordre public local relatives à l'organisation ou à la réglementation administrative du travail et plus favorables au travailleur »*. La formule utilisée par la cour a troublé la doctrine qui s'interroge encore sur le domaine des compétences imparties à chacune des deux lois par cet arrêt. La doctrine travailliste souligne l'aspect *« incertain, voire inexistant »* de la ligne de partage proposée par cette décision (v. P. RODIÈRE : *J.-Cl. Travail*, fasc. 94-10, 1996 par Ph. COURSIER, n. 34. – Cpdt G. et A. LYON-CAEN, *op. cit.*, n. 13, p. 15). Sur la signification théorique de la décision, la doctrine internationaliste est alors sollicitée. – P. LAGARDE observe dans la décision *« le signe d'une ouverture de la Cour de cassation à l'application des lois de police étrangères »* (*Sur le contrat de travail international : analyse rétrospective d'une évolution mal maîtrisée, Mélanges G. Lyon-Caen*, Dalloz 1989, 83, spéc., n. 3, p. 85). – V. HEUZÉ, à l'inverse, comprend cet arrêt comme *« ayant reconnu la compétence de la loi du lieu d'exécution pour régir le litige, et décidé son éviction en vertu de l'exception d'ordre public international »* (thèse citée, n. 609, p. 272 et 273). Il nous semble qu'il vaut mieux voir dans cet arrêt le signe avant coureur de l'émergence d'une règle de conflit propre au contrat international de travail apparue avec les arrêts *Montfort* du 25 mai 1977 (*Rev. crit. DIP* 1978, 701, A. LYON-CAEN) et, surtout, *Royal Air Maroc* du 31 mars 1978 (*ibid.* et *D.* 1978, IR 385, J. PÉLISSIER), rendus par la chambre sociale. Dans ce dernier arrêt, la Cour de cassation a approuvé la cour d'appel d'avoir appliqué la loi française au contrat de travail liant un pilote français à une compagnie aérienne marocaine, par interprétation de *« la commune intention des parties de se référer à la loi française, ce qui était licite dans la mesure où elle était plus avantageuse pour le salarié que la loi marocaine, même si celle-ci avait été normalement applicable »*.

(241) V. Com. 9 nov. 1959 *(Société Lautier)* où le salarié, représentant de commerce devait visiter sa clientèle dans plusieurs pays d'Amérique du Sud (*Rev. crit. DIP* 1960, 566, M. SIMON-DEPÎTRE ; *Clunet* 1960, 1064, G.L.C.). V. égal. V. HEUZÉ, thèse citée, n. 599, p. 267. Cpdt Soc. 9 déc. 1960 : *JCP* 61, II, 12029, M. SIMON-DEPÎTRE.

(242) P. LAGARDE, art. cit. 1989.

(243) L'initiateur de cette doctrine est, sans doute, A. LYON-CAEN dans sa note précitée. – Cp. avec la 8e édition de son ouvrage préc., spéc., n. 15. V. égal. H. GAUDEMET-TALLON, *La loi applicable au contrat de travail international : JCP*, éd. E ; *Cah. dr. entrepr.*, 1986/3, p. 2 et s. – M.-A. MOREAU-BOURLÈS, *L'évolution récente de la jurisprudence dans le domaine de l'expatriation des salariés : Dr. soc.* 1986, 23. – P. RODIÈRE : *J.-Cl.*, n. 6 et s., *op. cit.*

(244) V. P. RODIÈRE : *J.-Cl., op. cit.*, spéc., n. 9. – *Adde*, F. LECLERC, *La protection de la partie la plus faible dans les contrats internationaux*, Bruylant, Bruxelles 1995.

loi étrangère, loi du lieu d'exécution du travail, et à appliquer la loi la plus favorable pour le salarié, fréquemment la première. Ce système supposait, alors, la comparaison des deux lois *in concreto ;* il emportait destructuration complète de la loi du contrat individuel de travail et posait de graves problèmes en cas de lacunes de la convention ou de réforme législative en cours d'exécution du contrat, par exemple (245). Ainsi le *souci de l'employé* conduisait à sacrifier la *lex contractus* au profit d'une compétence législative décidée au cas par cas.

Le mal eût été moindre si la règle de conflit ainsi dégagée exprimait immanquablement cette faveur. Or, l'expérience révèle que la protection du salarié assurée par cette règle n'était pas infaillible. Ainsi, en l'absence de volonté exprimée des parties, le rattachement du contrat à la seule loi du pays d'exécution du travail s'impose. De la sorte, la chambre sociale a préféré l'application de la loi étrangère à la loi française, certes plus favorable, mais dont le juge ne pouvait déduire l'applicabilité en tant que loi d'autonomie tenant les indices de la commune volonté des parties pour insuffisants (246).

Ces dernières décisions sont significatives des incertitudes nées de l'émergence d'une règle de rattachement propre au contrat de travail et dont l'évolution a été *« mal maîtrisée »,* selon la formule de P. Lagarde. En outre, la primauté conférée à la loi du lieu d'exécution par cette

---

(245) En ce sens, v. P. LAGARDE, art. cit., 1989, spéc., n. 15.

(246) L' *arrêt Ponzo* rendu, le 4 avril 1990, illustre ainsi l'effet pervers d'une règle de conflit initialement voulue protectrice (*Dr. soc.*, janv. 1991, n. 1, J. DEPREZ). En l'espèce, un salarié français recruté en France par une entreprise française est affecté sur des chantiers algériens par son employeur. Licencié, le salarié s'est vu appliquer la loi algérienne, loi du lieu d'exécution, qui ignore, en cette circonstance, toute indemnité de licenciement. La doctrine marque sa réserve à l'égard d'une telle décision qui exacerbe un critère de rattachement – le lieu d'exécution – au détriment d'autres – nationalité, domicile, lieu d'embauche – qui désignaient la compétence de la loi française, infiniment plus favorable au salarié (v. J. DEPREZ qui propose soit de considérer toutes les lois en rapport et de choisir la plus favorable, soit de conserver au salarié expatrié l'application de sa loi d'origine, loi de base). De fait, dans une autre espèce aux circonstances analogues, la cour d'appel d'Angers, le 18 mai 1989, s'est efforcée de procéder à une localisation objective du contrat (*Rev. crit. DIP* 1990, 501, V. HEUZÉ ; *Clunet* 1990, 616, P. FIESCHI-VIVET). De la sorte, la cour d'appel a ignoré la prétendue compétence de la loi du lieu d'exécution – Arabie Saoudite – au profit de la loi française qui pouvait se prévaloir de critères de rattachements similaires à ceux rencontrés avec l *'arrêt Ponzo* – nationalité, lieu de conclusion, salaire. – Cp. Soc. 6 nov. 1985 : *Rev. crit. DIP* 1986, 501, 1re esp., P. LAGARDE ; – Soc. 7 mai 1987 : *Rev. crit. DIP* 1988, 78, H. GAUDEMET-TALLON ; et, tout spécialement, Ch. mixte 28 fév. 1986 *(Air Afrique)* où le lieu d'exécution du travail était laissé à la discrétion de l'employeur par le contrat : *Rev. crit. DIP* 1986, 501, 2e esp., P. LAGARDE : *Clunet* 1986, 699, A. LYON-CAEN ; *D.* 1987, 173, concl. FRANCK. – Soc. 29 mai 1991 : *Rev. crit. DIP* 1992, 468, H. MUIR-WATT. – Ass. plén., 10 juill. 1992 : *Rev. crit. DIP* 1994, 69, B. AUDIT, qui dissocie la loi du licenciement de la recherche de la loi du contrat.

règle de rattachement suggère de nouvelles difficultés dans le cas du salarié itinérant.

518. – Le salut en la matière viendra de l'application de la *Convention de Rome.*

Le même esprit de faveur pour le salarié a, en effet, conduit ses rédacteurs à édicter une règle de conflit spéciale à la matière. Son article 6, relatif au seul contrat individuel de travail (247), retient la compétence de la loi d'autonomie dans la seule mesure où celle-ci ne prive pas le salarié de la protection que lui assurent les dispositions impératives de la loi objectivement applicable au contrat (248). Dans la détermination de cette dernière, il faut distinguer selon que le travailleur accomplit ou non habituellement son travail dans un même pays. Dans le premier cas, la loi du pays où le travailleur accomplit habituellement son travail a vocation à s'appliquer ; à défaut, la loi du pays où se trouve l'établissement qui a embauché le salarié y supplée ; ce rattachement objectif peut être écarté s'il « *résulte de l'ensemble des circonstances que le contrat de travail présente des liens plus étroits avec un autre pays, auquel cas la loi de cet autre pays est applicable* ». Fondée sur le principe de proximité (249), cette clause d'exception devrait clore la jurisprudence française précitée qui ignore les nombreux indices de rattachement à la loi française pour ne considérer que la seule loi du lieu d'exécution.

L'analyse retient encore le fait que certaines règles du pays d'exécution de la prestation de travail s'appliquent impérativement au contrat au titre de lois d'application immédiate ou lois de police. En ce cas la loi d'autonomie, même plus favorable, s'efface derrière la loi de police, française ou étrangère (250). Il n'est pas possible de désigner avec certitude les règles régissant les relations individuelles de travail présentant ce caractère. Néanmoins, les questions tenant à la sécurité du travail paraissent difficilement échapper à la compétence de la seule loi du

---

(247) Ce qui exclut, par voie de conséquence, la convention collective de travail.

(248) Sur cette notion, V. HEUZÉ, thèse cit., n. 600 et s., p. 268 et s. On rappellera, cependant, que, conformément à son art. 17, la convention s'applique aux seuls contrats conclus après son entrée en vigueur dans l'État contractant, c'est-à-dire, pour la France, aux contrats conclus après le 1er avril 1991. De fait, les développements précédents relatifs à la règle de rattachement dégagée par la jurisprudence française conservent un intérêt actuel, même si l'on peut s'attendre à ce que les contrats qui échappent au domaine de la Convention de Rome soient déjà interprétés par référence à celle-ci.

(249) Sur l'influence de ce principe en droit international : P. LAGARDE, *Le principe de proximité en DIP : Rec. cours La Haye* 1986. – Cp. avec l'opinion critique de V. HEUZÉ, note sous Angers 18 mai 1989, préc.

(250) V. art. 7, § 1 de la Convention de Rome, v. *supra*, n. 141. – *Adde,* Paris, 13 avril 1995 : *Rev. crit. DIP* 1996, 319, E. MOREAU.

pays d'exécution (251). De même, il semble que les règles désignant une durée maximale de travail ou imposant un repos hebdomadaire soient applicables à toute prestation de travail réalisée dans le pays (252). Les règles éventuelles prévoyant un salaire minimum légal, sinon même le bénéfice de congés payés, paraissent encore relever de la seule loi du pays d'exécution (253). Enfin, les lois pénales françaises sont d'essence strictement territoriales et les règles de droit social assorties de sanctions pénales doivent, à ce titre tout au moins, être traitées comme d'application immédiate (254).

b) Les relations collectives de travail

519. – Il convient d'étudier ici les règles applicables à la *représentation du personnel* [1] et aux *conflits collectifs* [2].

1) Représentation du personnel

520. – S'agissant de la représentation de personnel, trois catégories de problèmes s'offrent à l'analyse :

521. – L'application de la loi française aux entreprises étrangères en France a été posée par le Conseil d'État dans un arrêt du 29 juin 1973 (255) selon lequel ces dispositions s'appliquent à toute personne qui *« exerce en France une activité d'employeur »*. Une entreprise qui a son siège à l'étranger mais des établissements en France est, donc, soumise pour ces établissements français à la législation française sur la représentation du personnel sous la seule réserve des attributions *« qui seraient incompatibles avec la présence à l'étranger du siège social »* (256).

---

(251) G. et A. LYON-CAEN, *op. cit.*, n. 36.

(252) G. et A. LYON-CAEN, *ibid.* – P. RODIÈRE, *op. cit.*, n. 35.

(253) G. et A. LYON-CAEN, *ibid.* ; s'agissant des congés payés, v. spéc. Paris 4 juill. 1975 : *Rev. crit. DIP* 1976, 485, A. LYON-CAEN.

(254) V. G. et A. LYON-CAEN, *ibid.* – P. RODIÈRE, *op. cit.*, n. 37.

(255) Cons. d'État, 29 juin 1973 *(Cie européenne des Wagons-lits) : Dr. soc.* 1974, 42, concl. N. QUESTIAUX, 1976, 50, J. SAVATIER ; *Rev. crit. DIP* 1974, 344, concl. N. QUESTIAUX et chron. Ph. FRANCESCAKIS, *ibid.*, 273 ; *Clunet* 1975, 538, M. SIMON-DEPÎTRE ; *Rev. soc.* 1976, 663, J.-L. BISMUTH : *Grands arrêts DIP*, n. 54.

(256) La jurisprudence ultérieure qui s'attache à préciser l'étendue des pouvoirs du comité d'entreprise est plus *« hésitante »*. – V. Soc. 3 mars 1988 (*D.* 1988, IR 111 ; *Rev. crit. DIP* 1989, 69, G. LYON-CAEN ; *Clunet* 1989, 78, M.-A. MOREAU) qui estime que les différentes filiales d'une société anglaise exerçant leur activité en France ne peuvent constituer une unité économique et sociale. – *Adde*, Ch. mixte 28 fév. 1986, cité.

522. – La représentation des salariés travaillant à l'étranger appelle la solution suivante.

Les salariés envoyés par une entreprise française à l'étranger et qui conservent un lien contractuel avec leur entreprise d'origine doivent être pris en compte dans les effectifs et peuvent y être électeurs. Il est plus douteux, si l'affectation à l'étranger est durable, qu'ils puissent y être éligibles ou désignés comme délégués syndicaux, cette situation n'étant guère compatible avec l'exercice de leur mandat en France (257).

Leur représentation dans l'entreprise d'accueil à l'étranger obéira aux règles du droit local. Dans son *arrêt Air Afrique* précité (258) la Cour de cassation considère que les institutions représentatives n'ont pas à connaître des opérations qui se réalisent exclusivement à l'étranger ; en revanche, l'expert-comptable du comité a accès à l'ensemble des données, y compris celles tenant aux entreprises étrangères concernées par l'établissement des comptes consolidés (259).

523. – La mise en place d'institutions représentatives multinationales au niveau des groupes multinationaux s'est longtemps heurtée au caractère territorial de la législation sur la représentation du personnel.

Au niveau européen, après des tentatives avortées dont, notamment, le projet de *directive Vredeling* de 1980, puis quelques expériences-pilote d'instances européennes de concertation, mises en place dans certains groupes, une directive a finalement été adoptée le 22 septembre 1994 (260).

Elle prévoit la mise en place dans les groupes de dimensions européennes d'au moins 1 000 salariés dont 150 dans deux États membres, d'un comité ou d'une procédure d'information et de consultation des représentants du personnel. Le rôle de ce comité est plus proche de celui du comité de groupe que du comité d'entreprise : il n'est, notamment, pas prévu que son information ou sa consultation doivent être préalables à la décision du chef d'entreprise.

Ce texte laisse une large place à la négociation. Les entreprises ayant conclu un accord avant l'entrée en vigueur de la directive y restent soumises (261). D'ici à 1999, les groupes qui ne sont pas encore régis par un tel accord devront en négocier sur le sujet ; faute d'y parvenir,

---

(257) Soc. 4 mai 1994 : *Bull.* V, p. 107. – Cpdt Soc.11 juill. 1989 : *Dr. soc.* 1989, 822, A. LYON-CAEN et M. LE FRIANT.

(258) Ch. mixte, 28 fév. 1986, cité. – *Adde,* Crim. 15 mai 1990 : *Dr. soc.* 1990, 799, M. COHEN.

(259) Soc. 16 déc. 1994 : *Dr. soc.* 1995, 40, M. COHEN.

(260) B. TEYSSIÉ, *Le comité d'entreprise européen : JCP* 95, éd. E, 416 ; *adde* L. n° 96-985 du 12 nov. 1996 : *JCP* 96, éd. E, III, 68212.

(261) V. B. TEYSSIÉ, *Les accords portant création anticipée d'instances européennes de représentation du personnel*, Litec 1995.

ils seront obligatoirement soumis, à partir du 22 septembre 1996, à l'obligation de mettre en place un comité européen conforme aux prescriptions subsidiaires fixées par la loi nationale de transposition de la directive.

2) Conflits collectifs

524. – Les conflits collectifs ont toujours entretenu des liens importants avec l'ordre public. C'est pourquoi la loi applicable pour régir la légalité de la grève ou du *lock-out* est la loi du lieu d'exécution du travail.

Il pourra en résulter un licenciement au cas où le salarié aurait fait grève dans un pays où un tel comportement serait illicite ; ceci amène certains auteurs à soutenir que l'exception d'ordre public international devrait s'opposer à la réception de telles entraves à un droit constitutionnellement reconnu. Écartant ces propositions, la jurisprudence a considéré que les conséquences individuelles d'un tel acte illicite devaient être régies par la loi du contrat, bien souvent la loi française ; cela permet, à l'occasion, d'atténuer les conséquences pour le salarié (262).

2° *L'autorité de conflit compétente*

525. – La détermination de la juridiction compétente dans le cadre de relations internationales de travail (263) résulte de la superposition de différentes règles : les règles de compétence territoriale interne édictées en matière prud'homale par l'article R. 517-1 du Code du travail (264), les dispositions de ce même code prohibant les clauses attributives de juridiction (265), les règles de compétence exclusive posées par les articles 14 et 15 du Code civil, les clauses du contrat relatives à la compétence juridictionnelle, si elles sont reconnues valables, les dispositions conventionnelles issues soit d'accords bilatéraux (266), soit, surtout, de la Convention de Bruxelles du 27 septembre 1968.

(262) V. en retenant sa bonne foi pour exclure la faute lourde, Soc. 8 oct. 1959 : *Rev. crit. DIP* 1970, 684 ; la solution est plus rigoureuse dans les arrêts Soc. 17 juin 1982 : *Bull.* V, n. 401 et 16 juin 1983 ; *Rev. crit. DIP* 1985, 85, M. SIMON-DEPÎTRE, qui retiennent la faute lourde ou la rupture imputable au salarié pour avoir participé à une grève dans des conditions contraires au droit local.

(263) P.-H. ANTONMATTÉI : *J.-Cl. Travail-Traité*, fasc. 94-20.

(264) La jurisprudence a posé le principe selon lequel la compétence internationale des juridictions françaises se détermine par extension des règles de compétence territoriale interne, v. *supra*, n. 255.

(265) V. C. trav., art. L. 121-3 et R. 517-1, al. 3.

(266) Ainsi en est-il de la Convention du 15 juin 1869 conclue entre la France et la confédération helvétique.

La synthèse pratique de ces dispositions invite à distinguer selon que l'on se trouve *en absence (a)* ou en *présence (b)* de clauses de compétence.

a) Absence d'une clause d'attribution de compétence

526. – Il faut encore distinguer un régime commun de compétence du régime issu de la Convention de Bruxelles.

527. – Conformément au droit commun, la compétence des tribunaux français en matière de contrat de travail international se fonde sur l'application des règles internes françaises de compétence ou sur le jeu des privilèges de juridiction des articles 14 et 15 du Code civil (267).

Ainsi, par extension à l'ordre international des règles de compétence territoriale internes françaises, l'article R. 517-1 du Code du travail retient, en principe, la compétence de l'ordre juridictionnel français si l'établissement où est effectué le travail est situé en France. Cependant, si la prestation de travail est effectuée en dehors de tout établissement ou à domicile, les tribunaux français seront encore compétents si le salarié est domicilié en France. Enfin, le salarié peut toujours saisir les tribunaux français si l'engagement a été contracté en France ou si l'employeur y est établi. Ces règles sont insusceptibles de bilatéralisation afin de désigner la compétence d'un juge étranger : les règles françaises de conflits de juridictions se préoccupent, en effet, de la seule compétence des tribunaux français sans se prononcer sur celle des tribunaux étrangers (268).

D'utilité tout aussi certaine est le jeu des articles 14 et 15 du Code civil en vertu desquels les tribunaux français sont compétents dès lors qu'un Français, salarié ou employeur, est demandeur – article 14 – ou défendeur à l'instance – article 15 – . La Convention de Bruxelles a étendu le bénéfice de ces dispositions aux personnes physiques ou morales, simplement domiciliées en France (art. 4). Ces articles subsidiaires ne peuvent être invoqués que lorsqu'aucun critère ordinaire de compétence issu de l'article R. 517-1 du Code du travail ne permet la désignation d'un conseil de prud'hommes français (269).

528. – La *Convention de Bruxelles* exclut de son domaine matériel la sécurité sociale mais retient les litiges nés des relations individuelles

---

(267) V. *supra*, n. 253 et s.
(268) *Ibid.*
(269) Civ.19 nov. 1985 : *Rev. crit. DIP* 1985, 712, Y. LEQUETTE ; *Grands arrêts DIP*, n. 63, p. 499 ; *Clunet* 1986, 719, A. HUET ; *D.* 1986, 362, M. PRÉVAULT, v. *supra*, n. 262.

de travail (270). Lorsque le défendeur est domicilié dans un des États membres, la convention ignore le jeu des règles de compétence de droit commun et, notamment, celles issues des articles 14 et 15 du Code civil (271) et édicte des règles de compétence propres.

En l'absence de toute clause relative à la compétence, on sait que la convention prévoit deux corps de règles concurrents.

En principe, l'article 2 de la convention retient la compétence générale de l'ordre juridictionnel du domicile du défendeur domicilié sur le territoire d'un État contractant.

Par exception, l'article 5-1° de la Convention propose en matière contractuelle la compétence spéciale *« du tribunal du lieu où l'obligation qui sert de base à la demande a été ou doit être exécutée »*. Le texte originaire de l'article 5-1° n'envisageait pas le sort du contrat de travail ; de fait, cette disposition a donné lieu à une jurisprudence fournie (272).

Finalement, ce texte révisé à San Sebastian pose une règle spéciale au contrat individuel de travail désignant la compétence des tribunaux

(270) CJCE 25 nov. 1979 : *Rev. crit. DIP* 1979, 3423 ; *D.* 1980, 542, J. MESTRE ; *Clunet* 1980, 459, A. HUET.

(271) Art. 3 de la convention.

(272) On se rappelle que la CJCE dans ses *arrêts De Bloos et Tessili* (CJCE 6 oct. 1976, cité, v. *supra*, n. 286) a, tout d'abord, considéré que l'obligation à prendre en compte dans la mise en œuvre de ce texte, est celle *« qui sert de base à l'action judiciaire »* (v. égal. G.-L. DROZ : *D.* 1977, 287 et chron., p. 616). La cour rejetait ainsi l'idée d'un chef de compétence alors fondé sur le lieu d'exécution de l'obligation caractéristique du contrat de travail et, par là même, organisait la dispersion des actions. Néanmoins, la Cour de justice revenait ultérieurement sur cette interprétation. Dans l'*arrêt Ivenel* (26 mai 1982, cité) confirmé par l'*arrêt Shenavaï* (15 janv. 1987, cité), elle estimait qu'en cas de demandes fondées sur différentes obligations d'un contrat de travail, l'obligation à prendre en considération est l'obligation caractéristique du contrat, c'est-à-dire celle de fournir la prestation de travail. La Cour retenait ainsi implicitement, la compétence du juge du lieu d'exécution du travail. La Convention de Lugano a été sensible à cette évolution et prévoit à son article 5, point 1, *« qu'en matière de contrat individuel de travail, le lieu – où l'obligation qui sert de base à la demande a été ou doit être exécutée – est celui où le travailleur accomplit habituellement son travail ; si le travailleur n'accomplit pas habituellement son travail dans un même pays, ce lieu est celui où se trouve l'établissement qui a embauché le travailleur »*. L'analogie existant entre ce texte et l'article 6 de la Convention de Rome laissait entrevoir une heureuse coïncidence des compétences législatives et juridictionnelles en notre matière. On s'est alors demandé si la Cour de justice des Communautés allait, par anticipation, interpréter l'article 5-1° de la Convention de Bruxelles par référence au texte homologue de la Convention de Lugano. L' *arrêt « Société Six construction »*, rendu par cette Cour le 15 février 1989, apportait une réponse négative à cette attente (*Clunet* 1989, 461, HUET ; *Rev. crit. DIP* 1989, 560, RODIÈRE ; *Dr. soc.* 1989, 729, JEAMMAUD ; *RJS* 1989, 543, DEPREZ). La Cour estimait, notamment que le critère du lieu de l'établissement d'embauche renvoyait au *for* du siège de l'employeur (l'employeur demandeur n'assignerait pas sur l'article 2) et, de fait, établissait un *forum actoris* préjudiciable au salarié. Les rédacteurs de la Convention de San Sébastian, qui, pour l'essentiel, aligne la Convention de Bruxelles sur la Convention de Lugano, ont été convaincus par l'argument. *Adde,* CJCE 13 juill. 1993 : *Dr. soc.* 1994, 309, E. KERCKHOVE et *JCP* 94, éd. E, 380, P.-H. ANTONMATTÉI, pour un contrat exécuté dans plusieurs États membres.

du lieu où le travailleur accomplit habituellement son travail ; mais, lorsque le travailleur n'accomplit pas habituellement son travail dans un même pays, l'employeur peut être également attrait devant le tribunal du lieu où se trouve ou se trouvait l'établissement qui a embauché le travailleur. Le travailleur seul bénéficie ainsi d'une option en faveur du lieu d'embauche.

b) Présence d'une clause d'attribution de compétence

529. – Les parties peuvent chercher à écarter les formules – et les hésitations – précédentes par des *clauses attributives de compétence* [1] ou, plus fortement, de *clauses compromissoires* [2] (273).

1) Clauses d'attribution de compétence judiciaire

530. – Les parties au contrat de travail international envisagent fréquemment le problème de la compétence juridictionnelle. La question a justifié une disposition particulière dans le cadre de la révision de San Sebastian de la Convention de Bruxelles. Cette observation justifie que l'on distingue encore le régime de droit commun du régime conventionnel des clauses relatives à la compétence.

531. – En *droit commun*, le droit français prohibe strictement les clauses attributives de juridiction dans les contrats de travail de droit interne (274). La transposition de cette prohibition au plan international ne va pas de soi : le cadre supérieur négocie son détachement ou son expatriation ; son intérêt et celui de l'employeur peuvent se conjuguer dans une clause d'élection de *for*. L'évolution et les contradictions de la jurisprudence sur cette question trahissent cette hésitation (275). L'état

---

(273) J. DEPREZ, *Les clauses relatives au règlement des litiges dans le contrat de travail international : RD aff. int.* 1990, p. 833.

(274) V. C. trav., art. L. 121-3 et R. 517-1, al. 3.

(275) La fin des années 1960 était marquée par une vive opposition entre la chambre sociale et la 1re chambre civile de la Cour de cassation. Alors que la première affirmait sans restriction la nullité de toute clause attributive de juridiction insérée dans un contrat de travail international (Soc. 18-19 oct. 1967 : *Rev. crit. DIP* 1968, 490, H. GAUDEMET-TALLON ; *JCP* 67, II, 15293, G. LYON-CAEN), la seconde admettait la validité d'une renonciation par le salarié au privilège de juridiction de l'art. 14, C. civ. (Civ. 1re, 9 janv. 1968 : *JCP* 68, II, 16451, G. LYON-CAEN ; *Clunet* 1968, 717, M. SIMON-DEPÎTRE).Trois arrêts de la chambre mixte de la Cour de cassation, rendus le 29 juin 1974, signaient la réconciliation des deux formations de la Cour : la clause attributive de juridiction est valable lorsque l'art. 14, C. civ. est le seul à permettre la saisine des juridictions françaises ; à l'inverse, la clause est nulle si elle déroge à la compétence du juge prud'homal français sur le fondement de l'art. R. 517-1, C. trav. (*Rev. crit. DIP* 1975, 110, P.-L. ; *Clunet* 1975, 82, D. HOLLEAUX ; *JCP* 74, II, 17881, G. LYON-CAEN ; *Dr. soc.* 1975, 458, A. LUCAS).Les relations difficiles de la chambre sociale et de la 1re chambre civile ne prenaient pas fin

actuel de la jurisprudence se caractérise, toutefois, par le ralliement de la chambre sociale à la position de la chambre civile qui admet la validité de la *clause attributive de juridiction* qui déroge à la compétence des juridictions françaises, quel que soit le chef de compétence considéré (276).

532. – À supposer admise la validité d'une clause attributive de juridiction dérogatoire à une règle de compétence française, l'accord sur la compétence doit résulter clairement des stipulations du contrat. Aussi bien la jurisprudence fait-elle preuve d'une sévérité particulière dans l'appréciation de la forme de l'élection de *for* ; la clause figurant dans le contrat de travail sous forme de mention imprimée est, par exemple, insuffisante à attester l'acquiescement du salarié (277). Par ailleurs, le fait que le contrat ait été soumis par la volonté expresse des parties à la loi étrangère de son lieu d'exécution ne suffit pas à caractériser une renonciation au bénéfice de l'article 14 du Code civil (278).

533. – L'article 17 originaire de la *Convention de Bruxelles* admettait la validité de principe des clauses attributives de juridiction sans envisager

---

pour autant. La chambre sociale, de son côté, faisait preuve de tergiversations puis, dans un arrêt retentissant du 8 juillet 1985, admettait la validité d'une clause attributive de juridiction dérogeant aux règles de l'art. R. 517-1, C. trav., au motif que le *« contrat de travail revêtait le caractère d'un contrat international »* (*Rev. crit. DIP* 1986, 113, H. GAUDEMET-TALLON). Par deux arrêts rendus en 1987, la même chambre opérait, toutefois, un brusque retour en arrière en décidant que *« toute clause qui directement ou indirectement déroge aux dispositions des trois premiers alinéas de l'article R. 517-1 du Code du travail devait être réputée non écrite »* (Soc. 7 mai 1987 : *Rev. crit. DIP* 1988, 78, H. GAUDEMET-TALLON. – 16 juill. 1987 : *Bull.* V, n. 516). Par deux arrêts rendus en 1987 et 1988, la première chambre civile a validé les clauses attributives de juridiction figurant dans des contrats conclus entre des pilotes français et des compagnies aériennes africaines (Civ. 1re, 16 juin 1987 : *Rev. crit. DIP* 1988, 78 note, préc. ; *Clunet* 1988, 1041, A. LYON-CAEN. – 8 mars 1988 : *Clunet, ibid.*). Enfin, un arrêt du 30 janvier 1991 illustre un nouveau revirement, la chambre sociale admettant à cette occasion la validité de la clause attributive de juridiction *« qui exclut l'application de l'article R. 517-1 du Code du travail et qui emporte renonciation du salarié au (privilège) de l'article 14 du Code civil »* (*RJS* 1991, n. 11, p. 618 et s., J. DEPREZ).

(276) Soc. 30 janv. 1991, préc. Inquiétée par tant de décisions contradictoires, la doctrine propose de distinguer entre critères de compétence *« forts »* ou *« faibles »* (en ce sens, H. GAUDEMET-TALLON, note citée sous Soc. 8 juill. 1985. – B. AUDIT, *Les conflits de juridiction en matière de droit du travail : Cah. dr. entrepr.* 1986, 33, spéc., p. 37). Procédant à une systématisation des critères de compétence, le Pr. P. Mayer conclut qu'aucune dérogation à la compétence du juge français n'est possible dans la seule hypothèse où le travail est effectué dans un établissement situé en France (P. MAYER, *Les clauses relatives à la compétence internationale insérées dans les contrats de travail, Mélanges D. Holleaux,* Litec 1990, p. 263 et s., spéc. p. 270 et s.). D'autres restent dubitatifs sur une clause dérogeant à la compétence française fondée sur le domicile alors que le travail est réalisé hors de tout établissement (G. et A. LYON-CAEN, *op. cit.*, n. 50, p. 37).

(277) Soc. 20 janv. 1983 : *Bull.* V, n. 26.

(278) Soc. 29 nov. 1978 : *Bull.* V, n. 551.

spécifiquement le régime du contrat de travail ; par la suite, la Cour de Luxembourg avait formellement admis l'application de ce texte à ce contrat (279).

Le souci de protection du travailleur a justifié la révision de cette disposition par l'adjonction de dispositions propres à notre matière. La Convention de Lugano a prévu qu'*« en matière de contrat individuel de travail, les conventions attributives de juridiction ne produisent leurs effets que si elles sont postérieures à la naissance du différend »*. Cette disposition voulue protectrice du salarié risquait fort de se révéler désavantageuse pour lui : c'est le travailleur qui, la plupart du temps, assigne l'employeur ; c'est, alors, ce dernier qui, selon ses intérêts, invoquera la nullité de la clause, laquelle contraindra le salarié à porter son litige devant le *for* du domicile du défendeur (280). Désormais, le texte de la Convention de Bruxelles révisé à San Sebastian prévoit que la clause attributive de juridiction insérée dans un contrat de travail ne produit ses effets que *« si elle est postérieure à la naissance du différend ou si le travailleur l'invoque pour saisir d'autres tribunaux que celui du domicile du défendeur ou celui indiqué à l'article 5-1 »*.

2) Clauses compromissoires

534. – Le régime des clauses compromissoires n'a pas suscité la même prolixité de la part des tribunaux.

Insérées dans un contrat de travail, ces clauses sont, en droit interne, nulles ou mieux annulables.

La jurisprudence semble conserver la même sévérité à l'égard du contrat de travail international. Un arrêt du 12 février 1985 de la chambre sociale a réaffirmé la nullité des clauses écartant la compétence prud'homale française (281).

---

(279) CJCE 13 nov. 1979, *Sanicentral : Clunet* 1980, 429, A. HUET ; *D.* 1980, 544, J. MESTRE ; *D.* 1985, IR 456, A. LYON-CAEN ; *Rev. arb.* 1986, 47, M.-A. MOREAU.

(280) V. G. DROZ, *La Convention de Lugano : Rev. crit. DIP* 1989, 1 et s., spéc., n. 36, p. 25.

(281) Soc. 12 fév. 1985 : *Rev. crit. DIP* 1986, 469, M.-L. NIBOYET-HOEGY ; *D.* 1985, IR 456, A. LYON-CAEN : *Rev. arb.* 1986, 47, M.-A. MOREAU. La portée de l'arrêt est cependant incertaine : la cour annule la clause compromissoire par application de la loi française en tant que loi applicable au fond du litige ; est-ce à dire que la solution eût-été différente pour un contrat soumis à une loi étrangère validant la clause ? De fait, certains admettent la validité du compromis en notre matière (V. G. et A. LYON-CAEN, *op. cit.*, n. 52). alors que M. DE BOISSÉSON observe, *« La pratique arbitrale internationale semble, elle-même, réticente à accepter l'arbitrabilité des relations de travail »* (*op. cit.*, n. 587, p. 505).

B. – LE DROIT MATÉRIEL DU TRAVAIL INTERNATIONAL

535. – La recherche de la loi applicable aux relations internationales de travail est rare, correspondant, (trop) souvent, à l'existence d'une relation contentieuse, elle-même exceptionnelle. Une pratique affinée dans les grands groupes dits *« multinationaux »*, en particulier, permet de résoudre bon nombre de questions tout au long de la relation considérée. Nous distinguerons *aspects juridiques* (1°) et *fiscaux* (2°) de la question.

1° *Les aspects juridiques*

536. – Deux grandes situations doivent, alors, être distinguées selon qu'il y a *embauche (a)* ou *transfert (b).*

a) L'embauche internationale

537. – Le cas de figure le plus simple tient à l'embauche d'un travailleur voué à travailler à l'étranger, quelles que soient sa qualification et sa position dans l'entreprise employeur.

Le contrat sera conclu dans le respect des règles sur la condition de l'étranger précédemment évoquée. Les règles nationales du territoire d'exécution s'ajoutent aux dispositions du droit applicable en principe au contrat. Les règles matérielles d'origine interne comme internationale, les articles 48, 49, 119 et 128 du Traité de Rome, les normes du Conseil de l'Europe ou de l'Organisation internationale du travail sont, généralement, en-dessous des normes du droit du travail de la plupart des pays industrialisés.

De nombreuses questions sont à régler avant la conclusion du contrat : obtention du visa, formalités douanières, régime applicable au transfert des traitements et salaires, condition juridique du Français à l'étranger, impôts sur les revenus des salariés, garanties sociales, conditions matérielles d'installation...

b) Le transfert international

538. – La situation peut se compliquer au cas où un employé lié par un contrat de travail le vouant à une activité sur le territoire national va, en cours d'exécution, être transféré sur un territoire étranger. Lors d'un tel déplacement, pièce ordinairement à trois personnages (282), les parties sont nécessairement amenées à se poser certaines questions permettant, entre autres, de désigner l'employeur du salarié mobile (283). Elles concernent les *relations entre entreprises de départ et d'accueil* [1] et les *relations employeur(s)-employé* [2].

1) Relations entreprise de départ-entreprise d'accueil

539. – Si les deux entités correspondent à une seule personne juridique (établissements nationaux différents), le problème ne se pose pas.

Si les deux entités correspondent à des personnes juridiques distinctes, fusent-elles même d'un même groupe comme c'est le cas le plus fréquent (284), le détachement d'un collaborateur d'une première à une seconde société suppose un accord préalable entre les firmes intéressées ; il réglera, tout particulièrement, les délais et modalités du détachement ainsi que la charge, provisoire ou définitive, des frais liés à l'opération et l'affectation des résultats, intellectuels, tout particulièrement, de ses travaux (285).

2) Relations employeur-employé

540. – Le problème préalable de l'obligation de mobilité du salarié se pose, tout d'abord.

En absence de clause, l'envoi de l'employé à l'étranger pour une durée autre que brève constitue une modification substantielle de son contrat de travail. Acceptée par le salarié, elle sera exécutée ; refusée, son imposition pourrait valoir rupture imputable à l'employeur.

---

(282) En dernier lieu, Inst. d'études eur. et int. du travail, *La mise à disposition de salariés : JCP* 96, éd. E, I, 614.

(283) G. LYON-CAEN, *Sur le transfert des emplois dans les groupes multinationaux : Dr. soc.* 1995, 489. M.-A. MOREAU, observe, *« La question de la détermination de l'employeur se pose pour organiser le départ d'un salarié à l'étranger mais aussi lorsque le salarié a été licencié et qu'il faut réorganiser sa carrière professionnelle : qui est le débiteur des indemnités ? Quelle est l'ancienneté du salarié ?... D'autre part, la pluralité d'employeurs multiplie la solvabilité de l'employeur, la possibilité d'exécuter les décisions et la possibilité de réaffectation... »* (Séminaire École du droit de l'entreprise, 1996). Sur la situation en droit communautaire, C. PIZZIO-DELAPORTE, *La situation du salarié mobile dans le groupe de dimension communautaire : Dr. soc.* 1994, 914.

(284) Sur l'éventuelle prise en compte du *« groupe employeur »*, Ph. COURSIER, *op. cit.*, n. 58, p. 8. – C. FREYRIA, *La conception sociale du groupe d'entreprises, Mélanges J. Savatier,* PUF 1992, 201.

(285) V. Y. REBOUL, *Les contrats de recherche, op. cit.* et M. MOUSSERON, *Les inventions de salariés*, Coll. CEIPI, n. 39, Litec 1995, notamment n. 194 et s., p. 127 et s. et Soc. 19 fév. 1976 : *Bull.* IV, n. 108. – 4 avril 1978 : *Bull.* IV, n. 272.

En présence de clause dite de *« mobilité internationale »* la question se posera de la licéité de pareil dispositif. La jurisprudence française est exigeante dans leur admission et suppose l'acquiescement exprès du salarié.

La relation employé-employeur est la pièce maîtresse de l'opération. À côté du contrat et de ses avenants formels, les parties recourent à des documents annexes d'intitulés divers élaborés par l'employeur : guide pour l'expatriation, mémento du salarié envoyé à l'étranger... Le problème de leur nature et, par conséquent, de leur autorité, se pose :

> « Ces conditions générales sont-elles opposables au salarié partant à l'étranger ? Pour la Cour de cassation, ils n'ont de force juridique contraignante que s'ils ont fait l'objet d'une acceptation par le salarié. Le consentement doit avoir été donné de façon non équivoque mais peut ne pas être exprès. La remise au salarié de ces conditions avant le départ à l'étranger ne vaut pas acceptation mais, si ces documents sont intégrés en annexe au contrat, il y a alors acceptation » (286).

Les parties s'interrogeront sur l'opération qui en sera *l'instrument* (α), les *compensations* spécifiques qu'appelle la mobilité internationale (β) et le *régime de protection sociale* (γ) applicable.

α) L'instrument juridique du transfert

541. – La terminologie varie pour désigner les déplacements de personnel et les expressions de *« mise à disposition »* ou *« transfert »* sont, souvent, retenues pour leur défaut de signification juridique précise. On rencontre quatre situations :

• Le contrat d'emploi passé avec l'employeur d'origine est *maintenu* et le détachement correspond le plus souvent à un prêt de personnel ; notons, toutefois, que, le droit pénal étant d'application territoriale, l'incrimination de *« marchandage »* ne devrait pas jouer en cas de méconnaissance de l'article L. 125-1, 2 et 3 du Code du travail qui *« exclut toute visée lucrative et impose que l'entreprise de départ supporte les salaires et charges et en recouvre le montant exact de l'entreprise d'accueil sans majoration constitutive d'un avantage quelconque »* dans l'hypothèse d'un détachement à l'étranger. L'emprunteur reçoit simplement délégation du pouvoir de direction du prêteur. Il n'y a pas cession de contrat de travail et les liens sont maintenus entre le personnel détaché et l'employeur qui l'emploie et va continuer à gérer sa carrière.

• Le contrat d'emploi passé avec l'employeur d'origine est *adjoint* à un contrat passé avec l'entreprise d'accueil, l'employé travaille pour les deux firmes.

---

(286) M.-A. MOREAU, séminaire cité 1996.

• Le contrat d'emploi passé avec l'employeur d'origine est *suspendu* et un nouveau contrat est convenu avec l'entreprise d'accueil.

• Le contrat d'emploi passé avec l'employeur d'origine *prend fin* et un nouveau contrat est conclu avec l'entreprise d'accueil. Un employeur unique national est remplacé par un employeur unique étranger.

Ces deux dernières figures correspondant davantage à l'expression d'*« expatriation »*.

> « La charge définitive – quelles qu'en soient les modalités provisoires de règlement – du salarié est le critère premier de désignation de l'employeur. Les précisions portées par les lettres de détachement, le maintien de certains contacts – entretien annuel, accès à certains avantages de l'entreprise... – avec le "parrain" ou le "correspondant" de l'entreprise de départ, les modalités de début et fin de détachement par intervention de cette entreprise qui lui donne l'ordre de cesser de fournir son travail au tiers... organisent ce type de relations... » (287).

La gestion de la carrière du salarié est un critère essentiel.

Vues les conséquences attachées à pareille qualification et la jurisprudence pragmatique de la Cour de cassation, un choix exprès et explicite sera bienvenu.

β) Les compensations de la mobilité internationale

542. – Un salarié appelé à quitter son environnement habituel pour aller travailler à l'étranger pour un certain temps va rencontrer divers problèmes qu'il n'aurait pas connus s'il était resté dans son pays d'origine.

L'apport de la jurisprudence et de la loi étant ici fort limité, ces difficultés feront opportunément l'objet de dispositions *ad hoc* dans le contrat qui régit cette situation. Dans les grands groupes qui ont une pratique importante de la mobilité internationale, le souci de normalisation de la gestion a conduit à mettre en place des règles internes ou procédures qui en définissent, souvent avec un grand détail, les conditions et modalités.

543. – Ces problèmes concernent pour l'essentiel la situation du salarié pendant et après le séjour à l'étranger.

544. – *Pour ce qui est du temps du séjour*, le contrat international de travail suscite, en matière de rémunération, les questions posées par tous les contrats internationaux : choix de la monnaie, lieu de paiement, contraintes fréquentes du contrôle des changes...

---

(287) M. MOUSSERON, *op. cit.*, n. 208, p. 136.

545. – À côté de ces questions générales se posent des questions plus spécifiques : comment doit-on traiter le salarié envoyé à l'étranger par rapport aux salariés de son pays d'origine et de son pays d'accueil ?

S'agissant d'une main-d'œuvre d'exécution, l'alignement se fait bien souvent au plus bas. En France, on a ainsi assisté à certains dévoiements du recours à des *« stagiaires étrangers »*. Par ailleurs, certaines entreprises françaises ont trouvé avantage à recourir à des prestataires étrangers pour se procurer une main-d'œuvre à bon marché (288). Pour limiter ces phénomènes et les distorsions de concurrence qui en résultaient, la loi quinquennale du 20 décembre 1993 a soumis ces prestations aux principales dispositions du droit interne (289).

S'agissant d'une main-d'œuvre qualifiée et, *a fortiori,* de cadres dirigeants, l'alignement a tendance à se faire par le haut. Même si les entreprises ont, aujourd'hui, tendance à réduire certains avantages considérables qui ont, jadis, pu faire de l'expatriation un pont d'or, la pratique révèle l'existence de nombreuses primes spécifiques destinées à tenir compte de la différence de coût de résidence, des difficultés d'existence propres à tel ou tel pays, de surcoût fiscal et social éventuel... Par ailleurs, la mobilité internationale, plus encore que toute autre situation de mobilité, impose des frais et des contraintes qui concernent le salarié mais aussi sa famille. Le souci de faciliter la réussite de cette mobilité, qui représente un pari et un investissement importants pour l'entreprise peut appeler une assistance matérielle et financière de l'entreprise, en matière d'insertion dans le pays d'accueil (apprentissage de la langue...), logement, voire conservation d'un logement dans le pays d'origine, scolarisation des enfants avec des frais supérieurs à ce qu'ils sont en France, activité professionnelle du conjoint, frais de voyage, notamment pour un retour périodique du salarié et de sa famille vers son pays d'origine...

546. – *Pour ce qui est de la fin du séjour,* le problème majeur du déplacement international reste celui du sort du contrat et du salarié à l'issue de la mission, que cette fin se produise à son terme initial ou intervienne de manière anticipée, suite à un échec ou à un incident extérieur quelconque.

La loi française ne comporte sur ce point qu'une seule disposition, l'article L. 122-14-8 du Code du travail (290) dont le champ d'application

(288) CJCE 27 mars 1990, *Rush Portuguesa : Clunet* 1991, 471. – M.-C. Boutard-Labarde : *RTD eur.* 1990, 632, P. Rodière.

(289) C. trav., art. L. 341-5. V. B. Teyssié, *Sur un aspect de la communautarisation du droit du travail ; la mise à disposition de salarié dans l'Union européenne*, Études J. Barthélémy, 1994, p. 77.

(290) Ph. Coursier, *L'obligation de rapatriement et de recrutement du salarié mis à la disposition d'une filiale à l'étranger : Dr. soc.* 1994, 19.

est très limité et dont la portée se réduit, bien souvent, à permettre au salarié ainsi détaché de bénéficier, à titre de minimum, des garanties qu'il aurait eues s'il avait été licencié en France :

> « Lorsqu'un salarié, mis par la société au service de laquelle il était engagé à la disposition d'une filiale étrangère à laquelle il est lié par un contrat de travail, est licencié par cette filiale, la société mère doit assurer son rapatriement et lui procurer un nouvel emploi compatible avec l'importance de ses précédentes fonctions au sein de la société mère.
> Si la société mère entend néanmoins congédier ce salarié, les dispositions (sur le licenciement) sont applicables. Le temps passé par le salarié au service de la filiale est pris en compte pour le calcul du délai-congé et de l'indemnité de licenciement ».

Dans toutes les autres situations, nombreuses, aucune disposition légale n'impose de telles obligations. Il sera, donc, essentiel d'avoir clairement stipulé les garanties de rapatriement, reclassement et indemnisation en cas de rupture avec l'entreprise d'accueil.

Des problèmes de licenciement pourront se poser au regard tant de la société d'accueil que de la société de départ. Les lois applicables aux contrats de travail concernés devront, alors, distinctement s'appliquer. Si le droit régissant le possible contrat d'emploi convenu avec la société d'accueil ne prévoit pas d'indemnité de licenciement, cette disposition ne vaudra pas atteinte à l'ordre public international français.

Mais, par ailleurs, il y a une dimension que le droit ne peut appréhender : si elle peut constituer un accélérateur de carrière, la mobilité peut aussi être l'occasion d'un oubli ; le changement de conditions d'existence au retour (perte des avantages financiers liés à l'expatriation et, souvent, diminution de la marge d'indépendance) provoque lui aussi ses conflits. Tout ceci relève davantage de la gestion des ressources humaines que du droit, mais le droit peut, à tout le moins, formaliser quelques garanties et faire en sorte qu'elles ne soient pas omises.

γ) Le régime de protection sociale

547. – Changer de pays revient, en principe, à changer de système de protection sociale, ces régimes étant très marqués par un principe de territorialité (291) affirmé par les articles L. 111-1 du Code de la sécurité sociale et 13 du Règlement communautaire du 14 juin 1971. Or, chacun a légitimement tendance à prêter la plus grande importance à ces questions et, surtout en France, à préférer un régime national que

---

(291) V. en dernier lieu, D. GATUMEL, *Protection sociale du salarié mis à disposition* in Inst. d'ét. eur. et int. du travail, art. cité, n. 102 et s.

l'on connaît à l'inconnu de ce que l'on peut trouver à l'étranger. S'y ajoutent des préoccupations très concrètes : *« de retour en France, pourrai-je faire valider pour ma retraite le temps passé à l'étranger ? »*. Le traitement des problèmes de protection sociale du salarié mobile est l'un des plus importants à se poser en pratique.

548. – Classiquement, en France, la ligne de partage sépare l'expatriation du détachement (292).

549. – *L'expatriation* a été, historiquement, la première situation : baroudeur, mercenaire ou béret vert, l'expatrié avait une image d'aventurier... et ne se souciait guère de sa protection sociale. L'expatriation allait, donc, de pair avec l'abandon de son régime d'origine et l'application pure et simple du régime du pays de travail. Des accords internationaux allaient, par la suite, permettre la coordination de ces régimes, notamment en matière de retraite avec des mécanismes de reconstitution de carrière et de portage des droits acquis d'un pays dans l'autre.

550. – Est considéré comme expatrié tout salarié qui, soit n'est plus lié à un employeur français, s'il est, par exemple, embauché par la filiale étrangère, soit est envoyé à l'étranger par un employeur français pour une période indéterminée ou déterminée de plus de six ans.

551. – Les expatriés ne sont, en principe, plus assujettis aux différents régimes français mais, désormais, aux régimes étrangers correspondants dont le coût et les prestations varient de pays à pays.

Afin, cependant, de leur assurer une possibilité de rattachement, tous les régimes sociaux ont mis en place des possibilités d'assurance volontaire.

– En matière de Sécurité sociale, la Caisse des français de l'étranger (CFE) assure une couverture équivalente à celle du régime français, à un coût très inférieur, pour les risques maladie-maternité, accident du travail et vieillesse-veuvage.

– En matière d'assurance-chômage, cette assurance volontaire existe également, sauf pour l'expatriation dans les pays de la CEE pour lesquels a été préférée une solution de coordination : le salarié expatrié sera assuré par l'institution de son pays de travail et pourra y être indemnisé s'il reste dans ce pays étranger mais il pourra aussi faire transférer ses droits à indemnisation en France et être indemnisé par les Assedic s'il préfère retourner en France.

---

(292) J. AUDIBERT et C. PARLEANI, *Gestion du personnel expatrié,* Éd. Fidal 1990. – X. PRETOT, *Les travailleurs détachés et expatriés et la sécurité sociale : Dr. soc.* 1991, 868. – Le ministre de l'Économie et des Finances envisageait, durant l'été 1996, la promulgation d'un *« statut de l'expatrié »*.

– En matière de retraites complémentaires, une possibilité d'affiliation volontaire est également prévue soit par adhésion de l'entreprise qui demande une extension territoriale, soit par adhésion individuelle de l'intéressé.

552. – Progressivement, la mobilité internationale concerne de plus en plus des cadres, comme une étape au sein d'une carrière centrée sur leur pays d'origine. Le détaché part à l'étranger mais dans un esprit de retour (293). *Le détachement* correspond, en fait, à une volonté d'*« attachement »,* malgré la mobilité, au régime de protection sociale du pays d'origine. Compte-tenu du principe de territorialité et pour éviter d'avoir à payer deux fois des cotisations, le développement de ce régime a nécessité des accords internationaux de Sécurité sociale permettant le maintien temporaire sous le régime du pays d'origine sans double cotisation dans le pays d'accueil. La France est liée à la plupart des autres États par des conventions bilatérales de ce genre.

553. – Est considéré comme détaché le salarié d'une entreprise installée en France, envoyé à l'étranger par son employeur pour une durée maximale de trois ans renouvelable une fois, qui continue à être payé et assuré au régime français par son employeur (294). Le détaché reste affilié aux régimes de protection sociale de son pays d'origine.

554. – Le maintien au régime français de Sécurité sociale entraîne l'obligation de verser l'intégralité des cotisations patronales et salariales sur le salaire réel, y compris les suppléments de rémunération liés à l'expatriation mais à l'exception des remboursements de frais ; la jurisprudence a, cependant, une approche extensive des frais à caractère spécial inhérents à la dimension internationale de l'emploi, notamment en ce qui concerne les frais de scolarité des enfants.

La mise en place de la CSG a donné lieu à une difficulté particulière. Alors qu'il s'agit, pour le droit français d'un impôt, les instances de l'Union européenne ont considéré que, compte tenu de son affectation au financement de la protection sociale, elle devait être assimilée aux cotisations sociales en ce qui concerne les détachés et frontaliers. Elle n'est, donc, pas prélevable sur les salaires des cotisants rattachés à un régime de Sécurité sociale étranger.

555. – Les prestations continuent à être assurées par le régime français aux conditions standard.

---

(293) P. Rodière, V. Cottereau, J. Tilhet-Pretnar, Th. Jacomet et T. Gontal, J.-C. Nedjar et A. Sabourin, *Le salarié détaché à l'étranger : Dr. prat. com. int.* 1988, n. 1.

(294) Dans le cadre de la communauté européenne, la durée de détachement est au maximum de un an, renouvelable une fois, sauf autorisation spéciale assez aisément accordée.

Il convient, cependant, de souligner quelques points particuliers.

– En ce qui concerne l'assurance-maladie/maternité et les accidents du travail, dans le cadre de l'Union européenne, les prestations en nature (remboursements de frais médicaux) seront assurées par la caisse compétente du pays de séjour (295).

– En ce qui concerne les prestations familiales, leur bénéfice est subordonné au fait que les enfants restent en France ou dans un État de la CEE ; si la famille accompagne le salarié pendant son détachement, aucune prestation familiale ne sera versée en application du principe de territorialité, sauf si la convention internationale de Sécurité sociale le prévoit ; en pareil cas, les prestations ne seront, généralement, pas équivalentes à celles du régime français.

– En ce qui concerne l'assurance-chômage, les prestations ne sont versées que pour autant que l'intéressé est inscrit en France comme demandeur d'emploi.

556. – Le souci d'optimisation financière et pratique conduit, aujourd'hui, certaines entreprises à remettre en cause ce régime du détachement au double motif qu'il est très onéreux, le régime de protection sociale français étant des plus chers, et peu pratique (296). Une approche sur mesure s'impose, donc, en distinguant, risque par risque, la couverture la plus appropriée, qui pourra être, selon le cas, le maintien au régime d'origine ou la combinaison d'une affiliation au régime du pays d'accueil et d'une assurance privée pour garantir une assistance immédiate et une prise en charge financière en cas d'incident de santé.

2° *Les aspects fiscaux*

557. – Les aspects fiscaux du transfert de personnes doivent être envisagés au regard tant des *règles nationales (a)* que des *conventions internationales (b)* applicables à ces salariés étrangers.

a) Les règles nationales applicables

558. – Chaque État énonce les règles de droit applicables aux entreprises étrangères fiscalement domiciliées ou résidentes sur son territoire.

(295) La formule peut, alors, aller de pair avec un système de tiers-payant.

(296) Il n'est pas bien aisé pour un détaché français en Russie de faire traiter par sa caisse française d'assurance-maladie son problème d'appendicite et ses factures libellées en cyrillique. Quant au tiers-payant, mieux vaut ne pas y penser.

Nous envisagerons les seules règles françaises en la matière face aux deux situations de *salariés domiciliés en France et travaillant à l'étranger* [1] et de *salariés domiciliés à l'étranger et travaillant en France* [2].

1) Imposition en France des salariés domiciliés en France et travaillant à l'étranger

559. – Le *régime de principe* tient à la détermination du domicile fiscal, critère utilisé en droit français en l'absence de convention internationale applicable, ou de la résidence fiscale, critère figurant dans les textes des conventions internationales, d'une personne physique salariée d'une entreprise française ou étrangère. Une personne physique dont le domicile fiscal est en France y est soumise, sous réserve de certaines exceptions, à l'impôt sur le revenu portant sur son revenu *« mondial »* par l'article 4, alinéa 1 du CGI :

> « Les personnes qui ont en France leur domicile fiscal sont passibles de l'impôt sur le revenu en raison de l'ensemble de leurs revenus ».

Il ne s'applique naturellement pas aux personnes physiques dont le domicile fiscal est à l'étranger qui, aux termes de l'alinéa suivant, *« sont passibles de cet impôt en raison de leurs seuls revenus de source française »*.

560. – L'article 4-B-1 du CGI (297) édicte qu'une personne physique a son domicile fiscal en France dans l'un des cas suivants (298).

– Elle a son foyer en France : cela implique qu'elle (ou sa famille) y habite normalement, et qu'elle y ait sa résidence habituelle à caractère permanent (299). Une personne physique a également son domicile en France si elle y a le lieu de son séjour principal. À la différence du critère précédent, celui du séjour principal est apprécié au niveau du contribuable et de lui seul (300) ; une personne est, de manière générale, considérée comme ayant son séjour principal en France si elle y séjourne

---

(297) L. 29 déc. 1976, préc., art. 2 et 3. V. l'étude de P. KERLAN, *Le domicile fiscal au regard du droit français : RD aff. int.* 1987, n. 1.

(298) Pour une étude approfondie de ces critères, v. notamment l'ouvrage de G. GEST et G. TIXIER, *Droit fiscal international,* PUF 1990, § 145 et s.

(299) Il a ainsi été jugé qu'avait sa résidence habituelle en France un contribuable qui, durant les années en cause (1978 et 1979), avait exercé la profession d'ingénieur sur un chantier de montage industriel en Irak et dont l'épouse avait, pendant ces deux années, séjourné plus durablement en Irak qu'en France, les deux conjoints ayant conservé la disposition d'un appartement à Paris où séjournait en permanence leur fille étudiante (Cons. d'État, 3 nov. 1995, req. n. 126513, *Larcher : Dr. fisc.* 1996, n. 5, comm. 121, concl. Comm. gouv. J. Arrighi de Casanova).

(300) Cons. d'État, 9 déc. 1988, req. n. 62909 : *Dr. fisc.* 1989, n. 12, comm. 580.

plus de six mois au cours d'une année donnée (301) ; ce critère n'est, toutefois, pas absolu et peut être écarté au vu des circonstances de fait rapportées par les parties (302).

– Elle a en France son activité professionnelle principale (303).

– Elle a en France le centre de ses intérêts économiques (304), celui-ci se définit comme le lieu où une personne a effectué ses principaux investissements, d'où elle administre ses biens, où elle a le centre de ses activités professionnelles et dont elle tire l'essentiel de ses revenus.

561. – Des *régimes d'exception* à l'imposition sur l'ensemble de leurs revenus de salariés domiciliés en France existent. Le principe de l'imposition sur l'ensemble de leurs revenus, de source française et étrangère, des personnes physiques ayant leur domicile en France peut, en effet, entraîner une surcharge fiscale lourde pour les salariés effectuant des missions temporaires à l'étranger. Afin d'éviter de telles surimpositions, le législateur a mis en place, en 1976 (305), trois régimes d'atténuation (306) de la charge des salariés.

562. – Le premier régime d'exonération (CGI, art. 81-A-I) permet de ne pas soumettre à l'impôt sur le revenu en France les salaires versés à une personne de nationalité française domiciliée en France lorsqu'elle est envoyée à l'étranger par un employeur établi en France et est passible, dans le pays où elle exerce son activité, d'un impôt sur le revenu *« au moins égal aux deux tiers de celui qu'elle aurait à supporter en France sur la même base d'imposition »*. Ce dispositif d'exonération est également applicable (307) aux salariés étrangers ressortissants d'un pays ayant conclu avec la France un traité de réciprocité.

563. – Le deuxième régime d'exonération (CGI, art. 81-A-II) concerne les salariés détachés à l'étranger pour une durée supérieure à 183 jours

---

(301) Doc. adm. DGI 5B-1121, préc., § 6.

(302) C. adm. Paris 11 déc. 1990, req. n. 450, *Porcu : RJF*, mai 1991, n. 540.

(303) Pour un cas d'application, C. adm. Lyon 26 juill. 1990, req. n. 89-227, *Woolf : Dr. fisc.* 1991 n. 13, comm. 679, G. TIXIER et T. LAMULLE.

(304) Il a ainsi été jugé qu'avait le centre de ses intérêts économiques en France pendant les années 1979 à 1981 une personne détenant la moitié du capital d'une société de commerce de gros dont le siège était en France, qui effectuait les achats et contrôlait les ventes au sein de celle-ci. Cette personne avait, par ailleurs, été le seul bénéficiaire des minorations de recettes de la société constatées par l'administration, disposait en France de comptes bancaires approvisionnés et avait effectué des séjours à Paris pendant les trois années en cause (C. adm. Paris 17 juill. 1990, req. n. 89-1960, *Moutzithropoulos : Dr. fisc.* 1991, n. 4, comm. 72, G. TIXIER et T. LAMULLE).

(305) L. 29 déc. 1976, préc., art. 9, CGI, art. 81-A.

(306) V. les chroniques de J. TUROT, *Salariés détachés à l'étranger* in *RJF*, avril 1989 et de V. HAIM, *Le régime fiscal des revenus tirés d'une activité salariée à l'étranger (CGI, art. 81-A) : Dr. fisc.* 1995, n. 16.

(307) Instr. adm. 26 juill. 1977 : *BODGI* 5B-24-77, § 32.

au cours d'une période de douze mois consécutifs lorsque leur activité s'exerce dans le cadre soit d'un chantier de construction ou de montage, soit de l'installation, de la mise en route et de l'exploitation d'un ensemble industriel, ou de la prospection et de l'ingénierie y afférentes, soit encore de la prospection, de la recherche et de l'extraction de ressources naturelles. L'exonération peut, par ailleurs, être étendue (308), sur accord de l'administration, aux salariés exerçant une activité de prospection de marchés extérieurs. Cette exonération bénéficie aux salariés remplissant la même condition de nationalité que pour l'exonération précédente.

564. – Le troisième régime d'exonération (CGI, art. 81-A-III) tient à la règle suivante :

> « Lorsque l'intéressé ne peut bénéficier de ces exonérations, ces rémunérations ne sont soumises à l'impôt en France qu'à concurrence du montant du salaire qu'il aurait perçu si son activité avait été exercée en France » (309).

565. – Les exonérations des articles 81-A-I et II du CGI s'accompagnent de l'application de la règle dite *« du taux effectif d'imposition »*. L'exonération d'impôt semble, toutefois, être totale si le contribuable peut revendiquer le bénéfice d'une convention fiscale internationale qui prévoit l'application de cette règle du *« taux effectif d'imposition »*, pour

---

(308) Instr. adm. 26 juill. 1977, préc., § 36. Il a été jugé (Trib. adm. Grenoble 16 nov. 1993, req. n. 89-2078, *Artaches Mkrian : Dr. fisc.* 1994, n. 11, comm. 516) que l'extension de cette exonération ne peut être opposée à l'administration sur le fondement des art. L. 80-A et L. 80-B, LPF.

(309) L'analyse des travaux parlementaires ayant précédé le vote de la loi du 29 décembre 1976 fournit peu d'informations sur l'interprétation de cet article. L'administration a apporté un certain nombre de précisions pour l'application de l'art. 81-A-III. L'exonération peut être utilisée par des salariés qui effectuent des missions de courte durée à l'étranger. Certaines conditions doivent être remplies : il est ainsi nécessaire que le supplément de rémunération soit fixé préalablement au séjour à l'étranger et qu'il reste dans des limites compatibles avec la rémunération principale et les contraintes effectivement supportées. L'instruction administrative du 23 décembre 1987 (*BOI* 5B-25-87) rapporte la doctrine administrative antérieure, dont le caractère restrictif était très prononcé. La jurisprudence requiert que le supplément de rémunération lié aux déplacements à l'étranger soit établi avec précision. Il est admis que le salarié rémunéré à la commission soit exonéré d'impôt au titre du supplément de commission qu'il reçoit sur les ventes réalisées hors de France. De manière plus générale, la jurisprudence accepte, désormais (Cons. d'État, 19 oct. 1994, req. n. 117128, *Vauthrin : RJF,* déc. 1994, n. 1323 et chron. de G. GOULARD, *Salariés envoyés à l'étranger : RJF*, déc. 1994. – Cons. d'État, 19 oct. 1994, req. n. 117129, *Moukheiber : Dr. fisc.* 1995, n. 10, comm. 461) le principe d'un supplément de salaire de caractère forfaitaire et non déterminé de manière spécifique à l'occasion de chaque séjour à l'étranger. La preuve matérielle de l'existence du supplément de rémunération doit être incontestable : tel n'est pas le cas (C. adm. Paris 18 déc. 1990, req. n. 1157, *Hacke : RJF*, mars 1991, n. 297), lorsque le salarié ne peut produire qu'un certificat de son employeur, faisant apparaître le supplément de rémunération (Cons. d'État, 10 janv. 1992, req. n. 109895, *Koch : RJF*, mars 1992, n. 341 qui annule C. adm. Lyon, 22 juin 1989, req. n. 89302 : *Dr. fisc.* 1990, n. 10, comm. 470).

les revenus imposables en France en vertu de cette convention, *« au taux correspondant au montant global du revenu imposable selon la législation française »* (310). L'exonération de l'article 81-A-III est, par ailleurs, toujours une exonération totale d'impôt (CGI, art. 197).

2) Imposition en France des salariés domiciliés à l'étranger et travaillant en France

566. – Les salariés non domiciliés en France peuvent faire l'objet d'une imposition forfaitaire lorsqu'ils y ont une habitation (CGI, art. 164-C) (311).

567. – Les salaires versés à une personne fiscalement domiciliée hors de France au titre d'une activité exercée en France entrent dans la catégorie des revenus de source française (CGI, art. 164-B-I-d), imposables, par conséquent, en France.

568. – L'impôt français est prélevé, en premier lieu, par voie de retenue à la source. Celle-ci est établie en fonction d'un barème applicable non pas au montant brut du salaire mais à son montant net, déterminé selon les règles de droit commun en matière d'impôt sur le revenu (CGI, art. 182-A-II) (312).

569. – Lorsque le salarié a la nationalité française, la retenue à la source est libératoire de l'impôt sur le revenu pour la quote-part imposable du salaire qui n'excède pas le seuil d'application du taux de 25 % de la retenue par an (CGI, art. 197-B). Le bénéfice du caractère libératoire partiel de la retenue à la source est étendu (313) aux salariés qui ont

---

(310) C. adm. Paris, 18 avril 1991, req. n. 607, *Villemandy : Dr. fisc.* 1992, n. 43, comm. 1939. Cette analyse nous paraît discutable dans la mesure où la convention en vigueur n'emploie que l'expression *« peut être calculé »* et non celle de *« est calculé »*.

(311) Cette imposition, établie sur une base égale à trois fois la valeur locative de l'habitation, ne donne toutefois lieu qu'à peu d'applications pratiques. Il en est ainsi car l'imposition forfaitaire ne peut être retenue, d'une part, lorsque les revenus de source française du contribuable sont supérieurs à la base forfaitaire (CGI, art. 164-C), d'autre part, si le contribuable est domicilié dans un pays ayant conclu avec la France une convention tendant à éviter les doubles impositions et, enfin, si le contribuable a la nationalité française ou celle d'un pays ayant conclu avec la France un traité de réciprocité et est soumis dans le pays où il a son domicile fiscal à un impôt personnel sur l'ensemble de ses revenus au moins égal aux deux tiers de celui qu'il aurait à supporter en France sur la même base d'imposition (CGI, art. 164-C). Le dispositif de l'article 164-C, CGI a, sans doute, été, au cours des années passées, davantage un moyen d'influence de la France auprès de certains États étrangers pour obtenir la négociation de conventions fiscales qu'une source de rentrées fiscales significatives (Instr. adm. 26 juill. 1977, préc., § 56).

(312) Le barème de retenue à la source est fixé, chaque année, par la loi de finances.

(313) Instr. adm. 26 juill. 1977, préc., § 91.

la nationalité d'un pays ayant conclu avec la France un accord comportant une clause de non-discrimination.

570. – La quote-part nette imposable du salaire qui excède la limite ci-dessus est soumise à l'impôt sur le revenu. Celui-ci est calculé en appliquant le barème progressif. La retenue à la source prélevée sur cette quote-part du salaire est imputable sur l'impôt sur le revenu. Un excédent éventuel de retenue à la source peut être restitué au contribuable, sur sa réclamation, à la condition que la totalité de la retenue prélevée excède l'impôt sur le revenu calculé sur l'ensemble de celui-ci (314). L'administration demande (315) que soient inclus dans ces rémunérations non seulement le salaire versé au titre du travail effectué en France mais aussi tous les revenus de source française soumis à imposition au barème progressif (316).

b) Les conventions internationales applicables

571. – Les conventions fiscales internationales permettent dans la plupart des cas d'éviter des surimpositions tant par la définition de la notion de résidence fiscale que par la fixation de règles de partage d'imposition entre les États signataires (317).

572. – Les conventions conclues par la France s'inscrivent dans le cadre d'une convention-modèle OCDE et comportent une *définition de la notion de « résident »* qui permet, dans la plupart des situations, d'éviter qu'une personne physique soit considérée comme ayant fiscalement domicile ou résidence dans plus d'un pays (318). Ces conventions visant à éliminer les cas de double résidence et, par voie de conséquence, de double imposition, leurs clauses de résidence ne sont applicables

---

(314) L. n. 93-1353, 30 déc. 1993, art. 44.

(315) Instr. adm. 23 août 1994 : *BOI* 5 B-19-94.

(316) Le service de l'administration fiscale compétent pour recevoir et contrôler les déclarations de revenus des personnes non domiciliées en France est le centre des impôts des non-résidents, situé à Paris. Ces contribuables disposent de délais particuliers pour déposer leurs déclarations de revenus.

(317) Les conventions fiscales bilatérales contiennent, parfois, une disposition (clause de non-discrimination) applicable non seulement aux résidents mais aussi aux citoyens de chacun des États contractants, quel que soit leur pays de résidence fiscale. V. ainsi, art. 24-1, Convention France-Canada, 2 mai 1975 : *JO* 10 oct. 1976. – Avenant 16 janv. 1987 : *JO* 13 oct. 1988 ; pour une application jurisprudentielle du principe. – Cons. d'État, 3 mars 1993, req. n. 85626, *Campbell : Petites Affiches,* 30 juin 1993, p. 4 et s., concl. Comm. gouv. O. Fouquet.

(318) Chacune de ces conventions internationales n'a, pour cette définition du « résident », qu'un caractère subsidiaire par rapport à la loi interne française. V. notamment à cet égard, Cons. d'État, 17 mars 1993, req. n. 85894, *Memmi : RJF*, mai 1993, n. 612.

qu'en présence d'une double résidence au regard du droit interne de chaque État contractant (319) et (320).

573. – La plupart des conventions fiscales conclues par la France retiennent les règles suivantes de partage d'imposition, pour les personnes ayant leur résidence fiscale dans l'un des deux pays signataires de la convention et exerçant dans l'autre pays une activité professionnelle salariée pour une entreprise.

Le salarié est, en principe, assujetti à l'impôt dans le seul pays où il a sa résidence au titre de la totalité des salaires qu'il perçoit.

Le pays de résidence du salarié perd, toutefois, son droit d'imposition, lorsque la rémunération est versée au titre d'un emploi salarié exercé dans l'autre pays et que l'une des trois conditions suivantes est remplie : le salarié séjourne dans ce dernier pays pendant au moins 183 jours au cours d'une période de douze mois ; sa rémunération est payée par un employeur (ou au nom de celui-ci) résident de ce pays ; sa rémunération est supportée par un établissement stable que l'employeur a dans ce pays.

574. – Un salarié dont la résidence fiscale est en France et qui n'y est pas assujetti à l'impôt sur le revenu pour une partie de sa rémunération, dans le cadre de l'application des dispositions conventionnelles présentées ci-dessus, doit néanmoins déclarer ces sommes pour l'application de la règle dite *« du taux effectif d'imposition »* (CGI, art. 170-4). Cette règle consiste, pour obtenir l'impôt sur le revenu effectivement dû en France, à calculer l'impôt sur le revenu sur l'ensemble des revenus du contribuable, y inclus ceux exonérés en vertu des dispositions d'une convention fiscale internationale, et à multiplier cet impôt théorique par le rapport des revenus imposables en France sur le total des revenus du contribuable.

---

(319) On indiquera à titre d'illustration les dispositions de la convention France – Grande-Bretagne dont l'art. 3-1 dispose, *« Au sens de la présente convention, l'expression "résident d'un État contractant" désigne toute personne qui, en vertu de la législation de cet État, y est assujettie à l'impôt en raison de son domicile, de sa résidence (...). Toutefois, cette expression ne comprend pas les personnes qui ne sont assujetties à l'impôt dans cet État que pour les revenus de sources situées dans cet État »*. L'art. 3-2 a pour finalité d'éviter qu'une personne physique puisse être traitée comme une personne domiciliée dans les deux pays ; pour ce faire, il fournit des critères d'attribution de la résidence fiscale à l'un d'eux.

(320) Le contribuable en désaccord avec l'administration fiscale française sur l'application à sa propre situation des critères conventionnels d'attribution de résidence fiscale peut contester cette interprétation devant la juridiction administrative. Celle-ci pourra renvoyer, pour interprétation, au ministre des Affaires étrangères une disposition conventionnelle dont le sens n'est pas très clair ; elle ne sera pas tenue de s'incliner devant la position de celui-ci.

SECTION IV
LE TRANSFERT D'OUVRAGE

575. – Nous entendrons par transfert d'ouvrage la conduite à l'étranger d'un ouvrage par ou au profit d'une entreprise nationale, française, par exemple. Le nombre et la diversité de tels ouvrages se sont considérablement accrus au cours des dernières décennies à raison tout autant de la mondialisation des échanges que du développement considérable des prestations plus ou moins immatérielles – assurances, crédit, tourisme, transport... informations... conseils de tous ordres, transfert de technique de toutes natures... – peu sensibles à l'enfermement frontalier (321).

L'intervention du droit à leur propos a, toutefois, été freinée, voire dévoyée par le succès inconsidéré de deux termes : *« vente de services »* attrait vers la vente des opérations qui relèvent du louage d'ouvrage et du contrat d'entreprise alors qu'à l'inverse, *« sous-traitance »* attrait à une forme d'entreprise ce qui, dans la majorité des cas, est vente de biens meubles. Il faudra veiller à ce que la confusion terminologique ne fausse pas les qualifications et, partant, la désignation des régimes juridiques applicables.

576. – Deux familles d'opérations se présentent, alors, selon que, destiné à un partenaire étranger, l'ouvrage a vocation à s'y maintenir ou que, destiné à l'opérateur français, il doive retrouver le territoire où il aurait pu initialement se former. Nous distinguerons, donc, entre les ouvrages réalisés à l'étranger selon que *l'opérateur national, français* par exemple, *est entrepreneur* (§ 1) ou *donneur d'ordres* (§ 2).

§ 1. – L'opérateur national (français) est entrepreneur

577. – Une première situation est celle où l'opérateur national, français, va œuvrer à l'étranger (322). Toutes sortes d'hypothèses peuvent être envisagées du boulanger à béret basque s'installant à Beyrouth ou New York... à la construction par une société parisienne d'une raffinerie en Afrique ou d'un TGV en Asie, l'opérateur pouvant, alors, effectuer

(321) V. en guise d'illustration : J.-M. GRANGE, *Obtenir des grands contrats à l'étranger*, Dalloz 1992.

(322) Nous ne traiterons pas de l'entreprise française réalisant en France des produits sur commandes et instructions de l'étranger, qui s'apparentent, le plus souvent, à des ventes à l'exportation. V. CFCE, *Guide du sous-traitant exportateur*, 12e éd. 1996.

directement tout ou part de l'ouvrage sur le territoire étranger... ou, plus légèrement, susciter, organiser et coordonner les ouvrages d'autrui (323).

578. – Nous envisagerons, tour à tour, le *droit applicable à l'ouvrage international* (A) et le *droit matériel de l'ouvrage international* (B).

A. – LE DROIT APPLICABLE À L'OUVRAGE INTERNATIONAL

579. – Les règles ordinaires de droit international privé vont régir la désignation de la *loi applicable* aux rapports de l'entrepreneur ou de l'ingénieur français et du donneur d'ordres étranger, isolé ou lié à d'autres (324) (1°) et de *l'autorité de conflit compétente* (2°). Le territoire – étranger – d'exécution des prestations caractéristiques mises à la charge de l'entreprise – française – jouera un rôle essentiel dans le traitement de ces deux questions.

1° *La loi applicable*

580. – L'accord des parties, désigne, souvent, la loi de l'État du client à raison, notamment, de l'intervention de diverses personnes publiques dans la formation ou l'exécution du contrat. Le champ du principe d'autonomie est, d'ailleurs, fréquemment réduit par l'application impérative du droit national du territoire d'exécution (325) et les contraintes multiples, prescriptions et proscriptions, de différents codes des investissements, des marchés publics et autres corps de règles nationales (326). Le caractère immobilier de bon nombre des opérations ici visées concourt encore à désigner le droit de l'État d'exécution.

Scénario indépendant, l'ingénierie (327) est apparue pour la première fois aux États-Unis mais a rapidement gagné les rapports internationaux pour devenir une pratique apatride dont les opérateurs du commerce

---

(323) V. à titre d'exemple, S. PAUTOT, *Guide de l'exportation du bâtiment et des travaux publics*, éd. du Moniteur 1980.

(324) Feduci, Coll. Paris 1979, *La co-traitance internationale*, éd. du Moniteur 1980.

(325) Sur l'exemple algérien, v. G. BLANC, *Le contrat international d'équipement industriel – l'exemple algérien*, thèse Aix-Marseille 1983, p. 192 et s.

(326) Sur l'exemple andin en matière de propriétés intellectuelles, B. REMICHE, *Le rôle du système des brevets dans le développement*, Coll. CEIPI, n. 29, Litec 1982.

(327) V. J. FOURNIER, *V° Engineering (Ingénierie) : Rép. dr. com.* Dalloz 1972. – Th. HASSLER, *Les contrats de construction d'ensembles industriels*, thèse Strasbourg 1974. – J. LARRIEU, *Le contrat d'ingénierie*, thèse Toulouse 1984.

international, de nationalités très variées, ont, chacun, contribué à modeler la physionomie. L'ingénierie fait partie de ces nouveaux rapports d'affaires internationaux qui ne trouvent pas de cadre adapté dans les ordres juridiques nationaux et que les internationalistes tentent de soustraire aux systèmes étatiques. Toutes sortes d'instruments internationaux comme les conditions générales de la FIDIC (328) ou celle de la commission économique pour l'Europe des Nations unies proposent leurs expériences aux négociateurs d'accords.

581. – Retenant l'hypothèse d'application du droit français du louage d'ouvrage dit contrat d'entreprise ou de prestation de service, nous relèverons l'extrême discrétion des textes particuliers en la matière (329) à l'inverse de ce qui est dans la vente ou le louage de chose et la forte incitation faite aux contractants à énoncer avec précision les obligations respectives des différentes parties. Par le biais des *« usages commerciaux »* l'ordre juridique national accueille, toutefois, la pratique commerciale internationale.

2° *L'autorité de conflit compétente*

582. – L'absence de règles spéciales en droit commun et conventionnel conduit à référer aux règles générales précédemment étudiées et invite les parties à désigner dans leur accord l'autorité judiciaire ou arbitrale en charge de leurs éventuels différends.

B. – LE DROIT MATÉRIEL DE L'OUVRAGE INTERNATIONAL

583. – Nous observerons, tour à tour, les *aspects juridiques* (1°) et *fiscaux* (2°).

1° *Les aspects juridiques*

584. – Les constructions contractuelles seront simples ou plus complexes selon que le contrat d'entreprise convenu entre l'entrepreneur

(328) C.-R. SEPPALA, *La procédure arbitrale de pré-règlement des litiges selon les conditions de génie civil du contrat-type de la FIDIC : RD aff. int.* 1987, VI, p. 579 ; *Le nouveau modèle FIDIC de contrat international de sous-traitance : RD aff. int.* 1995, 659.

(329) V. par ex., J.-M. MOUSSERON, *Technique contractuelle, op. cit.*, n. 788, p. 318.

français et son donneur d'ordres étranger portera sur une *opération élémentaire* mettant deux opérateurs au contact *(a)* ou une *opération complexe* telle qu'ingénierie ou assemblage industriel *(b)*.

a) L'opération élémentaire

585. – La négociation contractuelle sera essentiellement attentive à l'*ouvrage* [1] et au *prix* [2].

1) Dispositions relatives à l'ouvrage

586. – Les trois problèmes classiques dans les contrats internes de *désignation* (α), *réception* (β) et *garantie* (γ) de l'ouvrage contractuel se posent de façon plus aiguë et plus lourde lorsque l'opération est internationale.

α) Désignation de l'ouvrage

587. – La désignation de l'ouvrage est la tâche la plus délicate et souvent, parce qu'insuffisamment traitée, la source la plus fréquente de difficultés.

588. – Il s'agit, tout d'abord, de *l'identification physique* de l'ouvrage. Le client étranger souhaite, souvent, que le constructeur reproduise sur son territoire l'unité, industrielle par exemple, existant dans le pays d'origine. Se posent, alors, de bonne heure, des problèmes de compatibilité avec les moyens, les contraintes et les besoins locaux. À supposer bien menée l'identification initiale de l'ouvrage de référence – telle ligne de fabrication, tel type d'installation électrique... –, les questions de son adaptation au site d'arrivée interviennent rapidement (330) et sont d'autant plus délicates que les exigences propres au site d'arrivée sont élevées et point ou mal identifiées à la conclusion du contrat. La mise en place d'un équipement industriel, *a fortiori* d'un ensemble industriel ample et complexe, pose le problème de la technologie de son installation et, surtout, de son fonctionnement. Inclus dans le contrat d'ouvrage ou

(330) L'exemple classique est celui de l'installation en Russie d'une unité de dessication de pommes de terre où le problème technique, d'abord, de traitement des effluents au contact d'eaux fluviales de compositions différentes, puis administratif tenant à l'autorisation d'exploitation par l'autorité locale protectrice de l'environnement s'est, rapidement, transformé en problème financier de savoir qui – de l'entreprise française ou du client russe – supporterait les frais de construction d'une station d'épuration des eaux non envisagée dans les documents initiaux.

matériellement distinct, un contrat de transfert de technique s'impose rapidement (331).

589. – En sus des problèmes communs aux accords de ce type, se posent trois séries supplémentaires de questions.

Les premières questions tiennent à l'obtention de la technologie concernée : lorsqu'elle est maîtrisée et librement exploitée par lui, le fournisseur n'a pas de difficultés particulières ; à défaut, il devra par différentes licences de savoir-faire non breveté ou breveté, en particulier, accéder à la libre exploitation de ce savoir-faire sur le site d'arrivée.

Les deuxièmes questions portent sur l'utilisation que le client pourra, ultérieurement, en faire en dehors du site ; on se rappelle les discussions portant sur l'exploitation par les Coréens du savoir-faire tenant à la construction du TGV pilotée chez eux par des industriels français ; ici encore, les mécanismes de licences sur informations non brevetées et brevetées seront mis en œuvre, les positions du concédant s'inversant par rapport à la relation précédente.

Les troisièmes questions tiennent aux perfectionnements, au flux d'informations développés tant par le fournisseur que par le client, exploitant local (communication, réservation, exploitation, rémunération...) ; ils posent de délicats problèmes que le contrat devra régler, son silence appelant souvent les querelles d'après formation du contrat.

590. – Il s'agira, ensuite, de *l'identification économique* de cet ouvrage et on retrouve les distinctions subtiles entre ouvrages clé, produit ou marché en mains.

Le contrat clé en main se définit comme le *« contrat à prix forfaitaire conclu par une firme qui s'engage à étudier, projeter, construire un équipement industriel, dont elle garantit les capacités en les démontrant elle-même au cours de la période de démarrage »* (332). La mission et,

(331) V. *supra, « Transfert de biens immatériels »*, n. 415 et s.

(332) G. BLANC observe, *« La méthode est apparue aux constructeurs – américains – comme susceptible de relancer les investissements dans la mesure où l'investisseur se décharge de l'ensemble de l'opération et de ses risques sur le concepteur. Conçue comme un instrument juridique provisoire, cette formule du contrat clefs en mains séduisit les chefs d'entreprise et se tailla très rapidement une place de choix dans l'arsenal contractuel. Lorsque les pays de l'Est décidèrent d'accélérer leur industrialisation, ils se tournèrent vers les occidentaux. Ne disposant pas suffisamment de cadres qualifiés, les pays socialistes passèrent des commandes d'industries clefs en mains aux firmes occidentales. Leur personnel put ainsi continuer à se consacrer à la fonction de production puisque les fonctions de conception et de réalisation des projets industriels étaient confiées à des sociétés étrangères... Depuis quelques années, le contrat clefs en mains connaît également un développement important dans les pays pétroliers dont les revenus ont subi la croissance que l'on sait »* (*op. cit.*, p. 25). V. M. SALEM et M.-A. SANSON, *Les contrats clé en mains et les contrats produit en main*, Coll. CREDIMI, vol. 9, Litec 1979. – J.-A. BOON et R. GOFFIN, *Les contrats clé en main*, Masson 1981. – H. CASSAN et *alii auctores, Contrats internationaux et pays en développement*, Économica 1989.

par conséquent, l'obligation de l'entrepreneur s'épuisent à la délivrance d'une installation conforme à la description qui en a été faite dans le contrat ou le document précontractuel dit, entre autres dénominations, *« cahier des charges »*. Ce genre d'accord a révélé les insuffisances de la livraison d'un *« équipement sans équipage »* (333) et a appelé la figure suivante.

Le *contrat produit en main* se définit comme la Convention obligeant le fournisseur à délivrer une installation apte à fonctionner de manière définitive avec le concours de collaborateurs principalement locaux. La mission et, par conséquent, l'obligation de l'entrepreneur s'épuisent plus tardivement que dans le rapport précédent, à la mise en place d'une installation en état final de production par les collaborateurs du client (334). Les problèmes essentiels et leurs solutions contractuelles tiennent aux pouvoirs et responsabilités liés à la sélection, la formation, l'embauche et le perfectionnement des personnels servant à l'installation contractuelle.

Le *contrat marché en main* se définit comme la Convention obligeant le fournisseur à étudier, réaliser, gérer une installation industrielle... en assurant tout ou part de la commercialisation de sa production. La mission et, par conséquent, l'obligation de l'entrepreneur s'épuisent à la vente de tout ou part de la production de l'installation contractuelle, une première variante comportant paiement – total ou partiel – par remise en nature de marchandises produites par l'installation contractuelle (*« contre-achat »*, dation en paiement...).

β) Réception de l'ouvrage

591. – La réception – recette de conformité – de l'ouvrage se fait, généralement, en plusieurs temps : sur le site de départ, d'abord, lorsque certains composants de l'installation y sont construits, sur le site d'arrivée, ensuite, par réception provisoire d'une installation servie par/sous les directives et responsabilités des agents du constructeur et, enfin, par réception définitive de l'installation finale mise en œuvre par les personnels locaux avec traitement de toutes les questions de formation de ces agents, parfois dénommée assistance technique.

γ) Garantie de l'ouvrage

592. – Sous l'intitulé de *« garantie »* se profile, souvent, un problème de responsabilité contractuelle, lui-même lié à la définition précise du

(333) TAIEB SAID AMER, *L'industrialisation en Algérie*, éd. Anthropos 1978, p. 147.

(334) La formule fut présentée à la 2e conférence de l'ONUDI, réunie, en 1975 à Lima par le ministre algérien Belaïd Abdessalam. Elle a bénéficié, un temps, de la concurrence imposée aux fournisseurs de pays disposant de la manne pétrolière.

contrat et de l'autorité (obligation de moyen ou de résultat) de l'obligation caractéristique du fournisseur d'ouvrage (335).

Le recours à la garantie proprement dite libère le client de toute preuve de l'obligation et de sa mauvaise exécution et, du coup, la garantie de l'installation appellera l'élaboration très attentive de clauses de garantie ou de non-garantie selon que la règle supplétive portée par le droit applicable ne comporte pas ou comporte des obligations lourdes de garantie de l'entrepreneur ; la nécessité d'une décision précoce du droit applicable reçoit, ici, une forte illustration. Fait générateur, délais, objet, plancher et plafond du montant de l'engagement devront être précisés avec soins.

2) Dispositions relatives au prix

593. – En supplément aux questions communes aux contrats onéreux, la *désignation* du prix posera les questions supplémentaires des accords internationaux tenant, tout particulièrement, aux mécanismes, risques et assurance de change ou à la réglementation des transferts financiers correspondants.

594. – Les modalités de *paiement* du prix établissent un calendrier d'exécution ordinairement parallèle à celui de la livraison de l'ouvrage contractuel.

595. – La *sécurité* du règlement suscite appel aux différentes sûretés que le commerce international a développées, au premier rang desquelles figurent la garantie à première demande et ses multiples avatars.

596. – L'ampleur des installations contractuelles appelle, souvent, des accords de *financement* du contrat où la collaboration de l'entrepreneur ou de son état de tutelle joue un rôle essentiel, la compétition des offrants et soumissionnaires se faisant autant par les facilités de financement qu'ils proposent que par le délai, l'ampleur et la qualité des installations offertes.

b) Les opérations complexes

597. – La complexité de l'ouvrage conduit l'opérateur, français par exemple, à rapidement alléger sa propre intervention et à faire appel à des entreprises locales, souvent imposées d'ailleurs, ou autres. Tel est

(335) 9e Journée d'actualités de droit de l'entreprise, Montpellier 1977, *Garanties de résultat et transfert de technique,* Coll. Act. dr. entrepr., n. 9, Litec 1978.

le cas pour les ouvrages dits d'ingénierie où la tâche de l'entrepreneur peut se réduire à une activité de conseil (336) ou s'amplifier – en partie ou totalité, fût-elle sous-traitée (337) – à la réalisation de l'ouvrage ; dans ce cas, une fois l'ouvrage final bien défini comme il a été précédemment indiqué, la fonction première du contrat sera d'identifier la tâche que l'entrepreneur devra personnellement assurer dans sa rédaction.

598. – L'apport de la société d'ingénierie débute par une tâche de préparation, presque de débroussaillage d'études, de base puis de détails, de dossiers de projets, rapidement prolongée par une obligation de conseil, puis de réunion de moyens – administratifs, financiers, techniques – toujours imprégnée d'un devoir de collaboration.

La phase de réalisation diffère selon qu'opérateur de *consulting engineering* (338), il se limite à proposer des collaborations ou que, participant à un *operating engineering*, il assure directement l'exécution de certains travaux tantôt comme entrepreneur particulier, tantôt comme contrôleur et coordinateur des travaux... et, à leur terme, assistant à leur réception et au paiement des entreprises qui y ont participé.

L'objet – et avec lui, sans doute, la nature – du contrat d'ingénierie peut, alors, demeurer léger ou s'alourdir selon que le prestataire demeure simple conseil... devient mandataire du client à la conclusion de différents contrats dont l'exécution additionnée selon l'ordre défini produira l'ouvrage final auquel appête le client et passe en son nom le contrat de fourniture d'éléments ou d'ensemble industriel, d'une part, et, d'autre part, les multiples contrats avec les tiers intervenants... et, parfois même, propriétaire de l'installation dont il cédera de façon continue ou hachée la propriété à celui qui l'a appelé devenant, tout à la fois, créancier du prix dû par le client et débiteur du prix dû aux différents opérateurs... (339). Le fait que l'ouvrage consiste en l'installation d'équipements ou à l'édification d'un ouvrage sur un sol appartenant au donneur d'ordres entraîne souvent l'acquisition progressive par ce client de la propriété de l'ensemble industriel. Toutes les figures sont disponibles pour la liberté contractuelle et la répartition des risques entre les opérateurs principaux. Le contrat d'ingénierie devient, alors, à son tour, la pièce première et centrale d'un groupe de contrats de natures juridiques extrêmement diverses. La qualification, très assouplie et étendue, de contrat d'entreprise peut

---

(336) A. HUBERT, *Le contrat d'ingénierie-conseil*, Masson 1980. – A. D'HAUTEVILLE, *Assurance de l'ingénierie*, Coll. Feduci, éd. du Moniteur 1982.

(337) V. *infra*, n. 604 et s.

(338) J. HOFFMANN et G. WILLMA, *Les contrats internationaux en matière d'ingénierie-conseil : RD aff. int.* 1985, 721.

(339) A. BIED-CHARRETON, *La dissociation juridique du propriétaire et de l'exploitant dans la conduite de grands projets industriels : RD aff. int.* 1992, 3.

accueillir des ingénieries de divers types ; elle aura l'intérêt de ne pas suggérer le découpage du contrat ou de multiples controverses sur l'appartenance de telle prestation à tel type de contrat et de telle autre à tel autre.

599. – La relation peut se diluer dans une opération de *joint-venture* (340).

2° *Les aspects fiscaux*

600. – Le *régime d'impôt direct* varie, comme toujours, selon qu'il n'y a pas ou il y a une convention fiscale applicable à l'espèce considérée.

601. – En *absence de convention fiscale internationale,* les versements reçus d'une société étrangère par une société française au titre de tels services relèvent, en matière de territorialité de l'impôt sur les sociétés, des règles présentées ci-dessus pour les contrats de transfert de technologie. Lorsque l'assistance technique est apportée par du personnel de l'entreprise française détaché pour une certaine durée à l'étranger, celle-ci revêt la forme d'une entreprise extérieure dont les résultats ne sont pas pris en compte pour la détermination de l'impôt dû en France. Si le contrat conclu porte également sur une vente d'équipements, cette dernière sera, alors, dissociée de la fourniture d'assistance car elle demeurera imposable en France.

602. – En présence de *convention fiscale internationale,* les sommes versées au titre de l'assistance fournie par une société française se rattachent, en règle générale, à la catégorie conventionnelle des bénéfices des entreprises. Ces sommes sont ainsi imposables exclusivement en France sauf si la société française a un établissement stable, tel qu'un bureau ou un groupe de salariés détaché pour une certaine durée, dans le pays étranger et que les services se rattachent à l'activité de cet établissement. On indiquera que la rémunération d'une pure assistance technique excédant le complément d'un transfert de technologie n'entre pas dans la catégorie conventionnelle des redevances. Toutefois, si l'assistance technique inclut la transmission d'un véritable savoir-faire et que cette transmission n'a pas un caractère accessoire par rapport à l'objet principal du contrat, une ventilation des paiements apparaît nécessaire.

603. – Le *régime de TVA* présenté ci-dessus pour les transferts d'informations est également applicable aux paiements pour des prestations

(340) V. *infra*, n. 811 et s.

d'assistance. En présence, par ailleurs, de ventes d'équipements par la société française, le régime de TVA applicable sera celui des exportations – ou des livraisons intra-communautaires – de biens exonérés de TVA française sur le fondement de l'article 262-I du CGI.

§ 2. – L'opérateur national (français) est donneur d'ordres

604. – La mondialisation de l'activité industrielle, les différences de coûts, du travail en particulier, selon les pays, les facilités et moindres coûts du transport mais aussi la sectorisation des activités les plus performantes, les idéologies visant à freiner l'immigration en révélant l'activité industrielle plus forte dans les pays d'émigration... ont multiplié les délocalisations de fabrication. On distingue, alors, *« l'extériorisation – conjoncturelle – de capacité principalement liée aux coûts de main-d'œuvre »* et *« l'extériorisation – structurelle – de spécialité, principalement liée aux coûts technologiques »* (341). L'opération s'exprime tantôt par la création à l'étranger d'un simple établissement et, tantôt et plus fréquemment par recours à un opérateur étranger sans, voire avec, mise en place d'une *joint-venture*. La première situation pose les problèmes classiques de l'installation d'un étranger dans un pays donné (342) ; la troisième s'inscrira dans une réflexion élargie (343) ; la seconde hésite sur la qualification de son outil juridique de réalisation.

605. – Il est, en effet, commun d'intituler *« sous-traitance »* tout ce qui est recours à un industriel, voire à un opérateur, étranger. Or, bien souvent, l'opérateur français pratique sous cette dénomination le banal achat-vente de produits fabriqués à l'étranger, fût-ce sous prescriptions étroites de sa part. Plusieurs critères se proposent à une dissociation entre vente et louage d'ouvrage, lourde de conséquences au plan international.

Le premier tient au caractère de prêt à porter ou de sur mesure des dispositifs fabriqués à l'étranger et ultérieurement intégrés dans le produit assemblé par le donneur d'ordres français. Dans le premier cas, *« il s'agit d'une succession de contrats de vente, et le juriste voit dans l'appellation sous-traitant un abus de langage, quand bien même la relation entre les parties serait régulière. La terminologie juridique*

---

(341) B. MERCADAL et Ph. JANIN, *Les contrats de coopération commerciale*, éd. Fr.Lefebvre 1974, n. 842, p. 282. – *Adde, Centre de développement de l'OCDE, La sous-traitance internationale – une nouvelle forme d'investissement*, Paris 1980.

(342) V. *infra*, n. 762 et s.

(343) V. *infra*, n. 811 et s.

italienne qui parle de "contratto di subfornitura" *paraît plus appropriée* » (344). La simple adresse d'un cahier des charges par le client français à l'industriel étranger préalable à la fabrication ne vaut pas, en effet, contrat d'entreprise.

La participation physique à l'ouvrage définitif est, aussi, fréquemment requise.

L'association d'une vente et d'un ouvrage fait, enfin, jouer la règle du principal et de l'accessoire et commande, avec toutes sortes de possibles réserves, la qualification et au-delà, à travers la désignation de la règle compétente, le régime juridique applicable.

606. – Nous envisagerons, tour à tour, le *droit applicable à la la sous-traitance internationale* (A) et le *droit matériel de la sous-traitance internationale* (B).

A. – LE DROIT APPLICABLE À LA SOUS-TRAITANCE INTERNATIONALE

607. – Se pose, en préalable, le problème du caractère international des rapports juridiques considérés :

> « La qualification d'international du contrat principal entraîne cette même qualification pour la sous-traitance ; en revanche, la qualification d'internationale de la sous-traitance ne rend pas nécessairement international le contrat principal ; enfin, constitue également un facteur d'internationalité, la localisation géographique du ou des lieux d'exécution du contrat principal par rapport à l'allégeance (nationalité ou siège social) de l'un des trois protagonistes ; dans la mesure où l'exécution de la sous-traitance au lieu du chantier où s'exécute le contrat principal n'est pas une condition de l'application de la loi de 1975, une sous-traitance est également internationale lorsque les lieux en cause sont séparés par une frontière » (345).

608. – Nous aurons à désigner, tour à tour, la *loi applicable* (1°) et l'*autorité de conflit compétente* (2°) en la matière.

---

(344) Y. DERAINS, *La sous-traitance et le droit, Échanges internationaux*, dossier Sous-traitance, janv. 1995, p. 26.

(345) P. LEVEL, *La loi française de 1975 sur la sous-traitance de travaux va avoir vingt ans, Échanges internationaux*, Dossier, cité, p. 30. – P. LAGARDE, *Rapport sur la sous-traitance en droit international privé* in *La sous-traitance de marchés de travaux et de services*, Économica 1978, p. 186 et s. – V. HEUZÉ, *La loi applicable aux actions directes dans les groupes de contrats : l'exemple de la sous-traitance internationale : Rev. crit. DIP* 1996, 243.

1° *La loi applicable*

609. – L'opération liant un opérateur français à un donneur d'ordres étranger appelle souvent, dans le cas d'ingénierie tout particulièrement, la mise en place de sous-traitances où l'ingénieur français, devenu donneur d'ordres, va faire appel à des collaborations locales, étrangères ou françaises.

610. – La question se pose, tout d'abord, de savoir si les clauses de loi applicable et/ou d'arbitrage inscrites dans l'une – contrat principal – ou l'autre – sous-contrat – convention, supposées applicables, descendent ou remontent. Les observations faites, ultérieurement, à propos des contrats cadre et des opérations de *joint-venture* suggèrent la dissociation. De ce que le premier contrat relève de tel droit national, il ne découle ni nécessairement ni subsidiairement qu'il en va de même pour le second... et réciproquement :

> « La loi applicable au sous-traité, comme à tout contrat international, est la loi choisie par les parties de façon expresse ou tacite.
> – Les parties ont toujours intérêt à choisir de façon expresse cette loi, ne fût-ce que pour ne pas être soumises à une loi qui ne leur agréerait pas. Il faut néanmoins noter que certaines dispositions légales en cette matière (comme la loi de 1975 en France, art. 15) sont d'ordre public et que le choix d'une autre loi doit être justifié selon les principes du droit international privé et non pas fait dans le seul but de se soustraire à la loi "naturelle" du contrat.
> – En l'absence de stipulation, il y aura en effet lieu de procéder à une recherche du rattachement présumé, notamment par le jeu des conventions internationales :
> La Convention de La Haye du 15 juin 1955, applicable aux "ventes à caractère international d'objets mobiliers corporels, assimile aux ventes dans son article 3 les contrats de livraison d'objets mobiliers corporels" à fabriquer ou à produire, lorsque la partie qui s'oblige à livrer doit fournir les matières premières nécessaires à la fabrication où à la production.
> La Convention de Vienne du 11 avril 1980 n'est ici mentionnée que pour préciser qu'elle ne s'applique pas à la sous-traitance non seulement parce qu'elle concerne la vente internationale de marchandises mais parce qu'elle écarte expressément de son domaine les contrats "dans lesquels la part prépondérante de l'obligation de la partie qui fournit les marchandises consiste en une fourniture de main-d'œuvre ou d'autres services".
> La Convention de Rome du 19 juin 1980, dans le cadre de la CEE concerne la loi applicable aux obligations contractuelles. Hors du choix exprès, cette convention désigne la loi du pays où siège "la partie qui doit fournir la prestation caractéristique". C'est donc la

loi du sous-traitant qui devrait le plus souvent s'appliquer.

En l'absence de convention applicable, la loi d'autonomie se détermine selon la méthode traditionnelle des indices de rattachement : le lieu d'exécution présente encore ici une grande importance. Une sentence arbitrale CCI de 1978 (*Clunet* 1979, 997) a estimé dans une espèce où un maître d'ouvrage néerlandais et un entrepreneur français, ayant sous-traité avec une entreprise anglaise, et le marché principal étant expressément soumis à la loi française et où les fournitures sous-traitées devaient être incorporées à un navire en construction à Dunkerque, qu' "ainsi se trouve affirmée l'expression d'une volonté de soumission du contrat de sous-traitance au marché principal, et par conséquent à la loi française" » (346).

611. – Au final, le conflit de lois applicable pourra, entre autres, opposer à titre principal

> « la loi de l'État d'exécution du contrat principal – loi qui dans nombre de marchés à l'exportation se confondra avec celle de l'État du domicile du maître de l'ouvrage –, la loi de l'État du siège de l'entrepreneur principal et la loi de l'État du siège de l'entreprise sous-traitante » (347).

À défaut de choix contractuel, les dispositions de la Convention de Rome, sus-évoquées, restent attachées au principe de proximité et, spécialement, la clause d'exception de l'article 4, § 5, dérogatoire au rattachement au domicile du débiteur de la prestation caractéristique

> « semble devoir, dès l'instant où le marché principal s'exécute sur le territoire d'un État étranger, dicter la soumission du sous-traité à l'exportation à la loi dudit État ; cette solution s'imposera, en particulier, lorsque les prestations incombant au sous-traitant sont appelées à recevoir exécution sur le site » (348).

612. – Demeure, alors, le problème de l'applicabilité de telles règles nationales à des formes données de sous-traitance, au jeu, par exemple, en France, de la loi de 1975 (349).

---

(346) J.-P. Lendais, *Problèmes juridiques de la sous-traitance : vingt ans d'expériences nationales et internationales*, comm. à CCI coll. 1994, cité, p. 6 et s.

(347) J.-L. Bismuth, *Le contrat international de sous-traitance : RD aff. int.* 1986, 538.

(348) J.-L. Bismuth citait la clause curieuse d'un contrat de sous-traitance liant deux entreprises françaises en vue d'un marché de travaux à exécuter dans un État d'Afrique noire, *« Il est de l'intention des parties de soumettre leur différend au droit français, si l'arbitrage entre elles n'est pas la conséquence d'un ou n'a pas pour conséquence un différend qui oppose A... (l'entreprise principale) à B... (le maître de l'ouvrage) dans lequel les arbitres ont appliqué, appliquent ou appliqueront le droit X... (celui de l'État d'Afrique noire concerné) »* (art. cit., n. 69, p. 573). Tenant la désignation du droit applicable traitant un problème bien plus ample que celui de la règle applicable par l'autorité de conflit, il nous paraît extrêmement difficile d'admettre pareille clause, typiquement inspirée d'une vision justicialiste du droit, que nous écartons.

(349) V. notamment, G. Valentin, *Les contrats de sous-traitance : Bibl. droit entrepr.*, n. 8, Litec 1977. – R. Juan-Bonhomme, *Sous-traitance*, Lamy – *Les Échos* 1993.

613. – À l'intérieur du louage d'ouvrage, l'appel aux règles propres à la sous-traitance dépend d'autres critères propres à chaque loi nationale déclarée applicable.

S'agissant du droit français, il faut, tout d'abord, qu'il y ait identité de nature juridique entre le contrat principal et le sous-contrat. Le fabricant français qui assemble en vue de la vente des pièces fabriquées à l'étranger ne recourt point à la sous-traitance (350). La société française chargée d'un ouvrage sur un sol étranger qui recourt à des opérateurs étrangers liés ou non à ce territoire d'installation, sous-traite. Peu importe, en revanche, que la tâche principale soit assurée sur un site national ou étranger.

Un contrat d'entreprise étant supposé soumis au droit français, le contrat de sous-traitance passé par l'entreprise avec un sous-traitant opérant à l'étranger, relève-t-il de la loi de 1975 ?

> « La volonté contractuelle est en effet impuissante à soustraire à la totalité que représente le statut impératif mis en place par la loi française du 31 décembre 1975, le sous-traité interne répondant à la définition posée à l'article 1 de cette loi » (351).

---

(350) Y. DERAINS, exemplifie, « *Ainsi, la cour d'appel de Versailles a-t-elle refusé la qualité de sous-traitant au fournisseur d'éléments de plancher qui, bien que spécifiques, avaient été livrés sur stocks et accompagnés d'une notice de pose, sans participation à la mise en place sur le chantier* (Versailles, 19 mai 1988 : *D.* 1988, IR 221)... *Ainsi, la Cour de cassation a estimé qu'un fabricant d'éléments de charpentes, agissant en se conformant aux instructions d'un constructeur de villa, mais sans participer à l'installation des éléments fournis, n'avait pas contribué à l'exécution du contrat d'entreprise conclu par le constructeur et le maître de l'ouvrage et ne pouvait donc arguer de la qualité de sous-traitant pour exercer une action directe contre ce dernier sur la base de la loi de 1975* (Civ. 3e, 18 janv. 1983 : *Bull.* 1983, III, 12) » (art. cit. 1995, p. 26).

(351) J.-L. BISMUTH, art. cit., n. 65 et s., p. 570 et s., ici, n. 68, p. 572. P. LEVEL précise, « *La loi de 1975 est qualifiée d'ordre public sur un plan interne mais cette qualification n'est pas transposable sans nuance lorsqu'intervient l'un des facteurs d'internationalité qui viennent d'être rappelés. Le système de protection du sous-traitant passe par un régime juridique qui dépasse le contrat conclu avec l'entrepreneur et qui implique fondamentalement le maître d'ouvrage dans sa relation contractuelle avec l'entrepreneur. Quelle que soit la part de liberté que l'on pourrait reconnaître aux parties au contrat de sous-traitance, notamment dans le choix de la loi qui la régit, cette liberté est limitée par les effets de la loi régissant le contrat principal. La loi française de 1975 n'a pas vocation à s'appliquer à un maître d'ouvrage pour un contrat principal soumis à une autre loi qui est très généralement celle du lieu d'exécution des travaux. Seul, un aménagement convenu entre sous-traitant et entrepreneur principal peut contractuellement conférer une certaine protection au sous-traitant. C'est ce que permettent, dans une certaine mesure, les conditions générales de la FIDIC qui prévoient, ce qui n'est pas sans une certaine analogie avec la loi de 1975, que le maître d'ouvrage peut régler directement, sur un ordre de l'ingénieur-conseil, un sous-traitant non payé par l'entrepreneur. On ne peut, à notre avis, prétendre que la loi de 1975 s'appliquerait à la sous-traitance liant deux entreprises françaises dans ses seules dispositions ne concernant que les rapports entre sous-traitant et entreprise principale. En effet, le système de la loi de 1975 est un tout relativement cohérent dont le dispositif repose sur un mécanisme alternatif de paiement direct ou d'action directe impliquant le maître d'ouvrage : les garanties prévues par la*

2° *L'autorité de conflit compétente*

614. – La coexistence des contrats d'entreprise et de sous-traitance peut susciter conflit entre autorités éventuellement compétentes, à l'occasion du litige initié par le donneur d'ordres, sur appel en garantie du sous-traitant par l'entrepreneur. En regard de la jurisprudence qui décide que l'article 333 du Nouveau Code de procédure civile est inapplicable dans les relations internationales (352), l'appelé en garantie (sous-traitant) pourra décliner la compétence du tribunal (français) saisi de la demande principale pour se prévaloir tant de la clause compromissoire que de la clause attributive de juridiction insérée au contrat de sous-traitance.

B. – LE DROIT MATÉRIEL DE LA SOUS-TRAITANCE INTERNATIONALE

615. – Nous envisagerons, tour à tour, les *aspects juridiques* (1°) et les *aspects fiscaux* (2°) de l'opération de sous-traitance.

1° *Les aspects juridiques*

616. – L'observation des sous-traitances internationales révèle deux familles de problèmes tenant à *l'objet du contrat (a)* (353) et à *l'imbrication des contrats (b)*.

---

loi française, telle la caution bancaire, ont un caractère complémentaire, voire sanctionnateur du dispositif principal, en l'absence duquel elles ne s'appliquent pas. S'agissant, à présent, de l'exécution en France d'un contrat principal, entraînant des sous-traitances également exécutées en France, la loi de 1975 a vocation à s'appliquer à toutes parties, fussent-elles étrangères, et ce, indépendamment de toute désignation de loi applicable, soit dans le contrat principal, soit dans le sous-traité, et cette fois-ci en sa qualité de loi de police (ou d'application immédiate). Le juge français ne ferait sans doute pas de distinction quant à la nationalité, la résidence ou le siège social des sous-traitants, pour les faire bénéficier de la protection de la loi. L'application de la loi française par un juge étranger à l'encontre d'un maître d'ouvrage non résident en France, n'est pas exclue : elle entre dans la problématique ouverte par l'article 7 de la Convention de Rome sur la loi applicable aux obligations contractuelles. Une même solution doit être envisagée, pour le cas où il existe, au lieu d'exécution du contrat principal, une loi comparable à la loi de 1975 et qui, au titre de loi de police, s'appliquerait aux sous-traitances étrangères » (art. cit., p. 32).

(352) V. Com. 8 nov. 1992, ou l'appelé en garantie invoque une clause compromissoire : *Clunet* 1984, 151, BUHART. – 30 mars 1993 pour une clause attributive de juridiction : *Rev. crit. DIP* 1993, 680, H. GAUDEMET-TALLON.

(353) P. LEVEL, *La négociation du contrat international de sous-traitance : RD aff. int.* 1985, 137.

a) Les problèmes tenant à l'objet du contrat

617. – La participation du sous-traitant à l'ouvrage principal pose différents problèmes.

La tâche de *conception*, éventuelle mais de plus en plus fréquemment, semble-t-il, impartie à l'entrepreneur étranger – sous-traitant ou non –, engagera, en cas de mauvaise exécution, la responsabilité contractuelle de ce partenaire. Une responsabilité du concepteur se met progressivement en place dont la pièce centrale paraît être la mise à disposition et la commercialisation trop précoce d'une innovation (354).

La tâche de *conseil* pourra, ensuite, voir sa mauvaise exécution sanctionnée par les mécanismes de la responsabilité civile contractuelle.

La tâche de *fabrication* posera, ensuite, le problème d'exécution de l'obligation de délivrance, c'est-à-dire, pour l'essentiel, de conformité de l'ouvrage livré à l'ouvrage convenu. L'obligation essentielle du sous-traitant consiste à fabriquer un produit conforme au cahier des charges établi par le client. En cas de défaut, le client engagera la responsabilité du sous-traitant s'il démontre la méconnaissance par ce dernier des spécifications du cahier des charges dont l'importance est ainsi avérée (355).

---

(354) LES-FNDE, Coll. 1984, *La responsabilité civile produits du concepteur : Cah. dr.entrepr.* 1985, 3 et TGI Paris 6 oct. 1982 *(aff. Dow Chemical) : Dossiers brevets* 1982, V, 1. – B. DE CONSTANTINOVITCH observe, toutefois, *« Si le partage des responsabilités en matière de conception peut paraître simple si le client a intégralement défini le produit et ses caractéristiques, il est beaucoup plus difficile de déterminer les responsabilités si les deux parties sont intervenues dans la conception »* (*La responsabilité des parties à un contrat de sous-traitance industrielle*, Colloque CCI 1994, p. 2 et s.).

(355) B. DE CONSTANTINOVITCH observe, *« En fait, il existe plusieurs situations, notamment dans l'industrie automobile. Certains constructeurs remettent à leurs sous-traitants un cahier des charges très détaillé et précis. D'autres constructeurs remettent un cahier des charges fonctionnel qui exprime essentiellement l'environnement et les besoins. D'autres, enfin, établissent un cahier des charges qui est le fruit d'une relation étroite, interactive, avec le sous-traitant. Quel que soit le cas de figure, dans l'industrie automobile, le constructeur demande de plus en plus au sous-traitant d'intervenir en amont dans les phases de conception du produit ou de la fonction. Il convient, donc, de préciser clairement dans le cahier des charges et les documents contractuels, qui prend la décision de choisir telle ou telle caractéristique du produit et qui assure les contrôles. Il convient également de bien définir comment s'opèrent les relations entre le client et le sous-traitant pendant la phase de conception ainsi qu'au cours des modifications tout au long de la vie du produit. Si le client modifie le milieu dans lequel est intégré le produit, il devra en aviser le sous-traitant et conserver un document écrit prouvant cette information. Si le sous-traitant estime qu'en fonction de cette modification, il faudra apporter des changements aux caractéristiques du produit, il devra également en aviser expressément le client. Il est nécessaire que les besoins du client soient clairement exprimés afin que le fournisseur ou sous-traitant en ait connaissance et qu'il soit en mesure de prendre des engagements incontestables. Ces engagements figurent généralement dans des documents divers, notamment le contrat et les conditions générales d'achat ainsi que dans des documents spécifiques au produit concerné ou applicables à l'ensemble des produits commandés par le client tels que, pour Renault, la norme 010 001 : processus d'agrément des produits et dispositions*

b) Les problèmes tenant à l'imbrication des contrats

618. – Une seconde famille de problèmes tient à l'étanchéité ou, inversement, la porosité juridique des contrats principal et adjoints.

Les problèmes de garantie des vices cachés de la chose, voire d'éviction du fait de tiers due aux prétentions du titulaire de propriétés intellectuelles (356)... se posent de la sorte.

Il en ira de même des clauses de résiliation ; dès lors que le contrat principal a le contrat de sous-traitance pour instrument de réalisation, la résiliation du premier entraîne la résiliation du second (357). Ce dispositif est exprès dans certains grands contrats de louage d'ouvrage (358). À l'inverse, les clauses de résiliation inscrites dans le second contrat ne pénètrent pas le premier.

Il peut, enfin, en aller ainsi pour le paiement du prix :

> « Cette transparence est fréquemment consacrée par l'inclusion dans le contrat d'une clause selon laquelle les paiements dus au sous-traitant par l'entrepreneur principal sont subordonnés au paiement de l'entrepreneur principal par le maître de l'ouvrage. De telles clauses sont appelés *"if and when"*, ou *"pay when paid"* dans la terminologie juridique anglo-saxonne. La validité de telles clauses a parfois été mise en doute au motif que le paiement dû au sous-traitant serait dans ce cas aléatoire » (359).

---

juridiques, et la norme 010 415 : réalisation et fourniture des produits. Ce sont ces documents qui permettront, le cas échéant, de mettre en jeu la responsabilité du sous-traitant si la qualité demandée n'a pas été respectée » (comm. citée).

(356) J.-M. Mousseron, *Contrefaçon et recours de l'utilisateur industriel in Mélanges L. Dabin : RD aff. int.* 1991, 715.

(357) Cl.-J. Dubreuil, *La résiliation du contrat de sous-traitance, Échanges internationaux, op. cit.*, 1995, p. 5.

(358) Cl.-J. Dubreuil évoque les clauses *« if and when »* prévoyant que le sous-contrat sera résilié *« si et quand »* le contrat principal l'est, *« Les clients eux-mêmes précisent parfois dans les conditions générales celles qui devront être répercutées au sous-traitant parmi lesquelles figurent souvent les clauses de résiliation : c'est le cas des Federal Acquisition Regulations (FAR) appliquées par les agences gouvernementales américaines telles que le DOD ou la NASA... ou bien encore le sous-contrat précise que le sous-traitant a pris pleine connaissance des conditions du contrat (conditions FIDIC de sous-traitance) »* (art. cité, p. 33).

(359) Y. Derains, art. cité, 1995, p. 27. L'auteur poursuit, *« Cependant, même s'il en était ainsi, la clause n'en resterait pas moins valable, tout au moins en droit français, l'article 1104 du Code civil reconnaissant les contrats aléatoires. L'essentiel est que l'aléa pèse sur les deux parties, ce qui est bien le cas en l'espèce puisque, s'il est vrai que le sous-traitant risque de ne pas être payé, l'entrepreneur également. Mais, surtout, il paraît excessif de considérer qu'une telle clause suffirait à faire du contrat de sous-traitance un contrat aléatoire. Le risque de non-paiement existe dans tous les contrats. Ce qui caractérise le contrat aléatoire, c'est qu'il ait été conclu par les parties pour couvrir une chance de gain ou de perte. La clause "if and when" ne donne pas au contrat de sous-traitance cette caractéristique. Elle fait de l'obligation de paiement de l'entrepreneur principal une obligation conditionnelle, la condition étant le paiement des travaux par*

2° *Les aspects fiscaux*

619. – *En absence de convention fiscale internationale* applicable, les services qui recouvrent, notamment, l'assistance technique et l'assistance commerciale ou de gestion, relèvent, en matière de retenue à la source et de territorialité de l'impôt sur les sociétés, des règles étudiées pour les contrats de transfert de technologie. La retenue à la source de 33 1/3 % n'est, toutefois, pas due lorsque ces services sont fournis par des personnels de la société étrangère détachés pour une certaine durée, plusieurs mois ou davantage, en France, la société étrangère disposant, alors, en effet, d'une installation professionnelle permanente en France.

620. – *En présence d'une convention fiscale internationale,* les rémunérations de ces services entrent en général dans la catégorie conventionnelle des *« bénéfices des entreprises »*. Elles sont ainsi imposables exclusivement dans le pays dont la société étrangère est résident, sauf si les services se rattachent à l'activité d'un établissement stable en France de la société étrangère ; l'imposition de la société étrangère est, alors, réservée, en principe, à la France par voie d'assujettissement à l'impôt sur les sociétés.

En ce qui concerne plus spécifiquement l'assistance technique, on formulera le même type d'observations de fond que ci-dessus dans la situation symétrique de services fournis par une entreprise établie en France à une société étrangère.

621. – Le régime de territorialité applicable en matière de TVA est identique à celui présenté ci-dessus.

---

le maître de l'ouvrage. Une telle clause, qui exprime la volonté de prendre un risque en commun, est parfaitement valable car la condition n'est nullement potestative » (ibid.).

CHAPITRE II
LES INSTRUMENTS COMPLÉMENTAIRES

622. – La mise en place des instruments principaux du commerce international s'accompagne du recours aux différents outils complémentaires que sont le *transport* (Section I) et l'*assurance* (Section II). Ces mécanismes sont étroitement liés aux opérations précédentes et fortement attachés l'un à l'autre ; la vente au loin appelle un transport dont les risques suscitent l'assurance ; leur construction et leurs fonctions propres n'en appellent pas moins une observation dissociée.

SECTION I
LE TRANSPORT INTERNATIONAL

623. – L'action internationale de l'entreprise suppose des déplacements toujours plus nombreux de personnes, dont nous ne nous soucierons pas, et de biens dont nous nous préoccuperons.

Leur nature immatérielle soustrait les biens intellectuels au déplacement physique et pose des problèmes autres de communication. Notre observation se limitera, donc, au déplacement des biens corporels, *« expression même du commerce... complément généralement indispensable au contrat de vente »* (1) et de bien d'autres.

624. – Le vendeur (CAF...) ou l'acheteur (FOB...) peuvent, en premier, s'adresser à un *« commissionnaire de transport »* qui organisera l'opération. La complexité de cette dernière, l'augmentation des distances, la diversification des destinations, le groupage des marchandises permettant des prix avantageux... suggèrent la formule.

> « – Cette convention – se caractérise non seulement par la latitude laissée au commissionnaire d'organiser librement le transport par

---

(1) M. ALTER, *Droit des transports*, Dalloz, 3e éd. 1996, p. 1 et 2.

les voies et les moyens de son choix, sous son nom et sous sa responsabilité, mais aussi par le fait que cette convention porte sur le transport de bout en bout » (2).

625. – *Distinct* des contrats de transport – même dans le cas où le commissionnaire effectue une fraction du déplacement –, de courtage de fret (3) car il fait plus que mettre le client en relation avec des transporteurs, le contrat de commission visé aux articles 96 à 102 du Code de commerce, inchangés depuis 1807, n'est soumis à aucune formalité particulière. Les intéressés utilisent souvent des modèles de contrats élaborés par les organisations professionnelles de commissionnaires.

626. – Le *commettant* a pour obligations de remettre une marchandise documentée, payer une commission dont le paiement est garanti par le privilège du commissionnaire de l'article 95 du Code de commerce et de rembourser les frais avancés par son partenaire, avec recours fréquent à un compte-courant.

627. – Le *commissionnaire* a pour obligations de représenter le commettant sans, ordinairement, le révéler (4), dans l'organisation d'un transport pour lequel il prend des initiatives de plus en plus larges ; si, en effet, *« son obligation principale (est) de conclure des actes juridiques qui vont assurer le transport »* (5), il en a d'autres en charge comme des contrats de sous-commission, transit, dépôt, assurance (6) ; il pourra même effectuer certains actes matériels comme une partie du déplacement de la marchandise.

628. – La responsabilité du commissionnaire est d'autant plus lourde que les pouvoirs accordés et, par conséquent, la confiance établie sont forts. La qualité d'obligation de résultat de ses engagements accuse sa charge indemnitaire en cas de dommage ressenti par le commettant. Il supporte, également, une responsabilité contractuelle du fait d'autrui dès lors que l'intervention du transporteur et d'autres opérateurs choisis par lui a préjudicié au commettant ; cet engagement est particulièrement fort puisque l'article 99 du Code de commerce précise, de façon techniquement discutable, qu'*« il est garant du fait du commissionnaire intermédiaire auquel il adresse les marchandises »*. Le commissionnaire réparera

---

(2) Com. 16 fév. 1988 : *Bull.*, n. 75 *« Il n'est pas interdit de penser que "chronopost" est un commissionnaire »* (F. COLLART-DUTILLEUL et Ph. DELEBECQUE, *Contrats civils et commerciaux,* Précis Dalloz, 3e éd. 1996, n. 767, p. 629, note 2).

(3) Ph. DEVESA, *L'opération de courtage : Biblio. dr. entrepr.*, n. 30, Litec 1993.

(4) J.-M. MOUSSERON, *Technique contractuelle, op. cit.*, n. 342 et s., p. 155 et s.

(5) F. COLLART-DUTILLEUL et Ph. DELEBECQUE, *op. cit.*, n. 767, p. 629.

(6) Sauf convention contraire, le commissionnaire n'a pas à assurer les marchandises du commettant (B. MERCADAL, *Droit des transports terrestres et aériens*, Précis Dalloz, 1996, n. 31, p. 25).

tout le préjudice subi par le commettant sauf partage de responsabilité ou clause limitative tenue pour valable jusqu'à preuve d'une faute lourde de sa part.

629. – Le commissionnaire s'adresse, souvent, à un sous-commissionnaire territorialement ou techniquement plus spécialisé et, donc, compétent qui peut lui aussi sous-contracter.

630. – La jurisprudence a exclu l'application au contrat de commission des règles tant nationales (règles spéciales aux clauses de non-responsabilité, privilèges...) qu'internationales élaborées pour le contrat de transport. Il n'est pas pour autant soumis à un régime international propre en raison des profondes différences existant à son propos entre les droits nationaux. Les contrats internationaux de commission sont, donc, régis par le droit national désigné en application du droit international privé du juge éventuellement saisi.

631. – Le vendeur (CAF) ou l'acheteur (FOB), peuvent, en second, conduire, eux-mêmes, l'opération de transport.

Avec, notamment, la loi française de 1966 (7) inspirée par Rodière (8), l'évolution récente du droit des transports distingue les *contrats d'affrètement* (§ 1) et *de transport* (§ 2) (9).

§ 1. – Le contrat d'affrètement

632. – Le contrat d'affrètement (10) se définit comme le contrat obligeant un fréteur à mettre un moyen de transport avec équipage à la

(7) Les différents textes nationaux et internationaux sont publiés au Lamy « *Transport* » sous la direction de P. BRUNAT et J.-M. FABRE, éd. 1995.

(8) R. RODIÈRE, *Traité général du droit maritime,* t. I, 1967, n. 19, p. 3. V. en dernier lieu A. ALEXANDROPOULOS, « *Le contrat de transport sous connaissement et le contrat d'affrètement sous charte-partie sont fondamentalement différents* » (*Le connaissement émis en vertu d'une charte-partie* in Université de Louvain sous la direction du Pr J. Putzeys, *Les ventes internationales et les transports*, Bruylant 1992, p. 1).

(9) La distinction ne recoupe pas l'adresse à des « *liners* », « *navires de chargement général qui transportent des marchandises hétérogènes, emballées surtout en conteneurs mais aussi en caisses, sacs, balles, fûts... et appartenant généralement à plusieurs chargeurs* »... ou à des « *tramps* », « *navires vagabonds non astreints à un service fixe et régulier et se déplaçant au gré des désirs dans n'importe quel point du globe. La spécialité des tramps est le transport de grandes quantités de marchandises en vrac, marchandises dites pondéreuses ; c'est pourquoi les tramps chargent le plus souvent des marchandises homogènes qui occupent la capacité totale du navire* » (A. ALEXANDROPOULOS, art. cit., p. 3, réf. à I. ARROYO, *Relation entre charte partie et connaissement,* ETL 1980, p. 713).

(10) J. HÉMARD, *Les contrats commerciaux*, t. II, Sirey 1955. – Y. CHALARON, *L'affrètement maritime, essai de définition théorique*, Litec 1967. – J.-P. TOSI, *L'affrètement aérien : Biblio. dr. maritime, fluvial, aérien et spatial*, n. 20, LGDJ 1977.

disposition d'un affréteur qui effectuera tout ou part du transport de ses propres marchandises, voire des marchandises d'autrui, par la conclusion et l'exécution de contrats de transport où il jouera, lui-même, le rôle de transporteur. L'article 1er de la loi majeure du 18 juin de 1966 le caractérise en ce que *« le fréteur s'engage, moyennant rémunération, à mettre un navire à la disposition d'un affréteur »*.

633. – Le contrat d'affrètement maritime est d'origine fort ancienne (11). Toutes les formes de transport le connaissent aujourd'hui et J.-P. Tosi *« constate la conclusion de contrats d'affrètement non seulement dans les droits maritime et aérien, mais également dans le droit des transports routiers de marchandises et de voyageurs, dans le transport par batellerie, voire dans le transport ferroviaire »* (12). Aussi peut-on extrapoler la distinction faite, en 1966, en matière maritime à partir de la répartition du pouvoir de gestion entre fréteur et affréteur :

– *l'affrètement au voyage,* proche du transport, où la mise à disposition de navires correspond à un voyage précis quant à la marchandise et au déplacement : le fréteur garde la gestion nautique et la gestion commerciale du navire (art. 5 et 6) ;

– *l'affrètement à temps (time charter)* où la mise à disposition se fait pour une période donnée avec des possibilités d'utilisation diversifiées : le fréteur conserve la gestion nautique, l'affréteur obtenant la gestion commerciale (art. 7 à 9) ;

– *l'affrètement coque nue,* variété de location (13), où la mise à disposition est faite pour toutes fins conformes à la destination normale du navire pour un temps défini mais *« sans armement ni équipement ou avec un équipement et un armement incomplets »* avec paiement d'un *« loyer »* : l'affréteur obtient la gestion nautique et la gestion commerciale (art. 10, 11).

Le contrat d'affrètement est supporté en matière maritime par un instrumentum appelé *« charte-partie »*. Le contrat-type, élaboré, souvent, par les conférences d'armateurs, joue un rôle important avec, notamment,

---

(11) J. DAUVILLIERS enseignait, *« C'est aux Babyloniens qu'on doit la plus ancienne conception du contrat d'affrètement qui allait être reprise par les Phéniciens et les Grecs »* (*Le contrat d'affrètement dans le droit de l'Antiquité, Mélanges J. Maury,* Dalloz et Sirey 1960, t. II, p. 97).

(12) J.-P. TOSI, *op. cit.*, n. 5, p. 4. L'auteur observe, *« Le contrat d'affrètement maritime pourrait apparaître aujourd'hui à plus d'un titre comme constituant à lui seul le droit commun du contrat d'affrètement. S'en tenir là serait cependant ôter à cette notion beaucoup de son intérêt ; elle ne doit pas, en effet, servir d'élément de référence mais constituer, d'abord, un fonds juridique commun à des hypothèses d'application variées, permettant de proposer de l'une à l'autre tel ou tel élément de la construction »* (n. 8, p. 6).

(13) *« La location coque nue est un pur et simple contrat de louage de chose, radicalement distinct du contrat d'affrètement »* (J.-P. TOSI, *op. cit.*, n. 439, p. 393).

pour l'affrètement au voyage les *chartes Gencon* et *Synacomex* et pour l'affrètement à temps le *Baltime.*

634. – Le sous-affrètement est expressément autorisé par la loi de 1966.

635. – En droit international privé français, l'article 3 de la loi de 1966 prévoit qu'*« en matière internationale, le contrat d'affrètement est régi par la loi du pavillon du navire, sauf convention contraire des parties »*. L'entrée en vigueur de la Convention de Rome, le 1er avril 1991, invite à soumettre à ses dispositions, générales pour l'affrètement coque nue ou à temps ou spéciales au contrat de transport pour l'affrètement au voyage, la recherche de la loi applicable aux contrats conclus après cette date.

§ 2. – Le contrat de transport

636. – Le contrat de transport se définit comme la convention obligeant un transporteur professionnel à déplacer par un moyen de transport déterminé certaines marchandises dans un certain délai, moyennant un certain prix dû par l'expéditeur ou chargeur.

637. – Le transport est dit *« privé » « lorsque celui qui assure le déplacement et celui pour le compte de qui le déplacement est exécuté se confondent en une seule personne »* (14). Cet opérateur peut disposer en propre de moyens de transport qu'il aura acquis par les voies ordinaires du transfert de propriété avec un rôle croissant du crédit-bail ; il pourra, également, recourir à la location d'un moyen de transport sans fourniture de personnel (location de camion ou d'aéronef, affrètement coque nue...).

638. – Il y a transport *« public » « quand ces deux personnes sont différentes »* (15) et que le chargeur contracte avec un transporteur, voire plusieurs dans le cas de transports successifs.

639. – Le déplacement de la marchandise est l'objet caractéristique du contrat de transport. Il faut en distinguer toutes sortes d'opérations qui le substituent (canalisations, *pipe line...*) ou qui l'accompagnent comme la manutention des marchandises liée aux chargements et déchargements, ordinairement assurés dans les ports et aéroports par des entre-

---

(14) R. RODIÈRE et B. MERCADAL, *Droit des transports terrestres et aériens,* Précis Dalloz, 5e éd. 1990, n. 5, p. 6.

(15) *Ibid. – Adde,* M. RÉMOND-GOUILLOUD, *Le contrat de transport,* Coll. Connaissance du droit, Dalloz 1993.

prises distinctes (16)... ou le magasinage avant, pendant et, parfois, après le transport... L'opération de transport s'élargit ainsi à des missions de natures différentes et participe, sans s'y absorber, à une opération de logistique, économiquement de plus en plus importante et juridiquement de plus en plus complexe :

> « Dans le contexte logistique actuel, les entreprises de transport sont de plus en plus fréquemment amenées à offrir à leurs clients un service étendu, excédant le simple déplacement de la marchandise. Conditionnement, manutention, étiquetage, entreposage, prestations informatiques et transport peuvent ainsi interférer pour donner naissance à des conventions hybrides et complexes, qui soulèvent de délicats problèmes de qualification et de statut juridique.
> Faut-il y voir la juxtaposition de plusieurs contrats distincts, obéissant chacun à leurs règles propres, ou, au contraire, une convention unique, comportant certaines des prestations diverses, mais gouvernée pour le tout par les règles applicables à l'activité dominante, conformément à l'adage "'accessoire suit le principal" ? Et, si l'on opte pour cette seconde solution, se pose alors la question de savoir quelle est l'activité dominante (transport ? dépôt ? manutention ?) qui déterminera la nature du contrat global et des rapports juridiques des parties. Dans son ensemble, la jurisprudence paraît marquer une assez nette préférence pour le regroupement des prestations multiples sous une seule et même qualification contractuelle » (17).

640. – Ici encore, cause et effet de codifications insuffisantes et d'éparpillement juridique maintenu, la multiplicité et la spécificité des intitulés déroutent, parfois. Aussi est-il utile de rappeler que *« le transport se caractérise par... le déplacement de la chose, la maîtrise de l'opération par le transporteur et le caractère professionnel de celui-ci »*. Auteurs et tribunaux (18) insistent sur la maîtrise de l'opération qui distingue nettement le transporteur du fréteur.

641. – Nous envisagerons les *aspects juridiques* (A) et les *aspects fiscaux* (B) de ce contrat.

A. – LES ASPECTS JURIDIQUES

642. – Le contrat de transport s'est, de bonne heure, spécifié à l'intérieur du louage d'ouvrage. Profitant du quasi-défaut de régime général

(16) La loi du 18 juin 1968 fixe le statut de l'entreprise de manutention (art. 80 et 81).

(17) *Lamy Transport, op. cit.*, t. I, n. 10, p. 7. La table des matières de cet ouvrage essentiel révèle l'impérialisme du transport en traitant du conditionnement et du magasinage des marchandises, des incoterms, de la vente, des produits dangereux, de la douane... Rappr. travaux en cours de J.-M. VERTUT sur *Distribution et logistique*, École dr. entrepr. 1996-1997.

(18) F. COLLART-DUTILLEUL et Ph. DELEBECQUE, *op. cit.*, n. 763, p. 626.

du contrat d'entreprise, il s'est progressivement doté d'un régime propre avec, en droit français, par exemple, des règles spéciales en matière de clauses de non-responsabilité, prescriptions, privilèges... Les articles 1782 à 1786 du Code civil traitent distinctement des voituriers par terre et par eau ; les articles 103 à 108 du Code de commerce lui consacrent des dispositions plus précises, tenant, surtout, à des questions de responsabilité. Ces règles sont d'application générale à toutes les formes de transport, voies maritime et parfois aérienne exceptées. La loi d'orientation des transports internes (LOTI) du 30 décembre 1982 fixe le cadre général de développement des transports en France et prévoit l'établissement par décrets de contrats-types applicables à défaut de convention contraire des intéressés.

L'opération a toujours un caractère commercial pour le transporteur. Il en va ainsi pour l'expéditeur et le destinataire lorsque le premier est commerçant et que l'opération se rattache à son activité professionnelle (19).

643. – L'opération de transport a connu un aspect international d'autant plus précoce que les principautés originaires étaient de tailles réduites. Des normes multiples se sont, alors, développées. Leur moindre effet d'exemple sur et dans l'ensemble des matières juridiques tient, sans doute, à toutes sortes de différenciations ainsi liées à l'histoire et aux usages que les conventions reprennent souvent, puis aux moyens techniques pratiqués : transports terrestres, fluviaux, maritimes, aériens...

> « Est international le transport destiné dans l'intervention des parties, à franchir une frontière entre deux États. N'entrent en compte ni la nationalité des parties, ni la nature internationale ou non du contrat » (20).

644. – Dans la situation de principe – où le contrat de transport ne relève pas d'une convention internationale – les mécanismes de conflits de lois jouent (21). La première option tient à l'application du principe d'autonomie. À défaut de clause, l'article 16 de la loi du 18 juin 1966 énonce une règle unilatérale :

---

(19) B. MERCADAL, *op. cit.*, n. 268, p. 147.

(20) M. ALTER, *op. cit.*, p. 16. Peu importe, d'ailleurs, la réalité du franchissement de la frontière. Un transport de France en Allemagne qui, par suite d'accident, s'épuise sur notre sol conserve son caractère international.

(21) V. HEUZÉ observe, *« En dépit de l'importance du droit conventionnel en matière de transports, les décisions sont nombreuses à mettre en œuvre à leur propos la méthode du conflit de lois, soit pour résoudre les points qui ne trouvent pas expressément leur solution dans les conventions applicables, soit parce que la relation litigieuse n'entre pas dans le domaine de celles-ci »* (*La réglementation française des contrats internationaux*, cité, n. 673, p. 297).

« Le présent titre est applicable aux transports, effectués au départ ou à destination d'un port français qui ne soit pas soumis à une convention internationale à laquelle la France est partie, et en tout cas aux opérations de transport qui sont hors du champ d'application d'une telle convention ».

Son application est, toutefois, filtrée par l'article 4, § 4 de la Convention de Rome :

« Le contrat de transport de marchandises n'est pas soumis à la présomption du paragraphe 2 (domicile du débiteur de la prestation caractéristique). Dans ce contrat, si le pays dans lequel le transporteur a son établissement principal au moment de la conclusion du contrat est aussi celui dans lequel est situé le lieu de chargement ou de déchargement ou l'établissement principal de l'expéditeur, il est présumé que le contrat a les liens les plus étroits avec ce pays. Pour l'application du présent paragraphe, sont considérés comme contrats de transport de marchandises les contrats d'affrètement pour un seul voyage ou d'autres contrats lorsqu'ils ont principalement pour objet de réaliser un transport de marchandises » (22).

En d'autres termes, la localisation du domicile du débiteur de la prestation caractéristique doit être corroborée par un autre indice ; le rattachement étant encore susceptible d'être écarté au profit d'une loi ayant des liens plus étroits avec le contrat (art. 4, § 5).

645. – Dans les situations d'exception, les plus fréquentes, de très importantes conventions internationales jouent dont les conditions d'application ne coïncident pas toujours et ne recouvrent pas, nécessairement, tous les contrats internationaux tels que précédemment caractérisés.

Ces conventions ont le trait commun d'énoncer des règles matérielles uniformes applicables aux différents contrats internationaux de transport. Évoquant la convention relative au transport ferroviaire, R. Rodière et B. Mercadal observent :

« Cette convention est parfaitement adaptée à son objectif comme le sont d'une façon plus générale les Conventions de Varsovie, de Genève ou de Bruxelles en matière aérienne, routière ou maritime. Elles suppriment à la base toute hésitation sur la loi applicable, problème toujours difficile en droit international privé » (23).

---

(22) L'étude détaillée de la jurisprudence antérieure à l'entrée en vigueur de la Convention de Rome révélait l'hésitation de celle-ci entre deux critères de rattachement : le lieu de conclusion du contrat et la loi nationale commune des parties. – V. V. HEUZÉ, *op. cit.*, n. 677 et s. – L'état de droit positif de cette Convention purge désormais ces références en même temps qu'il fait douter de la pérennité d'une règle de conflit concurrente issue de la loi du 18 juin 1966.

(23) R. RODIÈRE et B. MERCADAL, *op. cit.*, n. 115, p. 154.

Ces corps de règles ont été établis distinctement pour les différentes formes de transport : routier, ferroviaire, maritime, aérien ou fluvial. Aussi considérerons-nous autour de *règles communes* (1°) qui en représentent, en quelque sorte, le noyau, des *règles spéciales* (2°), de forte importance.

1° *Les règles communes aux différentes formes de transport*

646. – Extraites de régimes internationaux élaborés pour chacune des formes de transport, différentes règles peuvent être mises en facteur commun sous réserve de variantes relativement minimes. Suivant la chronologie même de l'opération, elles concernent la *formation (a), l'exécution (b)* et *l'extinction (c)* du contrat.

a) La formation du contrat

647. – Le contrat de transport doit comporter trois séries d'informations essentielles pour le transport.

Quantités et qualités de marchandises sont, d'abord, indiquées avec, fréquemment, des clauses d'écart. Des volumes ou des lots minimaux sont souvent exigés.

Le prix combine plusieurs composantes tenant au volume, au poids, à la valeur des marchandises et à la distance du transport. Les tarifications sont fixées par l'International Air Transport Association (IATA).

La convention précise les modalités du transport – temps, forme, cheminement – et, notamment, les points de départ et d'arrivée, parfois l'itinéraire (24) comme les exigences spéciales appelées par l'expéditeur.

b) L'exécution du contrat

648. – Le contrat précise, ensuite, les obligations mises à la charge des deux parties.

649. – Le *transporteur* doit réaliser différentes opérations préalables comme la vérification de la marchandise, présumée, sauf réserves, en bon état... parfois le chargement sur le moyen de transport, impérative-

(24) Les conventions internationales consacrent des dispositions explicites et différenciées aux changements de destination.

ment pour le transporteur maritime... l'arrimage... le bâchage. Les règles applicables sont, ordinairement, les règles en usage au lieu d'expédition.

Il doit, surtout, réaliser l'acheminement des marchandises dans les délais, impératifs – transport ferroviaire – ou non – transport aérien –. Durant le déplacement, le transporteur peut être tenu d'obligations diverses tenant, notamment, à la conservation, la surveillance et la sécurité des marchandises.

Il doit, en principe, effectuer les formalités de douane à partir des pièces nécessaires que l'expéditeur lui fournit, sans avoir à les contrôler.

Le contrat prévoit qui, du destinataire ou du transporteur, effectuera le déchargement selon les règles du lieu où celui-ci s'exécutera.

Le transporteur est, enfin, tenu à livrer la marchandise au destinataire au lieu et selon les modalités convenues. Il doit en obtenir l'acceptation qui le libérera du risque de la chose, celle-ci n'étant plus sous sa garde ; à défaut et si la marchandise est *« en souffrance »* au lieu de destination, le transporteur doit demander des instructions à l'expéditeur.

650. – Le contrat peut prévoir des obligations supplémentaires. Pour l'exécution de sa mission, le transporteur peut faire appel à un transitaire (25), *« agent de liaison entre deux types de transport »*, mandataire à l'exécution de différentes charges tenant au *« franchissement par la marchandise d'un point où il y a rupture de charge (passage du train au navire, du camion à la péniche, de la fourgonnette à l'avion »* (26) ou de statut (franchissement de frontières appelant le dédouanement).

Il peut aussi sous-traiter tout ou part de sa charge, les contrats de sous-traitance obtenant une importance croissante :

> « On prendra soin de distinguer les opérations de sous-traitance des hypothèses de transports successifs, car tous les contrats ont la même nature. Le premier transporteur est responsable de l'ensemble du transport soit en qualité de transporteur principal, répondant des personnes qu'il a introduites dans le cercle contractuel, c'est-à-dire des sous-transporteurs, soit en qualité de commissionnaire de transport » (27).

651. – *L'expéditeur* est tenu de payer le prix selon les modalités prévues au contrat qui varient, souvent, selon le mode de transport pratiqué :

---

(25) V. L. PEYREFITTE, *Le commissionnaire de transport et les autres auxiliaires de transport : D.* 1978, 213.

(26) F. COLLART-DUTILLEUL et Ph. DELEBECQUE, *op. cit.*, n. 768, p. 631.

(27) *Ibid.*, n. 770, p. 634.

– *port payé :* l'expéditeur supporte les frais d'assurance et de transport jusqu'au pays destinataire et les frais de transit et accessoires dans le pays de départ ;

– *franco de tous frais :* l'expéditeur supporte les frais d'assurance, transit, transport et frais accessoires jusqu'au point désigné par le destinataire ;

– *frais au départ :* l'expéditeur supporte les frais jusqu'à la remise au transporteur et conclut, aux frais de l'acheteur, un contrat de transport, que celui-ci devra ensuite approuver ;

– *port dû :* les frais définis au contrat seront réglés par le destinataire.

652. – Les responsabilités seront encourues par celui qui a la charge de l'obligation dont l'exécution, absente, tardive ou mauvaise, a causé le dommage.

Comme en toute hypothèse de louage d'ouvrage, l'inexécution, sinon totale du moins partielle, des obligations du transporteur est l'occasion la plus fréquente de déclenchement du mécanisme indemnitaire. Les conventions internationales apportent une grande attention à régler les problèmes qui peuvent se poser en cas de perte, manque avec les tolérances d'usage, avarie, retard ordinairement établi par un constat dressé, si possible, en présence de l'ayant droit, expéditeur ou destinataire.

Les conventions limitent différemment la responsabilité des transporteurs. L'exportateur prendra, alors, soin de contracter une assurance (28).

c) L'extinction du contrat

653. – La fin du contrat intervient ordinairement par son exécution et bien plus exceptionnellement par le retard au départ, voire la disparition de la marchandise qui entraîne la caducité de la convention.

2° *Les règles spéciales aux différentes formes de transport*

654. – Les dispositions du droit international dissocient le contenu des contrats et, surtout, des responsabilités encourues dans son exécution selon le mode de transport retenu et selon, par conséquent, qu'il s'agit de *transport routier (a), ferroviaire (b), maritime (c), aérien (d)* ou *fluvial (e)* chacun étant soumis à un régime, ordinairement conventionnel, propre.

---

(28) V. *infra*, *L'assurance internationale*, n. 675 et s.

655. – Aux accords-clés ci-dessous s'ajoutent plusieurs conventions internationales mais, faute de ratification, bon nombre demeurent au stade de la potentialité, à commencer par l'Accord de Genève du 24 mai 1980 sur le transport multimodal international de marchandises (29) ; préparé par les travaux de la CNUCED et de la CCI (30), son entrée en vigueur est subordonnée à trente ratifications non encore intervenues.

a) Le transport routier international

656. – Le transport routier international est régi par les dispositions substantielles de la Convention de Genève du 19 mai 1956 sur les transports de marchandises par route (CMR) dont le domaine d'application couvre la plupart des États européens, y compris l'ancienne URSS. Un Accord européen *relatif au transport international des marchandises dangereuses par route*, dit ADR (31), signé à Genève le 30 septembre 1957 et entré en application le 29 janvier 1968, s'applique à tout transport international de marchandises dangereuses au départ ou à destination de la France.

657. – Les conventions s'appliquent aux transports effectués à titre onéreux par des véhicules simples ou articulés lorsque les lieux de prise en charge et de destination sont situés dans des États différents dont l'un au moins adhère à la convention ; tout transport routier à partir ou à destination de la France est ainsi soumis à la CMR même si l'autre État concerné n'y a point adhéré. Les règles s'appliquent aux fractions d'acheminement sur plates-formes de trains ou en cale de navire dès lors que la marchandise demeure sur le véhicule ou le bateau et qu'un contrat unique couvre le transport de bout en bout (32).

658. – La formation du contrat de transport routier international est matérialisée par l'établissement d'une *lettre de voiture internationale*

---

(29) Le transport multimodal recourt, pour une même opération, à plusieurs moyens de déplacement : terre-mer, air-terre – et a largement bénéficié de la pratique du conteneur qui fixe de façon ordinairement normalisée, un lot de marchandises, les protège durant le transport et en facilite la manutention. V. R. MASUD, *Le transport multimodal : émergence d'un régime juridique : RD aff. int.* 1992, 825. – B. MERCADAL, *op. cit.*, spéc., n. 586 et s., p. 322 et s.

(30) *Règles CNUCED/CCI applicables aux documents de transport multimodal : Brochure CCI,* n. 481, 1992. – V. E. CAPRIOLI, *Considération sur les nouvelles règles CNUCED/CCI applicables au transport multimodal : DMF* 1993, 204 et s.

(31) V. *Lamy Transports, op. cit.*, t. III, n. 66 et s.

(32) Com. 12 mai 1987 : *Gaz. Pal.* 1987, pan. 208 ; *JCP* 88, IV, 245. *« Ce qui compte, ce n'est pas tant la route que le véhicule routier »* (R. RODIÈRE et B. MERCADAL, *op. cit.*, n. 118, p. 159). – *Adde,* Com. 25 mai 1993 : *Rev. crit. DIP* 1993, 461, J.-P. REMERY.

(LVI) – transport routier – à l'initiative – et sur les documents, par conséquent – de l'expéditeur et signée par lui-même et le transporteur au profit de chacun d'eux ainsi que du destinataire (33).

La CMR ne prévoit aucune formule particulière. Son établissement est de la plus grande utilité mais son défaut ou ses irrégularités ne menacent pas sa validité et n'écartent même pas l'application de la CMR.

659. – Le transporteur routier est responsable de plein droit des dommages ou pertes établis par l'expéditeur ou le destinataire. Il peut écarter cette charge en démontrant une cause étrangère telle que fait ou ordre de l'ayant droit, force majeure, vice de la chose (34) ou une cause spéciale de libération comme une défectuosité de l'emballage ou risque particulier de la chose... sauf à l'expéditeur à établir que le dommage n'a pas été causé par le fait invoqué par le transporteur.

Les avaries sont indemnisées à raison de la dépréciation subie par la marchandise. La réparation est plafonnée tant en cas de perte totale ou partielle que de retard. Les parties peuvent prévoir une modification conventionnelle de plafond moyennant un supplément de prix (35).

b) Le transport ferroviaire international

660. – Après plusieurs expériences, la convention relative aux transports internationaux ferroviaires (COTIF), plus élaborée que la précédente, a été signée, le 9 mai 1980, et est entrée en vigueur, le 1er mai 1985 ; elle régit les pays d'Europe, d'Afrique noire et du Proche-Orient (36).

661. – Son appendice *« B »*, dit RU-CIM, énonce des règles uniformes concernant le contrat de transport international ferroviaire des marchandises applicables aux *« parcours empruntant les territoires d'au moins*

---

(33) À côté des mentions obligatoires sur l'identité des expéditeur, transporteur et destinataire, la désignation de la marchandise, les frais afférents au transport, les instructions relatives au dédouanement et à la livraison, l'application de la CMR... peuvent figurer des mentions obligatoires *« le cas échéant »* comme l'interdiction de transbordement ou les frais pris en charge par l'expéditeur... voire des mentions supplémentaires tenant à la liberté contractuelle des opérateurs : retour des emballages... (art. 6).

(34) B. HANOTIAU, *Le vice propre et la nature propre de la marchandise : causes d'exonération de la responsabilité du transporteur CMR, Mélanges J. Putzeys*, Bruylant, Bruxelles 1996, p. 203.

(35) B. MERCADAL, *La CMR peut-elle devenir la loi du transport intérieur français ? Mélanges J. Putzeys, op. cit.*, p. 244. – W. CZAPSKI, *Rapports contractuels dans le cadre du contrat de transport par route soumis à la convention CMR, ibid.*, p. 151.

(36) G. MUTZ, *Le droit de transport ferroviaire en pleine mutation, Mélanges J. Putzeys*, cités, p. 549.

deux États effectués en vertu d'un titre de transport unique, une "lettre de voiture directe", sur des lignes inscrites à l'office central des transports internationaux ferroviaires de Berne. Elle forme alors la loi du contrat du lieu de départ au lieu d'arrivée » (37) ; l'annexe III concerne *« le transport international ferroviaire des conteneurs ».*

662. – La formation du contrat implique l'établissement d'une LVI soumise à différentes exigences dont le défaut est sanctionné par la non-application de la convention internationale CIM-COTIF et la soumission au droit national alors désigné par la méthode des conflits de lois.

663. – Le régime de responsabilité du transporteur ferroviaire est voisin de celui du routier : responsabilité de plein droit et plafonnements, propres, de la réparation :

> « – Le chemin de fer est responsable du dommage résultant de la perte totale ou partielle et de l'avarie de la marchandise survenues à partir de l'acceptation du transport jusqu'à la livraison, ainsi que du dommage résultant du dépassement du délai de livraison.
> Le chemin de fer est déchargé de cette responsabilité si la perte, l'avarie ou le dépassement du délai de livraison, a eu pour cause une faute de l'ayant droit, un ordre de celui-ci ne résultant pas d'une faute du chemin de fer, un vice propre de la marchandise (détérioration intérieure, déchet...) ou des circonstances que le chemin de fer ne pouvait pas éviter et aux conséquences desquelles il ne pouvait pas obvier. Le chemin de fer est déchargé de cette responsabilité lorsque la perte ou l'avarie résulte de risques particuliers inhérents à un ou plusieurs des faits ci-après... » (art. 36, § 1 et 2).
> – « Lorsque le chemin de fer établit que la perte ou l'avarie a pu résulter, étant donné les circonstances de fait, d'un ou de plusieurs des risques prévus à l'article 36, § 3, il y a présomption qu'elle en résulte. L'ayant droit conserve toutefois le droit de prouver que le dommage n'a pas eu pour cause, totalement ou partiellement, l'un de ces risques » (art. 37, § 2).

c) Le transport maritime international

664. – Le transport maritime international, la forme de transport la plus ancienne, sans doute, et au taux le plus élevé de réglementation,

---

(37) Civ. 12 déc. 1911 : *S.* 1912, I, 284, art. 1er. – B. MERCADAL, observe, *« Ainsi un transport de Limoges à Munich empruntant les réseaux français, suisse et allemand sur des lignes inscrites à l'office de Berne ne sera régi quel que soit le lieu où l'accident se produise, quel que soit le juge saisi par le demandeur et quels que soient les nationalités des parties et les lieux de conclusion du contrat, de départ et d'arrivée, ni par la loi française, ni par la loi suisse, ni par la loi allemande, mais par la CIM-COTIF, sauf les points assez rares pour lesquels ces conventions renvoient à une loi nationale, généralement celle du juge saisi »* (*op. cit.*, n. 332, p. 185).

est régi par la Convention de Bruxelles du 25 août 1924, révisée à plusieurs reprises, dont les prescriptions sont, parfois, dénommées *« Règles de La Haye »* ou *« de Visby »*. Établies le 1er novembre 1992, de nouvelles règles, dites de Hambourg, se mettent progressivement en place au rythme des ratifications nationales (38).

665. – La convention sur le transport maritime international joue dès lors que le contrat de transport a été constaté par un *connaissement (bill of lading)*, et a été conclu dans un État contractant entre deux parties relevant de deux États différents à la condition que le déplacement ait pour point de départ le port d'un autre État contractant. Elle s'applique pour *« le temps écoulé depuis le chargement des marchandises à bord du navire jusqu'à leur déchargement hors du navire »* (art. 1-c) (39).

666. – Le *connaissement maritime* est établi par le transporteur (40) ; le rôle de cet instrument dont un exemplaire sera remis au destinataire s'est sensiblement renforcé : de document probatoire, il est juridiquement devenu droit à la marchandise, puis droit sur la marchandise (41), titre de propriété (42).

> « Cette situation consacre une dissociation des éléments de la possession. Détenant la marchandise, le capitaine a le *corpus* pour le compte d'autrui. Celui-ci, titulaire de l'*animus*, est dans un premier temps le chargeur, puis celui désigné par le connaissement *(« son porteur »)*... Cette représentation de la marchandise dans un document favorise la réalisation de certaines opérations commerciales courantes spécialement dans le commerce international, telle que vente ou gage sur marchandises embarquées, crédit documentaire » (43).

Aussi, le connaissement peut-il prendre plusieurs formes

– *nominatif :* établi au nom du destinataire, sa transmission éventuelle obéit aux règles de la cession de créance (C. civ., art. 1690) ;

– *à ordre :* établi au nom du chargeur ou du réceptionnaire, il est transmissible par simple endos ;

---

(38) L'application à la France est subordonnée à l'accord des autres États de l'UE. De façon générale et en dernier lieu, M. REMOND-GOUILLOUD, *Droit maritime*, Coll. Études internationales, n. 2, Pedone 1994.

(39) La clause *« paramount »* insérée dans le connaissement soumet le contrat de transport à la Convention sans pour autant incorporer celle-ci au contrat : les parties ne peuvent en écarter les dispositions impératives, Com. 4 fév. 1992 : *Rev. crit. DIP* 1992, 496, P. LAGARDE.

(40) Porteur de la mention *« embarqué » (shipped)*, il établit la présence des marchandises à bord du navire.

(41) M. ALTER, *op. cit.*, p. 139.

(42) J.-P. TOSI, *L'évolution actuelle de la forme de connaissement – rapport « France »*, *Kluwer Law International* 1995, p. 141 et s.

(43) M. ALTER, *op. cit.*, p. 140.

– *au porteur :* établi en blanc, il est transmissible par simple tradition (44).

L'absence ou l'irrégularité du connaissement n'affecte ni sa validité ni l'application de la convention mais peut avoir une incidence sur l'autorité probatoire de ce document (45).

667. – À la charge du *transporteur maritime,* la Convention de Bruxelles prévoit, à l'anglaise, une obligation de *« due diligence »* comprenant, notamment, l'obligation de mettre le navire dans l'état de navigabilité correspondant au voyage projeté ; *« cette obligation de moyen doit, une fois respectée, permettre l'exécution de l'obligation de résultat relativement à la cargaison »* (46). En découlent les mécanismes d'une *« responsabilité de principe »* pour les pertes et avaries et point les retards dont les préjudices relèvent du droit commun de la responsabilité. Il incombe, le cas échéant, au transporteur d'établir une des circonstances libératoires énumérées par la convention. Celles-ci tiennent à des événements extérieurs ne provenant pas du fait ou de la faute du transporteur, de ses agents ou de ses préposés, pour autant qu'il en apporte la preuve : vice de la marchandise, faute du chargeur... Sont également *« cas exceptés »* appelant, alors, responsabilité dans les règles de droit commun, l'innavigabilité du navire et les fautes nautiques du transporteur.

> « Les règles de Hambourg révèlent une profonde mutation par l'abandon de l'énumération traditionnelle des cas exceptés, sauf l'incendie et le sauvetage de vies ou de biens en mer » (47).

L'évaluation du dommage se fait à partir de la valeur de la marchandise aux jour et lieu du déchargement. Le montant de la réparation tient compte de taux légaux forfaitaires établis par la convention. Ces plafonds sont écartés s'il est prouvé que *« le dommage résulte d'un acte ou d'une omission du transporteur qui a eu lieu, soit avec l'intention de provoquer*

---

(44) M.-R. BRAQUE observe, *« L'ensemble de ces usages donne a priori à ce document une place plus importante qu'aux autres. En particulier, comme il est un titre de propriété, le porteur ou la personne citée dans le connaissement est le propriétaire présumé de la marchandise. Il n'en est que présumé car, par ailleurs et indépendamment, existe un contrat commercial dans lequel est dénommé le propriétaire réel du bien transporté.*
Une de ces caractéristiques, et non des moindres, est qu'il se transmet par voie d'endos, chacun des bénéficiaires successifs étant spécifié lors de chaque endos. Pour retirer une marchandise transportée par voie maritime, le destinataire a besoin du connaissement maritime » (*Nouveau guide pratique des opérations administratives et financières* in Coll. Commercer avec l'étranger, éd. Garnier 1982, p. 22). L'appréciation de la portée de l'endossement doit être recherchée conformément à la loi du contrat de transport, Com. 2 mars 1993 : *Rev. crit. DIP* 1993, 632, H. MUIR-WATT.

(45) M. ALTER, *op. cit.*, p. 135.

(46) *Ibid.*, p. 142.

(47) *Ibid.*, p. 148.

un dommage, soit témérairement et avec conscience qu'un dommage en résulterait probablement » (art. 4-5-e).

Ces règles sont impératives et les parties ne peuvent les écarter ni en amont par l'allègement des obligations du transporteur, ni en aval par la réduction des réparations dues par lui ; seules, sont admises les clauses majorant la possible réparation.

d) Le transport aérien international

668. – La Convention de Varsovie du 12 octobre 1929 a été révisée et complétée de façon poussée mais les deux dernières tentatives ont échoué.

669. – Pour l'application de la Convention de Varsovie et de ses prolongements, il faut que les départ et arrivée aient lieu sur le territoire de deux États contractants ou même sur le territoire d'un même État si une escale est prévue sur le territoire d'un autre État, fût-il non contractant.

670. – La *lettre de transport aérien (LTA)* établie par le transporteur et signée par les parties comporte les indications essentielles du contrat dont les escales à l'étranger mais n'est pas un titre de propriété. L'irrégularité ou l'absence du document n'affecte pas la validité du contrat ni même l'application de la convention internationale. La LTA peut être remplacée par tout autre document, informatique en particulier. En son absence le transporteur est tenu à une réparation totale.

671. – La Convention de Varsovie appelle présomption de faute pour pertes, avaries et retards, un retard de sept jours étant tenu pour perte. Cette présomption est réfragable par la preuve « *que lui* – le transporteur – *ou ses préposés ont pris toutes les mesures nécessaires pour éviter le dommage ou qu'il leur était impossible de les prendre* » (art. 20).

Le système de Varsovie prévoit des plafonds élevés d'indemnisation, sauf faute inexcusable du transporteur (48). La disposition est importante et l'article 23 frappe de nullité toutes les clauses qui écarteraient ou réduiraient – mais point aggraveraient – la responsabilité du transporteur.

e) Le transport fluvial international

672. – Nulle convention internationale ne se préoccupe de façon générale du transport fluvial international, quelques accords partiels

(48) La limitation n'affecte pas davantage la responsabilité du constructeur de l'avion, qui, en cas d'accident, est fréquemment sollicitée par les victimes.

réglant, par exception, le transport dans le bassin mosellan et rhénan. À défaut de clause d'attribution de compétence, les règles de conflit de lois désigneront la règle nationale applicable.

B. – LES ASPECTS FISCAUX

673. – Les transports à l'exportation de marchandises *« en provenance »* de France (CGI, art. 252-II-14) sont exonérés de TVA sous réserve d'un certain nombre de formalités. La dispense bénéficie, également, aux transports effectués en France en vue d'acheminer à l'étranger les marchandises exportées.

L'exonération bénéficie, également, au transport *« à destination »* de la France (CGI, art. 262-I). La TVA est, en revanche, due sur le prix correspondant à la fraction terminale du déplacement effectué.

674. – Les transports de marchandises *« en provenance et à destination »* d'un pays tiers, transitant, par conséquent, sur le territoire communautaire sont exonérés de TVA lorsqu'ils sont placés sous régime TIR de transit communautaire.

SECTION II

L'ASSURANCE INTERNATIONALE

675. – Transferts de marchandises, paiements, investissements : à partir du moment où une opération se développe à l'étranger, les risques sont plus forts et leur couverture plus ardue ; les liens historiques entre commerce, transport, crédit (49) et répartition des risques en sont l'illustration. Les développements mêmes de la vie internationale ont appelé la diversification des risques dont une moindre tolérance par les mentalités et les richesses du XXe siècle appelle un traitement renforcé.

L'une des solutions permettant à un ou plusieurs opérateurs de réduire leurs charges de risques est l'assurance. Son intérêt est, donc, d'une extrême importance pour le commerce international car, à défaut de sécurité, l'échange ne se développera pas (50).

---

(49) J.-P. DESCHANEL et L. LEMOINE rappellent, *« Tout échange économique de quelque importance s'accompagne de crédit et le crédit s'accompagne de risques au point de former un couple indissociable »* (*L'assurance-crédit*, PUF 1996, p. 3).

(50) J. BIGOT, *L'internationalisation du droit des assurances* in *Mélanges Y. Loussouarn, L'internationalisation du droit*, Dalloz 1994, p. 57.

Ses traits spécifiques appellent l'observation du *Droit applicable à l'assurance internationale* (§ 1) avant d'aborder les problèmes du *Droit matériel de l'assurance internationale* (§ 2).

§ 1. – Le droit applicable à l'assurance internationale

676. – La spécificité de l'assurance perturbe les règles internationales ordinaires relatives à la désignation tant de *la loi applicable* à l'opération d'assurance (A) que de *l'autorité de conflit compétente* (B) à son endroit.

A. – La loi applicable

677. – L'établissement de règles matérielles applicables à l'assurance internationale est indispensable à son développement. La spécificité de l'assurance et l'emprise des législations nationales entravent les tentatives d'harmonisation. Si des rapprochements professionnels entre assureurs se développent, facilités par le nombre restreint d'opérateurs-locomotives, les prescriptions publiques en la matière paraissent maigres.

La *règle de conflit* de lois applicable au contrat d'assurance international doit, donc, être recherchée afin de déterminer le droit matériel auquel il sera soumis (1°). L'application d'une loi étrangère peut entraîner la mise en œuvre de *correctifs* dans la mesure même où l'internationalisation de l'assurance ne la soustrait pas à toutes les contraintes locales (2°).

1° *La détermination de la règle de conflit de lois applicable*

678. – La *localisation du risque* entraîne, en principe, la détermination de la règle de conflits *(a)*. Cependant, l'existence de lois de police permet au juge chargé du litige d'abandonner les règles ordinaires de conflit de lois pour donner application aux *lois de police* du *for* ou à celles d'un pays étranger *(b)*.

a) *Appel à la localisation du risque*

679. – Deux corps de règles de conflits coexistent. Le premier est organisé par les *directives européennes* (51) [1]. Le second est édicté

(51) Le droit communautaire tente par une succession de directives, de créer un marché commun de l'assurance. Mais aucun acte général relatif à l'assurance visant à harmoniser

par la *Convention de Rome* du 19 juin 1980 relative à la loi applicable aux obligations contractuelles et seule applicable aux contrats de réassurance (art., § 4) [2].

680. – Le choix du corps de règles compétent et, partant, la règle de conflit applicable dépend de la situation du risque. Les règles de conflits posées par les directives de Bruxelles sont applicables aux contrats couvrant les risques inhérents à la Communauté européenne ; les contrats d'assurance couvrant les risques situés en dehors de la Communauté européenne relèvent de la Convention de Rome (art. 1er, § 3) qui confie au juge national le soin de localiser le risque en application de sa loi interne.

Dans de nombreux cas, le lieu de situation du risque est aisément déterminable. La localisation des immeubles coïncide avec la localisation des risques qui leur sont attachés. Pour l'assurance-véhicule, le lieu d'immatriculation de l'engin est celui de la localisation des risques. En matière d'assurance de personne, les risques sont situés au lieu du domicile de l'assuré. Lorsque l'assurance n'est plus directement attachée à un élément matériel ou à une personne, la localisation des risques devient délicate ; la situation du risque en matière d'assurance-crédit ou d'assurance-responsabilité révèle cette difficulté : est-il localisé au lieu de réalisation du dommage ou au lieu de l'activité génératrice du risque ? Et on blêmit à l'idée de localiser le risque d'une police *« mondiale »* couvrant les établissements d'une multinationale.

1) Système de conflit de lois issu des directives européennes

681. – En vertu des directives, et pour s'en tenir à l'essentiel, la loi applicable est celle du pays où est situé le risque de préférence à la loi de l'État où le preneur d'assurance réside, avec faculté de choix d'une loi autre... pour autant que cela soit admis par les lois précédentes... sauf à considérer certains « grands risques » (dommages causés à des

---

les dispositions législatives règlementaires et administratives des différents États membres n'a pu voir le jour. Les premières directives concernèrent le droit d'établissement des assureurs : directive du 24 juillet 1973 pour l'assurance-non vie et directive du 5 mars 1979 pour l'assurance-vie. Les deuxièmes directives ont institué la libre prestation de service : directive du 22 juin 1988 pour l'assurance-non vie et du 8 novembre 1990 pour l'assurance-vie. Cela permet à un assureur établi dans un État membre de conclure, par tout moyen, des conventions couvrant des risques en dehors de cet État avec des ressortissants d'un État différent (v. P. LAGARDE : *Rev. crit. DIP* 1989, 147. – BERR : *RTD eur.* 1988, 655). Les directives du 18 juin 1992 pour l'assurance-non vie et du 10 novembre 1992 pour l'assurance-vie mettent en place un véritable *passeport européen* en affranchissant totalement la libre prestation de services pour les pays de l'Union européenne.

véhicules ferroviaires, aériens, maritimes, aux marchandises transportées...) pour lesquels la liberté de choix est totale !

L'ensemble reste passablement complexe et d'autant moins digeste que la loi qui a vocation à être ainsi désignée n'est applicable que dans ses seules dispositions spécifiques au contrat d'assurance.

Les États membres n'ont pas introduit de la même manière dans leurs droits internes les facultés offertes par la directive. Le danger est le maintien au sein du marché unique de systèmes de conflits de lois nationaux différents.

2) Système de conflit de lois issu de la Convention de Rome

682. – Les règles de rattachement issues de la Convention de Rome ont été précédemment étudiées. On retiendra que l'assureur peut commercialiser ses contrats sous la loi de son choix. En l'absence de manifestation de volonté des parties, la loi applicable est celle du pays avec lequel le contrat présente les liens les plus étroits. La prestation caractéristique étant le service d'assurance, il s'agit de la loi du pays de résidence de l'assureur ou de l'immeuble assuré ; les lieux de conclusion ou d'exécution du contrat sont, donc, indifférents.

b) Appel aux lois de police

683. – Un bornage rigoriste des lois de police dans le secteur des assurances est utopique. Néanmoins, certains repères peuvent être recherchés. Pour l'essentiel, le caractère social de la norme préside à sa qualification de loi de police.

Pour J. Bigot, la volonté du législateur de créer sur le territoire français une solidarité nationale (garantie obligatoire contre les émeutes, ou les catastrophes naturelles) ou, à l'inverse, le refus de l'assurance de risques jugés socialement dangereux ou répréhensibles (fautes intentionnelles) traduit probablement des préoccupations dignes des lois de police. Les textes organisant les droits à indemnisation des victimes d'accidents ou ceux imposant une obligation d'assurance doivent encore recevoir la même qualification (C. assur., art. L. 182-1).

En revanche, les dispositions impératives des législations nationales, relatives à la formation et à l'exécution du contrat d'assurance doivent être exclues de la qualification. La position inverse aboutirait à interdire de façon générale aux contractants la faculté de soumettre l'assurance à une loi étrangère. Pourtant, hors assurance obligatoire, la qualification des règles impératives d'inspiration consumériste (liées à la formation et à l'exécution du contrat d'assurance) demeure incertaine et établit la limite du raisonnement.

2° *Les correctifs nationaux à la règle de conflit de lois*

684. – La règle de conflit de lois détermine la norme applicable au contrat. Cette norme peut être corrigée en application de la *théorie de la fraude à la loi* ou de *l'ordre public international.*

685. – Le législateur français a énuméré les dispositions impératives relatives aux assurances (C. assur., art. L. 111-2). Il s'agit principalement des titres I, II, III du Livre I intitulé *« Le contrat »*. Ces règles traitent des assurances de dommages non maritimes, des assurances de personne et des opérations de capitalisation. Tout contrat d'assurance pour lequel tous les éléments de la situation sont localisés en France est, en principe, soumis à ces règles impératives (52). La fiscalité applicable au contrat est celle du pays dans lequel l'engagement a été passé pour l'assurance-vie, ou du lieu de localisation du risque couvert pour l'assurance non-vie. La fiscalité française est toujours applicable si le contrat a été souscrit en France ou si le risque est situé sur le territoire français.

686. – L'ordre public international, on le sait, donne au juge le pouvoir d'écarter la loi étrangère applicable au contrat lorsqu'il l'estime contraire à des principes tenus pour fondamentaux ou inconciliables avec une politique législative tenue pour essentielle. La prohibition de l'assurance du suicide, de la faute intentionnelle ou de l'assurance sur la tête d'un mineur illustre sans doute, en la matière, l'ordre public international français.

B. – L'AUTORITÉ DE CONFLIT COMPÉTENTE

687. – En matière d'assurance, deux paramètres participent à l'élection de la juridiction géographiquement compétente. Le litige peut classiquement être attrait devant le juge de l'État du domicile de l'une des parties, ordinairement le défendeur et, par conséquent, l'assureur. Le lieu de localisation du risque peut également être retenu pour déterminer la compétence juridictionnelle. La solution reposera le plus souvent sur une combinaison de ces critères.

---

(52) V. Dir. 22 juin 1988, art. 7-1, g). – Cl. BERR et H. GROUTEL, *De l'usage abusif de l'ordre public en droit des assurances : D.* 1984, 469. – J. BIGOT, *op. cit.*, spéc., p. 65.

688. – Il convient de déterminer les *règles applicables* (1°) aux conflits de juridictions issues d'un contrat international d'assurance avant d'étudier la portée d'éventuelles *clauses attributives de compétence* (2°).

1° *Les règles de compétence territoriale*

689. – Le souci de protection de la partie contractante la plus faible justifie encore, en l'occurrence, l'existence de règles de conflit spéciales. L'appréciation de la puissance économique des parties appelle la protection des droits de l'assuré et des ayants droit à la prestation d'assurance. Ainsi, en France, la compétence de principe est celle du tribunal du lieu du domicile de l'assuré (C. assur., art. R. 114-1 et NCPC, art. 42) (53) ; la protection du preneur d'assurance se traduit par le rapprochement du demandeur et de son juge ; cette attribution est d'ordre public. La projection internationale de cette règle de compétence interne attrait les litiges devant l'ordre juridictionnel de l'État du domicile de l'assuré. De même, les articles 14 et 15 du Code civil sont aptes à régir l'attribution territoriale.

Cependant, cette hypothèse demeure peu fréquente en raison du large champ d'application des deux Conventions internationales de Bruxelles du 27 septembre 1968 (54) et de Lugano du 16 septembre 1988 (55).

690. – Lorsque leurs conditions d'application sont réunies, les conventions s'imposent, de façon impérative et exclusive, aux États signataires

---

(53) Ce principe souffre cependant d'exceptions notamment en matière d'assurance garantissant les accidents, les meubles et immeubles ou en matière d'assurance-crédit.

(54) La section III du titre II de la Convention de Bruxelles est réservée aux règles de *« compétence en matière d'assurances »*, art. 7 à 12 *bis*. Le terme *« assurance »* doit être explicité afin de préciser le domaine de la Convention. La cour de Paris s'est prononcée, alors que la Convention ne le mentionne pas, pour l'exclusion des règles de compétences spéciales en matière de réassurance (Paris 5 juin 1990 : *RGAT* 1990, 800, J. BIGOT). Il est vrai que le mécanisme de la réassurance, où les parties sont sur un pied d'égalité, se concilie difficilement avec le souci de protection du contractant le plus faible, qui anime la convention. Cependant, la commission a émis un avis inverse (CJCE 27 juin 1991, *Overseas Union Insurance Ltd et a. C. New Hampshire Insurance Company : Rev. crit. DIP* 1991, 769, H. GAUDEMET-TALLON ; *Clunet* 1992, 493, A. HUET ; *Cah. dr. eur.* 1994, 655, TAGARAS). En l'absence de décision de sa part, la solution demeure incertaine. En revanche, la *« grande assurance »*, malgré l'égalité économique présumée des parties, appartient sans conteste au domaine de la convention dont les art. 12-5° et 12 *bis* régissent expressément les clauses de *for* pour les contrats de *« grande assurance »*. Voir H. GAUDEMET-TALLON, *Les Conventions de Bruxelles et de Lugano, op. cit.*, n. 243.

(55) R.-P. MERKELBACH, *La Convention de Lugano sur la compétence judiciaire en matière civile et commerciale : son importance pour les entreprises d'assurances : RGAT* 1993, I.

et aux tribunaux nationaux. Les règles de compétence interne doivent, donc, être écartées au profit des seules règles de la convention (56).

L'assurance fait l'objet d'une section spécifique constituant un bloc autonome, indépendant de celui qui est établi par l'article 2 et ses correctifs. Dans le cadre de la convention de Bruxelles, l'attribution juridictionnelle est fonction de la position de l'assureur comme *défendeur (a)* ou *demandeur (b)*.

a) Les actions contre l'assureur

691. – Les règles de compétence diffèrent en fonction du lieu du domicile du défendeur.

692. – Lorsque *l'assureur est domicilié sur le territoire d'un État contractant,* seules les règles spéciales de la section relative à l'assurance reçoivent application. Par renvoi de l'article 7 de ladite section, les articles 4 et 5-5° de la Convention sont également applicables. Tout demandeur peut également se prévaloir des dispositions de l'article 5-5° qui transpose dans l'ordre international la jurisprudence dite des *« gares principales »*. Le demandeur peut assigner l'assureur devant le tribunal du lieu de situation d'une succursale, d'une agence ou de tout autre établissement de l'assureur situé dans un État membre. Dans ce cas, le litige doit impérativement être relatif à l'exploitation de la structure locale d'assurance. L'article 5-5° concerne les seuls différends

> « relatifs aux engagements pris par le centre d'opération... au nom de la maison mère et qui doivent être exécutés dans l'État contractant où ce centre d'opération est établi, ainsi que les litiges relatifs aux obligations non contractuelles qui trouveraient leurs origines dans les activités que l'établissement... a assumées au lieu où il est établi pour le compte de la maison mère » (57).

Plusieurs possibilités s'offrent, ensuite, au demandeur d'agir dans un État autre.

L'assuré peut, d'abord, choisir le tribunal du lieu de son propre domicile (art. 8, al. 1, 2°).

Pour une meilleure protection des victimes, en matière d'assurance de responsabilité, le tribunal compétent peut être celui du fait dommageable

---

(56) Pour une étude d'ensemble relative aux conflits de juridictions faisant suite à une demande contre les Lloyds de Londres, Cass. 1re, 27 avril 1994 : *RGAT* 1995, p. 720, M. Goré.

(57) CJCE 22 nov. 1978 (SOMAFER) : *Rec.* 1978, 2183, concl. Mayras ; *Clunet* 1979, 680, A. Huet ; *D.* 1979, IR 458, B. Audit.

(art. 9) (58). L'assureur peut également être appelé devant le tribunal saisi de l'action de la personne lésée contre l'assuré si, comme en France, la loi de l'assuré le permet (art. 10, al. 1).

Pour les litiges relatifs aux assurances d'immeuble, le tribunal du lieu de situation du risque peut être saisi. Cette règle vaut aussi pour les assurances portant à la fois sur des immeubles et des meubles couverts par une même police et atteints par le même sinistre. Deux options, découlant de règles de compétence dérivée, sont également prévues. En matière de coassurance, l'assureur peut être attrait devant le tribunal d'un État contractant saisi de l'action formée contre l'apériteur de la coassurance (art. 8, al. 1, 3°). Enfin, le juge saisi d'une demande originaire est compétent pour connaître d'une demande reconventionnelle (art. 11, al. 2). La règle s'applique également lorsque l'assureur est demandeur.

693. – Lorsque *l'assureur n'est pas domicilié sur le territoire d'un État contractant* mais y possède une succursale, une agence ou tout autre établissement, il est considéré, pour les contestations relatives à leur exploitation, comme étant domicilié sur le territoire de cet État. Cette fiction permet aux règles précédemment étudiées de recevoir application.

Dans l'hypothèse où l'assureur n'est pas implanté dans l'un des pays membres, le tribunal compétent doit être recherché en vertu des règles de droit commun en vigueur (art. 4).

b) Les actions de l'assureur

694. – En principe, l'action de l'assureur ne peut être portée que devant les tribunaux du domicile du défendeur, qu'il soit preneur d'assurance, assuré ou bénéficiaire (art. 11, al. 1). Cette règle n'est applicable que si le défendeur est domicilié dans un État contractant.

L'assureur pourra également assigner le défendeur devant le tribunal du lieu de situation de sa succursale, de son agence ou de tout autre établissement si la contestation a trait à leur exploitation.

Enfin, lorsque, comme en France, la loi régissant l'action directe exige la présence à l'instance du preneur d'assurance ou de l'assuré responsable, ce tribunal sera compétent à leur égard (art. 10, al. 3).

2° Les clauses attributives de compétence

695. – Il est admis (*supra*, n. 296 et s.) que la volonté des parties peut fonder la compétence des tribunaux d'un État et on sait que ce

(58) TGI Paris 10 mai 1985 : *Rev. crit. DIP* 1987, 415, J. Bigot.

principe est repris par la Convention de Bruxelles. Cependant, dans l'intérêt du consommateur, cette liberté d'attribution n'est pas admise en matière d'assurance. Néanmoins, certaines clauses limitativement énumérées sont tolérées. L'objectif est de restreindre l'admissibilité des clauses de prorogation de *for* et de garantir le *for* naturel du preneur d'assurance dans l'État de son domicile. Pour être valides, les clauses attributives de compétence doivent obéir au régime général de l'article 17 de la convention (59) et aux dispositions spéciales relatives à l'assurance (art. 12).

696. – La survenance d'un litige permet au preneur d'assurance de prendre conscience de la portée d'une clause attributive de compétence à laquelle il avait hâtivement consenti. C'est pourquoi, seules les clauses convenues postérieurement à la naissance d'un différend sont admises (art. 12-1°).

Il en est de même des clauses qui permettent au preneur, à l'assuré ou au bénéficiaire de saisir d'autres tribunaux que ceux résultant des règles de conflits issues de la convention (art. 12-2°). Ces clauses se limitent à offrir des options supplémentaires.

Une troisième clause protégeant davantage les intérêts de l'assureur est dictée par le bon fonctionnement de l'assurance. Elle s'applique pour les conventions passées entre un preneur d'assurance et un assureur, ayant tous deux, à la conclusion du contrat, leurs domiciles ou leurs résidences habituelles dans un même État contractant. Ces clauses ont pour effet, alors même que le fait dommageable se produirait à l'étranger, d'attribuer compétence aux tribunaux de l'État du domicile des parties, sauf si la loi de celui-ci interdit de telles conventions (art. 12-3°). Une telle clause n'est pas opposable aux tiers victimes exerçant une action directe.

Les clauses d'élection de *for* sont également admises lorsque le preneur d'assurance n'a pas son domicile dans un État membre (art. 12-4°), sauf en matière d'assurance obligatoire imposée par un État membre ou d'assurance portant sur un immeuble situé dans un pays contractant.

Enfin, de la volonté de développer la *« grande assurance »*, où les parties sont sur un pied d'égalité, est née une liste de risques dont la couverture permet d'insérer au contrat une convention de *for* (art. 12 *bis*). Cette liste concerne le domaine de la navigation maritime et aérienne. Elle s'applique aux assurances de dommages et de responsabilité à l'exception de celles qui couvrent les dommages causés aux personnes des passagers ou à leurs bagages.

---

(59) CJCE 14 juill. 1983, 201/82, *Gerling* c. *Administrazione del tresoro : Rec.,* p. 2503. V. *supra*, n. 298.

§ 2. – Le droit matériel de l'assurance internationale

697. – Le squelette de l'opération est toujours le même et le contrat d'assurance offre une structure de base, quels que soient la nature et l'occasion du risque considéré et nous retrouvons sans grande originalité les notions-clés de risque, prime, sinistre, prestations, recours...

Nous observerons, tour à tour, *l'objet* (A) et les *procédures* (B) de l'assurance.

A. – L'OBJET DE L'ASSURANCE INTERNATIONALE

698. – L'assurance est, en premier, un service offert et exécuté par des opérateurs de nationalités différentes. À ce titre, elle relève du commerce international des services et, dans ses très grandes lignes, entre dans le cadre général plus haut envisagé (60). Les polices globales à options pays ou prix-pays de catégories resserrées en fonction de notations internationales objectivement menées se développent. La normalisation des obligations contractuelles, garanties, mécanismes de responsabilité, d'une part, des interventions d'assurance, d'autre part, y contribue fortement... et répond à la mondialisation des marchés et aux *« offres transnationales »* des assureurs. Le rôle des courtiers (61) et des *risk managers* (62) s'en trouve accru.

699. – L'assurance est, en second, un service requis et obtenu par des opérateurs nationaux et étrangers, particuliers ou entreprises, pour leurs risques locaux ou extérieurs (63). Ce besoin est particulièrement vif lorsqu'il est lié à des opérations de commerce international. On peut, alors, distinguer selon la nature des risques, physiques ou catastrophiques, techniques, financiers, politiques... leurs conséquences, généralement fongibles en effets financiers... leurs durées, à court, moyen ou long terme... leur gestion interne ou externe..., la séquence de l'action internationale de l'entreprise menacée (64).

---

(60) V. *supra, Le transfert d'ouvrage*, n. 575 et s.

(61) Ph. DEVESA, *op. cit.*

(62) A. FIZELIER et *alii auctores, Le risk management : Cah. dr. entrepr.* 1976, 2.

(63) Les assurés recherchent fréquemment des formules d'assurance couvrant à la fois des risques internes et à l'exportation : D. TUFFRAU, *L'assurance-crédit des risques à l'exportation* in éd. Fr. Lefebvre, *Assurance des risques d'entreprises*, 1994, n. 9905 et s., p. 663 et s.

(64) Pour une revue quasi exhaustive, Y. LAMBERT-FAIVRE, *Risques et assurances des entreprises*, Précis Dalloz, 3e éd. 1991.

Selon cette dernière approche, nous dissocierons trois familles principales de risques et, par conséquent, d'*assurance liées au contrat central* (risques *« crédit »*) (1°), *au transport* (2°) et à la *responsabilité civile « produits »* (3°).

1° *L'assurance « contrat » (« Assurance crédit des risques à l'exportation »)*

700. – Définir les risques contractuels conduit à considérer, en état d'éventualité au jour de la conclusion du contrat, toute déviation par rapport à la ligne tracée, au projet initial social, économique ou financier dont les parties étaient initialement convenues (65). L'origine de ces perturbations est diverse.

701. – Le *risque catastrophique* tient aux événements naturels d'autant plus nombreux que la surface territoriale considérée est plus ample. Il se rencontre dans le pays expéditeur ou en cours de transit lorsque la marchandise, objet de la garantie, est endommagée ou détruite. Il en est de même si, suite au cataclysme, elle ne peut être expédiée ou si elle est grevée de frais supplémentaires non récupérables sur le vendeur.

702. – Le *risque politique* se développe avec le caractère international de l'opération traitée. Il s'agit, ordinairement, de risques liés à l'état d'importation : les risques politiques proprement dits (66), tels que guerre, révolution, émeute, actes d'une autorité politique dénonçant un accord préalablement conclu... carence de l'acheteur public dans les pays en voie de développement plus particulièrement où leur participation aux opérations internationales est fréquente considérée comme risque politique par les assureurs à raison de la personnalité propre du débiteur (67)... modification de la règle étrangère. Il s'agit, également, de risques tenant à l'état d'exportation comme toute décision telle que

(65) J.-M. MOUSSERON, *La gestion des risques par le contrat : RTD civ.* 1988, n. 2, p. 484. – J.-M. MOUSSERON et J. SCHMIDT, *La gestion contractuelle des risques dans les transferts de techniques : Dossiers Brevets* 1993, I,

(66) Y. DERAINS, *L'impact des crises politiques internationales sur les contrats internationaux : RD aff. int.* 1992, 151.

(67) M.-J. BASTIN rappelle, *« Le phénomène de la banalisation de l'insolvabilité n'a pas épargné les États, la suspension par tel ou tel État du service de ses dettes extérieures est devenu une décision courante qui ne vaut pas plus que des entrefilets dans la presse. Le créanciers se réunissent fréquemment et s'efforcent de négocier collectivement des accords de rééchelonnement des dettes, parfois assortis de nouveaux crédits pour y faire face »* (*La défaillance de paiement et sa protection*, Coll. Droit des affaires, LGDJ 1991, p. 16).

réquisition des biens en cours de fabrication ou interdiction d'exportation intervenant après la conclusion du contrat comme l'embargo des matériels militaires vers l'Argentine lors du conflit des Falklands (68), les décisions de freinage ou d'accélération de telles ou telles importations comme, en France, voici dix ans, celle des téléviseurs japonais.

703. – Le *risque commercial,* le plus simple, tient à la situation financière du client-débiteur dont, à l'étranger, les impayés seront plus difficiles à recouvrer que dans le pays du créancier.

Les *risques commerciaux extraordinaires* peuvent être couverts. La définition et l'appréciation du caractère extraordinaire du risque commercial appartiennent, en France, à la commission des garanties et du crédit au commerce extérieur.

704. – Le *risque de change* est le risque le plus spécifique à l'opération internationale. Si un exportateur français vend une machine aux États-Unis pour 100 000 $ et qu'au moment de la commande le dollar est à 5 F, il prévoira d'encaisser 500 000 F. Si, au moment du paiement, le dollar est à 4,5 F, il encaissera 450 000 F et aura un manque à gagner de 50 000 F ; si le dollar est monté à 5,5 F, il encaissera 550 000 F et aura une plus-value de 50 000 F. Il y a, donc, en permanence, un risque, favorable ou défavorable, à partir du moment où le contrat est traité dans une monnaie (monnaie de compte) qui n'est pas celle dans laquelle le créancier sera payé (monnaie de paiement).

705. – Gérer les risques contractuels, c'est prévoir dans la convention les mécanismes visant à en assurer la prévention ou, à défaut, l'imputation, permettant, enfin, à l'entreprise chargée d'en minimiser la survenance ou les conséquences par voie d'assurance.

706. – La *prévention des risques* consiste, tout d'abord, à réduire l'occurrence ou l'ampleur d'un risque donné, à faire en sorte qu'il ne joue pas ou se présente moins souvent et/ou soit de moindre force et/ou de plus faibles conséquences (69).

L'amoindrissement de la durée du contrat et de ses délais d'exécution réduit le temps régi par le contrat et les risques corrélatifs. Acheter comptant supprime, bien évidemment, le risque de change mais a pour

---

(68) Il est vivement conseillé au juriste d'une entreprise exportatrice de se procurer un jeu complet des polices COFACE, de les tenir à jour ainsi que de prendre en compte les modifications qui interviennent fréquemment dans la politique de la COFACE en consultant le bulletin d'information *« Assexport »* édité par la COFACE.

(69) Pour réduire les risques des acheteurs de pétrole découlant des conflits locaux, *« comme l'Angola, le Nigéria offre la possibilité de livrer son brut sur des unités flottantes de production, stockage et déchargement ancrées au large, ce qui, soulignait, en février, l'hebdomadaire Marchés Tropicaux, élimine une bonne part du risque-pays »* (*Le Monde,* 13 juin 1996).

inconvénient de faire perdre le crédit consenti par le fournisseur. Tous les essais, échanges et prises de renseignements précontractuels comme les procédures de réception diversifiées visent à prévenir les mauvaises surprises. La menace de pénalités en cas de mauvaise exécution du contrat joue la même fonction de prévention. Des mécanismes de déterminabilité du prix et autres éléments du contrat peuvent rendre le contrat mobile et lui permettre de supporter le choc d'événements extérieurs qui emporteraient une construction trop rigide. Le *chêne et le roseau* offre sa pédagogie aux négociateurs et les mécanismes d'adaptation (70) leur suggèrent des solutions.

707. – Plus fréquents et diversifiés sont les moyens d'*imputation des risques ;* bon nombre échappent, en effet, à la volonté des intéressés et le problème est, alors et surtout, de désigner qui en supportera la charge définitive.

La voie la plus légère consiste à répartir ces risques entre les parties. Une clause de non-responsabilité pour retrait ou pour vice ne supprime pas le risque d'une livraison tardive ou d'une altération du produit mais en fait supporter la charge définitive par l'acheteur. Le silence du contrat assorti de la désignation de tel droit applicable, favorable à l'un ou l'autre des opérateurs, aura le même effet. Une facturation opérée en France par une entreprise française ne supprime pas le risque de change mais l'impute au client-acheteur.

L'imputation peut transférer la charge définitive du risque à un tiers. Il est possible, par exemple, d'acquérir des devises à terme pour se couvrir contre les risques de change ; par le marché inter-bancaire, l'acheteur détermine la quantité de devises qu'il souhaite obtenir à un moment déterminé pour payer le produit importé ; il demande à sa banque de les lui réserver de façon certaine ou optionnelle, à terme d'un mois, trois mois ou plus à un prix déjà déterminé ; il écarte ainsi le risque de voir à l'arrivée un écart important entre sa propre monnaie et la devise dans laquelle il contracte et transfère à l'avance la charge du risque sur le tiers opérateur. Ce transfert a, bien entendu, un coût pour la banque qui le facture à son client qui l'intègre dans le coût des marchandises facturées. Le risque politique peut également connaître des solutions financières ; une technique de paiement comme le *« crédit irrévocable confirmé »* permet à celui qui consent le crédit, un vendeur, par exemple, d'obtenir de sa propre banque la certitude de paiement de son débiteur ; il ne prend, alors, aucun risque lié à la politique dans le pays de son débiteur ; la banque, en revanche, le supportera (*infra,* n° 1002 et s.).

(70) J.-M. MOUSSERON, *Technique contractuelle, op. cit.*, n. 1358, p. 529 et s.

708. – Les recours à l'*assurance* procurent des effets voisins. Née pour le commerce interne au début du siècle passé, elle est, notamment, aujourd'hui, proposée par la Société française d'assurance crédit (SFAC). Sous l'intitulé d'*assurance-crédit des risques à l'exportation* elle a, récemment, gagné l'activité exportatrice, plus risquée (71).

709. – Plusieurs compagnies d'assurances couvrent ce risque.

Il s'agit soit de sociétés spécialisées dans une branche sectorielle donnée, soit de compagnies d'assurance-crédit étrangères et/ou de leurs filiales où leur activité à l'exportation ne représente, ordinairement, qu'un complément d'activité (72). La liberté d'établissement communautaire a accusé le rôle des opérateurs étrangers.

Il existe, surtout, une compagnie française spécialisée. Créée par un décret du 1er juin 1946 (73), la Compagnie française d'assurances pour le commerce extérieur (COFACE) assure une activité de *service public* réservée aux opérateurs nationaux et une activité privée menée sur le marché privé de la réassurance (74) et soumise au plein jeu de la concurrence.

Les risques liés aux échanges internationaux, risques commerciaux, politiques, monétaires, catastrophiques ainsi que certains risques extraordinaires (75) bénéficient, sous réserve du principe de subsidiarité, de la garantie de l'État. Ces garanties ne portent pas sur des risques qui, en application de la législation en vigueur et compte tenu des usages courants du marché, peuvent être couverts par des assureurs ordinaires. Il s'agit des risques commerciaux à moyen (76) et long terme (77) ainsi que des risques politiques hors Union européenne. La COFACE assume, alors,

---

(71) Au remarquable ouvrage de Mme G. BARRAL, *L'assurance des crédits à l'exportation*, Nathan Économique 1987, associons ceux de M.-J. NOINVILLE, *La COFACE : la garantie des risques à l'exportation*, Dunod 1993. – J. BASTIN, *op. cit.* – J.-P. DESCHANEL et L. LEMOINE, *op. cit.*, chron. IV.

(72) V. un tableau des différentes « *Compagnies d'assurance-crédit dans le monde et en particulier dans le Marché commun* » in J. BASTIN, *op. cit.*, p. 257 et s. Sur les « *prescriptions nationales et communautaires pour garantir la solvabilité des entreprises d'assurance-crédit* », *ibid.*, p. 136 et s.

(73) J.-P. DESCHANEL et L. LEMOINE rappellent, « *Privatisée de fait depuis mai 1994, suite à la privatisation de ses deux principaux actionnaires (BNP et UAP), l'adaptation statutaire de la COFACE avait été déjà engagée depuis 1990. La COFACE est une société anonyme régie par les dispositions du Code des assurances... (mais davantage) aussi par des textes et décisions spécifiques modifiant quelque peu le droit commun des sociétés et qui sont la marque du droit de regard de l'État. À cette époque, en application des décisions européennes, l'État s'était retiré des principales opérations à court terme, facilitant la distinction entre opérations de marchés et opérations d'État* » (*op. cit.*, p. 80).

(74) D. TUFFRAU, art. cit., n. 9441, p. 625.

(75) C. assur., art. L. 432-2.

(76) Opération comprenant une durée de crédit supérieure à 3 ans et inférieure à 7 ans.

(77) Opération comprenant une durée de crédit supérieure à 7 ans.

une mission de service *public*. Les contrats correspondant échappent au Code des assurances (78).

La COFACE développe également une *activité privée* pour son propre compte. Elle est, alors, soumise aux mêmes règles que les assureurs privés. Les risques commerciaux à court terme et, toujours pour les opérations à court terme, les risques politiques dans les États membres de la Communauté européenne, y compris le risque de non-paiement de l'opérateur public, figurent parmi ces activités. Ils ne sont pas couverts par la garantie de l'État français. La COFACE délivre des crédits-fournisseurs, des crédits-acheteurs, assure les établissements financiers pour des prêts, fournit des informations commerciales, assure la gestion des créances... Notre observation portera principalement sur le risque *« contrat »*, souvent désigné comme *« risque-crédit »*, et sa couverture par l'assurance-crédit qui correspondent aux objets et outils les plus spécifiques, aujourd'hui, de l'assurance internationale (79).

710. – Il convient, en premier, d'exposer les *principes de l'assurance COFACE (a)* avant de procéder à l'étude individuelle des *différents risques couverts par la COFACE (b)*.

a) Les principes de l'assurance COFACE

711. – L'assurance COFACE fonctionne selon quatre principes :

– Les garanties de la COFACE sont réservées à des sociétés françaises vendant des biens et des services d'origine nationale ; la COFACE peut garantir des filiales françaises de groupes étrangers si ces dernières vendent des biens et services produits en France.

– La COFACE n'indemnise jamais la perte provenant de la faute ou de la négligence de son assuré ; en effet, dès qu'elle a indemnisé son assuré, elle est subrogée dans ses droits envers le client ; en cas de litige soulevé par ce débiteur, l'indemnisation est suspendue jusqu'à ce que le litige soit tranché en faveur de l'assuré.

– La COFACE ne garantit jamais à 100 % et laisse toujours une charge de la perte à son assuré. Des formules de plafonnement (vingt fois le montant de la perte annuelle, par exemple) sont fréquemment

---

(78) Civ. 1re, 3 nov. 1977 : *RGAT* 78-562 ; *D.* 1978, IR 288, Cl. BERR et P. GROUTEL ; *D.* 1978, IR 418, M. VASSEUR.

(79) Pour son cinquantième anniversaire, la COFACE a obtenu des résultats positifs tant pour les crédits... qu'elle accorde pour le compte de l'État que pour les assurances des entreprises... Les excédents sont essentiellement dus à une politique *« pays »* plus sélective, certains pays voyant le niveau des garanties éventuelles rehaussé, d'autres (Sri Lanka, Venezuela, Iran, Algérie) abaissé (COFACE, *Rapport pour 1995*, 11 avril 1996).

établies. Le phénomène s'accuse avec l'introduction sur le marché français, à la fin des années 80, par des sociétés d'origine suédoise de l'assurance *« excess »*, voire *« assurance à haute franchise »*, qui réserve l'intervention de l'assureur à des sinistres élevés, avec dépassement d'un double seuil par sinistre et par an... et accordant, au-delà, une indemnisation à 100 %... éventuellement plafonnée.

– Un délai de deux à six mois entre le fait générateur du sinistre et celui de son indemnisation est nécessaire à fins de vérifications. En cas de sinistre, la demande d'assurance-crédit doit être conforme aux stipulations de la police. Ce délai est aussi nécessaire pour engager des actions contre l'acheteur étranger défaillant. L'information sur un débiteur défaillant est transmise à tous les assureurs-crédit membres de l'Union de Berne, moyen de pression sur l'acheteur s'il veut éviter d'être sur la liste rouge des assureurs mondiaux.

On ajoutera que les assurances sont distinctes et que la couverture de tels risques n'impose pas au client la couverture d'un autre (80).

b) Les modalités de l'assurance COFACE

712. – L'assurance a adapté ses produits *« à la réalité de l'exportation en offrant une gamme de garanties plus étendue et des couvertures inexistantes sur le marché intérieur »* (81). Les difficultés tiennent à ce que les problèmes ne se répètent pas à l'identique et qu'il est difficile de prévoir et, donc, d'anticiper et de mesurer l'occurrence d'un événement qui ne s'est jamais produit et qui, peut-être, ne se produira jamais.

Selon leur assurabilité on distingue les *risques couverts* [1] et les *risques* non couverts ou *exclus* [2].

1) Risques couverts

713. – L'objectif de la COFACE est de venir en aide aux industriels nationaux, afin de créer ou de maintenir des courants d'affaires. Le sens du flux commercial, importation ou exportation, guide la nature et l'étendue des garanties proposées.

714. – Les pertes inhérentes à une opération d'importation subies par l'importateur sur les sommes qu'il justifie avoir payées pour la stricte exécution de son contrat peuvent être couvertes par la COFACE

(80) Pour un tableau des différentes formules d'assurance-crédit des risques à l'exportation proposées par la COFACE, v. D. TUFFRAU, *op. cit.*, n. 9623 et s., p. 637 et s.

(81) D. TUFFRAU, *op. cit.*, n. 9420, p. 623.

(C. assur., art. R. 432-41). Cette activité n'a pas connu le même succès que celle liée aux opérations d'exportation et demeure fort limitée (82).

715. – Parmi les risques couverts liés à l'exportation, on distinguera les *risques pré-contractuels* (α) et les *risques contractuels* proprement dits (β).

α) Risques pré-contractuels

716. – L'identification des risques pré-contractuels épouse les différentes phases de l'intervention de l'opérateur, de l'exportateur, singulièrement.

717. – L'assurance peut, tout d'abord, couvrir le risque de *« prospection »*. Une entreprise qui veut vendre à l'étranger doit démarcher des clients potentiels. Ces frais de prospection (voyages, études de marchés, prototypes, tests des produits, création d'entrepôts...) existent dans toute opération de commerce interne mais, engagés à l'étranger, revêtent une plus grande ampleur, les frais étant plus élevés et l'aléa plus fort, les différences de langue, de législations et la distance jouant.

Ces dépenses de prospection sont engagées dans l'espoir de générer des recettes. Si elles aboutissent à la signature d'un contrat, ces frais généraux de l'entreprise seront amortis ; à défaut, ils ne seront pas couverts.

718. – Pour favoriser l'activité exportatrice des entreprises, les pouvoirs publics interviennent sous la forme d'aides éventuellement remboursables en cas de succès (83) ou de prêts bonifiés, d'avantages fiscaux... où intervient notamment le Comité de développement extérieur (CODEX) chargé, entre autres, de financer les besoins en fonds de roulement liés à l'activité d'exportation.

Ils favorisent, aussi, l'intervention de la COFACE qui, d'une part, propose le soutien d'un relais de trésorerie, remboursable sans intérêt, facilitant ainsi l'engagement des dépenses et, d'autre part, en cas d'échec de la prospection, indemnise les pertes générées par cette action hors frontière, permettant ainsi à l'entreprise de prendre un risque raisonnable (84). Les sommes assurées sont établies par un budget de dépenses retenu par la police. Trois formules de garantie sont proposées.

---

(82) En pratique, seule la garantie du risque de change import-export (CIME) est offerte. Les autres garanties sont tombées en désuétude.

(83) Les brevets d'invention connaissent un tel système d'aides publiques remboursables par l'intermédiaire de l'Anvar qui, sous certaines conditions, avance certains frais de dépôt.

(84) P. AUSSURE, *Objectif export, guide opérationnel pour les affaires internationales de l'entreprise*, Dunod 1988, p. 96.

– L'*assurance prospection normale* (APN) couvre les pertes résultant de l'action de prospection telle que déterminée en comparant les dépenses de prospection et un certain pourcentage des ventes réalisées dans la zone prospectée ; ce pourcentage est appelé *« taux d'amortissement »*.

– L'*assurance prospection simplifiée* (APS) s'adresse aux entreprises réalisant un chiffre d'affaires inférieur à 300 millions de francs et dont le budget de prospection ne dépasse pas un million de francs.

– L'*assurance-foire* permet de couvrir en partie les dépenses engagées, aussitôt après la réalisation de manifestations commerciales en dehors du territoire de la CEE. Les frais engagés sont remboursés en fonction des ventes réalisées et, seulement, entre certains planchers et plafonds de vente. Dès la fin de la manifestation, la compagnie verse à l'assuré une indemnité provisionnelle, proportionnelle au montant des dépenses garanties engagées (location et aménagement de stand, transport et manutention de produits, frais de voyage et de séjour, autres assurances...). Après une période d'amortissement de deux à trois ans, l'assuré doit rembourser tout ou partie de l'indemnité qu'il a reçue. La part des indemnités qui n'a pu être remboursée, faute de courant d'affaires suffisant, est conservée par l'assuré.

719. – Les opérations à l'étranger, achat-vente ou travaux, nécessitent une préparation et une négociation se prolongeant dans le temps et l'assurance peut couvrir les risques *« offres et négociation »*.

Qu'il y soit obligé dans le cadre d'un appel d'offres et d'une soumission internationale ou qu'il y soit poussé par le jeu de la concurrence, l'exportateur, soucieux d'être compétitif, a avantage à présenter une offre ferme, maintenue pendant un délai plus ou moins long. L'exportateur qui formulerait une telle offre en incluant dans son coût l'aléa économique consécutif à la fermeté de son engagement risquerait, toutefois, de soumettre une offre trop élevée face à ses concurrents. Afin de décharger l'entreprise soumissionnaire de ce surcroît de coût, la COFACE assure le risque de renchérissement des termes du contrat (modification des prix, des taux de change, des taux de financement...) moyennant le paiement d'une prime dont le coût est inférieur, grâce à une intervention étatique, à celui de l'auto-financement.

720. – Afin de garantir le sérieux des réponses, l'appelant d'offres demande à ceux qui les soumettent de verser ou consigner des fonds ou d'engager d'autres personnes. Si le marché est conclu, nul problème ne se posera. À défaut, l'exportateur peut avoir des difficultés pour récupérer les sommes versées ; la COFACE va couvrir le risque *« caution de soumission »*.

β) Risques contractuels

721. – La COFACE peut, également, prendre en charge des risques liés à l'exécution du contrat d'autant plus importants que, sous la pression de la concurrence, la durée du crédit augmente. La nature juridique de l'assurance-crédit devient incertaine : assurance ou cautionnement ? Fruit d'un différend entre assureurs et banquiers, la qualification d'assurance a été retenue.

On distinguera selon que leur manifestation pourrait intervenir *pendant* ou *après* l'exécution des obligations de l'exportateur.

722. – Il s'agit, en premier, des risques menaçant pendant *l'exécution des obligations* de l'exportateur.

723. – Ils concernent, tout d'abord, la *caution de restitution d'acomptes.* Il est fréquent qu'avant même de démarrer effectivement les travaux, l'entreprise engage de nombreux frais et demande à son client une avance. Si le contrat n'aboutit pas, l'assureur garantira le remboursement des acomptes à ce client.

Au cas où le prix est réglé par des versements effectués au fur et à mesure de la progression des travaux, le client peut, à l'inverse, désirer retenir un certain pourcentage de ses propres paiements. Cette retenue de garantie constitue une charge financière pour l'exportateur ou l'entrepreneur qui peut demander à en être exempté à la condition qu'une *caution de retenue de garantie* se substitue à la sûreté initialement réclamée. L'assurance peut intervenir.

724. – L'exécution du contrat nécessite, souvent, l'utilisation de matériels appartenant à l'exportateur immobilisés temporairement dans le pays étranger. La COFACE couvre les *risques liés au matériel d'entreprise.*

Il peut s'agir de dommages causés *aux* matériels : incendie, vol, détérioration, saisie par les autorités locales, non-réexportation après achèvement des travaux ; l'assurance *« tous risques chantiers »* vise les risques de toutes sortes menaçant un ouvrage de l'ouverture à la livraison du chantier.

Il peut s'agir de dommages causés *par* les matériels à des tiers ou aux biens d'équipements installés par l'exportateur lors d'opérations de montage, d'essais ou de maintenance, du fait aussi bien de matériels de l'entreprise que des salariés ou des matériaux traités...

725. – L'assurance peut, encore, couvrir le *risque de fabrication.* Durant la période de fabrication, l'exportateur doit remplir ses obligations de fabriquer et livrer le bien objet du marché. Pendant cette période, l'acheteur ne va payer que des acomptes, de 10 à 20 % en moyenne, alors même que le fournisseur engage des dépenses importantes. Il peut arriver que l'importateur brise le contrat alors que l'exportateur a engagé des dépenses de fabrication importantes.

Le risque de fabrication couvre la période allant de la signature ou de l'entrée en vigueur du contrat jusqu'à l'épuisement des obligations de l'exportateur. Celui-ci dépend du type d'opération qui peut coïncider avec la date d'expédition du matériel, s'il s'agit de biens individualisés, de regroupement de livraison, de la dernière livraison ou de la mise en route, de la fin du montage ou de la réception provisoire de l'ensemble : dans ce cas, une date-butoir sera prévue pour que l'exportateur n'ait pas la maîtrise de cette date (85).

726. – Tout aussi fréquents en international qu'en interne sont les *risques de renchérissement de l'opération* pendant la période d'exécution du contrat.

Les risques industriels concernent l'augmentation des coûts de fabrication : matières premières, salaires, loyers... Les exportateurs des pays à taux d'inflation élevé peuvent provisionner ce surcoût, s'auto-assurer, en présentant des offres calculées en fonction de l'inflation ; leurs propositions seront, par conséquent, moins compétitives que celles provenant de pays à faible taux d'inflation.

Les risques financiers tiennent à la prestation de la banque qui aidera l'importateur à réaliser son opération. Les intérêts à elle dus peuvent évoluer dans le temps, les taux variant au gré du marché. Cette fluctuation des taux n'est pas très encourageante pour le client qui recherche un taux fixe et faible. Dans ces conditions, l'organisme financier n'accordera pas le prêt sauf si, un organisme, en l'occurrence la COFACE, garantit la différence avec le prix du marché pendant le temps de l'exécution du contrat. La COFACE peut, alors, intervenir, en assurant pour charge moindre le risque de *hausse des coûts professionnels.*

727. – Il peut s'agir de risques menaçant *l'après exécution des obligations de l'exportateur.* Ils sont encourus dans l'attente d'un paiement fractionné, reporté à la réception des marchandises ou des travaux, voire plus tard ; au cours de cette période de crédit, plusieurs risques menacent.

728. – Le risque majeur d'*insolvabilité de l'acheteur-importateur,* risque déjà grand dans les opérations internes, s'aggrave dans un contrat international (86). L'*« état de manquement »* du client de l'assuré est réputé acquis lorsque ce débiteur ne s'est pas acquitté de son obligation

---

(85) Deux types d'opérations ne sont pas garantis car n'entraînant aucun risque : les opérations payables avant livraison, les opérations payables par crédit-documentaire irrévocable, confirmé par une banque.

(86) M.-J. BASTIN rappelle les moyens de *« protection contre la défaillance de paiement autrement que par l'assurance », op. cit.*, p. 20 et s.

dans un délai déterminé par la police à compter de la date d'expédition des marchandises ou de facturation des prestations ; le non-recouvrement de la créance doit être déclaré dans un délai légèrement supérieur (87).

La prime est ordinairement proportionnelle aux créances *« cofacées »* selon un barème établi en début du contrat et de taux progressif selon le délai du crédit et les risques – commerciaux, politiques, catastrophiques – couverts, avec des régimes *« pays »* variables – couverture, plafonnement des risques ou des garanties, exclusion... –.

729. – La garantie du *risque de change* est destinée aux entreprises françaises commercialisant des produits ou des services contre devises. En cas de perte de change (88), le sinistre sera indemnisé mais, en cas de bénéfice de change, l'assuré devra le reverser à la COFACE. Les garanties sont fonction de la fréquence des exportations.

Dans le cadre d'exportations ponctuelles, deux garanties sont proposées. L'assurance *« change-négociation »* (89) permet à l'exportateur d'établir une offre ferme dans une devise déterminée. L'assurance *« change-contrat »* supprime le risque de variation de la devise entre la date de signature du contrat d'exportation et la date de rapatriement des devises. Le point de départ de la couverture se situe à tout moment déterminé de la négociation ou bien à la date de signature du contrat. Au titre d'un courant d'affaires régulier à l'importation et à l'exportation, une garantie particulière peut être proposée. Dans le cadre d'un programme optionnel, l'assurance *« change sur accord-cadre »* garantit à l'exportateur un même cours pour toutes les commandes obtenues pendant un délai d'un an, par exemple. Enfin, l'assurance *« change contrat programme »* couvre toutes les commandes reçues pendant la période garantie (12, 24 ou 36 mois) dans la limite des prévisions annuelles. La garantie joue à partir du moment où l'entreprise a établi ses prix. Les garanties portent, à concurrence du chiffre d'affaires prévisionnel, sur toutes les factures de vente ou d'achat qui seront enregistrées pendant une période déterminée.

Une garantie de *« change sur cautions »* est également délivrée, sous forme de polices d'abonnement, aux banques souscrivant des engagements pour le compte des exportateurs. Elle joue pour la perte résultant de la hausse du cours de la devise dans laquelle la caution est libellée.

730. – Il peut s'agir de risques encourus après le paiement, au cas, notamment, d'impossibilité de rapatriement dans le pays d'origine des

---

(87) C. PHILIP, *Problèmes juridiques des impayés internationaux,* thèse Aix-en-Provence 1980.

(88) Le cours de référence est le cours acheteur en vigueur au *Journal officiel* le jour de la prise d'effet de la garantie.

(89) Une formule similaire permet à l'exportateur de profiter des bénéfices de change.

sommes payées dans le pays de destination. La *garantie sur rapatriement* a pour objet d'accorder aux exportateurs la possiblité de se couvrir contre la perte provenant de la baisse du cours au comptant de la devise dans laquelle est libellé le contrat d'exportation, voire du *« risque de non-transfert »* défini par la police commune de la COFACE comme *« les événements politiques, difficultés économiques intervenues hors de France ou mesures législatives ou administratives prises hors de France empêchant ou retardant le transfert des fonds versés par le débiteur ou son garant »*.

2) Risques exclus

731. – Il y a *restriction quantitative* lorsque la police ne porte effet qu'au-delà d'une certaine franchise, pour des sinistres, tels des impayés de montant conventionnellement fixé, dit *« seuil de déclaration d'impayé »*.

Une fraction du risque est, d'autre part, maintenue à la charge de l'assuré pour limiter le montant de ses primes d'assurances mais lui rappeler aussi le souci de sa responsabilité, une couverture à 100 % déresponsabilisant l'exportateur ; la COFACE couvre, au maximum, à 85 % les risques commerciaux, à 90 % les risques politiques mais à 100 % les risques de change puisqu'ils échappent en totalité à la volonté de l'assuré, négligent ou non.

732. – Les restrictions peuvent, aussi, *être qualitatives.* L'opération assurée par la COFACE doit, en effet, être régulière à l'égard des règlements du commerce extérieur du pays exportateur, l'assurance-crédit, soutenue par des fonds d'État, ne pouvant garantir des opérations contraires à la législation du pays exportateur, le commerce des armes, par exemple.

L'opération assurée doit, également, respecter la législation du pays de l'acheteur-importateur, plus difficile parfois à connaître ; aussi, la COFACE ne prend-elle en compte que les dispositions législatives et réglementaires ayant un caractère notoire, d'application constante, en vigueur au jour de la conclusion du marché.

2° *L'assurance « transport »*

733. – L'assurance des risques de transport est, sans doute, la plus ancienne forme d'assurance participant aux opérations de commerce international (90). Toute opération internationale, autre qu'immatérielle, suppose, en effet, un déplacement physique, un transport ; tout transport emporte des risques dont incoterms et contrat de transport vont, essentiellement traiter l'imputation ; toute charge de risque suggère une assurance.

Le recours à l'assurance est généralement spontané mais fréquemment aussi imposé soit par l'incoterm et/ou le contrat de transport, soit par la réglementation de l'État d'accueil des marchandises concernées.

734. – Le traitement, *a priori* ou *a posteriori,* de tels problèmes d'assurance suppose la dissociation préalable de trois types de rapports : vendeur-acheteur, pour identifier l'opérateur en charge du transport... chargeur-transporteur pour désigner l'opérateur en charge définitive des risques de transport... assuré-assureur pour identifier les modalités de la couverture par assurance (91).

Les opérateurs complémentaires à l'opération de commerce international, transporteurs et auxiliaires, doivent souscrire une assurance de responsabilité.

735. – Le classement des *risques* de transport assurés se fait traditionnellement selon leur nature en risques ordinaires et risques de guerre.

Les *risques ordinaires* (RO) accueillent, alors, deux sortes d'avaries. Les avaries particulières se distinguent selon qu'elles affectent les seules marchandises ou à la fois le moyen de transport (naufrage d'un navire, déraillement d'un train, accident d'un camion, crash d'un avion...) et la marchandise (bris, mouillé, vol...). Les avaries communes, propres aux transports maritimes et fluviaux, impliquent le possible sacrifice d'une partie des marchandises dans l'intérêt commun du navire et de la cargaison.

Les *risques de guerre* (RG) s'élargissent à divers sinistres y compris grèves et *lock out.*

S'y ajoutent les risques tenant aux catastrophes naturelles et aux attentats parfois dissociés des risques de guerre.

736. – Sous le poids de la tradition... et des conventions internationales en matière de transport, l'objet de l'assurance se différencie avec *les modes de transports* pratiqués. Si la solution concerne dans tous les cas

---

(90) L.-P. CORRADIN, *L'assurance des marchandises transportées, in* éd. Fr. Lefebvre, *op. cit.*, n. 7800 et s., p. 527 et s. – Université cath. de Louvain, séminaire de droit des transports 1991-1992, sous la direction de J. Putzeys : *Les ventes internationales et les transports*, Bruylant 1992.

(91) Devant la multiplicité des intervenants dans l'opération de transport et les « *trous* » de leur propre couverture, L.-P. CORRADIN rappelle, toutefois, « *Toute entreprise a intérêt à assurer la marchandise de bout en bout, c'est-à-dire depuis le moment où elle quitte les magasins de l'expéditeur jusqu'au moment où elle est livrée au destinataire* » (art. cit., n. 8069, p. 556).

l'assurance tous risques, des solutions alternatives sont distinguées selon les techniques de transports mises en œuvre.

737. – Il faudra, surtout, distinguer suivant les *partenaires* à l'opération d'assurance.

Il s'agit, en premier, du *souscripteur* du contrat qui différera selon qu'il s'agira d'une assurance de responsabilité du transporteur ou d'une assurance de chose du propriétaire, fortement liée au contrat de vente internationale.

Il s'agit, en second, du *bénéficiaire* du contrat. Celui-ci peut être souscrit *« à personne dénommée »*, des modifications pouvant résulter d'*« avenants de transfert »*... ou *« pour le compte de qui il appartiendra »*, le propriétaire au jour du sinistre et, souvent, le dernier endossataire du connaissement :

> « Les assurances sur facultés constituent un support essentiel de tout crédit documentaire en confortant la valeur des marchandises par le banquier. L'avenant de banque ou avenant de transfert, qui est exigé par les banques pour toute opération de crédit documentaire, est un extrait succinct de l'assurance, délivré par l'assureur, à chaque expédition de marchandises, assurées par application à une police d'abonnement » (92).

738. – Le contrat identifie la *garantie.*

739. – Le contrat identifie, d'abord, l'*objet* de la garantie. L'identification physique des marchandises précédera la désignation de la *valeur d'assurance,* base de calcul de l'indemnité éventuelle et, corrélativement, de la prime due par l'assuré, égale, en principe, au coût de la marchandise majorée de ceux du transport et de l'assurance, des droits de douane avec possibilité d'une quotité de surévaluation qui, jusqu'à 20 %, n'a pas à être justifiée par l'assuré.

740. – Il identifie, ensuite, le *contenu* de la garantie : *« Tous risques »*, elle couvre *« les dommages et pertes matérielles ainsi que les pertes de poids ou de quantité subies par les facultés* – marchandises – *assurées »* perçus pendant le transport. D'autres formules limitées peuvent être préférées par les parties.

741. – Le contrat identifie, enfin, la *durée* de la garantie. La police devra indiquer les termes – de départ et d'achèvement – des opérations dont les perturbations seront garanties.

Il n'est pas suffisant, toutefois, d'invoquer en termes commerciaux les points de départ et d'achèvement de l'opération garantie. Il faut

---

(92) Y. LAMBERT-FAIVRE, *Vente internationale et assurance, in* Université cath. de Louvain, *op. cit.*, annexe, p. 7.

identifier un délai identifiable par deux des trois informations suivantes : points de départ, d'arrivée, délai.

3° *L'assurance « RC produits »*

742. – L'explosion de la consommation comme le souci accru de sécurité dus à l'élévation considérable du pouvoir d'achat de milliards d'individus sur la planète au cours du XXe siècle ont provoqué une augmentation des dommages dont l'idéologie sécuritaire – ici consumériste – appelle le transfert sur autrui de leur charge définitive. Tous les mécanismes de responsabilité du fabricant, de garantie des vices cachés, d'enchaînement des vendeurs successifs, d'obligations multiples de sécurité en sont nés ou ont, tout au moins, vu leur pratique considérablement développée (93).

Les problèmes de « *Responsabilité civile produits* » et, par conséquent, de leur assurance prennent rapidement un tour international dans la mesure même de l'internationalisation des marchés et, par conséquent, de la diffusion mondiale des produits susceptibles d'être viciés. On peut même avancer que certains vices – ceux, notamment, que provoquent chez le vivant les risques de développement (94) – concernent des

---

(93) V. en dernier lieu, D. MAINGUY, *La revente : Bibl. droit entrepr.*, n. 35, Litec 1996.

(94) La couverture par les mécanismes contractuels de garantie des risques de développement fait l'objet de controverses doctrinales (pour, J. HUET, *op. cit.*, 1996, n. 11317, p. 252 et n. 11385, p. 308. – Contre, J.-M. MOUSSERON, *Technique contractuelle, op. cit.*, n. 801, p. 323). Le 8 avril 1986, la Cour de cassation a rejeté le pourvoi formé contre un arrêt de la cour de Paris affirmant que « *la loi ne met pas à la charge du fabricant l'obligation de prévoir tous les risques présentés par le médicament dans tous les cas* » (*JCP* 86, IV, 163 et annexe à J. HUET, *Le paradoxe des médicaments et les risques de développement : D.* 1987, chron. 73). *Adde*, F. MENNI, *La responsabilité du fabricant de médicaments : un refus manifeste de garantir le risque de développement : Gaz. Pal.* 7 janv. 1996, p. 2.

La directive européenne du 25 juillet 1985 écarte cette couverture à son article 7- *e)* mais permet l'extension à leur endroit des règles nationales à son article 15-1-b. Des onze pays autres que la France qui ont nationalisé la directive européenne, seul le Luxembourg a écarté l'exonération de responsabilité pour cause de « *risque de développement* ». La maladie de la vache folle due, avance-t-on, à la consommation de certains aliments industriels pour bétail, les dommages liés, dit-on, à l'amiante... vont offrir de vastes champs de débats au problème des risques de développement même si l'ampleur des préjudices en pose, déjà, la couverture en termes de contributions étatiques et même communautaires.

La responsabilité contractuelle attachée aux risques de développement peut être couverte par assurance (J. HUET, *op. cit.*, n. 529, p. 367. – Y. LAMBERT-FAIVRE, *op. cit.*, n. 950, p. 611, qui ajoute, « *Cette affaire – DES – conduit les assureurs américains à insérer dans leurs contrats d'assurances RC des clauses "claims made" – réclamation de la victime – léonines pour les assurés et les victimes, que la Cour de cassation vient de condamner en France* » (Civ. 1re, 19 déc. 1990 – 7 arrêts : *RCA* 1991, n. 81) (*op. cit.*, n. 950, p. 611).

marchandises à forte valeur *« recherche »* ajoutée et, corrélativement, de forte commercialisation internationale. Les affaires *Thalinomide, DES, Tris...* illustrent la proposition.

La directive CEE du 25 juillet 1985 sur la responsabilité du fait des produits défectueux (95) qui n'a pas encore été transposée par le législateur français énonce à ses articles 1er et 3 :

> « Le producteur est responsable du dommage causé par un défaut de son produit... Le terme "producteur" désigne le fabricant d'un produit fini, le producteur d'une matière première ou le fabricant d'une partie composante, et toute personne qui se présente comme producteur en apposant sur le produit son nom, sa marque ou tout autre signe distinctif... ».

743. – Le premier étage du traitement de tels problèmes tient à la relation consommateur-professionnel – ici : importateur national ou exportateur étranger –, au droit qui la régit et aux obligations de garantie, conformité, sécurité... que celui-ci développe (96).

Le deuxième étage tient à la relation entre le professionnel engagé et ses propres auteurs – ici : fournisseur étranger –, au droit qui la régit et aux obligations que celui-ci développe et actions directes qu'il autorise...

Le troisième étage tient à l'assurance que le premier ou second professionnel lié avec un opérateur étranger choisit de prendre pour couvrir sa responsabilité civile, au droit qui régit son contrat et les actions directes que celui-ci autorise contre cet assureur. C'est à ce dernier niveau que se posent les problèmes de l'assurance internationale *« RC Produits »*. Ces formules d'assurances sont apparues, il y a un peu plus de vingt ans, mais se sont considérablement développées avec l'amplification de ce type de responsabilité en nombre de pays et aux États-Unis, Canada, Australie, France et Allemagne, en particulier, ainsi qu'à l'importance des sinistres alors susceptibles d'apparaître pour des

---

(95) Privilégions dans une littérature très abondante la thèse de Y. MARKOVITS, *La directive CEE du 25 juillet 1985 sur la responsabilité du fait des produits défectueux : Bibl. dr. privé,* n. 211, LGDJ 1990.

(96) Notons que les textes à préoccupations consuméristes sont souvent tenus pour des lois de police dont les consommateurs peuvent se prévaloir à l'occasion de litiges transfrontaliers (J. CALAIS-AULOY et F. STEINMETZ, *Droit de la consommation*, Précis Dalloz, 4e éd. 1996, n. 42). En concurrence aux règles de la Convention de Rome, propres au domaine contractuel, la Convention de La Haye sur la loi applicable à la responsabilité du fait des produits (2 oct. 1973) désigne le régime national de responsabilité civile du fabricant ou du vendeur. Elle retient principalement la loi du fait dommageable si elle coïncide avec un autre point de rattachement (résidence de la victime, du lieu d'achat du produit). Elle est rentrée en vigueur en France le 1er octobre 1977, voir *Rev. crit. DIP* 1972, 818 et 1973, 252, obs. H. BATTIFOL.

produits de grande consommation à diffusion internationale, bien souvent :

> « Une fois les produits livrés ou la prestation effectuée, toutes les conséquences de ce qui a été fait en amont vont échapper totalement à la maîtrise de l'entreprise productrice. Elle n'aura, sauf exception (v. les actions de retrait), plus qu'à subir les éventuelles réclamations qui émanent de tiers lésés et, par ricochet, auront un effet déplorable sur la réputation et l'image de marque du responsable » (97) et (98).

Le lien entre la protection des consommateurs et le recours à l'assurance *« a conduit certains États importateurs, les États-Unis notamment, à exiger que l'importation de produits, leur commercialisation par l'intermédiaire de distributeurs américains, soient subordonnées à la souscription d'une police d'assurance auprès d'un assureur américain »* (99).

744. – Les polices traitent les risques liés aux vices des produits et des travaux. Les clauses communes de ces contrats lient les deux hypothèses :

> « Responsabilité civile après livraison ou réception des travaux et exécution des prestations...
> – d'un défaut d'un bien livré résultant soit d'un vice de matériel,

(97) M. STUCKERT, *L'assurance de responsabilité civile*, in éd. Fr. Lefebvre, *op. cit.*, n. 11241, p. 366.

(98) Une assurance *« frais de retrait des produits »* peut figurer au contrat en vue de couvrir les frais liés au rappel, définitif ou jusqu'à rectification de produits dont le défaut apparaît tardivement à ses fabricants.

(99) M. DAHAN ajoute, *« Les industriels étrangers désireux de commercialiser leurs produits aux États-Unis doivent apporter la preuve, à la première importation par l'intermédiaire d'un distributeur, qu'ils disposent d'une police garantissant la responsabilité du fait des produits. Faute de quoi, les douanes américaines, par une réaction ouvertement protectionniste, pourront s'opposer à cette importation... »* (*op. cit.*, n. 850, p. 327). Il poursuit, *« Cependant, les industriels français ont souvent l'impression d'être victimes d'un certain ostracisme de la part des assureurs américains, qui ont tendance à leur appliquer des taux de prime supérieurs à ceux pratiqués à l'égard de leurs concurrents outre-atlantique, pour le même type de risques. Il n'y a en réalité aucun ostracisme, mais application de la conséquence de la technique actuarielle américaine. En effet, pour déterminer le taux de la prime, la compagnie américaine tient compte de la dangerosité du produit au moment de la souscription de la police. Pour les produits américains, l'assureur pourra consulter le précédent assureur ou mener sa propre enquête, les résultats de cette enquête lui permettant de déterminer le taux de prime. Par contre, les produits importés de l'étranger sont réputés grevés d'un plus lourd coefficient de risque. C'est ce qui explique les importantes différences constatées par les exportateurs français. Il s'agit là d'un obstacle non tarifaire auquel le GATT devra bien, un jour ou l'autre, prêter attention. Lorsque l'importation est réalisée par un distributeur américain lié par contrat à l'exportateur étranger, les autorités douanières américaines exigent du distributeur la production de la police d'assurance de l'exportateur auprès d'une compagnie américaine de premier ordre ainsi que celle du distributeur américain »* (*ibid.*, n. 886, p. 339, 889 et 890, p. 340 et 936, p. 356).

soit d'une erreur dans sa conception, sa préparation, sa fabrication, sa transformation, son stockage, son conditionnement, sa présentation, ses instructions d'emploi ou sa livraison (100) ;
– d'un défaut dans la conception ou l'exécution de travaux ou de prestations, pose, montage, installation, réparation, entretien... ».

745. – Notons que, comme la plupart des dispositions impératives en la matière, l'assurance couvre principalement les dommages corporels et matériels :

> « Quant aux dommages dits "immatériels" (préjudice commercial ou pertes d'exploitation subis par un client à cause du vice du produit ou par suite de l'imposition de l'utilisation dans les conditions précises), ils ne peuvent l'être que dans des proportions très variables, étant données les difficultés que l'on trouve à les évaluer » (101).

B. – Les procédures de l'assurance internationale

746. – L'opération va suivre le cheminement classique d'une assurance interne.

– En commerce international comme interne, la *proposition d'assurance* émane du candidat assuré : elle identifie les risques, précise les sinistres advenus et les prestations attendues.

– La *conclusion du contrat d'assurance* provoque la prise en garantie du risque considéré.

– La *bonne exécution du contrat d'assurance* par l'assuré comme, par exemple, le paiement régulier des primes conditionne, ordinairement, le maintien du contrat en évitant déchéances et résiliations. La bonne exécution d'autres obligations comme, par exemple, l'exacte déclaration des modifications du risque comme de la survenance du sinistre conditionneront, parfois, l'exécution par l'assureur de ses propres obligations, à versement de l'indemnité.

747. – En cas de survenance du sinistre, il y aura lieu à *déclaration du sinistre*. La réalisation du risque appelle de l'assuré les différentes obligations à chercher à éviter le dommage par le jeu de différentes réserves, à ne pas l'aggraver, le faire constater et le déclarer.

---

(100) Depuis quelques années, les réassureurs ont obtenu des assureurs qu'ils excluent de leurs polices les dommages provenant de certains produits tels l'amiante, le tabac, la dioxine, la thalinomide... les produits et dérivés sanguins...

(101) J. HUET, *op. cit.*, 1987, n. 529, p. 367.

En assurance-crédit à l'exportation, le sinistre suppose l'écoulement d'un délai d'attente dont la durée est fonction de l'opération garantie. En principe, le délai est de six mois à dater de l'interruption de l'exécution du contrat en cas de sinistre de fabrication et à dater soit du non-paiement à échéance, soit du non-transfert en monnaie locale, soit de l'admission de la créance garantie au passif du débiteur s'il y a sinistre de crédit. En cas de litige soulevé par le débiteur, malgré la réalisation du risque et la constitution du sinistre, l'indemnisation peut être suspendue jusqu'à ce que le différend soit tranché en faveur de l'assuré. La mise en jeu de la garantie suppose, donc, l'absence de contestation légime du débiteur. C'est au juge compétent, selon les clauses du marché, qu'incombe l'appréciation du caractère légitime de la contestation (102). Afin d'éviter que des litiges soient soulevés de mauvaise foi, dans le seul but de paralyser la garantie, la COFACE peut indemniser son assuré si elle possède un début de preuve de cette mauvaise foi, à la condition que ce dernier se fasse reconnaître son droit par le juge du contrat et moyennant caution.

748. – Viendra, alors, le temps de la prestation, c'est-à-dire du *calcul de l'indemnité.*

S'agissant de l'indemnité de l'assurance-crédit :

> « La règle de base est que l'indemnité est calculée en fonction du montant de la créance qui reste exigible à l'expiration du délai constitutif de sinistre. Son calcul s'effectue toujours en trois étapes :
> • l'assureur-crédit doit déterminer d'abord quelle est la perte de l'assuré au titre de la créance impayée ;
> • puis, quelle est la perte indemnisable, qui diffère de la précédente si certains éléments sont exclus de la garantie ou si, en application de la police, la perte indemnisable est plafonnée à un montant inférieur à celui de la perte ;
> • enfin, l'indemnité est égale au produit de la perte indemnisable par la quotité garantie, dans la limite, éventuellement, d'un plafond fixé par la police » (103).

749. – Suivra le *paiement de l'indemnité* pour lequel se posera le problème de la devise de règlement et, s'agissant de la monnaie nationale de l'assureur, celui du cours à retenir pour le calcul de ce versement.

750. – Pourra intervenir la *récupération* de l'indemnité en tout ou partie. Le paiement d'une indemnité a pour effet de subroger (104)

---

(102) Paris 9 nov. 1988 : *Gaz. Pal.* 1989, I, 94, concl. avocat général LUPI.

(103) G. BARRAL, *op. cit.*, p. 193.

(104) Il s'agit d'une subrogation légale prévue par l'art. 22, L. n. 72-650, 11 juillet 1972, « *L'assureur qui paie une indemnité ou un acompte sur indemnité en vertu d'une police d'assurance-crédit est subrogé dans les droits et actions de l'assuré du chef de l'opération ayant fait l'objet du paiement* ».

l'assureur, par priorité, dans les droits et les actions de l'assuré, notamment dans les droits et actions dérivant du contrat. Le mandat contentieux, par lequel la COFACE peut agir de plein droit dès la survenance d'une menace de sinistre, lui confère, par exemple, une possibilité d'agir et non une obligation (105) :

> « Les sommes recouvrées après le paiement de l'indemnité constituent des récupérations qui seront partagées entre l'assureur et l'assuré au prorata des fractions garantie et non-garantie de la créance... Les assureurs-crédit qui versent les indemnités dans la devise étrangère dans laquelle est libellée la créance demandent également le reversement en devises des sommes recouvrées et font leur affaire de la cession de ces devises. Ceux qui traitent l'opération de bout en bout dans leur monnaie nationale calculent la quote-part qui leur revient dans la récupération au cours en vigueur lors de l'encaissement des sommes recouvrées. En d'autres termes, l'assureur supporte sa part de la perte de change constatée en cas de baisse du cours de la devise mais, *a contrario,* il bénéficie de la plus-value réalisée si le cours en vigueur lors de la récupération est supérieur au cours d'indemnisation. Le cas des créances en devises illustre donc bien l'association pour le partage des bonnes et mauvaises chances qui existe entre l'assureur et l'assuré après mise en jeu de la garantie » (106).

Le paiement tardif d'un client opéré directement auprès de l'assuré appellera un remboursement à l'assureur-crédit et un règlement de la commission ducroire éventuellement retenue, même après règlement de la COFACE, à un opérateur intermédiaire.

751. – Le financement d'une opération internationale est rarement le fait d'une seule personne. Les intérêts de l'assuré sont étroitement liés à ceux de ses partenaires soit qu'ils participent au financement du marché (banque, établissement de crédit...) soit qu'ils concourent à sa réalisation (co-traitant, sous-traitant...).

Trois modes de *cession de l'indemnité* sont envisageables : la cession, la délégation et le nantissement. Ainsi, une banque peut demander en contrepartie de garanties accordées pour l'opération à l'export, que l'assuré transfère son droit à indemnité. En principe, l'autorisation préalable de la COFACE est nécessaire. L'assuré peut, toutefois, s'en dispenser s'il s'agit du transfert opéré au profit d'une banque française en garantie du remboursement des crédits au pré-financement ou de financements accordés pour l'exécution du contrat de garantie, ou des sommes que

---

(105) Com. 18 oct. 1994, n. 92-14.802, n. 1826, *Lexis.*
(106) G. Barral, *op. cit.*, p. 197.

la banque pourrait avoir versées, pour le compte de l'assuré en exécution d'un engagement de caution afférent audit contrat.

Dans tous les cas, l'assuré reste tenu de l'ensemble des obligations qu'il a souscrites en vertu de la police. Les exceptions, compensations, confusions et déchéances que la COFACE peut opposer à l'assuré sont opposables aux tiers bénéficiaires de l'indemnité.

752. – Le problème peut, éventuellement, se poser de *l'accès des tiers au bénéfice de l'assurance :* tiers bénéficiaires de stipulations pour autrui comme victimes d'accidents occasionnés par les matériels de l'entreprise dont la responsabilité civile est assurée... tiers bénéficiaires d'assurance comme les banques auprès desquelles le contrat a été nanti en garantie du remboursement de crédits de pré-financement ou de financement accordés pour l'exécution du marché visé par la police...

753. – L'avenir de l'assurance internationale dépend largement de l'internationalisation de ses structures et de ses méthodes. Les autorités communautaires européennes souhaitent leur intervention accrue dans le souci de normaliser les échanges et d'harmoniser les conditions de concurrence ; un projet de directive publié à la fin 1994 a suscité des réactions « *partagées* ». Certains préféraient, alors, « *dépasser le cadre communautaire pour réaliser la concertation au service de l'OCDE à seule fin d'inclure plus aisément d'autres grands pays exportateurs, dont les États-Unis* » (107).

Les opérateurs sont confrontés à l'internationalisation des risques et la mise en place de programmes internationaux d'assurance pour lesquels ils doivent concilier ou arbitrer des impératifs souvent contradictoires (108).

---

(107) J.-P. DESCHANEL et L. LEMOINE, *op. cit.*, p. 85.

(108) Mme M. STUCKERT commente cette situation, « *D'une part, incitent à la délocalisation des assurances : le respect des obligations légales de souscription locale des contrats (ceci étant renforcé par la nécessité de disposer d'un service décentralisé et de proximité pour la gestion des petits ou menus sinistres) ; la nécessité d'une couverture locale pour tenir compte des particularités juridiques de chaque pays (employers liability en Grande-Bretagne, RC patronale en Espagne, RC ouvrier en Italie, etc.). Les garanties ne pouvant pas du reste dans la majorité des cas être souscrites en dehors du pays du risque. D'autre part, incitent au regroupement des assurances : le problème de capacité de certains marchés trop faibles en montant et en nature de garantie (impossibilité de souscription locale de dommages immatériels non consécutifs, par exemple), d'où la nécessité d'intervenir au-delà de ces montants ou même au premier franc ; la nécessité de mettre en place au niveau de l'ensemble d'un groupe industriel des garanties à la fois élevées et homogènes. Dans la pratique, les entreprises sont ainsi amenées à mettre en place de véritables "programmes d'assurance" qui se présentent sous la forme d'un empilage horizontal et vertical de garanties* » (*op. cit.*, n. 11360, p. 790).

754. – Se posent, exceptionnellement, des problèmes de *compétence juridictionnelle.*

Les contrats convenus avec la COFACE ne sont pas des contrats administratifs. Les litiges relatifs aux relations entre la compagnie et les assurés sont soumis au droit commun, même si ces relations comportent des dispositions exorbitantes et relèvent de la compétence des juridictions judiciaires (109).

Les décisions d'octroi ou de refus de garantie, prises pour le compte de l'État, sont des actes administratifs dont la contestation doit être portée devant les juridictions administratives.

(109) Com. 18 nov. 1992 : *RGAT* 1993, 153, KULLMANN.

SOUS-TITRE II
L'INSTALLATION À L'ÉTRANGER

755. – L'opérateur national peut ne pas se contenter de réserver ses marchandises ou ses informations et compétences techniques à ceux qui, compatriotes ou étrangers, le sollicitent sur son propre territoire. Il peut, plus activement, approcher chez eux les partenaires extérieurs éventuels (1).

La suggestion, puis la mise en œuvre sont communes au producteur national qui veut commercialiser ses marchandises au-delà de son territoire... à l'industriel qui souhaite multiplier et différencier ses unités de production pour mieux desservir ces marchés extérieurs ou, dans le cadre d'une délocalisation, pour faire revenir ces marchandises auprès de lui, voire les diffuser vers d'autres directions... aux prestataires de services d'assurance, crédit, transport, conseils désireux de s'enraciner sur des terres nouvelles.

Les grandes familles de stratégies d'entreprises sont les mêmes, qu'il s'agisse d'une entreprise française visant les marchés étrangers ou d'une entreprise étrangère visant le marché français. L'application de ces politiques va, toutefois, différer selon les conceptions économiques retenues par les États de départ, parfois, mais d'arrivée, surtout, et les contraintes consécutives.

L'observation des mécanismes disponibles peut d'autant plus vivement s'inspirer de l'arsenal juridique français auquel s'apparentent bon nombre de systèmes étrangers, que la composante contractuelle est forte et que l'élargissement des marchés appelle réitération des formules initiales.

756. – Ces initiatives peuvent, alors, s'inspirer des moyens d'attaque d'un marché national et dont les éléments constituent un spectre à peu près continu (2). Nous les dissocierons selon qu'ils répondent à une

(1) G. ATHÉNOSY et *alii auctores, S'implanter à l'étranger*, Entreprise moderne d'édition 1983. – Q. NEHMI, *Stratégies commerciales et techniques internationales*, éd. d'organisation 1992.

(2) Les différences ne sont pas absolues : on peut alourdir la charge de l'agent non acheteur en retardant le fait générateur de sa rémunération pour le faire participer aux risques commerciaux, voire financiers, des opérations et, même, en pratiquant une clause de ducroire ; on peut alléger la charge du concessionnaire-acheteur en différant le paiement

stratégie de simple *déconcentration* (Section I), ou, allant plus loin, de *coopération* (Section II) ou, enfin, de véritable *extériorisation* (Section III).

SECTION I

L'ENTREPRISE CHOISIT UNE STRATÉGIE DE DÉCONCENTRATION

757. – À la recherche d'une installation secondaire à l'extérieur de ses frontières, l'entreprise, française ou étrangère, doit, tout d'abord, choisir entre une *force légère* (§ 1) et une *force lourde* (§ 2).

§ 1. – L'entreprise établit à l'étranger une force légère

758. – Envisageons, tour à tour, les *aspects juridiques* (A) et les *aspects fiscaux* (B) de pareille opération.

A. – LES ASPECTS JURIDIQUES

759. – Le premier problème tient à l'option entre une formule de simple représentation et une formule de contrat de travail. Le bureau de liaison de l'opérateur français peut être assuré par un mandataire indépendant, correspondant d'un établissement financier, bureau de tourisme, agence de transport, ou par un ou plusieurs salariés chargés, pour de longs mois, de recueillir ou transmettre un savoir-faire, apporter une assistance technique continue, recevoir des appels pour services après-vente...

Dans le secteur de la distribution, la relation d'emploi peut même être rigidifiée et spécifiée, en droit français particulièrement, par un statut de type VRP (3).

---

du prix à la vente jusqu'à l'encaissement du prix de revente et en ajoutant au contrat une clause de réserve de propriété.

(3) *« Or, la frontière entre le représentant salarié et l'agent de commerce peut varier considérablement d'un pays à l'autre : dans un certain nombre d'entre eux, il existe une présomption de subordination pouvant entraîner l'application de la législation du travail à des personnes qui, dans d'autres pays, seraient considérées comme des agents indépendants... L'embauche directe par le fabricant de représentants salariés (sans le support*

Le juge, éventuellement saisi, qualifiera le contrat au regard de la loi désignée applicable à celui-ci après mise en œuvre de la règle de conflit du for (4).

B. – LES ASPECTS FISCAUX

760. – En l'absence de convention fiscale internationale, le bureau de liaison à l'étranger d'une société nationale est généralement considéré comme entrant dans le champ d'application de l'impôt sur les sociétés du pays étranger concerné. Les résultats réalisés par ce bureau ne seront pas soumis à l'impôt national sur les sociétés et ses pertes éventuelles ne seront pas, en principe, déductibles des résultats de la société nationale imposables dans son État d'origine.

Si une convention fiscale est en vigueur, la situation pourra être inversée par une distinction faite entre bureau de liaison et établissement stable.

761. – Au regard des règles françaises applicables en matière de TVA, les services que se rendent des groupes d'opérateurs faisant partie de la même personne morale échappent de manière générale à imposition, quelle que soit la qualification donnée à ces prestations et à leurs possibles rémunérations. Les facturations internes de services d'une société française à son bureau de liaison étranger sont ainsi exclues pour le calcul tant du numérateur que du dénominateur du prorata de récupération de la TVA.

§ 2. – L'entreprise établit à l'étranger une force lourde

761 *bis*. – La constitution d'une force lourde peut se faire par constitution soit d'un *établissement stable* (A), soit, plus fortement, d'une *filiale* (B).

---

d'une organisation propre de vente à l'étranger) est, de manière générale, à déconseiller. En effet, les charges de toutes natures et, notamment, sociales qui pèsent sur le fabricant ne sont pas compensées par la possibilité d'exercer un contrôle étroit sur l'action du représentant local » (F. BORTOLOTTI et A. PREVISANI, *Guide pour la conclusion de contrats d'agence et de concession à l'étranger*, Coll. Feduci, éd. du Moniteur 1981, p. 15 et 16).

(4) V. A. DE THEUX, *Aperçu comparatif du statut des représentants de commerce salariés dans les États membres de la CEE*, Bruylant 1970. – *Adde*, A. ZEYL et A. DAYAN, *Force de vente*, éd. d'organisation 1996.

A. – La création d'un établissement stable

762. – Envisageons, tour à tour, les *aspects juridiques* (1°) et les *aspects fiscaux* (2°) de pareille opération.

1° *Les aspects juridiques*

763. – Il peut s'agir d'un bureau de vente, d'une base de livraison, d'un cabinet d'aide à la vente ou de service après-vente, d'un établissement de plein exercice... Les banques, les compagnies de transport et d'assurance, en particulier, y recourent souvent (5).

La création de ces bureaux, agences ou succursales (6) est ordinairement soumise à différentes déclarations auprès des administrations locales, voire à une autorisation des pouvoirs publics locaux contrôlant les investissements étrangers.

La succursale n'est pas une entité juridique autonome et n'a pas de personnalité juridique distincte de la société qu'elle incarne dans tel ou tel pays étranger. Elle ne peut pas, en particulier, revendiquer le bénéfice des conventions conclues par l'État d'implantation avec d'autres États. Elle bénéficie, cependant, de différentes conséquences du point de vue juridique telles que l'application de conventions judiciaires transposant au plan international la jurisprudence française dite des *« gares principales »*. Spécialement, pour les litiges concernant l'exploitation d'une *« succursale, agence ou tout autre établissement »* situé dans un État contractant de la Convention de Bruxelles, cette dernière réserve la possibilité au demandeur d'attraire le défendeur, domicilié dans un autre État contractant, devant le tribunal du lieu de situation de la succursale, de l'agence ou de l'établissement (art. 5, § 5).

2° *Les aspects fiscaux*

764. – Avec la mise en place d'un établissement, l'engagement de la société nationale à l'étranger est plus important que dans l'hypothèse précédente. Dans la majorité des cas, l'établissement étranger constitue

(5) V. tout particulièrement sur ce dernier exemple, G. ATHÉNOSY, *Le régime fiscal applicable aux succursales françaises des entreprises étrangères*, thèse Montpellier 1981.
(6) *Dr. prat. com. int.* 1985, n. 3, *« pour ou contre la succursale internationale »*.

une entreprise exploitée à l'étranger distincte de la société nationale et imposable dans le pays d'accueil.

Les conventions fiscales dérogent peu à ces règles de partage d'imposition directe entre les États d'origine et d'accueil même si les méthodes suivies pour déterminer auquel des deux États signataires appartient le droit d'imposition diffèrent. Le critère qui figure dans les conventions fiscales suivant le modèle OCDE est celui de l'*« établissement stable »* ; les bénéfices de l'entreprise nationale imputables à pareil établissement (7) sont imposables dans le pays d'accueil (8). Ces règles de partage d'imposition appellent plusieurs commentaires portant sur la *définition (a)* et la *personnalité fiscale (b)* de cet établissement.

a) La définition d'un établissement stable

765. – La première définition nécessaire à l'application des dispositions d'une convention relative à l'imposition des bénéfices d'une entreprise est celle d'*« entreprise »*. En effet, aux termes de l'article 7-1 de la convention-modèle OCDE :

> « Les bénéfices d'une entreprise d'un État contractant ne sont imposables que dans cet État, à moins que l'entreprise n'exerce son activité dans l'autre État contractant par l'intermédiaire d'un établissement stable qui y est situé (...) ».

---

(7) Si l'établissement stable étranger de la société française réalise des pertes, celles-ci ne sont pas déductibles du résultat imposable en France. Certaines exceptions existent toutefois à cette règle, relatives aux provisions pour implantation à l'étranger (v. *supra*, n. 157). Une proposition de directive communautaire (91/C53/03) prévoit que les pertes réalisées par des établissements stables pourraient, au choix de chaque État, être prises en compte sous forme d'imputation (l'ensemble des résultats positifs et négatifs de l'établissement stable étant inclus dans le résultat imposable de l'entreprise) ou de déduction, avec réintégration ultérieure en fonction des résultats bénéficiaires des exercices suivants. Ce texte soulève des difficultés rendant peu vraisemblable son adoption en l'état.

(8) La question se pose de savoir si les dispositions de la Convention prévalent sur celles de la loi interne. Le réel intérêt académique de cette question peut s'accompagner d'une grande importance pratique, même si celle-ci concerne des situations assez marginales. Ainsi, une société française qui, au titre des opérations qu'elle réalise dans un pays étranger, y dispose d'une *« entreprise »* qu'elle y *« exploite »* (au sens de l'art. 209-I, CGI) mais n'y a pas d'*« établissement stable »* (au sens de la convention internationale en vigueur) est-elle imposable en France sur les résultats de ces opérations ? La réponse à cette question est positive : même si éventuellement la convention entraîne indirectement une charge d'imposition plus lourde par le transfert du droit d'imposition à la France et la renonciation du pays-source des revenus, un tel transfert n'est pas discutable. Les traités internationaux dûment ratifiés ont, en vertu de l'art. 55 de la Constitution, une autorité supérieure à celle de la loi interne et l'art. 209-I du CGI soumet à l'impôt sur les sociétés les bénéfices dont l'imposition est attribuée à la France par une convention internationale. V. J.-C. MARTINEZ, *Théorie générale des conventions fiscales* in *J-Cl. Fiscal* ID, fasc. 15, éd. 1984.

Le terme *« entreprise »* est défini à l'article 3-1-c de la convention-modèle :

> « Les expressions "entreprise d'un État contractant" et "entreprise de l'autre État contractant" désignent respectivement une entreprise exploitée par un résident d'un État contractant et une entreprise exploitée par un résident de l'autre État contractant ».

Par *« résident »* on entend :

> « (...) toute personne qui, en vertu de la législation de cet État, est assujettie à l'impôt dans cet État, en raison de son domicile, de sa résidence, de son siège de direction ou de tout autre critère de nature analogue (...) » (art. 4-1).

Si on transpose ces définitions dans un cadre franco-étranger, une société dont le siège de direction est en France et qui, à ce titre, est résident de France au regard des conventions internationales revêt l'identité fiscale d'une entreprise de France et est assujettie à l'impôt sur les sociétés en France pour les bénéfices réalisés, quelle qu'en soit la source, française ou étrangère, sauf si ceux-ci proviennent d'un établissement stable dont cette société dispose dans un pays étranger ayant conclu avec la France une convention de type OCDE (9).

766. – Une société française qui réalise des opérations dans un pays étranger avec lequel une convention internationale est en vigueur et qui

(9) En ce qui concerne le critère du *« siège de direction »*, soulignons deux points :
– Celui-ci n'est pas défini par la convention-modèle ; le mot *« siège »* suggère que l'on retienne le pays d'enregistrement de la société ; le mot « de direction », qui complète le mot « siège », nuance cette assimilation de la résidence d'une société à son pays d'enregistrement.
– Cette nuance est d'autant plus forte que l'art. 4-3 de la convention-modèle OCDE dispose que *« lorsque (...) une personne autre qu'une personne physique est un résident des deux États contractants, elle est considérée comme un résident de l'État où son siège de direction effective est situé »*. Si la finalité de l'art. 4-3 est d'éviter les situations de double résidence fiscale d'une société (avec leur conséquence de double imposition), le critère du *« siège de direction »* doit permettre aux États de ne pas être liés exclusivement par la prise en compte du siège social. La marge d'appréciation qui existe en droit interne pour l'administration française se retrouve dans le cadre des conventions internationales ; certaines conventions reprennent avec une assez grande fidélité les dispositions de la convention-modèle OCDE. Il en est ainsi de la convention conclue avec la Chine (Conv. 30 mai 1984 : *JO* 28 fév. 1985, art. 4) ; sa seule particularité concerne l'emploi des termes *« siège de direction générale »* au lieu de *« siège de direction effective »* : une telle différence paraît marginale. D'autres conventions utilisent une présentation ou des termes différents mais leurs effets pratiques sont identiques ou très proches ; ainsi, la convention France-Allemagne (Conv. 21 juill. 1959 : *JO* 8 nov. 1961. – Avenant 9 juin 1969 : *JO* 22 nov. 1970. – Avenant 28 sept. 1989 : *JO* 7 nov. 1990) emploie la même formulation que la convention-modèle OCDE pour déterminer les règles de territorialité de l'imposition des bénéfices d'une entreprise mais définit l'entreprise de manière plus directe, comme suit, « Les termes "entreprise de l'un des États contractants" et "entreprise de l'autre État contractant" désignent une entreprise allemande ou une entreprise française, selon les exigences du contexte » (art. 2-6, 3e al.).

y dispose d'un *« établissement stable »* (10) est imposable dans ce pays au titre des résultats de ces opérations. Ce partage du droit d'imposition entre la France et le pays étranger a, dans la plupart des cas, un caractère exclusif (11), la France renonçant à soumettre ces bénéfices à l'impôt sur les sociétés. Cette exonération d'impôt français sur les sociétés est prévue, dans chaque convention, au sein soit de l'article relatif aux *« méthodes pour éviter les doubles impositions »*, soit de celui concernant les *« bénéfices des entreprises »* (12).

767. – De manière générale, les conventions fiscales signées par la France contiennent une définition de l'établissement stable en trois composantes : définition générale, exemples de situations où existe un établissement stable et exceptions à la définition générale. Il est important de préciser que si cette trame se retrouve dans les conventions en vigueur entre la France et des États étrangers, certaines particularités apparaissent d'une convention à l'autre, notamment au niveau des exceptions à la définition générale ; il en résulte qu'une analyse attentive des termes de la convention internationale concernée apparaît, de manière générale, fort souhaitable.

768. – La convention-modèle OCDE propose la *définition générale* de l'établissement comme *« une installation fixe d'affaires par l'intermédiaire de laquelle une entreprise exerce tout ou partie de son activité »* (art. 5-1).

Cette définition, très générale, a une large portée. Dans la mesure où, par ailleurs, le sens des mots *« établissement »* et *« stable »* est proche, venant tous deux du latin *stabilis* qui évoque l'idée d'une implantation fixe, les précisions additionnelles qui figurent dans l'article sont utiles pour délimiter la portée du premier paragraphe de cet article.

769. – Le deuxième paragraphe de l'article fournit plusieurs *exemples d'établissement stable, « siège de direction, succursale, bureau, usine, atelier, mine, puits de pétrole ou de gaz, carrière ou tout autre lieu d'extraction de ressources naturelles »* (art. 5-1) (13).

---

(10) L'expression utilisée dans l'ancienne convention France-URSS du 4 octobre 1985 (*JO* 28 mai 1987), actuellement applicable à la Fédération de Russie, est celle de *« représentation permanente »*. Cette différence de terminologie n'emporte guère d'effets.

(11) Il existe quelques exceptions en ce sens. Voir notamment convention France-Turquie du 18 février 1987 (*JO* 6 juill. 1989).

(12) On fournira à titre d'illustration la disposition correspondante de la convention France-Grande-Bretagne précitée, *« Dans le cas de la France : i) Les revenus autres que ceux visés à l'alinéa ii) ci-dessous sont exonérés des impôts français visés au paragraphe 1 de l'article premier, lorsqu'ils sont imposables au Royaume-Uni en vertu de la convention »* (art. 24-b). Les revenus visés à l'alinéa *ii)* ne comprennent pas ceux réalisés par l'établissement stable britannique d'une société française.

(13) Cette présentation non limitative de situations caractéristiques d'un établissement stable à l'étranger est complétée au troisième paragraphe de l'article 5, *« Un chantier de*

770. – À la qualification d'établissement stable de toute installation fixe d'affaires à l'étranger les paragraphes suivants de l'article 5 apportent des *exceptions* dont la portée est, dans certains cas, de grande importance (14).

b) La « personnalité fiscale » de l'établissement stable

771. – La plupart des conventions fiscales signées par la France incluent une disposition relative à l'autonomie fiscale de l'établissement stable étranger d'une société nationale. Ce principe est formulé comme suit dans la convention-modèle OCDE :

> « (...) lorsqu'une entreprise d'un État contractant exerce son activité dans l'autre État contractant par l'intermédiaire d'un établissement stable qui y est situé, il est imputé, dans chaque État contractant, à cet établissement stable les bénéfices qu'il aurait pu réaliser s'il avait constitué une entreprise distincte exerçant des activités identiques ou analogues dans des conditions identiques ou analogues et traitant en toute indépendance avec l'entreprise dont il constitue un établissement stable » (art. 7-2).

772. – L'établissement stable étranger d'une société nationale doit avoir, en principe, une comptabilité distincte faisant apparaître l'ensemble

---

construction ou de montage ne constitue un établissement stable que si sa durée dépasse douze mois ».

(14) Ces exceptions sont les suivantes :

– *« Il est fait usage d'installations aux seules fins de stockage, d'exposition ou de livraison de marchandises appartenant à l'entreprise »* (art. 5-4-a) ;

– *« Des marchandises appartenant à l'entreprise sont entreposées aux seules fins de stockage, d'exposition ou de livraison »* (art. 5-4-b) ;

– *« Des marchandises appartenant à l'entreprise sont entreposées aux seules fins de transformation par une autre entreprise »* (art. 5-4-c) ;

– *« Une installation fixe d'affaires est utilisée aux seules fins d'acheter des marchandises ou de réunir des informations, pour l'entreprise »* (art. 5-4-d) ;

– *« Une installation fixe d'affaires est utilisée aux seules fins d'exercer, pour l'entreprise, toute autre activité de caractère préparatoire ou auxiliaire »* (art. 5-4-e) ;

– *« Une installation fixe d'affaires est utilisée aux seules fins de l'exercice cumulé d'activités mentionnées aux alinéas a) à e), à condition que l'activité d'ensemble de l'installation fixe d'affaires résultant de ce cumul garde un caractère préparatoire ou auxiliaire »* (art. 5-4-f) ;

– *« Une personne ayant un statut de dépendance envers l'entreprise (ce sera principalement le cas pour un salarié de celle-ci), qui agit dans le pays étranger pour le compte de cette dernière, et qui y conclut des contrats au nom de celle-ci, n'en "constitue" pas un établissement stable si ses activités sont limitées à celles présentées ci-dessus »* (art. 5-5) ;

– *« L'entreprise exerce son activité dans le pays étranger "par l'entremise d'un courtier, d'un commissionnaire général ou de tout autre agent jouissant d'un statut indépendant, à condition que ces personnes agissent dans le cadre ordinaire de leur activité" »* (art. 5-6).

de ses recettes et de ses dépenses au regard, notamment, de son siège (15). Par voie de conséquence, les administrations fiscales, française et étrangère(s), pourront remettre en cause les facturations internes si elles estiment qu'elles correspondent à des prix différents de ceux du marché de pleine concurrence (16). Lorsqu'une comptabilité séparée serait très compliquée à établir, certaines administrations fiscales admettent, toutefois, une répartition du résultat d'ensemble pour déterminer le résultat attribuable à l'établissement stable.

773. – Deux conséquences de pareille *« personnalité fiscale »* de *l'établissement stable étranger d'une société française,* par exemple, doivent être soulignées à raison même des perturbations qu'elles apportent à l'application linéaire des règles de départ et du défaut de personnalité juridique de cet établissement stable dont le droit fiscal va, en revanche, assurer une certaine reconnaissance et comme une certaine promotion.

– Le transfert d'immobilisations du siège français vers son établissement étranger doit être assimilé à une cession au regard des dispositions de l'article 39 *duodecies* du CGI, donnant lieu à plus-value ou moins-value fiscale en France (17).

– Si l'établissement étranger de la société française est en difficulté, amenant le siège à constituer des provisions pour dépréciation, la jurisprudence est devenue plus libérale, il y a quelques années, en admettant le principe de la déductibilité d'une provision pour créances douteuses de la société française sur son établissement étranger (18) ; toutefois, une provision pour dépréciation des stocks de l'établissement étranger ne peut être déduite par la société de son résultat imposable en France lorsque ces stocks correspondent à des livraisons faites par la société

---

(15) Si l'établissement stable étranger est une usine de fabrication, il conviendra de déterminer son bénéfice – ou sa perte – de fabrication. Si l'établissement étranger a une activité de distribution des produits fabriqués par la société en France, son bénéfice de vente (ou sa perte de vente) devra être déterminé. Dans chacun des cas, ce résultat ne sera pas rattaché au bénéfice imposable en France.

(16) On applique dans toute la mesure du possible le principe de pleine concurrence *(arm's length transaction)* pour déterminer les prix des biens et des services qui pourront être facturés entre les deux sociétés. À défaut, l'administration fiscale de l'État pénalisé en termes de recettes budgétaires par des prix insuffisants de l'établissement stable, pourra notifier un redressement de résultat à ce dernier. Un tel redressement aura un fondement tant conventionnel (v. ci-dessus) que dans la loi interne de l'État concerné : art. 57 du CGI, sect. 482 IRC (États-Unis), art. 770 à 773 *Income corporation tax act* de 1988 (Grande-Bretagne)...

(17) H. DE FEYDEAU, *Transferts d'éléments d'actifs entre entreprises situées dans des pays différents : Bull. fisc.* mars 1986.

(18) Cons. d'État, 2 mars 1988, req. n. 49054 : *RJF* avril 1988, n. 407. La jurisprudence ne s'est, cependant, toujours pas prononcée en faveur de la déductibilité des provisions pour créances douteuses sur un établissement étranger. – Cons. d'État, 14 nov. 1984, req. n. 40368 : *Dr. fisc.* 1985, n. 9, comm. 434, concl. Comm. gouv. G. BISSARA.

à l'établissement (19) : la non déductibilité d'une telle provision se justifie par le principe de territorialité de l'impôt, la dépréciation des stocks étant liée à l'activité exercée hors de France.

774. – La personnalité fiscale de l'*établissement stable étranger d'une entreprise française* présente, cependant, certaines spécificités.

– La première spécificité a trait à la non-déductibilité de certains paiements qui peuvent être effectués par l'établissement étranger à son siège français. Ainsi, de manière générale, les paiements d'intérêts ou de redevances de licences par l'établissement étranger à son siège français ne peuvent être déduits du résultat imposable de l'établissement sauf s'ils se rattachent à l'activité même de ce dernier ou si le siège a contracté un emprunt ou une licence pour son établissement étranger ; pour de telles prestations de services non liées à des opérations ordinaires, l'absence de personnalité juridique de l'établissement l'emporte sur la personnalité fiscale. Il en va de même dans le cas inverse d'intérêts débités à l'établissement français par le siège étranger :

> « Pour l'application de l'article 39-1-1° du Code général des impôts, les intérêts versés par une succursale située en France au siège de la société à l'étranger pour rémunérer des avances de démarrage versées par celui-ci à celle-là ne peuvent être pris en compte pour le calcul des résultats soumis à l'impôt sur les sociétés » (20).

– La deuxième spécificité a trait à la ventilation de frais communs au siège et à son établissement étranger tels que frais de personnel du siège social ou frais financiers supportés par celui-ci. Le juge de l'impôt s'est prononcé (21) sur la déductibilité de principe de frais généraux communs imputés par la société étrangère à son établissement français ; ces charges peuvent faire l'objet d'une ventilation entre le siège et son établissement au prorata des chiffres d'affaires respectifs.

– La troisième spécificité concerne l'application des conventions fiscales internationales aux établissements étrangers de sociétés françaises. De manière générale, un établissement stable étranger, situé dans un pays A, d'une société française n'a pas la qualité de résident fiscal de ce pays. Cet établissement pourra, toutefois, à certains égards, bénéficier des dispositions de la convention fiscale en vigueur entre la France et

---

(19) Cons. d'État, 2 mars 1988, préc.

(20) C. adm. Paris 28 mai 1991, req. n. 2918, *Weston Hyde Products Ltd : RJF* août-sept. 1991, n. 1152 ; la doctrine administrative exprimée dans la rép. min. MESMIN, n. 31725 (*JOAN* 19 janv. 1981, p. 245) est confirmée.

(21) Cons. d'État, 13 juill. 1968, req. n. 72234 : *BOCD* 1968, II, 4310.

le pays A (22). Il ne pourra pas, en revanche, sauf exception, bénéficier des dispositions des conventions fiscales en vigueur entre le pays A et d'autres pays étrangers.

– Une quatrième spécificité tient à l'absence de force attractive de cet établissement. Les conventions signées par la France prévoient que chacun des États étrangers dont relève l'établissement stable d'une société française peut imposer celui-ci sur les seuls revenus qui lui sont imputables ; ces clauses de non-attraction revêtent la forme de dispositions soit générales, soit particulières (23). Le régime applicable est ainsi fondamentalement différent de celui qui devrait exister en l'absence de convention internationale.

775. – Complémentairement, le principe de personnalité fiscale de *l'établissement stable français d'une société étrangère* se développe dans certaines situations :

– Les dividendes versés par une société française à un établissement stable en France d'une société étrangère ne sont pas soumis (24) à la retenue à la source de l'article 119 *bis*-2 du CGI.

– Les mêmes dividendes donnent droit au bénéfice de l'avoir fiscal pour l'établissement français de la société étrangère domiciliée dans l'Union européenne (25) ; à défaut, il y aurait atteinte au principe de liberté d'établissement posé par le traité de Rome. L'administration (26) étend le transfert de l'avoir fiscal à tout établissement français de société

(22) L'ancienne convention France-États-Unis du 28 juillet 1967, modifiée précitée stipulait (art. 10-2) que, bien qu'il n'ait pas la qualité de résident des États-Unis, un établissement stable américain d'une banque ou d'un établissement financier français était traité, au regard du seul article de la convention relatif aux intérêts, comme un résident des États-Unis, il en résultait que les intérêts versés par un débiteur français à un tel établissement ne sont pas soumis à retenue à la source en France. Cette disposition ne figure pas dans la nouvelle convention du 31 août 1994 (*JO* 22 mars 1996) en raison de l'exonération générale de retenue à la source sur les intérêts.

(23) L'une des très rares conventions (Conv. France-Italie, 29 oct. 1958 : *JO* 14 mars 1968. – Avenant 6 déc. 1965 : *JO* 15 sept. 1968) contenant des clauses de force attractive de l'établissement stable par lesquelles tous les revenus de source italienne d'une société française qui avait un établissement stable en Italie étaient imposés au niveau de cet établissement, même s'ils ne se rattachaient pas aux activités de ce dernier, vient d'être remplacée par une nouvelle convention (Conv. 5 oct. 1989 : *JO* 8 mai 1992 ; entrée en vigueur le 1er mai 1992) qui retient le principe inverse de non-attraction par l'établissement stable. Le protocole de la convention France-Turquie précitée retient, encore, le principe de force attractive de l'établissement stable.

(24) Cons. d'État, 19 déc. 1975, req. n. 84774 et 91895 : *Dr. fisc.* 1976, n. 27, comm. 925, concl. Comm. gouv. Fabre.

(25) CJCE, 28 janv. 1986, n. 270/83 : *Dr. fisc.* 1986, n. 18, comm. 903, concl. avocat général G.-F. MANCINI.

(26) Instr. adm., 31 juill. 1986 : *BODGI* 4 J-1-86.

étrangère protégée par une convention fiscale internationale comportant une clause de non-discrimination (27).

– Lorsque la société étrangère détient une participation répondant aux conditions d'application du régime des sociétés mères et filiales de l'article 145 du CGI et qu'elle est protégée par une convention fiscale internationale comportant une clause de non-discrimination, ou a son siège dans un pays membre de l'Union européenne, les dividendes reçus au titre de cette participation bénéficient de ce régime d'exonération (28).

– Le régime des plus-values à long terme est applicable aux plus-values réalisées par l'établissement français d'une société étrangère. La réserve spéciale, dont, aux termes de l'article 209 *quater* du CGI, une dotation conditionne l'application du taux réduit d'imposition, doit figurer au passif du bilan de l'établissement français (29).

776. – Les bénéfices de l'établissement français de la société étrangère font l'objet, après avoir été soumis à l'impôt sur les sociétés, d'un prélèvement spécifique dit « *prélèvement de l'article 115* quinquies ».

777. – La personnalité fiscale de l'établissement stable étranger existe beaucoup moins en matière de TVA qu'en matière de fiscalité directe. On renverra sur ce point aux dispositions relatives aux bureaux de liaison, également applicables en présence d'un établissement stable (30).

Les services rendus entre des entités économiques, non dotées de la personnalité juridique, exploitées directement par la même société, ne sont pas passibles de la TVA française (31). Cette dernière n'est pas applicable en présence de prestations de services entre succursale française et société étrangère (32).

B. – La création d'une filiale

778. – Envisageons, tour à tour, les *aspects juridiques* (1°) et *fiscaux* (2°) de l'opération.

---

(27) D.-T. Moldenhauer, *L'application de la clause de non-discrimination prévue par les conventions fiscales à des sociétés non résidentes : une analyse de la position des tribunaux français : RDAI* 1995, I et II, p. 215.

(28) Cons. d'État, 18 nov. 1985, req. n. 50643 : *Dr. fisc.* 1986, n. 9, comm. 347, concl. Comm. gouv. Fouquet. Voir égal. Instr. adm. 31 juill. 1986, préc.

(29) Instr. adm. 8 fév. 1982, préc. Cette instruction vise les plus-values immobilières de sociétés étrangères en France.

(30) V. *supra*, n. 761.

(31) Cons. d'État, 9 janv. 1981, req. n. 10145, *Sté Timex Corporation : D.* 1981, 149, G. Tixier et Ph. Derouin ; *RJF* mars 1981, n. 201, concl. Comm. gouv. Verny.

(32) Instr. adm. 4 août 1983 : *BODGI* 3 D-6-83. Cette analyse ne paraît pas être partagée par la commission de l'Union européenne.

1° *Les aspects juridiques*

779. – La filiale est une personne morale autonome, distincte des sociétés mères, juridiquement et fiscalement indépendante de celles(s) qui la contrôle(nt) :

> « De nationalité locale, elle agit sur son marché d'implantation en son propre nom et à ses risques et périls » (33).

Le lien avec la société mère se traduit par une participation de celle-ci à son capital. Le recours à une filiale peut se faire par la création d'une société nouvelle ou par la participation à une société existante et, notamment, sa prise de contrôle (34).

780. – La constitution de cette société obéira aux règles locales de l'État d'implantation.

Ces opérations font, d'autre part, l'objet de différents contrôles étatiques des investissements, avec distinction entre les investissements directs communautaires et non communautaires. S'agissant d'investissements étrangers en France, leur réalisation a été libérée par la loi du 14 février 1996 (35). Les droits des États d'accueil comportent de nombreux codes des investissements dont différents pays, en voie de développement notamment, se sont dotés (36). Certains États, d'Europe de l'Est, en particulier, ont pris des réglementations propres aux entreprises créées avec participation étrangère. Ces règlements diffèrent sensiblement selon que l'on a affaire à des pays à économie de marché ou des pays socialis-

---

(33) A. BARELIER, Alii auctores et CFCE, *Exporter, Pratique du commerce international, op. cit.*, p. 138.

(34) Sur les acquisitions d'entreprises à l'étranger – par des investisseurs français, en particulier – et en France – par des investisseurs étrangers, en particulier – v. *RDAI.* 1988-3, *Acquisition de sociétés en France et aux États-Unis ; DPCI* 1992-1 et 2, *Acquisition d'entreprises françaises par des non-résidents.* – G. ASSANT et alii auctores, *Les acquisitions d'entreprises,* Coll. Feduci, éd. FEC-Larcier 1992 ; l'ouvrage énonce les règles propres aux États suivants : Allemagne, Belgique, Espagne, États-Unis, Japon, Pays-Bas, Royaume-Uni, Hongrie, Pologne, Roumanie. *Adde* pour la France, P. MOUSSERON, *Les conventions de garantie dans les cessions de droits sociaux*, Éd. Fid. 1992. – M.-A. GARCIA présente ainsi les avantages et risques de l'acquisition, *« Les avantages et les risques de l'acquisition sont ceux du contrôle direct : maîtrise de la stratégie, des opérations et de la surveillance ; rapidité de la décision ; gestion optimale des flux de ressources, de financement et de profits ; diminution des risques de conflit ou de dissolution liés à la présence d'un associé. Par rapport à la création d'une entreprise nouvelle, l'acquisition offre l'avantage de récupérer un outil de production, parfois une technologie, souvent un réseau de commercialisation, une image et surtout une équipe humaine dotée de savoir-faire et de mémoire. Avec, en contrepartie, le risque de surévaluer ce qu'on achète, puis de voir s'enfuir, avec les hommes, la substance immatérielle et les secrets acquis ou importés dans l'entreprise »* (*in* K. LANGEFELD-WIRTH, *Les joints ventures internationales*, trad. et adaptation de A. GARCIA, GLN-Joly 1992, n. 8, p. 7).

(35) V. *supra*, n. 240 et s.

(36) V. entre autres, H. CASSAN et *alii auctores, op. cit.*

tes... avec toutes les gradations qui s'imposent dans cette dissociation et/ou que les partenaires des opérateurs occidentaux sont des États, des entreprises sous contrôle étatique ou de véritables entreprises privées. Les réglementations fiscales, sociales, boursières... développent, chaque fois, des contraintes, des procédures d'information et de contrôles publics propres à chaque législation (37).

781. – Face à la succursale, la filiale présente certains avantages : nationalité (38), proximité du marché, possibilité d'un service après-vente efficace, autonomie des décisions, financements locaux propres et couverture à terme à l'achat lorsque la législation du pays l'autorise, accès aux informations locales, meilleure maîtrise de la commercialisation, avantages fiscaux, en France notamment, contraintes diminuées du contrôle des changes... La technique est très efficace mais peut se révéler longue, coûteuse, voire aléatoire.

Entre les deux formules, le choix dépend de différents critères tenant, parfois, à la circulation des fonds, plus facile pour les sommes adressées à des succursales à l'étranger qu'à des filiales étrangères. Il faut, cependant, noter la suppression de principe, en France, du contrôle des changes en 1990.

2° *Les aspects fiscaux*

782. – La création par des sociétés nationales de filiales étrangères est de pratique extrêmement fréquente. Chaque État développe le *régime fiscal de ces filiales (a)* ainsi que différentes *répliques aux évasions fiscales* susceptibles de naître de ces différences de régimes *(b)*.

a) Les régimes fiscaux des filiales

783. – En raison de l'existence d'une *« personnalité fiscale »* propre à chacune des deux sociétés, les résultats de la société nationale et de sa filiale étrangère seront déterminés de manière distincte, en appliquant dans toute la mesure du possible le principe de pleine concurrence *(arm's length transaction)* pour déterminer les prix des biens et des services qui pourront être facturés entre les deux sociétés. À défaut, un redressement fiscal pourrait intervenir. Si les résultats de la société française

(37) Sur les règles du jeu aux États-Unis, v. R. TURCON, *Investir aux États-Unis*, Dalloz 1994.

(38) V. *supra*, n. 34 et s.

sont soumis à son nom à l'impôt sur les sociétés en France et ceux de la société étrangère à l'impôt sur les sociétés au nom de cette dernière dans le pays étranger, il existe néanmoins une interdépendance, au plan fiscal, entre les opérations des deux sociétés.

784. – La première observation porte sur les opérations courantes qui interviennent entre la société nationale et sa filiale étrangère. Les paiements que celle-ci effectue à sa mère, au titre d'opérations commerciales ou de prestations de services réalisées par cette dernière, donnent lieu de manière générale à imposition par l'État où la société mère a son siège.

785. – Des dispositifs fiscaux spécifiques peuvent, par ailleurs, exister pour certains types de paiements de la filiale à sa société mère. Ainsi les dividendes reçus par une société mère française bénéficient-ils d'un régime d'imposition très atténuée. Les conditions qui doivent être remplies pour que ce régime spécial puisse s'appliquer sont essentiellement les suivantes :

– La société française doit détenir au moins 10 % du capital de sa filiale (CGI, art. 145-1-b) ou, à défaut, y avoir une participation dont le prix de revient est d'au moins 150 MF.

– Les titres de la filiale doivent avoir été souscrits à l'émission, ou ultérieurement si la société mère a pris l'engagement de les conserver pendant un délai de deux ans (CGI, art. 145-1-c).

La nationalité de la filiale n'est pas un élément ayant une influence sur l'application du régime spécial (39).

786. – Les principaux aspects de ce régime d'imposition se présentent comme suit :

– La société mère est exonérée au titre de la distribution qu'elle reçoit de sa filiale (CGI, art. 216-I) (40).

– Si la société mère distribue elle-même à ses associés les dividendes reçus de sa filiale, cette distribution est soumise à précompte (CGI, art. 223 *sexies*). Celui-ci frappe notamment, les distributions prélevées sur des sommes qui n'ont pas été soumises à l'impôt sur les sociétés

---

(39) Doc. adm. DGI 4 H-2112, 1er mars 1995, 21.

(40) On rappellera que pour la détermination des résultats des exercices ouverts avant le 1er janvier 1993, la société mère était imposée sur une quote-part (fixée à 5 %) des dividendes reçus.

au taux normal de 33 1/3 % auquel s'ajoute la contribution supplémentaire de 10 % calculée sur l'impôt dû (41).

– Si certains des associés de la société mère française ont leur résidence fiscale à l'étranger, deux atténuations de la charge fiscale française afférente à la distribution peuvent intervenir :

• Les crédits d'impôt étranger qui trouvent leur origine dans la distribution de dividendes par une filiale étrangère, résident d'un pays ayant conclu une convention fiscale avec la France, à sa société mère française sont imputables sur la retenue à la source française due par celle-ci au titre de sa propre distribution de dividendes à des associés ayant leur résidence ou leur domicile fiscal hors de France. Cette imputation se fait au prorata de la distribution à des non-résidents par rapport à la distribution totale. La retenue à la source française est établie au taux de 25 %, taux de droit interne, prévu par les articles 119 *bis*-2 et 187-1, alinéa 2-d du CGI ou à un taux réduit si l'associé de la société française bénéficie d'une convention fiscale conclue entre son pays de résidence et la France. Cette imputation de crédits d'impôt étranger peut être effectuée sur la retenue due sur les distributions *« faites au titre des exercices clos depuis cinq ans au plus au cours desquels ont été encaissés les revenus auxquels il se rapportent »* (42). La double imputation de ces crédits d'impôt étranger sur le précompte et sur la retenue à la source *« de sortie »* est l'un des aspects favorables de l'utilisation d'une société holding française par des investisseurs étrangers (43).

• Si l'associé de la société française a sa résidence fiscale dans un pays ayant conclu avec la France une convention relative aux doubles impositions, et qu'il remplit certaines conditions prévues par la convention, il a, alors, droit au paiement de l'avoir fiscal par le Trésor français (CGI, art. 242 *quater*). Cet avoir fiscal, égal à la moitié du dividende

---

(41) Le précompte est égal à un tiers des sommes brutes ainsi distribuées, ou à la moitié des sommes distribuées, nettes de précompte : ce dernier est, ainsi, du même montant que l'avoir fiscal attaché à la distribution. Toutefois, l'article 146-2 du CGI dispose que le précompte est diminué du montant des crédits d'impôt attachés aux dividendes de filiales reçus depuis cinq ans au plus. Il s'agit, on le soulignera, d'une durée d'imputation plus favorable que celle, limitée à l'exercice d'imposition, qui s'applique lorsque les crédits d'impôt étranger s'imputent sur l'impôt sur les sociétés.

(42) Instr. adm. 28 mars 1966, § 59.

(43) L'administration a toutefois indiqué (Instr. adm. SLF 31 août 1989 : *BOI* 4H-6-89, 22) qu'elle *« dispose de la faculté de s'opposer, sur le fondement de l'article L. 64 du LPF, à l'application du régime des sociétés mères toutes les fois que la création d'une filiale intermédiaire est purement fictive ou a pour seul objet de transformer des produits qui auraient été soumis en France à une imposition au taux normal en dividendes susceptibles de bénéficier du régime prévu à l'article 145 du code »*. L'article L. 64 du LPF vise, rappelons-le, la répression d'un abus de droit, lorsque l'administration estime être en présence soit d'un *« ensemble d'actes fictifs »*, soit d'une opération motivée exclusivement par un objectif de réduction d'impôt.

mis en distribution par la société française, est, toutefois, pour le calcul de son remboursement, diminué de la retenue à la source conventionnelle prévue pour les distributions de dividendes. Lorsque l'avoir fiscal est remboursé à l'associé étranger, l'administration (44) exclut la possibilité d'imputation de la retenue à la source étrangère sur la retenue à la source française. À défaut de bénéfice du transfert de l'avoir fiscal, l'associé non résident de France et qui est protégé par une convention fiscale internationale a droit, à hauteur de sa quote-part de distribution par rapport à la distribution totale, au remboursement par le Trésor français du précompte supporté par la société mère (45). Le montant du précompte remboursé est assimilé à une distribution de dividendes et, est donc, diminué de la retenue à la source au même taux que pour celle-ci. Il n'est, toutefois, pas possible d'imputer les crédits d'impôt étranger sur cette retenue à la source (46).

787. – Les aspects de TVA afférents à des opérations intervenant entre une société mère et sa filiale sont identiques à ceux qui ont été étudiés précédemment à propos des opérations entre tiers.

b) La police de l'évasion fiscale

788. – Plusieurs préoccupations fiscales spécifiques existent pour l'entreprise française qui anime un groupe international, c'est-à-dire un ensemble d'entités situées dans différents pays. On observera que si les groupes internationaux sont habituellement des ensembles économiques importants, en termes notamment de chiffre d'affaires et d'effectifs, tel n'est pas toujours le cas ; des entreprises d'importance économique moyenne peuvent être de véritables groupes internationaux, notamment dans le domaine des prestations de services. Ces relations de groupe peuvent suggérer des comportements frauduleux et il convient d'envisager les *moyens dont disposent les administrations fiscales françaises* [1] comme *étrangères* [2] pour lutter contre l'évasion et la fraude fiscales internationales.

1) Moyens de l'administration fiscale française

789. – Les moyens principaux mis à la disposition du fisc français dans sa lutte contre la fraude concernent la police des prix de transfert

(44) Doc. adm. DGI 4 K-1122, 1er nov. 1995, § 5.
(45) Instr. adm. 8 juill. 1966 : *BOCD* 1966, II, 3402, 2.
(46) Rép. min. GABRIEL, n. 24270 : *JOAN* 30 juin 1976, p. 4913.

de biens ou de services entre entreprises liées (α) et la police des revenus des personnes domiciliées ou établies à l'étranger (β).

α) Police des prix de transfert de biens ou de services entre entreprises liées

790. – Ces moyens tiennent, essentiellement, aux articles 57 et 238-A du CGI (47).

791. – L'article 57 du CGI est le plus ancien dispositif législatif français de lutte contre l'évasion et la fraude fiscales internationales ; son origine remonte à la loi du 31 mai 1933 ; sa rédaction a été modifiée à plusieurs reprises, jusqu'à la loi du 30 décembre 1981 :

> « Pour l'établissement de l'impôt sur le revenu dû par les entreprises qui sont sous la dépendance ou qui possèdent le contrôle d'entreprises situées hors de France, les bénéfices indirectement transférés à ces dernières, soit par voie de majoration ou de diminution des prix d'achat ou de vente, soit par tout autre moyen, sont incorporés aux résultats accusés par les comptabilités. Il est procédé de même à l'égard des entreprises qui sont sous la dépendance d'une entreprise ou d'un groupe possédant également le contrôle d'entreprises situées hors de France.
> La condition de dépendance ou de contrôle n'est pas exigée lorsque le transfert s'effectue avec des entreprises établies dans un État étranger ou dans un territoire situé hors de France dont le régime fiscal est privilégié au sens du deuxième alinéa de l'article 238-A.
> À défaut d'éléments précis pour opérer les redressements prévus aux alinéas précédents, les produits imposables sont déterminés par comparaison avec ceux des entreprises similaires exploitées normalement ».

792. – Les conventions internationales conclues par la France contiennent des clauses, figurant souvent au sein des articles relatifs aux *« bénéfices des entreprises »*, aux *« entreprises associées »*, aux *« intérêts »* et aux *« redevances »*, dont la portée est équivalente à celle de l'article 57.

793. – L'article 57 du CGI, comme les clauses équivalentes des conventions internationales, a pour objet de permettre à l'administration française de combattre les opérations par lesquelles des revenus sont, au plan fiscal, irrégulièrement transférés hors de France, quel que soit le moyen utilisé : prix d'achat de biens ou de services trop élevé, prix de vente insuffisant, abandon de créance à une filiale étrangère injustifié...

(47) J.-L. Bilon, *Transferts indirects de bénéfices à l'étranger – régime fiscal : Bibl. droit entrepr.* n. 13, Litec 1981. – B. Oppetit, *Le paradoxe de la corruption à l'épreuve du droit du commerce international : Clunet* 1987, 5. – U. Draetta, *L'Union européenne et la lutte contre la corruption dans le commerce international : RDAI* 1995, 699.

Les opérations concernées ne se font pas qu'avec des personnes établies dans des paradis fiscaux. Ainsi, dans le cadre d'un objectif d'optimisation fiscale d'ensemble, un groupe à activité industrielle ou de services peut souhaiter transférer des résultats d'une entité donnée vers une autre société du groupe, située dans un autre pays et y faisant l'objet d'une imposition moindre que la première société, ou ayant des déficits fiscaux à utiliser.

794. – Pour pouvoir opposer le dispositif de l'article 57 à une entreprise établie en France, l'administration doit, en premier lieu, démontrer l'existence d'un lien de dépendance de droit ou de fait, entre l'entreprise française et l'entreprise étrangère. La preuve de la présence d'un lien de dépendance disparaît, toutefois, si l'entreprise étrangère est établie sur un territoire bénéficiant d'un régime fiscal privilégié au regard des dispositions de l'article 238-A du CGI.

La dépendance de droit s'observe lorsque la société étrangère détient une part prépondérante du capital de la société française ou si elle possède la majorité absolue des suffrages susceptibles de s'exprimer dans les assemblées de celle-ci ou encore si elle exerce, au sein de la société française, directement ou par personnes interposées, des fonctions comportant le pouvoir de décision (48). Tel sera le cas, selon l'administration (49), si l'entreprise française est placée sous la dépendance de l'entreprise étrangère, ou si l'entreprise a sous sa dépendance l'entreprise étrangère, ou encore si l'entreprise française est placée, de même qu'une ou plusieurs entreprises étrangères, sous la commune dépendance d'une même entreprise ou d'un même groupe ou d'un *consortium*. La validité de cette doctrine administrative a été reconnue par une abondante jurisprudence (50).

La dépendance de fait, d'appréciation délicate, a été notamment retenue par le juge de l'impôt (51) pour une société française qui ne pouvait fonctionner, en raison de son capital modique, que grâce aux avances très importantes d'une société étrangère dont elle exploitait en France les brevets et les procédés et qui contrôlait régulièrement, par l'intermédiaire de ses représentants, son activité et sa comptabilité.

795. – L'administration doit, par ailleurs, établir qu'un avantage particulier a été consenti par l'entreprise française à l'entreprise étrangère avec laquelle existent les liens de dépendance.

---

(48) Doc. adm. DGI 4 A-1211, 1er sept. 1993, § 3.

(49) Doc. adm. DGI 4 A-1211, préc., § 2.

(50) V. notamment, dans la situation de contrôle indirect du capital et d'existence d'un dirigeant commun à l'entreprise française et à l'entreprise étrangère : Cons. d'État, 25 janv. 1989, req. n. 49847, *Sté Hempel Peintures Marine France : Dr. fisc.* 1989, n. 20-21, comm. 1000, concl. Comm. gouv. P. MARTIN ; *Dossiers brevets* 1990, n. 5, J.-L. PIERRE.

(51) Cons. d'État, 3 août 1942, req. n. 65810 : *Rec. Cons. d'État* 1942, p. 248.

Il en est ainsi dans de multiples situations que la jurisprudence a eu à examiner et, notamment, lorsque l'entreprise française fournit des marchandises (52) ou cède des immobilisations (53) à des prix inférieurs aux prix du marché, accorde un prêt ou une avance à un taux inférieur à celui du marché (54), cède ou concède des droits de propriété intellectuelle pour des montants inférieurs à la valeur de ces droits (55), consent un abandon de créances non justifié (56), prend en charge des frais qui ne lui incombent pas (57) ou en présence d'opérations symétriques avec l'étranger et également préjudiciables au Trésor public (le vendeur ou le prestataire est alors établi à l'étranger, et le prix payé par l'entreprise française est considéré comme excessif) (58).

796. – Le caractère d'avantage particulier doit être établi par l'administration en montrant que le prix convenu ne répond pas à l'objectif de prix de pleine concurrence *(arm's length transaction)* ; ce dernier correspond au montant qu'un tiers serait prêt à payer tout en conservant la possibilité de réaliser un profit raisonnable. Les méthodes recommandées par l'OCDE (59) sont, dans l'ordre décroissant :

– celle de la comparaison avec le prix de transfert du même bien ou du même service à un tiers ou avec celui du transfert d'un bien ou service similaire ou proche à un tiers ;
– celle du prix de vente global, diminué de la marge bénéficiaire appropriée ;
– celle du prix de revient majoré ;
– à défaut, les méthodes transactionnelles de bénéfices.

---

(52) Cons. d'État, 2 juin 1976, req. n. 94758 : *Dr. fisc.* 1977, n. 39, comm. 1362.

(53) Cons. d'État, 29 janv. 1964, req. n. 47515 : *Rec. Cons. d'État*, 1964, p. 57.

(54) Cons. d'État, 12 nov. 1975, req. n. 94839 : *RJF* janv. 1976, n. 12.

(55) Cons. d'État, 11 juin 1982, req. n. 16187 : *RJF* août-sept. 1982, n. 774.

(56) C. adm. Paris 26 mars 1991 *(Europ Continents)*, req. n. 2624 : *RJF* juin 1991, n. 746.

(57) Cons. d'État, 19 oct. 1988, req. n. 56218 : *Dr. fisc.* 1989, n. 7, comm. 241, G. TIXIER et T. LAMULLE. V. égal. Cons. d'État, 18 mars 1994, req. n. 68799, 70814 *(SA Sovemarco Europe) : Bull-Joly* mai 1994, n. 168 (affaire relative notamment à la prise en charge des frais de foires exposés par des filiales étrangères).

(58) V. notamment Cons. d'État, 27 fév. 1991 *(Sté APBP)*, req. n. 48780 : *Dr. fisc.* 1992, n. 13, comm. 664, concl. Comm. gouv. O. FOUQUET (affaire relative à des droits de reproduction et de commercialisation).

(59) Principes applicables en matière de prix de transfert à l'intention des entreprises multinationales et des administrations fiscales, 1995. Pour une analyse des méthodes de détermination de prix de transfert, v. notamment les études de J.-P. LE GALL, *Quelques réflexions sur l'* « arm's length principle » *après le 46e congrès de l'International Fiscal Association* in *Dr. fisc.* 1992, n. 50. – D. SIMONIN, « Importance du droit comparé dans la mise en place d'une politique de prix de transfert » : *RID comp.* 2-1995. Une loi du 12 avril 1996 (L. n. 96-314) a renforcé le dispositif de contrôle des prix des transactions internationales par l'administration fiscale, qui s'est vue attribuer une procédure particulière de demande de renseignements ainsi qu'une prorogation du droit de reprise.

Cette dernière méthode est fréquemment retenue en matière de transferts de droits de propriété industrielle, en raison de l'inadaptation des autres méthodes d'évaluation de prix *« normaux »*. Pour de tels transferts, elle amène à prendre en considération l'ensemble des circonstances de la transaction, notamment l'originalité et l'apport de l'élément incorporel (60), sa durée probable d'exploitation, l'étendue de sa protection juridique, le caractère exclusif ou non du transfert ou de la concession, la situation de la concurrence sur le marché concerné, le coût de découverte ou de réalisation de l'élément incorporel et la rentabilité de l'entreprise cessionnaire ou licenciée, anticipée sur une longue période.

797. – Une fois que l'existence du lien de dépendance et celle de l'avantage consenti ont été établies par l'administration, la charge de la preuve est renversée. Il appartient à l'entreprise française de démontrer, pour éviter les effets d'un redressement fiscal, que l'avantage consenti répondait à des nécessités commerciales réelles, telles que le développement dans un marché difficile ou la compensation d'avantages réciproques, voire à une aide financière apportée à une filiale en difficulté (61). Ce renversement de la charge de la preuve est, en droit fiscal, une exception importante au principe selon lequel la charge de la preuve incombe, de manière générale, à l'administration (LPF, art. L. 192). À défaut de pouvoir apporter une telle preuve, l'entreprise française se voit redressée au titre de l'article 57 du CGI.

798. – Les effets de ce redressement sont :

– la réintégration du montant, correspondant à l'avantage consenti, dans le résultat imposable de l'entreprise française, l'impôt dû étant accompagné d'intérêts de retard et, éventuellement, de pénalités ;

– lorsque l'entreprise concernée est une société de droit français passible de l'impôt sur les sociétés, l'application du régime des revenus réputés distribués, à savoir un prélèvement fiscal sur le fondement des articles 109-1-1° (62), 109-1-2° ou 111-c (63) du CGI. Le taux de retenue à la source appliqué par l'administration est, non pas de 25 % (CGI,

---

(60) Cons. d'État, 25 oct. 1989, req. n. 65009 *Sté Caterpillar France : Dr. fisc.* 1990, n. 44, comm. 2037, concl. Comm. gouv. M. LIÉBERT-CHAMPAGNE ; *Dossiers brevets* 1990, n. 5, J.-L. PIERRE.

(61) J. TUROT, *Avantages consentis entre sociétés d'un groupe multinational* in *RJF* mai 1989. La seule justification de la valorisation de la participation dans la filiale n'est pas suffisante. – Cons. d'État, 17 fév. 1992, req. n. 81690 et 82782, *Sté Carrefour : Dr. fisc.* 1992, n. 52, comm. 2458.

(62) D. n. 48-1986, 9 déc. 1948, art. 39-I.

(63) D. 9 déc. 1948, préc., art. 41.

art. 119 *bis*-2), mais de 25/75 (64) en raison de l'absence de versement initial de retenue à la source (65).

799. – Les montants qui font l'objet d'un redressement ont généralement été déjà imposés dans le pays de résidence du bénéficiaire des paiements. Alternativement, si le redressement en France porte sur une facturation estimée insuffisante, ces montants peuvent être considérés comme des charges non déductibles dans le pays de résidence du débiteur des paiements. Cette double imposition pourra éventuellement être ultérieurement supprimée dans le cadre de l'ajustement corrélatif, l'administration fiscale étrangère acceptant tous les effets fiscaux liés au montant adéquat de revenu, ou de charge déductible, fixé par l'administration française, ou dans celui de la mise en œuvre de la procédure de règlement amiable prévue par la plupart des conventions internationales conclues par la France (66).

Il est en pratique difficile d'obtenir la neutralisation de la double imposition résultant d'un redressement qui a des implications internationales, en raison notamment du caractère non contraignant de la clause de règlement amiable.

800. – L'article 238-A du CGI (67) a un champ d'application restreint par rapport à celui de l'article 57, car il ne vise que certains paiements effectués à des résidents étrangers bénéficiant d'un régime fiscal privilégié.

801. – À propos de la notion de *« régime fiscal privilégié »*, l'administration a précisé (68) que la comparaison entre le régime d'imposition du bénéficiaire des paiements, dans le pays ou territoire où il est domicilié ou établi, et celui qui s'appliquerait si cette personne était passible de l'impôt sur le revenu ou de l'impôt sur les sociétés en France, doit s'appliquer à des impôts, considérés dans leur ensemble, porter sur des impôts de même nature, tenir compte de l'existence de régimes fiscaux particuliers.

---

(64) Doc. adm. DGI 4 A-1212, 1er sept. 1993, § 14. Les dispositions des conventions internationales ne sont toutefois pas toujours applicables : v. C. adm. Paris 6 avril 1993, req. n. 91-669, *SA Société minière et chimique de Pennaroya : Dr. fisc.* 1994, n. 5, comm. 164, concl. Comm. gouv. N. MOUREIX, note G. TIXIER et T. LAMULLE.

(65) Ce taux peut être réduit par l'effet de l'application d'une convention internationale. Lorsqu'une convention internationale s'applique et qu'elle exclut toute retenue à la source pour des revenus réputés distribués, l'administration perd le droit d'imposer celle-ci.

(66) V. Instr. adm. 4 mars 1986 : *BODGI* 14 F-1-86. L'ajustement effectué par l'administration étrangère dans le cadre de la procédure de règlement amiable peut revêtir la forme d'un dégrèvement d'impôt, ou d'un crédit d'impôt.

(67) Codification de l'art. 14, L. n. 73-1150, 27 déc. 1973 et de l'art. 90-I, L. n. 81-1160, 30 déc. 1981.

(68) Instr. adm. 26 juin 1975 : *BODGI* 4 C-8-75. Les dispositions de l'instruction sont reprises à peu près intégralement *in* Doc. adm. DGI 4 C-6, 1er oct. 1992.

À titre de règle pratique, selon l'administration, on peut

> « présumer qu'on se trouve en présence d'un régime fiscal privilégié lorsque, dans l'État étranger ou le territoire considéré (...), le bénéficiaire étant passible des impôts sur les bénéfices, le niveau du prélèvement fiscal global supporté par une entreprise à raison des revenus ou des rémunérations en cause, ainsi que de ses autres profits professionnels, est inférieur d'au moins un tiers au taux normal de l'impôt français sur les sociétés » (69).

La comparaison effectuée doit être précise et ne peut s'appuyer seulement sur des taux moyens globaux d'imposition (70). Cette comparaison ne doit être effectuée par l'administration que si le contribuable conteste que le bénéficiaire des paiements soit soumis à un régime fiscal privilégié (71).

802. – L'article 238-A du CGI a pour effet de renverser la charge de la preuve lorsque des paiements pour certains types d'opérations (72) sont effectués au bénéfice d'une personne domiciliée ou établie dans un pays à fiscalité privilégiée. Dans une telle situation, il incombe au débiteur, personne physique ou morale domiciliée ou établie en France, d'établir que ces montants ont une contrepartie effective et qu'ils ne sont pas excessifs. À défaut, les effets du rehaussement de résultat imposable sont identiques à ceux de l'article 57 du CGI. Si l'article 238-A, à la différence de l'article 57, renverse immédiatement la charge de la preuve dès lors que l'administration démontre que le bénéficiaire des paiements est domicilié ou établi dans un pays à fiscalité privilégiée, ses effets sont en revanche limités à certaines opérations (prestations de services) qui interviennent avec des pays répondant à cette qualifica-

---

(69) Une note du 9 octobre 1975 (*BODGI* 4 C-2-75) contient des listes d'États et de territoires étrangers concernés par les dispositions de l'art. 238-A. Cette note indique toutefois que *« ces listes ne doivent pas être considérées comme exhaustives »*, et que *« leur contenu est susceptible d'être ultérieurement modifié en fonction de l'évolution de la fiscalité dans les pays ou territoires en cause »*.

(70) Cons. d'État, 21 mars 1986, req. n. 53002 : *RJF* mai 1986, n. 470, concl. Comm. gouv. O. FOUQUET. Sur une approche différente, v. C. adm. Nancy 30 janv. 1992, req. n. 649, *Brendle et Cie : RJF* juill. 1992, n. 951. Dans cette dernière affaire, relative au caractère (non) privilégié du régime fiscal suisse (demi-cantons de Bâle Ville et Bâle Campagne), la méthode suivie par le juge a été de se référer essentiellement au taux maximum des bénéfices des entreprises et à l'existence, au sein de la convention fiscale France-Suisse, de dispositions pour lutter contre l'évasion et la fraude fiscales.

(71) Cons. d'État, 22 fév. 1989, req. n. 71593, *Co Plan : RJF* avril 1989, n. 427.

(72) Parmi les paiements visés figurent les versements de commissions à des intermédiaires pour l'obtention de contrats ou de marchés. Sur cette question, v. J.-P. LE GALL, *Le régime des commissions versées par les entreprises françaises pour l'obtention de marchés à l'exportation : JCP* 84, éd. E, II, 14342. – J. TUROT, *Commissions à l'exportation : RJF* mars 1990.

tion. Ces deux dispositifs législatifs peuvent être éventuellement utilisés conjointement par l'administration (73).

803. – Dès lors que l'existence d'un régime fiscal privilégié est établie par l'administration, ou qu'elle n'est pas contestée par l'entreprise française, cette dernière, pour pouvoir éviter les effets d'un redressement fiscal, doit démontrer que les paiements effectués ont une contrepartie effective et qu'ils ne sont pas excessifs. Par ailleurs, lorsque l'administration ne peut établir l'existence d'un régime fiscal privilégié, il arrive que le juge confirme le bien-fondé du redressement sur le fondement des conditions générales de déductibilité des charges prévues à l'article 39-1-1° du CGI (74).

β) Police des revenus des personnes domiciliées ou établies à l'étranger

804. – Ces moyens tiennent essentiellement (75) à l'article 155-A du CGI :

> « I. – Les sommes perçues par une personne domiciliée ou établie hors de France en rémunération de services rendus par une ou plusieurs personnes domiciliées ou établies en France sont imposables au nom de ces dernières :
> Soit, lorsque celles-ci contrôlent directement ou indirectement la personne qui perçoit la rémunération des services ;
> Soit, lorsqu'elles n'établissent pas que cette personne exerce, de manière prépondérante, une activité industrielle ou commerciale, autre que la prestation de services ;
> Soit, en tout état de cause, lorsque la personne qui perçoit la rémunération des services est domiciliée ou établie dans un État étranger ou un territoire situé hors de France où elle est soumise à un régime privilégié au sens mentionné à l'article 238-A.
> II. – Les règles prévues au I sont également applicables aux personnes domiciliées hors de France pour les services rendus en France.

---

(73) L'administration peut également chercher à contester la déductibilité des paiements en cause sur le fondement de l'article 240 (art. sanctionnant la non-déclaration sur l'imprimé DAS 2 de certains paiements effectués par l'entreprise).

(74) Depuis quelques années, l'administration semble recourir plus fréquemment que par le passé au moyen subsidiaire de l'acte anormal de gestion et de l'absence d'intérêt pour l'entreprise française à avoir effectué l'opération, justifiant ainsi un redressement sur le fondement de l'art. 39-1 : C. adm. Nancy 26 mars 1992, req. n. 90-433, *SA Outirop-Fasterners : Bull.-Joly* nov. 1992, n. 401 (affaire relative à la déductibilité d'intérêts d'emprunts contractés par une société française auprès de deux sociétés suisses). – C. adm. Lyon 30 nov. 1989, req. n. 89-527, *Sté Zénith Aviation : Dr. fisc.* 1990, n. 22, comm. 1070 (affaire relative à des commissions). V. G. Tixier, *L'évolution de la jurisprudence au regard de l'article 238 A du CGI : Dr. fisc.* 1994, n. 12.

(75) Rappr. CGI, art. 209-B.

III. – La personne qui perçoit la rémunération des services est solidairement responsable, à hauteur de cette rémunération, des impositions dues par la personne qui les rend » (76).

805. – L'article 155-A a pour finalité d'attribuer à l'administration fiscale française le droit d'imposer des revenus qui rémunèrent une activité de services exercée par une personne physique ou morale en France et qui sont versés, non pas à ce prestataire, mais à une tierce personne, physique ou morale, domiciliée ou établie à l'étranger. Ce dispositif vise principalement à faire échec aux opérations de *« délocalisation »* de revenus provenant de prestations de services accomplies en France par des personnes physiques qui y sont domiciliées ou par des sociétés qui y sont établies : les revenus en question, au lieu d'être appréhendés par celles-ci, le sont par des personnes physiques domiciliées hors de France ou par des sociétés établies également hors de France, dans un pays ayant signé avec la France une convention relative aux doubles impositions, afin d'échapper aux règles de territorialité de l'impôt français. On rappellera à cet égard, que dans le cadre de la plupart des conventions fiscales internationales, de tels revenus ne sont pas ou sont peu imposables en France, en raison, notamment, de la non-application de la retenue à la source de 33 1/3 % de l'article 182-B du CGI. Destiné à combattre l'évasion fiscale internationale dans le domaine des activités de services, l'article 155-A du CGI est sans doute en pratique davantage un moyen de répression à l'encontre des personnes physiques qu'à l'encontre des entreprises.

806. – La question de la compatibilité du régime de l'article 155-A et des règles de partage d'imposition prévues par les conventions internationales peut, dans la pratique, s'avérer assez délicate.

Il en est ainsi bien que, selon l'administration (77), les dispositions de l'article 155-A s'appliquent nonobstant les règles de partage d'imposition prévues par les conventions internationales.

2) Moyens des administrations fiscales étrangères

807. – Nous distinguerons ici, encore, entre la *police des prix de transfert de biens ou de services entre entreprises liées* (α) et celle de *l'imposition auprès de la société mère des résultats de filiales situées dans des pays à fiscalité protégée* (β).

---

(76) Codification de l'art. 71 (L. n. 80-30, 18 janv. 1980) et de l'art. 30-II-2 et 5 (L. n. 89-935, 29 déc. 1989).
(77) Instr. adm. 5 oct. 1982 : *BODGI* 5 K-1-82, § 24.

α) Police des prix de transfert de biens ou de services entre entreprises liées

808. – Les administrations fiscales des principaux pays étrangers ont à leur disposition (78), pour combattre l'évasion et la fraude fiscales internationales, des textes dont la portée est assez proche des textes correspondants de la législation fiscale applicable dans notre pays, du CGI français, par conséquent (79).

809. – Il est intéressant d'observer que dans de nombreux pays, des dispositions spécifiques existent au sein des lois fiscales en ce qui concerne la détermination des prix de transfert entre un contribuable du pays concerné et une personne liée située à l'étranger. Tel est notamment le cas pour l'Autriche, la Belgique, le Danemark, la Finlande, l'Allemagne, l'Italie, le Japon, la Corée du Sud, le Mexique, la Norvège, la Suède, le Royaume-Uni et les États-Unis.

À l'opposé, quelques États, tels les Pays-Bas et la Suisse, n'ont pas, au sein de leur législation fiscale, de disposition spécifique relative à la détermination des prix de transfert. Le droit des administrations fiscales de ces États de corriger des prix de transfert intra-groupe résulte alors soit d'un principe général posé par la loi, soit de règles établies par la jurisprudence. Les principes suivis dans la plupart des pays étrangers sont identiques à (ou proches de) ceux posés par l'OCDE dans son rapport de 1995. On signalera, toutefois, ici l'éloignement, apparu depuis quelques années, de l'administration fédérale américaine des méthodes de détermination de prix de pleine concurrence posées par l'OCDE. On soulignera par ailleurs l'étendue des obligations déclaratives, à l'égard de l'administration fiscale fédérale, des groupes internationaux dont la société mère ou une filiale est établie aux États-Unis.

β) Police de l'imposition, au niveau de la société mère, des résultats de filiales situées dans des pays à fiscalité privilégiée

810. – La plupart des États industrialisés ont, au cours des deux dernières décennies, introduit des législations prévoyant l'imposition au

---

(78) V. notamment International fiscal association, *Cahiers de droit fiscal international*, vol. 77 a, *Transfer princing in the absence of comparable market prices*, 1992.

(79) On mentionnera à cet égard, sans que cette présentation puisse avoir un quelconque caractère exhaustif, l'article 8 de la KstG en Allemagne, la section 69 [2] et [3] de l'*Income tax act* du Canada, l'article 12 de la loi sur l'impôt sur le revenu des sociétés du Danemark, l'article 76 [5] du décret présidentiel italien n. 917 du 22 décembre 1986, l'article 66-5 de la loi japonaise sur les mesures d'imposition spécifique, les articles 770 à 773 de l'*Income corporation tax act* de 1988 en Grande-Bretagne, et la section 482 de l'*Internal revenue code* des États-Unis, dont l'origine remonte à la section 45 du *Revenue act* de 1928.

niveau des sociétés résidentes de l'État concerné des résultats de filiales contrôlées par ces sociétés et situées dans des pays à fiscalité privilégiée. Ces régimes de consolidation fiscale obligatoire, dont les modalités diffèrent d'un pays concerné à l'autre, existent notamment aux États-Unis (avec la législation relative aux *CFC – controlled foreign corporations* – et au *Subpart F income*), au Canada, au Japon et au Royaume-Uni.

Un tel régime de consolidation obligatoire existe également en France. Les dispositions de ces régimes sont susceptibles d'être appliquées à un groupe français détenant une société holding intermédiaire dans l'un de ces pays lorsque cette dernière contrôle, elle-même, une filiale établie dans un pays à fiscalité privilégiée. L'administration française a indiqué (80) que le problème des doubles impositions résultant de l'application cumulée des dispositions de l'article 209-B du CGI et du régime de consolidation fiscale obligatoire d'un autre pays industrialisé sera traité *« dans le cadre de la procédure d'entente prévue par la convention fiscale conclue avec cet autre État »*. Il n'est pas acquis, en raison de la procédure utilisée, que la double imposition en cause puisse être supprimée par décision des administrations concernées.

SECTION II

L'ENTREPRISE CHOISIT UNE STRATÉGIE DE COOPÉRATION

811. – À une politique d'installation par moyens propres ou, à l'inverse, d'acquisition d'une société locale, l'opérateur national, entreprise de production, services ou distribution, peut préférer une politique d'alliance avec une entreprise de l'État visé permettant des partages d'investissements, de risques matériels, commerciaux, technologiques et de gestion quotidienne. Parfois, d'ailleurs, *« le droit de l'investisseur étranger (pays socialistes, pays en voie de développement) ou sa pratique (Japon) n'autorisent pas d'autres solutions que le partenariat »* (81).

(80) Instr. adm. 15 fév. 1983 préc., § 79.

(81) A. GARCIA, *op. cit.*, n. 9, p. 7. Le président de Ford annonçait, ainsi, le 6 janvier 1996 : *« Nous venons de conclure un accord de* joint-venture *avec Mazda pour produire, à partir de 1997, des* pick-up *en Thaïlande. Nous étudions un partenariat similaire en Indonésie. En Chine, nous allons conclure des accords de partenariat avec des groupes locaux pour produire des composants et des camions (une version du Transit). Nous étudions aussi la possibilité d'y fabriquer une voiture. Mi 1996, la production de Fiesta et d'Escort débutera en Inde grâce à un* joint-venture *que nous avons créé avec le constructeur indien Mahindra-et-Mahindra. Des Ford devraient bientôt sortir des chaînes*

Nous en envisagerons, tour à tour, les *aspects juridiques* (§ 1) et les *aspects fiscaux* (§ 2) de cette coopération entre entreprises.

§ 1. – Les aspects juridiques

812. – L'objectif de rapprochement et d'alliance peut être atteint au moyen d'un système contractuel, éventuellement complété par une construction sociétaire, dit *joint-venture* (82), expression du langage économique dont les instruments juridiques de réalisation sont divers (83).

L'origine anglo-saxonne de l'opération, l'influence de la pratique américaine, l'absence de réglementations nationales propres ont fait le succès de l'expression *joint-venture* face à laquelle association d'entreprises (84), groupement contractuel d'entreprises (85), entreprises conjointes (86), accords de coopération (87) ou même, préférable, co-entreprise (88) n'ont pu s'imposer.

---

vietnamiennes que nous détenons avec un groupe local. Au vu de l'ensemble de ces projets et des perspectives de développement de cette région, nous comptons y vendre 200 000 unités d'ici à la fin du siècle, contre quelques centaines aujourd'hui » (*Le Monde*, 6 janv. 1996).

(82) *Cah. dr. entrepr.* 1979.V. *Les joints-ventures*, numéro spécial.

(83) La situation n'est pas exceptionnelle et nous pourrions faire des observations voisines pour le terme de licence ; il s'agit d'expressions du vocabulaire économique (là : libération de l'accès à des informations de situations juridiques diverses ; ici : coopération d'entreprises de régimes distincts) dont les instruments juridiques de réalisation peuvent être bien différents (là : en raison de la diversité des situations juridiques des informations concernées, appropriées ou non... ici : recours à des instruments juridiques différents, dont ou non sociétés, ayant ou non, de surcroît, la personnalité juridique).

(84) L.-O. BAPTISTA et P. DURAND-BARTHEZ, *Les associations d'entreprises* (joint-ventures) *dans le commerce international*, Coll. Feduci, LGDJ 1986.

(85) Cl. CHAMPAUD, *Les méthodes de groupement des sociétés*, Travaux et recherches de l'Institut de droit comparé de Paris, Congrès d'Upsala 1966, p. 573.

(86) K. LANGEFELD-WIRTH, *op. cit.*, p. 22. L'expression *« conjointe »* est mal venue en droit français dans la mesure où, en matière d'obligations, conjointes signifie plutôt disjointes.

(87) B. MERCADAL et Ph. JANIN, *Les contrats de coopération inter-entreprises*, éd. Fr. Lefebvre 1974. – M. DUBISSON, *Les groupements d'entreprises pour les marchés internationaux*, 1re éd. Feduci 1979, 2e éd. *Bibl. dr. entrepr.* n. 18, Litec 1985 et *Les accords de coopération dans le commerce international,* Lamy 1989. – CREDA, *Le contrat-cadre*, t. I : *Explorations comparatives, France, Allemagne, Italie, Angleterre, États-Unis*, Litec 1995, n. 35 et s., p. 29 et s. et n. 423 et s., p. 281 et s.

(88) L'expression a été retenue par les commissions spécialisées de l'ONU. B. WILBOIS, *Livre blanc : La « co-entreprise » ou « joint-venture »*, *Management International*, 1984. – N. LACASSE, *La réalisation d'une co-entreprise à l'étranger : le choix de la forme juridique*, comm. à Fac. de droit d'Ottawa, Coll. *Faire des affaires à l'étranger : La co-entreprise à l'étranger*, 1989, p. 45 et s. L'arrêté du 11 octobre 1990 impose l'emploi d'une des trois expressions : entreprise commune, opération conjointe et co-entreprise.

813. – Nous nous intéresserons, tour à tour, à la *notion* (A), puis au *régime* (B) de cette *joint-venture*.

A. – LA NOTION DE *JOINT-VENTURE*

814. – En langue juridique anglaise, « *lorsque les tribunaux nord-américains se réfèrent à la notion (économique) d'entreprise, ils emploient l'expression* venture, *plus rarement celle d'entreprise. La* "venture" (ou adventure) *est donc l'entreprise au sens où elle est conçue par la tradition civiliste, l'accent étant toutefois mis sur la notion de risque* » (89).

Puisant son origine dans le boom immobilier de Philadelphie, cette technique de droit interne américain au départ s'est, ensuite, développée dans le domaine de l'exploitation pétrolière et minière, des groupements bancaires, des accords de recherche, de fabrication en commun... De grandes entreprises y recourent mais aussi des entreprises de moindres dimensions, au plan interne (90) comme international dont c'est le terrain d'élection.

815. – Le recours à une même expression pour désigner des opérations économiques qui vont utiliser des instruments de droit différents et se réaliser dans des environnements juridiques distincts rend les définitions très lâches.

816. – L. Baptista et P. Durand-Barthez ont alors recherché les caractéristiques qu'une opération de *joint-venture*, doit réunir (91).

817. – *L'origine et le caractère contractuel, l'absence de forme spécifique :* les deux principes de la liberté conventionnelle et du consensualisme dispensent de tout recours à des formules particulières.

818. – *La nature associative (partage de moyens et de risques) :* la *joint-venture* comporte, dès le départ, une mise en commun de moyens se traduisant par des apports en espèces, en nature ou en industrie et/ou un système de répartition de frais.

La *joint-venture* se caractérise, en second, par un accord sur les résultats parmi lesquels il faut compter les résultats intellectuels dont les clauses d'affectation, banales dans les accords de recherche commune, règlent communication, réservation et commercialisation. Elles s'accor-

(89) L.-O. BAPTISTA et P. DURAND-BARTHEZ, *op. cit.*, p. 8.

(90) Peut-être faudra-t-il y rattacher les « *parrainages à l'exportation* », régulièrement projetés par nos administrations françaises du commerce extérieur.

(91) *Ibid.*, p. 9 à 19.

dent pour distribuer les profits (92) mais aussi pour partager les pertes (93).

819. – Le droit des participants à la gestion : la *joint-venture* appelle une mise en commun des pouvoirs, des moyens et des autorités de gestion et, donc, des responsabilités. En principe, chaque participant peut ainsi participer à la gestion et le souci égalitaire, d'origine contractuelle, est souvent rappelé et, en cas de création de société, se traduit par une participation égalitaire des associés.

820. – L'objectif et/ou la durée limitée : la *joint-venture* est liée à la réalisation d'une opération économique particulière et s'oppose à l'imprécision voulue de l'objet de la plupart des sociétés. En découle la mesure difficile de la durée des relations (94) ; au contrat à durée indéterminée les parties préfèrent un contrat à durée déterminée de moyenne durée avec clause de prorogation tacite ou de longue durée et clauses facilitant une résiliation anticipée.

821. – Savoir si la *joint-venture* implique ou non le *recours à un instrument sociétaire* est, en fin de compte, la question majeure, peu important si l'entreprise conjointe est nouvellement créée ou tient à l'entrée d'un nouvel opérateur faite à l'occasion d'une augmentation de capital.

---

(92) M. DUBISSON, *op. cit.*, n. 233, p. 150.

(93) L.-O. BAPTISTA et P. DURAND-BARTHEZ ne mentionnent pas le partage des profits « *Cela laisse la place aux formes associatives dans lesquelles le profit est en quelque sorte "médiat". On sait que la nouvelle définition que l'art. 1832 du Code civil français donne de la société permet de constituer celle-ci non seulement pour "partager un bénéfice", mais encore pour "profiter de l'économie qui pourra en résulter". Il existe, par ailleurs, des formes statutaires d'association, telles que le GIE français ou le* "consorcio" *brésilien, pour lesquelles la recherche et le partage des bénéfices ne sont que des éventualités parmi d'autres. Dans le cas de la* joint-venture, *il en est de même. On peut d'ailleurs se demander si le caractère "accessoire" du profit n'y est pas plus accusé puisque, la plupart du temps, les parties ne cherchent pas à créer un centre de profit autonome. La* joint-venture *est en général un moyen de poursuivre en commun les objectifs propres des participants. S'il y a création d'une entité juridique séparée, dotée de la personnalité morale, c'est plutôt par nécessité, pour satisfaire des contraintes extérieures : par exemple, s'il paraît indispensable de faire détenir des biens à l'association* (equity joint-venture) » (*op. cit.*, p. 20).

(94) L.-O. BAPTISTA et P. DURAND-BARTHEZ observent « *Les* co-venturers *recherchent un moyen terme entre deux buts antinomiques. Il s'agit à la fois de lier le partenaire suffisamment pour être assuré de sa présence jusqu'à l'obtention des objectifs à long terme et de se ménager des "portes de sortie" si l'évolution effective du contrat ne conduit pas à l'équilibre escompté entre les sacrifices consentis et les "revenus" attendus* » (*op. cit.*, p. 65).

Les uns (L.-O. Baptista, P. Durand, M. Dubisson) insistent sur le caractère contractuel de l'opération et tiennent la mise en place d'un appareil sociétaire comme l'introduction, possible, d'un simple moyen. Ils relèvent que les termes employés par les parties manifestent souvent leur volonté d'écarter la création d'une personne juridique nouvelle. Ce qui est clair dans l'esprit des parties peut, cependant, l'être moins d'un point de vue juridique et on peut se trouver en présence d'une société de fait (95).

D'autres (R. Horten, Ph. Sarrailhé, K. Langefeld-Wirth, A. Garcia) tiennent la présence d'un dispositif sociétaire comme nécessaire à la qualification comme *joint-venture* d'une opération de coopération et y voient l'élément distinctif de cette figure (96).

Possible et, à nos yeux, point nécessaire, le recours à la société paraît souhaitable dès lors que les parties ajoutent à leurs objectifs une limitation dans le partage des résultats négatifs et, surtout, lorsqu'elles abandonnent la loi de l'unanimité, caractéristique du contrat, pour celle de la majorité,

(95) De nombreuses personnes peuvent être intéressées par la reconnaissance de la personnalité juridique à un groupement d'entreprises ayant conclu un accord de coopération dont, notamment, les créanciers non soldés de l'une des parties, insolvable, au groupement. Or, selon l'art. 1872-1 du Code civil « *Chaque associé contracte en son nom personnel et est seul engagé à l'égard des tiers. Toutefois, si les participants agissent en qualité d'associés au vu et au su des tiers, chacun d'entre eux est tenu à l'égard de ceux-ci des obligations nées des actes accomplis en cette qualité par l'un des autres, avec solidarité si la société est commerciale, sans solidarité dans les autres cas* ». Ainsi, tous les membres risquent d'être personnellement et solidairement engagés par les engagements de l'un d'eux, à supposer le droit français applicable.

(96) R. HORTEN et Ph. SARAILLHÉ, *Les* joint-ventures *franco-américains – Aspects juridiques et fiscaux de l'établissement d'une filiale commune aux États-Unis*, Coll. Feduci, éd. FEC-Larcier 1994. – K. LANGEFELD-WIRTH et A. GARCIA observent « *Les variations de change, les diversités de conditions nationales et les obstacles tarifaires et non tarifaires toujours persistants (politique du contenu local) obligent à mettre en place des structures internationales appuyées sur des partenaires qui disposent d'une expérience et de contacts dans la communauté d'affaires et auprès des autorités locales. Ces coopérations peuvent prendre diverses formes : sans échange de capital (accords de coopération, transferts de technologie, contrats de management, franchises, contrats à long terme de fournitures...) ; avec échange de capital* (joint-venture) ; *l'entreprise conjointe est une des formes de coopération les plus intensives, puisqu'elle implique cession de capital, participation au management et souvent transfert de technologie. La coopération à travers une société de capitaux implique diverses conditions : investissement qui ne peut être supporté par un seul partenaire ; création d'une personne juridique apte à contracter des obligations envers les tiers ; unité d'action autonome et organisée ; responsabilité de la maison mère limitée au capital versé ; financement de l'entreprise conjointe sur le marché des capitaux ; structure financière hors bilan pour la maison mère quand l'entreprise conjointe est en dehors du périmètre de consolidation ; éventuels avantages fiscaux : il peut être intéressant de localiser les profits dans l'entreprise conjointe plutôt que de les rapatrier sous forme de royalties, droits de licence ou honoraires de management ; les résultats des développements techniques restent la propriété de l'entreprise conjointe, donc des partenaires. Ceci est souvent plus confortable que de participer aux résultats acquis par un partenaire de coopération ; une activité organisée en entreprise conjointe peut plus facilement être cédée à des tiers* » (*op. cit.*, n. 24, p. 26 et 27).

caractéristique de la société ou, plus largement, du groupement (97) et (98).

Le recours à l'entité commune ne présente pas, toutefois, que des avantages et la répartition, fréquente, des parts à 50-50 est porteuse de blocages.

822. – Le débat porte, peut-être, davantage sur *le rôle du contrat de joint-venture* que sur la présence nécessaire d'une structure sociétaire :

> « Nous avons avancé l'idée selon laquelle la ou les sociétés mises en place pour les besoins d'une *joint-venture* peuvent être un moyen, non une fin. Si le but de la *joint-venture* n'est pas la création d'une entité économique autonome et si la société n'est mise en place que pour satisfaire à des contraintes d'ordre juridique ou fiscal imposées "de l'extérieur", les véritables objectifs étant ailleurs, les considérations liées à la présence d'une société sont en un sens secondaires » (99).

Au départ de l'opération de *joint-venture*, il y a un contrat qui, pour les uns (100) – et même, tantôt –, est la pièce maîtresse, exclusive ou non, sans doute durable... et, pour les autres (101) – et même, tantôt –, un simple contrat préalable à la constitution de l'entité commune et s'effaçant à sa formation.

---

(97) L.-O. BAPTISTA et P. DURAND-BARTHEZ en conviennent, d'ailleurs. Après avoir retenu la conception contractuelle très ample de la joint-venture, ils observent : *« Cependant, il faut garder présent à l'esprit que, dans son acception courante auprès des praticiens, la notion de* joint-venture *est légèrement plus restrictive puisqu'elle comporte un critère supplémentaire, à savoir le partage des résultats qui entraîne la présence d'une forme de société dotée ou non de la personnalité morale »* (*op. cit.*, p. 44).

(98) M. DUBISSON remarque *« Les inconvénients sont nombreux et peuvent s'avérer très onéreux pour les sociétés mères de l'entité commune. En effet, pour que l'entité commune soit effectivement en mesure d'exécuter un marché, il faut qu'elle dispose de moyens appropriés. Tout d'abord, elle doit avoir le personnel qualifié nécessaire. Certes, les entreprises ayant constitué l'entité commune pourront détacher auprès d'elle soit à prix coûtant, soit gratuitement des membres de leur personnel. Mais un tel détachement ne permettra l'exécution du marché que dans la mesure où celui-ci ne comporte que des prestations intellectuelles ne nécessitant pas de mises de fonds importantes. Dans tous les autres cas, il faudra que l'entité commune soit en outre dotée par ses membres des moyens industriels et financiers lui permettant d'exécuter le marché. Or, une telle dotation qui peut nécessiter des apports en nature et qui requiert des mises de fonds, sous une forme ou sous une autre, peut s'avérer extrêmement coûteuse. C'est la raison pour laquelle les entreprises qui décident de constituer une entité commune pour signer un marché préfèrent généralement se faire confier l'exécution effective de la plus grande partie du marché qui leur est alors sous-traitée par leur entité commune. Dans un tel cas cependant, le client pouvant, souvent à juste titre, concevoir quelques doutes sur la solvabilité d'une entité constituée pour le seul besoin de l'exécution du marché exigera le plus souvent des membres de l'entité commune, que ces derniers soient ou non sous-traitants, une garantie solidaire pour la bonne exécution du marché »* (*op. cit.*, n. 236, p. 153).

(99) *Ibid.*, p. 21.

(100) L.-O BAPTISTA et P. DURAND-BARTHEZ, *op. cit.*, et la préface de H. LESGUILLONS.

(101) K. LANGERFELD-WIRTH, *op. cit.* et M. HORTEN et Ph. SARRAILHÉ, *op. cit.*

B. – LE RÉGIME DE LA *JOINT-VENTURE*

823. – Quelle que soit l'importance relative de la composante contractuelle dans l'ensemble de l'opération, l'organisation d'une *joint-venture* intervient dans le respect de différentes contraintes réglementaires liées au contrôle des investissements étrangers du pays d'accueil (102) et, souvent, des transferts de technologies (103).

824. – Le montage volontaire consiste, alors, dans le recours à différentes pièces ou *composantes* (1°) qui importent tout autant que leur *combinaison* (2°).

1° *Les composantes*

825. – Le *joint-venture* comporte un *accord de base (a)* auquel s'ajouteront des *accords satellites (b).*

a) L'accord de base

826. – Fruit d'une négociation soumise à une intervention juridique classique (104), l'accord de base accompagné d'un échéancier est la pièce maîtresse de l'opération de *joint-venture.*

827. – Le *préambule* jouera son rôle de réserve d'informations propre à permettre la recherche et l'établissement de la commune intention des parties.

---

(102) Presque tous les États, même les pays les plus libéraux, connaissent une forme de contrôle *« En sus de la sélection des secteurs dans lesquels les investisseurs étrangers sont autorisés à participer à des* joints-ventures, *beaucoup de pays imposent soit par le jeu d'une réglementation générale, soit lors de la négociation de l'autorisation individuelle, des conditions à l'organisation et au fonctionnement de la* joint-venture. *On peut regrouper ces conditions de fond : le régime de la propriété du contrôle, la durée, la politique financière, le fonctionnement de la* joint-venture, *la nature et les objectifs de l'entreprise, le personnel, l'approvisionnement en matière première et en composants, les débouchés, l'emplacement des activités »* (L.-O. BAPTISTA et P. DURAND-BARTHEZ, *op. cit.*, p. 154 à 161). Sur la situation aux États-Unis R. HORTEN et P. SARRAILHÉ, *op. cit.*, p. 69 et s. et R. TURCON, *op. cit.*

(103) R. DU PAGE, *L'exportation*, éd. Delmas, 5e éd., 1980, p. Q10. *Adde,* à titre d'exemple, B. REMICHE, *op. cit.*

(104) M.-E. ANDRÉ, J.-M. MOUSSERON et J. RAYNARD, art. cit. – *Adde*, D. TRILLWOOD et J. CARON, *La phase précontractuelle de la co-entreprise* in Fac. Droit d'Ottawa, *op. cit.*, p. 1 et s.

828. – Au cas, fréquent, d'opérations internationales, les parties souhaitent, souvent, distinguer le *droit applicable* à l'organisation sociétaire qui relève de la *lex societatis* et celui qui régira leur organisation contractuelle, notamment dans les cas où plusieurs sociétés doivent être établies sur des territoires nationaux différents (105).

Le recours aux usages, voire à la *lex mercatoria*, pourra être opportun.

La désignation du droit applicable est importante même si les arbitres peuvent statuer en amiable composition car de multiples problèmes d'application du contrat de base se poseront sans entraîner la procédure arbitrale. Il convient de choisir le droit de l'État qui a inspiré les rédacteurs et qui favorise, si possible, les *joint-ventures*.

829. – La désignation des *parties* – avec les clauses d'extension ou de substitution associées – est, d'autant plus importante que le caractère public de partenaires éventuels (États, établissements publics et leurs correspondants étrangers) peut avoir de grandes conséquences sur le régime juridique de l'opération.

Un très fort *intuitus personae* guidera la rédaction des clauses relatives à la modification des parties pendant le contrat. On rencontrera des clauses de circulation, c'est-à-dire de cession ou d'adjonction de contractant, accompagnées de clauses d'agrément... une exclusivité à l'intérieur du groupement, qui pourra être réciproque, les deux entreprises se présentant ensemble sur les marchés étrangers, et/ou totale ou partielle...

Ces dispositifs seront, souvent, compliqués par la possible diversité des contractants qui peuvent changer d'une composante à une autre de l'opération, l'accord de base, par exemple, étant plus resserré que la société qui l'accompagne, les garanties engageant d'autres partenaires.

830. – L'accord de base comportera, notamment, la définition la plus précise possible des *objectifs* de l'opération. Dans un contrat commutatif ordinaire, les deux parties négocient, une fois pour toutes, ce que chacune d'entre elles aura à faire ; le scénario est général et comporte une large part de rigidité, même si celle-ci est en voie d'atténuation. Le plus utile sera, souvent, le développement et la précision des dispositions conventionnelles et, pour les cas de compléments ou d'adaptations nécessaires, le recours à des procédés de négociation supplémentaire que l'intérêt commun des parties, la forme de la relation conventionnelle et le devoir de loyauté renforcé dans ces contrats faciliteront.

---

(105) K. LANGEFELD-WIRTH et A. GARCIA évoquent « *le choix du droit applicable pour la* joint-venture » : « *Les accords de* joint-venture *peuvent choisir leur droit applicable alors que la société de capitaux est la loi du siège. Ils contiennent toujours une telle clause, ce qui évite de poser les problèmes complexes du droit applicable en l'absence de cette clause* » (*op. cit.*, n. 73, p. 79). Sur la « lex societatis », *supra,* n. 44 et s.

Dans la *joint-venture*, le scénario n'est pas achevé car on sait, à l'avance, que de nouveaux problèmes apparaîtront et qu'il y aura des décisions à prendre ; des instruments seront, donc, nécessaires au complètement et à l'adaptation du contrat.

831. – L'accord va établir les *différentes obligations* mises à la charge de chaque opérateur.

832. – Il s'agit des *relations externes* et des comportements à observer par chaque partie vis-à-vis d'opérateurs extérieurs : autres membres de la société, fournisseurs ou distributeurs...

833. – Il s'agit des *relations internes* entre les partenaires : obligations d'apports de natures multiples et d'échéances diverses tels que mise à disposition de personnels, de moyens commerciaux, immobiliers, intellectuels, prêt et avance de sommes d'argent... information... obligations relatives aux résultats, positifs ou négatifs, de l'entreprise commune... La *joint-venture* est caractérisée par une obligation de loyauté, *« fiduciary duty »* ou *« animus cooperandi »*, de degré sensiblement plus élevé que celle qui découle, par exemple, de l'article 1134, alinéa 3 du Code civil (106), d'où résultent de nombreuses clauses de non-concurrence.

La mise en place d'une entité commune conduit à ajouter des accords entre celle-ci et différents membres du groupement, puis toutes sortes de tiers pour la mise à disposition de personnels, locaux, signes distinctifs, prestations de services, savoir-faire, équipement de recherche et/ou production, préavis, stock...

834. – Le règlement des inexécutions appelle d'autres indications.

S'il y a faute contractuelle caractérisée et établie, le problème est aisément résolu.

Au cas contraire, fréquent car l'imputabilité des dysfonctionnements est, souvent, malaisée à établir, une solution en deux stades est souvent mise sur pied : répartition provisoire entre tous les membres au prorata de leurs participations dans l'affaire, puis recours à l'expertise ou à l'arbitrage pour établir la faute ou son degré et imputer à son auteur la charge définitive des dommages ressentis ; s'il y a impossibilité de déterminer la faute, on demeure au principe de la répartition provisoire.

835. – S'agissant des *instruments de gestion*, il est de nombreux cas où on fera appel aux seules formes contractuelles, de mandat, tout spécialement et les parties éliront un mandataire commun, parfois dit pilote, chef de file ou leader. Il convient, alors, d'établir l'accord de coopération avec la plus grande prudence, afin d'éviter toute caractérisation d'un contrat de société.

---

(106) ASSOC. H. CAPITANT, *La bonne foi*, t. 43, 1992, Litec 1994.

L'accord de base se dissocie, alors, matériellement ou pas en deux contrats : un contrat de coopération et un contrat de mandat entre toutes les parties et le mandataire ; ce pilote – mandataire commun – pourra être l'un des partenaires mais on admettra, parfois, que la gestion de l'ensemble soit confiée à un tiers par un contrat de management. Le rôle du pilote-mandataire commun devra, en particulier, être strictement limité afin d'éviter la caractérisation jurisprudentielle d'un mandat de représentation étendue comme une acceptation de solidarité envers les tiers de la part des membres du groupement.

Sous des intitulés différents, la structure de délibération réunit les représentants de tous les partenaires à la *joint-venture* pour veiller à la bonne exécution de l'accord, son possible complètement, le traitement des blocages :

> « Les accords de coopération prévoient toujours, et c'est là l'une de leurs caractéristiques essentielles, des clauses créant des structures particulières que pour cette raison nous proposons d'appeler des structures de coopération... Les structures de coopération sont généralement une structure collégiale et de contrôle que l'on trouve dans tous les accords de coopération sans exception et une structure d'exécution que l'on rencontre dans certains seulement de ces accords » (107).

Pour des raisons psycho-économiques, M. Dubisson opte pour la règle de l'unanimité (108). Nous y ajouterons les craintes juridiques de passage d'une opération proprement contractuelle à la mise en place d'une opération sociétaire qui, à défaut d'autres formalités, pourrait être tenue pour une société de fait.

836. – L'accord de base peut, également, comporter l'utilisation d'une structure préexistante ou la création *d'une entité commune* (109) ; dans ce cas, il précisera le choix de la forme sociétaire, les modes de désignation et la compétence de ses différents organes *(« Le président, désigné sur proposition de A, aura la charge des affaires commerciales » ; « le vice-président, désigné sur proposition de B, aura la charge des affaires industrielles »)*... Le contrat de base prévoyant la création d'une société comportera, alors, souvent, toute une série de pactes d'actionnaires (110) ;

(107) M. DUBISSON, *op. cit.*, 1989, n. 36, p. 29.

(108) *Ibid.*, n. 36, p. 31 et n. 40, p. 32.

(109) *Ibid.*, n. 42, p. 34.

(110) Le droit français des pactes d'actionnaires a fait, ces dernières années, l'objet d'études de qualité, dont : M. JEANTIN, *Aspects contractuels du droit des sociétés : Bull. inf. jur. Saint Gobain* 1989, XV, 35. – S. PRAT, *Les pactes d'actionnaires relatifs au transfert de valeurs mobilières*, Litec 1992. – D. VELARDOCCHIO-FLORES, *Les accords extra-statutaires entre associés,* PU Aix-Marseille 1993. – Y. GUYON, *Les sociétés* in J. GHESTIN, *Traité des contrats*, LGDJ 1993. – C. PRIETO, *La société contractante*, PU Aix-Marseille 1994. – J.-J. DAIGRE et M. SENTILLES-DUPONT, *Pactes d'actionnaires*, GLN-Joly 1995.

leur régularité et leur disponibilité font l'objet de solutions différentes de la part des diverses législations nationales (111).

837. – L'*organisation financière* du groupe contractuel d'entreprises comporte des dispositions relatives aux recettes : à défaut d'entité commune, le client recevra les factures du chef de file, mandataire à la facturation, à l'encaissement et au reversement des sommes.

Le contrat de base distinguera, souvent, deux catégories de dépenses. Il s'agit, en premier, des dépenses communes auxquelles chacune des parties à l'accord doit contribuer en proportion du pourcentage que représentent les prestations dans le marché (dépenses faites dans l'intérêt commun, frais de fonctionnement de chantier, coût des assurances, garanties bancaires, rémunérations éventuelles et dépenses du chef de file...) :

> « Les dépenses communes sont couvertes par un compte généralement appelé compte prorata ou compte de débours. Celui-ci est alimenté par les prélèvements opérés par le chef de file sur les paiements reçus du client et par les versements effectués par chacune des parties en proportion de leurs participations respectives. En fin de marché, le solde éventuellement positif de ce compte est réparti entre les entreprises au prorata du montant de leurs participations » (112).

Les autres dépenses sont des dépenses propres :

> « Elles doivent donc être intégralement supportées par chacune des parties à l'accord de groupement (coûts de préparation de l'offre, impôts et taxes de toute nature) » (113).

---

(111) L.-O. Baptista et P. Durand-Barthez remarquent à ce propos *« En fait, l'accord de base... est très souvent pour l'essentiel une convention d'actionnaires puisque les clauses décrivant l'organisation du pouvoir y occupent la place principale avec les clauses définissant les objectifs de la* joint-venture *et celles réglementant la solution des conflits. Deux finalités peuvent être poursuivies : soit la limitation des pouvoirs normalement dévolus aux organes statutaires de direction de la société (ou la modification de leurs règles de fonctionnement), soit la surimposition à ceux-ci d'organes de direction spécifiques, d'origine purement contractuelle... Ces organes* ad hoc *mis en place contractuellement prennent usuellement la forme de comités de direction. La variété des appellations est très grande : comités directeurs, comités de coordination,* sterring committees, *comités techniques, etc. De même, le contenu des clauses organisant ces comités, qui peuvent soit rester très rudimentaires, soit définir de façon plus détaillée la composition, le fonctionnement (fréquences des réunions, lieu des réunions, établissement et approbation des comptes rendus, etc.) et les compétences du comité. Ces clauses sont souvent inspirées de celles mises en place dans le cadre des groupements d'entreprises »* (*op. cit.*, p. 59). – K. Langefeld-Wirth et A. Garcia ajoutent *« Les contrats de* joint-venture *limitent l'autonomie de la société de capitaux dans la mesure où les maisons-mères s'accordent pour une certaine conduite au sein des organes sociaux : « Les parties à l'accord de* joint-venture *utilisent leurs droits de vote dans la société aux fins de... »* (*op. cit.*, n. 74, p. 80).

(112) M. Dubisson, *op. cit.*, 1989, n. 282, p. 182.

(113) *Ibid.*

L'affectation des résultats consécutifs est un souci ordinaire des constructeurs de *joint-ventures*.

838. – Il importe, surtout, de fixer les procédures de *règlement des blocages*. Il s'agit, moins, sans doute du règlement de possibles différends que de leur prévention par la gestion des situations de blocage, *deadlock*, appelées par la structure égalitaire de la relation, contractuelle et/ou sociétaire à 50-50. Diverses solutions peuvent être retenues pour éviter les blocages : majorités qualifiées, « *casting vote* » rotatif permettant de donner à tour de rôle une voix prépondérante au directeur de chaque société membre (114)... « *swing man* » ou « *umpire* » reconnaissant une voix prépondérante à une personnalité neutre recrutée en dehors des membres du groupement... L'escalade hiérarchique prévoyant la soumission du problème aux plus hautes autorités des sociétés mères paraît un bon palliatif (115).

La clause aura, en premier, à définir, voire énumérer et mieux exemplifier les situations entrant dans le champ du blocage. Identifier la partie à son origine n'a souvent que peu de sens.

La clause aura, en second, à indiquer les procédures de règlement de la difficulté dont l'acquisition par l'une des parties de la part de l'autre, selon toutes sortes de modalités visant à ce que le remède ne soit pas pire que le mal (116).

839. – Comme souvent, la *terminaison* de l'opération de *joint-venture* appelle l'observation attentive de ses partenaires. Selon le propos de A. Garcia, « *le joint-venture est un contrat de mariage – que l'on veut pouvoir annuler – pour engendrer et diriger un enfant – que l'on veut pouvoir déshériter ou même éliminer –* » (117).

S'agissant des causes de l'extinction, les précisions sur un droit au retrait et le jeu de garanties à cette occasion seront prévues avec attention (118).

---

(114) L.-O. Baptista et P. Durand-Barthez tiennent la formule pour « *détestable* » (*op. cit.*, p. 61).

(115) K. Langefeld-Wirth et A. Garcia observent « *Les contrats de société des filiales sont, donc, établis de manière que les décisions essentielles ne puissent être prises sans coopération ou autorisation de la maison mère. Dans la pratique, les dirigeants de filiales soumettent leurs objectifs, leurs budgets, leurs gros projets d'investissement à des conseils de surveillance où siègent les représentants de l'état major des maisons-mères* » (*op. cit.*, n. 74, p. 80).

(116) Th. Montagner et J.-L. Viart concluent une étude approfondie de la question « *Quoi qu'il en soit, le casse-tête du* deadlock *n'a pas encore trouvé une solution qui soit à la fois exempte d'incertitude et pleinement satisfaisante* » (*Filiale commune : Bull. inf. jur. Saint Gobain,* janv. 1990, p. 31 et s.). – F. de Ly et *alii auctores, Les clauses de divorce dans les contrats de groupements d'entreprises internationaux : RDAI* 1995, p. 279.

(117) A. Garcia, *op. cit.*, n. 11, p. 9.

(118) R. Horten et Ph. Sarailhé, indiquent une première possibilité susceptible de multiples adaptations « *Le mécanisme d'option d'achat ou de vente permet, pratiquement,*

Les effets de l'extinction de l'accord, ses suites sur les opérations satellites à commencer par les sociétés créées pour l'exécution de la convention de base devront, tout particulièrement, être prévus avec soin (119).

840. – L'accord de base se soucie, enfin, du *règlement des différends.* On notera un fréquent recours à l'arbitrage, souvent en amiable composition. Si les arbitres peuvent décider des indemnisations, ils ne peuvent, sauf pouvoir spécial, décider l'éviction d'une des parties.

---

le retrait de l'un des participants dans la joint-venture *sous le seul contrôle de l'autre participant. Cette solution peut se révéler satisfaisante. L'une des techniques largement employées est communément dénommée la "roulette russe" ou "l'option de Salomon". Aux termes de cette technique, chaque partenaire initiera la procédure de rachat en offrant à l'autre partenaire le rachat de ses parts à un certain prix. Le participant qui reçoit l'offre est en présence d'une alternative : vendre à l'initiateur de l'offre sa part au prix stipulé par l'offrant ou acheter la part d'intérêt qui lui est offerte. Cette alternative peut prévoir que chacune des parties est autorisée à surenchérir. La partie proposant le prix le plus élevé sera alors en droit d'acquérir les parts du co-partenaire. Cette technique garantit dans une large mesure un prix équitable de rachat et assure également aux deux parties une solution acceptable du conflit ainsi que la continuation de l'entreprise. Naturellement, la solution ne peut être satisfaisante que si l'une des parties souhaite réellement se retirer de l'entreprise commune »* (*op. cit.*, p. 51 à 54). Ils ajoutent *« La dissolution de l'entreprise commune peut constituer la solution adéquate pour dénouer le conflit entre les sociétés partenaires. Cette solution extrême n'est toutefois pas recommandée » (ibid.).*

(119) V. K. LANGEFELD-WIRTH et A. GARCIA, *op. cit.*, n. 78 et s., p. 89 et s. et n. 85, p. 109 et s. À propos, plus particulièrement des concurrences ultérieures, R. HORTEN et Ph. SARRAILHÉ observent : « *Les partenaires de la* joint-venture *doivent envisager les situations de concurrence, d'une part entre eux-mêmes, d'autre part entre l'un d'entre-eux et la* joint-venture *elle-même. La question doit être minutieusement examinée car il est aussi important pour chaque partenaire que pour la* joint-venture *d'être protégés sur leurs territoires respectifs d'activité. La question est également d'importance au regard du droit* anti-trust. *Même lorsque l'accord de* joint-venture *n'envisage pas la question, les autorités régulatrices peuvent s'intéresser aux restrictions à la concurrence que la nature même de l'accord engendre. Une telle situation de concurrence qui peut ne pas exister à l'origine de la création de la* joint-venture, *peut résulter de l'acquisition d'une activité concurrentielle réalisée par l'un des partenaires postérieurement à la création de l'entreprise commune. Il est alors souhaitable de préciser par anticipation quelles seront les conséquences d'une telle situation, par exemple en prévoyant que cette activité concurrentielle sera obligatoirement transférée à la* joint-venture ».

D'autres clauses prévoient le droit de retrait des membres du groupement, imposant parfois des garanties de sortie assez pesantes, le premier objet des clauses de non concurrence étant de protéger chaque partie contre la divulgation d'informations communiquées à l'autre.

Th. MONTAGNER et J.-L. VIART ajoutent « *Une difficulté supplémentaire existe lorsque, comme c'est souvent le cas, la création de la* joint-venture *s'accompagne d'un transfert de technologie. Le contrat de licence devra-t-il survivre à l'éviction de l'apporteur de technologie ? À première vue, l'on aurait tendance à répondre affirmativement, pour la raison que,* a priori, *le donneur de licence n'est pas disposé à perdre tout contrôle sur l'exploitation de sa technologie. Mais, ce faisant, on le privera naturellement des redevances prévues au contrat. Dans la plupart des cas, la solution raisonnable consistera à prévoir que la licence se transformera en licence sèche, c'est-à-dire qu'il n'y aura plus lieu de transférer les perfectionnements* » (art. cit., p. 33).

b) Les satellites

841. – On va distinguer souvent entre *satellites contractuels*, nécessaires [1], et *satellites sociétaires*, possibles [2].

1) Satellites contractuels

842. – Il s'agira, d'abord, d'accords conclus entre les parties à l'accord de base, visant à se doter des instruments nécessaires à la réalisation de l'objectif choisi : licences croisées ou non, accords de recherche et de propriétés intellectuelles, détachement de personnels, accords de financement...

Il s'agira, également, d'accords conclus entre une partie et des tiers : un partenaire, par exemple, embauchera des salariés au profit de la *joint-venture* (encore ?) purement contractuelle... passera avec un banquier, en général non partie à la *joint-venture*, les accords prévus par l'accord de base et destinés à en financer la réalisation.

2) Satellites sociétaires

843. – La pratique distingue entre les *joint-ventures* selon qu'elles sont ou non *« corporate »*, les *« non equity joint-ventures »* comportant la création d'une personne juridique nouvelle et les *« equity joint-ventures »* ou *« contractual joint-ventures »* n'y ayant point recours. Les coopérants pourront recourir aux formules les plus légères de sociétés non dotées de la personnalité juridique : *BGB Gesellschaft* allemande, *partnership* des droits anglo-saxons, *association en participation* belge, *société simple* de droit suisse... *société en participation* de droit français. Les autres formes de société ou de groupement leur sont également disponibles.

L'opération peut se faire par cession des parts d'une société préexistante à l'occasion d'une augmentation de capital social (120).

(120) Les restructurations d'entreprises qui interviennent dans un cadre international prennent, dans la quasi-totalité des situations, la forme d'une acquisition de titres. En revanche, les restructurations d'entreprises au sein de groupes existants peuvent très bien en pratique être réalisées par voie d'apport d'actif, ou de fusion. Sur un certain nombre d'effets fiscaux de telles opérations transfrontières, v. *International Fiscal Association*, rapport congrès de Toronto, 1994, vol. LXXIX6.

Un régime fiscal de faveur a été défini au niveau communautaire dans une directive du 23 juillet 1990 (Dir. 90/434/CEE du conseil concernant le régime fiscal commun applicable aux fusions, scissions, apports d'actifs et échanges d'actions intéressant des sociétés d'États membres différents : *JOCE* n. L. 225, 20 août 1990). Pour une analyse approfondie des dispositions de la directive, v. P. DIBOUT, *La directive communautaire du 23 juillet 1990 relative au régime fiscal commun des fusions, scissions et apports partiels d'actifs* in *Dr. fisc.* 1990, n. 49. – J.-P. LE GALL et P. DIBOUT, *La fiscalité des fusions d'entreprises communautaires : JCP* 91, éd. E, I, 12. – B. LARKING, *The merger*

La création d'une personne juridique nouvelle est subie dans le cas de *joint-ventures* relevant d'un droit qui peut admettre l'existence d'une société de fait malgré les dispositions de l'accord de base en écartant expressément la mise en place. Elle peut être voulue ; les parties choisiront, alors, les instruments sociétaires qui leur sont nécessaires ; le fonctionnement des organismes de direction est organisé dans le détail.

2° *La combinaison*

844. – Les accords satellites ne sont pas purement et simplement la mise en œuvre simplifiée et démultipliée de l'accord de base comme les contrats d'application le sont d'un contrat-cadre (121) ; ils en sont les compléments originaux de réalisation. La diversité des partenaires à ces différentes constructions ajoute à leur complexité. La combinaison de cet accord de base et des accords satellites bénéficie au développement de la théorie et de la pratique des groupes de contrats (122) et de leur prise en compte par la jurisprudence.

845. – Une première série de problèmes tient à l'existence des différents composants.

Une première question est celle de la survie de l'accord de base à la mise en place des accords satellites et, plus particulièrement, du groupement statutaire créé pour son exécution. Pour certains, en effet, *« l'accord de base n'est parfois qu'un accord préliminaire destiné à disparaître quand les textes d'application seront entrés en vigueur. Une fois que sont mis en place les statuts et le règlement intérieur de la société dont il prévoit l'établissement, il devient caduc »* (123). Son caractère précaire d'accord préalable à la mise en place d'une structure sociétaire est, parfois, attesté par son intitulé d' *« accord des actionnaires », « shareholders agreement »*... Laisser le problème irrésolu dans l'accord de base rend plus difficile le complètement de certaines lacunes des satellites en matière de droit applicable, traitement des conflits, mécanismes d'adaptation... Il vaut mieux maintenir cet accord au-delà de l'exécution de certaines de ses obligations et appliquer la maxime

---

directive : will it work ? in *European Taxation (IBFD)*, n. 12, 1990. Cette directive dispose, notamment, que les plus-values de la société apporteuse ne sont pas imposées si la société bénéficiaire de l'apport calcule les nouveaux amortissements, ainsi que les plus-values ou moins-values futures afférentes aux immobilisations apportées, dans les mêmes conditions que si l'opération d'apport n'avait pas eu lieu.

(121) M. DUBISSON, *op. cit.*, 1989, n. 20 et s., p. 20 et s.

(122) B. TEYSSIÉ, *Les groupes de contrats : Bibl. droit privé,* n. 139, LGDJ 1975.

(123) L.-O. BAPTISTA et P. DURAND-BARTHEZ, *op. cit.*, p. 49.

generalibus specialia derogant pour régler les possibles conflits entre accord de base survivant et dispositifs satellites plus tard venus au monde.

Une seconde question, plus délicate, est celle de la survie des accords satellites à la destruction rétroactive, par annulation notamment, de l'accord de base. Il faudra savoir si, comme le compromis survit à l'annulation de la clause compromissoire dont il ne se prévaut pas, les accords satellites pourraient survivre à l'annulation de l'accord de base auquel ils ne seraient pas formellement rattachés.

La police de la cause – d'application toujours difficile – dans les droits qui la reconnaissent – pourrait aider à la solution de la difficulté dans chaque cas.

846. – Une seconde série de problèmes concerne le contenu des différents niveaux d'accords et une récente étude a conclu à *« la possible extension de la clause* (d'arbitrage, de système juridique applicable...) *en aval du contrat de base »* et à *« l'impossible extension de la clause en amont du contrat d'application »* (124) : la clause compromissoire de l'accord de base pourrait s'appliquer au contrat satellite mais, en revanche, l'inverse ne peut pas être retenu, hors indication spéciale au texte.

§ 2. – Les aspects fiscaux

847. – Le rapprochement et la coopération de deux sociétés de nationalités et, surtout, d'implantations éloignées, ne débouchent pas ou débouchent sur des conséquences fiscales sensiblement différentes selon qu'il ne comporte pas ou comporte création d'une personne juridique, d'une filiale, supplémentaire.

A. – LA *JOINT-VENTURE* SANS COMPOSANTE SOCIÉTAIRE

848. – Le terme de rapprochement est en soi très général et peut recouvrir des relations contractuelles très différentes : l'accord de rapprochement peut notamment revêtir la forme d'un accord de distribution commerciale croisée, d'un accord pour le financement de travaux de recherche-développement, de licences croisées de technologie, de participations conjointes dans une société de personnes ou dans une société

(124) CREDA, *op. cit.*, t. I, n. 444 et s., p. 294 et s. et n. 476 et s., p. 314 et s.

de capitaux. Les règles fiscales afférentes à chacune de ces formules ont déjà été précisées.

B. – LA *JOINT-VENTURE* AVEC COMPOSANTE SOCIÉTAIRE

849. – L'accord de rapprochement peut également revêtir la forme d'un apport d'actifs par la société française à la société étrangère, ou par cette dernière à la société française. Il peut aussi être éventuellement organisé sous forme de fusion des deux sociétés ou de scission.

850. – Lorsque l'apport est effectué par une personne morale française passible de l'impôt sur les sociétés à une personne morale étrangère, non communautaire, le régime spécial des fusions, qui repose très largement sur un différé d'imposition (CGI, art. 210-A), n'est applicable que si l'opération a été préalablement agréée par le ministre de l'Économie et des Finances, après avis du commissariat général au plan. Le principe de cet agrément est prévu par l'article 210-C-2 du CGI (125). L'administration subordonne de manière générale l'agrément *« à la condition que la situation matérielle ou fictive des éléments transférés ne se trouve pas déplacée hors de France »* (126), ce qui requiert que ceux-ci *« se trouvent au bilan d'une exploitation imposable en France de la société bénéficiaire des apports »* (127).

Aucun agrément n'est plus, en revanche, nécessaire (128) pour pouvoir appliquer le régime de faveur des fusions en matière de droits d'enregistrement.

851. – Aucun agrément n'est requis en présence d'une fusion, lorsque les apports sont effectués par une personne morale étrangère à une personne morale française passible de l'impôt sur les sociétés, même en l'absence d'exercice en France d'une activité passible de l'impôt sur les sociétés par la personne morale étrangère (129).

Il en est de même à propos des droits d'enregistrement (130) susceptibles d'être perçus à propos de pareille opération.

---

(125) L. 12 juill. 1965, préc., art. 17.
(126) Doc. adm. DGI 13 D-2211, 1er mai 1978, § 4.
(127) *Ibid.*
(128) L. n. 91-1322, 30 déc. 1991, art. 12-III (disposition applicable à compter du 1er janv. 1992).
(129) Doc. adm. DGI 4 I-122, 1er nov. 1995, § 10, et 13 D-2211, 1er mai 1978, § 9 et s.
(130) Doc. adm. DGI 7 H-3731, 15 mai 1990, § 42 et s.

852. – En cas d'apport d'une succursale (branche autonome et complète d'activité) par une société étrangère à une société française, un agrément préalable est, selon la doctrine administrative (131), requis si *« la société étrangère n'est pas imposable en France à raison des plus-values qui pourraient être réalisées lors de la cession ultérieure des titres reçus en contrepartie de l'apport ».*

853. – Pour le restant, les règles applicables au groupe sociétaire homogène constitué de la société mère nationale et de ses filiales étrangères s'appliquent dans les termes de droit commun.

SECTION III

L'ENTREPRISE CHOISIT UNE STRATÉGIE D'EXTÉRIORISATION

854. – Un opérateur national approchant un marché extérieur, qu'il s'agisse d'un exportateur français visant un marché étranger ou d'un exportateur étranger visant un marché français, peut choisir une stratégie de pleine extériorisation et confier à des centres de décision tiers une action économique internationale qui sera conduite à l'étranger à son profit désormais partiel. La politique peut être pratiquée pour toutes sortes d'activités mais elle l'est, tout particulièrement, en matière de distribution et les autres familles d'opérateurs peuvent s'autoriser et s'autorisent sous des formes multiples de ce genre d'expériences et de précédents.

Pour F. Bortolotti et A. Previsani, en effet,

> « le moyen le plus communément utilisé pour pénétrer sur les marchés étrangers consiste à s'en remettre à des intermédiaires locaux en mesure, d'une part, de mettre à la disposition des fabricants la connaissance indispensable du marché local et, d'autre part de lui éviter les frais de constitution d'un réseau commercial propre à l'étranger » (132).

855. – Peu importent les relations que cet intermédiaire entretiendra, lui-même, avec des tiers, clients intermédiaires ou terminaux :

> « Cet intermédiaire pourra soit vendre directement à la clientèle ou à des grossistes, soit disposer d'un réseau de représentants salariés

(131) Rép. min. MESMIN, n. 26597 : *JOAN* 14 fév. 1983, p. 779 ; *BODGI* 4 I-1-83.
(132) F. BORTOLOTTI et G. PREVISANI, *op. cit.*, p. 7.

sous-agents ou sous-concessionnaires en fonction des nécessités et éventuellement en accord avec le fabricant » (133).

856. – L'intermédiaire est désigné de façon très générale par l'expression d'*« agent »* qui, dans la pratique internationale, recouvre toutes sortes de relations. Aussi s'avère-t-il nécessaire de dresser, en guise de chemin critique, une liste détaillée des intervenants (134).

– Partenaire subordonné
  • Salarié de droit commun
  • Salarié spécialisé
– Partenaire indépendant
  – Non acheteur
  • Non représentant
  • Représentant
    * transparent (mandataire)
    * opaque (commissionnaire)
  – Acheteur
  • Ponctuel
  • Durable
    * distributeur agréé ou sélectionné
    * concessionnaire
    * franchisé.

Il appartiendra aux responsables de l'entreprise de décider des grandes options de sa politique de distribution et, à chaque choix, d'identifier le mécanisme juridique à sa disposition qu'en un second temps, elle construira.

857. – Le choix entre les différents types de relations présentes tient, entre autres, à des problèmes de gestion financière et, plus particulièrement, des problèmes d'imputation de risques (135).

---

(133) G.-A. SCHMOLL, *Vendre à l'étranger, Le guide de l'exportateur*, Jupiter, 1987, p. 15.

(134) Sur les différentes figures des contrats de distribution, nous renverrons pour leur présentation en droit français et/ou communautaire et, par conséquent, pour l'essentiel de leur économie à l'ouvrage de D. FERRIER, *Droit de la distribution*, Litec 1995 et *Contrats de distribution*, Coll. Pacta (impr. et info.) 1995. De nombreuses informations sur leur spécificité dans différents droits sont données par différents ouvrages dont M. VERMOREL, *Comment distribuer à l'étranger*, Coll. CFCE 1985 et Collectif, *Structure de la distribution en*. – R. BALDI, *Le droit de la distribution commerciale dans l'Europe communautaire*, Bruylant 1988. – J. DELACOLETTE, *Les contrats de commerce internationaux*, éd. de Boeck, 2e éd. 1991. – Université d'Ottawa, *Les contrats internationaux de distribution*, sous la direction de N. LACASSE, éd. Wilson et Lafleur 1992 ; *DPCI* 1993-1 et 2, *La distribution internationale*. – CREDA, sous la direction de A. SAYAG, *Le contrat-cadre*, t. 2 ; *La distribution*, Litec 1995.

(135) Fac. de Droit d'Ottawa, 3e Coll., *Faire des affaires à l'étranger : La gestion des risques dans les contrats internationaux*, *op. cit*.

Il s'agit des risques d'insolvabilité du client. En cas de représentation, il y a lieu de distinguer le système du mandat où les risques sont supportés par le mandant et le système de commission où les risques sont supportés par le commissionnaire. Dans un système d'achat en vue de la revente, les risques d'insolvabilité du client sont supportés par l'acheteur-revendeur. Il faut, toutefois, constater que différentes formules de sûretés comme des formules de ducroire permettent une imputation inversée ou un partage des risques d'insolvabilité.

Il s'agit, ensuite, des risques de change. La gestion des risques de change peut être réglée par une clause du contrat, soit au niveau des dispositions en matière de date de paiement ou de fixation de la date de conversion ou d'indication de la monnaie de paiement, soit directement, au niveau du traitement du risque (136). Les parties peuvent également prévoir des mécanismes de couverture soit en prévoyant une sorte de mutualisation du risque jusqu'à un certain chiffre, soit en prévoyant des assurances de groupe au-delà d'un certain chiffre ; le financement de la prime peut, à son tour, être l'objet d'une clause de répartition.

858. – Parfois renforcées par des qualifications communautaires (137), les grandes distinctions se retrouvent dans les pays de droits romano-germaniques ou pays de *Civil Law*, soit, pour l'essentiel, les pays d'Europe occidentale continentale et ceux qui ont adopté leur système juridique. Les droits des pays de *Common Law*, soit, pour l'essentiel, l'Angleterre, l'Irlande, les États-Unis et divers pays du Commonwealth, ne connaissent pas de fragmentation aussi nette des intermédiaires commerciaux et développent une conception unitaire de l'*agency*... On gardera, donc, à l'esprit que, dans la langue commerciale, en général, et la langue juridique des pays anglo-saxons, en particulier, le terme d'agent peut revêtir un sens plus large que celui que lui donnent les systèmes juridiques de droit écrit (138).

859. – Il convient, alors, d'opérer une distinction selon le taux d'engagement de cet intermédiaire et, tout en premier, selon qu'il *n'acquiert pas* (§ 1) ou *acquiert* (§ 2) la propriété des marchandises exportées.

§ 1. – L'intermédiaire n'acquiert pas la propriété

Nous examinerons, tour à tour, les *aspects juridiques* (A) et les *aspects fiscaux* (B) de ces formules.

(136) V. *supra*, *« La contrainte monétaire »*, n. 171 et s.

(137) Règlements communautaires de 1984 sur les accords de distribution, de 1986 sur la franchise, de 1995 sur la distribution automobile...

(138) P. Crahay, *Les contrats internationaux d'agence et de concession de vente*, Coll. Droit des affaires, LGDJ 1991, n. 2, p. 2 et s.

A. – LES ASPECTS JURIDIQUES

860. – Une sous-distinction pour les opérateurs de distribution n'acquérant pas la propriété des marchandises diffusées doit être faite selon que l'intermédiaire *ne représente pas* (1°) ou *représente* (2°) l'exportateur français.

1° *L'intermédiaire ne représente pas l'exportateur*

861. – Deux auxiliaires du commerce international sont l'un – le *sponsor (a)* –, d'origine proprement étrangère, et l'autre – le *courtier (b)* –, de provenance française.

a) Le sponsor

862. – Né au Proche-Orient, le *sponsor* est apparu comme un intermédiaire nécessaire au rôle flou (139), puis le garant moral local d'une société étrangère dont les opérateurs locaux craignent les malversations. Susceptible de lourdes responsabilités vis-à-vis de ces derniers, le *sponsor* se couvre par des garanties bancaires fortes proposées par son protégé potentiel qui le rémunère par des commissions de taux souvent élevé. La nature juridique de cette commission a également suscité quelques difficultés jusqu'à ce que la cour de Paris libère ce *bakchich* d'une connotation occidentale péjorative et lui restitue la signification originaire de *« marque de reconnaissance de l'obligé à l'égard de celui qui est intervenu en sa faveur »* (140). Le versement parfois occulte, de ces sommes soulève, toutefois, l'opprobre de certaines législations locales et suscite la suspicion des autorités françaises. Des formules plus légères dites alors *d'influence*, voire de façon plus imagée, de *lubrification commerciale,* peuvent prévoir l'intervention sur un marché étranger d'un

---

(139) M. DUBISSON, *Le contrat de sponsor pour l'obtention d'un marché international : JCP* 83, éd. CI, 14027. – M. DAHAN, *La pratique française du droit du commerce international*, CFCE 1992, n. 252 et s., p. 111 et s. – *Adde*, CCI, *L'exaction et la corruption dans les affaires internationales*, 1978. – B. OPPETIT, *Le paradoxe de la corruption à l'épreuve du droit du commerce international : Clunet* 1987, 4. – F. MEURET, *Le contrat de sponsor : RDAI* 1987, 797. – Institut du droit et pratique des affaires internationales, *Les commissions illicites*, éd. CCI 1992. – D. LAMETHE, *L'illicite en matière de services liés au commerce international* in *L'illicite dans le commerce international*, cité, p. 177 et s.
(140) M. DAHAN, *op. cit.*, n. 266, p. 116, note 76 référant à Paris 30 nov. 1970, inédit.

opérateur local y disposant de liens divers, à niveau élevé tout spécialement.

b) Le courtier

863. – Le courtier est l'intermédiaire commercial au stade le plus simple. Il se borne à mettre en rapports acheteurs et vendeurs ou partenaires à d'autres relations en vue de la conclusion d'opérations commerciales auxquelles il reste, lui-même, étranger. Il est rémunéré par une somme, ordinairement proportionnelle, appelée courtage. La plupart du temps, il n'intervient qu'occasionnellement (141) :

> « La mission essentielle du courtier est de mettre en rapport des personnes qui contractent éventuellement par la suite. Il ne représente pas, en principe, les parties ainsi rapprochées et ne conclut pas, lui-même, l'opération, laissant ce soin aux intéressés » (142).

Le courtier a pour obligation principale de chercher des partenaires pour le donneur d'ordres, d'informer celui-ci sur les opérateurs potentiels qu'il lui présente. Il peut être tenu d'obligations complémentaires par des clauses de secret, de ducroire, de mandat au paiement ou à l'encaissement de sommes liées au contrat visé.

Le donneur d'ordres n'est pas tenu de conclure avec les partenaires présentés par le courtier ; sa principale obligation est de lui verser la rémunération prévue, dite courtage.

864. – Intervenant dans les secteurs de relations les plus divers, le courtage s'internationalise, qu'on le camoufle ou non sous le terme de *« courtage sponsoring »* ou le désigne sous l'appellation banale de *« courtage du commerce extérieur »*.

La qualification comme conventions de courtage des contrats d'affiliation à une centrale d'achat et de référencement, pièces maîtresses des relations des grands distributeurs qui, pour la gestion de leurs magasins, tant en France qu'à l'extérieur, s'approvisionnent de plus en plus auprès d'opérateurs étrangers (143), multiplie le recours des opérateurs du commerce international à cette formule.

865. – En l'absence de clause, il est souhaitable qu'une même loi s'applique à l'ensemble des contrats constituant l'opération de courtage

---

(141) P. AUSSURE, *Objectif export — Guide opérationnel pour les affaires internationales de l'entreprise*, Dunod 1988, p. 25.

(142) Ph. DEVÉSA, *op. cit.*, n. 5, p. 9.

(143) M.-E. ANDRÉ, *Les contrats de la grande distribution : Bibl. dr. entrepr.*, n. 25, Litec 1991.

et il apparaît que la loi la plus appropriée est celle de l'État où le courtier a sa résidence habituelle.

En application du principe d'autonomie, les parties peuvent dissocier les systèmes juridiques applicables aux différentes composantes de l'opération. Cette démarche a été confirmée par la jurisprudence qualifiant de contrat interne le rapport franco-français préludant à la conclusion d'un courtage international (144).

2° *L'intermédiaire représente l'exportateur*

866. – L'agent à l'exportation peut pratiquer la représentation du donneur d'ordres exportateur (145) et intervenir *« pour son compte »*.

867. – Selon que l'agent représentant intervient, alors, *« au nom »* du représenté ou en son nom propre, le droit français distingue entre *mandat (a)* et *commission (b)*.

a) L'agent intervient au nom du représenté : le mandataire

868. – Le mandataire occasionnel – *spot*, dit-on parfois – ne pose pas de problème particulier (146).

869. – Le mandataire professionnel appelle plus d'observation. L'article 1er de la loi française du 25 juin 1991 définit l'agent commercial comme un

> « mandataire qui, à titre de profession indépendante, sans être lié par un contrat de louage de services, est chargé de façon permanente de négocier et, éventuellement, de conclure des contrats de vente, d'achat, de location ou de prestation de services au nom et pour le compte de producteurs, d'industriels, de commerçants ou d'autres agents commerciaux » (147).

Du simple mandat à la conclusion d'un contrat, l'agence commerciale amplifie et diversifie ses services, allant jusqu'à proposer à certains fabricants un véritable service commercial clés en mains.

---

(144) Paris 16 mai 1952 : *Gaz. Pal.* 1952, II, 135.

(145) G.-A. SCHMOLL, *op. cit.*, § 4.4.1, p. 4-14. – A. DE THEUX, *op. cit.*, – F. BORTOLOTTI et A. PREVISANI, *op. cit.* – CRCE, *Comment distribuer à l'étranger*, 1985. – G. ATHENOSY et alli auctores, *op. cit.*

(146) V. Ph. PÉTEL, *Les obligations du mandataire : Bibl. dr. entrepr.*, n. 20, Litec 1988.

(147) V. D. FERRIER, *op. cit.*, n. 125, p. 73.

Le contrat d'agence est international lorsqu'il met en jeu les intérêts de commerce international (148). Instrument courant de l'activité économique, il est l'une des formules les plus pratiquées dans le commerce international (149). Le développement s'est opéré malgré l'absence de règles uniformes et l'applicabilité de règles nationales souvent différentes sur des points importants comme la dette d'indemnité en fin de contrat (150).

870. – Dans la recherche de la loi applicable, le contrat international d'agence est soumis à la Convention de La Haye du 14 mars 1978 sur la loi applicable aux contrats d'intermédiaires et à la représentation.

Le principe d'autonomie permet aux parties de choisir l'application d'un système national qu'ils auront sélectionné (Conv. La Haye, art. 5) (151).

En l'absence de choix, s'appliquera le droit de l'État d'établissement principal de l'agent ou de l'État d'établissement propre du mandant si l'agent doit y exercer son activité (Conv. La Haye, art. 6) (152).

Il faut, toutefois, réserver dans l'un et l'autre cas l'application des lois impératives de l'État d'exécution du mandat (Conv. La Haye, art. 9) ; telle est, par exemple, la qualité des règles françaises fixant le droit à indemnité de fin de contrat de l'agent, quelle que soit la terminologie employée (loi de police, loi d'ordre public ou loi d'application immédiate...). La prise en compte de la loi du lieu d'exécution du contrat semble être la meilleure voie pour établir l'égalité des conditions de

---

(148) Toulouse 26 oct. 1982 : *Clunet* 1984, 603, H. SYNVET.

(149) D. FERRIER évalue à 22 000 le nombre des agents commerciaux pratiquant en France et à 500 000 en Europe à raison d'une définition plus large de l'agence.

(150) J.-M. LELOUP, *Les agents commerciaux*, Delmas, 3e éd. 1995, p. 1 et s. – F. BORTOLOTTI observe *« Les autorités communautaires elles-mêmes ont renoncé, dès le départ, à procéder à une unification des normes nationales, se limitant au contraire à poursuivre un objectif plus limité, consistant en la simple harmonisation de certains aspects les plus importants du contrat d'agence et même cet objectif réduit a été, à son tour, réduit »* (*Vers une nouvelle* lex mercatoria *de l'agence commerciale internationale : le modèle de contrat d'agence de la CCI : RDAI* 1995, 685 réf. à Conseil CEE, n. 653, 18 déc. 1986, *Directive relative à la coordination des droits des États membres concernant les agents commerciaux indépendants : JOCE* 31 déc. 1986, L. 382. – *Adde,* J.-M. LELOUP, *Les directives européennes sur les agents commerciaux : JCP* 87, éd. E, 15024.

(151) M. DAHAN observe *« Si cette loi d'autonomie a toujours les faveurs des législations d'inspiration libérale et de la jurisprudence dans la plupart des pays industriels, on constate, dans de nombreux autres pays (PVD, pays du Proche-Orient, d'Amérique latine) un certain déclin de la loi d'autonomie au profit de la loi nationale considérée par le législateur de ces pays comme plus proche des intérêts nationaux »* (*op. cit.*, n. 131, p. 73).

(152) Cl. FERRY, *Contrat international d'agent commercial et lois de police : Clunet* 1993, 699 ; *JCP* 93, éd. E, I, 233.

concurrence (153). Il en résulte, en revanche, une gêne sensible pour les mandants approchant des marchés nationaux différents.

871. – Le rapprochement s'est fait par la pratique contractuelle sur la base de modèles élaborés par les associations d'agents, puis par Orgalime jusqu'à 1990 et, enfin, par la CCI (154) :

> « L'instrument qui permet d'obtenir ce décrochage du contrat par rapport aux lois nationales, est celui de l'arbitrage international : en effet, les arbitres ont tendance à respecter l'éventuel choix des parties de soumettre le contrat à des règles non étatiques... Les juges nationaux ne considèrent, toutefois pas, quand ils sont appelés à rendre exécutoire une sentence dans l'ordre juridique interne, la non-application d'une loi étatique comme un moyen pour nier la reconnaissance de la sentence, elle-même, puisque prévaut nettement l'opinion selon laquelle le recours à la *lex mercatoria* ne constitue pas une violation de l'ordre public international... » (155).

Le caractère très détaillé du modèle de contrat le soustrait à la critique d'imprécision fréquemment faite à la *lex mercatoria.*

872. – À la *formation du contrat*, les conditions de forme requises sont, traditionnellement, les conditions énoncées par la loi du lieu de cette formation. Convenus en France, ces accords devront respecter l'article 2 de la loi du 25 juin 1991 :

> « Chaque partie a le droit sur sa demande d'obtenir de l'autre partie un écrit signé mentionnant le contenu du contrat d'agence, y compris celui de ses avenants ».

873. – En cours *d'existence du contrat*, l'agent a pour principales obligations de négocier, souvent de conclure et, parfois, d'exécuter les ventes ou prestations de services selon les instructions du donneur d'ordres et de lui rendre compte en termes d'information et de restitution de fonds. Le contrat d'agence se double, parfois, surtout pour l'agent étranger, d'un contrat de consignation à ne pas confondre avec une vente sous réserve de propriété.

Le donneur d'ordres est tenu d'une obligation de loyauté et de rémunération, ordinairement sous forme de *« commissions »* proportionnelles aux commandes prises, souvent dues *« sous réserve d'encaissement »* sur les seules *« affaires menées à bonne fin »* (156).

---

(153) J.-M. LELOUP, *op. cit.* 1995, référant à Com. 21 nov. 1966 : *JCP* 67, 15012, P. LEVEL. – 8 oct. 1969 : *D.* 1970, 144, M. LAMBERT. Rappr. P. CRAHAY, *op. cit.*

(154) *Contrat modèle CCI d'agence commerciale*, ICC Publishing, Paris 1992, n. 496. – F. BORTOLOTTI, D. FERRIER et autres, Kluwer, 1993 et F. BORTOLOTTI, art. cit.

(155) F. BORTOLOTTI, art. cit., p. 689.

(156) J.-M. LELOUP présente de façon très heureuse *« les plus courants des aspects à retenir dans la construction d'un contrat international d'agence... La dimension internationale apparaîtra ensuite dans la prise en compte de l'éloignement et de la souveraineté applicable dans le territoire contractuel »*. Il évoque, tour à tour, les données tenant à

874. – Le problème le plus délicat est celui de l'indemnité de fin de contrat (157) dont F. Bortolotti présente ainsi le traitement par le document CCI :

> « *(a)* En ce qui concerne les divers aspects de l'indemnité, le modèle s'est aligné sur les standards européens.
> *(b)* En ce qui concerne l'indemnité elle-même, l'article 21 du modèle permet de choisir entre l'alternative A qui prévoit l'indemnité conforme à la solution allemande de la directive communautaire et l'alternative B qui exclut, elle, tout droit à l'indemnité.
> En tout cas, le standard européen s'applique obligatoirement au contrat conclu avec des agents établis dans la CEE, selon l'article 23-2-A qui énonce que "si l'agent est établi à l'intérieur de la CEE, les dispositions impératives de la directive CEE du 18 décembre 1986 seront également applicables".
> La solution adoptée empêche ainsi que les agents des pays de la CEE puissent être privés de l'indemnité par le truchement de l'alternative B de l'article 21 : en effet, même si les parties choisissent une telle option, l'article 21-B ne sera pas applicable, en ce qu'il est contraire aux normes impératives de la directive communautaire, qui sont applicables en vertu de l'article 23-2.
> Un tel risque se présente au contraire pour les agents de pays ne faisant pas partie de l'Union européenne dont les législations prévoient une indemnité de clientèle comme, par exemple, la Suisse. Pour éviter que les parties puissent considérer dans de tels cas que l'alternative de l'article 21-B est recommandée par la CCI, l'introduction au contrat type invite clairement les parties à choisir l'alternative A, chaque fois que le droit à l'indemnité est reconnu par la loi du pays de l'agent » (158).

b) L'agent intervient en son nom : le commissionnaire

875. – Distingué des formes particulières des commissions de transport ou en douanes (159), le commissionnaire « agit en son propre nom ou

---

l'éloignement... culturel (langue, règles de preuve, différences de mentalité)... géographique (frais de correspondances et de voyages, implantation d'un stock dans le territoire de l'agent, participation à des expositions et salons)..., géographique et culturel (identification du partenaire, surveillance des droits de propriété industrielle du mandant, régularité des livraisons) ainsi qu'à la dualité des souverainetés concernant le produit (réglementations locales en matière de protection des consommateurs, sécurité publique, intérêts stratégiques, monopoles d'État)... le prix fait à la clientèle (prise en compte des charges particulières au commerce extérieur : transport, douane, assurance, taxes et commission de l'agent), la politique publi-promotionnelle... la politique de distribution (*op. cit.* 1995, p. 5). – F. Bortolotti et A. Previsani, *op. cit.* – P. Crahay, *op. cit.*, n. 71 et s., p. 51 et s.

(157) V. en droit français, Ph. Grignon, *Le fondement de l'indemnité de fin de contrat pour les intermédiaires du commerce*, thèse Montpellier 1996.

(158) F. Bortolotti, art. cit., p. 692.

(159) M. Dahan, *op. cit.*, n. 272 et s. et 311 et s., p. 121 et s. et 135 et s.

sous un nom social mais pour le compte d'un commettant » (C. com., art. 94). Il réalise une ou des opérations commerciales (160) en son nom propre mais pour le compte d'un commettant.

En général, le tiers partenaire sait que le commissionnaire agit pour le compte d'un tiers commettant dont il ignore l'identité moins parce qu'elle lui est cachée que parce qu'elle lui indiffère. Il ne connaît que le commissionnaire et ne recherche aucun lien avec le commettant. La formule est souvent pratique pour la commercialisation de produits non marqués, de matières premières émanant, souvent, de plusieurs producteurs dont l'identité n'intéresse guère l'acquéreur étranger qui, en revanche, connaît d'expérience et apprécie le commissionnaire. Le rôle des commissionnaires a diminué au cours des dernières années du fait, notamment, que de plus en plus d'entreprises tendent à exporter elles-mêmes.

L'originalité du contrat de commission par rapport à celui de mandat tient à l'opacité qui caractérise le premier et au fait corrélatif que le commettant et le tiers contractant n'ont pas de relations directes et ne peuvent, l'un et l'autre, exercer leurs créances et actions qu'à l'encontre du commissionnaire (161). Au refus par certains de l'idée de représentation qu'assurerait le commissionnaire nous préférons, avec Ph. Malaurie et L. Aynès (162), l'idée de représentation imparfaite ; il ne faut pas, en effet, oublier que le commissionnaire n'est jamais propriétaire des marchandises qu'il vend pour le compte du commettant, par conséquent.

876. – Les observations précédentes relatives au régime juridique du mandat international sont transposables à la commission internationale avec une plus forte dissociabilité du contrat de commission et du contrat passé en exécution de ce dernier.

877. – La *formation du contrat* n'appelle, ordinairement, pas d'observation particulière.

878. – C. Lavabre observe, de façon pertinente *l'existence du contrat* pour noter que les règles applicables aux obligations des parties au contrat de commission *« sont en principe celles du mandat »* (163), même s'il pense avec Ph. Delebecque que l'évolution détache progressivement la commission – de transport, tout au moins –, du mandat pour rapprocher

---

(160) C. LAVABRE remarque heureusement que le commissionnaire est de moins en moins souvent un intermédiaire occasionnel et de plus en plus souvent un opérateur permanent (*Actualité du contrat de commission : RJDA* 1996, 619, n. 1).

(161) Com. 3 déc. 1985 : *Bull.* IV, n. 289.

(162) Ph. MALAURIE et L. AYNÈS, *Droit civil*, t. VIII, *Les contrats spéciaux*, 9e éd., Cujas 1995, n. 538, p. 291. – *Adde,* sous la direction de J. HAMEL, *Le contrat de commission, études de droit commercial*, 1949. – J.-M. MOUSSERON, *Technique contractuelle, op. cit.*, n. 342 et s., p. 155 et s.

(163) C. LAVABRE, art. cit., n. 5 et s.

du louage d'ouvrage ou entreprise (164). Le commissionnaire est tenu d'exécuter la mission dans le respect des instructions du commettant, puis, n'étant pas revendeur, de rendre compte. L'activité du commissionnaire peut prendre trois aspects :

– Le commissionnaire à l'achat achète sur les marchés extérieurs pour le compte d'un acheteur ordinairement local ; il prospecte, négocie, achète, se charge des formalités, expédie, paie.

– Le commissionnaire à la vente reçoit mission d'un commettant pour le compte de qui il est chargé de promouvoir et de vendre les marchandises ; son domaine d'activité est sensiblement le même, inversé, que celui du commissionnaire à l'achat.

– Le commissionnaire import-export se consacre à la fois à la vente et l'achat avec l'étranger ; comme ses confrères à l'achat ou à la vente, il offre aussi un service complet, de la prise en charge des formalités au règlement final ; il peut se porter ducroire et assumer l'insolvabilité de l'acheteur.

Le commettant doit favoriser l'exécution de la mission, rembourser les frais, sauf clause de rémunération forfaitaire, et payer la commission dont la créance bénéficie, en droit français, du privilège visé par l'article 95 du Code de commerce.

879. – Le commettant étant seul connu du client, on tiendra la clientèle comme à lui attachée. *L'extinction du contrat* de commission n'en prive, donc, pas le commissionnaire qui ne peut prétendre à aucune indemnité du seul fait de l'expiration du contrat.

B. – LES ASPECTS FISCAUX

880. – Le régime de TVA applicable au mandataire est simple puisque la relation lie directement le mandant et le tiers.

881. – Le régime de TVA applicable au commissionnaire prolonge directement la spécificité juridique :

> « Sur le plan de la TVA, les commissionnaires à la vente sont assimilés à des acheteurs revendeurs. Ils sont donc imposables sur le montant total du chiffre d'affaires qu'ils réalisent pour le compte de leur donneur d'ordre.
> Étant ainsi réputés revendre les marchandises, ils sont également pour les seuls besoins de la TVA réputés les acheter auprès de leurs commettants. La "vente" de ces marchandises par les commettants

(164) Ph. DELEBECQUE, *La responsabilité personnelle du commissionnaire de transport*, art. cit., p. 219.

à leur commissionnaire est donc en principe soumise à la TVA, sauf exonération particulière » (165).

§ 2. – L'intermédiaire acquiert la propriété

882. – Les formules les plus lourdes d'extériorisation se développent dans la distribution avec les montages par lesquels l'intermédiaire acquiert la propriété des marchandises qu'il va, ensuite, commercialiser à l'étranger.

883. – Nous envisagerons les *aspects juridiques* (A) et *fiscaux* (B) de ces opérations.

A. – LES ASPECTS JURIDIQUES

884. – À des rapports ponctuels, l'opérateur, français ou étranger, peut préférer des relations souvent organisées par l'effet de contrats-cadre, communément dénommés contrats de fourniture (166). La formule présente l'avantage pour l'exportateur de transférer sur le partenaire, désormais acquéreur et propriétaire des marchandises concernées, les coûts et aléas de leur commercialisation dans le territoire considéré. Certains accords peuvent joindre le fournisseur national à des étrangers, consommateurs définitifs, qu'il s'agisse d'industriels transformateurs s'approvisionnant en matières premières ou produits demi-finis. D'autres lient un fournisseur à des commerçants achetant en vue de la revente ; certains compléments, à base de licences de marque et/ou de savoir-faire, d'exclusivité d'approvisionnement et/ou, surtout, de fourniture, peuvent particulariser ces conventions-cadre en contrats de distribution. Le recours à une formule n'interdit pas nécessairement le recours à d'autres, pour des marchés différents, tout particulièrement ; les droits, de la concurrence, éventuellement applicables, se soucient, toutefois, de la cohérence des politiques des distributeurs lorsqu'elles comportent des effets restrictifs de la compétition sur certains marchés.

---

(165) C. LAVABRE, art. cit., n. 7.

(166) L'œuvre pionnière est, en droit français, la thèse de A. SEUBE, *Le contrat de fourniture*, thèse Montpellier 1970. – *Adde*, J.-M. MOUSSERON et A. SEUBE, *Les contrats d'assistance et fourniture : D.* 1973, chron. 197 et CREDA, sous la direction de A. Sayag, *Le contrat cadre*, t. 1, *Exploration comparative* et t. 2, *La distribution*. – F. POLLAUD-DULIAN et A. RONZANO, *Le contrat-cadre par delà les paradoxes : RTD com.* 1996, 179. – J. GATSI, *Le contrat cadre : Bibl. dr. privé*, n. 273, LGDJ 1996.

885. – Ces rapports conduisent à s'interroger sur le *droit applicable aux contrats de distribution internationale* (1°) puis sur le *droit matériel des contrats de distribution internationale* (2°).

1° *Le droit applicable aux contrats de distribution internationale*

886. – En cas de contrat international, il faut, en premier, s'interroger sur *la loi applicable (a)* et *l'autorité de conflit compétente (b)*, éventuellement.

a) La loi applicable

887. – S'agissant du système juridique applicable au contrat international de distribution, le conflit oppose le droit de l'État du fournisseur, facteur d'unité des différents contrats que celui-ci passe pour l'internationalisation de son éventuel réseau, et, chaque fois, le droit du pays d'exécution de l'accord qui est, souvent, celui de l'installation principale du distributeur, facteur d'unité du contrat international fournisseur-partenaire et des contrats internes partenaire-sous partenaires. L'intérêt de la question se nourrit de la multiplication des réglementations applicables à ces accords et au fait que les contrats ici étudiés sont moins des ventes ou des prestations de services élémentaires que des contrats d'organisation.

La Convention de Rome s'applique et reconnaît la pleine efficacité du choix opéré par les parties. En l'absence de clause, le droit de l'État d'exécution devrait l'emporter (Conv. Rome, art. 4-5) de préférence à la loi de l'État du fournisseur, pourtant débiteur de la prestation caractéristique.

888. – Une première difficulté tient au *droit de la concurrence*. Les principales formules disponibles s'apparentent par une certaine réservation de marché au partenaire et son immunisation plus ou moins forte contre de possibles compétiteurs dans la diffusion de marchandises de même origine. Les restrictions de concurrence appellent application des droits de la concurrence régissant les marchés concernés. Leurs contenus et modalités d'application différant souvent sensiblement, les constructeurs de tels accords veilleront à ne point contrevenir à ces règles impératives ou, s'ils le font, mesureront les risques exacts de leurs comportements.

L'applicabilité de tel corps de règles en matière de concurrence entraîne, chaque fois, toutes sortes de gênes. Nous évoquerons, à titre de simple exemple, le sort des clauses de non-réexportation ou de destination contenues dans un contrat international de distribution (167). De telles clauses générales sont fréquentes, l'initiateur d'un système de distribution souhaitant que son partenaire consacre tous ses efforts à la commercialisation de ses produits sur un marché déterminé et point à l'approvisionnement d'autres marchés et, notamment, de distributeurs dissidents. Ces clauses peuvent intéresser des marchés différents, le marché de l'Union européenne, par exemple, dont le droit appelle la condamnation, mais aussi d'autres marchés d'Europe de l'Est ou d'Amérique du Sud qui ne connaissent pas de telles prohibitions. Il sera, alors, important de retenir la possibilité pour certains droits et tribunaux, le droit et les tribunaux français, par exemple, de procéder à une annulation partielle non seulement du contrat mais également de la clause concernée ; lorsque, en effet, le contenu d'une clause est en partie seulement contraire à la loi, la clause peut être expurgée de son aspect illicite, et maintenue pour le restant (168).

889. – Une deuxième difficulté tient au *droit des contrats* et aux lourdes obligations de garantie ou responsabilité civile *« produits »* mise à la charge du fabricant ou du premier vendeur ou de tous les vendeurs d'une chaîne de commercialisation d'un produit non conforme, dangereux ou non. La charge du vendeur français est, par exemple, plus lourde que celle du vendeur suisse. La difficulté tient, alors, aux conflits possibles entre le droit applicable au contrat et les dispositions de police de l'État de production et de l'État de commercialisation, voire de consommation s'il est différent du précédent (169).

La spécificité des marchés nationaux desservis par ces canaux soustrait également ces contrats à l'application des textes français sur les pratiques discriminatoires dont la mise en œuvre est, déjà, écartée par la qualité de loi de police des règles nationales de concurrence.

890. – Une troisième difficulté est à la jonction du droit de la concurrence et du droit des contrats. Elle concerne l'applicabilité à la préparation

---

(167) V. à titre d'exemple, M. KOSTIGOFF, *L'interdiction d'exporter : un modèle d'entente prohibée par l'article 85 du traité CEE : D.* 1991, chron. 42, p. 215.

(168) V. J. SCHMIDT, *Les conséquences de l'annulation du contrat : JCP* 89, éd. G, I, 3397. Tout comme une clause générale de non-responsabilité est tenue pour régulière mais ne peut pas être invoquée à l'encontre d'une faute lourde, la clause de destination à certains territoires contractuels ne pourrait, éventuellement, pas être invoquée contre la revente aux distributeurs agréés de l'Union européenne mais pourrait l'être contre la revente à des distributeurs non agréés de ce marché, d'une part, et de tous autres sur des marchés auxquels le Traité de Rome est inapplicable, d'autre part. Du même coup, une clause de résiliation pour inexécution ne pourrait jouer dans le premier cas mais le pourrait dans le second.

(169) J. CALAIS-AULOY et F. STEINMETZ, *op. cit.*, n. 42.

de ces contrats et, pour autant, bien entendu, que les autres conditions de son intervention sont réunies, de l'article 1er de la *loi Doubin* du 31 décembre 1989 et des autres lois nationales de même facture :

> « Toute personne qui met à la disposition d'une autre personne un nom commercial, une marque ou une enseigne, en exigeant d'elle un engagement d'exclusivité ou de quasi-exclusivité pour l'exercice de son activité, est tenue préalablement à la signature de tout contrat conclu dans l'intérêt commun des deux parties de fournir à l'autre partie un document donnant des informations sincères, qui lui permette de s'engager en connaissance de cause » (170).

Même si la jurisprudence n'a pas eu, à notre connaissance, l'occasion de se prononcer sur ce point, la *loi Doubin* doit être considérée comme une loi de police visant la protection des distributeurs établis sur le territoire français (171) et est, selon nous, par conséquent, d'application territoriale (172). Il en sera de même des dispositifs correspondants inscrits dans les droits nationaux des États de commercialisation.

b) L'autorité de conflit compétente

891. – Se pose et doit être réglé dans le même esprit le problème de l'autorité de conflit compétente en matière de litige. Le choix d'une clause compromissoire favorise le traitement de ces difficultés et la prévention de nombre d'entre elles.

2° *Le droit matériel des contrats de distribution internationale*

892. – Une nouvelle série de questions, particulières, concerne les différentes formules de *distribution sélective (a)*, de *concession (b)* et de *franchise (c)*.

---

(170) L. 31 déc. 1989 et comm. in *Cah. dr. entrepr.* 1989, I.

(171) L. IDOT, *Quelques questions pour la résolution des conflits des droits de la concurrence en matière de distribution : DPCI* 1993, p. 215, n. 1.

(172) L'interrogation la plus délicate est de savoir si le choix du droit français comme système juridique applicable au contrat élargit le domaine de cette loi de police. Nous opinons d'autant plus pour la négative que ses prescriptions concernent les pourparlers et précèdent, par conséquent, la conclusion... toujours éventuelle du contrat. Rappr. M.-E. ANDRÉ, J.-M. MOUSSERON et J. RAYNARD, art. cit. 1995. – F. RIGAUX, *Examen de la détermination du droit applicable aux relations précontractuelles,* in *the dossiers of the Institute of International Law and practice, Formation of contracts and precontractual liability*, CCI 1990, p. 121 et s.

a) *Le contrat de distribution agréée ou sélective*

893. – La simple distribution agréée permet à ses seuls opérateurs de se prévaloir, par une information, un panneau quelconque, d'une sorte d'investiture du fabricant ; ils supportent la concurrence de tous autres détaillants.

894. – Plus exigeante, la distribution sélective est née à partir du moment où le refus de vente a été prohibé et sanctionné de diverses manières et où nombre de fournisseurs ont éprouvé le souci de maintenir une certaine sélection des distributeurs de leurs produits (173)... Les droits français et communautaire de la concurrence ont, en effet, admis qu'à différentes conditions certains contrats pouvaient en justifier la non fourniture à des détaillants non habilités. La sélection peut, alors, intervenir entre fabricant ou grossiste ou importateur, d'une part, et grossistes ou détaillants, d'autre part.

Le principe de la distribution sélective, accusé par les règles de concurrence appliquées à ces contrats, est de subordonner la sélection du distributeur à l'application d'une grille de critères qualitatifs ; tout distributeur satisfaisant à ces exigences doit, en principe, être fourni. Des atténuations à la rigueur de la formule peuvent être portées par les droits locaux de la concurrence en faveur, notamment, des listes d'attente chronologiques permettant au fournisseur sollicité de choisir de façon particulière ses distributeurs ou, du moins, d'en limiter le nombre parmi ceux qui remplissent les conditions d'accès préalablement définies.

895. – La distribution sélective ne comporte aucune exclusivité, que ce soit de fourniture à la charge du fournisseur ou d'approvisionnement à celle du fourni. Ce double trait réduit les restrictions éventuelles de concurrence sans pour autant les éliminer. Les droits de la concurrence, territorialement applicables, vont, donc, s'offusquer plus ou moins de ces formules et, à défaut, sans doute, de les interdire purement et simplement, vont les soumettre à certaines exigences ou, à l'inverse, en prohiber certaines modalités. L'exemple de la jurisprudence communautaire en la matière (174) offre une illustration de ce type d'intervention.

---

(173) Sur l'état de la question après la loi du 1er juillet 1996 modifiant l'ordonnance du 1er décembre 1996, v. M. et J.-M. MOUSSERON avec le concours de B. AUSTRUY et C. BONAN, *Le droit français nouveau de la transparence tarifaire*, collection Actualités de droit de l'entreprise, 2e éd., Litec 1997 (à paraître).

(174) V. D. FERRIER, *V° Distribution sélective : Rép. dr. commun.*, Dalloz, éd. 1992.

b) Le contrat de concession

896. – D. Ferrier définit la concession commerciale comme

> « la convention par laquelle un fournisseur, le concédant, s'engage vis-à-vis d'un revendeur, le concessionnaire, à ne fournir ses produits dans un territoire déterminé qu'à celui-ci et, parfois, à un nombre limité d'autres distributeurs » (175).

La formule peut être transposée à des secteurs autres que la distribution qui lui fournit son terrain d'élection et de principal développement.

897. – La concession se caractérise par la réservation par un concédant à un concessionnaire d'un certain territoire pour la commercialisation de ses produits. À l'échelle internationale, ce territoire, assiette de l'obligation de fourniture – et souvent d'approvisionnement – exclusive d'un opérateur, est fréquemment le territoire d'un État que ce concessionnaire, à défaut de recourir à un seul point de vente ou d'être succursaliste, fractionne, fréquemment, en différentes sous-concessions par des contrats internes.

La présence d'une obligation simple ou directe – d'achat et/ou de vente – est, en soi, restrictive de concurrence et il appartient, donc, aux règles de la concurrence de chaque marché concerné d'admettre, conditionner ou refuser de telles concessions internationales de distribution (176).

898. – La structure d'un contrat international de concession emprunte largement à celle d'un contrat interne de cette nature.

899. – La *formation du contrat* pose, souvent, le problème d'application des dispositifs de contrôle du genre sus-envisagé de la loi française Doubin.

900. – Durant *l'existence du contrat*, le concédant doit permettre et favoriser l'action de commercialisation du concessionnaire en ajoutant aux ventes, toutes sortes d'assistances commerciales et techniques.

Le concessionnaire est tenu d'assurer et développer – éventuellement dans le respect des différents quotas – les ventes des produits contractuels, dans le souci des projets du concédant, en matière de service après-vente et garantie, notamment, la fixation de prix de revente étant ordinairement exclue par les règles prohibant l'imposition de prix minima de revente de marchandises en l'état.

---

(175) D. Ferrier, *op. cit.*, 1995, n. 521, p. 285.

(176) Sur le droit communautaire, v. D. Ferrier, *V° Concession commerciale : Rép. dr. commun.*, éd. 1992, cité ; *adde TPICE,* 12 déc. 1996 (4 déc.) : *Cah. dr. entr.* 1997, I, obs. C. Vilmart et J.-M. Mousseron.

Les dispositions les plus originales de ces contrats portent sur l'identification des obligations d'exclusivité et des clauses en sanctionnant les manquements par privations d'avantages ou déchéance pure et simple.

Le contrat de concession prévoit, ordinairement, les sous-concessions et comporte, souvent, en annexe, le modèle de pareille convention et des indications sur les procédures de formation de ces sous-contrats, parfois soumis à l'agrément du premier concédant.

901. – En l'absence, ordinairement, de dispositions légales en la matière, les rédacteurs de contrat s'intéressent fortement aux conditions et, surtout, aux effets de *l'extinction du contrat :* reprise de stocks, éventuelle indemnisation à la charge du concédant... restitution des signes distinctifs et des marchandises à la charge du concessionnaire, non-concurrence... (177).

c) Le contrat de franchise

902. – Le développement international de telle production, service ou distribution, peut se faire par différentes formules se rattachant, selon les cas, aux politiques de déconcentration, coopération ou extériorisation de l'entreprise dans le taux et le niveau d'intervention du partenaire étranger :

> « La responsabilité du développement de la franchise pourra être confiée à une filiale ou une succursale chargée de mettre en œuvre la franchise sur le territoire visé.
> La méconnaissance du marché concerné pourra conduire à rechercher la participation d'un partenaire local. Le relais sera, alors, constitué par une filiale commune *(joint-venture)*, dont les associés seront le franchiseur et l'entreprise locale.
> Si le franchiseur veut, dans cette hypothèse, éviter les difficultés inhérentes à tout partage de pouvoirs, il confiera le développement de la franchise à un "franchisé principal" ou à un "sous-franchiseur".
> En l'absence de définition communément acceptée, on peut définir le "sous-franchiseur" comme un entrepreneur indépendant chargé uniquement de suppléer le franchiseur et n'intervenant donc pas comme franchisé et le franchisé principal (souvent désigné dans la pratique comme "master-franchisé") comme un franchisé à qui se trouve confié le soin de développer la franchise comme le ferait le franchiseur lui-même » (178).

---

(177) Sur la construction d'un contrat de concession, v. D. FERRIER, *op. cit.*, n. 520 et s., p. 284. – F. BORTOLOTTI et A. PREVISANI, *op. cit.* – P. CRAHAY, *op. cit.*

(178) D. FERRIER, *La franchise internationale : Clunet* 1988, 625, mise à jour au 1er fév. 1995, à paraître 1996.

Le contrat de franchise est défini par le règlement européen n. 4087 de 1988 comme

> « un accord par lequel une entreprise, le franchiseur, accorde à une autre, le franchisé, en échange d'une compensation financière directe ou indirecte, le droit d'exploiter un ensemble de droits de propriété industrielle ou intellectuelle concernant des marques, noms commerciaux, enseignes, dessins et modèles, droit d'auteur, savoir-faire ou brevet destiné à être exploités pour la revente de produits ou la prestation de services à des utilisateurs finaux ».

Cette définition montre la disponibilité de la formule et explique que, du point de vue très général qui est présentement le nôtre, il n'y a point à distinguer entre franchises de distribution (Benetton, Pingouin, Yves Rocher...), de services (d'hôtellerie comme Hilton, de location de voitures comme Hertz, de restauration comme Mc Donald's) ou de production (Yoplait, Pepsi Cola, Coca Cola...). Ces seuls exemples témoignent des développements internationaux de la formule (179) et (180).

903. – Seul sera international le contrat de *master-franchise* unissant au franchiseur national le franchisé principal local. Les règles précédentes sur la désignation du droit applicable joueront. Au souci du franchisé principal d'unifier ses relations de *master-franchise* s'opposera son souci et celui du franchisé principal d'harmoniser le contrat international de *master-franchise* avec les contrats de franchise, généralement de droit interne, que le franchisé principal conclura avec des franchisés terminaux, ses compatriotes. Dans tous les cas de figure, la précision du contrat et la prévision d'un même traitement arbitral des différends écarteront bien des difficultés que pourrait poser la diversité des sytèmes juridiques nationaux ou sub-nationaux (181) applicables à ces accords.

---

(179) D. FERRIER note *« La franchise par la réussite commerciale qu'elle emporte, en principe, a une propension naturelle à se développer sur un territoire de plus en plus vaste. On a estimé que le contrat de franchise avait pris naissance dans le contexte de domination d'une économie sur d'autres avec des marchés identiques et des données socio-économiques comparables »* (J. TOUSCOZ, Colloque LES, déc. 1987, p. 38), *« mais la dynamique propre à la franchise conduira le franchiseur à répondre à la demande de marchés de plus en plus éloignés et donc différenciés de son marché initial. Ces marchés appelleront pour l'affirmation de la réussite de la franchise une adaptation de plus en plus forte du savoir-faire initial et une maîtrise sans faiblesse de sa mise en œuvre... »* (*op. cit.*, 1995, n. 649, p. 547. – *Adde*, art. cit. 1988).

(180) J.-M. LELOUP observe *« Les intérêts de l'internationalisation du réseau sont : l'effet amplificateur de la notoriété, la sécurité provenant de la dispersion des risques commerciaux ou politiques sur de nombreux marchés, l'exploitation de l'avantage concurrentiel de la franchise sur de nouveaux marchés, les économies d'échelle réalisées par l'augmentation du volume des affaires, le retour d'informations provenant de multiples sources et de mentalités différentes et contribuant à l'enrichissement du savoir-faire (on raconte que Yoplait devrait à un franchisé antillais l'idée du yaourt à la vanille) »* (*La franchise : droit et pratique*, Delmas, 2e éd. 1991, t. 1).

(181) Quatorze États des États-Unis règlementent distinctement la franchise (R. CUSON, *op. cit.*, p. 363).

Pour les besoins d'exploitation de la franchise sur le territoire étranger, le franchiseur traitant soit avec des franchisés, soit avec un *master-franchisé* devra être très attentif à différentes réglementations locales en matière de droits de la concurrence, des propriétés intellectuelles, du travail, de la consommation, des baux commerciaux, plus rarement de rares textes propres à la franchise (182).

904. – Plusieurs questions devront être réglées au départ, dès la *formation du contrat.*

905. – Une première question est de savoir si le savoir-faire franchisé est ou non adapté aux contraintes particulières du marché national sur lequel il va intervenir.

- Si le savoir-faire franchisé peut être mis en œuvre sans adaptation significative, autre, par exemple, que la traduction de documents publicitaires ou commerciaux, le *master-franchisé* sera considéré comme tel et les contrats de franchise pourront être immédiatement conclus par ses soins.
- Si le savoir-faire franchisé ne peut pas être mis en œuvre sans adaptation significative, le *master-franchisé* ou franchisé principal ne peut pas, immédiatement, être considéré comme tel et les contrats de franchise ne peuvent pas être immédiatement conclus par ses soins :

> « Le franchisé principal se voit accorder l'exclusivité sur son territoire national ou une large portion de celui-ci. Parfois, il est même chargé de l'expérimentation dans le cadre de pilotes qui lui appartiennent. Le contrat de franchise principale est, alors, précédé d'une convention qui s'apparente à un contrat de pilote. Pour le cas où l'expérience des pilotes s'avérerait infructueuse, les conditions de liquidation de la collaboration doivent être spécialement étudiées : confidentialité, limitation d'activité... » (183).

L'addition, toutefois, d'une clause de *pilotage* faisant obligation de résultat au partenaire de mettre au point et d'adapter le savoir-faire contractuel aux contraintes particulières du marché concerné n'affecte, ordinairement, pas plus, selon nous, la nature du contrat de *master-franchise* que l'adjonction d'une clause de mise au point d'un véhicule n'affecte la nature du contrat de vente conclu entre un constructeur et un distributeur. Seuls, apparaissent des problèmes supplémentaires de responsabilité ou d'attribution de droits sur le savoir-faire additionnel.

906. – Il s'agit, en second, de savoir si, sur tel territoire étranger, la franchise sera ou non exploitée, en terminal, par le titulaire intervenant dans et par ses propres points de vente ou par des franchisés indépendants.

---

(182) D. Ferrier et E. Gastinel, art. cités.
(183) J.-M. Leloup, *op. cit.* 1991, t. 5, p. 295.

Dans le premier cas, la pratique retient la dénomination de concession, de contrat de (répartition de) zone :

> « La jurisprudence offre un exemple de “contrat de zone” distinct de la franchise principale. Par cette convention le titulaire d'une marque et d'un savoir-faire concède à une entreprise l'exclusivité de leur exploitation dans une zone déterminée où ladite entreprise implante des points de vente. Pareille convention se différencie de la franchise principale en ce que l'entreprise bénéficiaire de l'exclusivité doit elle-même exploiter les points de vente, en ouvrant des succursales » (184).

Dans le second cas, la franchise principale se définit comme

> « l'accord par lequel une entreprise, le franchiseur, accorde à une autre, le franchisé principal, en échange d'une compensation financière directe ou indirecte, le droit d'exploiter une franchise en vue de conclure des accords de franchise avec des tiers, les franchisés » (185).

907. – Le caractère vague de la dénomination de *master-franchise* invite, en troisième, à s'interroger sur la formule juridique qu'elle recouvre :

> « Le franchisé principal peut être lié par un contrat de mandat le constituant comme représentant du franchiseur... Le franchisé principal agira au nom et pour le compte du franchiseur dans ses relations avec les franchisés...
> Le franchisé principal peut être lié au franchiseur par un contrat de sous-traitance ou un contrat de concession s'il bénéficie d'une exclusivité sur le territoire qui lui est confié avec pour fonction de mettre en œuvre les éléments de la franchise auprès de certains franchisés ou dans un certain territoire... Le franchisé principal agit ici, en toute indépendance juridique, de manière autonome sans être représentant du franchiseur et supporte toutes les charges correspondantes...
> Le franchisé principal peut être lié par un contrat de co-traitance instaurant une collaboration avec le franchiseur pour l'adaptation de la franchise au marché considéré » (186).

908. – La quatrième question est de savoir si le *master-franchisé* est acheteur-revendeur des produits du franchiseur ou simple mandataire à la vente, consignataire de ces derniers.

---

(184) G. Cas et R. Bout, *Lamy économique*, éd. 1996, n. 3774, p. 1286 réf. à Com. 27 mars 1990, n. 88-17, 119 *(La Croissanterie)*.
(185) Règl. CEE, 4087-88, art. 1.
(186) D. Ferrier, art. 1988, cité, n. 35 et s.

909. – L'*existence du contrat de franchise* associe, dans un *« contrat de réitération »* (187), en matière de commercialisation de marchandises, licence de savoir-faire, licence de marque et fourniture (188).

À la charge du franchiseur on retrouve les obligations du concédant de licence de marque, du bailleur de savoir-faire et, éventuellement, du fournisseur de marchandises. Une clause d'exclusivité peut porter sur l'ensemble du contrat ou sur ses deux premières composantes ; l'exclusivité territoriale du franchisé est fréquente mais n'est pas directement essentielle à la qualification (189).

À la charge du franchisé on retrouve l'obligation majeure de respecter les normes de la franchise, informer le franchiseur de ses perfectionnements et exploitations, assurer la confidentialité du savoir-faire et verser une rémunération qui, comme dans le cas de la franchise nationale, comportera toutes sortes de variantes.

La révision du contrat ou, tout au moins, du savoir-faire contractuel pose des problèmes accrus d'adaptation de la relation au cours de son développement et des obligations correspondantes.

Les effets de réseau (190) qui s'ajoutent aux relations bilatérales conduisent, bien souvent, à des arbitrages multipartites (191).

910. – L'*extinction du contrat* pose le problème de la non-concurrence post-contractuelle admise au plan communautaire et, avec plus de difficultés, peut-être, au plan interne (192).

B. – LES ASPECTS FISCAUX

911. – Le contrat de franchise regroupe plusieurs opérations : concession du droit d'utiliser une marque, licence de savoir-faire, vente de produits et prestation de services (assistance technique). Le traitement applicable au regard de la TVA et des impôts directs est, ainsi, pour chaque opération, celui relatif à l'opération concernée.

***

(187) D. FERRIER, *op. cit.*, n. 587, p. 317 et s.

(188) Sur la construction d'un contrat de franchise, v. D. FERRIER, *op. cit.* et V° *Franchise* in *Rép. dr. commun.*, Dalloz, éd. 1992. – J.-M. LELOUP, *op. cit.*

(189) D. FERRIER, *op. cit.*, n. 630, p. 339.

(190) V. L. AMIEL-COSNE, *Les réseaux de distribution : Bibl. droit privé*, n. 256, LGDJ 1995.

(191) V. *supra*, n. 312.

(192) D. FERRIER, *op. cit.*, n. 648, p. 346.

912. – La création de filiales étrangères, voire l'existence de sociétés dans lesquelles l'opérateur national a de fortes participations posent des problèmes de coordination dès lors que le constructeur de l'ensemble ne se satisfait pas d'une simple juxtaposition d'opérateurs.

913. – Le premier effort en ce sens va, souvent, porter sur la *gestion des trésoreries* des différentes filiales étrangères. Entre le paiement par le client à la filiale étrangère et le paiement par celle-ci au fournisseur national court un délai dont la mesure sera fixée par les différents contrats. Si les paiements de la filiale à la société mère sont différés par rapport aux encaissements réalisés par elle auprès du client, il en résulte une disponibilité de trésorerie de la filiale qui appelle placement.

Le souci initial tiendra à l'optimisation des placements et des calendriers de rapatriement de sommes constituées à l'étranger, après comparaison des opportunités locales, de change et intérêts, notamment.

914. – Le premier problème tient au décideur du placement. La réponse relève de la liberté contractuelle et, pour montrer comment le traitement de ces questions de gestion financière est indépendant de celui des questions juridiques, on peut distinguer contrats financier et commercial.

915. – Le second problème est de savoir à qui appartiendront les profits dégagés. La solution découle et, par conséquent, commande la formule juridique des relations entre sociétés d'un même groupe.

– En cas de représentation, la solution de principe désigne la société mère comme titulaire de ce capital ; mais la fongibilité de la monnaie permet tout accord reconnaissant à la filiale la qualité de dépositaire d'un bien fongible, proche du banquier ayant reçu de l'argent de la part d'un client.

– En cas de concession, le capital disponible appartient à la filiale qui est débitrice d'un prix d'achat envers la venderesse, la société mère.

La vente assure à la société fille, acheteur-revendeur, une marge bénéficiaire définitive dont elle a la libre disposition. La représentation a l'effet inverse : le prix perçu appartient au vendeur représenté. Telle filiale reçoit 100 du client et reverse 80 au producteur. 80 peut être le prix d'achat et 20 une marge ou être le prix de la vente pour le compte du producteur représenté après retenue d'une commission de 20. Dans le premier cas, les revenus du placement appartiendront à la filiale ; dans le second cas, les revenus du placement appartiendront au *« propriétaire »* de la société mère.

Toutes sortes de considérations, dont la vigilance des différentes administrations fiscales, seront prises en compte. Le souci d'avoir des éléments juridiques réversibles n'est souvent pas étranger au flou qui entoure la construction des contrats existant entre ces sociétés.

Il y aura lieu dans le montage des relations de distinguer les procédures administratives, commerciales et financières, c'est-à-dire de commande, livraison, facturation, paiement rétribution (de l'intermédiaire).

916. – Une forme plus poussée de coordination peut se développer avec la mise en place de *centres de gestion centralisée* que l'internationalisation des activités économiques appelle et que la mise en place par certains États, de structures particulièrement avantageuses à leur promotion, favorise.

917. – Lorsque le groupe constitué par une entreprise nationale atteint une certaine dimension et qu'il est composé de sociétés établies dans plusieurs pays, la première peut envisager de créer un quartier général, également appelé centre de coordination, dans un pays étranger. Outre la centralisation d'opérations de financement et de couverture de risques de changes plus haut évoquées, les quartiers généraux ont pour objectif d'exercer certaines activités au bénéfice des sociétés des groupes concernés.

918. – La société faisant office de centre de gestion centralisée passera avec les sociétés du groupe un ou plusieurs contrats de prestations de services rémunérées visant toutes sortes de concours : financiers (encaissement de commissions en son nom et/ou au nom et pour le compte des affiliés, gestion financière de l'ensemble (193), mise en place d'un *pool* de trésorerie permettant des prêts internes au groupe (194), développement de la compensation, constitution de sûretés personnelles et réelles, gestion des charges, voire d'emprunts auprès d'établissements financiers, conclusion de contrats de crédit-bail mobilier ou immobilier au profit des sociétés du groupe)... commerciaux (internationalisation d'une centrale de référencement, action promo-publicitaire au profit des sociétés du groupe)... de services (d'assurance ou transport par négociation de contrats à effet multinational...) Toutes sortes de développements en matière de relations publiques, d'administration, de comptabilité, de gestion de tous ou certains personnels, d'informatique peuvent ainsi être mis en facteur commun.

Le financement sera assuré tant par les cotisations, commissions et intérêts perçus sur les sommes gérées réglées par les filiales et, demain, les affiliés, que par les commissions de gestion réglées par les fournisseurs référencés et autres opérateurs sélectionnés par le centre international.

---

(193) V. Chr. MOULY, *Contrats bancaires et groupes de sociétés* in Université de Lille, *Groupes de sociétés : contrats et responsabilité*, Litec 1993, p. 15.

(194) D. OHL, *Les prêts et avances entre sociétés d'un même groupe : Bibl. dr. entrepr.*, n. 14, Litec 1982.

La mise en place de ces structures devra, toutefois, veiller à éviter une centralisation excessive et à maintenir les initiatives en matère d'achat et d'exploitation des sites de production et de commercialisation, notamment.

919. – Certains pays accordent un régime fiscal très favorable aux quartiers généraux de sociétés étrangères. Ainsi les quartiers généraux bénéficient, en Belgique (195), par exemple, d'un régime fiscal favorable. Ce régime d'imposition atténuée est applicable sur agrément aux groupes remplissant certaines conditions de chiffre d'affaires, de fonds propres, de nombre de filiales dans des pays étrangers et de création dans le pays d'accueil d'emplois résultant de l'établissement du quartier général. L'existence de ce régime spécifique d'imposition ne prive pas, de manière générale, les quartiers généraux qui revêtent la forme de sociétés de droit belge, par exemple, du bénéfice des conventions internationales conclues par la Belgique. Les salariés étrangers affectés au centre de coordination sont exonérés d'impôt sur le revenu sur une partie des primes versées par leur employeur. Le principe de l'imposition du quartier général sur une quote-part de ses dépenses engagées localement existe également au Luxembourg, aux Pays-Bas et en Suisse, où un tel centre de coordination pourra ainsi être établi par un groupe français. La France elle-même accorde un régime fiscal spécifique aux quartiers généraux, avec imposition au taux de droit commun de l'impôt sur les sociétés sur une quote-part (en général de 6 à 10 %) des dépenses d'exploitation de ceux-ci (196). Cette société relèvera du droit national de son siège social dont le choix sera, par conséquent, de la plus grande importance.

920. – L'entreprise qui atteint la dimension d'un groupe implanté dans plusieurs pays est amenée à se poser la question de la constitution éventuelle d'une *société holding de participations*, gérant la totalité ou une partie seulement des participations du groupe. D'autres schémas de participations peuvent utiliser une société holding intermédiaire entre la société mère, ou ses associés, si celle-ci appartient à un groupe familial, et la ou les filiales étrangères (197). Au-delà des règles sus-visées prési-

---

(195) Arr. royal, n. 187 du 30 déc. 1982 et textes ultérieurs. V. notamment les études de F. DIERCKX, *Headquarters Offices in Belgium* in *European taxation*, oct. 1986. – P.-J. DOUVIER et J.-C. GUINARD, *Le régime des quartiers généraux en Europe* in *Bull. fisc.* mai 1994.

(196) Instr. adm. 7 déc. 1987 : *BOI* 13 G-1-87. – Communiqué min. Éco. et Fin., 11 juill. 1996.

(197) V. notamment les études de E. BRUIN, *Luxembourg : the new holding company, modern fashion of an older principle* in *European taxation (IBFD)*, avril 1992. – N. SHELDON et F. DE PATTER, *Holding companies : a review of the new Luxembourg rules and six other countries* in *European taxation*, mars et avril 1991. – J.-N. ANDRIEU, *La localisation d'un holding au sein du marché unique européen : critères du choix à exercer* in *Bull. fisc.* juin 1989. – B. GOUTHIÈRE, *Utilisation de la holding française dans les schémas internationaux* in *Bull. fisc.* déc. 1990. – Ph. JUILHARD et C. L'HOTE, *Imposition*

dant à l'imposition des dividendes versés par une filiale étrangère, plusieurs questions se posent dont la réponse orientera ou non vers cette solution.

921. – Les dividendes reçus par la société holding d'une filiale bénéficieront-ils d'une exonération, ou quasi-exonération, d'impôt sur les sociétés ? La non-imposition effective peut revêtir la forme directe de non imposition ou celle du crédit d'impôt, la société mère disposant d'un crédit d'impôt correspondant à la fraction de l'impôt sur les sociétés de la filiale afférent au bénéfice distribué (198).

Le régime de non-imposition directe des dividendes, souvent préféré au régime de crédit d'impôt, existe, notamment, au sein de la Communauté européenne, aux Pays-Bas à la condition, en particulier, que la société mère détienne au moins 5 % du capital de la filiale, en Belgique où aucune condition de participation minimum n'est imposée et au Luxembourg où, parmi les différents régimes existants, celui des Sopafi – sociétés de participations financières – est subordonné à une participation d'au moins 10 % ou à un prix de revient de la participation excédant un certain plancher. On rappellera, par ailleurs, l'existence d'un régime d'exonération en France. Hors Communauté européenne, on relève que la Suisse offre un régime d'imposition très réduite des dividendes de filiales.

922. – Les revenus, autres que les dividendes, que pourra recevoir la société holding seront-ils éventuellement imposés sur une base ou à un taux atténué ? Cette question se pose notamment pour les intérêts qui pourront être versés à la société au titre de prêts ou d'avances consentis à des sociétés du groupe ou à celui de placements de trésorerie sur les marchés internationaux de capitaux.

923. – Les coûts d'acquisition, tels que les charges de financement des participations dont les produits seront exonérés, seront-ils déductibles des autres revenus de la société holding ? La réponse à cette question est généralement négative, sauf en France, en Belgique, en Suisse et, sous certaines conditions, au Luxembourg pour les Sopafi.

---

des groupes de sociétés – Analyse comparative Royaume-Uni/Allemagne in *JCP* 93, éd. E, 263.

(198) Une directive européenne du 23 juillet 1990 (Dir. 90/435/CEE du conseil concernant le régime fiscal commun applicable aux sociétés mères et filiales d'États membres différents), effective en droit interne au 1er janvier 1992, a prévu essentiellement que les dividendes versés par une société d'un pays membre à une société mère (ayant une participation minimale de 25 %) d'un autre pays membre sont, d'une part exonérés (le terme utilisé est *« exemptés »*) de retenue à la source dans le pays de la filiale, d'autre part non soumis à imposition effective dans le pays de la société mère. V. l'étude de P. DIBOUT, *La directive communautaire du 23 juillet 1990 relative au régime fiscal commun applicable aux sociétés mères et filiales d'États membres différents : Dr. fisc.* 1991, n. 11.

924. – Les plus-values de participation bénéficieront-elles d'une exonération d'impôt, ou d'une imposition réduite ?

Une exonération générale s'applique aux Pays-Bas. Elle est conditionnelle ou limitative en Belgique et au Luxembourg. L'impôt sur les sociétés est dû en France pour la plus-value réalisée sur la cession d'une participation, mais il peut sous certaines conditions n'être dû qu'au taux réduit des plus-values à long terme (soit actuellement 18 %).

925. – La société holding bénéficiera-t-elle de droits d'apport nuls ou réduits sur les apports en numéraire ou en nature qui lui seront effectués ?

926. – La société holding sera-t-elle établie dans un pays ayant un réseau de conventions fiscales internationales en vigueur avec les pays où sont situées les autres sociétés du groupe ?

Il est important que les différents flux financiers entre la société holding et les autres sociétés du groupe fassent l'objet d'un prélèvement le plus faible possible dans le pays de la source, car une retenue à la source présente en soi de manière générale deux inconvénients : son coût de trésorerie et le risque soit de ne pas donner lieu à un crédit d'impôt correspondant pour le bénéficiaire des revenus, en l'absence, par exemple, de convention fiscale internationale applicable, soit de donner lieu à un tel crédit d'impôt, mais qui ne pourra pas être utilisé, ou qui ne pourra l'être que partiellement ; au cas, par exemple, où l'impôt dû par la société bénéficiaire des revenus est insuffisant pour absorber le crédit d'impôt.

927. – Ces derniers éléments amènent, dans une majorité de situations, à recommander l'implantation d'une société holding dans un pays disposant d'un réseau de conventions fiscales et, par voie de conséquence, à déconseiller une telle implantation dans un pays à fiscalité privilégiée.

Il convient, toutefois, d'être vigilant sur le point de l'existence, dans un certain nombre de conventions fiscales internationales, de clauses anti-abus destinées à restreindre l'usage abusif des conventions, appelé par les anglo-saxons *treaty shopping*. Ces dispositions anti-abus sont, donc, les suivantes :

• Dispositif prévoyant l'application du taux réduit ou de l'exonération, de retenue à la source pour les seuls paiements de redevances, d'intérêts, de dividendes effectués au bénéficiaire effectif des revenus. Ainsi une personne qui agit comme intermédiaire ne pourra-t-elle pas invoquer l'application des dispositions de la convention. On citera à titre d'illustration la Convention France-Australie, dont l'article 10-1 stipule :

> « Les intérêts provenant d'un État contractant et dont un résident de l'autre État contractant est le bénéficiaire effectif, sont imposables

dans le premier État, mais l'impôt ainsi établi ne peut excéder 10 % du montant brut des intérêts » (199).

• Dispositif excluant l'application de tout ou partie des dispositions de la convention si certaines conditions ne sont pas remplies. Ainsi, la Convention France-Suisse précitée exclut-elle (art. 14) du bénéfice de son application une société suisse dans laquelle des personnes qui ne sont pas des résidents de Suisse ont un intérêt prépondérant si cette société reçoit des intérêts, redevances ou dividendes de source française et qu'elle se trouve dans l'une ou l'autre des situations visées par la convention, telles que celle où plus de 50 % des revenus en question sont utilisés pour des paiements d'intérêts, de redevances, de frais de développement, de réclame, de première installation, de voyage, d'amortissement ou autres à des personnes qui ne résident pas en Suisse.

Les dispositifs généraux de lutte contre l'évasion fiscale, plus haut rencontrés, avaient, plus largement, vocation à s'appliquer contre les ponctions excessives déguisées en frais de holding, rémunération d'assistance technique ou de conseils financiers. Ces opérations, indifférentes, lorsque les contrats sont à 100 % ou presque, deviennent suspectes, dès que la filiale est cotée en bourse et où de telles conventions offrent aux majoritaires un moyen commode de prélèvement avant les autres actionnaires.

(199) Conv. 13 avril 1976 : *JO* 4 déc. 1977 et avenant 19 juin 1989 : *JO* 28 sept. 1990.

TITRE II
LES INSTRUMENTS FINANCIERS DU COMMERCE INTERNATIONAL

928. – L'opérateur français qui souhaite intervenir à l'étranger est généralement animé par quatre types de préoccupations tenant au financement de son opération, à la sécurité du paiement, à la garantie de la bonne exécution de la prestation, voire à l'assurance de l'opération (1).

Les instruments financiers du commerce international peuvent assurer le traitement de tel ou tel de ces aspects considéré isolément. Pourtant, les compagnies d'assurance, les banques, les investisseurs ont imaginé, au fil des ans, des moyens qui permettent de répondre en même temps à plusieurs de ces soucis. Ils ont ainsi élaboré et mis en œuvre des instruments ayant pour fin tout à la fois le crédit, l'assurance ou la garantie et le paiement de l'opération.

Les *instruments financiers élémentaires* du commerce international (Chapitre I) se distinguent, alors, des *instruments financiers complexes* assurant plusieurs finalités (Chapitre II).

---

(1) Pour un survol général, D. PEYROT, *Gestion financière internationale des entreprises*, Montchrestien 1987 ou J.-L. AMELON, *Financer ses exportations*, Dunod 1988 et, au fond, le grand ouvrage de A. COURET, J. DEVÈZE et G. HIRIGOYEN, *Droit du financement des entreprises*, Lamy 1996.

CHAPITRE I

LES INSTRUMENTS FINANCIERS ÉLÉMENTAIRES DU COMMERCE INTERNATIONAL

929. – Certaines techniques répondent, de manière isolée, à des préoccupations de *financement*, préalables à l'opération à réaliser (Section I) ; des techniques de *paiement* traditionnelles et assumant cette seule fonction peuvent être utilisées par les acteurs de l'opération de commerce international (Section II) ; plus caractéristiques de la spécificité du contexte international sont les techniques de *garantie* susceptibles d'être mises en œuvre (Section III).

SECTION I

LE FINANCEMENT DE L'OPÉRATION DE COMMERCE INTERNATIONAL

930. – Les autorités publiques n'ont pas d'intérêt à encourager les flux d'importation qui, à terme, peuvent provoquer un déséquilibre de la balance du commerce extérieur ; les règles spécifiques de financement du commerce international concerneront, donc, avant tout les flux d'exportations et ceux qui en sont les auteurs. L'opérateur français de commerce international peut souhaiter, avons-nous vu, réaliser des opérations ponctuelles ou prolongées sans implantation à l'étranger ; il peut aussi envisager son installation à l'extérieur.

Ce choix technique se traduit par un besoin de financement différent et il convient de distinguer selon que le financement servira à *exporter* des produits (§ 1) ou à *investir* des moyens (§ 2).

§ 1. – Le financement des exportations

931. – Les difficultés liées à l'exportation et, notamment, les délais et conditions de paiement rendent nécessaire la mise en place d'un système de financement. Le schéma le plus utilisé à titre isolé est le crédit. À l'inverse des importateurs français qui ne bénéficient pas de crédits spécifiques, les exportateurs français pourront avoir recours à des facilités de crédit particulières justifiées par la volonté des pouvoirs publics de développer cette forme d'activité de notre commerce extérieur. Mais l'obtention par l'exportateur français d'un crédit avantageux est de nature à fausser *« la concurrence internationale » ;* aussi, le consensus de l'OCDE a-t-il pour objet *« d'offrir un cadre institutionnel permettant d'instaurer un marché ordonné des crédits à l'exportation »* (1) qui s'impose aux organismes de financement.

932. – L'exportateur français peut éprouver un besoin de trésorerie lié à une période de fabrication plus ou moins longue ; il sera, par ailleurs, fréquemment amené à consentir des délais de paiement à son partenaire, souvent nécessaires à la conclusion du marché ; selon les besoins et délais octroyés, le banquier français accordera à l'exportateur un *crédit à court terme* (A) ou un *crédit à moyen voire long terme* (B).

A. – Les crédits à court terme

933. – Le crédit à court terme a pour objet de financer des besoins de trésorerie momentanés. La durée maximale des crédits de ce type est de dix-huit mois pour des créances de même durée. La technique mise en œuvre consiste en un découvert mobilisable, l'exportateur pouvant souscrire un billet à l'ordre du banquier en représentation de l'avance consentie (2). On peut, alors, distinguer des *crédits dits de préfinancement* (1°) des formules de *mobilisation de créances nées à l'étranger* (2°).

---

(1) OCDE, *Les systèmes de financement des crédits à l'exportation dans les pays membres de l'OCDE*, 4e éd. 1990. Ce travail classe les pays en trois catégories en contemplation de leur PNB : pays riches, intermédiaires, en voie de développement. Les règles qu'il fixe sont différentes selon le pays récipiendaire. V. BFCE, Département gestion des crédits internationaux, *Les crédits à l'exportation*, 1992. – *Adde*, A. Couret, J. Devèze et G. Hirigoyen, *op. cit.*, n. 4543 et s.

(2) V. B. Bouloc, *La mobilisation des créances nées sur l'étranger en l'absence d'effets signés par l'acheteur étranger : JCP* 69, II, 2258. – M. Vasseur, *La protection du banquier en cas de mobilisation de créances nées à court terme sur l'étranger : RTD com.* 1977, 1.

1° *Le crédit à court terme de préfinancement*

934. – Les crédits court-terme de préfinancement permettent de financer les besoins à court terme de trésorerie ayant en vue de préparer l'exportation. Il existe deux catégories de crédit court-terme de préfinancement : les crédits dits *revolving* sont accordés à un exportateur pour un certain volant d'affaires ; les crédits de préfinancement spécialisés servent à financer une opération spécifique.

935. – *Les crédits* revolving *de préfinancement* sont consentis à taux fixe et apparaissent comme des crédits de trésorerie banalisés ne présentant pas d'originalité (3).

936. – *Les crédits de préfinancement spécialisés* concernent généralement des marchés importants pour lesquels l'exportateur a reçu des acomptes insuffisants au financement global de l'opération. Outre les frais nécessaires à la réalisation de l'opération, le crédit peut couvrir des frais de prospection, d'études, voire financiers. La Direction du Trésor admet la couverture par ce crédit de 100 % du découvert mensuel. Le taux de ces crédits est, en principe, flottant, c'est-à-dire associé aux fluctuations des taux de base bancaire. Cette inconstance peut se révéler fâcheuse pour l'exportateur ; aussi, ces crédits de préfinancement peuvent-ils être stabilisés, c'est-à-dire consentis à un taux fixe et prédéterminé. La procédure passe par un refinancement de la banque prêteuse auprès de la BFCE. Le bénéfice du taux de financement stabilisé est ouvert aux entreprises dont le chiffre d'affaires est supérieur à un certain montant, lorsque les contrats concernés sont d'un montant unitaire supérieur à un seuil et appellent un découvert d'au moins un an. Lorsque l'une de ces conditions n'est pas remplie, le taux stabilisé requiert d'autres exigences.

En principe, le bénéficiaire du crédit de préfinancement spécialisé est le signataire du contrat d'exportation. Cependant, co-traitants et sous-traitants peuvent aussi en bénéficier pour la quote-part des fabrications qui leur sont confiées (4).

937. – Ces crédits de préfinancement sont généralement soldés grâce au/ou par le paiement de l'importateur étranger qui peut, lui-même, bénéficier de l'ouverture d'un crédit acheteur.

938. – Une procédure originale a été imaginée également par la Compagnie pour le financement des stocks à l'étranger (COFISE). Créée

---

(3) V. M. VASSEUR, *Droit et économie bancaires*, Cours de droit, fasc. II, 1987-1988, p. 627.
(4) V. J.-P. MATTOUT, *Droit bancaire international : Banque* 1987, p. 75.

sous l'impulsion de la fédération des industries mécaniques électriques et transformatrices de métaux, elle propose un financement très simple qui repose sur le principe de la vente à réméré. La COFISE achète au comptant, en francs français ou en devises au fournisseur exportateur français le matériel destiné à l'étranger avec la promesse que l'exportateur rachètera ce matériel chaque fois qu'il trouvera un acheteur étranger ou en cas de mévente, à l'issue d'une certaine période. Le prix de rachat tient compte des frais financiers et de la marge bénéficiaire de la COFISE. Bien entendu, ce type d'opérations suppose des stocks d'une certaine importance.

2° *La mobilisation de créances nées à l'étranger*

939. – Les crédits à court terme de préfinancement peuvent encore justifier la mobilisation de créances nées sur l'étranger. En ce cas, l'exportateur tire une lettre de change sur le banquier mobilisateur ou souscrit un billet à ordre sur lequel est apposé un aval bancaire : l'exportateur mobilise ainsi la créance qu'il a sur un client étranger. La formule n'est pas sans danger pour la banque mobilisatrice qui, indépendamment du recours dont elle dispose à l'égard de l'exportateur, cherchera à appréhender les sommes dues par l'acquéreur étranger (5).

B. – LES CRÉDITS À MOYEN ET LONG TERMES

940. – Les crédits à moyen et long termes destinés au financement des exportations aident l'exportateur dans des opérations de grande importance pour lesquelles il est obligé de consentir à son partenaire étranger des délais de paiement supérieurs à un an et demi. Les paiements partiels qui pourront intervenir de la part de l'acheteur-importateur ne couvriront qu'une partie de l'étude ou de la fabrication ; le solde sera payé, une fois atteint le stade de l'exploitation du procédé, de la machine-outil ou du produit fabriqué. Ces délais seront longs et appellent un besoin de trésorerie satisfait par l'octroi de crédits moyen et long termes. Ces crédits peuvent être consentis en francs français voire en devises, la banque se procurant les ressources nécessaires sur le marché des

---

(5) V. M. VASSEUR, *La protection du banquier...*, art. cit. – J.-P. MATTOUT, *op. cit.*, p. 83 et s.

devises. Nous examinerons successivement *l'objet* (1°), *la durée* (2°) et *les bénéficiaires* (3°) de ces formules.

1° *L'objet*

941. – Ce type de crédit concerne essentiellement les exportations de biens d'équipement lourds tels qu'unités de production, ensembles industriels, usines clés en main... mais profite aussi aux biens d'équipement moyens ou légers et aux prestations de service qui en accompagnent habituellement la livraison ou l'installation : études, communication de savoir-faire, assistance technique...

2° *La durée*

942. – Les crédits à moyen terme sont relatifs à des créances comprises entre dix-huit mois et sept ans ; au-delà, il s'agit d'un financement à long terme. La durée du crédit est calculée à compter de la livraison ou de la bonne mise en place du matériel vendu.

3° *Les bénéficiaires*

943. – Le bénéficiaire de ce type de crédit peut être un fabricant ou un fournisseur qui réalise une opération d'exportation, il s'agit, alors, d'un *crédit à moyen et long termes à l'exportation : crédit-fournisseur (a).* Il peut aussi s'agir d'un acheteur importateur, on se trouve, alors, en présence d'un *crédit à moyen et long termes à l'importation : crédit-acheteur (b).*

a) Le crédit à moyen et long termes à l'exportation (crédit-fournisseur)

944. – L'exportateur français, par exemple, qui a consenti un délai de paiement à son acheteur étranger obtient normalement un crédit de sa banque pour assurer sa trésorerie sous forme d'escompte de la créance née sur l'étranger. Le plus souvent, l'acheteur a versé un premier acompte à la commande, puis un second acompte à la livraison, dans le cadre d'un crédit documentaire (6). Le solde est payable en plusieurs années, à différentes échéances, par remise immédiate de traites indiquant le montant du capital et des intérêts échus. L'acheteur accepte ces traites à la livraison, dans le cadre du crédit documentaire, en même temps qu'il paie le second acompte.

945. – Une fois qu'il détient les traites, l'exportateur propose à sa banque de les lui remettre à l'escompte du capital et des intérêts. Se pose, alors, le problème de savoir qui va prendre le risque de l'impayé. En général, sauf disposition contraire, l'escompte est réalisé *« sauf bonne fin »* et les risques restent à la charge de l'exportateur qui pourra souscrire une assurance-crédit dont il fera bénéficier la banque (7). La garantie de *« bonne fin »*, assurée par la BFCE aux banques qui réalisent l'escompte est, désormais, facultative et suppose la souscription d'un contrat d'assurance par celles-ci (8). L'octroi du crédit de mobilisation est, en règle générale, subordonné à l'obtention d'une garantie de la COFACE portant au moins sur les risques politiques, catastrophiques et de non-transfert (9) mais cette garantie n'est pas toujours nécessaire (10).

La garantie COFACE requiert l'intervention d'une commission interministérielle des garanties et du commerce extérieur qui donne des avis sur les demandes de crédit, et du directeur de la DREE qui prend la décision. Le rôle de l'administration dans l'obtention de la garantie et, finalement, la conclusion du contrat commercial est, donc, ici, déterminant. S'agissant des crédits fournisseur à long terme, leur financement est réservé à la seule BFCE pour ce qui est des pays dits intermédiaires et en voie de développement dans le consensus OCDE ; une assurance COFACE est alors obligatoire.

946. – Le crédit consenti sur la mobilisation des créances s'appuie sur le contrat commercial qui est l'instrument de base des relations entre l'exportateur et l'importateur.

---

(6) V. *infra*, n. 1002 et s.

(7) H. LAUBERGÉ et P. MAURER, *Financement et assurance des crédits à l'exportation*, Droz, Genève 1985, p. 90 et 91.

(8) Les banques ne sont plus obligées de recourir à la garantie de bonne fin de la BFCE afin de pouvoir utiliser la procédure de crédit fournisseur et peuvent décider de conserver le risque final d'impayé au cas où l'exportateur ne pourrait pas rembourser le banquier escompteur, comme il devrait le faire. Ainsi, le forfaitage *(forfaiting)* constitue-t-il un escompte sans recours dans lequel le risque de l'impayé est assuré par l'établissement financier.

(9) Le risque de non-transfert se réalise lorsque des événements politiques ou administratifs empêchent ou retardent le transfert des fonds versés par le débiteur (Paris 22 mai 1986 : *D.* 1987 somm. 295, M. VASSEUR).

(10) Les crédits sans garantie COFACE sont dits crédits libres par opposition aux crédits administrés. Ils sont, en effet, libres de toute contrainte administrative et relèvent de la seule discrétion de la banque et de l'exportateur. – V. M. VASSEUR, *op. cit.*, p. 649.

947. – L'octroi d'un crédit fournisseur suppose, néanmoins, que la créance présente certaines caractéristiques dont la non-satisfaction empêche son attribution.

• Elle doit être commerciale et résulter d'un contrat d'exportation réalisé par une entreprise française avec un acheteur étranger, c'est-à-dire relevant de tout pays ou territoire autre que la principauté de Monaco et les départements et territoires français d'outre-mer.

• Les créances doivent résulter de dépenses d'origine française (les aides françaises à l'exportation restent réservées... aux produits français) mais l'administration admet, au cas par cas, le financement d'un certain montant de dépenses étrangères qui ont pu être nécessaires à la réalisation du contrat commercial.

• La créance doit être certaine dans son montant, dans son échéance et son exigibilité. Toutefois, quand une de ces conditions fait défaut, le crédit peut être accordé si l'exportateur peut, à tout le moins, établir la naissance de la créance.

948. – Le montant du crédit n'est pas limité et la mobilisation peut atteindre 100 % du montant de la créance, sous déduction de la part d'acompte que l'administration française exige.

b) Le crédit à moyen et long termes à l'importation (crédit-acheteur)

949. – L'idée de base dans le crédit-acheteur (11) est d'accorder le financement non plus à l'exportateur mais à l'acheteur. Le crédit moyen et long termes peut ainsi être accordé à l'importateur, soit directement par sa propre banque, soit par la banque de l'exportateur. Ce dernier, en effet, peut avoir obtenu au profit de l'importateur le financement de sa propre banque. Ce type d'opérations s'effectue surtout quand les taux d'emprunts sont plus intéressants chez l'exportateur que dans le pays de l'importateur (12).

950. – La mise en place d'un crédit-acheteur se caractérise par deux contrats :

---

(11) C. CHERON, *Le crédit acheteur : un financement encore adapté ? : Banque* 1984, 535. – J.-C. BARTHÉLÉMY, *Réflexions sur la politique des crédits à l'exportation : Banque* 1994, 647. – *Adde*, J.-P. MATTOUT, *op. cit.*, p. 125 et s. – M. VASSEUR, *op. cit.*, fasc. II, p. 659. – G. BOURDEAUX, *Le crédit acheteur international*, Économica 1995.

(12) Ce type d'opérations a été fréquent, par exemple, en 1992 dans les relations franco-espagnoles. Les taux de crédit des banques espagnoles étaient, alors, nettement plus élevés que ceux des banques françaises ; lors d'opérations d'exportation, l'industriel français proposait en même temps que les produits vendus, le service de ses banques.

– Un contrat commercial entre le vendeur-exportateur et l'acheteur-importateur, prévoit un paiement au comptant, irrévocable et définitif. Un soin particulier devra être apporté à la rédaction de la clause relative aux délais d'exécution du contrat commercial car ces derniers déterminent le point de départ de la période de remboursement du crédit. La conclusion du second contrat (ouverture de crédit) constituera, souvent, une condition suspensive du contrat commercial ou un élément essentiel du contrat de base (13).

– Un contrat financier (ouverture de crédit) entre l'acheteur-importateur étranger et un (ou plusieurs) établissement(s) financier(s) français, prévoit un prêt d'un montant suffisant pour pouvoir payer le solde du prix du contrat commercial après versement des acomptes.

Dans ce contrat, l'emprunteur (acheteur) donne un mandat irrévocable à la banque de payer le vendeur-exportateur *« en son nom, pour son compte et de son acquit »* ; de la sorte, le prêteur (banque) est assuré de l'utilisation des fonds qui aura pour seul but le paiement de la dette envers le vendeur-exportateur (14).

L'obligation de remboursement de l'acheteur-importateur étranger ne saurait dépendre d'éventuelles exceptions que ce dernier pourrait soulever au titre du contrat commercial. La clause *« Isabel »* prévoit l'inopposabilité aux prêteurs des réclamations ou exceptions tirées du contrat commercial (15). Ainsi, bien que la finalité du crédit acheteur réside dans le paiement de l'exportateur au titre du contrat commercial, son autonomie est bien marquée : il s'agit d'un contrat distinct et l'acheteur reste tenu de rembourser les banques au titre de l'ouverture de crédit sans pouvoir opposer des exceptions ou des réclamations tirées de ses rapports avec l'exportateur au titre du contrat commercial.

951. – L'existence de deux contrats distincts et autonomes emporte comme conséquence logique la conclusion de deux polices COFACE.

– Une première police, dite *« risque de fabrication »*, garantit l'exportateur contre le risque d'interruption du contrat au cours de son exécution

---

(13) V. G. BOURDEAUX, *op. cit.*, n. 254 et s.

(14) S'agissant d'un exportateur français, le contrat financier stipule que les prêts accordés ne peuvent servir qu'au paiement de matériels ou de prestations d'origine française. Cependant, sous certaines limites et conditions, des matériels ou prestations en provenance du pays de l'emprunteur ou d'un pays autre que celui de l'emprunteur ou de France, pourront aussi être financés s'ils ont été incorporés dans les fournitures de l'exportateur par l'intermédiaire de contrats de sous-traitance dont l'exécution relève de la responsabilité de l'exportateur.

(15) *« Les prêteurs étant absolument étrangers au contrat passé avec le fournisseur, l'emprunteur ne pourra se soustraire aux obligations qu'il a souscrites aux termes de la présente ouverture de crédit en opposant aux prêteurs des réclamations ou exceptions, quelles qu'elles soient, tirées dudit contrat et, notamment, de son exécution ou de quelque autre rapport qui le lierait au fournisseur ».*

du fait de l'acheteur mais aussi contre les risques dits de crédit et de non mise en place du crédit acheteur ; en outre, la COFACE peut encore couvrir le risque de change lorsque l'exportation est libellée en devises étrangères. Le risque de fabrication *stricto sensu* peut être couvert à concurrence de 80 à 90 % (16).

– Une seconde police, dite *« risque de crédit »*, garantit les banques contre les manquements possibles de l'emprunteur à ses engagements de remboursement, aux échéances convenues, des sommes mises à sa disposition et de paiement des intérêts et des commissions. La quotité assurable peut atteindre 95 % (17).

952. – La procédure du crédit-acheteur est riche d'intérêts pour le fournisseur ; elle déplace la charge du crédit sur l'acheteur et allège d'autant la trésorerie de l'exportateur. Dès la notification de l'ouverture de crédit, celui-ci dispose d'un engagement personnel et autonome de la banque à son égard, proche mais point analogue à celui consenti au titre d'un crédit documentaire irrévocable (18). En revanche, le banquier exigera souvent du fournisseur la souscription d'une lettre d'engagement obligeant celui-ci à verser à la banque, ou à la COFACE, le montant d'éventuelles indemnités auxquelles il pourrait être condamné au profit de l'acheteur pour mauvaise exécution du contrat.

§ 2. – Le financement des investissements

953. – Le financement des investissements à l'étranger (19) est nécessaire pour permettre à l'exportateur de construire des réseaux commerciaux, d'implanter une agence, de réaliser un ensemble industriel... La décision stratégique d'installation à l'étranger passe par un besoin de financement tout aussi pressant que précédemment. Le financement peut s'opérer en *francs français* (A) ou en *devises* (B).

A. – LE FINANCEMENT EN FRANCS FRANÇAIS

954. – Le financement en francs français peut être réalisé dans des conditions de droit commun, c'est-à-dire aux conditions du marché où

---

(16) V. G. BOURDEAUX, *op. cit.*, n. 579 et s. – *Adde, supra,* n. 725 et s.

(17) *Ibid.*, n. 565 et s. – *Adde, supra,* n. 728 et s.

(18) L'autonomie de l'engagement bancaire entraîne un principe d'inopposabilité des exceptions cependant limité : dans la lettre de notification adressée au fournisseur, le banquier se réserve le droit de ne plus réaliser le paiement en cas de faillite de l'emprunteur ou de résolution du contrat commercial (G. BOURDEAUX, *op. cit.*, n. 339 et s.).

(19) Sur le problème inverse des investissements étrangers en France, v. *supra*, n. 240 et s.

de nombreuses banques interviennent. Signalons, à ce titre, le rôle important joué par le Crédit national (20). Le souci de promouvoir les implantations à l'étranger a, cependant, conduit les pouvoirs publics à instituer des dispositifs d'aides originales allant de formules de prêts spécifiques à des participations aux fonds propres de l'entreprise, enfin, à des mesures fiscales incitatives (21).

955. – S'agissant des *prêts* dits spécifiques favorisant les investissements français à l'étranger, on évoquera les prêts DIE (Développement des investissements à l'étranger) mis au point par le Crédit national et la BFCE ou la banque de l'entreprise.

Toute entreprise, industrielle ou commerciale, quelle que soit sa taille, peut en bénéficier à la condition que l'investissement – exclusif d'un placement financier – soit réalisé par une société française agissant seule ou conjointement avec sa filiale à l'étranger dans un pays de la zone franc ; aucun engagement d'exportation n'est requis de la part de l'entreprise. Le financement peut atteindre 100 % du montant de l'investissement. La durée moyenne de ces prêts est comprise entre douze et quinze ans, le remboursement pouvant bénéficier d'une franchise variant de un à cinq ans. Durant le premier tiers de la durée du crédit, le taux est librement négocié avec l'entreprise. Durant les deux tiers restants, le taux est égal à celui des prêts ordinaires accordés par le Crédit national (22).

956. – Une autre technique d'aide aux entreprises exportatrices résulte de crédits spéciaux sous forme de *participation aux fonds propres*. Différentes sociétés de capital-risque interviennent à ce titre. Ainsi, en France, la Société pour le financement des industries exportatrices (Sofinindex) filiale de la BFCE, est spécialisée dans le financement en fonds propres des PME exportatrices, par des interventions minoritaires et temporaires au capital de la société mère française ou de sa filiale à l'étranger : souscription d'obligations convertibles, augmentation de capital, acquisition d'actions, participation au capital de la filiale à l'étranger...

957. – Des *mesures fiscales* sont enfin directement incitatives à l'implantation à l'étranger, c'est le cas des dispositions de l'article 39 *octies*-A du CGI précité.

---

(20) A. de Lattre, *Le Crédit national : Banque* 1975, p. 467.

(21) P. Julliart, M. Klein, D. Simon, D. Berlin, Ph. Ouakrat, J. Touscoz, *Protection et garantie des investissements : Dr. prat. com. int.* 1987, n. 1 et 2.

(22) Le prêt DIE-Export bénéficie de bonifications supplémentaires, pendant la phase du prêt financé par le Crédit national.

B. – LE FINANCEMENT HORS FRANCS FRANÇAIS

958. – Le financement d'investissements à réaliser à l'étranger peut aussi être opéré en devises étrangères. L'entreprise cherche alors son financement sur le marché des capitaux internationaux. Le marché international propose des financements en eurocrédits qui s'appuient sur des euromonnaies ou eurodevises.

959. – L'*euromonnaie* ou *eurodevise* est une monnaie scripturale, transférable et convertible déposée dans une banque située dans un pays autre que le pays émetteur de la monnaie (23). Un exportateur français, par exemple, a un client aux États-Unis ; ce dernier paiera le vendeur français en dollars sur le compte que l'exportateur français aura ouvert auprès d'une banque américaine ; mais, parce qu'un taux d'intérêt alléchant lui est proposé par sa banque française, le vendeur français décide d'opérer un virement de ces fonds de la banque américaine à la banque française sise à Paris : après exécution de ce transfert, la créance de l'exportateur sur sa propre banque sera une créance en eurodollars. Ainsi, pour l'euromonnaie, la créance de l'exportateur français sur sa banque française est exprimée en une monnaie différente de celle du pays dans lequel cette banque, débitrice au titre de la convention de compte, est située (24).

Plusieurs précisions doivent, alors, être apportées. La nationalité ou le domicile du déposant restent sans incidence sur la qualification d'eurodevise : seule doit être prise en compte la situation de la banque dépositaire (maison mère, filiale, voire succursale) située en dehors du pays d'émission de la monnaie ; le dollar déposé par un Japonais, un Français ou... un Américain auprès de la succursale située en France d'une banque américaine est un eurodollar. Par ailleurs, le préfixe *« euro »* ne signifie nullement que le dépôt bancaire soit opéré en Europe : le dollar déposé par ledit Japonais auprès d'une banque sise au Japon reste un *« eurodollar »*. Enfin, il doit être clair que les dollars, objets de la transaction n'ont jamais quitté le sol américain : seuls les débiteurs du déposant (banques américaine, puis française) ont changé ; l'eurodevise n'apparaît pas *ex nihilo* mais correspond à une dette bancaire née dans le pays d'émission de la monnaie.

960. – La pratique des eurodevises est née des dépôts réalisés en dollars par les pays de l'Est auprès de banques européennes dans les

(23) Définition proposée par J.-P. MATTOUT, *op. cit.*, p. 190. Comp. M. VASSEUR qui définit les euromonnaies comme *« des avoirs à court terme de nons-résidents par rapport au pays émetteur de la devise en question »* (*op. cit.*, fasc. II, p. 888).

(24) V. J.-P. MATTOUT, *op.* et *loc. cit.*

années 1950 afin d'émanciper, du moins le croyait-on, ces sommes de l'autorité politique américaine. Les banques dépositaires ont alors pu proposer à leurs propres clients des prêts en dollars, générant ainsi des *« eurocrédits »* (25). La formule allait connaître un franc succès dans les années 1970 en même temps qu'elle se diversifiait à d'autres monnaies (eurodeutshe-marks...) ; à côté des entreprises multinationales, les États et leurs banques centrales trouvaient dans les *« euromarchés »* la possibilité d'obtenir des crédits très supérieurs à ceux consentis par des institutions financières intergouvernementales (26). En fait, suivant la définition précédente, les banques prêteuses d'eurodevises devraient consentir des eurodollars, par exemple, uniquement à concurrence de leurs dépôts dans les banques américaines, en s'appuyant sur leur réseau de correspondants bancaires. Cependant, la masse des eurodevises en circulation excède les avoirs détenus par les banques auprès de leurs correspondants car on considère que l'ensemble des dépôts dans les euro-banques ne seront pas simultanément exigibles. La syndication bancaire (organisation des banques prêteuses en syndicat ou *pool*) permet de la sorte de consentir plus largement des crédits financés à partir de ressources du marché des eurodevises tout en assurant une ventilation entre les participants des différents risques de l'opération (27).

961. – Le régime juridique des *« eurodépôts »* participe de la composition de la loi de la banque dépositaire et de la loi du pays émetteur. L'État où est située l'euro-banque pourrait décider de mesures susceptibles d'affecter un *« eurodépôt »* (confiscation, nationalisation des banques étrangères, restrictions de change) sous le contrôle du FMI (28). Mais l'autorité monétaire du pays émetteur n'en demeure pas moins sur l'euromonnaie ainsi que le rappelle dans un contexte sensiblement particulier, faut-il le remémorer, la décision du président Carter de novembre 1979 de geler les avoirs officiels iraniens en eurodollars (29).

---

(25) J.-B. Blaise, Ph. Fouchard, Ph. Kahn, *Les eurocrédits : un instrument du système bancaire pour le financement du commerce international*, Litec 1991. – *Adde*, *Lamy droit du financement, op. cit.*, 1996, n. 4667. – A. Jacquemont, *Le contrat d'eurocrédit : Clunet* 1974, 34 ; *Les eurocrédits, expériences continentales*, éd. Moniteur 1982.

(26) A côté du marché monétaire des *« eurodevises »* apparaissait un marché financier des *« euro obligations »*. V. Université de Dijon, *Les euro obligations,* Litec 1972. – A. Jacquemont, *L'émission des emprunts euro obligataires, pouvoir bancaire et souverainetés étatiques*, Litec 1976 ; ces dernières années ont encore vu apparaître de nouveaux instruments financiers internationaux, *« swaps »*, *« titrisation »* qui tendent déjà à supplanter les *« euro obligations »*, v. *Dr. prat. com. int.* 1986, n. 1, *Nouveaux instruments du commerce international.*

(27) Sur ces questions, v. M. Vasseur, *op. cit.*, p. 890 et s.

(28) V. D. Carreau, Th. Flory, P. Juilliard, *op. cit.*, n. 773 et s.

(29) V. F. Gianviti, *Le blocage des avoirs iraniens par les États-Unis, Executive Order du 14 novembre 1979 : Rev. crit. DIP* 1980, 289. – Chr. Gavalda, *L'efficacité juridique en France de l'executive order du Président Carter « gelant » les avoirs iraniens : Gaz. Pal.* 17 déc. 1979, 3 et 12-13 mars 1980.

SECTION II

LE PAIEMENT DE L'OPÉRATION DE COMMERCE INTERNATIONAL

962. – Les moyens techniques de paiement, utilisés dans des relations purement internes, deviennent rapidement inadaptés au monde du commerce international (30). Il n'existe plus guère dans le commerce international de procédures de paiement simples. Cela s'explique par la nécessité d'associer au paiement le crédit et au crédit la garantie. Ainsi en est-il de la technique reine de paiement du commerce international que constitue le crédit documentaire étudié plus tard (31).

963. – Ainsi, le *virement international* est un mode de paiement extrêmement simple et utilisé dans le commerce quand les parties ont l'habitude de travailler ensemble et n'attendent, donc, pas du procédé de paiement d'autre fonction que celle de régler une dette. Le débiteur, c'est-à-dire l'importateur français par exemple, va demander à sa banque de débiter son compte et de créditer en compensation dans une autre banque à l'étranger celui de son vendeur. Toutefois, le procédé n'offre aucune espèce de garantie et reste essentiellement utilisé par des entreprises liées par des relations d'affaires et de confiance, qui vont considérer la simplicité et le faible coût (32).

964. – De même, la *remise d'un chèque* peut entraîner un risque de non-paiement lié à l'absence de provision, aux délais d'acheminement et de présentation ainsi qu'un risque de change associé à la date de présentation, ignoré en droit interne. La Convention de Genève du 19 mars 1931 portant loi uniforme concernant le chèque a été introduite en droit français par le décret-loi du 30 octobre 1935 où elle constitue également la réglementation interne de ce mode de paiement (33).

965. – Les paiements par *traite*, c'est-à-dire par mobilisation de créances jouent un rôle de moins en moins important dans le commerce

---

(30) M. DELIERNEUX, *Les instruments du paiement international : RD aff. int.* 1993, 987.

(31) V. *infra*, n. 1002 et s.

(32) On signalera d'un point de vue purement matériel, l'usage du système *swift*. Le procédé *swift* n'est pas un système de paiement. C'est un réseau de télétransmission privé auquel sont abonnées de nombreuses banques dans le monde qui ont mis au point une procédure de communication avec une procédure de contrôle. Ce réseau permet à des banques de donner de manière certaine des ordres de paiement en étant sûres tout à la fois de la bonne transmission et de la bonne compréhension du message par l'autre partie.

(33) L'uniformisation résultant de cette convention demeurant incomplète, une deuxième convention également de Genève et de la même date, est destinée à régler les conflits de lois en matière de chèques, v. Y. LOUSSOUARN et J.-D. BREDIN, *op. cit.*, n. 488 et s.

international même s'ils continuent à être utilisés. Ainsi, les effets de commerce restent moins prisés à l'étranger qu'en France et la rigueur du droit cambiaire devient, dans le contexte international, sujette aux aléas de la loi applicable (34) en dépit des efforts d'unification des règles substantielles issues de la Convention de Genève du 7 juin 1930 (35).

966. – Le contexte du commerce international est, à l'inverse, propice à la redécouverte d'un mode de paiement millénaire ; ainsi du *troc* auquel auront recours les parties lorsque l'importateur ne disposera pas des devises nécessaires au paiement (36). La formule, pratiquement désignée d'*échange compensé* connaît de multiples variantes que les auteurs s'efforcent de dissocier : à l'échange mutuel de produits se substitue l'achat par l'exportateur de produits proposés par l'importateur grâce à la technologie exportée (37). Les formules connaîtront des dénominations multiples, savantes, souvent anglo-saxonnes : troc, *barter*, contre-achat, rachat sur production, *offset, clearing, switch* (38). Les montages justifieront fréquemment l'intervention de tiers qui interviendront dans l'acquisition des produits de l'importateur et dans le paiement de l'exportateur. Mais, au final, ces formules appelleront l'application classique de mécanismes obligatoires agrégeant – ou non – les divers contrats en cause (39).

(34) Sur cette question, v. J.-P. MATTOUT, *op. cit.*, spéc., p. 45 et s.

(35) La diversité des interprétations nationales de cette loi uniforme peut, elle-même, donner lieu à conflit de lois, v. Com. 4 mars 1963 : *JCP* 63, II, 13376, LESCOT ; *Clunet* 1964, 806, B. GOLDMAN ; *Rev. crit. DIP* 1964, 264. Aussi, une deuxième convention adoptée à Genève, le même jour est destinée à régler certains conflits de lois en matière de lettre de change, billets à ordre, v. Y. LOUSSOUARN et J.-D. BREDIN, *op. cit.*, n. 440 et s.

(36) La formule est née, essentiellement, au cours des années 1960 dans les relations commerciales entretenues par les pays occidentaux avec les anciens pays de l'Est.

(37) V. L. MOATTI, *Les échanges compensés internationaux*, Pédone 1994 et *La compensation des échanges commerciaux internationaux : RD aff. int.* 1995, 3. – *Adde*, M. FONTAINE, *Aspects juridiques des contrats de compensation : Dr. prat. com. int.* 1981, t. 7, n. 2, p. 179 et *Les accords de contre-achat : Dr. prat. com. int.* 1982, t. 8, n. 2, p. 161. – J. MAYAUDON, *Les contrats de compensation pétrolière : RD aff. int.* 1987, 725.

(38) V. L. MOATTI, *op. cit.*, spéc. première partie.

(39) Pour cette étude, v. L. MOATTI, *op. cit.* Autre est le problème envisagé par L. COSTER, *Vers un droit du commerce international sans papier : RD aff. int.* 1994, 735.

SECTION III

LA GARANTIE DE L'OPÉRATION DE COMMERCE INTERNATIONAL

967. – À raison de l'éloignement et du risque qu'elle provoque, l'opération de commerce international est souvent accompagnée de systèmes de garantie (40). Les instruments financiers complexes intègrent, le plus souvent, cette préoccupation ; ainsi en est-il du crédit documentaire.

Toutefois, des techniques autonomes de garantie restent utilisées dans le commerce international.

Les garanties réelles ne sont guère usitées sans doute parce que leur mise en œuvre se révèle lourde, impose le développement d'un contentieux dans un pays étranger et n'assure, bien souvent, qu'une récupération difficile de biens souvent dévalorisés. Seule, la clause de réserve de propriété connaît un succès pratique important (41). Encore, son efficacité est-elle subordonnée au droit qui lui est applicable (42) parfois dans le contexte d'une procédure collective locale (43).

Les garanties personnelles et surtout financières ont la préférence des opérateurs à raison de l'existence de réseaux bancaires internationaux. À côté de sûretés personnelles classiques comme le *cautionnement* (1), le droit du commerce international développe des techniques de garantie spécifique : ainsi de la *garantie à première demande ou garantie indépendante* (§ 2) et de la *garantie documentaire* (§ 3).

§ 1. – Le cautionnement

968. – Le cautionnement (44) reste une technique fréquemment utilisée à l'exportation en dépit du développement des garanties indépendantes.

---

(40) M. PELICHET, *Garanties bancaires et conflits de lois : RD aff. int.* 1990, 335.

(41) Prélevons dans une littérature abondante, Coll. Paris 1980, *La clause de réserve de propriété*, Coll. Actualités droit de l'entreprise, n. 12, Litec 1981 et F. PÉROCHON, *La réserve de propriété dans la vente de meubles corporels : Bibl. droit entrepr.*, n. 21, Litec 1988.

(42) V. Y. LOUSSOUARN, *Les conflits de lois en matière de réserve de propriété*, cité. – G. KHAIRALLAH, *Les sûretés mobilières en droit international privé*, cité.

(43) V. *supra*, n. 67.

(44) Relevons parmi des ouvrages récents nombreux, Chr. MOULY, *L'extinction du cautionnement : Bibl. droit entrepr.*, n. 10, Litec 1980. – P. ANCEL, *Le cautionnement des dettes de l'entreprise*, Dalloz 1989 et Ph. SIMLER, *Cautionnement et garantie autonomes*, 1re éd. 1991 et, bien entendu, M. CABRILLAC et Chr. MOULY, *Droit des sûretés*, 3e éd. Litec 1995.

Dans l'opération de commerce international, le cautionnement permet de couvrir des risques très différents. Son *domaine* (A) reste cependant étroitement dépendant de son *régime* (B) et, particulièrement, de la norme applicable à sa sanction.

A. – Le domaine du cautionnement

969. – La pratique du commerce international utilise le cautionnement pour couvrir des risques très divers que l'on peut essayer de recenser (45).

970. – *La caution de soumission* garantit au bénéficiaire du marché qu'au cas où elle remporterait l'appel d'offres, l'entreprise cautionnée respectera les obligations lui incombant aux termes du cahier des charges. L'intervention de la caution apporte un premier service de présélection à l'auteur de l'appel d'offres car, soucieuse de sa rentabilité, la banque sélectionnera les entreprises auxquelles elle accordera sa caution en fonction de leurs aptitudes à exécuter le marché soumissionné (46). En réalité, la pratique est de délivrer des garanties à première demande pour soumission (47) qui affranchissent la sureté du contrat de base et lui assurent une certaine indépendance étrangère au cautionnement *stricto sensu* (48). Là encore, la rédaction de la lettre de garantie est décisive dans l'appréciation de l'engagement bancaire.

971. – *La caution d'achèvement, de bonne fin ou de bonne exécution* (49) garantit au bénéficiaire l'exécution de la totalité des obligations contractuelles de l'entreprise cautionnée, de la signature du contrat jusqu'à l'achèvement des travaux, la livraison ou la fin de la période de garantie. Cette caution cesse généralement lors de la réception provisoire des travaux pour être relayée par une caution de maintenance ou d'entretien.

972. – *La caution d'entretien* garantit le bénéficiaire de la caution contre tout vice ou malfaçon pendant une période déterminée, évitant

(45) V. H. Lesguillons, *op. cit.*, t. 6, div. 9, Lamy 1986. – Comp., *supra*, n. 712 et s., les risques couverts par l'assurance COFACE.

(46) V. J.-P. Mattout, *La délivrance des cautions de soumission dans les marchés internationaux à moyen et long terme : Banque* 1977, 419. Sur l'intervention de la COFACE, *supra*, n. 719.

(47) Sur la garantie à première demande, v. *infra*, n. 977 et s.

(48) H. Lesguillons, *op. cit.*, spéc. art. 5. – *Adde*, M. Dubisson, *Le droit de saisir les cautions de soumission et garanties de bonne exécution : Dr. prat. com. int.* 1977, 428 et s.

(49) Les termes anglais sont ceux de *performance guarantee, performance bond, completion garantee.*

ainsi à l'entreprise cautionnée de verser des retenues de garantie. Elle prend le relais de la caution de bonne exécution du contrat, en se poursuivant pendant une période d'essai qui cesse à la réception définitive des travaux.

973. – Il arrive souvent qu'un client octroie des avances ou acomptes à son fournisseur afin de lui permettre de démarrer les travaux ou d'accomplir la prestation prévue au contrat. La *caution de restitution d'avances ou d'acomptes* (50) permet au bénéficiaire de la caution de répéter les sommes avancées à l'entreprise exportatrice en cas d'inexécution des travaux prévus. Ainsi, le montant de la caution ou garantie correspond au montant de l'avance versée à l'entreprise exportatrice, qui, en général, évolue entre 5 et 20 % du prix du marché (51). L'entreprise exportatrice doit prévoir une clause de réduction de la caution, à hauteur du prorata des travaux réalisés ou de la prestation effectuée. Ainsi l'engagement du garant, banque ou société d'assurance, maximal lors du début de l'engagement des travaux, se réduit au fur et à mesure de leur exécution, le coût de la caution diminuant.

974. – *Les cautions de retenue de garantie* (52) permettent le versement anticipé à l'exportateur de sommes (retenue de garantie) qui aurait dû intervenir à l'expiration de la période de garantie. Pour se protéger contre d'éventuelles imperfections, l'acheteur retient, en effet, une partie des versements effectués au fur et à mesure de la progression des travaux. Ce dernier n'acceptera d'effectuer des versements complets que s'il obtient une caution lui garantissant le paiement de sommes qui auraient dû être retenues par lui afin de compenser une éventuelle mauvaise exécution de la prestation contractuelle de son partenaire (53).

975. – *La caution de mainlevée* permet à son bénéficiaire de ne pas subir de préjudice faisant suite à l'action d'un tiers opérant une saisie sur les paiements ou les marchandises qui lui sont dus.

B. – LE RÉGIME DU CAUTIONNEMENT

976. – L'efficacité du cautionnement dépend du régime qui s'applique à lui et, partant, de la loi qui lui sera applicable. Le contrat de cautionne-

(50) Les termes anglais sont ceux de *repayment guarantee, repayment bond, advance payment guarantee, mobilisation payment guarantee.*

(51) V. H. LESGUILLONS, *op. cit.*, div. 9, art. 14. – *Adde*, Paris 17 janv. 1983 : *JCP* 83, II, 19666, J. STOUFFLET.

(52) En langue anglaise, *retention money bond.*

(53) G. BLANC, *Approche fonctionnelle de la nature juridique de la retenue de garantie dans les marchés privés d'entreprise : JCP* 85, éd. E, 14478.

ment reste un acte juridique créateur d'obligations contractuelles et est, à ce titre, soumis à sa loi propre. Cependant, le caractère accessoire de cette sûreté permet de présumer que les parties se sont référées, pour celle-ci, à la loi de l'obligation principale garantie (54). La présomption ne paraît plus devoir jouer lorsque le cautionnement est procuré par un professionnel, la loi de la banque trouvant alors à s'appliquer (55). Par ailleurs, une autre atténuation aux incidences du caractère accessoire du cautionnement peut être observée dans la jurisprudence qui refuse à la caution la faculté de se prévaloir de la clause compromissoire insérée dans le contrat principal (56). La tendance à la distinction de la loi du contrat principal et de celle de la caution prend désormais appui sur la Convention de Rome qui désigne, en l'absence de choix, la loi de la caution débitrice de la prestation caractéristique (art. 4, § 2). Mais les incertitudes demeurent, la propension des juges à user de la « clause d'exception » (art. 4, § 5) leur ayant déja permis de retenir la compétence de la loi du contrat principal qui valide le cautionnement (57). Les aléas des méthodes conflictualistes expliquent, alors, le déclin de la technique du cautionnement dans les relations de commerce international au profit, au regret parfois de certains praticiens (58) du *« droit matériel du commerce international »*, en l'occurrence de la garantie à première demande.

§ 2. – La garantie à première demande ou garantie indépendante

977. – Le contrat de garantie à première demande (59) apparaît comme la convention obligeant un garant, à la requête irrévocable d'un donneur

(54) Soc. 14 janv. 1976 : *Clunet* 1977, 495, A. LYON-CAEN. – Civ. 1re, 1er juill. 1981 : *Clunet* 1982, 148, P. BOUREL ; *Rev. crit. DIP* 1982, 336, P. LAGARDE. – *Adde*, H. BATIFFOL et P. LAGARDE, *op. cit.*, t. II, n. 610.

(55) En ce sens, P. MAYER, *op. cit.*, n. 721. – H. BATIFFOL et P. LAGARDE, *op. cit.* – Cpdt V. HEUZÉ, *La réglementation française, op. cit.*, n. 687 et s.

(56) Com. 22 nov. 1974 : *Rev. arb.* 1978, 461, Ph. FOUCHARD.

(57) Versailles, 6 fév. 1991 : *Rev. crit. DIP* 1991, 745, P. LAGARDE ; *Clunet* 1992, 145, J. FOYER ; *D.* 1992, 174, J.-D. MONDOLONI. – *Adde*, Civ. 1re, 16 fév. 1994 : *Rev. crit. DIP* 1994, 341, H. MUIR-WATT.

(58) V. M. DAHAN, *op. cit.*, p. 465, n. 1251.

(59) Coll. Tours 1981, *Les garanties bancaires dans les contrats internationaux.* – Chr. GAVALDA et J. STOUFFLET, *La lettre de garantie internationale : RTD com.* 1980, p. 1 et s. – M. CONTAMINE-RAYNAUD, *Les rapports entre la garantie à première demande et le contrat de base en droit français* in *Mélanges Roblot,* LGDJ 1984, p. 413. – M. VASSEUR, *V° Garantie indépendante : Rép. com. Dalloz.* – J.-L. RIVES-LANGE, *Les engagements abstraits pris par le banquier : Banque* 1985, 902 et s. ; *Garanties internationales et cautions : Banque* 1987, 11. – J.-P. MATTOUT, *Droit bancaire international, op. cit.*, p. 243 et s. – J. STOUFFLET, *La garantie bancaire à première demande : Clunet* 1987, 265. – A. PRUN, *Les garanties à première demande*, Litec 1994.

d'ordre, de payer en qualité de débiteur principal, sur simple demande et sans pouvoir opposer une quelconque exception ou réserve tenant au marché couvert, une somme d'argent à un bénéficiaire désigné aux conditions de la lettre de la garantie (60). La définition met le trait sur le caractère autonome et indépendant de l'engagement du garant au regard du contrat objet de la garantie. Ainsi, la garantie à première demande se distingue-t-elle fondamentalement du cautionnement qui reste marqué par son caractère accessoire (C. civ., art. 2011 et s.).

Le bénéficiaire de la garantie à première demande pourra être le créancier de somme d'argent ; mais il arrivera souvent que le bénéficiaire garanti soit le débiteur de somme d'argent, la garantie couvrant alors la réalisation de l'opération économique (livraison de marchandises...). Cette dernière situation est d'autant plus fréquente que le créancier de somme d'argent (vendeur...) exigera la plupart du temps de son partenaire (acheteur...) l'ouverture d'un crédit documentaire qui lui assurera la sécurité du paiement. C'est alors le débiteur de somme d'argent qui désirera à son tour bénéficier d'une garantie pour l'exécution du marché.

978. – Un essai de typologie des différentes utilisations des garanties indépendantes révèle des cas de figure analogues à ceux évoqués à propos du cautionnement et l'évidente propension des professionnels à substituer cette technique à la précédente.

Ainsi, sont apparues, dans les années 1970, les *garanties de soumission* (*bid bond* ou *tender bond*) obligeant une banque à payer une certaine somme au cas où le soumissionnaire d'un marché viendrait à se désister. Cette garantie couvre généralement 1 à 2 % du montant du marché (61).

La *garantie du remboursement d'acompte (advance payement guarantee)* concerne le remboursement des avances que le bénéficiaire a pu d'ores et déjà payer au débiteur et qu'il veut avoir la certitude de récupérer s'il estime que le marché reste mal exécuté.

La pratique connaît encore l'usage de la *garantie de paiement des droits de douane*, à l'égard d'une administration douanière.

Elle met en œuvre la *garantie de retenue de garantie (retention money bond)* qui a vocation à se substituer à la retenue que le maître d'œuvre pourrait pratiquer, à titre préventif, sur le montant des travaux en cas d'éventuelle malfaçon.

---

(60) Rappr. les définitions de Ph. SIMLER : *J.-Cl. Civil*, art 2011 à 2043, *V° Garanties autonomes*, 1988, n. 1. – J.-P. MATTOUT, *Droit bancaire international, op. cit.*, n. 203, p. 252. – T. BONNEAU, *Droit bancaire*, Montchrestien 1994, n. 642. – M. CABRILLAC et Chr. MOULY, *op. cit.*, n. 396, p. 331. – J.-L. RIVES-LANGE et M. CONTAMINE-RAYNAUD, *Droit bancaire*, Dalloz, 6e éd. 1995, n. 782.

(61) V. J.-P. MATTOUT, art. cit., 1977, 419 et s.

Les *garanties d'exécution* ou *de bonne fin (performance bond)* concernent, directement, la bonne exécution du contrat. Selon que le garant est une banque ou une compagnie d'assurance, le montant de cette garantie pourra couvrir jusqu'à 10 % pour une banque ou 30 % pour une compagnie d'assurance, du montant du contrat.

Ainsi, se révèle la véritable nature du mécanisme de la garantie sur demande : elle n'est pas comme le crédit documentaire, voire même le cautionnement, un procédé d'exécution du contrat – en cas de défaillance du débiteur principal pour le cautionnement – ; son montant limité n'y suffirait pas. La garantie indépendante reste une véritable garantie qui s'est historiquement substituée à la consignation d'un dépôt de garantie.

979. – En l'absence de toute disposition légale, la matière des garanties indépendantes a justifié l'émergence de règles propres proposées par des organismes professionnels. Les *« règles uniformes de la CCI pour les garanties contractuelles »* (62) proposées en 1978 n'ont jamais été véritablement acceptées par le monde du commerce international. En effet, ces règles prévoyaient que le bénéficiaire, pour obtenir le paiement de la garantie, devait produire une décision de justice ou une sentence arbitrale. Les *« règles uniformes de la CCI relatives aux garanties sur demande »* publiées en 1992 (63) devraient connaître un plus grand succès (64). Les efforts réalisés par la CNUDCI en cette matière méritent également d'être signalés et ont conduit cet organisme à proposer à la ratification une convention sur les garanties indépendantes et lettres de crédit *stand-by* (65).

980. – La présentation des *intervenants à une garantie sur demande* (A) précédera l'étude de la *mise en œuvre de la garantie* réalisée à travers l'observation des rapports susceptibles de se développer à cette occasion entre les divers protagonistes (B).

---

(62) Publ. CCI, n. 325. V. l'étude d'Y. POUILLET, *Les garanties contractuelles dans le commerce international : Dr. prat. com. int.* 1979, 387.

(63) Publ. CCI, n. 458.

(64) Note P. SIMLER, *Règles uniformes de la CCI relatives aux garanties sur demande : Petites Affiches*, 13 mai 1992, n. 58, p. 25. – M. VASSEUR, *Les nouvelles règles de la CCI pour les garanties sur demande : RD aff. int.* mars 1992, p. 239. – J.-P. MATTOUT et A. PRUM, *Les règles uniformes de la CCI pour les garanties sur demande : Banque et droit,* n. 30, juill.-août 1993, p. 3. — Th. DE GALARD, *Les nouvelles règles uniformes de la CCI relatives aux garanties sur demandes : RDAI* 1993, 759.

(65) *RD bancaire et bourse*, 1995, p. 198 et s., n. 52 et comm. J. STOUFFLET, p. 132 et s., n. 50. – *Adde* M. VASSEUR, *Les principaux articles de la loi-type de la CNUCDI sur les virements internationaux : RD aff. int.* 1993, 155.

A. – LES INTERVENANTS À LA GARANTIE INDÉPENDANTE

981. – Le mécanisme étudié met en présence trois à quatre intervenants :

– Le *bénéficiaire* de la garantie est titulaire d'une créance de paiement de somme d'argent ou autre. Ce sera souvent l'importateur, acheteur ou maître d'ouvrage, débiteur de somme d'argent et créancier d'une obligation de faire ou de livraison selon les canons du droit français (66) dans la mesure où le prix du contrat international sera payé dans le cadre d'une procédure de crédit documentaire dans laquelle l'intervention bancaire assure déjà une sécurité de paiement (67).

– Le *donneur d'ordre* est débiteur du précédent au titre de l'opération de commerce international ; il donnera à son banquier l'ordre d'émettre une garantie indépendante au profit d'un tiers bénéficiaire.

– La *banque du donneur d'ordre* s'engage, à titre indépendant, au paiement d'une somme d'argent au bénéficiaire conformément aux instructions du donneur d'ordre ; l'autonomie de l'engagement bancaire justifie l'appellation de *« garantie autonome ou indépendante »* souvent préférée à celle de *« garantie à première demande »* qui ne traduit qu'une modalité de mise en jeu de la garantie (68).

Dans le cadre d'une garantie directe, la banque du donneur d'ordre sera banque garante ou banque de premier rang. Plus souvent, elle jouera le rôle de banque contre-garante lorsqu'on sera en présence d'une garantie indirecte.

– La *banque du bénéficiaire,* banque locale, n'intervient pas systématiquement. En cas de garantie directe, elle joue le rôle de banque authentificatrice en transmettant au bénéficiaire, sans engagement de sa part, la garantie. En cas de garantie indirecte, elle devient banque garante à l'égard du bénéficiaire ; la banque locale s'engage, alors, directement à l'égard du bénéficiaire et reçoit, en sa faveur l'engagement de la banque du donneur d'ordre, banque contre garante. Il est fréquent dans le commerce international que les garanties soient émises par des établissements financiers locaux, mieux connus des bénéficiaires (69). Lors de l'intervention d'une banque locale, les termes de la lettre de garantie de celle-ci doivent donc être dénués d'ambiguïté pour décider de son rôle effectif et, partant, de son engagement. En France, la COFACE

---

(66) En ce sens, v. Com. 19 fév. 1991 : *JCP* 91, éd. G, II, 21670.
(67) V. *infra*, n. 1002 et s.
(68) En ce sens, J.-L. RIVES-LANGES et M. CONTAMINE-RAYNAUD, *op. cit.*, n. 793.
(69) La Lybie et l'Iran imposent l'intervention de banques locales.

est à même de se substituer à un établissement bancaire pour ce type d'opération.

B. – Les rapports dans la garantie indépendante

982. – L'étude de la mise en œuvre de la garantie indépendante peut être menée en considérant les rapports qui s'établissent, à cette occasion, entre les intervenants précédents.

1° *Les rapports entre bénéficiaire et donneur d'ordres*

983. – L'étude des rapports bénéficiaire-donneur d'ordre renvoie à l'examen du contrat de base, générateur de la garantie. Un transfert de biens matériels, intellectuels ou une prestation de services peuvent ainsi justifier la mise en œuvre d'une garantie indépendante. La coexistence de ce rapport de droit et d'une garantie, voire d'une contre-garantie, révèle l'existence d'un groupe de contrats fédérés par une identité causale (70). Ainsi, bien que la question reste discutée, comme il est commun dès lors qu'il s'agit de référer à la notion de cause, les auteurs, dans leur majorité, observent dans le contrat de base la cause de l'engagement bancaire du garant (71). De même est-il affirmé que la cause de la contre-garantie se trouve dans la garantie fournie par la banque de premier rang au bénéficiaire. Cette analyse de la cause de l'engagement bancaire contrarie l'indépendance prêtée à celui-ci. Ainsi, ces auteurs admettent-ils que, par le libellé de la lettre de garantie, les parties conviennent de rompre le lien causal unissant l'engagement bancaire au contrat de base : *« ainsi au sein du groupe de contrats l'engagement bancaire se trouve contractuellement isolé des autres rapports de droit »* (72). L'ombre de l'acte abstrait, c'est-à-dire de l'acte dépourvu de cause, proscrit par notre droit (C. civ., art. 1131) plane alors sur la garantie indépendante. Les débats développés sur ce thème présentent plus d'attrait théorique que d'intérêt pratique dès lors que le principe

---

(70) V. B. Teyssié, *Les groupes de contrats*, cité.

(71) En ce sens, M. Vasseur : *D.* 1983, p. 368. – J.-L. Rives-Langes et M. Contamine-Raynaud, préc., n. 790. – M. Contamine-Raynaud, art. cit., p. 426. – Chr. Gavalda et J. Stoufflet, *La lettre de garantie internationale*, préc. – *Adde*, pour une discussion de la question, A. Prum, *op. cit.*, n. 114 et s.

(72) J.-L. Rives-Langes et M. Contamine-Raynaud, préc., n. 791.

même de l'admission de la technique de la garantie indépendante par la jurisprudence ne fait plus de doute (73). Aussi bien, nous rallierons – nous volontiers à l'opinion de MM. Cabrillac et Chr. Mouly pour qui *« il est (...) sain d'éviter les querelles causalistes par application d'un pragmatisme de bon aloi en matière commerciale (...) et de se satisfaire d'une approximation »* (74).

2° *Les rapports entre garant et bénéficiaire*

984. – Les rapports garant-bénéficiaire sont suscités par l'émission par le garant d'une *lettre de garantie...* susceptible de fonder *l'appel en garantie* du bénéficiaire... qui justifiera alors *le paiement de la garantie.*

985. – Le formalisme de la garantie à première demande s'affirme dès l'émission de la *lettre de garantie* dans la mesure où le garant est engagé dans les termes de celle-ci (75). Les règles uniformes de la CCI prévoient à cet effet que l'instruction visant l'émission d'une garantie devra successivement énoncer le donneur d'ordre, le bénéficiaire, le garant, la transaction de base cause de l'émission de la garantie, le montant maximum payable et la monnaie de paiement (76), la date d'expiration et/ou le fait entraînant l'expiration de la garantie, les conditions de la demande de paiement et, enfin, toute disposition visant la réduction du montant de la garantie (77).

986. – Le même formalisme paraît encore commander aux termes de *l'appel en garantie.* Celui-ci doit respecter les exigences posées par la lettre. Spécialement, l'appel doit être ferme et non équivoque. Une difficulté d'interprétation s'est élevée à propos de la demande *extend or pay* parfois adressée par le bénéficiaire au garant et aux termes de laquelle ce dernier est mis devant l'alternative de payer ou de proroger la garantie. La jurisprudence tend à refuser de voir dans pareille demande

---

(73) V. l'arrêt de principe, Com. 20 déc. 1982 : *D.* 1983, 365, M. VASSEUR ; *RTD. com.* 1983, 446, M. CABRILLAC et B. TEYSSIÉ ; *Clunet* 1983, 811, A. JACQUEMONT.

(74) M. CABRILLAC et Chr. MOULY, *op. cit.*, n. 427.

(75) En ce sens, Com. 20 déc. 1982, cité, *adde,* art. 13, § 1, Conv. CNUDCI.

(76) V. cpdt, Com. 4 juill. 1995 : *Banque* 1995, 222, M. CONTAMINE-RAYNAUD ; *D.* 1996, 249, S. PIEDELIÈVRE ; *Rev. crit. DIP* 1996, 452, R. LIEBCHABER, qui admet l'appel en garantie en dollars alors que l'engagement avait été souscrit en dinars lybiens.

(77) Règles uniformes de la CCI, art. 3. La Convention CNUDCI ne désigne pas les termes et conditions de l'engagement qui devront être interprétés *« selon les règles et usages nationaux »* (art. 13-2) ; sur les exigences de forme de l'engagement du garant, v. *infra*, art.7, § 2 de la Convention.

un réel appel en garantie (78). En revanche, les règles de la CCI disposent qu'en pareil cas, le garant doit payer *« si aucune prorogation n'est octroyée avant l'expiration dudit délai »* (art. 26).

D'un point de vue formel, outre qu'il doit être présenté dans les délais impartis par la lettre d'engagement du banquier, l'appel en garantie devra être fait par écrit. L'exigence résulte souvent des termes de la lettre de garantie ; à défaut, la règle paraît posée par une jurisprudence des juges du fond (79) ainsi que par les règles uniformes de la CCI (80) mais point par la convention CNUDCI (81). Suffisante, la pratique du télex paraît donc bien aussi nécessaire à la correcte mise en jeu de la garantie. Les règles CCI prévoient encore que la demande devra comporter

> « en plus de tous autres documents que peut spécifier la garantie, une déclaration écrite stipulant ; *i)* que le donneur d'ordre a manqué à son ou ses obligations selon le(s) contrat(s) de base, ou, en cas de garantie de soumission aux termes des conditions de l'appel d'offres ; *ii)*, en quoi le donneur d'ordre a manqué à ses obligations... ».

Cette règle consacre la formule, fréquemment utilisée par les praticiens du commerce international afin de lutter contre les demandes abusives, selon laquelle *« la demande en garantie doit être justifiée »*. Pareille formulation ne saurait contraindre le bénéficiaire à établir le bien-fondé de sa demande sauf à ruiner toute idée d'indépendance de la garantie (82) ; en revanche, celui-ci devra attester la défaillance du donneur d'ordre et préciser le manquement reproché à ce dernier (83). La recevabilité de l'appel en garantie peut encore être subordonnée à la production de certains documents prévus par la lettre de garantie. Ces documents, certificats d'expert ou attestation, peuvent effectivement apporter la preuve de la défaillance du donneur d'ordre (84). En revanche, l'exigence

(78) En ce sens, Com. 24 janv. 1989 : *D.* 1989, somm., p. 159, M. VASSEUR ; *JCP* 89, éd. E, II, 15365 et *JCP* 90, éd. CI, II, 21425, J.-P. MATTOUT et A. PRUM. – Paris 28 juin 1993 : *JCP* 93, éd. E, I, 302, n. 17, Chr. GAVALDA et J. STOUFFLET.

(79) En ce sens, v. Paris 9 mai 1984 : *JCP* 85, éd. CI, II, 14828, AZENCOT.

(80) Préc., art. 20.

(81) L'art. 7, § 2 de la convention prévoit que l'engagement *« peut être émis sous toute forme préservant un enregistrement complet du texte dudit engagement et permettant une authentification de sa source par des méthodes généralement acceptées ou selon une procédure convenue entre le garant émetteur et le bénéficiaire » ;* toute demande de paiement doit être faite dans une forme prévue par ce texte (art. 15, § 1).

(82) Paris 9 janv. 1991 : *D.* 1991, somm., p. 196, M. VASSEUR ; *Banque et droit* 1991, 120, J.-L. GUILLOT.

(83) Paris 24 nov. 1981 : *D.* 1982, 296, M. VASSEUR ; *JCP* 82, éd. CI, II, 19876, J. STOUFFLET ; *RTD com.* 1983, 104, n. 11, M. CABRILLAC et B. TEYSSIÉ. – *Adde*, Civ. 3e, 20 juin 1989 : *D.* 1990, somm., p. 195, M. VASSEUR.

(84) En ce sens, Circ. n. 89-359, 16 nov. 1989, de l'association française des banques, relative aux modèles de lettres de crédit *standby*. – *Adde*, art. 15, § 2, Conv. CNUDCI.

de production d'une décision judiciaire ou d'une sentence arbitrale justifiant la demande ne satisferait pas le principe d'indépendance de la garantie recherché par le bénéficiaire ainsi que le révèle l'échec des *« règles uniformes de la CCI pour les garanties contractuelles »* qui reproduisaient pareille formule.

987. – L'appel en garantie conforme aux termes de la lettre de garantie fonde l'*obligation de paiement* du garant. Ce dernier est tenu de payer la somme convenue de manière irrévocable et inconditionnelle à la première demande du bénéficiaire (85). L'indépendance de la garantie tant à l'égard du contrat de base que de la lettre du donneur d'ordre est l'âme du mécanisme et distingue celui-ci du cautionnement. Le fondement de l'obligation du garant se trouve dans l'obligation de celui-ci à ne pas se prévaloir des exceptions inhérentes au contrat de base intervenu entre le donneur d'ordre et le bénéficiaire (86).

3° *Les rapports entre garant et donneur d'ordres*

988. – L'observation des rapports garant-donneur d'ordre (en cas de garantie directe) appelle une série de remarques relatives à la *lettre du donneur d'ordre*, à la *nature juridique du rapport d'ordre ainsi créé*, aux *obligations du banquier* en résultant, spécialement lors de l'appel en garantie et, enfin, aux *recours* de ce dernier.

989. – La *lettre du donneur d'ordre* sollicite du garant qu'il s'engage sur simple demande au profit d'un tiers bénéficiaire. Cette demande manifestera l'acceptation par le donneur d'ordre de l'indépendance de la garantie par rapport au contrat de base mais pourra préciser d'éventuelles exigences formelles nécessaires à la mise en jeu de la garantie. En pratique, les banques garantes définiront, elles-mêmes, les conditions de leur engagement et limiteront d'autant la marge de manœuvre du donneur d'ordre. Afin d'éviter que ce dernier ne discute la portée de l'engagement de la banque garante, celle-ci sera autorisée par la lettre d'ordre à accepter tout libellé et formule d'appel en garantie (87).

990. – Plus généralement, le même contexte original influe sur la *nature juridique* généralement prêtée aux rapports garant-donneur d'ordre. L'engagement personnel et autonome du garant empêche de

(85) La Convention CNUDCI prévoit que le paiement est opéré *« promptement à moins que l'engagement ne prévoie un paiement différé »* (art. 17, § 1).
(86) V. Com. 17 oct. 1984 : *D.* 1985, 269, M. VASSEUR.
(87) V. Trib. conflits Toulouse, 26 sept. 1990 : *D.* 1993, somm., p. 98, M. VASSEUR.

voir dans ce dernier le simple mandataire du donneur d'ordre ; la communauté des juristes discerne dans le rapport d'ordre une convention de crédit, contrat d'entreprise générant pour le banquier-garant une promesse de faire constituée par la prise d'un engagement par signature au profit d'un tiers (88).

991. – En théorie, le banquier qui reçoit l'appel en garantie du bénéficiaire devrait immédiatement s'exécuter. En pratique, il ne le fera pas dans la mesure où il doit, d'abord, informer le donneur d'ordre de l'appel reçu. Cette *obligation d'information* est généralement reconnue par les auteurs au titre de la convention de crédit régulant les rapports garant-donneur d'ordre (89). En effet, le donneur d'ordre est le mieux placé pour apprécier le caractère abusif ou frauduleux de l'appel en garantie susceptible de paralyser le jeu de la garantie, en dépit de l'autonomie. Le fait de savoir si le défaut d'information engage la responsabilité du banquier reste, cependant, discuté (90). Afin de se prémunir de ce risque, la pratique bancaire dispense le garant du devoir d'information dans la lettre d'ordre. À défaut, le donneur d'ordre pourra assigner son banquier devant le juge des référés pour qu'il lui soit fait défense de payer ; à l'inverse la pratique de certains donneurs d'ordre de demander la consignation des fonds entre les mains d'un séquestre (91) ou de pratiquer une saisie-arrêt ou saisie-conservatoire entre les mains de leur banquier ne paraît pas admissible s'agissant de garantie indépendante. La convention CNUDCI envisage, cependant, l'éventualité de mesures judiciaires provisoires prises sur *« requête du donneur d'ordre »* en présence d'une *« forte probabilité »* de fraude ou de falsification (art. 20). Quoi qu'il en soit, le banquier n'est pas tenu par l'interdiction de payer que lui adresserait son donneur d'ordre ; il n'est pas davantage astreint d'attendre l'ordonnance de référé et peut même passer outre celle-ci : en effet, tenu à titre personnel, le garant soucieux de préserver son crédit international paiera sans discussion en dépit de l'opinion contraire du donneur d'ordre.

992. – Après paiement, le banquier dispose d'un *recours* contre son donneur d'ordre. Il opérera celui-ci par le débit du compte de son client.

---

(88) En ce sens, M. VASSEUR, *V° Garantie indépendante, op. cit.*, n. 52, J.-P. MATTOUT, *op. cit.*, n. 215. – J.-L. RIVES-LANGES et M. CONTAMINE-RAYNAUD, préc., n. 804. – T. BONNEAU, *op. cit.*, n. 649. – A. PRUM, *op. cit.*, n. 49 et s.

(89) En ce sens, M. VASSEUR, *V° Garantie indépendante, op. cit.*, n. 102. – J.-L. RIVES-LANGES et M. CONTAMINE-RAYNAUD, *op. cit.*, n. 799. – J.-P. MATTOUT, *op. cit.*, n. 217. – A. PRUM, *op. cit.*, n. 485.

(90) En ce sens, J.-L. RIVES-LANGES et M. CONTAMINE-RAYNAUD, préc., n. 799. – *Contra*, M. VASSEUR, *op. cit.*, n. 102. Il reste qu'il est difficile dans le contexte du commerce international, de reconnaître l'existence d'un devoir de conseil à la charge du banquier garant à l'endroit de son client professionnel, donneur d'ordre (Nîmes 27 sept. 1989 : *D.* 1990. somm., p. 200, M. VASSEUR).

(91) Paris 3 déc. 1984 : *Banque* 1985, 93, J.-L. RIVES-LANGES.

Ce mode d'exercice du recours est généralement prévu dans la lettre d'ordre ; à défaut, la doctrine reconnaît néanmoins au banquier la faculté d'opérer inscription au débit du compte du donneur d'ordre en raison du principe de l'affectation de la généralité des créances au compte (92). Lorsqu'il paie contre l'avis du donneur d'ordre, le banquier prend le risque d'un recours ultérieur de son client après le débit de son compte. La pratique sera de prévoir dans la lettre d'ordre la renonciation du client à soulever la moindre objection. Pourtant, l'autonomie de la garantie ne saurait être l'instrument d'une fraude et il est unanimement admis que l'appel en garantie frauduleux ou abusif libère le garant de son engagement. L'autonomie de l'engagement bancaire paraît, de prime abord difficilement conciliable avec la considération d'une fraude déduite des circonstances du rapport de base. Ainsi la Cour de cassation a-t-elle, d'abord, jugé que la parfaite exécution par le donneur d'ordre de ses obligations ne dispensait pas la banque de l'exécution de la garantie (93). L'interprétation de l'arrêt restait controversée et la chambre commerciale a clairement précisé sa position par un arrêt du 10 juin 1986 en retenant le caractère frauduleux de l'appel en garantie dès lors que le donneur d'ordre avait exécuté la totalité de ses obligations (94). La cour régulatrice n'a cessé de confirmer sa jurisprudence admettant encore que l'appel manifestement abusif d'une contre-garantie justifiait un refus de paiement (95). Dans la synthèse de cette jurisprudence, il apparaît que la paralysie d'une garantie à première demande au titre d'un appel frauduleux – ou abusif – suppose l'absence totale de droit du bénéficiaire consécutivement à la disparition du risque garanti soit en raison de la satisfaction de celui-ci, soit en raison de l'imputabilité au même bénéficiaire de l'inexécution du rapport fondamental (96). La démonstration de la fraude ou de l'abus de droit suppose encore que le bénéficiaire ait agi en connaissance de cause (97).

---

(92) En ce sens, J.-L. Rives-Langes et M. Contamine-Raynaud, préc., n. 804.

(93) Com. 21 mai 1985 : *Bull. civ.* I, V, n. 160 ; *Banque* 1986, 87, J.-L. Rives-Langes ; *D.* 1986, 213, M. Vasseur.

(94) Com. 10 juin 1986 : *Banque* 1985, 711, J.-L. Rives-Lange ; *D.* 1987, 17, M. Vasseur ; *Dr. prat. com. int.* 1987, 121, A. Prum.

(95) Com. 20 janv. 1987 : *D.* 1987. somm., p. 177, M. Vasseur ; *JCP* 87, II, 20764, J. Stoufflet ; *JCP* 87, éd. E, II, 14882, J. Stoufflet (et sur renvoi, Versailles 1er déc. 1988 : *D.* 1989, somm., p. 155, M. Vasseur). – 5 fév. 1991 : *Bull.* IV, n. 49 ; *JCP* 91, éd. G, IV, 126 ; *D.* 1991, somm., p. 199, M. Vasseur. – 4 juill. 1995 : *JCP* 95, éd. E, pan. 1099 et 1996, I, 525, n. 17, Chr. Gavalda et J. Stoufflet. – 12 déc. 1995 : *Clunet* 1996, 674, A. Prum.

(96) V. Paris 25 mai 1983 : *D.* 1983, 484, M. Vasseur ; *RTD com.* 1984, 127, M. Cabrillac et B. Teyssié et sur renvoi Com. 11 déc. 1985 : *D.* 1986, 214, M. Vasseur ; *JCP* 86, II, 20593 et *JCP* 86, éd. CI, II, 14690, J. Stoufflet.

(97) V. A. Prum, *op. cit.*, n. 473 et s.

4° *Les rapports entre banques*

993. – Le développement des garanties indirectes appelle l'étude des rapports liant *la banque du donneur d'ordre à celle du bénéficiaire*. En effet, si l'intervention d'une banque locale est de plus en plus souvent requise, celle-ci peut intervenir à plusieurs titres.

994. – La banque du bénéficiaire peut d'abord limiter son intervention à authentifier et retransmettre une garantie à première demande consentie par une banque étrangère. Comme en matière de crédit documentaire, elle joue alors le rôle de *banque notificatrice*, mandataire de la banque du donneur d'ordre seule engagée au titre de la garantie indépendante.

995. – La banque du bénéficiaire peut, encore, devenir *banque confirmatrice*. Fréquente dans le domaine du crédit documentaire, la formule est peu utilisée pour les garanties à première demande : la confirmation entraînerait, en effet, en faveur du bénéficiaire un engagement des deux banques et permettrait à celui-ci de recourir contre l'une et/ou l'autre, sous réserve d'un double paiement.

996. – En réalité, le schéma le plus courant reste celui dans lequel la banque locale, du bénéficiaire, émet, elle-même, la garantie sur ordre et obtient la *contre-garantie* de la banque du donneur d'ordre. Le bénéficiaire ne dispose, alors, que de la seule garantie de sa propre banque, *banque de premier rang*. Dans l'appréciation de l'indépendance de la contre-garantie par rapport au contrat de base ou à la garantie, le libellé de la lettre de contre-garantie sera déterminant. Généralement, la contre-garantie libère le garant du risque qu'il prend à émettre, lui-même, la garantie de premier rang. Dans ce cas, la contre-garantie ne saurait jouer si la garantie n'a pas été appelée ou n'a pu être mise en œuvre (98). Pourtant, l'autonomie de la contre-garantie doit être affirmée dès lors que le contre-garant peut être tenu dans des termes plus larges que le garant lui-même. Le contre-garant peut s'engager indépendamment de l'exécution de la garantie de premier rang ; en ce cas, le contre-garant peut être appelé par le garant de premier rang avant même que ce dernier n'ait eu à s'exécuter, voire n'ait été appelé : *« la contre-garantie ne s'emboîte pas dans la garantie de premier rang, l'une et l'autre sont distinctes »* (99). Cette autonomie ne doit, cependant, pas être exagérée. Ainsi, dans le silence des parties, la jurisprudence récente de la Cour de cassation tend à calquer les conditions de la contre-garantie sur celle

(98) Com. 3 juill. 1986 : *D.* 1987, somm., 174, M. VASSEUR.
(99) M. VASSEUR, obs. sous Com. 27 nov. 1984 : *D.* 1985, 270. – *Adde*, Com. 20 nov. 1985 : *D.* 1986, 213, M. VASSEUR.

de la garantie de premier rang (100). Par ailleurs, l'indépendance de la contre-garantie ne fait pas échec à l'application de la théorie de l'abus de droit ou de la fraude à la loi dès lors que le garant de premier rang répercute en connaissance de cause sur le contre-garant l'appel abusif du bénéficiaire (101).

§ 3. – La garantie documentaire

997. – La lettre de garantie documentaire, *stand-by letter of credit* ou *guaranty letter of credit* (102), doit être distinguée des formules de garantie à première demande. La pratique de la lettre de crédit *stand-by* est née aux États-Unis de l'interdiction générale faite aux banques locales d'accorder des cautionnements, exception faite pour les opérations dans lesquelles la banque pourrait avoir un intérêt direct. Les banquiers américains ont ainsi pris l'habitude de garantir leurs clients en émettant de telles lettres de crédit. Mais, selon cette formule, la mise en jeu de la garantie documentaire suppose la production d'un certain nombre de documents ; il pourra s'agir d'une décision judiciaire ou d'une sentence arbitrale sanctionnant l'inexécution du contrat principal par le donneur d'ordres, d'une approbation écrite par ce dernier de la demande du bénéficiaire, d'un certificat délivré par un expert... La nécessaire entremise de documents à la mise en œuvre de la garantie incline à apparenter la formule à celle du crédit documentaire ; l'identité de forme et l'indépendance de l'engagement bancaire paraissent encore justifier l'identité de régime maintes fois affirmée par les juridictions américaines ou anglaises (103) ; de fait, les règles et usances uniformes de la CCI relatives au crédit documentaire ont également vocation à s'appliquer aux lettres de crédit *stand-by*. Cette association doit cependant être fermement réfutée. Le crédit documentaire est conçu pour être un instrument de paiement et de garantie en faveur du vendeur ; sa finalité est de se réaliser. À l'inverse, la lettre de crédit *stand-by* est un instrument de garantie et d'indemnisation, pour le cas où l'opération ne se déroulerait pas normalement ; sa finalité est de ne pas se réaliser. Cette qualification

---

(100) Com. 3 avril 1990 : *D.* 1990, somm., p. 195, M. VASSEUR ; *Banque* 1990, 264, J.-L. GUILLOT.

(101) Com. 11 déc. 1985, cité. – 10 janv. 1989, D. 1989, somm. p. 153, M. Vasseur. – 25 mars 1991 : *D.* 1991, somm., p. 202, M. VASSEUR. – 4 juill. 1995, cité. – 12 déc. 1995, cité.

(102) B. KOZOLCHYCK, *Les lettres de crédit financières* stand-by : *RD aff. int.* 1995, 405.

(103) V. les références citées par M. CABRILLAC et Chr. MOULY, *op. cit.*, n. 448.

trouve écho dans la convention CNUDCI dont la vocation est de s'appliquer à tout *« engagement indépendant, connu dans la pratique internationale sous le nom de garantie indépendante ou lettre de crédit stand-by »* (art. 2).

CHAPITRE II
LES INSTRUMENTS FINANCIERS COMPLEXES DU COMMERCE INTERNATIONAL

998. – Si l'opération de commerce international ne revêt pas de différence de nature au regard d'une opération de commerce purement interne, la première connaît des risques que la seconde ignore, en tout cas avec la même intensité. Les risques de perte des marchandises, voire d'avarie, sont accrûs avec le transit international. À l'insolvabilité du débiteur s'ajoutent les risques politiques, monétaires propres au contexte international. Paiement, garantie, crédit... sont, alors, des préoccupations complémentaires que les partenaires commerciaux aspirent à voir satisfaites à travers l'usage d'instruments financiers élaborés. Les *paiements documentaires*, spécialement le crédit documentaire, connaissent, sans nul doute, le succès le plus flagrant dans cette recherche d'instruments complexes adaptés à l'opération internationale (Section I). Le *crédit-bail* (Section II) et le *factoring* (Section III) sont autant d'instruments financiers soumis à des difficultés et règles spécifiques à l'opération internationale.

SECTION I
LES PAIEMENTS DOCUMENTAIRES

999. – Les systèmes de paiements documentaires sont, sans conteste, les systèmes de paiement les plus utilisés pour le commerce international. Sous des formes variables, avec des garanties différentes, ils se caractérisent par la nécessaire remise de documents à l'occasion du paiement.

En effet, l'opération de commerce international, spécialement la vente, donne lieu à la création de divers documents, qu'il s'agisse de la facture, de certificats de transport, de documents douaniers, de certificats de conformité des marchandises (accompagnés, le cas échéant, de rapports d'experts), des certificats d'assurance et de tous les documents supplémentaires requis par l'importateur et par les autorités administratives (certificats d'agréage...).

La réunion de ces divers documents atteste de la bonne exécution des différentes étapes de l'opération commerciale ; l'association du paiement à leur remise par l'exportateur permet de garantir à l'importateur que la livraison a été effectuée dans les règles et que la marchandise est conforme à son attente. Dans le même temps, le retirement de la marchandise par l'acheteur supposera que celui-ci entre en possession des documents qu'il remettra au transitaire : le vendeur est également assuré que son client ne disposera de la marchandise qu'après paiement. En pratique, la remise de documents s'opère par l'intermédiaire d'une – ou plusieurs – banque(s) dont le rôle est très variable : les hypothèses de simple *remise documentaire* caractérisent autant de situations dans lesquelles la banque ne supporte aucun engagement personnel (§ 1) à l'inverse de la formule du *crédit documentaire* (§ 2).

§ 1. – La remise documentaire

1000. – La remise documentaire est une technique d'encaissement par laquelle l'exportateur donne mandat à sa banque de remettre des documents à la banque de l'importateur qui les présentera à son client. Si les documents sont conformes, ils seront retirés par l'importateur soit contre paiement comptant, soit contre acceptation d'un paiement à terme sur des titres de paiement convenus (lettre de change...). Dans cette hypothèse, la banque ne prend aucun engagement bancaire en faveur de l'exportateur mais est simplement tenue à délivrer des documents et à transmettre les titres de paiement qui lui seront éventuellement remis ; il n'y a, donc, aucune garantie liée à ce mode de règlement.

Cette formule connaît une variante dans laquelle le banquier du vendeur escompte la traite documentaire que celui-ci lui remet. La banque transmet ensuite les documents à l'acheteur contre paiement ou acceptation. L'insolvabilité de l'importateur ouvre naturellement au banquier un recours contre son client exportateur.

1001. – Les cas de figure envisagés font supporter les risques de l'opération à l'exportateur. Sans doute celui-ci, qui ne s'est pas démuni des documents – ou à qui ceux-ci auront été rétrocédés – pourra-t-il chercher à négocier avec un nouveau client en cas de défaillance de son partenaire ; mais cette nouvelle négociation sera compromise par les risques d'avarie, de perte et de dépréciation des marchandises déjà livrées et stockées à l'étranger. De fait, la remise documentaire suppose des relations de confiance fortes entre l'exportateur et l'importateur ; le premier préférera, souvent, avoir recours à la technique plus sûre du crédit documentaire. Celui-ci est, ainsi, devenu une pièce maîtresse du commerce international.

§ 2. – Le crédit documentaire

1002. – La technique du crédit documentaire (1) constitue la plus belle réussite du commerce international en matière de mécanisme bancaire. L'article 2 des règles et usances (RUU) de la CCI la définit dans les termes suivants :

> « Tout arrangement, quelles qu'en soient la dénomination ou description, en vertu duquel une banque (la banque émettrice) agissant à la demande et sur instruction d'un client (le donneur d'ordre) ou pour son propre compte :
> 1° est tenu d'effectuer un paiement à un tiers, le bénéficiaire, ou à son ordre, ou d'accepter et payer des effets de commerce (traites) tirées par le bénéficiaire ou
> 2° autorise une autre banque à effectuer ledit paiement ou à accepter et payer lesdits effets de commerce (traites) ou
> 3° autorise une autre banque à négocier contre remise des documents stipulés, pour autant que les termes et conditions du crédit soient respectés » (2).

En pratique, il s'agit d'un engagement écrit pris par le banquier de l'importateur et remis au vendeur-exportateur, à la demande et conformément aux instructions de l'importateur, pour opérer ou faire opérer un règlement soit en effectuant un paiement, soit en négociant des effets de commerce, dans un délai déterminé et sur présentation de documents prescrits.

La définition proposée met en lumière quatre éléments caractéristiques de l'opération :

– la présence de trois parties, au moins : l'acheteur-importateur, la banque de ce dernier, le vendeur-exportateur ;

– la présence de deux conventions, en sus du contrat de base (vente) : l'une liant l'acheteur-importateur et sa banque, l'autre la banque au vendeur-exportateur ;

---

(1) J. Stoufflet, *Le crédit documentaire*, Litec 1957 ; *J.-Cl. Banque et Crédit*, fasc. 1080. – F. Eisemann, Ch. Bontoux, M. Rowe, *Le crédit documentaire dans le commerce extérieur*, Jupiter 1985. – E.-A. Caprioli, *Le crédit documentaire : évolution et perspectives : Bibl. droit entrepr.*, n. 27, Litec 1992.

(2) RUU, art. 2.

– la présence de documents dont la remise conditionnera la réalisation du crédit ;

– l'indépendance de l'opération de crédit documentaire par rapport à l'opération commerciale (contrat de base) : elle peut se déduire de l'absence de toute référence à la seconde dans la définition de la première.

1003. – La formule du crédit documentaire répond bien aux préoccupations précédentes : la certitude pour le vendeur-exportateur d'être payé est légitimée par la présence d'un engagement bancaire ; la certitude pour l'acheteur-importateur d'être livré est fondée sur la nécessaire remise de documents significatifs. Le crédit documentaire apparaît ainsi tout à la fois comme un instrument de paiement puisqu'il permet à l'acheteur de payer son vendeur, un instrument de crédit puisque le titre de paiement est mobilisable par le vendeur auprès de sa banque et surtout un titre de garantie puisque le banquier de l'acheteur va, dans certaines situations, garantir le paiement de son client.

1004. – L'usage du crédit documentaire s'est développé après la Première Guerre mondiale dans les relations que les exportateurs américains entretenaient avec leurs clients européens. Le succès de la formule (3) a justifié l'émergence de règles juridiques précises. Une fois de plus, les carences des législateurs nationaux ont été palliées par l'activité des praticiens du commerce international. Le rôle de la CCI dans la réglementation internationale des crédits documentaires fut essentiel, avec, dès 1933, la première codification de la matière sous le label des *« Règles et Usances Uniformes relatives aux crédits documentaires »*. Le texte de cette réglementation fut remanié à plusieurs reprises ; la dernière révision, publiée en 1993 et entrée en vigueur le 1er janvier 1994, tend à tenir compte des évolutions intervenues dans le secteur des transports et de l'émergence de nouvelles technologies (4). Les RUU sont naturellement applicables lorsque les parties y ont expressément référé dans leurs accords. Pourtant, l'*opinio necessitatis* paraît encore pouvoir fonder l'application de ces règles, à titre d'usage, même en l'absence de stipulation contractuelle (5) ; telle paraît être la position de la Cour de cassation (6). Illustration de l'émergence de la *lex mercatoria*,

(3) J.-P. Mattout parle de *« chef d'œuvre de technique bancaire »*, *op. cit.*, n. 247.

(4) Brochure CCI, n. 500.

(5) J. Stoufflet : *J.-Cl. Banque et Crédit*, fasc. 1080, n. 9. – J.-L. Rives-Lange et M. Contamine-Raynaud, *op. cit.*, n. 759. – E.-A. Caprioli, *op. cit.*, n. 232 et s. – J.-P. Mattout, *op. cit.*, n. 250. – T. Bonneau, *op. cit.*, n. 622.

(6) Com. 14 oct. 1981 : *D.* 1982, 301, M. Vasseur ; *JCP* 82, éd. CI, II, 19815, Chr. Gavalda et J. Stoufflet ; *RJC* 1982, 253, J.-P. Sortais. L'application des RUU n'est pas douteuse lorsque le crédit est ouvert ou réalisé par une banque ayant adhéré à ce système mais reste très incertaine dans le cas contraire.

l'existence des RUU n'évince, cependant, pas totalement la recherche de la loi applicable au crédit documentaire pour les questions non résolues par ces mêmes règles. L'application des principes issus de la Convention de Rome du 19 juin 1980 incite, d'abord, à reconnaître aux parties la faculté de stipuler expressément un droit applicable ; à défaut, le rattachement au domicile du débiteur de la prestation caractéristique invite, en matière de crédit documentaire, à retenir la compétence de la loi de la banque de l'acheteur qui émet le crédit (7).

1005. – Le crédit documentaire doit être distingué de techniques voisines mais différentes. Il en est ainsi des lettres de crédit *stand-by* auxquelles le champ d'application des RUU est pourtant étendu (RUU, art. 1). Mais, la spécificité des lettres de crédit *stand-by* ressort très nettement de leur but qui est celui d'une garantie et non d'un crédit documentaire : à l'opposé du crédit documentaire, la réalisation d'une lettre de crédit *stand-by* sanctionne la mauvaise exécution de la convention et révèle la filiation de la formule par rapport à la famille des garanties indépendantes (8). Aussi bien, les commentaires réalisés par la CCI rappellent la nécessité d'une référence expresse de la lettre de crédit *stand-by* aux RUU pour voir celles-ci s'appliquer à celle-là (9) ; encore faut-il désigner lesquels des 49 articles des RUU sont susceptibles de leur être effectivement appliqués (10). À l'inverse, en cas de silence de la lettre de crédit, l'application des RUU paraît douteuse à la doctrine (11).

1006. – La présentation des *différents intervenants* à l'opération de crédit documentaire conduit à observer les diverses variantes mises au point par la pratique (A) ; l'étude des rapports qui s'établissent entre ces mêmes intervenants permettra d'étudier la *mise en œuvre d'un crédit documentaire* (B).

A. – LES INTERVENANTS AU CRÉDIT DOCUMENTAIRE

1007. – Le *bénéficiaire* du crédit documentaire sera le vendeur, exportateur, en tout cas débiteur de la prestation caractéristique de l'opération

(7) Pour une discussion, v. F. BONELLI, *La Convention de Rome du 19 juin 1980 et la loi applicable aux opérations bancaires : RD aff. int.* 1985, p. 389-404. – E.-A CAPRIOLI, *op. cit.*, spéc., n. 129 et s.

(8) V. M. CABRILLAC et Chr. MOULY, *op.* et *loc. cit.* – V. *supra*, n. 997, nos observations sur la garantie documentaire et la convention CNUCDI sur le crédit *stand-by*.

(9) Publ. CII, n. 511. – *Adde*, M. CABRILLAC et Chr. MOULY, *op. cit.*, n. 449.

(10) Sur cette question, v. M. CABRILLAC et Chr. MOULY, *op. cit.*, n. 454 et s. – E.-A. CAPRIOLI, *op. cit.*, n. 434 et s.

(11) V. C.-M. SCHMITTHOF, *The new uniform customs for letters of credit : The Journal of Business Law* 1983, p. 195. – J. PUECH, *Les différentes fonctions du crédit documentaire*

de commerce international ; il attend du crédit documentaire qu'il lui assure la certitude du paiement.

1008. – Le *donneur d'ordre*, ordonnateur du crédit documentaire, sera l'acheteur, importateur, en tout cas créancier de la prestation caractéristique de l'opération de commerce international, donc débiteur de somme d'argent, du crédit documentaire ; il attend qu'il subordonne le paiement à la certitude de la bonne exécution de ladite prestation caractéristique.

1009. – La *banque de l'acheteur-importateur* reçoit l'ordre de son client d'ouvrir un crédit documentaire dont les conditions sont formulées dans une *demande d'ouverture de crédit documentaire.* Cette banque émet, alors, une lettre de crédit appelée *accréditif* destinée au bénéficiaire du crédit documentaire ; on parle à son propos de *banque émettrice* ou *apéritrice.* Tantôt, cette banque s'engage personnellement à l'égard du vendeur : le crédit est dit irrévocable tout comme l'*accréditif* qui le constate ; tantôt, la banque met un crédit à la disposition du bénéficiaire mais sans prendre d'engagement personnel ; le crédit et l'*accréditif* sont, alors, révocables.

> « Tout crédit doit par conséquent indiquer clairement s'il est révocable ou irrévocable. En l'absence de pareille indication, le crédit sera réputé irrévocable » (RUU, art. 6).

1010. – La *banque du vendeur-exportateur* sera naturellement amenée à intervenir dans la mise en œuvre du crédit. L'exportateur ne connaît pas toujours, en effet, la banque de l'acheteur et ne peut lui faire pleinement confiance ; en tout cas, il devra présenter des documents pour la réalisation du crédit et il lui sera plus facile de le faire auprès de sa propre banque. Cette intervention peut revêtir deux visages selon que cette banque limite son rôle à transmettre l'*accréditif* à son client ou s'engage directement à l'égard de celui-ci. Dans le premier cas de figure la banque intermédiaire intervient à titre de mandataire de la banque émettrice ; on parle, alors, à son propos de *banque notificatrice ;* en revanche, dans la deuxième hypothèse, la banque intermédiaire a confirmé le crédit : elle devient banque *confirmatrice* personnellement tenue envers le bénéficiaire qui dispose, alors, de deux engagements bancaires autonomes dans les termes de l'*accréditif* (RUU, art. 9-b). Seul un crédit irrévocable est susceptible de confirmation.

---

selon les nouvelles règles et usances, 1983 : RJC 1985, numéro spécial relatif aux *opérations internationales de banque*, p. 18 et s.

B. – Les rapports dans un crédit documentaire

1011. – L'étude de la mise en œuvre d'un *« cré-doc »* peut être menée en considérant les rapports susceptibles de s'établir entre les divers participants à la réalisation du crédit.

1° *Les rapports entre le vendeur-exportateur et l'acheteur-importateur*

1012. – Les rapports d'obligations qui se développent entre le vendeur-exportateur et l'acheteur-importateur naissent du contrat de base. Une clause de ce contrat précisera l'obligation de l'acheteur de mettre en place un crédit documentaire afin de payer le prix. La nature, irrévocable, et la durée du crédit documentaire à réaliser devront être précisées. Dans l'interprétation de ces dispositions contractuelles, l'application des RUU reste discutable dans le strict cadre des relations acheteur-vendeur (12). Quoi qu'il en soit, s'agissant d'un contrat de vente internationale de marchandises relevant du domaine de la Convention de Vienne du 11 avril 1980, l'inexécution par l'acheteur de son obligation de faire ouvrir un crédit documentaire caractériserait assurément une *« contravention essentielle au contrat »*, avec les conséquences qui s'attachent à cette notion dans le cadre de cette convention. En toute hypothèse, la promesse du banquier à l'égard du bénéficiaire n'emporte pas novation de l'obligation de l'acheteur qui demeure tenu au paiement du prix.

2° *Les rapports entre l'acheteur-importateur et son banquier*

1013. – Consécutivement à l'engagement qu'il a pris à l'endroit du vendeur, l'acheteur-importateur va adresser à son banquier une *demande d'ouverture d'un crédit documentaire* dans les termes convenus dans le contrat de base. Les RUU encouragent à l'emploi de termes précis pour l'élaboration de ce document (art. 35, 46 et 47). En pratique, c'est le banquier du donneur d'ordre qui fournira à son client un formulaire comportant les éléments d'information indispensables (13). Spéciale-

---

(12) Pour l'application des RUU, J.-L. Rives-Langes et M. Contamine-Raynaud, *op. cit.*, n. 761. – *Contra*, J. Stoufflet : *J.-Cl. Banque et Crédit, op. cit.*, n. 17.
(13) V. J.-P. Mattout, *op. cit.*, n. 263.

ment, le donneur d'ordre prendra soin de préciser avec minutie les documents exigés du vendeur et dont la remise seule justifiera la réalisation du crédit (factures commerciales, jeu complet de connaissements, police d'assurance...). Ce document détermine la mesure des obligations respectives du banquier et du donneur d'ordre.

Le banquier doit procéder, sans retard, à l'ouverture du crédit constitutive, on le sait, d'une obligation essentielle à la charge de l'acheteur au titre du contrat de base. De la sorte, la banque notifiera sans délai l'*accréditif* au bénéficiaire. S'agissant d'un crédit révocable, on sait que le bénéficiaire n'a aucun droit contre la banque émettrice qui peut refuser de réaliser le crédit ; néanmoins, cette rétractation hâtive du crédit reste susceptible d'engager la responsabilité de la banque à l'égard du donneur d'ordre dans les conditions de droit commun. Enfin, lors de la réalisation du crédit, le banquier doit procéder, avec minutie, à la vérification des documents présentés par le bénéficiaire. L'acceptation de documents irréguliers tout comme la réalisation du crédit après sa date d'expiration justifierait le rejet des documents par le donneur d'ordre et/ou l'ouverture d'une action en responsabilité civile contractuelle au profit de ce dernier.

Le donneur d'ordre est tenu de lever les documents, de rembourser la banque du montant du crédit et de tous les frais auxquels celle-ci aura éventuellement été exposée ainsi que du paiement de diverses commissions bancaires. Le droit au remboursement du banquier est conditionné à la présentation au donneur d'ordre des documents que lui aura remis le bénéficiaire et qui doivent coïncider avec ce qui a été prescrit (14). Par ailleurs, le banquier peut également demander à son client, donneur d'ordre, de fournir d'éventuelles garanties (dépôt de garanties) à son action en remboursement ; la pratique bancaire reconnaît au banquier détenteur de documents et qui a réalisé le crédit, un droit de gage sur les marchandises remises au donneur d'ordre qui peut, en substitution, proposer la remise de traites émises sur ses propres clients, sous-acquéreurs. La convention liant le donneur d'ordre à son banquier s'analyse alors en « *une ouverture de crédit consentie au donneur d'ordre réalisable entre les mains d'un tiers* » (15).

---

(14) Une éventuelle discordance avec les documents prescrits dans l'ouverture de crédit est inopposable au bénéficiaire dès lors que celui-ci respecte la lettre de l' *accréditif*. – V. *infra*, n. 1017.

(15) V. J.-P. MATTOUT, *op. cit.*, n. 264. – J.-L. RIVES-LANGE et M. CONTAMINE-RAYNAUD, *op. cit.*, n. 763 ; pour une discussion, v. T. BONNEAU, *op. cit.*, n. 629.

3° *Les rapports entre le bénéficiaire et la banque du donneur d'ordre*

1014. – Les rapports entre le bénéficiaire du crédit documentaire (le vendeur) et la banque du donneur d'ordre, émettrice du même crédit, concernent *l'émission de* l'accréditif, *la transférabilité du crédit, la remise des documents au banquier* et, enfin, *la réalisation du crédit par le banquier.*

1015. – L'*accréditif* notifié par la banque émettrice au bénéficiaire exprime les obligations de la première envers le second et spécialement le caractère révocable ou irrévocable du crédit.

Si le crédit est révocable, la banque émettrice ne prend aucun engagement à l'égard du bénéficiaire mais l'informe seulement de ce que l'ouverture de crédit du donneur d'ordre est réalisable entre ses mains contre remise de documents ; ce crédit peut être *« amendé ou annulé par la banque émettrice à tout moment et sans que le bénéficiaire en soit averti au préalable »* (16).

En revanche, le crédit irrévocable crée un rapport de droit direct entre le bénéficiaire et la banque émettrice, indépendant des autres rapports : ni la mauvaise exécution du contrat de vente, ni davantage la révocation du crédit par le donneur d'ordre ne peuvent être opposées au bénéficiaire (17). Plus généralement, doit être posée au profit du bénéficiaire la règle de l'inopposabilité des exceptions tirées de la vente ou de la convention entre la banque émettrice et le donneur d'ordre sous la seule réserve de la fraude (18). Le bénéficiaire dispose, alors, d'une créance conditionnelle autonome contre la banque émettrice. Ces solutions incitent à observer dans l'engagement du banquier une application particulière de la technique de la délégation imparfaite (19). Matériellement, la notification de la lettre de crédit pourra être adressée par tous moyens et, spécialement, par télétransmission (20).

1016. – Soucieux de tirer profit, le plus rapidement possible, du crédit qui lui est consenti, le bénéficiaire pourra chercher à *transférer* celui-ci à son propre fournisseur afin, notamment, d'éviter l'avance du prix de la marchandise. Le crédit ne peut être transféré que s'il est expressé-

(16) RUU, art. 8, a.
(17) RUU, art. 3 et 4.
(18) V. M. Van der Haegen, *Le principe de l'inopposabilité des exceptions dans le crédit documentaire irrévocable : RD aff. int.* 1986, n. 7, p. 703.
(19) En ce sens, J.-L. Rives-Lange et M. Contamine-Raynaud, *op. cit.*, n. 765. – Cpdt T. Bonneau, *op. cit.*, n. 629. – M. Vasseur, *op. cit.*, fasc. II, p. 809 et s.
(20) V. RUU, art. 11.

ment stipulé comme tel par la banque émettrice (21) ; le transfert ne peut donner lieu à aucune modification du crédit d'origine, exception faite d'une réduction de son montant ou d'un abrègement de sa durée de validité (22). Sauf stipulation contraire, un crédit stipulé transférable ne peut être transféré qu'une seule fois : la lettre de crédit transférable ne s'assimile pas à un titre à ordre endossable (23). Enfin, les documents présentés par le second bénéficiaire doivent correspondre à ceux exigés dans l'accréditif : le transfert suppose que la marchandise soit revendue en l'état par l'exportateur ; toute transformation de la marchandise ou de son conditionnement est, dès lors, prohibée. Le transfert du crédit documentaire participe, sans doute, des mécanismes de cession de contrat, ou de créance, mais point de l'ouverture d'un nouveau crédit (24). Le transfert du crédit documentaire doit être distingué du *crédit documentaire adossé*, également appelé *back-to-back* qui est le crédit ouvert par le bénéficiaire du crédit principal (alors donneur d'ordre pour ce second crédit) auprès de sa banque (souvent chargée de la réalisation du crédit principal) au profit d'un de ses fournisseurs (bénéficiaire de ce second crédit). Bien qu'il y ait deux crédits documentaires juridiquement distincts, la pratique bancaire admet l'existence d'un lien entre eux :

> « Les fonds du crédit principal sont affectés au remboursement des avances de la banque pour la réalisation du crédit adossé » (25).

1017. – La *remise des documents* exigés dans l'*accréditif* par le bénéficiaire ou sa banque au banquier du donneur d'ordre, dans le délai imparti, conditionne le droit du premier à l'encontre du second. Le banquier doit examiner *« dans un délai raisonnable (ne dépassant pas 7 jours ouvrés) »* (26) *« avec un soin raisonnable tous les documents stipulés dans le crédit pour vérifier s'ils présentent ou non l'apparence de conformité avec les termes et conditions du crédit »* (27). Les règles et usances définissent clairement l'étendue de l'engagement du banquier :

> « La banque doit exiger des documents littéralement conformes aux termes du crédit et ne présentant pas de vices manifestement grossiers » (28).

---

(21) RUU, art. 48, b. Le fait qu'un crédit ne soit pas transférable ne prive pas son bénéficiaire de la faculté de céder la créance qu'il tient de ce crédit conformément aux procédés classiques de cession de créance, spécialement par bordereau Dailly (RUU, art. 49).

(22) RUU, art. 48, h.

(23) RUU, art. 48, g.

(24) J.-P. MATTOUT, *op. cit.*, p. 364. – T. BONNEAU, *op. cit.*, n. 636.

(25) J.-P. MATTOUT, *op. cit.*, p. 367.

(26) RUU, art. 13, b.

(27) RUU, art. 13, a.

(28) J. STOUFFLET : *J.-Cl. Banque et Crédit, op. cit.*, n. 54.

Le défaut de conformité des documents avec les marchandises vendues ou avec ceux énumérés dans la convention d'ouverture de crédit conclue avec le donneur d'ordre reste inopposable au bénéficiaire qui respecte les exigences de l'*accréditif*. Tenue de procéder à un examen formel, la banque ne répond pas de la validité et de l'authenticité des documents. En revanche, il semble que la banque doive écarter les documents impropres à remplir leur rôle de certification et d'identification, ou dont l'authenticité est apparemment douteuse ou des documents tardivement présentés. En théorie, le banquier qui reçoit des documents apparemment conformes les lève et réalise le crédit ; dans le cas contraire, il doit refuser les documents apparemment irréguliers. En pratique, en présence de documents douteux, le banquier peut demander au bénéficiaire de régulariser les documents fournis ; à défaut, il pourra lever les documents sous réserve : en ce cas le bénéficiaire s'engagera auprès de la banque à lui restituer le crédit si le donneur d'ordre venait à rejeter les documents. Cette pratique, dite des lettres de garantie, est fréquente dès lors que l'irrégularité paraît minime ; la jurisprudence en admet l'efficacité (29).

1018. – Le banquier qui a levé les documents apparemment réguliers doit honorer son engagement. La *réalisation du crédit* peut s'opérer selon diverses formalités réglées par les RUU.

– Si le crédit est stipulé *réalisable par paiement à vue*, le banquier paie immédiatement le bénéficiaire contre remise des documents (RUU, art. 9-a-i).

– Si le crédit est stipulé *réalisable par paiement différé :* le paiement interviendra non à la remise des documents mais à l'échéance ultérieure prévue dans l'*accréditif* (RUU, art. 9-a-ii) ; un paiement anticipé, spécialement par la banque confirmatrice, constituerait une simple avance et serait inopposable à la banque émettrice en cas de découverte d'une fraude (30). En revanche, la défectuosité des marchandises reçues ne permettrait pas au donneur d'ordre de s'opposer à la réalisation du crédit.

– Si le crédit est *réalisable par acceptation,* la créance du bénéficiaire est incorporée dans un titre cambiaire, une lettre de change, émis par celui-ci et tiré sur la banque émettrice, confirmatrice ou toute autre banque (RUU, art. 9-a-iii) : la banque chargée de la réalisation acceptera la lettre de change qui pourra ensuite être escomptée auprès de n'importe quel autre banquier.

---

(29) Com. 23 fév. 1976 : *JCP* 77, éd. CI, II, 18536, J. STOUFFLET ; *Banque* 1976, 1037, MARTIN ; *RTD com.* 1976, 771, M. CABRILLAC et J.-L. RIVES-LANGE. — V. M. PHIJAC, *Crédits documentaires, les règlements conditionnels : Banque* 1958, 17.

(30) Paris 3 fév. 1992 : *D.* 1992, somm. 305 et *D.* 1994, somm. 23, M. VASSEUR ; *RTD com.* 1992, 432, M. CABRILLAC et B. TEYSSIÉ.

– Si le crédit est stipulé *réalisable par négociation :* l'émission d'une lettre de change par le bénéficiaire est à nouveau supposée mais celle-ci pourra être tirée sur n'importe quelle personne désignée dans la lettre de crédit – spécialement le donneur d'ordre – et sera escomptée – et non acceptée – par le banquier qui réalisera le crédit sans disposer de recours contre le tireur ou les porteurs de bonne foi (RUU, art. 9-a-IV).

La réalisation du crédit pourra être perturbée par la défense faite par le donneur d'ordre à son banquier de payer le bénéficiaire. La jurisprudence refuse au donneur d'ordre la faculté de saisir la créance du bénéficiaire en invoquant la mauvaise exécution du contrat de base (31), voire une exception de compensation en raison de l'existence d'une créance réciproque étrangère à ce contrat (32) : l'autonomie et l'indisponibilité de cette créance ont été expressément voulues par le donneur d'ordre au titre du contrat de base (33). Seule, la démonstration de la fraude du bénéficiaire pourrait légitimer la saisie pratiquée par le donneur d'ordre ou le refus de paiement du banquier (34). *Fraus omnia corrumpit !* La fraude pourra résulter d'agissements matériels (présentation de faux documents) ou de manœuvres dolosives (présentation de documents authentiques mais comportant des mentions mensongères). La fraude rétablit le cordon ombilical entre accords de base et bancaire.

4° *Les rapports entre la banque intermédiaire, d'une part, le bénéficiaire et la banque émettrice, d'autre part*

1019. – L'intervention, fréquente, d'une *banque intermédiaire*, banque du vendeur (35), commande l'étude des rapports entretenus par celle-ci avec le bénéficiaire, d'une part, la banque émettrice, d'autre part.

À titre de banque simplement notificatrice, la banque intermédiaire n'a pris aucun engagement personnel à l'égard du bénéficiaire mais agit comme simple mandataire de la banque émettrice en transmettant l'accréditif ; elle devra simplement *« apporter un soin raisonnable à*

---

(31) Com. 14 oct. 1981, préc., jurisprudence constante.

(32) Com. 18 mars 1986 : *D.* 1986, 374, M. Vasseur ; *JCP* éd. G, II, 19815, Chr. Gavalda et J. Stoufflet. – *Adde*, Com. 18 oct. 1988 : *D.* 1989, somm. 195, M. Vasseur ; *RTD com.* 1989, 283, M. Cabrillac et B. Teyssié.

(33) Cette indisponibilité reste inopposable aux tiers, créanciers du bénéficiaire pour lesquels la créance née de la lettre de crédit est naturellement saisissable, Com. 5 juill. 1983 : *D.* 1984, IR 267, M. Vasseur ; *Banque* 1984, 245, L.-M. Martin ; *RTD com.* 1984, 320, M. Cabrillac et B. Teyssié.

(34) Sur le devoir, et non la faculté, pour le banquier de ne pas payer, Colmar, 14 juin 1985 : *D.* 1985, IR 219, M. Vasseur.

(35) V. *supra*, n. 1010, les intervenants au crédit documentaire.

vérifier l'authenticité apparente du crédit qu'elle notifie » (RUU, art. 7-a).

Mais la banque notificatrice peut également être désignée dans l'*accréditif :* au mandat de notifier l'*accréditif* s'ajoute alors le mandat de réaliser le crédit pour le compte de la banque émettrice ; là encore aucun engagement personnel ne lie la banque intermédiaire au bénéficiaire (RUU, art. 10-d).

Lorsque le crédit est irrévocable, la banque intermédiaire peut devenir *banque confirmatrice :* elle s'engage, alors, personnellement envers le bénéficiaire dans les termes de l'*accréditif.* Ses rapports avec le bénéficiaire sont identiques à ceux que celui-ci entretient avec la banque émettrice (36). Le recours de la banque confirmatrice qui a réalisé le crédit contre la banque émettrice résulte du crédit que la première a consenti à la seconde au titre de la confirmation (37).

SECTION II

LE CRÉDIT-BAIL *(LEASING)* INTERNATIONAL

1020. – La technique du crédit-bail (38) est bien connue et réalise, à nouveau, la parfaite conjugaison des préoccupations de crédit, paiement et garantie. Dans le cadre de cette opération, un établissement financier (crédit-bailleur) acquiert la propriété d'un bien qu'il loue à son client utilisateur (crédit-preneur) pour une période irrévocable coïncidant avec la durée d'amortissement ; à l'issue de cette période, celui-ci a la faculté d'acquérir la propriété du bien pour une valeur résiduelle au titre d'une promesse unilatérale de vente consentie par le crédit-bailleur ; il pourra encore renouveler son contrat de location pour un loyer modique ou restituer le bien d'équipement désormais obsolète. Le *leasing* satisfait tout à la fois le fournisseur-vendeur qui est payé, l'utilisateur qui bénéficie tout à la fois d'une opération de crédit et de la *« propriété économique »* du bien, enfin le crédit-bailleur qui dispose à titre de garantie de la *« propriété juridique »* du bien (39). Apparue aux États-Unis, la technique

(36) V. *supra*, n. 1014.

(37) V. J.-P. MATTOUT, *op. cit.*, p. 344.

(38) E.-M. BEY, *De la symbiotique dans les contrats de* leasing *et crédit-bail mobiliers*, Dalloz 1970. – G. MAZET, *La location financière internationale : RJC*, fév. 1985, 421. – J. PEYRAUD, *Crédit-bail international : des schémas alternatifs : Moniteur officiel du CI*, 19 avril 1993, p. 46. – J.-P. MATTOUT, *op. cit.*, p. 165 et références citées ci-après.

(39) Sur la nature juridique du contrat de crédit-bail en tant que sûreté, voir le débat très partagé *in* M. CABRILLAC et Chr. MOULY, *op. cit.*, n. 535.

du crédit-bail a fait l'objet d'une réglementation en France avec la loi n. 66-455 du 2 juillet 1966, modifiée à plusieurs reprises.

1021. – Le crédit-bail peut être utilisé comme moyen de financement à l'exportation pour un vendeur-exportateur français qui présente à son client acheteur-importateur étranger une société de crédit-bail française. La formule peut également permettre l'intervention d'un crédit-bailleur étranger, implanté dans un pays au régime fiscal avantageux ; de tels montages sont fréquents dans le domaine de l'aéronautique, par exemple, en considération du coût de renouvellement des flottes aériennes (40).

1022. – Le régime du crédit-bail international obéissait aux règles de droit commun et la question de la loi applicable au contrat se posait avec acuité si l'on considère les disparités locales (41). Sans doute, les parties étaient-elles libres du choix de cette loi ; mais, dans leur silence, l'application des règles de la Convention de Rome conduisait à rechercher la prestation caractéristique du contrat. Certains, privilégiant l'aspect locatif retenaient la loi du pays du locataire (42) ; d'autres, considérant l'opération de crédit, préféraient la loi de l'établissement financier (43).

1023. – Ces difficultés peuvent être dépassées avec l'entrée en vigueur, le 1er mai 1995, de la Convention d'Ottawa du 29 mai 1988 sur le crédit-bail international issue des travaux menés sous l'égide d'Unidroit (44).

Le champ d'application géographique de la Convention est relativement large puisqu'elle est applicable lorsque le crédit-bailleur et le crédit-preneur sont établis dans des États différents. Il faut, en outre, que ces États soient parties à la Convention (art. 3-1, a) ou que le contrat de fourniture et le contrat de crédit-bail soient régis par la loi d'un État contractant (art. 3-1, b). La Convention est donc applicable en présence d'un fournisseur exportateur français et d'un établissement de crédit-bail également français même si le crédit preneur-utilisateur est établi dans un État non contractant dans la mesure où, en l'absence de clause, les Conventions de La Haye du 15 juin 1955 et de Rome du 19 juin 1980 paraissent désigner l'applicabilité de la loi française, assurément, pour la première, au contrat de vente, probablement pour la seconde, au contrat de crédit-bail (45).

---

(40) V. *Nouvel économiste*, 29 juill. 1994.

(41) J.-P. MATTOUT, *op. cit.*, n. 121.

(42) V. Chr. GAVALDA et E.-M. BEY, *Problématique juridique du* leasing *international : Gaz. Pal.* 1979, 1, doctr., p. 143.

(43) V. M. VASSEUR, *op. cit.*, fasc. II, p. 715 et s. – *Adde*, T. BONNEAU, *op. cit.*, n. 612.

(44) V. J.-P. BÉRAUDO, *Le nouveau droit du crédit-bail international et de l'affacturage international : JCP* 95, éd. E, I, 458 et texte III, 67387. – *Adde*, E.-M. BEY, *La convention d'Ottawa sur le crédit-bail international : JCP* 89, éd. E, II, 15643.

(45) En ce sens, J.-P. BÉRAUDO, *op. cit.*, n. 6, 7 et 8.

Le champ d'application matériel de la convention est tout aussi étendu puisque celle-ci s'applique, que le crédit-preneur ait ou non la faculté d'acheter le matériel ou de le louer à nouveau même pour un prix symbolique (art. 1-3). La diversité des droits internes a justifié pareille disposition, contraire à la définition française du crédit-bail (46). La convention couvre le crédit-bail mobilier portant sur des biens utilisés par le crédit-preneur à usage professionnel et non à usage personnel, familial ou domestique (art. 1-4). Il reste, faut-il noter, que la convention présente un caractère supplétif pour les partenaires aux contrats de fourniture et de crédit-bail qui doivent, chacun, consentir à son exclusion (art. 5-1) ; à défaut, les parties peuvent, dans leurs relations mutuelles, déroger à l'une quelconque de ses dispositions (art. 5-2).

1024. – Même si elle comporte certaines règles de conflit, la Convention d'Ottawa est, principalement, une convention de droit matériel qui définit les obligations respectives des partenaires.

1025. – Le *crédit-bailleur* doit garantir au crédit-preneur la jouissance paisible de la chose louée ; à défaut de livraison ou en cas de livraison tardive ou défectueuse, le crédit-preneur pourra refuser le matériel ou résilier le contrat alors que le crédit-bailleur *« a le droit de remédier à l'inexécution de son obligation de livrer le matériel (...) comme si le crédit-preneur (lui) avait acheté le matériel dans les termes mêmes du contrat de fourniture »* (art. 12-1, b). De la sorte et par anticipation, le crédit-bailleur peut se prévaloir à l'égard du crédit-preneur des dispositions de la Convention de Vienne sur la vente internationale de marchandises et, spécialement, des règles nuancées de sanctions distinguant en considération du caractère essentiel ou non de la contravention (47). Le crédit-bailleur est exonéré à l'endroit du crédit-preneur de toute responsabilité liée au matériel en raison du régime de recours spécifique dont dispose celui-ci. Les droits réels du crédit-bailleur sur le matériel loué sont opposables au *syndic de faillite* et aux créanciers du crédit-preneur même disposant d'un titre exécutoire (art. 7-1) pourvu que les formalités publicitaires, éventuellement requises par la loi applicable, soient satisfaites (art. 7-2). La loi applicable est la loi de l'État où le matériel est situé (art. 7-3, d) (48) ou la loi de l'État d'immatriculation des navires, bateaux et aéronefs immatriculés (art. 7-3, a et b) ou la loi

(46) L'art. 1er de la loi du 2 juillet 1966 fait de l'option d'achat du crédit preneur une exigence de qualification du contrat contrairement au Royaume-Uni qui ignore cette option.

(47) En ce sens, J.-P. BÉRAUDO, *op. cit.*, n. 16. Sur les sanctions prévues par la Convention de Vienne, v. *supra,* n. 405 et s.

(48) Sur le défaut de coïncidence de cette disposition avec le décret du 4 juillet 1972 qui privilégie la publicité au lieu d'immatriculation au registre du commerce du crédit-preneur, v. J.-P. BÉRAUDO, *op. cit.*, n. 20.

de l'établissement principal du crédit-preneur pour les matériels naturellement mobiles, camions, moteurs d'aéronefs... (art. 7-3, c).

La convention comporte, enfin, nombre de dispositions relatives à l'évaluation des dommages-intérêts susceptibles d'être obtenus par le loueur en cas d'inexécution de ses obligations par le crédit-preneur (art. 13-2) ; spécialement, la convention admet la validité des clauses pénales dont la mise en œuvre ne doit pas aboutir à *« une indemnité excessive »* au regard du préjudice effectivement subi (art. 13-3), cette dernière disposition étant celle d'une mesure impérative.

1026. – Le crédit-preneur choisit le matériel qui fera l'objet du crédit-bail et approuve les termes du contrat de fourniture (vente) conclu entre le crédit-bailleur et le fournisseur (art. 1, a). S'il n'est pas possible de considérer que le crédit-preneur est directement partie au contrat de vente, l'approbation par celui-ci des termes de ce contrat conduit dans la convention d'Ottawa à certaines conséquences audacieuses au regard des règles généralement admises pour le crédit-bail interne : ainsi, le crédit-preneur peut se prévaloir de toutes les obligations à la charge du fournisseur au titre du contrat de vente (art. 10-1) sans pouvoir pour autant le *« résilier ou annuler »* sans l'accord du crédit-bailleur (art. 10-2). Symétriquement, le crédit-bailleur est, alors, exonéré de toute responsabilité liée au matériel à l'égard du crédit-preneur, sauf le préjudice subi par celui-ci en raison de *« son recours à la compétence du crédit-bailleur et de l'intervention de celui-ci dans le choix du matériel, de ses caractéristiques ou du fournisseur »* (art. 8-1). Le crédit-preneur est naturellement tenu à l'égard du crédit-bailleur, aux obligations traditionnelles d'un locataire (entretien...) et spécialement au paiement des loyers ; le défaut de paiement à échéance entraînerait le cours des intérêts moratoires sans mise en demeure préalable (art. 13-1). Néanmoins, le crédit-preneur dispose de la faculté de retenir le paiement si le matériel n'est pas conforme ou est livré avec retard (art. 12-3) (49).

SECTION III

L'AFFACTURAGE *(FACTORING)* INTERNATIONAL

1027. – L'affacturage, ou *factoring* (50), est la technique financière résultant de la convention par laquelle un établissement financier, société

(49) Comp. en droit français, Com. 7 déc. 1983 : *RJDA* 1994, n. 550.

(50) Sur la définition et la technique de l'affacturage, Chr. GAVALDA et J. STOUFFLET, *Le contrat dit de* factoring : *JCP* 66, éd. G, I, 2044 et du premier de ces auteurs : *Rép.*

d'affacturage appelée affactureur ou *factor*, est tenu à régler à son client, appelé adhérent ou fournisseur, certaines créances approuvées que celui-ci peut détenir sur un client moyennant le transfert de la créance au *factor* et le paiement de la commission de celui-ci. D'origine anglo-saxonne, l'affacturage est apparu, en France, il y a une trentaine d'années où il n'a cessé de se développer. Assez paradoxalement, cette technique financière ne fait l'objet d'aucune réglementation légale interne bien que la loi Dailly du 2 janvier 1981 sur la cession de créances professionnelles ait eu, entre autres, cette vocation. En effet, en droit français, les sociétés d'affacturage ne fondent pas le transfert de créances, inhérent à l'opération, sur le mécanisme de la cession de créances mais sur celui de la subrogation conventionnelle de l'article 1250-1° du Code civil (51).

1028. – Dans un contexte international (52), l'affacturage à l'exportation combine à nouveau au profit de l'exportateur les fonctions de financement, paiement et garantie. La technique présente un intérêt certain pour les PME-PMI dépourvues de structure financière. L'exportateur confie, alors, au *factor* la tenue de sa comptabilité et le recouvrement de ses créances. Le *factor* de l'exportateur français sollicitera, souvent, une société d'affacturage du pays de l'importateur (débiteur) pour connaître la solvabilité de celui-ci mais cette société restera étrangère au rapport d'obligation même si, parfois, elle sera mandatée par le *factor* français pour procéder au recouvrement.

La recherche de la loi applicable à l'opération ne saurait, *a priori*, prendre appui sur l'article 12 de la Convention de Rome qui ne concerne que la cession de créance, fondement étranger au transfert de créance au *factor*. En revanche, les règles générales de cette convention prescrivent une liberté de choix des parties pour désigner la loi de la convention d'affacturage (53) ; dans le silence de ceux-ci, la loi du *factor* paraît bien devoir s'appliquer au titre de loi de l'État où est établi le débiteur de la prestation caractéristique du contrat (54).

1029. – L'état de virginité réglementaire en matière d'affacturage justifiait plus encore que pour le crédit-bail, la recherche d'une réglementation uniforme (55). C'est l'objet d'une convention élaborée à Ottawa,

---

dr. com. V° *Factoring*. – J.-L. RIVES-LANGE et M. CONTAMINE-RAYNAUD, *op. cit.*, n. 581 et s. – T. BONNEAU, *op. cit.*, n. 552 et s.

(51) On signalera les travaux actuels de la CNUDCI pour l'élaboration d'un avant projet de règles uniformes relatives au financement par cession de créances (28e session, Vienne, mai 1995).

(52) E.-M. BEY, *L'affacturage international : RJDA* 1996, 326.

(53) Convention de Rome, art. 3.

(54) Convention de Rome, art. 4, v. en ce sens J.-P. BÉRAUDO, art. 1995, cité, spéc., n. 34.

(55) V. B. CASSANDRO SULPASSO, *Affacturage à l'exportation : une réglementation uniforme est-elle possible ? : RTD com.* 1984, 639.

le 28 mai 1988, parallèle à celle réalisée pour le crédit-bail, réalisée sous l'égide d'Unidroit, ratifiée par la France par la loi du 10 juillet 1991 et entrée en vigueur le 1er mai 1995 (56).

1030. – En dépit du nombre limité d'États parties à la convention (57), celle-ci a vocation à connaître une fréquente application. En effet, comme pour la convention sur le crédit-bail, la convention s'applique lorsque le vendeur et l'acheteur sont établis dans des États différents et que ces États ou celui où est établi le cessionnaire sont des États contractants (art. 2-1, a), ou que les contrats de vente de marchandises et d'affacturage sont régis par la loi d'un État contractant (art. 2-1, b). Or, en l'absence de clause, l'application des Conventions de La Haye du 15 juin 1955 (art. 3) ou de Rome du 19 juin 1980 (art. 4) désigne pour ces contrats la compétence de la loi du pays du vendeur ou du prestataire de services en même temps que, pour le second de ces textes, la compétence de la loi de la société d'affacturage, en tant que débiteur de la prestation caractéristique au contrat. Il suit que la convention devrait s'appliquer dès lors que l'exportateur et le *factor* sont situés en France, ce qui, au demeurant, est une situation caractéristique de l'affacturage à l'exportation. Pourtant, la convention pourra également s'appliquer à des situations d'importation ainsi que le révèle un arrêt de la cour de Grenoble concernant un importateur français qui achetait des produits alimentaires à une société italienne, laquelle transférait ses factures à une banque italienne, laquelle chargeait la Société française de Factoring (SFF) d'encaisser les factures (58).

1031. – Le champ d'application matériel de la convention est tout aussi étendu puisque celle-ci vise les conventions par lesquelles le fournisseur ou prestataire de services *« peut ou doit céder »* (59) à l'entreprise d'affacturage, *« cessionnaire »*, les créances nées de contrats avec des clients *« à l'exclusion de ceux qui portent sur des marchandises achetées*

---

(56) D. n. 95-847, 18 juill. 1995 : *JO* 25 juill., p. 11020, texte reproduit au *JCP* 95, éd. E, III, 67387 et art. J.-P. BÉRAUDO, *op.* et *loc. cit.* – *Adde*, J.-M. DAUNIZEAU, *La convention d'Ottawa du 28 mai 1988 sur l'affacturage international : Banque*, sept.-oct. 1991, n. 184.

(57) La convention est, aujourd'hui, ratifiée par la France, l'Italie et le Nigéria, v. J.-P. BÉRAUDO, *op. cit.*, spéc., note 10.

(58) Grenoble 13 sept. 1995 : *JCP* 95, éd. E, I, 525, n. 14, Chr. GAVALDA et J. STOUFFLET.

(59) Le pragmatisme du droit du commerce international trouve une nouvelle expression dans l'usage du terme générique de *« cession »* pour caractériser le transfert de créances au *factor*, également désigné comme le *« cessionnaire » ;* en réalité, il semble que ce terme ait vocation à recouvrir également l'hypothèse du transfert subrogatoire opéré à l'occasion du paiement par les *factors* français. En ce sens, J.-M. DAUNIZEAU, *op. cit.*, p. 185. – Cpdt J.-P. BÉRAUDO, pour lequel ce terme englobe les hypothèses de mandat (!), subrogation, escompte, assurance-crédit ou cession de créances, art. préc., n. 37.

à titre principal pour leur usage personnel, familial ou domestique » (art. 1-2, a). Mais, le *factoring* caractérisant la gestion globale par le *factor* des créances de son client, la convention suppose alors que *« le cessionnaire »* (factor) prenne en charge au moins deux des fonctions suivantes :

> « – le financement du fournisseur, notamment le prêt ou le paiement anticipé ;
> – la tenue des comptes relatifs aux créances ;
> – l'encaissement de créances ;
> – la protection contre la défaillance des débiteurs » (art. 1-2, b).

L'application de la convention est facultative en ce sens que les parties au contrat d'affacturage peuvent exclure son application totalement mais point partiellement (art. 3-2°) ; les parties au contrat de vente ou de prestation de services peuvent également exclure le jeu de la convention *« à l'égard des créances nées soit au moment, soit après que la notification par écrit de cette exclusion a été faite au cessionnaire »* (art. 3-1, b).

1032. – Le rapport entre le vendeur exportateur et son *factor* est caractérisé par la *« cession »* de créances du premier au second. Les créances *« cédées »* peuvent être nées ou futures (art. 5, a). Leur désignation individuelle n'est pas nécessaire pourvu qu'elles soient déterminables à leur naissance (art. 5, a). *Inter partes,* le transfert de créance a lieu dès leur naissance, sans l'exigence d'une formalisation de chaque transfert (art. 5, b). La convention peut également prévoir le transfert de sûretés garantissant la créance et, spécialement, de clauses réservant la propriété au vendeur (art. 7) ; on reste, cependant, dubitatif sur l'éventuelle transmission de telles sûretés dans le silence des parties.

1033. – S'agissant des rapports du fournisseur et du *factor* avec le débiteur *« cédé »*, la transmission de la créance n'est opposable à ce dernier qu'après qu'il en ait reçu notification (art. 1-2, c) écrite et détaillée (art. 8). En droit interne, la notification participe du régime classique de la cession de créance et des exigences de l'article 1690 du Code civil mais elle reste ignorée dans l'affacturage où le transfert de créance reste fondé sur le paiement subrogatoire et devient opposable dès la date du paiement. De fait, dans l'affacturage international, le débiteur peut valablement se libérer auprès de son fournisseur tant qu'il n'a pas reçu notification. Une autre particularité de la convention réside dans la très large faculté de compensation offerte au débiteur dès lors que celui-ci détiendra à la date de la notification des droits et actions contre le fournisseur et sans qu'il soit nécessaire pour celui-ci d'exciper d'une créance certaine, liquide et exigible (art. 9-2) (60).

(60) Pour une première application de cette faculté de compensation au profit du débiteur français, v. Grenoble, 13 sept. 1995, préc.

1034. – Les autres règles issues de la convention restent plus traditionnelles et on retiendra que le débiteur peut opposer au cessionnaire tous les moyens de défense qu'il pouvait opposer au fournisseur (art. 9-1) mais qu'en revanche, après paiement, il est dépourvu de recours contre ce même cessionnaire, sauf la mauvaise foi de celui-ci ou le non-paiement des factures au fournisseur (art. 10).

1035. – La faveur des négociateurs pour l'instrument qu'ils élaboraient les a conduit à admettre que le transfert de créance convenu entre le fournisseur et le *factor* doive se faire *« nonobstant toute convention entre le fournisseur et le débiteur prohibant une telle cession »* (art. 6-1). La Convention d'Ottawa prévoit, cependant, une faculté de réserve à cette disposition pour les États signataires ; cette faculté a été retenue par la France. De fait, pour les débiteurs établis sur le territoire français, les contrats conclus avec leurs fournisseurs étrangers qui interdiraient à ces derniers le transfert de créances à un *factor* devront être respectés.

INDEX ALPHABÉTIQUE

(Les chiffres renvoient aux numéros d'alinéas)

G

H

I

J

L

M

N

O

P

TABLE DES MATIÈRES

TITRE II

LA CONDITION DE L'OPÉRATEUR ÉTRANGER EN FRANCE

DEUXIÈME PARTIE

LES OPÉRATIONS DU COMMERCE INTERNATIONAL

LIVRE I

LES CONTRAINTES DU COMMERCE INTERNATIONAL

LIVRE II
LES INSTRUMENTS DU COMMERCE INTERNATIONAL

TITRE I
LES INSTRUMENTS JURIDIQUES DU COMMERCE INTERNATIONAL

Traitement informatique, impression, façonnage par

IMPRIMERIE
FRANCE QUERCY
CAHORS

N° d'impression : 70170 L
Dépôt légal : avril 1997